dtv

Das Reisen auf der anderen Seite des Globus, zwischen den »glücklichen Inseln Ozeaniens«, ist ein großes Kajak-Abenteuer. Von Neuseeland, dem »Land der Langen Weißen Wolke«, geht es über Australien und sein Hinterland nach Melanesien, mit den Salomonen, Vanuatu und Fidschi, nach Polynesien, mit Tonga, Samoa, Tahiti, den Marquesas, den Cook-Inseln und der Osterinsel, und schließlich ins »Paradies« nach Oahu, Kauai, Niihau und Lanai. Und während er paddelt und schreibt, was er erlebt, macht uns Paul Theroux zu Bewohnern Ozeaniens – nicht ohne einen kulturellen Doppelschlag zu landen: Sein Schreiben über Menschen und Natur, die Erfahrungen, die er auf der anderen Seite der Welt macht, lassen auch uns eine neue Perspektive zu uns selbst einnehmen.

Paul Theroux ist 1941 in Massachusetts geboren und lebt heute zusammen mit seiner Familie in London und auf Cape Cod. In England und Amerika wurde er zuerst durch seine ungewöhnlichen Reisebücher bekannt. Seine Romane erreichten Bestsellerauflagen. Die Romane ›Moskitoküste‹ und ›Dr. Slaughter‹ wurden erfolgreich verfilmt.

Paul Theroux

DIE GLÜCKLICHEN
INSELN OZEANIENS

Deutsch von Erica Ruetz

Deutscher Taschenbuch Verlag

Von Paul Theroux
sind im Deutschen Taschenbuch Verlag erschienen:
Mein geheimes Leben (12088)
Chicago Loop (12301)
Der alte Patagonien-Express (20031)

Ungekürzte Ausgabe
Juli 1996
3. Auflage Dezember 1998
Deutscher Taschenbuch Verlag GmbH & Co. KG,
München
© 1992 Cape Cod Scriveners Company
Titel der englischen Originalausgabe:
›The Happy Isles Of Oceania. Paddling the Pacific‹
(Hamish Hamilton Ltd., London 1992)
© 1993 der deutschsprachigen Ausgabe:
Hoffmann und Campe Verlag, Hamburg
Umschlagkonzept: Balk & Brumshagen
Umschlagfoto: © The Image Bank
Satz: Medienhaus Froitzheim, Bonn
Druck und Bindung: C. H. Beck'sche Buchdruckerei,
Nördlingen
Gedruckt auf säurefreiem, chlorfrei gebleichtem Papier
Printed in Germany · ISBN 3-423-20224-6

Für
Mei-Ling Loo und Sheila Donnelly

God bless the thoughtful islands
  Where never warrants come;
God bless the just Republics
  That give a man a home . . .

RUDYARD KIPLING, *The Broken Men*

                Auf denn! noch ist es Zeit,
Nach einer neuern Welt uns umzusehen!
Stoßt ab, und, wohl in Reihen sitzend, schlagt
Die tönenden Furchen: denn mein Endzweck ist,
Der Sonne Rad und aller Westgestirne
Zu übersegeln – bis ich sterben muß!
Vielleicht zum Abgrund waschen uns die Wogen:
Vielleicht auch sehn wir die glücksel'gen Inseln . . .

ALFRED TENNYSON, *Ulysses*

INHALT

I. TEIL: MEGANESIEN

II. TEIL: MELANESIEN

III. TEIL: POLYNESIEN

IV. TEIL: DAS PARADIES

I. TEIL

MEGANESIEN

1. KAPITEL

NEUSEELAND: DAS LAND
DER LANGEN WEISSEN WOLKE

Für unseren hoffnungslosen Abschied gab es keine guten Worte. Meine Frau und ich trennten uns an einem Londoner Wintertag, und wir fühlten uns beide elend, denn es sah ganz danach aus, als sei damit unsere Ehe zu Ende. Wir dachten beide: *Was jetzt?* Ein trauriges Lebewohl. Ich konnte mir ein Leben ohne sie nicht vorstellen und versuchte, mich damit zu trösten, daß ich mir sagte: *Es ist, als würde ich verreisen,* denn eine Reise endet entweder mit dem Tod oder mit einer Verwandlung – auf dieser allerdings würde ich wohl einfach nur mein nun halbiertes Leben weiterleben.

Aus Gewohnheit schlief ich auch allein in der linken Hälfte des Bettes und fühlte mich noch einsamer, wenn ich beim Aufwachen den leeren Platz neben mir sah. Schließlich ging es mir so miserabel, daß ich meine Ärztin aufsuchte.

»Ihr Blutdruck ist in Ordnung«, sagte sie, »aber das hier gefällt mir nicht.«

Sie berührte eine dunkle Stelle auf meinem Arm und benutzte den täuschend klangvollen Ausdruck »Melanom«, um ihr einen Namen zu geben. Ich hörte Melanom und dachte an Melanesien: »Die Schwarzen Inseln«. Schließlich schnitt sie den schwarzen Fleck heraus, nähte die Stelle mit vier Stichen und sagte, sie werde mich wissen lassen, ob dieses Stück von meinem Arm, dieses Gewebehäppchen von der Größe eines Hors d'oeuvres, etwas Ernstes zu bedeuten habe. »Ob wir es mit einem Karzinom zu tun haben.«

Warum hatten all diese Schreckensdinge so schöne Namen?

Ich wollte mich mit den vertrauten Klängen und dem gewohnten Anblick meines Geburtsortes trösten, fuhr nach Boston, war aber zu niedergeschlagen, um dazubleiben. Manchmal ist Heimat so etwas Trauriges. Dann kam ein Brief aus Melbourne: »*Haben Sie Zeit für eine Lesereise durch Neuseeland und*

Australien?« Ich dachte: Mir soll's recht sein, Hauptsache weg.
Also reiste ich einfach weiter, mit einem Zelt, einem Schlafsack
und einem Faltboot im Gepäck. Ich nahm ein Flugzeug Richtung Westen, nach Chicago, San Francisco und Honolulu, wo
ich mir, um mich aufzuheitern, den großen Verband abnahm
und durch gelbe Pflaster mit Garfield-Motiven ersetzte.

Ich flog weiter, weiter über den Stillen Ozean und dachte:
Flugzeuge sind wie Siebenmeilenstiefel. Morgen könnte ich in
Neuseeland oder auf der Osterinsel sein. Trotzdem, der Pazifik
ist riesig. Er umfaßt die Hälfte der freien Gewässer der Welt,
bedeckt ein Drittel der Erdoberfläche und ist außerdem der
mildeste Ort der Erde.

Der Pazifik war mehr als ein Ozean, er war wie ein Universum. Auf Seekarten glich er dem Bild des Nachthimmels. In
seiner Weite wirkte er wie der gesamte Himmel der Schöpfung, eine Verschränkung von Luft und Erde. Er schien wie
das Weltall, eine ungeheure Leere, getupft mit seltsam geformten Inseln, die wie Sterne funkelten, Archipele wie Sternbilder,
und war Polynesien nicht eine Art Milchstraßensystem?

»Ich war überall im Pazifik«, sagte der Mann neben mir. Er
kam aus Kalifornien und hieß Hap. »Bora-Bora. Moora-Moora.
Tora-Tora. Fudschi.«

»Fidschi«, sagte seine Frau.

»Und Haiti«, sagte er zu mir.

»Tahiti«, korrigierte seine Frau wieder.

»Ach, Gott«, sagte er. »Johnston Island.«

»Und wie war es da?«

Diese unheimliche kleine Insel, über der die Stars and
Stripes wehen, liegt viele Meilen westlich von Honolulu und
diente früher als Testgebiet für Wasserstoffbomben. Später
wurde sie Endlager für Atommüll, Nervengas und stapelweise
H-Bomben. Ein Unfall hat kürzlich einen Teil von Johnston
Island radioaktiv verseucht. Nur wenige Amerikaner haben
davon gehört. Die neuseeländischen Atomkraftgegner können
genau sagen, wo die Insel liegt und warum sie ihnen angst
macht.

»Wer sagt denn, daß ich aus dem Flugzeug ausgestiegen
bin?« fragte Hap.

»Wir sind Mitglieder im Century Club«, bedeutete mir seine

Frau, »man wird nur aufgenommen, wenn man in hundert Ländern gewesen ist.«

»Was heißt *gewesen?* Auf dem Flughafen gewesen? Übernachtet? Durchfall gekriegt?«

»Er ist wohl kein Mitglied!« sagte Hap fröhlich.

Touristen wissen nicht, wo sie gewesen sind, dachte ich. Reisende wissen nicht, wohin sie fahren.

Dann kam das Morgengrauen, aber es war bereits übermorgen. Ein ockerfarbiges Licht wie Sonnenaufgang in der Stratosphäre. In diesem Teil des Pazifik, auf dem hundertachtzigsten Längengrad, beginnt der Tag der Welt. Der Landeanflug auf Auckland, Neuseeland, war wie die Ankunft auf einem fernen Stern.

»Was ist das?« Der Zollbeamte (zuständig für Einwanderung und ethnische Angelegenheiten) bohrte seinen Finger in meine großen Segeltuchtaschen.

»Ein Boot«, sagte ich. »Zusammenfaltbar.«

»Was haben Sie da am Arm? Hoffentlich nichts Ansteckendes.«

Vielleicht Krebs, hätte ich gern gesagt, um ihm das Lächeln aus dem Gesicht zu wischen.

»Willkommen in *Na Sillen*«, sagte er gelassen.

Es war neun Uhr morgens. Ich hatte um zehn einen Interviewtermin (»Basiert Ihr Roman auf realen Personen?«), um elf wieder einen (»Was hält Ihre Frau von Ihrem sogenannten Roman?«), und um zwölf wurde ich gefragt: »Wie finden Sie *Na Sillen?*«

»Ich bin erst seit drei Stunden in Neuseeland«, sagte ich.

»Na los, nun sagen Sie schon was.«

So herausgefordert, antwortete ich: »Es ist ein wunderschönes Land, oder würden Sie sagen, ein Archipel? Die meisten Neuseeländer scheinen alte, verbeulte Hüte zu tragen. Man sieht viele Bärte und Kniestrümpfe. Und Pullover. Außerdem haufenweise Kriegsdenkmäler.«

Zum Mittagessen führte man mich in einen Ballsaal, wo ich zunächst eine Rede halten sollte. Es war meine erste Mahlzeit seit dreizehn Stunden, aber ich mußte dafür singen. Sie wollten etwas Autobiographisches, ich gab ihnen chinesische Politik.

Jemand aus dem Publikum fragte: »Arbeiten Sie zur Zeit an einem Buch?«

»Nein, aber ich würde gern etwas über den Pazifik schreiben. Vielleicht etwas über die Wanderbewegungen der Inselvölker. Wie die Menschen und mit ihnen ihre gesamte Kultur so lange von Insel zu Insel gereist sind, bis sie ihr glückliches Fleckchen gefunden hatten, an dem sie dann alles aufbauten, als hätten sie eine bis in alle Ewigkeit dauernde Gartenparty vor sich.«

Es auszusprechen läßt es wie ein Gelöbnis erscheinen, etwas, das ich zu tun hatte. Ich brauchte einen Freund. Auf Reisen ergibt sich immer die Möglichkeit zu einer Freundschaft. Es ist ein merkwürdiger Ort für die Feststellung, aber in *Der Geheimagent* schreibt Joseph Conrad: »Doch berichtet uns nicht Alfred Wallace in seinem berühmten Buch über den Malayischen Archipel, daß er unter den Insulanern von Aru einen alten nackten Wilden mit rußfarbener Haut traf, an dem er eine merkwürdige Ähnlichkeit mit einem lieben Freunde zu Hause feststellte?«

Der große Naturforscher Wallace war auf den Aru-Inseln, die vor der Südwestküste Neuguineas liegen, auf der Suche nach Paradiesvögeln. Er schreibt von einem »komischen alten Mann, der eine lächerliche Ähnlichkeit mit einem meiner Freunde daheim hatte ...«

Besonders überraschend ist das nicht. Seltsam daran ist eigentlich nur, daß es im ganzen Buch nur einmal vorkommt. Mir passierte es andauernd. In Afrika, in Indien, in Südamerika, in China und Tibet bin ich ständig Einheimischen begegnet, die es in meinem Gedächtnis wie wild klingeln ließen und mich an Schulfreunde aus der Roberts Junior High School, der Medford High School oder an Kumpels aus dem Peace Corps erinnerten. Hin und wieder tauchten auch Leute auf, die Mitgliedern meiner eigenen Familie ähnlich sahen.

Plötzlich wollte ich die fernen grünen Inseln Ozeaniens sehen: rückständig, sonnig und träge, mit Bäumen, unter denen man sitzen, und bläulich-grünen Lagunen, in denen man paddeln konnte. Meine Seele schmerzte, mein Herz war angeschlagen, ich war einsam. Ich wollte keine andere große Stadt mehr sehen, sondern durch Wasser und Wildnis geläutert werden. Die Maori Neuseelands nennen den Pazifik *Moana-Nui-o-Kiva*, »Großer Ozean vom Blauen Himmel«. Und das Bild aus der vergangenen Nacht erschien mir wieder: der Pazifik als Universum, die Inseln wie Sterne im Weltraum.

In Auckland leben mehr Polynesier als in jeder anderen Stadt der Welt, mehr als die Hälfte der Einwohner sind dunkle Insulaner. Bei ihrem Anblick drängt sich der Gedanke auf, daß sie alle aus Fettland stammen. Viele von ihnen treten in Straßengangs auf, die sich Namen wie *The Mongrel Mob, The Black Power Gang, The Tongan Crypt Gang, The United Island Gang* und *The Sons of Samoa* gegeben haben. Wo waren die Frauen? Ich sah nur dickwanstige Männer, manche von ihnen so fett, daß sie den merkwürdig eiernden Gang von Pinguinen zeigten, die ein Brett runterwatschelten. Ihre Haut war im frostigen neuseeländischen Klima grau geworden, aus den aufgedunsenen Wangen blinzeln die Augen wie aus kleinen Bohrlöchern. Es war schwer, sich vorzustellen, daß einer von ihnen sich paddelnd in einem Kanu fortbewegte. Etwa zehn Prozent dieser Insulaner, die Maori, sind vor etwa tausend Jahren aus Tahiti über die Cook-Inseln eingewandert. Sie nannten die neuen Inseln *Aotearoa*, »Das Land der Langen Weißen Wolke.«

Viele von denen sind schwer in Ordnung, hieß es, aber die meisten vergewaltigen Frauen. Jeder hatte seine Ansichten über sie: »Guck sich doch nur mal einer die Oberschenkel von denen an. Und die Tätowierungen. Der Maori ist arbeitsscheu. Und reinrassig ist er auch nicht. Die Mischlinge, das Halb- und Viertelblut – das sind die Störenfriede. Der Tongaer ist ein anständiger Bursche, aber der Samoaner, der wird zum Tier, wenn er besoffen ist. Wenn Sie einen sehen, der unter Strom steht, dann machen Sie, daß Sie wegkommen. Fidschi-Insulaner? Allesamt Kannibalen, traurig, aber wahr. Inder sind sehr fleißig, arbeiten wie die Pferde, diese Hindus. Die Mohammedaner sind wieder 'ne andere Geschichte. Tut mir leid, aber das sind alles geile Böcke. Und wo wir schon beim Thema sind: Viele von den Inselfrauen sind scharf wie Nachbars Lumpi. Die bumsen wie 'ne Lokustür. Der Rotuaner, der Niuaner, der Cook-Insulaner, da gibt es Gute und Schlechte, keine Frage. Ein paar von denen haben es geschafft, vielen Dank, fahren flotte Autos, haben anständige Häuser, Grundbesitz. Aber fahren Sie bloß mal auf eine von ihren miesen Inselchen und versuchen Sie, da Land zu kaufen. Da werden Sie was erleben. Die lachen Ihnen glatt ins Gesicht.«

Insulaner waren religiös, waren Spieler und Trinker, waren gute Familienväter, erschlichen sich Arbeitslosengeld und schlachteten sich gegenseitig ab. Insulaner waren Wirtschaftsflüchtlinge und Strolche. Nachts schleppten sie dein Auto ab, und am nächsten Tag riefen sie dich an und wollten es dir gegen Gebühr zurückbringen. Alles ging auf ihr Konto: Erpressung, Schutzgeldgeschichten, Raubüberfälle und blutige Rassenunruhen. Alles Übel in dieser sonst so idyllischen Republik – siebzig Millionen furzende Schafe auf sattgrünen Weiden.

Aber dann wurde die Bandenkriminalität der Insulaner plötzlich durch eine andere Nachricht von den Titelseiten verdrängt. Premierminister David Lange hatte seine Frau verlassen und war mit Miss Margaret Pope, seiner Ghostwriterin, durchgebrannt.

»LANGES MUTTER VERSTÖSST SOHN«, lauteten die Schlagzeilen. »SIE VERFLUCHT DEN TAG SEINER GEBURT.« Gattin Naomi Lange verlangte über Funk und Fernsehen kreischend ihr Recht und schwor Rache. Als wohl wüsteste Drohung äußerte sie die Absicht, einen Band mit eigenen Gedichten herauszubringen.

Die Zeitungen waren voll von Trennungs- und Scheidungsgeschichten, alle Welt schien auseinanderzugehen. Die Schafscherer traten in Streik. Sie verlangten sechsundvierzig Dollar für hundert geschorene Tiere.

Mit meinem Faltboot im Gepäck fuhr ich nach Wellington, wo mir ein Fernsehmensch genüßlich mitteilte, die alte Mrs. Lange habe in ebendieser Sendung öffentlich gesagt, ihr Sohn hätte wohl besser das Licht der Welt nie erblickt. Wie er nur mit dieser Person habe abhauen können, die Ehe sei doch schließlich ein heiliges Sakrament. Was ich dazu zu sagen hätte?

Nichts, sagte ich, ich sei nur auf der Durchreise.

Jemand anderer sagte: »Dieser Lange. Er hat einen Maori im Stammbaum.«

Das stimmte zwar nicht, sollte aber erklären, wieso er seine Frau hatte sitzenlassen.

Ich saß in meinem Hotelzimmer und las Bronislaw Malinowskis *Das Geschlechtsleben der Wilden in Nordwest-Melanesien*. Als ich etwas beim Zimmerservice bestellen wollte, bellte der Mann in der Hotelküche: »Haben Sie das gestern schon bestellt?«

Nein, sagte ich. Warum?

»Bestellungen beim Zimmerservice müssen einen Tag vorher angemeldet werden.«

Was für ein Schrebergartenverein. Wellington besteht aus Häuschen und noch mal Häuschen und klapprigen Holzbuden, kein Gebäude höher als die Bäume drumherum, so daß man aus der Entfernung nichts sieht als Dächer, Blechdächer meistens, in bräunlichem Rot gestrichen. Der Rest sind kahle Hügel und ein Wind, so heftig, als hätte er einen eigenen Körper. Der Wind scheuert die Straßen und peitscht das dunkle Wasser im Hafen.

Ich las Malinowski und versuchte, mir die Trobriand-Inseln vorzustellen. In den meisten Läden in Wellington gab es Campingutensilien. Ich kaufte noch ein paar Sachen. Ich saß mit meinem Faltboot im Hotelzimmer und fühlte mich krank. Außerdem machte ich mir Sorgen wegen David Lange. Wenn ich nun Krebs und eine Scheidung vor mir hatte? Als ich eines Abends dann nichts Besseres zu tun hatte, nahm ich mir meinen Arm vor, riß das Pflaster runter und zog mir mit meinem Spezial-Wanderklappbesteck zur Wundnahtentfernung die Fäden.

Bei den Trobriandern, sagt Malinowski, geht die Ehescheidung ebenso formlos vor sich wie die Eheschließung. Die Frau verläßt mit all ihrer persönlichen Habe das Haus ihres Mannes und zieht in die Hütte ihrer Mutter oder ihrer nächsten Verwandten mütterlicherseits. Dort bleibt sie, wartet den Lauf der Dinge ab und genießt völlige sexuelle Freiheit.

Am nächsten Tag fuhr ich nach Christchurch auf der Südinsel, das genauso tot und öde aussah wie die Sorte von Süd-Londoner Vororten, über die ich mich immer lustig machte, wenn ich sonntags auf dem Weg nach Brighton mit den Kindern durch sie durchkam. Das ist der englische Tod, dachte ich dann jedesmal, diese unbeschreibliche Langeweile, die einem nichts läßt als verzweifelte Fluchtgedanken. Das Leben findet andernorts statt, dachte ich in Christchurch, und doch begann ich, in diesem Fegefeuer meine Vergangenheit wiederzuerleben. Ich sah gräßliche Einfamilienhäuschen, staubige Hecken, verstohlen zur Seite gelupfte Vorhänge und schließlich vor dem California Fried Chicken Family Restaurant auf der Papanui Street im Stadtteil Merivale eine vierköpfige Familie. Papa, Mama und die zwei Jungs aßen und scherzten vergnügt im grellen Licht, und beim Anblick dieser glücklichen Viersamkeit brach ich in Tränen aus.

Immer noch fragte mich fast jeder, den ich traf: »Was halten Sie von Na Sillen?«
»Es ist wunderbar«, antwortete ich.
Und immer zuckten sie mit den Achseln und behaupteten das Gegenteil. Neuseeländer sind zwar überheblich und bilden sich viel auf David Langes Anti-Atompolitik ein, trotzdem machen sie es einem ungeheuer schwer, ihnen Komplimente zu machen. Diese Weigerung, sich loben zu lassen, hat etwas Calvinistisches, und doch scheint der Nachdruck, mit dem sie ihre störrische Bescheidenheit demonstrieren, Lob erheischen zu wollen. Man sagt etwas über ihre gepflegten Städte und bekommt die Antwort, daß sie in Wirklichkeit furchtbar unordentlich sind. Erwähne, daß ihre Berge hoch und verschneit sind, und sie werden sagen, daß es da, wo man herkommt, noch weit höhere und verschneitere gibt. »Neuseeländer sind wahre Fitneßfanatiker«, sagte ich zu jemandem, der mir antwortete: »Das ist eine Legende. Unsere Nation ist sehr ungesund. Wir sind echte Schlappschwänze.« Wenn ich sagte, daß Neuseeland wohlhabend wirke, behaupteten sie, das Land nage am Hungertuch. Ich äußerte mich zur multikulturellen Gesellschaft der Nordinsel und hörte: »Wir haben Rassenprobleme. Jeden Moment kann's losgehen.«
»Aber es soll hier viel besser sein als in Australien.«
»Da können Sie Gift drauf nehmen. Aussies sind Tiere.«
Insgeheim sagte ich mir: Alles trägt alte, schlechtsitzende Kleidung und festes Schuhwerk, läuft mit Einkaufsnetzen

herum und macht seine Einkäufe in Läden, die »Clark's Wäsche und Kurzwaren« oder »Eisenwaren Edwin Mouldey« heißen. Ich befand mich in der vorstädtischen Wohnzimmerkultur englischer Küstenorte der fünfziger Jahre. Bexhill-am-Pazifikstrand – unförmige Sitzgarnituren, auf dem Kaminsims schrille Ölmalerei auf Holzscheiben (»Souvenir aus den Käsekellern von Cheddar«), im ehemaligen Kamin die Glühdrähte eines Elektroofens. Die älteren Leute waren langweilig und wohlanständig, die jüngeren kämpften vergeblich um modischen Schick, und die Studenten – waschechte Kiwis vom Scheitel bis zur Kralle – gaben sich demonstrativ schlampig und links. Hin und wieder sah man einen Maori, meistens hinter einer Ladenkasse. Angeblich traten sie nur in Gruppen auf und hatten etwas leicht Bedrohliches, ich sah nur freundlich lächelnde Riesengestalten, die sich wohl in ihrer Haut zu fühlen schienen. Maori waren die einzigen Menschen in Neuseeland, die aussahen, als wären sie hier zu Hause.

Ich fuhr nach Dunedin, einem kalten, kargen Ort mit schäbigen Straßen und einer neugotischen Kathedrale, und sprach mit Studenten.

»Die sind dort sehr schüchtern«, hatte man mir gesagt.

Tatsächlich? Ich fand sie ungebildet, anmaßend und schmutzig. Es war wie am Ende der Welt, und als ich eine Landkarte konsultierte, bestätigte sich mein Eindruck: Wir befanden uns zwanzig Grad nördlich vom Polarkreis – man läßt die Südspitze Neuseelands hinter sich und das nächste Wesen, das einem auf zwei Beinen entgegenkommt, ist ein Kaiserpinguin.

Zurück in Christchurch, saß ich in meinem Hotelzimmer und starrte auf meine Füße. Im Fernsehen lief eine neuseeländische Version von *Das war Ihr Leben*, in der es um einen etwa fünfzigjährigen Maori-Sänger ging. Der Mann fing an zu weinen, als seine Familie ins Studio trabte, was mich so mitnahm, daß ich fast die gesamte Minibar austrank. Das Hotel war im Tudorstil gehalten, mit Butzenscheiben und Deckenbalken aus Plastik. Mein Gepäck tröstete mich: Das Boot, das ich bei mir, aber noch nie benutzt hatte.

Wie war er denn, der Pazifische Ozean? Mit einem gemieteten Fahrrad fuhr ich die acht Kilometer zur Summer Bay. Surfer dümpelten wie Seehunde auf ihren Brettern, und die kalten, schwärzlichen Brecher waren viel zu groß für mein Boot. Es gab noch einen anderen Hafen: Lyttleton, gleich hinter dem nächsten Hügel. Ich radelte eine steile, kurvige Straße hinauf und erreichte nach einer Stunde einen Hafen mit starker Brandung, der aber nicht Lyttleton hieß, sondern Taylors Mistake, Taylors Irrtum.

Nach seiner Weltumsegelung im Jahre 1863 kam Kapitän Taylor hier an, glaubte, er sei in Lyttleton, lief auf Grund und verlor sein Schiff. Ich hatte den gleichen Fehler gemacht, also strampelte ich zurück über die Port Hills und über eine weitere Hügelkette zum weiten und stillen Naturhafen von Lyttleton Harbor: sichere Ankerplätze, chinesische Geschäfte und hübsche Häuser. Es gab eine Abkürzung nach Christchurch, einen Tunnel, der durch den Berg führte, aber Radfahren war darin verboten. Also vertrödelte ich noch etwas Zeit in der Stadt, sah eine blutige Damenbinde herumliegen, die jemand auf die Straße geworfen hatte, und dachte: Dieses widerliche Ding ist der Grund, weshalb ich nie wieder herkommen werde.

Schiebend und strampelnd arbeitete ich mich zurück nach Christchurch, war müde von der vierundsechzig Kilometer langen Radtour und frustriert, weil ich keine Möglichkeit zum Bootfahren gefunden hatte.

Ich rief meine Frau an und erzählte ihr, wie scheußlich alles war. Wir weinten beide. Es gehe ihr schlecht, sagte sie. Mir auch, sagte ich.

»Aber es ist besser, wenn wir uns nicht sehen«, meinte sie.

Dann bat sie mich, sie nicht mehr anzurufen. Ich sei ein Folterknecht. Wenn ich sie so aus heiterem Himmel anriefe, komme sie sich vor wie eine Gefangene, der ein schemenhafter Wärter eine Tasse Tee hinhält.

Aber ich konnte bloß an mich denken, wie ich ganz allein unter Schweiß und Tränen, im Gegenwind, das klapprige Fahrrad die steilen Berge bei Christchurch hinaufbewegt hatte.

Und Krebs hatte ich wahrscheinlich auch. In meinem schäbigen Tudorhotel sah ich vom *Geschlechtsleben der Wilden* auf und stellte fest, daß die Gäste aus dem Nebenzimmer ausgezogen waren und die Tür offengelassen hatten. Eine neue menschliche Besatzung hatte sie verdrängt und saß jetzt lachend in ihren Sesseln. So war das Leben. Die Flut kam und ging. Menschen starben, und andere nahmen ihren Platz ein, die nicht einmal die Namen ihrer Vorgänger kannten. Saßen auf deinen Stühlen und schliefen in deinem Bett. Und du selbst gingst wahrscheinlich irgendwo im Stillen Ozean verloren – verschollen und vergessen. »Woher dieses Trumm wohl stammt?« fragte sich jemand, der an deinem schönen Schreibtisch saß und vor sich hinkritzelte.

Der nächste Tag war ein Sonntag, und ich fühlte mich immer noch krank und gelähmt von der sonnigen Leere und der unbeschreiblichen Langeweile, die einen ergreift, wenn man allein in Merivale vor einem Elektroofen sitzt, inmitten von importierter Kultur, zwischen Häusern, die »Zum Eichental« heißen und in kleinkarierten, verkommenen, zusammengewürfelten, mittelmäßigen Vororten namens Ponsonby liegen. Wobei das Schlimmste zu sein schien, daß die Neuseeländer ihrem eigenen Untergang ahnungslos zusahen. Mich packte die Sorte Elend, die Menschen in muffigen Hotelzimmern dazu treibt, daß sie ihre Zahnpastatube zuschrauben, den Wasserhahn fest schließen, und sich bemühen, nicht allzuviel Unordnung zu hinterlassen, wenn sie sich umbringen.

Ich muß hier raus, dachte ich. Und brach auf in die Wildnis.

2. Kapitel

NEUSEELAND: SCHLAMMSCHLACHT
AUF DER SÜDINSEL

Solange es Wildnis gibt, gibt es auch Hoffnung. Von Christchurch aus fuhr ich Richtung Südwesten nach Queenstown am Rand der nassen Welt der Fjorde. Dort findet sich auch heute noch eine der letzten wilden Landschaften der Erde. Vor tausend Jahren aber, bevor der erste Mensch dort ankam, muß es gewesen sein wie die Welt vor dem Sündenfall.

Damals gab es dort keine anderen Raubtiere als Falken, Habichte und Adler – keine anderen Fleischfresser. Und es gab keine wandernden, grasenden Herden von Säugetieren, außer zwei Arten von kleinen Fledermäusen existierten überhaupt keine bepelzten Warmblüter. Alles wuchs und gedieh, und die aus den *Roaring Forties* heranziehenden Wolken begossen diesen Teil Neuseelands mit einer jährlichen Niederschlagsmenge von knapp acht Metern. Es ist immer noch eine der regenreichsten Gegenden der Welt.

Früher war es hier so friedlich, daß die Vögel mit der Zeit ihren Sinn für Gefahr verloren. Sie hatten keine Feinde und gaben das Fliegen auf – wie die flugunfähige Neuseeländische Gans und der Dickschnabelpinguin, beide sind heute ausgestorben. Andere entwickelten sich zu sanftmütigen Riesenwesen (wie die überfütterten und verwöhnten Kinder, die ich in Auckland gesehen hatte): die Riesenralle, die über einen Meter groß wurde, und der bis zu drei Meter fünfzig große Moa, ein entfernter Verwandter des Emu.

In jenem alten Paradies wuchsen üppige Bäume, unter denen das Moos einen halben Meter dick wucherte, der ideale Nährboden für neue Schößlinge. Die Geschöpfe ernährten sich von Wurzeln und Insekten und nicht voneinander. Alles Grün konnte frei wachsen, wurde weder gemäht noch abgeweidet. Fjordland, von Gletschern geschaffen, war das Reich des Friedens.

Ungefähr im zehnten Jahrhundert dann wanderten die von den Cook-Inseln im tropischen Polynesien stammenden Maori ein. Mit ihren Hunden (*kuri*) und Ratten (*kiore*), die sie als lebenden Proviant mitführten, unternahmen sie von Norden her Raubzüge in Richtung Fjordland. Sie liebten bunte Federn, und auf der Jagd danach und nach Nahrung brachten sie etliche Vogelarten zum Aussterben. Die Hunde und Ratten der Maori erbeuteten vor allem Bodenvögel. Zum erstenmal seit seiner eiszeitlichen Entstehung war das natürliche Gleichgewicht von Fjordland gestört. Die Ankunft dieser Raubtiere war das ökologische Äquivalent des Sündenfalls.

Schatzsucher gab es in Fjordland immer – Maori auf der Jagd nach Federn und Jade, *pakehes* (Weiße) auf der Suche nach Gold, aber alle diese Menschen waren Nomaden. In Fjordland gab es keine festangelegten Siedlungen, nur Camps, Versorgungsstationen an den Straßen und die vergänglichen Behausungen der Walfisch- und Seehundfänger am Meer. Die Menschen kamen und gingen. Fjordland blieb unbewohnt – ein wahrer Ur-Wald.

Aber die durchreisenden Menschen hinterließen Tiere. Sie brachten vielerlei Arten mit, zum Verzehr, zum Vergnügen und manchmal auch in der irrigen Annahme, eine Art werde die andere stabilisieren. Im ganzen Südseeraum wiederholt sich das gleiche Spiel: Wilde Ziegen zerfressen Tahiti, wilde Pferde weiden die Marquesas kahl, wilde Schweine leben auf den Salomon-Inseln, und auf Hawaii schleichen immer noch die eierfressenden Mungos herum, ein Geschenk der Missionare an die Insulaner. Wilde Kaninchen und Hunde haben in Australien solche Schäden angerichtet, daß man quer durch New South Wales einen Wildzaun ziehen mußte, länger als die Chinesische Mauer.

In Fjordland sorgten die fremden Tiere für ein kompliziertes Chaos. Als die Kaninchen zur Plage wurden, importierte man Hermeline und Wiesel, um sie in Schach zu halten, die aber fraßen Vögel und Vogeleier, und die Kaninchen vermehrten sich trotzdem. Und auch alle anderen nicht einheimischen Tierarten erwiesen sich als zerstörerisch. Die Neuseeländer, mit denen ich sprach, haßten die ins Land gekommenen Tiere zwar noch mehr als die Insulaner, aber aus den gleichen

Gründen: wegen ihrer unanständigen Fruchtbarkeit, ihrer
Fortpflanzungsmethoden und der maßlosen Gier, mit der sie
alles fraßen, was ihnen über den Weg lief.

Die größte Bedrohung für die Vegetation ist das Rotwild.
Rehe und Hirsche vermehren sich schnell und gelangen über-
allhin. Von Hubschraubern aus hat man allein an den steilsten
Hängen in unzugänglichen Hochtälern drei- bis vierhundert
Stück Rotwild gezählt. Wanderratten, die per Schiff nach Neu-
seeland kamen, haben sich hier vermehrt und die einheimi-
sche Vogelwelt dezimiert. Sogar amerikanische Elche gibt es in
Fjordland, die einzige Herde auf der südlichen Halbkugel.

»Sie sind wie die Pest«, sagte Terry Pellet, der oberste Natur-
schützer von Fjordland. »Alle möglichen exotischen Tierarten
gedeihen hier bestens und schaden der einheimischen Tier-
und Pflanzenwelt: Beutelratten, Gemsen, Hasen . . .«

Und die Deutschen, sagte er, würden sich immer furchtbar
anstellen, wenn sie fürs Übernachten in einer der Hütten
zahlen sollten.

Was einheimisch ist und was fremd, ist ein Geheimnis der
Südsee. In Neuseeland sind alle Fremden verdächtig, egal, ob
Tier oder Pflanze. Rotwild kann man in Fjordland nach Belieben abschießen, und auch für Elche ist immer Jagdsaison. Ausländische Bäume werden als häßliche Unkräuter angesehen,
ob es sich nun um Douglastannen, Weißbirken oder Fichten
handelt. Aber kein Gewächs ist mehr verhaßt als die wildwu-
chernden Stech- und Besenginstersträucher, die heimweh-
kranke, gefühlsduselige Schotten hier gepflanzt haben.

Fast jeder, den ich traf, sagte das gleiche: Sie wollten ihre
Hügel wieder kahl und hell haben, wollten sie von allen ausländischen Pflanzen und Tieren befreien, die Wiederkehr der
Bodenvögel, der Pflanzen- und Insektenfresser erleben, die
einheimischen Koniferen und Südbuchenwälder in den langen
Tälern erhalten. Einige angenehme Überraschungen hat es tatsächlich schon gegeben. Ein argloser, am Boden lebender Vogel, der plumpe, großschnäbelige Takahe, auf den die Maori
Jagd gemacht haben, galt als schon ausgestorben. 1948 dann
wurden einige Takahes in einer abgelegenen Gegend von
Fjordland entdeckt. Der Vogel steht unter Naturschutz, hat
aber eine ungewisse Zukunft.

Alte Gewohnheiten wie Zufriedenheit, Neugier und Zutraulichkeit – Erbgut aus dem Paradies – sind den zahlreichen Vogelarten Fjordlands erhalten geblieben. Das South-Island-Rot-
kehlchen, der Australische Fächerschwanz, die Blaumeise und
der Zwergschlüpfer, Neuseelands kleinster Vogel, folgen jedem, der durch die Regenwälder wandert. Diese offenbar völlig furchtlosen Vögel flattern und hüpfen in wenigen Metern
Entfernung herum und picken nach Insekten, die der Wanderer aufgeschreckt hat. Der Kea oder Bergpapagei wird geradezu plump-vertraulich, wenn er in den Rucksäcken der Leute
herumkramt und seinen eigenen Namen krächzt.

So war es im wunderschönen Fjordland, weit weg vom
trüben, kargen Christchurch und seinen Vororten. Die Vögel
hatten keine Angst, und das Wasser war sauber, der Vogel-
freund brauchte kein Fernglas und der Wanderer keine Feld-
flasche.

Meine Laune wurde besser, und ich entschloß mich zu einer
einwöchigen Wanderung über die Berge und durch den Regenwald. Mit meinem Faltboot würde ich anderswo paddeln.
Der bekannteste Fernwanderweg in Fjordland ist der Milford
Track, aber der ist längst Opfer erfolgreicher Vermarktung geworden. »Der schönste Wanderweg der Welt« ist nur noch ein
vollmundiger Slogan der Fremdenverkehrswerbung. Er ist
überfüllt, überreglementiert und hat seinen Reiz verloren.

Meine Wahl fiel auf den Routeburn Track, der – im Gegensatz zum Milford, auf dem es hauptsächlich durch Täler und
nur einmal steil bergauf geht – die Baumgrenze hinter sich läßt,
die Höhenzüge entlangführt und Ausblicke über den gesamten Nordosten Fjordlands bietet. Kombinieren wollte ich ihn
mit dem Greenstone Valley Track, damit ich eine ganze Woche
vor mir hatte und Fjordland genau so betreten und verlassen
konnte, wie die Menschen es jahrhundertelang getan hatten:
zu Fuß.

Es liegt ein schlichter, aber intensiver Reiz darin, sich morgens auf einen Bergwanderweg zu begeben und zu wissen,
daß man alles zum Leben Notwendige auf dem Rücken trägt.
Es ist das Vertrauen, alles Überflüssige zurücklassen zu können und eine Welt von unangetasteter, natürlicher Schönheit
zu betreten, in der Geld wertlos und Besitz nur Ballast ist.

Der Mensch mit der geringsten Habe ist der freieste: Thoreau hatte recht.

Meine bis jetzt so düstere Stimmung hatte sich gebessert. Ich verspürte eine Unbeschwertheit, die sich auch körperlich auswirkte. Meine Kraft wuchs, und das Gepäck fühlte sich leichter an. Seit ich mit zehn oder elf zum erstenmal gewandert bin, hat Zelten für mich mit persönlicher Freiheit zu tun, und die Freude daran ist mit den Jahren noch gewachsen, im gleichen Maße, wie die Ausrüstung immer sinnvoller, praktischer und besser wurde. In meiner Jugend bestand eine »Campingausrüstung« aus lauter Armeeutensilien. Alles war aus Segeltuch, hergestellt für den Zweiten Weltkrieg, für den Koreakrieg. Die Sachen waren staubig, stockfleckig und sehr schwer. Ich kämpfte mit den Bahnen und Stangen meines bodenlosen Einmannzeltes herum. Mein Schlafsack war mit Kapok und Baumwolle gefüllt und wog sieben Kilo. Heutzutage ist alles leicht, bunt und fast schick.

Und auch die Wanderer sind keine altgewordenen Pfadfinder mehr. Ein Konzertgeiger, ein Fabrikarbeiter, ein angehender Schauspieler, ein Fotograf, ein Kochbuchautor, eine Studentin und ein griesgrämiger kleiner Mann mit osteuropäischem Akzent bildeten die Routeburn-Truppe. Wir waren, nehme ich an, durchaus repräsentativ. Einige gaben unterwegs auf, der Fotograf blieb bei einer der Hütten zurück, um Bilder zu machen, und später reiste auch der kleine Mann ab, der sämtliche Gespräche mit »Ha, klauben Sie! Sie machen Fitze!« zu unterbrechen pflegte. Am Schluß waren wir nur noch drei, die zum Greenstone Track weiterstampften. Aber so weit waren wir noch nicht. Isidore, der Geigenspieler, fluchte in Schlamm und Regen und entschuldigte sich für sein langsames Gehen. Andere Tätigkeiten beherrschte er besser: Er war Erster Geiger beim New Zealand Symphony Orchestra, und an den langen Abenden in den Wanderhütten schlug er mich regelmäßig beim Scrabble.

Auf einer matschigen Hangstrecke am Nordende des Lake Wakatipu sahen wir Rehe und majestätische Hirsche.

»Es fällt mir schwer, diese Tiere als Plage zu betrachten«, sagte ich. »Ungeziefer ist nicht gerade das erste Wort, das einem zum König der Wälder einfällt.«

»Ungeziefer!« spottete Isidore. Er hatte die typische Angewohnheit von Leuten aus North Michigan, mit zusammenge-
bissenen Zähnen zu sprechen. Bald fiel er stolpernd zurück.
Mittags holte er uns wieder ein, als wir an einem Bach (aus
dem wir tranken), Rast machten. Wir wurden von Sandfliegen
zerstochen und brachen erneut auf. Nach einem ebenen Stück
über die Routeburn Flats, durch torfbraune, wedelnde Tus-
sock-Grasbüschel, kam ein steiler Anstieg auf einem Pfad, der
uns an uralten, windgebeugten Buchen vorbei zu den Routeburn Falls führte, einer ganzen Reihe von Wasserfällen, die in
großen Kaskaden über schwarze Felsen hinweg auf etwa sechs
Ebenen von abgeschliffenen Steinterrassen stürzten.

Von dieser Höhe aus konnte man gut sehen, wie die Giet-
scher Fjordland geformt haben: die typischen U-förmigen Täler, deren nackte Wände den Talgrund noch tiefer erscheinen
lassen. Die schiebenden, scheuernden Eismassen haben die
Talwände geglättet, aber da das Eis nicht mehr als etwa fünfzehnhundert Meter stark war, reichte es nicht bis an die Berg-
gipfel. Sie blieben zerklüftet und scharfkantig.

An diesem Abend übernachteten wir wieder in einer Hütte.
Eine Hütte am Routeburn Track, stellte ich fest, ist im allgemeinen nichts weiter als ein kleiner, zugiger Unterstand über
einem Scrabblebrett. Während der Regen aufs Dach der Route-
burn-Falls-Hütte trommelte, kamen wir ins Gespräch.

»Wie haben die Maori bloß diese Kälte ausgehalten?« fragte
Isidore, der wieder Gefühl in seine sensiblen Geigenspieler-
hände zu massieren versuchte.

James Hayward, der angehende Schauspieler, hatte zwar
nicht die korrektesten, aber immer die originellsten Erklärungen.

»Sie hielten sich warm, indem sie Keas fingen.« Er meinte
die Bergpapageien. »Sie haben die Vögel ausgehöhlt und sie
sich dann als Pantoffeln um die Füße gebunden.«

»Ha, Sie machen Fitze!« ertönte es. »Ha!«

James lächelte bloß.

»Ist doch Quatsch, Jim«, sagte jemand. »Auf den Wanderwe-
gen hat man Sandalen von Maori gefunden.«

»Auf den Wanderpfaden sieht man die merkwürdigsten Sachen«, sagte Jim. »Hier auf dem Routeburn habe ich mal einen

Mann mit steifem Hut, Nadelstreifenanzug und Stockschirm
gesehen, der seine Wanderausrüstung in einer Aktentasche
mit sich trug.«

Er mußte laut reden, denn Wind und Regen waren heftiger
geworden. Der Regen hielt die ganze Nacht über an, fiel
schneller, verwandelte sich in Graupel und machte ein Getöse,
das sich anhörte, als würde etwas zertrümmert, schlug klat-
schend an die Wände und hämmerte gegen die Fenster.

Ich spielte Scrabble mit Pam, der Studentin. Die meisten ihrer Freunde habe sie bereits besiegt, meinte sie.

»Mich schlagen Sie nicht«, sagte ich. »Worte sind mein Geschäft.«

Sie war ein großes, kräftiges Mädchen. Sie hatte den schwer-
sten Rucksack von uns allen.

»Wenn Sie gewinnen, trage ich morgen Ihren Rucksack über
den Harris Saddle.«

Sie besiegte mich spielend, am Morgen war ich mir aber
trotzdem sicher, daß es mir erspart bleiben würde, ihr Gepäck
zu schleppen. Es regnete immer noch in Strömen, und die
Sicht war miserabel. Durch Wolkenschwaden und Graupelschauer konnte ich sehen, daß das Unwetter auf dem Gipfel
vom Momus und anderen Bergen in der Nähe eine dicke Neu-
schneedecke hinterlassen hatte. Die Berge spuckten Wasser,
das sich in milchigweißen Kaskaden über die steilen Felswände ergoß.

»Laß uns ein bißchen rumlaufen«, schlug James vor.

Der schmale Fußweg neben der Hütte stand ebenfalls unter
Wasser. Nach ein paar Metern hatte ich nasse Füße. In Schnee-
regen und Wind stapften wir den Pfad hinauf und bestaunten
die Strömung der Routeburn Falls, die jetzt ungefähr doppelt
so heftig war wie am Tag vorher. Wir kletterten noch ein
Stunde lang weiter bis zu einem in einer Art Felsschüssel liegenden Bergsee, einem Gewässer, das hier, wie in Schottland,
tarn heißt. (*Burn* ist übrigens auch ein schottisches Wort und
bedeutet »Fluß«.) Der Sturm schlug noch eine Weile auf das
Wasser im See ein, aber wir konnten zusehen, wie er nachließ
und schließlich ganz aufhörte. Innerhalb einer Viertelstunde
kam die Sonne heraus und glühte mit Macht – heller, als ich es
je erlebt hatte.

Ian, der Fotograf, sagte: »Dieses Licht ist um eine Dreivier-
tel-Blende heller als an jedem anderen Ort der Welt, an dem
ich bisher fotografiert habe.«

Es scheint, daß man den Treibhauseffekt per Belichtungs-
messer erkennen kann.

In dieser blendenden Helligkeit half Pam mir, ihren fast fünfzig Pfund schweren Rucksack zu schultern, dann stiegen wir
auf. Der Lake Harris, ein paar Kilometer weiter den Weg hinauf, war grünlichblau und von Klippen umschlossen. Dann
waren wir oberhalb, stapften durch alpines Gestrüpp und we-
hendes Spitzblattgras, das hier *spaniard* heißt. Unter dem Gewicht von Pams Rucksack schwankend, stolperte ich weiter
zum Harris Saddle (1280 Meter), der als das großartige Tor
nach Fjordland gilt. Darunter windet sich das tiefe Hollyford-
Tal bis zum Meer, auf der gegenüberliegenden Seite sieht man
die anmutigen Darran Mountains mit ihren noch immer tal-
wärts gleitenden Gletschern und sahnigem Neuschnee, der
von den Graten tropft.

Der Anstieg auf den Harris Saddle lohnte sich allein wegen
des Gipfelpanoramas im Westen, eine einzige Reihe von kilo-
meterhohen Bergen – Christina, Sabre, Gifford, Te Wera und
Madeline. Nicht vorzustellen, daß Berge irgendwo enger zusammenstehen konnten – ein ganzer Ozean von weißen Käm-
men, wie ein arktisches Meer.

Abgesehen von dem im Gestrüpp flüsternden Wind
herrschte Stille. Auf dieser Höhe, zwischen mächtigen Bergen,
war ich mir sicher, daß ich alle gemeinen, gewöhnlichen Dinge
hinter mir gelassen und eine Welt betreten hatte, in der es
nichts Kleinkariertes mehr gab. Das passende Gegenstück zu
diesem Gefühl ist die rauschende Glückseligkeit, die man in
einer gotischen Kathedrale erleben kann – nicht in einer
der neuseeländischen Imitationen aus dem neunzehnten Jahrhundert, von denen es leider allzuviele gibt, sondern in einer
echten.

Während ich den Harris Saddle entlangwanderte, sah ich ein
scharfes inneres Abbild Londons vor mir, so wie ich es verlassen hatte, von den Dingen, über die man redete: Da gab es eine
heiße Affäre zwischen einer Verlagslektorin und einem ihrer
jüngeren Assistenten. Außerdem eine berühmte Witwe, ganz

der anrüchige Anne-Hathaway-Typ, auf deren Parties – ver-
räucherte Räume voller Trinker – man unbedingt eingeladen
werden mußte. Ich sah Leute, Autoren, im Fernsehen reden,
Partygäste rauchen und einer Kellnerin die Cocktails vom Ta-
blett schnappen, sich ankreischen, über die Lektorin und ihren
jungen Liebhaber reden. Und dann gingen alle besoffen nach
Hause.

Von meinem mit wilden Blumen und Schnee bedeckten Pfad
aus gesehen, wirkten diese so unendlich weit entfernten Leute
mit ihrer Publizitätsgeilheit winzig und erbärmlich.

»Scheiße!« schrie ich in den Wind und jagte Isidore einen
Schreck ein, aber er merkte bald, daß ich grinste.

Bis hierher hatte ich kommen müssen, um das alles zu verstehen, und ich glaubte, ich würde nie zurückgehen.

Das Wandern in den neuseeländischen Bergen regte mein
Gedächtnis an. Ich hatte diese seltsame Landschaft zutiefst nötig. Reisen, das meist als Flucht vor dem eigenen Ich angesehen wird, ist meiner Meinung nach genau das Gegenteil. Es
gibt nichts, das so sehr die Konzentration fördert oder das Gedächtnis anregt wie eine unbekannte Landschaft oder eine
fremde Kultur, und es ist schlicht unmöglich, sich (wie romantische Seelen immer meinen) an einem exotischen Ort selbst zu
verlieren. Viel wahrscheinlicher ist eine Erfahrung von tiefer
Vergangenheitssehnsucht, die geistige Rückkehr in ein früheres Lebensstadium oder die Einsicht in einen schwerwiegen-
den Fehler. Allerdings geschieht das nie bis zu dem Grad, daß
man die exotische Gegenwart nicht mehr wahrnimmt. Was das
Ganze lebendig und manchmal aufregend macht, ist die Verschränkung von Gegenwart und Vergangenheit: London vom
Harris Saddle aus gesehen.

Ich ließ die anderen hinter mir und begann die lange Über-
querung der Hollyford-Wand. Drei Stunden in großer Höhe,
ohne Schutz dem Wind, aber auch der Schönheit des Gebirges
ausgesetzt, dem Wald, dem Schnee und gelegentlichen Ausblicken auf die Tasmanische See. Von der Höhe des Pfades bis
zum Hollyford River am Talboden ging es über 900 Meter steil
nach unten. Der Weg war felsig und trügerisch, aber mit Al-
penblumen übersät – Gänseblümchen, Schneebeeren und weißem Enzian.

Über mir hatte ich den Ocean Peak, während ich mich langsam über den Fels bewegte. Es war noch nicht sehr spät, aber die Berge dort sind so hoch, daß die Sonne schon am Nachmittag dahinter verschwindet, und ohne Sonne war es sehr kalt. Ein südlicher Wind wehte von der Antarktis her. Der Tag wurde dunkler, und ich erreichte einen Felsengipfel. Unter mir, in einem anderen Tal, lag ein grüner See. Ich war so hoch darüber, daß ich noch eine Stunde für den Abstieg auf den Serpentinen des Weges brauchte. Unten im Tal ging ich zwischen uralten Bäumen, und diese letzte halbe Stunde vor Anbruch der Dunkelheit war wie ein Gang durch einen verzauberten Wald; Bäume, wahrhaftig so alt wie die Berge, grotesk verbogen, feucht und modrig. Der Wald, der über tausend Jahre alt war, der nie berührt oder verändert worden war, bot einen geisterhaften Anblick, Schichten über Schichten von Lebewesen türmten sich übereinander, und alles klammerte sich aneinander – Wurzeln, Stümpfe und Äste, Moos und Felsen bildeten ein einziges Gewirr, und von allem hängen Fetzen einer Flechte, die *old man's beard*, Altmännerbart, heißt.

Es war so dunkel und feucht, daß Moos rund um die Baumstämme wucherte – das Sonnenlicht erreichte sie fast nie. Das Moos machte ihre Umrisse weicher, verwandelte die Bäume in riesige, müde, mißgebildete Monster mit großen schwammigen Armen. Durch die Feuchtigkeit war alles gepolstert und eingehüllt, die Äste schimmerten schwärzlichgrün. Der Waldboden war von Farnen überwuchert, jeder vorstehende Felsbrocken mit samtigem Moos überzogen. Hin und wieder hörte man zwischen den Wurzeln und Farnen Wasser glucksen. Freundliche Rotkehlchen folgten mir.

Alles war sichtbar lebendig und wunderbar, und manche Stellen waren von einem geradezu unterirdisch feuchten Glanz. Es war wie der Wald im Märchen, die perfekt schöne Wildnis, in der Geister und Feen leben, der Kindertraum vom Paradies, eine wunderschöne Disney-Landschaft, in der einem die Vögel aus der Hand fressen und man weiß, daß einem nichts zustoßen wird.

Ich betrachtete mein Leben wieder mit etwas mehr Hoffnung. Vielleicht hatte ich ja doch keinen Krebs.

Die Nacht war kalt – unter Null. Beim Aufwachen in der Mackenzie-Hütte war ich von reifüberzogenen Sträuchern, eisigem Gras und weißgepuderten Farnen umgeben. Überall Klöppelspitze, und das Geräusch eines weit entfernten Wasserfalls klang wie das Rauschen von städtischem Straßenlärm.

Über mir schrien Keas, als ich, nur zum Spaß, an diesem Tag bis ans Ende des Lake Mackenzie wanderte. Die Paradieskasarkas hatten etwas gegen mein Eindringen in ihr Gebiet und beschwerten sich zweistimmig: der Erpel mit Gequak, die Ente mit Geschnatter. Ich ging das Tal hinauf, wobei ich die meiste Zeit einem ausgetrockneten Bachbett folgte und von Stein zu Stein springen mußte. Der Weg war steil, die meisten Steine hatten einen Durchmesser von über einem Meter, und das Ganze ging nicht gerade schnell. Im Windschatten eines Felsens von der Größe einer Garage aß ich zu Mittag. Der Wind nahm zu, die Wolken wurden dicker und füllten den Himmel. Der Tag wurde dunkel und kalt.

Ich stieg weiter, und je höher ich kam, desto freier fühlte ich mich. Es war das gleiche befreiende Gefühl wie auf dem Harris Saddle, als ich an die Trivialitäten Londons hatte denken müssen. Am höchsten Punkt der Stirnseite des Tals, einer erhöhten Plattform direkt unter dem Fraser Col, wurden die Wolken dann noch dicker, und es fing an zu schneien. Ich befand mich an einer Stelle, die wie ein Steinbruch mit Felsbrocken von der Größe eines Wellingtoner Häuschens übersät war, und stand in böigem Wind. Ich wollte keine Zeit verlieren. Die häufigsten Notfälle in dieser Gegend sind weder Stürze noch Knochenbrüche, sondern entstehen durch Unterkühlung. Um meinen Kreislauf anzuregen und mich warm zu halten, kletterte ich schnell von Fels zu Fels zurück nach unten und kam an diesem Tag, der ein Ruhetag hätte sein sollen, ziemlich erschöpft wieder in der Hütte an.

Der Abend war ein typischer Hüttenabend am Track. Beim Abendessen sprachen wir über Mord, Rassenprobleme, Aids, Atombombentests, den Treibhauseffekt, die Wirtschaft der Dritten Welt, die Ansprüche der Maori auf neuseeländischen Boden und den Martin-Luther-King-Tag.

Der Tscheche, für mich immer der »Prahltscheche« – er war

aus Prag emigriert und hatte irgendwo in Kalifornien eine Fa-
brik aufgemacht –, sagte: »In meinem Werk feiern wir den
Martin-Luther-King-Tag nicht. Ich lasse meine Leute arbeiten.«
   »Seit wann leben Sie schon in Amerika?«
   »Seit achtundsechzig.«
   »Haben Sie eine Ahnung von der Bürgerrechtsbewegung in
den Vereinigten Staaten?«
   »Ich hab Ahnung von meinem Geschäft«, antwortete er. Das
stimmte. Zumindest verschwendete er reichlich Zeit, damit an-
zugeben, wie er es in Amerika zu etwas gebracht hatte.
   »Sie arbeiten in einem freien Land«, sagte ich. »Als Sie aus
der Tschechoslowakei raus waren, hätten Sie überall hingehen
können, aber Sie haben sich Amerika ausgesucht. Fühlen Sie
sich da nicht verpflichtet, etwas über die amerikanische Geschichte zu wissen?«
   »Für mich spielt Martin Luther King keine Rolle.«
   »Das ist die Meinung eines Ignoranten.«
   »Will irgend jemand Scrabble spielen?« fragte Isidore.
   Die Hütte war eng. Ich war wütend. Ich ging nach draußen,
kochte innerlich, und durch den dicken Nebel tutete eine Eule:
»*More pork – mehr Schwein!*«
   Am nächsten Morgen wachte ich früh auf und machte mich
schnell aus dem Staub, um nur mit dem Tschechen nicht reden
zu müssen. Er war ein flotter Wanderer und das, was man in
Outdoor-Kreisen einen Ausrüstungsfetischisten nennt – mit
sehr teuren, sehr bunten Sachen.
   Es nieselte, als ich loszog, und etwas weiter vorn hockte auf
einem über dem Weg hängenden Ast eine neuseeländische
Taube. Sie ähnelt keiner anderen Taube der Welt, ist fett wie
ein Fußball und so unbeholfen, daß man sich wundert, wie sie
überhaupt oben bleibt. Sie tut es mit lautem Flügelschlagen. In
früheren Zeiten fingen die Maori, die diesen Weg benutzten,
diese Taube, die *kereru*, mit Fallen und aßen sie dann. Sie ernährten sich von den Vögeln, wenn sie nach dem göttlichen
greenstone suchten, jenem jadeartigen Nephritgestein, das hart
genug ist, um Äxte und Messer daraus zu fertigen, und schön
genug für Schmuck. Überall am Routeburn Track gruben sie
danach. Auf derselben Strecke, zwischen Mackenzie und Lake
Howden, hörte ich dann auch den *bellbird*, den Glockenvogel.

Dieser bemerkenswerte Geräuschimitator trillert erst, dann
knurrt und krächzt er und bricht schließlich in Gesang aus. Die
Maori verehrten ihn sehr. Bei der Geburt eines Sohnes brieten
sie den Glockenvogel in einem heiligen Ofen und brachten ihn
als Opfer dar, damit der Sohn Sprachgewalt und eine schöne
Stimme bekam.

Der morgendliche Nieselregen verstärkte sich zu einem
durchdringenden Dauerguß, der die letzten anderthalb Kilometer des Routeburn Track in ein schlammiges Bachbett verwandelte. Ich ging unter den Earland Falls hindurch, die aus
über neunzig Metern Höhe nach unten stürzten und über den
felsigen Pfad sprühten. Überall war Wasser, Nebel und Lärm,
und weiterzugehen hieß, sich einer Art Taufe zu unterziehen.
Später dann bot der Wald etwas Schutz vor dem Regen, trotzdem kam ich völlig durchweicht in der Howden-Hütte an. Für
Fjordland nichts Ungewöhnliches. Fotografien werden Regen-
wetter nicht gerecht, weshalb die meisten Bilder aus Fjordland
eine sonnige Wildnis zeigen. Dabei ist Sonnenschein in der Gegend eher eine Ausnahme. Am Lake Howden, zum Beispiel,
gibt es zweihundert Regentage im Jahr, an denen mehr als siebeneinhalb Meter Regen fallen.

Nachmittags regnete es immer noch, aber ich freute mich
dennoch auf drei weitere Wandertage, das Greenstone Valley
entlang zum Lake Wakatipu. Es war die Sorte Regen, die Lo-
kalpatrioten veranlaßt, alle Hinweise auf Naturschönheiten
mit »Wenn es bloß nicht . . .« anzufangen.

»Wenn es bloß nicht so dunstig wäre, hätten Sie den wunderbarsten Blick . . .«

Wunderbare Gipfel, Seen, Waldflächen, Klippen, Wasserfälle, Grate, Bergsättel und Schluchten. Das alles war im Regen
verschwunden. Aber die wunderbaren Wälder mit ihren be-
moosten Grotten reichten auch schon. Es war ein berühmtes
Tal, das ausgeschliffen worden war, als sich ein Gletscher vom
Hollyford Valley abspaltete und etwa fünfundvierzig Kilometer weiter nach Südwesten zum Lake Wakatipu vordrang. Dort
verlief ein weiterer Maori-Pfad zu den Greenstone-Lagern an
der Spitze des Sees. Daß die Steine so nahe an Flüssen und
Seen zu finden waren, bestärkte die Maori in dem Glauben, es
handele sich um versteinerte Fische. Greenstone, der sowohl

spirituelle als auch materielle Bedeutung hatte, war besonders begehrt, weil er so schwierig zu bekommen war.

Isidore kämpfte sich voran und summte Brahms. Der Tscheche hatte sich in Luft aufgelöst – wir sahen ihn nie wieder –, dafür schlossen sich uns jetzt zwei Neuseeländer an, tändelnde Verliebte, sehr sportlich, die sich gegenseitig schubsten, knufften und mit Matsch bewarfen, in den eisigen Bächen mit Wasser bespritzten und mittags im Tussock-Gras Ringkämpfe miteinander aufführten – Balz auf Kiwiart. Außerdem ein älterer Rechtsanwalt mit Frau von irgendwo in Oregon.

Beim Anblick des Massenschlafraums in einer der Greenstone-Hütten sagte der Mann: »Ah, ich verstehe, bisexuell!«

Nicht direkt, aber wir wußten, was er meinte.

Der Greenstone Track führte durch ein Flußtal – also kein Schnee und keine Graupelschauer. Nach dem Frühstück machten wir uns gemeinsam auf den Weg, da aber jeder ein anderes Tempo vorlegte, gingen am Schluß alle für sich. Man traf sich auf einem Rastplatz zur Brotzeit (Nüsse und Rosinen), dann ging es weiter durch den Wald bis zum Mittagessen, das auf dem Greenstone immer als Picknick an einem Fluß stattfand. Schließlich stapfte man für den Rest des Nachmittags weiter auf eine der Hütten am Flußufer zu. Wo das Tal sich bis auf zwei oder drei Kilometer verbreiterte, wurde der Fluß lauter und wilder, und die naßglänzenden Grauwacke-Brocken, die in ihm lagen, machten ihn nur noch grüner.

Wasserfälle stürzten von den Bergen oberhalb des Pfades, aber sie waren so hoch und der Wind so stark, daß sie wie verdampfende Brautschleier verwehten, ein nebliger Batist, der sich auflöste, bevor er den Talboden erreichte. Vögel begleiteten, Rehe, Habichte und Falken beobachteten uns. Das Wetter war zu wechselhaft und der Westwind zu heftig, um einen völlig verregneten – oder sonnigen – Tag anzudeuten. Rasch zogen ständig neue Wolken über den Himmel und wurden von den Livingstone Mountains am Rande von Fjordland zerrissen. Wir hatten inzwischen das Gebiet des Nationalparks verlassen und gingen durch den Wakatipu State Forest zum See.

Statt der immergrünen neuseeländischen Südbuchen höhe-

rer Regionen wuchsen hier im Tal die dickeren, größeren Rot-
buchen und die schlanken, kräftigen Horoeka-Bäume, die mit
ihren herabhängenden Blättern die Ränder des Talbodens säu-
men. Wir durchquerten die Rinnen lange zurückliegender Erd-
rutsche, einen Wald voller ausgeblichener Überreste von Bäumen, die vor kurzem erst einem Waldbrand zum Opfer gefallen waren, passierten eine tiefe Schlucht und einen Felsen
(einen sogenannten *roche moutonée*), der stur und unverrückbar
dem Gletscher widerstanden hatte, gingen durch kühle, be-
mooste Wälder, durchwateten einen knietiefen, eisigen Bach –
das neuseeländische Pärchen bespritzte sich kreischend mit
Wasser –, und immer kamen die Vögel mit.

Bei der letzten, zitternden Hängebrücke, einer Konstruktion,
die an die Inkas erinnerte, nahe der Mündung des Greenstone,
wo das Caples-Tal mit dem Greenstone-Tal zusammentrifft und
ein Amphitheater aus Gebirgen bildet, wirkten die Bäume europäisch und verpflanzt – hohe Pappeln, die wie riesige Ähren-
bündel in herbstlichem Gold dastanden, dunkle Douglastannen
und die auffallend roten Blätter der Blutbuchen, alles Bäume,
die die Neuseeländer fremdländisches Unkraut nennen und am
liebsten fällen, entwurzeln und aufasten würden.

Ich erreichte das Ende des Weges nicht gern, denn es hatte
etwas so Heilsames, durch die Wildnis zu wandern. Ein Land
in dem Zustand zu sehen, in dem es sich befand, seit es aus
dem Wasser gestiegen und sein Eis abgestreift hatte, unberühr-
tes, unverändertes Land, der einzige Eingriff ein Fußweg, der
so eng war, daß man ständig mit den Ellbogen an Farne und
tote Äste stieß, solch ein Land wirkte beruhigend auf den
Geist.

Auf diesen Pfaden Buschmann zu spielen, hatte meine
Phantasie angeregt, die grandiose Landschaft gab allem
menschlichen Streben die richtige Dimension. Je kleiner man
sich auf der Erde fühlt, von Bergen zum Zwerg gemacht, von
Winden angefeindet, desto ehrfurchtsvoller wird man, und
ist – so man nicht völlig unbelehrbar ist – um so weniger versucht, sie zu vergiften oder zu zerstören. Im Pazifik sind es die
Eindringlinge von außen, die den größten Schaden angerichtet
haben – sie haben Atommüll nach Johnston Island gebracht
und eine riesige Kupfermine auf Panguna in den Nördlichen

Salomonen gegraben, sie legen kilometerlange Schleppnetze aus, die alles Lebendige umbringen, das sich in seinen Maschen verfängt, und testen atomare Sprengköpfe auf dem Mururoa-Atoll in den Tuamotus.

Aber auch das hier war Polynesien, dieser Regenwald, diese südlichen Alpen. *Te Tapu Nui* nannten die Maori ihre Berge: »Die Gipfel größter Heiligkeit.«

3. KAPITEL

GESCHWAFEL IN WEISS-AUSTRALIEN

Australien, diese riesige Pazifikinsel in Meganesien, ist ein unterentwickeltes Land voller Schrecken und manchmal auch Angst vor der eigenen Leere. Seine Einwohner schreien, als müßten sie sich selbst Mut machen. »*G'day! Tach auch! How's your rotten form! Wie stehen die Aktien! Good on 'yer! Na, prima!*«

Wie auch auf allen anderen Inseln Ozeaniens leben die meisten Menschen an Stränden und Küsten, und so haben die Ränder eine Kruste aus Ziegelsteinen und Einfamilienhäuschen, der Rest ist insektengeplagte Wildnis, krächzender Wind und rote Wüste.

Und das Ganze ist voller Fliegen. »Die Australier haben die unangenehme Angewohnheit, so durch die Zähne zu sprechen, als kämen sie aus dem Land der Fliegen«, bemerkte vor etwa fünfzig Jahren ein Richter in Sydney. »Sie fürchten wohl, daß die Viecher hineingeraten könnten, wenn sie den Mund einmal aufmachen.« Die Leute kneifen vor den Fliegen die Augen zu, leben mit dem Rücken zur Wüste, demonstrieren einheimische Wurschtigkeit und knurren: »*Go and have a roll! Ach, scher dich zum Teufel!*«, oder: »*Who gives a stuff? Scheiß drauf!*«

Vielleicht reden die Australier lauter als andere Menschen, weil sie vom Rest der Welt so weit weg sind. Wie sollte man sie sonst hören?

Das australische Buch des guten Tons ist ein schlankes Bändchen, das unverschämte Buch der Unhöflichkeit ein dikker Wälzer. Es erregt Aufmerksamkeit, wenn man auf kumpelhafte Art frech wird, und man kann sich *Down Under* durchaus Freunde schaffen, solange man seine Grobheiten in der richtigen Tonlage von sich gibt. Australisches Englisch (Glanzlicht und größte Kunstform des Landes) ist die Sprache der Vertrautheit. »*Goodoh! Prima!*« »*How yer doing, mate, all right? Wie*

geht's, Kumpel, alles klar?« »*How's your belly where the pig bit you?«*
– etwa: »*Was macht die Stelle am Bauch, wo dich das Schwein gebissen hat?«* Im Sinn für die Spielregeln der Kumpanei liegt in Australien der Schlüssel zum Erfolg: Spott gibt dem Ganzen die nötige Wärme.

Die Australier sind für die rauhe Zärtlichkeit ihres Spotts berühmt, der sich durchaus auch auf sie selbst richten kann: Niemand macht mehr Witze über Australien als die Australier selbst.

»Das hier ist der Arsch der Welt«, hörte ich einen Australier im Fernsehen sagen. Er kam aus Melbourne, das manche Australier *Smellburn*, *Stinkbrand* – nennen. Er sprach einen Kommentar zur Zweihundertjahrfeier, den Jahrestag der unrühmlichen Ankunft der ersten Sträflinge in Botany Bay. »Sehen Sie sich das mal auf der Landkarte an«, fuhr er fort. »Das Land sieht aus wie ein Hintern. Sehen Sie«, er zeigte auf den Umriß, »das hier sind die beiden Hängearschbacken!«

Ich hatte mein Faltboot an die Küste von Western Australia mitgebracht, einen Staat von der Größe Mexikos, in die Gegend, die der Fernsehmann als die linke Arschbacke bezeichnet hatte. Ich war in Perth, und es war ungeheuer windig.

»Wir sind hier am Ende der Welt«, sagte eine Frau in der nahen Hafenstadt Freemantle zu mir. »Und stellen Sie sich vor, welcher Autor noch hier war?« fragte sie. »D. H. Lawrence. Für vierzehn Tage.«

»Australien liegt abseits von allem«, sagt D. H. Lawrence in *Kangaroo*, seinem Roman, den er 1922 schrieb, während er durch Australien hastete. Er hat sicher weniger Zeit mit dem Schreiben dieses Werkes verbracht als ich mit seiner Lektüre: Das Buch ist praktisch unlesbar. Etwa zehn Tage nach seiner Ankunft fing er mit seiner sezierenden literarischen Verarbeitung Australiens an, und knapp einen Monat später war er fertig. Fünf Wochen für einen Roman von vierhundert Seiten. Lawrence kommt in seinem Buch recht plattfüßig daher, aber was soll's, bei der Geschwindigkeit! Und manchmal übertrifft er sich auch, wenn er eine platschende Welle oder eine Qualle beschreibt.

Ich hatte mir vorgestellt, daß meine Reise, die als Lesereise anfing, auf der ich etwas über meine Bücher sagen, oder besser gesagt, dahinschwafeln sollte, als Abenteuerfahrt in die Wildnis enden würde. Perth war die erste von fünf australischen Städten, die ich vereinbarungsgemäß besuchte, um bei literarischen Mittagessen Vorträge zu halten und Interviews zu geben. Für mich bedeutete das einen ziemlichen Sprung ins kalte Wasser, denn Australien ist ein Land von Lesern und Zuschauern. Das Publikum gehört zu den bestinformierten und weltoffensten auf diesem Planeten und beherbergt die raubgierigsten Journalisten des gesamten Gewerbes – in einem Land, das überreich mit Zeitungen, Zeitschriften, Radio- und Fernsehstationen gesegnet ist, ist man stolz darauf, Lohnschreiber und Pressefritze zu sein. Australien hat zwar etliche Nachrichtenorgane, erzeugt aber selbst wenig Berichtenswertes: Also handeln die hungrigen Medien mit dem, was politisch und kulturell im Ausland geschieht. Man stürzt sich auf jeden Neuankömmling, egal, ob Autor, Schauspielerin oder Schreiberkollege. Jeder ist Freiwild – jeder von der anderen Seite des Great Barrier Reef.

Und noch aus einem anderen Grund war das Wasser kalt: Die Australier haben die amerikanische Angewohnheit, fast alle Ausländer wie potentielle Einwanderer zu behandeln, und manche ihrer bildhaftesten Spottausdrücke sind solchen Leuten vorbehalten, etwa *refujews* für jüdische Flüchtlinge, für Italiener *dingbats, eyetoes, spigotties* und *spaggies*. Neuseeländer sind *pig islanders*, Engländer *poms, pommies* oder *pongos*. Die Australier scheinen auch das Wort *chink* für Chinesen erfunden zu haben, jedenfalls waren sie 1879 die ersten, die es benutzten, zweiundzwanzig Jahre, bevor es in Amerika nachgewiesen werden konnte. Aber die Chinesen haben noch etliche andere Namen: *canaries, dinks* und *chowchows*. Amerikaner sind durchweg *yanks* oder *yank wogs*, Engländer gelegentlich *pom wogs*. Damit unterscheidet man sie von den eigentlichen »werten orientalischen Gentlemen«, die in Australien unter *wog wogs* firmieren. Das Ganze ist nicht als Beschimpfung zu verstehen, sondern eher als verhaltene, aber herzliche Form australischer Gastfreundschaft.

Ich war also bei den *sandgropers*, den *Sandkratzern* – der Ausdruck, mit dem der Rest des Landes die Einwohner Western Australias belegt –, in Perth, einer großen, nagelneuen, aufstrebenden Stadt mitten im öden Busch, Hochhäuser im Nirgendwo, mit den Ausmaßen, dem Optimismus und viel vom hellen Licht solcher Orte wie Portland im amerikanischen Oregon. Ein guter Ort, um ein neues Leben anzufangen, und genau das schienen viele von den Leuten auch zu tun: Deshalb waren sie aus Südafrika, aus Europa, sogar aus Amerika gekommen.

Australien ist das einzige Land, das ich kenne, in dem je eine größere Anzahl von Amerikanern versucht hat, Wurzeln zu schlagen. Vor dreißig Jahren, als Australien zu Zeiten der sogenannten *White Australia Policy* zum Land für weiße Separatisten wurde, machten sich Amerikaner und andere Nationalitäten auf den Weg, oft rund um den Globus: Jedes blöde, armselige Bleichgesicht wollte plötzlich Zuwanderer werden und sich von einer verzweifelten Regierung, die für jede weiße Arbeitskraft dankbar war, die Reise bezahlen lassen. Heute geht man aus dem entgegengesetzten Grund, da Australien politisch neutral zu sein scheint und allen Rassen offensteht. Viele zugewanderte Amerikaner sagen: »Ich fühle mich als Australier.« In den gesamten achtzehn Jahren, die ich in England gelebt habe, habe ich nicht einen dorthin verpflanzten Amerikaner sagen hören: »Ich fühle mich als Brite.«

Ich wanderte also im Hafen von Freemantle herum, der gleich neben Perth liegt, und überlegte, ob ich mein Faltboot zu Wasser lassen sollte. Aber der Wind, der vom Indischen Ozean hereinblies, war viel zu stark. Draußen hinter der Brandung schwankten die seltsamen Formen von Viehtransportschiffen in der starken Dünung. Sie sahen aus wie schwimmende, zehnstöckige Häuser, in denen dicht an dicht, in offene Drahtkäfige gezwängt, Tausende lebender Schafe standen, unterwegs in den Persischen Golf zum Schächten nach mohammedanischem Ritus – zum Halsaufschlitzen, den Kopf gen Mekka gewandt. Es ist eine Tatsache, daß der größte Teil des arabischen Hammelfleischs aus Meganesien stammt. Australien liefert die weißen Schäfchen fürs Hammelgulasch, und die Mehrzahl der Lämmer Neuseelands enden auf Shish-Kebab-Spießen im Iran und Irak.

Meine Bücher waren per Schiff nach Australien abgegangen, zwei Ausgaben waren gerade angekommen – ein Roman und ein Reisebuch. Meine Reise begann als Promotiontour für genau diese beiden. Ich gab Interviews.

»Was halten Sie von den Chinesen?« fragte mich eine Journalistin in Perth für ihr Magazin, und ich bedeutete ihr, das sei eine schwierige Frage, da es eine Milliarde davon auf der Welt gebe.

»Wie lange braucht man, um ein Buch zu schreiben?« lautete eine andere Frage, über die ich ins Grübeln geriet, bis ich merkte, daß ich sie nicht beantworten konnte.

Die Ergänzungsfrage dazu hieß: »Respektieren Sie die Hauptfigur in Ihrem Roman?«

Das verwirrte mich. War das eine Kostprobe der Fragen, auf die ich mich im weiteren gefaßt machen mußte? Ich sagte ja, ich respektiere alle Figuren in meinen Romanen, und dachte: Auch dich, Kamerad, wenn du jemals mehr als eine Pappfigur werden solltest . . .

Aber es gab auch leicht Beantwortbares.

»Was ist der Hauptunterschied zwischen einem Roman und einem Reisebuch?« fragte mich ein Mann in Freemantle und hielt mir dabei einen Kassettenrecorder unter die Nase.

In diesem Teil Australiens scheint mir der Journalistenberuf nicht besonders schwierig. Eines Tages zum Beispiel holte mich in Freemantle jemand aus dem Mittagsschlaf (ich hatte gerade einen Alptraum über Krebs gehabt) und verfrachtete mich in eine Redaktion in Perth, das Haus eines Revolverblatts mit dem einprägsamen Titel Daily Mail, das seinen Ruhm durch die tägliche Veröffentlichung eines riesigen Fleischwurstphotos mit dem Titel *Your Daily Male, Ihr Mann des Tages*, erlangt hatte.

Man bat mich, zehn oder fünfzehn Minuten zu warten, dann wurde ich in eine Zelle gebracht, in der ein achtzehnjähriger Junge an einem aufgeräumten Schreibtisch saß. Eine Besonderheit dieser Zelle schien mir interessant: Kleine ausgeschnippelte Bildchen von Elvis waren mit Tesa an der Schreibunterlage, der Pinnwand, am Kalender und sogar auf der Tastatur des Telefons festgeklebt.

»Sind Sie schon lange in Perth?«

Nein, sagte ich. Ich war bloß unter großen Kosten und enormen persönlichen Opfern von Amerika via Neuseeland hergeflogen, um ihm hier an seinem Tisch in diesem großen Gebäude hinter dem Mitchell Freeway am Rande von Perth, Western Australia, Gesellschaft zu leisten. Dazu hatte er nichts zu sagen, machte nicht einmal eine Notiz auf seinen jungfräulichen Block. Also fragte ich nach den Elvisbildern.

Er lächelte – freute sich, daß ich ihn das fragte. Er sagte: »Ich steh einfach auf ihn.«

Er richtete seinen Blick auf die ausgeschnippelten vergilbenden Konterfeis des todgeweihten amerikanischen Sängers. In der nun folgenden langen Stille fragte ich mich, ob ich noch eine weitere Frage stellen sollte. Dann sah der Junge mich an, als fiele ihm plötzlich wieder ein, wo er war.

»Gut, wo wollen wir anfangen?« fragte er profimäßig.

Das war keine rhetorische Frage, also sagte ich: »Haben Sie irgendwas von dem gelesen, was ich geschrieben habe?«

»Nein«, sagte er mit herzhafter Zutraulichkeit. Es klang fast stolz.

»Vielleicht haben Sie die Verfilmung der *Moskitoküste* gesehen?«

»Hab ich. Fand ich gut.« Und er kritzelte Strichmännchen auf seinen Block.

»Dann können Sie ja auch das Buch lesen!« sagte ich und fand, daß ich damit das Eis gebrochen hatte.

»Nein. Das werde ich nie. Weil ich den Film richtig gut fand. Ich meine, weil ich ihn viel zu gut fand. Was wäre denn, wenn ich jetzt das Buch lese und nicht gut finde?«

Ich starrte ihn an, aber er hatte sich schon nach vorn gebeugt, um mir ein Geheimnis zu enthüllen.

»Dann wär mir der ganze Film verdorben«, sagte er und klopfte auf seinen Notizblock. »Das Risiko wär mir zu groß.«

»Zuviel Risiko, ich verstehe.«

Es führte zu nichts. Aber vielleicht war da ja auch nichts. Ich ging wieder zu Elvis über, und wir unterhielten uns ein bißchen. Anschließend brachte mich der junge Mann zur Tür und stellte mir die einzige literarische Frage dieses Interviews.

»Wie kommen Sie an Ihre Figuren? Denken Sie sich die einfach so aus?«

»Manchmal denke ich sie mir aus«, sagte ich, »und manchmal erscheinen sie auch leibhaftig vor mir.«

»Na, prima!«

Nach solch unbeholfenen Begegnungen fühle ich mich oft niedergeschlagen und verloren. Am folgenden Abend sollte ich bei einem literarischen Dinner im Rathaus von Freemantle den Vorsitz übernehmen. Das Rathaus ist ein (wie so viele in dieser prachtvoll restaurierten Hafenstadt) wunderbares, goldverziertes Gebäude, das zur Feier von Queen Victorias Thronjubiläum im Jahre 1896 errichtet wurde. Ich fühlte mich zittrig vor Übermüdung und fürchtete, in Tränen auszubrechen, wenn jemand meine Frau erwähnte.

So ungefähr das erste, was ich dann gefragt wurde, war: »Ach, und Ihre Frau haben Sie nicht mitgebracht?«

Ich ging auf die Herrentoilette und seufzte, ja schluchzte fast, dann wusch ich mir das Gesicht und schloß mich den Leuten am Präsidiumstisch an. Ich bin der zittrigste und unsicherste Mensch im ganzen Saal, dachte ich, und ausgerechnet ich muß hier aufstehen und eine Rede halten.

Die Dame zu meiner Linken sagte: »Letzten Monat war Roald Dahl mit seiner Frau hier.«

Ich schwieg. Das Essen wurde serviert. Vierhundertfünfzig Leute, die alle auf einmal redeten, tranken und sich prächtig amüsierten. Ich betrachtete sie, hörte ihr Gelächter und verlor jeden Appetit.

Die Dame zu meiner Rechten sagte, sie arbeite in einer Buchhandlung, und ich sei einer ihrer Lieblingsautoren. Sie sagte: »Warum schreiben Sie nicht mal ein paar Kurzgeschichten?«

War das schon wieder ein australischer Scherz? Ich sagte: »Ich habe welche geschrieben.«

»Warum veröffentlichen Sie sie nicht?«

Die Australier sind für solche offenbar schulterklopfend-ironischen Bemerkungen berühmt, aber in meiner düsteren Stimmung wurde ich sehr wörtlich.

»Das habe ich.«

»Ich meine, als Buch veröffentlichen.«

»Ich habe ungefähr vier Sammelbände publiziert. Im ganzen achtzig Geschichten.«

Die Dame zu meiner Linken sagte, sie lebe jetzt schon seit ungefähr fünfzehn Jahren in Perth.

»Wie schön für Sie«, sagte ich. »Freemantle ist sehr hübsch, und Perth erinnert mich an eine amerikanische Stadt an der Nordwestküste. Die viele gute Luft.«

»Ich find's grauenhaft«, sagte sie. »Hier ist es wie auf dem Mond. Die Leute in Perth sind so komisch. Ich kann es kaum beschreiben. Ich hab mich selbst in Afrika wohler gefühlt, bei den Afrikanern.«

Das nächste, was ich hörte, war das laute Räuspern eines Mannes am Mikrophon, der mich voller Begeisterung vorstellte.

Ich hatte keinen vorbereiteten Text. Ich erzählte etwas über das Reisen im allgemeinen und ein paar Anekdoten aus China, das Thema eines der Bücher, für die ich werben sollte. Diese Art von Redenschwingerei ist ein seltsames Geschäft. Man weiß, man wird gemustert wie jemand, der eine Stelle sucht. Weiß, daß man dasteht und sich den Mund fusselig redet, damit sie zum Schluß sagen: Ach, was für ein netter Kerl, Fred. Komm, laß uns sein Buch kaufen.

Während ich dastand und redete, sah ich, wie sich ein großer Mann hinten im Saal aus seinem Sessel hievte. Er hielt noch sein Glas in der Hand, setzte es aber ab, als er nach vorn torkelte. Er war leicht über einsachtzig und sehr kräftig – fett wie ein Zuchtbulle, wie er es vielleicht selbst ausgedrückt hätte. Er trug einen langen Mantel und wirkte ausgesprochen wütend, als er sich auf mich zubewegte – ja, auf mich. Der Saal war so groß, daß es eine Zeit dauerte, bis auch jemand anderer ihn bemerkte. Ich beobachtete, wie er auf mich losmarschierte, während ich über die Todesstrafe in China sprach. Und endlich dann hielt eine Frau, die viel kleiner war als er, seinen Arm fest und versuchte, ihn zurückzuhalten. Die Art, wie er sie mit sich riß, bewies, daß er die Kraft einer Dampflok hatte.

Würde er sich gleich übergeben? Würde er losbrüllen? Wollte er mich vielleicht angreifen?

Ich zögerte und hörte auf zu sprechen, als er sich von der Frau losriß und sich im Angesicht sämtlicher Dinnergäste drohend vor mir aufbaute. Er zeigte mit den Fingern auf mich, machte obszöne Gesten und brabbelte los, während die Frau – offenbar eine peinlich berührte Lebensgefährtin – sich an seinen Mantel klammerte. »Du bist ein Wichser, Kumpel!« sagte er. »Ein verdammter Wichser bist du!«

Vom Publikum hörte man aufgeschrecktes Getuschel und mißbilligendes Schnalzen. Aber niemand stand auf, um ihn rauszuwerfen. Die einzige, die etwas tat, war die winzige, zähe Frau – erneut versuchte sie, ihn zur Seite zu zerren, während er darum kämpfte, seine fetten Fäuste gegen mich zu erheben.

Mittlerweile hatte ich es aufgegeben, auch nur so zu tun, als hielte ich meine Rede noch. Ich wartete schlicht darauf, daß er mich packen, zusammenschlagen und vor den Gästen des Freemantle Literary Dinner erdrosseln würde. Ich betete um mehr Kraft für die Frau, die an ihm zog. Mein Gebet wurde erhört: Sie schleifte den riesigen Kerl zur Tür. Dann war er weg. Aber nicht lange. Einen Augenblick später donnerte er – wie die Leiche im Horrorfilm, die plötzlich wiederaufersteht, um einem einen Schreck einzujagen – mit Volldampf durch die Tür und schrie: »Du verdammter Wichser!« Um gleich darauf wieder weggezerrt zu werden.

»Solche Leute nennen die Chinesen ›Schlitzaugen‹ und behaupten, daß sie keine Manieren hätten«, improvisierte ich nervös. Ich stotterte noch ein bißchen weiter und gab schließlich auf.

»Er war besoffen«, hieß es später. »Kann wahrscheinlich keine Bücher ausstehen. Seine Alte hat ihn mitgeschleppt. Fand Sie wohl langweilig. Und dann hat's ihm gereicht.«

Ein vor kurzem erst Eingewanderter erklärte: »Sie sind ziemlich offen, die Aussies. Sie haben keine Skrupel, dir zu sagen, daß du dich verkrümeln sollst, wenn sie dich nicht mögen. Ich meine, die sehen dich einfach an und sagen dir voll ins Gesicht: ›Verpiß dich.‹«

Ein anderer sagte: »Ich hab den fetten Kerl beobachtet. Die ganze Zeit. Mann, dem hätte ich einen eingeschenkt. Ich hab Selbstverteidigung gelernt.«

Ich wollte ungern zugeben, daß ich Angst gehabt und damit gerechnet hatte, daß er mich angreifen würde. Daß er betrunken war, schien mir als Erklärung nicht viel herzugeben in einem Land, in dem die meisten Männer die meiste Zeit über betrunken sind.

Während ich dann an einem Tisch saß und meine Bücher signierte, hörte ich noch merkwürdigere Sätze. Die verqueren und nervösen Äußerungen von Lesern, die sich um einen her-

umdrängeln, sind schwer vorauszusagen. »Ich hab Sie mir größer vorgestellt«, sagen sie. »Ich dachte, Sie wären jünger.«
»Wann haben Sie sich den Bart abgenommen?«, oder: »Mein
Mann und ich fahren in vier Wochen nach Indien. Können Sie
uns ein preiswertes Hotel in Darjeeling sagen?« »Sie sollten
sich eine Textverarbeitung zulegen.« »Sie sind der Lieblings-
schriftsteller meiner Mutter – haben Sie Lust, zu ihrer Geburts-
tagsfeier zu kommen? Am Dienstag?«

Eine finster aussehende Frau mit dem Gesicht eines Emus
durchbohrte mich mit ihren Blicken und fuchtelte mir mit
einem meiner Bücher vor der Nase herum.

»Ich habe noch nichts von Ihnen gelesen«, sagte sie. »Wehe,
wenn das hier nichts taugt.«

Ein anderer beäugte mich mitleidig und sagte: »Warum können Sie Australier eigentlich nicht ausstehen?«

Und während immer mehr Leute kamen, mit Büchern zum
Signieren und durch und durch logischen Schlußfolgerungen,
stellte sich ein Mann direkt hinter mich und hauchte mir ins
Ohr: »Sie haben die Schnauze voll, oder? Geben Sie's doch zu,
na los. Sie wollen das hier nicht machen. Sie können diese
Leute nicht ausstehen. Sie haben die Schnauze voll.«

Ich drehte mich zu ihm um und sagte: »Mein Bester, ich lebe
von dem, was ich hier mache.«

Hinterher wanderte ich durch die windigen Straßen von
Freemantle, und es schien mir ein gefährdeter Ort, eine halbe
Stadt an einem kleinen stürmischen Strand zwischen Meer
und Wüste. Weiß-Australien.

»Wo sind die Aborigines?« fragte ich jeden, der mir in den
nächsten Tagen begegnete. Die meisten zuckten mit den Achseln, manche zeigten mit dem Daumen in Richtung Busch.

»In *Woop Woop*«, sagte einer und erklärte, das sei die übliche
Bezeichnung für das australische Nirgendwo.

Wenn mich danach jemand fragte, wohin ich in Australien
am liebsten wollte, sagte ich: »Nach *Woop Woop*.«

Aber zuerst mußte ich in all die Städte. Ich flog mit dem Flugzeug nach Melbourne, zweitausend Meilen quer über die
große australische Leere, in der, so die Australier selbst, nichts
Lebendiges ist.

»Man nennt diesen Teil der Collins Street auch Klein-Paris«, hieß es in Melbourne. Immer wieder wurde ich darauf hingewiesen, wie europäisch es hier aussehe: die aus Ziegeln gemauerten Kirchen, die ehrwürdigen Bahnhöfe, der Rangierbahnhof, die Straßenbahnen und der Kohlenstaub.

Aber ich fand das überhaupt nicht. Es war alles viel geräumiger, jünger und wirkte weit eher wie eine Stadt im amerikanischen Mittelwesten. Europäische Städte sehen beschädigt und repariert aus. Melbournes amerikanischster Zug besteht darin, daß es offensichtlich nie bombardiert wurde.

Meine verschiedenen Begegnungen in Perth hatten mich zum gebrannten Kind werden lassen. Ich wurde vorsichtig. Ob ich einer großen, sitzenden Menge oder einer anderen Art von Menschenansammlung gegenüberstand, ob ich in Banken, Restaurants, an Straßenecken oder in Taxis mit Leuten zu tun hatte, etwas kaufte oder mir nur die Zeit vertrieb, ich wurde das Gefühl, oder genauer, die Angst einfach nicht los, daß die Leute nicht wirklich höflich waren, sondern sich mühsam zurückhielten. Dabei war es nichts Persönliches: Sie wollten mir bloß eine reinhauen.

Australier (fand ich) waren Menschen, die ruhig und gelassen wirkten, während sie in Wahrheit aber vollauf damit beschäftigt waren, ihre Gefühle unter Kontrolle zu halten und sich gut aufzuführen – das kleinste Nachlassen ihrer strengen Wachsamkeit ließ sie bereits zur Meute werden. Sie waren wie ein gerade erst domestiziertes Volk, wie Jugendliche, die mit Erwachsenen am Tisch sitzen: aufrecht, förmlich und hölzern, und sobald sie ein bißchen lockerlassen oder ein Bier zuviel trinken, gleiten sie in plumpe Vertraulichkeit ab, und die Hölle ist los. Was man für gute Umgangsformen hält, ist nichts weiter als das gezwungene Benehmen von jemandem, der sich zusammenreißt. Die meiste Zeit über zeigten Australier die übertriebenen und wenig überzeugenden Manieren von Betrunkenen, die Nüchternheit vorzutäuschen versuchten.

Einer meiner Freunde war in den Sechzigern an die Universität von Monash (die Farm – wir waren im Land der Kosenamen) bei Melbourne gegangen. Er erkärte mir: »Australier sind aggressiv und neidisch, aber irgendwann schließen sie dich ins Herz.«

In Melbourne sah ich meinen ersten Aboriginal. Er stand an einer Straßenecke, drückte den Knopf einer Fußgängerampel und wartete auf grünes Licht. Ich beobachtete ihn aus einiger Entfernung und fragte mich, warum mir dieser einzelne Mann so merkwürdig vorkam. Es waren weniger sein glattes Gesicht oder seine verfilzten Haare, seine schiefe Gestalt oder seine zerfetzten Schuhe. Es war einfach die Tatsache, daß er da am Bordstein stand. Weil auf der Straße keine Autos waren. Weil das sein Land war. Weil dieser Nomade um die Erlaubnis zum Gehen bat.

»Sie hassen die Abos, sie hassen sie wirklich«, sagte ein vor kurzem aus Nordengland Eingewanderter. »Es ist erstaunlich, was sie so sagen – wieviel Haß da drin ist, meine ich. Mir persönlich sind sie ziemlich egal. Wenn ich sie manchmal so sehe, tun sie mir leid, obwohl . . .«

Man sprach über sie, ich suchte sie: Sie schienen nicht zu existieren. Sie waren noch weniger als Schatten, die sich in der Menge verloren, und die Verstädterten unter den Aborigines lebten in Gegenden, um die der Rest der Menschheit einen großen Bogen machte.

Auf meine Frage: »Gibt es hier viele Aborigines?«, bekam ich üblicherweise eine australische Redensart zu hören: »Verdammt viel zu viele.« Waren es denn wirklich so viele?

Und außerdem war ich derjenige, der Fragen zu beantworten hatte.

»Wenn Sie soviel unterwegs sind, dann vermißt Ihre Frau Sie doch sicher?«

Wir haben uns getrennt.

»Ja, ich glaube, daß sie das tut«, sagte ich.

»Sie bereisen so viele exotische Gegenden, wie schaffen Sie es da bloß, gesund zu bleiben?«

Um die Wahrheit zu sagen, ich habe vielleicht Krebs.

»Ich trinke niemals Wasser direkt aus der Leitung«, sagte ich.

»Bekommen Sie tatsächlich nie Durchfall?«

Ständig.

»Nein, meistens Verstopfung», sagte ich.

»Sie sind so heiter, dabei sind Ihre Bücher manchmal ganz schön deprimierend.»

Genau. Weil ich mich verloren und deprimiert fühle. Besonders jetzt.

»Haben Sie vor, auch ein Buch über Australien zu schreiben?«
Ja.

»Was weiß ich denn schon über Australien?« sagte ich.

Melbourne, die gesetzte, gesellige Stadt, sah bei Regen besonders wohlhabend aus, wenn die Gebäude durch die Nässe dunkler wurden und die naßglänzenden Straßen geschäftige Menschen widerspiegelten. Dabei waren die Zeitungen, wie anderswo auch, voll harter Selbstkritik. Australien hat im Ausland das Image großspurigen Selbstvertrauens und zufriedenen Frohsinns, das Land selbst aber wird beherrscht von nörgelnder Selbstzerfleischung und von der ewigen Frage: *Was stimmt nicht mit uns?* Der Besucher wird oft um sein ehrliches Urteil über das Land gebeten. Wenn man es lobt, feixen sie hämisch und nennen einen eine alte Tunte oder Schwuchtel (die australische Sprache ist überreich mit negativen Bezeichnungen für Homosexuelle gesegnet: *quince, queen, spurge, pood, sonk – Quitte, Königin, Wolfsmilchpflanze, Wärmflasche, Parterreakrobat –* und die Frage *»Bist du Arthur oder Martha?«* sind nur Beispiele). Als Antwort scheinen die meisten Australier eher etwas Lustiges, Zwangloses zu erwarten, etwa: *»Ihr Kerle seid zäh wie 'n Schweinefrühstück, aber so gefallt ihr mir.«*

Ich hielt meine Mittagsvorstellung vor fünfhundert Leuten in Melbournes Regent Ballroom, während die sich durch ihr Hammelfleisch mit Kartoffelbeilage arbeiteten. Ich fragte mich, ob eine solche Menschenmenge wohl auch in einer amerikanischen Stadt zusammengekommen wäre, um sich mein Gestammel anzuhören. Es war eine sehr bunte Gesellschaft: von hochbetagten Literaturfanatikern und Eisenbahnenthusiasten, die mich zum Tee oder zu Lustpartien mit der Bahn einluden, bis hin zu verstohlen blickenden Jungs mit Tätowierungen und nikotingelben Fingern, die sich in einer Wolke von Haschischdampf nach vorn beugten und eselsohrige Taschenbücher präsentierten. Zwei von der jüngeren Sorte waren Musiker, die mir eine Einladung zu ihrem Konzert an diesem Abend überreichten:

»Fred Fenton and The Fellow Travellers – Vorstellungsfete und Plattenpremiere in Fred's Haschisch Center, berühmt für besten nepalesischen Stoff und Ganja – Mittwoch, Eintritt frei.«

»Ich finde es wunderbar, wenn junge Leute lesen«, sagte jemand, während Fred Fenton seine Bücher in seine balinesische Schultertasche packte und auf einer Rauchwolke nach draußen schwebte.

»Offenbar habe ich in diesem Land ein breites Spektrum von Lesern«, sagte ich.

Als es Zeit wurde, nach Sydney aufzubrechen, streikten die Piloten der großen Fluggesellschaften, und der gesamte Linienverkehr lag lahm.

»Dieser Streik ist ein Skandal«, sagte einer. »Dieses Land ist das Letzte. Alles geht den Bach runter.«

»Sie sind doch der große Eisenbahnreisende«, meinte ein Leser, »Sie hätten den Indian-Pacific von Perth nach Melbourne durch die Nullarbor-Wüste nehmen sollen. Jetzt hätten Sie doch die Gelegenheit, mit dem Zug nach Sydney zu fahren.«

Ich war aus zwei Gründen dagegen: Erstens hatte ich mir gelobt, auf den Pazifischen Inseln keinen Zug zu besteigen. Zweitens wollte ich jetzt endlich meine richtige Reise anfangen, in Woop Woop auf Wanderschaft gehen und dann Paddeln. Ich las immer noch Malinowskis *Das Geschlechtsleben der Wilden in Nordwest-Melanesien* und spielte mit dem Gedanken, von Australien nach Neuguinea weiterzufahren.

Unterdessen machte ich sorgfältig Notizen über die Menschen, die mich interviewten, und stellte ihnen auch meinerseits Fragen. Ich wollte ein kleines Portrait von allen Leuten schreiben, die über mich schrieben.

»Theroux hat einen komischen Geschmack in bezug auf Freizeitkleidung«, hatte ein englischer Interviewer mit fleckiger Krawatte, kariertem Hemd und knittrigem Pullover über mich geschrieben und in mir den Wunsch geweckt, dazu das letzte Wort zu haben. Ich fragte mich, was die freimütigen Aussies wohl über mich und meine Kleidung zu sagen hatten. Mehrere hatten mich gefragt, was die beiden Leinensäcke in meinem Zimmer bedeuten sollten, und wenn ich sagte: »Ein Boot«, dann gaben sie zweideutige Geräusche von sich, die mich argwöhnisch machten. Vielleicht war diese Werbetourneeouvertüre doch schon Teil meiner Abenteuerreise?

Als ich dann schließlich doch beschloß, mit dem Zug zu fahren, wurde ich davor gewarnt und gedrängt, zumindest einen anderen zu nehmen, einen »schönen altmodischen Zug mit Atmosphäre«. Ich sagte es zwar nicht laut, aber das sind oft die schlimmsten. Ich wollte keine Atmosphäre, ich wollte einen bequemen Zug mit viel Platz, und als ich in den Schlafwagen stieg, war ich glücklicher, als ich es seit meiner Ankunft in Australien je gewesen war.

Der Zug hatte einen Speisewagen, wie man sie im Rest der zivilisierten Welt kaum noch antrifft: mit richtigen Tischen und Stühlen, klapperndem Metallbesteck und Personal, das mit beladenen Tabletts hin- und hereilte. Das Tagesmenü bestand aus Tomatensuppe, Flunder vom Grill mit zwei verschiedenen Gemüsen und einem soliden Pudding zum Dessert. So gut hat noch nie jemand in einem Flugzeug gegessen. Meine Kellnerin hieß Lydia, eine lebhafte, kleine Frau, in deren Frisur ein Bleistift steckte. Sie war erst vor kurzem aus Polen nach Australien gekommen, sprach aber ihre Vokale schon auf Aussie-Art aus: Das schlichte Wort »*now*« war bei ihr ein volltönender Dreiklang. Sie wolle für immer bleiben, sagte sie.

Am Nebentisch saß ein Mann, der seinem Sohn eine Tüte Fruchtgummis mit den Worten hinhielt: »*Want some jolly boins? Wills'n paa Gummibäaan?*«

Mark Twain fuhr 1895 auf seiner Vorlesungsreise durch Australien mit diesem Zug. Er lobte die guten Betten und schimpfte über den schlechten Kaffee (den er mit etwas Schaf-Desinfektionsbad zu verbessern vorschlug). Den größten Teil seiner Reise sah er angestrengt aus dem Fenster und bemühte sich, einen Blick auf ein Känguruh oder einen Aboriginal zu erhaschen. Etwa zur gleichen Zeit war Dame Nellie (»*Sing 'em muck*«) Melba häufiger Gast auf dieser Strecke, wenn sie von einem Konzert zum anderen fuhr. Auch ihre letzte Fahrt unternahm sie mit diesem Zug: im Sarg von Sydney nach Melbourne.

Die Strecke war immer vielbefahren. Bevor Canberra zur Hauptstadt erhoben wurde, war Melbourne das Verwaltungszentrum des Landes, und altgediente australische Beamte erzählten mir, daß in diesen Waggons ein Gutteil der Regierungsgeschäfte abgewickelt wurde. Ein Mann berichtete, daß bis vor wenigen Jahren auch noch Prostituierte im Zug angeschafft und die Schlafwagen unsicher gemacht hätten: sämtliche Waggons gesteckt voll mit täschchenschwenkenden Täubchen, während die *gigs* und *cockatoos*, ihre *Gigolos* und *Kakadus*, wegen der Schaffner Schmiere standen.

Ich durcheilte also achthundert Kilometer horizontal in einem schwankenden Bett: Euroa, Benalla, Wangaratta und Wodonga, über Father Millawah und den Murray River nach Wagga Wagga, Junee, Cootamundra, Yass, Goulburn und Mittagong. Gegen Morgen schob ich das Rollo an meinem Fenster hoch und sah den Busch: Eukalyptusbäume, Blaugummibäume und Akazien am Rand von steinigen gelben Bachbetten. Das Land war karstig und erodiert. Der Zug wurde langsamer, die ersten Häuschen fingen an, die ersten größeren Siedlungen und Vororte: Campelltown mit seinem verstopften Bahnübergang und dem unvermeidlichen Schild »Miederwaren«, dann Liverpool, Lidcombe, Homebush und Sydney.

»Mr. Theroux, ich bin Ihr Butler.«

Ich war in der Präsidentensuite des Regent, achtunddreißig Stockwerke über dem Sydney Opera House, und genoß den Blick nach Osten über die Mündung des großartigen Hafens hinweg bis zur Tasman-See. Mein Butler hielt sich sehr gerade, hatte einen Anflug von australischem Slang in seinem mitteleuropäischen Akzent, trug eine weiße Fliege, ein weißes, lätzchenartiges Vorsatzhemd und einen schwarzen Frack mit gestreiften Hosen. Er hatte mir mein Gepäck heraufgebracht und hielt nun mein Faltboot fest, in jeder Hand einen Beutel.

»Wenn Sie gestatten, packe ich Ihre Koffer aus und räume Ihre Sachen ein.«

Meine Campingsachen für Woop Woop, meine Shorts und T-Shirts fürs Boot, meinen Schlafsack, meinen Wassersack, mein Zelt, meinen Campingkocher nebst Geschirr, mein zweiteiliges Paddel, die Erste-Hilfe-Tasche, der Kompaß, meine Lenzpumpe, das Insektenschutzmittel und diverses Werkzeug.

»Soll ich mit denen hier anfangen?«

Er schleifte meine Faltboottaschen zum Schrank und begann, an den Schnüren herumzunesteln.

»Nicht nötig«, sagte ich.

Er richtete sich wieder auf und sagte höflich: »Ich stehe stets zu Ihrer Verfügung. Wenn Sie irgend etwas benötigen, rufen Sie die Acht an.«

Eine Flasche Dom Perignon mit einem freundlichen Kärtchen vom Direktor wartete in einem Eiskübel. Im Wohnzimmer – ich hatte insgesamt vier Räume – standen Körbe mit Obst und Blumen. Außerdem ein wohlausgestatteter Getränkewagen: Scotch, Bourbon, Portwein, Wodka, Sherry und Gin, alles mit einem Schildchen an silbernem Halsband versehen. Eine Schale mit Süßigkeiten, eine mit Nüssen. Und, das beste von allem, ein starkes Fernrohr.

Ich schwenkte das Teleskop über Sydney Harbour nach Osten zum Pazifik. Dieser Hafen war der schönste, den ich je in meinem Leben gesehen hatte: Langgestreckt und weit funkelte er in der Sonne, verlor sich in Landzungen und Buchten. Ich richtete das Fernrohr auf die kleinen weißen Kacheln des Opernhausdaches, dann weiter weg auf Port Jackson, auf die Fähren und Segelboote, die Villen und Wohnblocks auf den Klippen über hinreißenden Buchten, auf die Brecher, die bei North Head an der Hafenmündung auf das dunkle, tiefe Vorland donnerten. Direkt unter mir, am Circular Quay, wo die Fähren anlegten, sah ich Büroangestellte, Gitarrenspieler und Zauberkünstler. Ein Aboriginal saß mit angezogenen Knien auf einer Bank am etwas weiter entfernten Sydney Cove, in der Nähe der Harbour Bridge. Ich spielte mit dem frivolen Gedanken, ein detailliertes Portrait über Sydney und seine Menschen zu schreiben, während ich einfach hier sitzenblieb, Champagner trank und durch mein Fernrohr die Stadt betrachtete.

Der Butler kam und ging, nahm Wäsche mit, brachte Verpflegung und Faxe und übte sich zur Freude der Reporter in seiner Rolle als Jeeves.

»Ich war schon mal in diesem Zimmer«, sagte eine Dame, »damals hab ich Lord Litchfield gemacht.«

Und natürlich kamen auch die Standardfragen wieder: »Vermißt Ihre Frau Sie denn nicht?« wollte der eine wissen, und der nächste sagte: »Ich möchte Sie etwas zu dem Roman fragen, den Sie über sich selbst geschrieben haben . . .«

Ich hielt meine Rede beim literarischen Mittagessen, wieder

ein Ballsaal, wieder ein Präsidiumstisch, es war alles so gut gemeint, aber ich wünschte mir aus tiefster Seele, daß ich einfach dasitzen, essen und jemand anderem zuhören könnte. Mittlerweile hatte ich so viel von D.H. Lawrences *Kangaroo* gelesen, daß ich mich gern über seine Ansichten zu Australien unterhalten hätte, aber die einzigen Fragen, die man mir stellte, bezogen sich auf Eisenbahnzüge.

»Ich sehe aus wie Sie«, meinte später bei der Signierstunde ein Mann.

»Finden Sie?« sagte ich.

Er war nicht besonders groß, ein südländischer Typ mit Hakennase, Brillantinefrisur und dunkler Brille. Er betrachtete mich finster.

»Ich lese selten Bücher«, fuhr er fort. »Aber vor ungefähr fünfzehn Jahren hab ich Ihr Foto auf einem Buchumschlag gesehen und gemerkt, daß ich Ihnen ähnlich sehe. Da habe ich das Buch gekauft, und inzwischen hab ich alle Ihre Bücher gelesen. Und ich sehe immer noch genauso aus wie Sie, finden Sie nicht?«

Ich sagte: »Sie sehen viel besser aus.«

»Darf ich Sie zum Mittagessen einladen?« fragte er.

Ich hätte leider schon etwas vor, sagte ich. Das war die erste von vielen Einladungen, die ich mal auf gekritzelten Kärtchen erhielt, mal auf Zetteln, die man mir in die Hand drückte:

»Kommen Sie zum Dinner . . .«

»Meine Frau und ich würden uns freuen, wenn Sie auf ein Glas zu uns kämen . . .«

»Wenn Sie nichts Besseres vorhaben, rufen Sie mich an . . .«

»Ich möchte Ihnen Sydney zeigen . . .«

»Kann ich am Wochenende ein Interview mit Ihnen machen? Könnte ganz lustig werden . . .«

»Sie sind der lustigste Autor, den ich je gelesen habe. Bitte verschwenden Sie Ihr komisches Talent nicht. Schreiben Sie ein Buch über Australien . . .«

Sie waren gastfreundlich, auf eine eifrige, spontane Art. Aber ich blieb für mich. Ich kaufte noch mehr Campingausrüstung, ging in Konzerte und einmal ins Opernhaus, das Stück hieß *Die Perlenfischer*. Ich trank Champagner und beobachtete die Stadt durch mein Fernrohr. *»Sie sind der lustigste Autor . . .«*

Manchmal dachte ich über mein Leben nach, über Krebs und Scheidung, und wurde sentimental.

Die Suite war meine Zuflucht. Natürlich war meine erste Reaktion auf all den Luxus (wäre es nicht jedem so gegangen?), mich darin zu suhlen und daran zu weiden: das Obst und die Pralinen aufzuessen, den Champagner auszuschlürfen, die Seife auszuwickeln, den Blumenduft einzuatmen und mich im Schaum des kobaltblauen Badesalzes in der Wanne zu aalen. Doch schon nach ein paar Tagen wurde ich maßvoll. Ich stand früh auf und bestellte Porridge, grünen Tee und eine Grapefruit. Tagsüber arbeitete ich an meinem Image (»Wie lange braucht man, um ein Buch zu schreiben?«), und wenn ich in die Sicherheit meines Penthauses zurückkam, las ich Malinowski und studierte Karten von den Trobrianden. Ich schrieb Anmerkungen in Reiseführer über die Salomonen, Tonga und Vanuatu. Schon merkwürdig, dachte ich, da liest man von den riesigen, gefährlichen Sumpfkrokodilen in Guadalcanal und Nord-Queensland, informiert sich über die orgiastischen Feiern zur Yamswurzelernte auf Kiriwina, und sitzt dabei mit einem Glas Champagner in der Lord Litchfield Suite.

Eines Abends stand ich gerade an meinem Fernrohr, als das Telefon läutete. »Ein Gespräch aus London«, sagte die Vermittlung.

Ich meldete mich mit »Hallo«, aber vom anderen Ende kam kein Gruß.

»Dein Untersuchungsbericht ist da.« Es war eine vertraute Stimme, verzerrt durch Entfernung und Gefühle. »Du hast keinen Krebs.«

»Gott sei Dank.«

Die Umrisse des Hafens und all dessen, was sich darin befand, brachen vor meinen blinzelnden Augen zusammen und verschwammen im seltsamen, flüssigen Licht meiner Tränen.

An meinem Hemd fehlte ein Knopf, und ich nähte ihn selbst wieder an: Eine so profane Tätigkeit machte in dieser luxuriösen Umgebung fast Freude. Um acht kamen die Zimmermädchen, um das Bett aufzudecken. Sie stellten eine Flasche Cognac, einen Schwenker und eine Flasche Mineralwasser auf den Nachttisch. Ich trank das Wasser. Ich las, bis mir die Augen zufielen und wachte, von meinen Träumen erschöpft, wieder auf.

Zusammen mit dem Frühstück brachte mir der Butler auf einem Silbertablett die Post.

»Wenn Sie nichts Besseres vorhaben, rufen Sie doch an . . .«

»Wollen Sie mit mir ausreiten? Meine Farm ist nicht weit von . . .«

»Mein Mann wollte unbedingt, daß ich Ihnen schreibe . . .«

Aber ich war mit meinem Teleskop zufrieden und kam keinem dieser Leute näher. An einem Tag machte ich einen Ausflug, passierte den Swimming-pool und das Fünf-Sterne-Restaurant des Hotels und mietete mir einen Liegestuhl am Strand von Bondi, aß Fisch und Fritten zwischen Surfern, die cool in den glattgrünen oder mordsmäßig gefährlichen Wellen die Beine vom Brett baumeln ließen, und ließ mich von hingegossenen Strandhäschen begucken, die ihre nackten Brüste in der Sonne brieten – im Blickfeld japanischer Touristen, die recht überzeugend den Eindruck machten, daß sie zum erstenmal solche Möpse vor sich hatten, hektisch aus ihrem Rundfahrtbus trippelten und das Ganze so hingebungsvoll fotografierten, als müßten sie Riesenmelonen ablichten. Ansonsten sah man an diesem Strand noch Gewichtheber, große haarige Männer und Menschen mit Melanomen. Bondi Beach, in Australien fast ein Klischee, ist ein schöner Strand. Wer hingeht, lobt und verteidigt ihn, wer es nicht tut, behauptet, er sei gefährlich und dreckig: »Wenn dich die Strömung nicht umschmeißt, erstickst du an den ungeklärten Abwässern.«

Ich kehrte gern in meine Luxussuite und zu meiner Campingausrüstung zurück. Noch stärker als das Gefühl von Isolation in all diesem Luxus verspürte ich jedesmal, wenn ich ausging, eine an Paranoia grenzende Verletzlichkeit. Ich konnte es kaum erwarten, zu den Gemälden, den Sofas, dem Champagner, den kühlen Früchten und meinem Boot zurückzukommen. Ich mochte den Komfort und die stille Einsamkeit. An lasterhaften Luxus gewöhnt man sich besonders leicht, und er kann schnell zur Abhängigkeit oder Sucht werden. Zuerst hatte ich ihn teilen wollen, dann sah ich ihn als meine Zuflucht, die ich für mich allein bewahren wollte, und schließlich wurde er mir zur Notwendigkeit, die ich zu verlieren fürchtete.

Auch nach einer nur kurzen Erfahrung von wahrem Luxus
wird alles weniger Üppige zur Strafe.
Es wurde höchste Zeit, daß ich abreiste.

Brisbane wurde von einem aufsehenerregenden Prozeß in
Atem gehalten: »Die Vampir-Mörderinnen«. Das war keine
Übertreibung der Presse. Unter Eid sagten Zeugen in *Brissie*
aus, daß drei jugendliche Lesben, die ihre Abende normalerweise damit zubrachten, sich gegenseitig Blut aus den Armen
zu saugen, plötzlich keine Lust mehr zu dieser braven Häus-
lichkeit gehabt hatten, ausgegangen waren, einen Mann überfallen und ihn durch Messerstiche in den Rücken getötet hatten. Sie hatten ihm die Kehle durchgeschnitten, und eine der
Frauen hatte sein Blut getrunken. »Ich hab mich an ihm gütlich
getan«, sagte eine der Angeklagten aus. Sie war enorm fett,
hatte ein Gesicht wie ein Ferkel und einen Bürstenhaarschnitt
und wurde schließlich für schuldig befunden.

Diese Stadt am Fluß war groß und sonnig, aber ich hatte den
Eindruck, daß eine große Traurigkeit in all der Hitze und
Sonne schwebte. Oder lag das an mir? Die Interviewer waren
aggressiver und direkter.

»All diese verrückten Leute, die Sie angeblich treffen«, sagte
ein Reporter, »das kommt mir ziemlich unglaubhaft vor.«

»Unglaubhafter als das Buch, das hier gerade erschienen ist,
die *Australischen Denker*?« antwortete ich. »Unglaubhafter als
eine Illustrierte namens *Australian Gourmet*? Unglaubhafter als
eure Vampire?«

Er sah mich aus zusammengekniffenen Augen an, als hätte
ich ihm einen gnadenlosen, eklig verdrallten Kricketball zuge-
spielt. Merkwürdig. Sie konnten so dünnhäutig sein. Manchmal ärgerten sie sich schon, wenn man bloß einen komischen
Namen wie *Wagga Wagga* aussprach.

Und in die Fragen mancher Interviewerinnen hatte sich ein
gewisser neckischer Ton geschlichen.

»Wie unterscheiden Sie sich von der Hauptfigur Ihres Romans?«

»Er ist ein Sexprotz«, sagte ich.

»Woher wollen Sie denn wissen, daß Sie keiner sind?« fragte
mein Gegenüber und strich ihr Haar zurück.

Etliche fragten: »Was hält Ihre Frau von Ihrem Buch?«
Ich übte Zurückhaltung: »Ist das eine literarische Frage?«
Von all dem Gerede tat mir der Hals weh. Meine Augen waren geschwollen und wie abgekocht. Die Interviewer stichelten
weiter. Ich saß in leeren Studios, die nach moderndn Teppichen rochen und schickte meine Ansichten in Richtung Hobart, Tasmanien, über den Äther. Der Laufbursche nannte
mich »Mr. Thorax«. Als ich einer Journalistin anvertraute, daß
ich nicht vorhätte, ein Buch über Australien zu schreiben, sondern bloß in Woop Woop auf Wanderschaft gehen und mit
meinem Faltboot in Nord-Queensland paddeln wollte, sagte
sie: »Wenn die Haie Sie nicht erwischen, tun's die Krokodile.«
Alle hatten sie diesen augenzwinkernden, spöttischen, besserwisserischen Ton, wenn sie mich über die Gefahren des
Outback aufklärten: über die Schlangen und Eidechsen, die
Stechfliegen, die Hitze, die blendende Sonne, die Dornen und
die fürchterlichen Straßen. Die Küste sei angeblich noch
schlimmer: Da gebe es Seeschlangen, Haie, Seenesseln und andere giftige Quallen, den todbringenden Steinfisch und vier
Meter lange Seekrokodile. Man warnte mich vor den Pflanzen
und Tieren.
In Australien herscht eine weitverbreitete Furcht vor natürlichen Dingen. Aber niemand erwähnt die wesentlich gefährlicheren Betrunkenen, die überall herumlaufen.
In Cairns, meiner letzten Stadt in Weiß-Australien, gab es
viele Geschichten über Krokodile, aber noch viel mehr Betrunkene, von denen ich die nachdrücklichsten und farbigsten Ratschläge bekam.
»Du mußt eine Pistole bei dir haben und ihnen die Nase abschießen«, sagte einer. »Gewehrkugeln kommen durch die
dicke Haut nicht durch.«
»Wenn du eins siehst, mußt du es *anbrüllen*«, meinte ein
anderer.
»Wenn sie dich erst mal runtergezogen haben, bist du erledigt. Sie können dich nicht auf einmal runterwürgen. Sie
kommen von unten an dich ran und schlagen mit dem
Schwanz auf dich ein, und dann ziehen sie dich mit den Zähnen nach unten, bis du ertrinkst. Wenn deine Leiche schließlich halb verfault ist, fressen sie dich auf.«

Je mehr man mich warnte, desto entschlossener war ich, los-
zufahren: erst in das fliegenverpestete Hinterland, wie ich es
aus Patrick White's Roman *Voss* und dem Film *Walkabout* von
Nic Roeg kannte, dann weiter nach Nord-Queensland, an
einen Küstenstrich nördlich von Cooktown, der näher an Neuguinea als an Sydney lag – einen Fleck auf der Landkarte, über
den noch niemand geschrieben hatte.

Für manche Leute war Cairns schon der Outback, das Hinterland. Das war es zwar nicht, aber es lag nah daran und war
ein sehr angenehmer Ort. Es sah aus wie eine zu groß gewor-
dene Kleinstadt an einer schlammigen Flußmündung. Wegen
seines wunderbaren Klimas und der Charterboot-Touristen,
die sich zum Sporttauchen und Schnorcheln auf das Great Barrier Reef bringen lassen, ist es reich geworden. Die meisten
Schilder sind zweisprachig: englisch und japanisch. Außerdem
gibt es hier die höchste Konzentration von Souvenirläden mit
Opalen und T-Shirts, die ich in ganz Australien gesehen habe.

Cairns war die letzte Etappe meiner Werbetournee. Die sieb-
zehnjährige Sandra von der Cairns Post machte das Interview.
Sie war nervös, sagte, sie habe nichts von dem gelesen, was ich
geschrieben hätte, und daß sie bei der Cairns Post ihre, wie sie
es nannte, Kadettenzeit abdiene: »Ich habe noch nie jemanden
interviewt.« Sie wußte nicht recht, was sie mich fragen sollte,
also unterhielten wir uns über ihre Familie. Sie erzählte mir,
daß sie ihre Eltern, ihre neugeborene Schwester, das Haus in
Cairns und ihr eigenes Zimmer mit ihren Platten und Büchern
sehr liebhätte. Sie sagte: »Ich würde nicht gern in Brisbane arbeiten. Dann müßte ich ja von zu Hause weg.« Ich beschloß,
sie gar nicht erst mit Geschichten von meinen Reisen zu irritieren. Später hielt ich eine meiner Meinung nach sehr geistreiche
Rede bei einem weiteren literarischen Mittagessen. Als ich gerade beschrieb, wie die chinesische Regierung Diebe, Mörder
und Gangster zum Tode verurteilte, fing eine ältere Dame in
der ersten Reihe an zu grinsen und heftig zu applaudieren.

Queensland ist für seine konservativen Ansichten und bewaffneten Bauern berühmt. Die politischen Ansichten ähneln
denen des tiefen amerikanischen Südens ebensosehr wie die
Agrarerzeugnisse: Tabak, Zuckerrohr, Baumwolle, Bananen,
Mangos. Je weiter man nach Norden kommt, desto engstir-

niger die Ansichten. Wie im amerikanischen Süden vor der
Zeit Martin Luther Kings sieht man düstere Ansammlungen
von unbedarft aussehenden Schwarzen – komische, sanfte,
unförmige Gestalten mit schönen sanften Augen und langen
Wimpern. Auch die fülligsten von ihnen haben spindeldürre
Waden, und alle wirken o-beinig. Keiner sieht dem anderen
ähnlich, wenn sie in Stadtkleidung und staubigen, breitkrem-
pigen Filzschlapphüten, die man (nach einem Ort im äußersten Westen Queenslands) Cunnamulla-Wagenräder nennt,
dahintrotten.

Aus der Ferne wirkten die Aborigines wie bedrohliche Flek-
ken am Straßenrand, aus der Nähe schienen sie verstohlen
und ängstlich, zumindest sehr scheu, und ihre Kleider paßten
nur selten zu ihren merkwürdigen Gestalten – sie waren entweder klapperdürr oder sehr dick, und viele gingen barfuß.
Keiner von ihnen kam zu meinen Vorträgen oder gar zu einem
der literarischen Mittagessen. Sie betraten keine Buchhandlun-
gen, nicht einmal die, die Aborigines-Literatur führten. Sie
machten keine Interviews mit mir. Ich sah sie an, aber sie erwiderten meinen Blick nicht. Es war, als existierten sie nicht.
Manche von ihnen stammten nicht aus der Gegend, sondern
von den Thursday Islands in der Torres Strait.

»Die sind eher wie die Typen bei euch«, meinte ein Mann in
Cairns. Er wollte damit sagen, daß die Thursday-Insulaner mit
ihren glatten Gesichtern schwarzen Amerikanern ähnelten,
und als ich ihn fragte, wie er zu diesem Eindruck komme,
meinte er: »Naja, die sitzen weiter unten im Stammbaum,
nicht?«

Ich war in Weiß-Australien herumgereist. Ich wollte mehr
von diesem Land sehen, und sei es nur, um mir ein genaueres
Bild vom Leben der Aborigines zu machen. Endlich war ich mit
dem Geschwafel fertig. Ich konnte auf Wanderschaft gehen.

4. Kapitel

WANDERSCHAFT IN WOOP WOOP

Wenn man weiße Australier fragt, was das Wort »*walk-about*« bedeutet, werden sie einem erklären, es bezeichne die manische Flucht eines Aboriginal, der seinen Job oder den Schutz seines *humpy*, seiner Behelfshütte, verläßt, von dannen trottet und sich auf den Weg ins Hinterland macht. Es ist ein plötzliches Verschwinden, fast wie ein Anfall von Besessenheit, der damit endet, daß der Aboriginal wie ein verrückter Hund seinem eigenen Schwanz nachjagt. Aber ist es wirklich so?

Als ich wieder in Sydney war, suchte ich nach einem Aboriginal, den ich fragen konnte. »Nennen Sie sie bloß nicht *Abos*«, wurde ich – unnötigerweise – von Menschen gewarnt, die selbst insgeheim mehr als ein Dutzend verschiedener Namen für sie benutzten: *boong*, *bing*, oder *murky* sind nur ein paar Beispiele. Allerdings verteilen die bigotten Australier ihre Vorurteile ganz gerecht: »Ein *boong* mit Stiefeln« ist ein Japaner und ein *yank boong* ein schwarzer Amerikaner.

Die Suche nach Aborigines in Australien ähnelt dem Zeitvertreib von Hobby-Ornithologen. Vögel gibt es überall, aber nur Enthusiasten nehmen sie wirklich wahr. Vogelfanatiker lehnen sich plötzlich ein bißchen vor, werden starr und flüstern: »Da, ein gelbbauchiger Bülbül«, während man selber nichts sieht als flatternde Blätter. In einer ähnlichen Geisteshaltung entwickelte ich meinen siebten Sinn für das Aufspüren von Aborigines. Allzuoft waren sie unter Eukalyptusbäumen oder sonstwo im Schatten verborgen. Sie saßen meist reglos herum, üblicherweise vor der Sonne geschützt, oft in Stadtparks, fast immer unter Bäumen. Es gab viele von ihnen.

»Sie sind so arm«, hieß es, »daß sie die Farbe von den Zäunen fressen.«

Vielleicht waren sie für jedermann sichtbar, aber wenn es so

war, dann machten die Australier zumindest nie auf sie aufmerksam. Ich fing an zu glauben, daß die Aborigines nur für
den nicht unsichtbar waren, der Ausschau nach ihnen hielt.
Wie ein Vogelenthusiast notierte ich meine Funde.

Mark Twain hielt sich im Jahre 1895 für mehr als einen Monat in Australien auf und bedauerte, kein einziges Känguruh
und keinen Aboriginal gesehen zu haben.

»Wir sahen Vögel, aber kein Känguruh«, schreibt Twain in
einem der Australienkapitel seines Weltreiseberichts *Following
the Equator*, »kein Emu, keinen Ornithoryncus [sic], keinen
Vortragsreisenden, keinen Eingeborenen. Wirklich, das Land
schien überhaupt kein Wild zu bergen. Aber ich habe das Wort
›Eingeborener‹ falsch gebraucht. In Australien wird es nur auf
in Australien geborene Weiße angewendet. Ich hätte sagen sollen, daß wir keine Ureinwohner gesehen haben – keine
›Schwarzen‹. Bis zum heutigen Tag habe ich keinen zu Gesicht
bekommen.«

»Ich würde dreißig Meilen laufen, um zumindest ein ausge-
stopftes Exemplar zu sehen«, seufzte er am Ende seines
Australienaufenthalts.

Ich fand sowohl die Menschen als auch das Problem unüber-
sehbar. In La Perouse an der Botany Bay, in der Nähe des Flughafens von Sydney, gibt es eine ordentliche Siedlung für
Aborigines. Mit einem Mann aus Sydney, der mir davon erzählt hatte, wanderte ich an einem regnerischen Nachmittag
an den etwa hundert Fertighäuschen entlang: die Elaroo Avenue hinunter, die Adina-Straße rauf und rüber bis zum Goola-
gong Place. Die Straßen waren fast leer, und ein paar Aborigines, die zunächst noch um ihre Motorräder herumgestanden
hatten, stiegen auf, als sie uns sahen, röhrten davon und warfen dem Wind ihre finsteren Blicke zu.

»Es sind merkwürdige Leute«, sagte Tony. Er selbst war Italiener, Australier in erster Generation. Er war klein, der Typus,
von dem die Australier sagen, daß er sich auf den Kopf stellen
müßte, um seine Füße in einen Steigbügel zu kriegen. Er hasse
die Aborigines nicht, sagte er, aber er bemitleide sie und könne
sie nicht verstehen. »Sie reparieren nie was. Wenn was kaputtgeht, dann ist es kaputt. Wenn ihnen ein Zahn rausfällt, denken sie überhaupt nicht daran, ihn ersetzen zu lassen.«

Tatsächlich wirkten viele der Aborigines, die ich später traf, auf düstere Weise fatalistisch. Manchmal erschienen sie dadurch traurig, manchmal auch unbesiegbar.

»Hier gibt es keinen Ärger mit ihnen«, sagte Tony. »In Redfern ist das anders, da treten sie in Schlachtordnung gegen die Polizei an.«

Viele von den Aborigines im Stadtbezirk Redfern gelten als besonders verkommen. »Knallharte Kanaken«, sagen die weißen Australier – ob sie selbst nun erst vor einem Monat eingewanderte Türken sind, Sizilianer vom letzten Jahr oder auf ihre Sträflingsvorfahren stolze Snobs – und ergehen sich in Verallgemeinerungen, die sich auf die Anschauung dieser ziemlich trostlosen städtischen Aborigines gründen. Die Aborigines erregen Mitleid und Abscheu, provozieren Gewalt und Spott. Zahllose Witze sind über sie in Umlauf, besonders unter Schülern. Frage: Warum sind die Mülltonnen in Redfern aus Glas? Antwort: Damit die Abos die Auslagen angucken können.

Jeder hat eine Meinung, keiner eine Lösung.

Ich versuchte, mit Patrick White Kontakt aufzunehmen, Australiens größtem lebenden Autor, einem Fürsprecher der Aborigines und ihrer Rechtsansprüche. Mit seinem Roman *Die im feurigen Wagen* hat er in der Figur des Alf Dubbo ein denkwürdiges Portrait eines Aboriginal geschaffen: Alfs *walkabout*, seine riesigen, lebhaften Gemälde, seine Verwirrung, seinen Kulturschock, seine Trunksucht, sein Martyrium. Was hatte es mit dem Wort »*walkabout*« als Bezeichnung für das plötzliche Verschwinden auf sich, wollte ich ihn fragen, und was mit dem berühmten Film *Walkabout* von Nicolas Roeg, der – Mr. Whites Romane einmal außer acht gelassen – meine bisher einzige Begegnung mit Australien dargestellt hatte? Ich hatte meine Probleme mit der Bedeutung dieses Wortes und wollte Weiß-Australien verlassen, um in das ferne Nirgendwo zu gelangen, das im Wort »*Woop Woop*« liegt. Ich glaubte, daß Patrick White mir würde helfen können. In seinem hohen Alter, in dem mit den Jahren auch der Starrsinn fortgeschritten war, hatte er sich zu sehr vielen Themen geäußert.

»Ich kann Paul Theroux nicht treffen. Ich bin zu krank, um mit Prominenten zu sprechen«, verlautete es aus dem Haus des Nobelpreisträgers, das in einem Vorort von Sydney lag.

Zwei Tage später starb er – soviel zum Thema plötzliches Verschwinden –, und die australischen Nachrufschreiber machten sich über ihn her. Es gibt nichts, was die Volksseele so brodeln läßt wie ein Sieg bei internationalen Sportwettkämpfen oder der Tod eines prominenten Mitbürgers. In diesem Fall schubsten die Nachrufschreiber die Leiche von Patrick White von Maggotty Gully nach Cootamundra, von Pontius zu Pilatus. Es gab fast keine Anzeichen dafür, daß auch nur einer von ihnen die Romane des Mannes gelesen hatte. Die rachsüchtigen Philister in Rupert Murdochs landesweit verbreiteter Zeitung The Australian setzten anstelle eines Bildes von Patrick White ein Foto seines Erzfeindes A. D. Hope aufs Titelblatt, und in den meisten anderen Blättern war von White als »mäkeliger alter Schwuchtel« die Rede.[*] Die Romane waren ja schön und gut, aber was hatte er sich für Scheußlichkeiten gegenüber Australien erlaubt? Zugegeben, er hatte eine unverkennbar krasse Ausdrucksweise.

»Als ich wieder im Lande war«, hatte Patrick White geschrieben, »war das vertrauteste Geräusch das heftige Platschen der Scheiße, die die Australier von sich geben.«

In einem öffentlichen Vortrag hatte er Premierminister Bob Hawke »einen der größten Scheißköpfe der Welt« genannt und gemeint, er habe eine Frisur wie ein Kakadu. Er hatte häßliche Worte über die englische Königsfamilie gesagt: »*Queen Betty*« und »*The Royal Goons – die königlichen Idioten*« und sich zudem über Dame Joan Sutherland lustig gemacht.

Und am Tag, an dem der Nobelpreisträger still in seinem

---

[*] Dazu der Daily Telegraph Mirror aus Sydney am 21. Februar 1991: »Ein richterlicher Beschluß, nachdem es gestattet ist, Polizeibeamte als ›f . . .-*poofters* – *besch . . .Schwuchteln*‹ zu bezeichnen, hat bei der betreffenden Behörde große Entrüstung ausgelöst. . . . Am Dienstag wies die Friedensrichterin Pat O'Shane in Lismore, Nord-New South Wales, eine Anklage wegen Beleidigung gegen Geoffrey Allan Langham, 43, mit folgender Begründung ab: Ms. O'Shane sagte, die Bezeichnung ›f . . .-*poofters*‹ sei weniger anstößig als der Ausdruck ›Verluste auf beiden Seiten‹, mit dem Angehörige des Militärs menschliche Todesfälle beschreiben. In den vergangenen drei Monaten haben die Friedensrichter von New South Wales es für statthaft erklärt, Polizisten ›Schweine‹ zu nennen und das Wort ›Scheiße‹ in der Öffentlichkeit zu benutzen.«

Sarg im Centennial Park vor sich hinkühlte, wurde »La Stu-
penda« wie ein Schiff beim Stapellauf mit Luftschlangen dekoriert. Die Papiergirlanden flatterten von allen Rängen des Sydney Opera House auf sie herab, und man hätte ihren enormen,
schwergewichtigen Rumpf wirklich leicht für einen Ozean-
dampfer halten können, als sie nach dem letzten Vorhang in
Meyerbeers religiösem Mischmasch *Die Hugenotten* (die
Australier verballhornten den englischen Titel *The Huguenots*
zu »*The Huge Nuts*« – »*Die riesigen Nüsse*«) sagte, daß sie stolz
darauf sei, Australierin zu sein, dann das heimatselige Lied
There is no Place like Home anstimmte, verkündete, daß sie nie
wieder singen werde und in ihr Schweizer Luxuschalet abflog.
Die Woche war voller *walkabouts*.

Indem ich mir Einzelheiten aus dem Film ins Gedächtnis
rief, benutzte ich Nicolas Roegs *Walkabout* als Leitfaden, der
mich zuerst durch die Stadt und später hinaus ins Hinterland
führte: Genauso verläuft die Handlung des Films.

Niemand, mit dem ich in Australien oder anderswo darüber
sprach, hatte die Anziehungskraft dieses Films vergessen oder
war nicht davon bezaubert gewesen. Der Film kam 1969 in die
Kinos, verschwand aber schon bald aus den Programmen und
wurde nie wieder aufgeführt. Auf der ganzen Welt gibt es kein
Video davon. Er wurde nie im Fernsehen gezeigt. Als Opfer
einer böswilligen hollywoodinternen Querele schmort er in irgendeiner dunklen Asservatenkammer vor sich hin.

Und doch existiert er als bedeutender Bestandteil der mündlichen Überlieferung in Cineastenkreisen weiter (»Können Sie
sich an den Film X erinnern . . .?«) und ist dadurch auch noch
nicht ganz vergessen, zumal seine Geschichte schnell erzählt
ist. Wer den Film kennt, beschreibt seine Lieblingsszenen: der
Anfang, ein schneeweißer Wohnturm mit Swimming-pool direkt am Hafen, das wahnsinnige Picknick im Hinterland, bei
dem der Vater vergeblich versucht, seine beiden Kinder umzubringen, der plötzliche Selbstmord des Vaters vor einem brennenden VW, die verzweifelten Kinder im Angesicht der ungeheuren Wüste, das Mädchen (die sechzehnjährige Jenny Agut-
ter), wie es seine Schuluniform auszieht, die Einstellung, in der
eine Ameise vor weitentfernten, winzigen Kindern riesengroß
erscheint, wie auch vor allen anderen Geschöpfen, die im Hin-

terland ihren Weg kreuzen – Schlangen, Eidechsen, Vögel, Kä-
fer, Känguruhs, Koalas, Kamele –, die Entdeckung von Wasser
unter dem *Quondong*-Baum, wonach die Prüfung zur Prozession ins Paradies wird, als sie alle zusammen nackt in den Tei-
chen von sonnigen Oasen schwimmen, die Schlußszene in den
Ockerfarben der Landschaft, das zerstörte Haus mit dem Ku-
riositätenkabinett, der Tanz des liebestollen Aboriginals, der
mit seinem Selbstmord endet, der Wahnsinnige mit seiner
adretten Schürze, der in der Geisterstadt die Kinder anheult –
»Nichts anfassen!« – und keine Erlösung, kein konkretes Ende,
nur (anscheinend Jahre später) eine Rückkehr in den Wohnblock, mit einem Unterton des Bedauerns.

Das ist alles, jedenfalls fast alles, außer dem Bann, in den der
Film mich gezogen hat. Auf scheinbar bescheidene Weise erfaßt er Australien als Ganzes, fast alle Formen seiner Landschaft, sein unvergleichliches Licht, seine Betrunkenen und
Desperados, all seine Mängel, von seiner schönsten Stadt bis
zum heißen, roten Inneren. Ein Kunstwerk, besonders ein Roman oder ein Film, der einen starken Ortsbezug hat, ist so etwas wie die Quintessenz einer Landschaft, es fixiert sie ein für
allemal in der Vorstellungswelt.

Der Regisseur war ein Abenteurer, der die Schwierigkeiten
und technischen Probleme beim Drehen am Ort zu genießen
schien. Er blieb Sieger über Schlamm, Staub, Regen, Hitze, un-
passierbare Straßen und Deserteure vom Team.

»Ein paar sind nachts total durchgedreht und haben angefangen, Sachen kaputtzuschmeißen«, erzählte er mir. »Sie haben die Isolation nicht ausgehalten. Einer von den härtesten
sparks, den Elektrikern, ist abgehauen, der Kulissenschieber
hat einen Anfall gekriegt, der Koch ist verrückt geworden und
hat sich auf einen Stuhl neben die Landebahn gesetzt. Im Outback war das. Er ist grußlos abgeflogen. Die hatten alle Angst
vor der großen Leere.«

Der Film schien mir die Quintessenz Australiens zu enthalten, auch den seltsamen, ruppigen Humor, besonders in der
Szene, die in einer verlassenen Grubenstadt irgendwo im Hinterland spielt: Ein Wahnsinniger, der dort hängengeblieben ist,
steht mit einer Schürze bekleidet in einem verfallenen Gebäude und bügelt ein Paar Hosen.

»Ayer's Rock kommt nicht drin vor«, sagte Roeg. »Jeder
hätte das erwartet. Ich war wild entschlossen, einen Film im
australischen Busch zu drehen, in dem Ayer's Rock nicht vor-
kommt. Aber alles andere ist drin.«
Und es war der erste Spielfilm, in dem ein Aboriginal eine
Hauptrolle übernahm. David Gulpili war Laiendarsteller und
hatte wahrscheinlich in seinem ganzen Leben noch keinen
Film gesehen. Er war damals ungefähr fünfzehn Jahre alt, ein
Tänzer aus einem Reservat irgendwo im Norden von Arnhem-
Land.

Ich wollte das Australien der Aborigines sehen. Auf den
Spuren des Films *Walkabout* nach Woop Woop ins hinterste
Hinterland zu gehen hieß, eine Wanderschaft im Sinne der
Aborigines zu unternehmen: sich aufzumachen, um die alten
Träume und heiligen Plätze zu suchen.

Der botanische Garten von Sydney war kaum zu verfehlen,
und man kann sich dort unter den großen Baum setzen, von
dem aus, in einer der Eingangsszenen, der kleine Junge nach
Schulschluß zur Woolloomooloo Bay läuft. Sein Zuhause am
Hafen, der Wohnblock mit dem Swimming-pool, war schwieri-
ger zu finden. Ich wußte, daß er am Wasser lag, und einmal
sieht man auch die Sydney Harbour Bridge in der Ferne, aber
es gab keine anderen optischen Anhaltspunkte.

Da ich vermutete, daß sich der Wohnblock am äußeren Ende
des Hafens befand, nahm ich die Fähre nach Manly und suchte
unterwegs das Ufer ab: die Nordseite auf dem Hinweg, die
Südseite bei der Rückfahrt. Jeder Besucher von Sydney tut gut
daran, schon bald nach seiner Ankunft mit der Fähre nach
Manly zu fahren, um sich einen Überblick zu verschaffen. Es
ist eine lange, nicht besonders teure Fahrt den gesamten Hafen
entlang, von Sydneys Circular Quay bis zum fernen Manly,
einem Städtchen aus der Jahrhundertwende, am Meer, mit
Kaffeehäusern und Palmen, das dem Hafen den Rücken kehrt
und die Brandung in einer schönen Bucht überblickt.

Die properen und adretten kleinen Häuschen von Manly
heißen »Camelot« oder »Waldblick«. Die Stadt bekam ihren Namen von einem frühen Siedler, der die örtlichen Aborigines für
schöne Exemplare der Gattung Mensch (*man*) hielt. Heute gibt
es hier allerdings keine Aborigines mehr. *Manlyness* ist, im Re-

kurs auf die Stadt Manly, der Inbegriff australischen Wohlle-
bens: ein gemütliches, warmes Ziegelhäuschen am Meer, mit
einer Ligusterhecke und einer Palme davor.

Hier und da lagen zarte, sterbende Quallen am Strand von
Manly. Sie waren winzig und blau, so dünn, so leuchtend und
so schön geformt, daß sie mich an kleine chinesische Seidenta-
schentücher erinnerten. Auf den Wellen dahinter surften ein
paar Jungen, sehr passend, denn der erste Surfer, ein Insulaner
von den Neuen Hebriden, ritt 1890 hier in Manly zum erstenmal auf den Wellen – mit dem Körper. (Surfbretter wurden erst
1915 in Australien bekannt, als der große hawaiianische Surfer
und Olympiaschwimmer Duke Kahanamoku die Technik ins
Land brachte.)

Manlyaner, die von hier zu ihren Arbeitsplätzen in der Stadt
pendelten, sahen von beiden Welten nur die Schokoladenseite,
der verzweifelte Vater in *Walkabout* aber hatte offenbar nicht zu
ihnen gehört. Ich wanderte von einem Ende des Orts zum anderen und konnte den weißen Wohnblock nicht ausmachen.
Er war auch über keiner der vielen Buchten im Hafen zu sehen
gewesen.

»Sie suchen die Nadel im Heuhaufen«, sagte eine Frau, als
ich mich mehr in Richtung Zentrum umsah, zwischen den tanzenden Segelbooten.

Und dann erklärte sie mir, warum. In den zwanzig Jahren,
die vergangen waren, seit der Film gedreht wurde, war Sydney
reich geworden: Heutzutage gibt es viele elegante Wohnblocks, viele Swimming-pools am Meer. Vielleicht sei er abge-
rissen worden, meinte sie. Das ist noch ein Gesichtspunkt bei
einem Film mit starkem Ortsbezug: Er ist Geschichte, die Vergangenheit.

Grahame Jennings, ein Filmproduzent aus Sydney, der an
den Dreharbeiten zu *Walkabout* beteiligt war, erinnerte sich,
daß der Wohnblock draußen bei Yarmouth Point, hinter Rushcutter's Bay gewesen war.

Mein Taxifahrer war Kambodschaner, politischer Flüchtling
(»ich wäre überall hingegangen, bloß nicht nach China«), seit
sechs Jahren in Australien, aber kaum ein Jahr hinter dem
Steuer. Er hatte seinen Führerschein nur mit Mühe bekommen. Seine Ortskenntnis war mangelhaft. Er gab zu, daß er als

Taxifahrer ein kleines Handicap habe. Australische Fahrgäste
beschimpften ihn oft: »Sie sagen: ›Du saublöd‹. Aber ich lache.
Mir egal. Das ist ein schönes Land.«

Ich streifte durch die Straßen hinter dem Hafen, machte
einen Bogen die Yarranabee Road hinauf und sah endlich ein
vertrautes Gebäude – den Wohnblock aus dem Film, mit einigen
gen Veränderungen. Darunter, am Ufer, der grünlichblaue
Swimming-pool. Ich gratulierte mir zum Erfolg meiner Detektivarbeit
und dachte gleichzeitig darüber nach, welches Glück
all diese Leute hatten, die um den Hafen von Sydney herum
wohnten. Die Nischen und Winkel seiner Umrisse machen die
Ufer zu einer der längsten Immobilien der Welt.

Der Taxifahrer, der mich in Rushcutter's Bay wieder auflas,
war ein Wirtschaftsflüchtling aus Pakistan. Wir unterhielten
uns über den Islam, über die Ähnlichkeit der Geschichten im
Alten Testament und im Koran: Josef gleich Yusof, Jonas gleich
Yunis.

»Das ist das erste Mal, daß ich mit einem Fahrgast über Religion
gion spreche«, sagte er. Er freute sich.

Für mich war das nur Vorgeplänkel gewesen. Ich kam zur
Sache. Hatte er von Salman Rushdie gehört?

In seinem monotonen Pakistani-Singsang sagte er: »Salman
Rushdie muß mit dem Tod bestraft werden.«

»Das finde ich nicht«, sagte ich. Ich beugte mich nach vorn,
näher an seine haarigen Ohrmuscheln. »Und auch niemand
sonst in diesem schönen, gesetzestreuen Land findet das.«

»Rushdie ist ein böser Mann, ein Teufel, sollte ich sagen.«

». . . und wollen Sie wissen, warum die Menschen in Australien
lien nicht Ihrer Ansicht sind?« Er murmelte immer noch etwas,
aber was ich als nächstes sagte, brachte ihn zum Schweigen.
»Weil sie keine Fanatiker sind.«

Seine knochigen Finger spannten sich ums Lenkrad, und als
ich ausstieg, schenkte er mir seinen Bösen Blick.

»Der Kinostart von *Walkabout* war ziemlich ruhig«, erzählte
Grahame Jennings. »Ich hab die Kritiken gesammelt. Von weltweit
weit insgesamt ungefähr dreißig waren vier schlecht, und drei
davon stammten von australischen Kritikern.«

»Warum von Australiern?« fragte ich.

»Tall poppy syndrome, die Riesenmohn-Krankheit.«
Jeder, und wenn er sich auch nur kurz im Lande aufhält, hört irgendwann diesen seltsamen Satz, der nichts weiter bedeutet, als daß Menschen, die es in Australien zu etwas bringen oder sich auf irgendeine Weise hervortun, mit wütenden Angriffen seitens neidischer australischer Landsleute rechnen müssen. Es gibt den Ausdruck auch als Verb: *»to be tall-poppied«* bedeutet, daß man auf sein wahres Maß zurückgestutzt wird. Genau aus diesem Grund wurde Patrick White trotz – oder gerade wegen – seines Nobelpreises »unbedeutende, mekkernde alte Tunte« genannt. Diese unbarmherzige Nationaleigenschaft gilt als Hauptgrund dafür, daß so viele begabte Australier in Länder auswandern, in denen sie (das behaupten sie jedenfalls) angemessen behandelt werden.
»In einer Kritik stand: ›Mit welchem Recht kommt dieser Ausländer daher und macht einen Film über Australien?‹«
»Blödsinn.«
»›Zu viele Widersprüche bei den Ortsangaben im Film‹, stand in einer anderen. ›Ins Hinterland kommt man nicht, wenn man einfach mit dem Auto in Sydney losfährt . . .‹«
Kommt man doch. Ob man der verzweifelte betrunkene Vater ist, der seine Kinder erschießen will und in der Yarranabee Road mit ihnen losfährt oder einfach in Sydney zu Besuch ist, ein Mietauto hat und sich nach freier Landschaft sehnt. In beiden Fällen biegt man in die George Street ein, fährt immer weiter und folgt zunächst einmal den Schildern Richtung Parramata. In diesem ausufernden Vorstadtbrei voller sonnenverbrannter Bungalows, jeder mit seiner eigenen Eidechse, seiner eigenen verdorrten Hecke und seinem eigenen, merkwürdig riechenden Lantanenstrauch (der allerdings meistens nach Katze stinkt), zwischen Discountläden und miesen Hotels, Getränkemärkten und Gebrauchtwagenhändlern mit lauten, schlaff herabhängenden Werbespruchbändern, in Emu Plains und Blacktown, fast bis zu der Stelle, an der die Straße bergan in die ersten bewaldeten Hänge der Blue Mountains führt, versteht man den angewiderten Unterton, mit dem Sydneys Bürger die Worte »westliche Vororte« herausknurren.
Über die lange ansteigende Strecke nach Katoomba gelangte ich in eine andere Landschaft: bergig, kühl, grün, mit Schluch-

ten und Canyons. Die Eukalyptusbäume waren Pinien gewichen. Von der Höhe dann führte ein langer Weg abwärts nach Lithgow, und nach ein paar weiteren Kilometern fühlte ich mich wirklich wie im Land des Sonnenuntergangs. Hier, bei Wallerawang am Great Western Highway, knapp zwei Stunden westlich von Sydney, fand ich den Beweis: Ein großes braunes Känguruh lag tot neben der Straße.

Nach Dubbo, woher Alf stammen könnte, der Aboriginal in *Die im feurigen Wagen*, fährt man weitere zwei, drei Stunden, nach Bourke sind es noch vier oder fünf. Aber da draußen im Westen von New South Wales, wo sich die Straße nach Bourke im Norden und Wilcannia weiter im Westen gabelt, hat man sein schlichtes Ziel erreicht: Man ist an einem einzigen langen Tag von Sydney ins Hinterland gefahren. »Hinter Bourke« ist eine australische Bezeichnung für jeden schlecht erreichbaren Ort, aber es gibt noch Dutzende andere. Das Australische hat sicher mehr Umschreibungen für das Nirgendwo (*outback, way back, back o' sunset, behind death o'day, Woop Woop* und so weiter) als jede andere Sprache, wohl einfach schon deswegen, weil es in Australien mehr Ferne und mehr leeren Raum gibt als in den meisten anderen Ländern. All diese Ausdrücke sind wie kleinlaute, einsame, verlorene Hilferufe. Sie sprechen von einer Einsamkeit, die auf dieser riesigen Insel das gleiche sein kann wie Verbannung.

Kurz vor Dubbo verleiteten mich magische Ortsnamen auf der Landkarte zu Umwegen in Orte, die Wattle Flat, Oberon oder Budgee Budgee (rechts abbiegen in Mudgee) hießen, wo ich weiter nichts tat, als mir die kleinen runden Hügel, die munteren Schafe und die Eukalyptusbäume anzusehen. Man kann sich kaum etwas Schöneres vorstellen als diese kleinen Dörfer in Australiens Hinterland, das jetzt, im Frühlingsmonat September, kühl und grün war.

Ich war auf halbem Weg nach Woop Woop und brachte auch den Rest der Strecke hinter mich, bis nach Alice Springs im toten roten Zentrum der Insel Australien. Mein Faltboot hatte ich in Sydney bei meinem Butler gelassen, der immer noch glaubte, daß die beiden großen Säcke Kleidung enthielten.

Reisenden, die Landschaften vom Fenster eines darüber hin-

fliegenden Flugzeugs aus beschreiben, habe ich bisher nur mit
einem Gähnen zuhören können, aber bei der australischen
Landschaft bietet sich die Betrachtung aus der Vogelperspek-
tive an.

Nach den Hügeln und viereckigen Feldern und Flecken von
Ackerland gleich westlich von Sydney verschwinden die grün-
lichgelben Kulturen, die Flüsse und Seen werden weiß, und
große, graue Bänder erscheinen und gehen in riesenhafte, hin-
gekleckste Tropfen von einem so ungeheuren Rot über, daß sie
wie hundert Kilometer lange Blutflecken aussehen. Das ist der
Anfang der Wüste, der Simpson Desert. Sie ist so groß, daß es
Stunden dauert, sie in einem achthundert Stundenkilometer
schnellen Jet zu überfliegen, und selbst dann hat man nur die
Hälfte des Landes überquert. Mit jeder Minute wechseln die
Farben von Grau zu Dunkellila, zu Rosa und einem ausge-
bleichten Knochenweiß, das so kalkig ist wie die chinesische
Farbe des Todes. Keine Straße, kein Wasser, kein Leben, nicht
einmal Namen auf der Landkarte. Ich dachte an Bruce Chat-
win, der 1983 aufgeregt mit dem Finger auf eine Karte vom
Outback gezeigt, begeistert von der Leere gewesen war und zu
mir gesagt hatte: »Da ist nichts! Nichts! Nichts! Da will ich
hin!«

(Noch im selben Jahr schickte er mir eine Postkarte aus dem
Outback: »Alles bestens *down under* ... beginne, mich für eine
sehr extreme Situation zu interessieren – spanische Mönche in
einer Mission bei den Aborigines –, und bin dabei, mit einem
ersten Entwurf anzufangen. Jedenfalls ist jetzt die ›Werde-nie-
wieder-eine-einzige-Zeile-schreiben‹-Krise vorbei. Wie immer,
Bruce.«)

Die Oberfläche Australiens ist stoppelig, die schotterähn-
liche Struktur eine Ödnis aus Felsbrocken und Wind. Dazu
kommt der sogenannte Dingo- oder Schädlings-Schutzzaun,
den die »Behörde zur Bekämpfung von Wildhunden« ziehen
ließ, um sich die Dingos vom Leib zu halten. Dieses Gebilde ist
eine so ernsthafte Angelegenheit, daß es (angeblich) länger ist
als die Chinesische Mauer, viel sicherer und vom Mond aus
besser zu sehen.

Dahinter ist das Land unter der Flugroute ausgehöhlt und
ausgeblichen. Es ist sandig, riesige Streifen von Sand, und

sieht aus wie eine hochgerutschte, gestreifte Pferdedecke – anderthalbtausend Quadratkilometer Wolle. Bald darauf dann kommen rote Hügelkämme in Sicht, dunkle Baumflecken und die Rinnen ausgetrockneter Flußbetten, buchstäblich *billabongs* – tote Flüsse.

Und es fällt mir auf, daß das hier nicht wie ein anderer Stern aussieht, sondern wie der Meeresboden, nachdem das Wasser des Ozeans abgelaufen ist, Ozeanien, und einer hat den Stöpsel rausgezogen. Und tatsächlich, auf einer mehrtätigen Wanderung durch die Klippen ebendieser Berge, in den Macdonnell Ranges, fand ich kleine Fossilien im roten Fels: »Nautilusartige«, die entfernten Verwandten von Tintenfischen, die hier lebten, als dies noch das Meer im Binnenland war.

Alice Springs liegt inmitten dieser roten Höhenzüge, eine zusammengewürfelte, einstöckige kleine Stadt, Endstation der Eisenbahn, Straßenkreuzung und Zusammenfluß dreier Flüsse – allerdings wieder nur *billabongs*, denn es gibt keinen Tropfen Wasser in ihnen, nur heißen Sand, schiefe Eukalyptusbäume und Aborigines, die familienweise an den wenigen schattigen Flecken hocken. Der Todd River ist der breiteste und zugleich der trockenste. Wie viele australische Flüsse – nur wenige enthalten wirklich Wasser – sah er aus wie eine schlechte Straße, allerdings breiter als die, die ich gesehen hatte. Es heißt, wer dreimal Wasser im Todd River gesehen hat, kann sich zu den Einheimischen rechnen.

Ich lief in der Stadt herum, merkte mir die Treffpunkte der Aborigines und plauderte mit den Leuten.

»Ich bin kein Rassist, ich kann bloß keine Abos ausstehen.«

Diese glatte, überall zu hörende Absurdität wurde mir gleich am ersten Tag in Alice Springs von einer Frau unterbreitet. Als ich sagte, ich sei in die Stadt gekommen, um ein paar Aborigines kennenzulernen, geriet sie in Wallung. Was sie sagte, verdient aufgeschrieben zu werden, denn so viele andere Leute sagten das gleiche, allein der Tonfall variierte zwischen Trauer und Tobsucht.

»Sie saufen. Sie sind ständig besoffen und hängen in der Stadt rum. Sie sind schlampig und dumm. Die Kleider hängen ihnen in Fetzen runter, dabei haben sie Geld! Sie prügeln sich andauernd, und manchmal sind sie wirklich gefährlich.«

Für solche Tiraden hatte ich meist nur ein trauriges Lächeln
übrig, denn die Beschreibung paßte genau auf etliche weiße
Australier, die ich gesehen hatte. Ich konnte nie ganz ernst
bleiben, wenn einer von diesen ledrigen Kerlen sich oberleh-
rerhaft über die Trinkgewohnheiten der Aborigines ausließ,
wo sie doch selbst das lebendigste Vorbild dafür abgegeben
hatten.

»War mal 'n Schwatter, der hatt 'n Job bei Kerrys Altem als
Viehhüter draußen bei Adelaide. Dann isser abgehauen und
auf Tour gegangen, *walkabout*. Nach anderthalb Jahrn kommt
er zurück und fragt: ›Wo iss mein Job?‹«

Der Sprecher, Trevor Dingsbums, knetete seinen fettigen
Hut. Er war barfuß, ein tätowierter, wilder Schlägertyp, der
seine drei herumtobenden Kinder knuffte und Kerry an-
knurrte. Er hielt eine Magnum-Bierflasche in der Faust, Marke
Castlemaine Four X.

Am liebsten hätte ich laut losgelacht, denn das war schon
wieder ein weißer Australier, der den Aborigines ihre rohen
Sitten vorhielt, sich selbst aber um keinen Deut besser benahm – nur, daß er wie alle weißen Australier dabei einen Hut
trug, vorzugsweise das Filzmodell *Schweißfrei* der Firma
Sewell's, und zu manchen Jahreszeiten außerdem einen braunen, knöchellangen Regenmantel vom Typ *Knochentrocken*.

»Wir sind keine Rassisten mehr«, sagte Trevor. »Die sind die
Rassisten!«

Es stimmte, daß Trevor ein *ringer*, ein grober Schafscherer
war, ein *ocker*, ein Buschtrottel, ein *redneck*, aber ich hatte die
gleiche Leier in etwas hübscheren Formulierungen von fein-
sinnigen und gebildeten Menschen in Sydney und Melbourne
gehört, und eine wohlerzogene Dame in Perth hatte mir erklärt: »Alle Abos lügen.«

Ich ermunterte Trevor dazu, ein wenig in seinen Erinnerungen zu kramen, und er sagte: »Früher sind wir immer hier nach
Alice Springs raufgekommen und haben uns mit den Schwatten gekloppt. Naja, es gibt auch 'n paar erstklassige Typen dabei. Manche von denen sind die nettesten Kerle, die du dir
vorstellen kannst.«

»Aber die kommen auf ganz komische Ideen«, sagte Kerry,
seine Frau. »Wir sind grade am Ayer's Rock gewesen. Da ham

wir 'n Schwatten getroffen, der gesagt hat, er würd keinen Fuß
draufsetzen. Das wär, wie wenn man auf dem Bauch von 'ner
Schwangeren rumklettert. Er hat zu mir gesagt: ›Der Berg ist
die Schwangerschaft der Erde – wölbt sich da genauso raus.‹
Jaja, aber am Ayer's Rock warn jede Menge Schwatte, die hingen besoffen da rum und ham nich ausgesehen, als ob sie sich
groß Gedanken machen.«

»Vielleicht waren die gerade auf *walkabout*?« fragte ich.

»Ja, die verschwinden«, sagte Trevor. »Die werden verrückt.«

Die allgemeine Ansicht war, daß die Aborigines irgendwann
aus der Fassung gerieten, sich in einem schweren manischen
Anfall aus dem Staub machten und dann endlos im Outback
herumgeisterten.

Die Aborigines, die ich fragte, stritten das ab, und alle waren
sich über die Bedeutung des *walkabout* einig.

»Es bedeutet *gehen*«, sagte Roy Curtis. Roy war ein Aboriginal vom Clan der Walbiri aus Yuendumu, vierhundert Kilometer weiter nordwestlich.

Das Wort wird im schlichten Sinn von »gehen« gebraucht,
den es zum Beispiel auch im Psalm 23 im Pidgin der Aborigines
hat: »*Big Name makum camp alonga grass, takum blackfella walkabout longa, no frighten no more hurry watta.*« »*Der Herr ist mein
Hirte, mir wird nichts mangeln. Er weidet mich auf einer grünen
Wiese und führet mich zum frischen Wasser.*«

Flüsterstimme Roy Curtis mit dem dicken weichen Bauch,
dünnen Beinen und langen Wimpern war nebenberuflicher
Maler von Tüpfelbildern. Er wartete unter den Eukalyptusbäumen in Alice Springs auf Schadenersatz – von dem »Idioten«
der sein Auto zerlegt hatte.

»Es heißt *nach Hause gehen*«, sagte er in einem Ton, als täte er
nichts lieber als das.

»Das Wort hat einen besonderen Sinn«, sagte Darryl Pearce,
der Direktor des Institute of Aboriginal Development. »Es bedeutet, daß jemand in den Outback aufbricht, um zeremonielle
oder familiäre Dinge zu erledigen, heilige Stätten zu besuchen
und mit Menschen aus seiner eigenen Nation zusammenzu-
sein.«

Ich hatte mein Auto stehenlassen und zu Fuß ein trockenes

Flußbett durchquert, um zu Darryls Büro zu gelangen. Der Fluß, ein Nebenfluß des Todd, war randvoll mit leeren Bierdosen und Weinflaschen, die Aborigines dort hinterlassen hatten. Unter den Eukalyptusbäumen am Ufer fanden sich hier und da kleine verlassene Lager, lagen löchrige Decken und Papierfetzen herum.

Zwei Aborigines saßen reglos, wie in Bronze gegossen, unter einem Eukalyptusbaum, ein Mann und eine Frau, die sich an den Händen hielten. Mit dem Mann, der Eric hieß, sprach ich über den Plan, einen der Flüsse einzudämmen. Das Thema lieferte zu der Zeit viel Zündstoff unter den Aborigines von Alice Springs: Wenn der Plan durchkam, würde eine ihrer heiligen Stätten unter Wasser gesetzt.

»Wie würden Sie das finden, wenn die Abtei von Westminster zerstört würde?« argumentierten ein paar, die nach einem Vergleich suchten.

Als Antwort darauf bekamen sie Dinge zu hören wie: »Dieser Platz ist ungefähr so heilig wie Fliegenscheiße.«

Heilige Stätten gab es in der ganzen Stadt. Eine bestand aus einem eingezäunten Felsen, der wie ein kleiner Asteroid aus einem Parkplatz herausragte, direkt beim gleichnamigen Pub: *The Dog Rock Inn – Zum Hundefelsen.*

Was war wichtiger – ich fragte diese beiden Leute, die am Ufer des trockenen Flusses saßen –, die Stadt vor Überschwemmungen zu retten oder die heilige Stätte zu erhalten?

»Die Stätte erhalten, denke ich«, sagte Eric.

Ich ging hinüber zum Institut, wo ich von Darryl eine wütendere Version dieser Ansicht hörte.

Zum Wort *walkabout* meinte Darryl, er verstehe seinen tieferen Sinn sehr gut, weil er selbst ein Aboriginal sei. Ich hätte es nicht gemerkt. Er war bläßlich, sommersprossig, etwas untersetzt und hatte kurzgeschnittenes, braunes Haar. Ein Ire, hätte ich vermutet. Er sah nicht anders aus als die Säufer, Ladenbesitzer und Taxifahrer, die die Aborigines als *boongs* und Faulpelze beschimpften.

»Der Ausdruck ›Halb-Aboriginal‹ ist Blödsinn«, sagte Darryl. »Entweder ist man einer oder nicht. Das ist keine Frage der Farbe, sondern der Identität. Bei uns gibt es alle Hautfarben.«

Seine Mutter war eine reinblütige Aboriginal gewesen: ein

Elternteil ein Mudbara aus den Barkly Tablelands, der andere
ein Aranda aus der Gegend von Alice Springs.

»Man fragt uns immer, warum wir so wütend sind«, sagte er.
Ich hatte ihn nicht gefragt. »Wütend« war nicht das Wort,
das mir zu den Aborigines eingefallen war, die ich bisher getroffen hatte: Sie waren mir eher verlassen und verschreckt
vorgekommen.

»Wir leben seit vierzigtausend Jahren in Australien, und was
hat uns das gebracht? Bis 1960 durfte laut Gesetz kein weißer
Australier einen Aboriginal heiraten. Wir hatten keine Rechte.
Bis 1964 war es den Aborigines verboten, Alkohol zu trinken
oder zu kaufen, und wer einem Aboriginal welchen verschaffte, konnte mit Gefängnis bestraft werden. Bis 1967 waren
wir noch nicht einmal australische Bürger.«

»Wenn die Aborigines keine Bürger waren, was waren sie
dann?«

»Wir waren Mündel des Staates. Der Staat hatte die vollkom-
mene Verfügungsgewalt über uns«, sagte Darryl. »Erst der
Volksentscheid von 1967 hat uns die Bürgerrechte verschafft.
Aber wäre es nicht sinnvoller gewesen, wenn man uns gefragt
hätte, ob wir überhaupt Bürger werden wollten? Keiner hat
uns gefragt.«

»Ist es nicht besser, wenn man Bürger und nicht Mündel
eines Staates ist?«

»Wir wollen keins von beidem sein. 1967 hat man uns etwas
genommen. Es war der schwärzeste Tag unserer Geschichte.«

Bevor ich ihn noch fragen konnte, und das wollte ich eigentlich, weil ich nicht begriff, wieso er den Besitz der bürgerlichen
Rechte als etwas Bedrohliches ansah, fuhr er fort: »Wir bezahlen für Dinge, die wir nicht benutzen. Man bietet uns vieles an,
aber was sollen wir damit? Wir haben Anspruch auf so viele
Dienstleistungen, die uns nichts bedeuten. Wir schwimmen
nicht im Strom mit. Es spielt keine Rolle, ob man uns Straßen
und Schulen und Krankenhäuser baut, wenn wir sie nicht
wollen.«

»Was wollen Sie denn dann?«

»Unser Ziel ist eine selbstbestimmte Zukunft«, sagte er. »Wir
wollen unsere eigenen Entscheidungen treffen.«

Die Aborigines hatten keine Macht, und sie in diesem

machtlosen Zustand zu belassen, das sei die verdeckte Absicht hinter etlichen politischen Entscheidungen der Regierung, sagte er.

»Denken Sie nur an die Sprachen der Aborigines – was wissen Sie darüber?«

Ich sagte, ich sei im Central Land Council in Alice Springs gewesen, da ganz offensichtlich viele Forderungen der Aborigines mit der Frage des Landbesitzes zu tun hätten, und dort hätte ich einen Beamten nach den Aboriginal-Sprachen gefragt. Wie viele es im Northern Territory, seinem eigenen Gebiet, gebe?

»Dutzende«, hatte er gesagt, und dann: »Zweihundertfünfzig vielleicht?«

Er hatte keine Ahnung. Später erfuhr ich, daß es zweihundert Jahre zuvor, zur Zeit der ersten Siedler, fünfhundert gesprochene Aboriginal-Sprachen gab. Nur ein Bruchteil davon ist noch in Gebrauch.

»An australischen Schulen werden unsere Sprachen nicht unterrichtet«, sagte Darryl. »Und warum nicht? Weil wir dadurch Macht bekommen würden. Man müßte uns ernst nehmen. Das Ganze ist absurd. Ein australischer Schüler kann Französisch, Deutsch, Italienisch, Griechisch, sogar Japanisch wählen – ausgerechnet! – , aber keine Aboriginal-Sprache.«

In genau dieser Situation der Machtlosigkeit befänden sich auch viele andere Eingeborenenvölker: Maori, Fidschi-Insulaner, Eskimos und natürlich die schwarzen Südafrikaner. Aber an neuseeländischen Schulen wurde Maori unterrichtet (ironischerweise waren es weiße Kiwis, die in diesem Fach die besten Noten bekamen), eingeborene Fidschianer hatten vor kurzem – durch einen Militärputsch und die Einführung des Kriegsrechts – die Macht übernommen, und was die Südafrikaner anging: Nelson Mandela sollte in Kürze auf seiner Welttournee (die er seit seiner Befreiung aus südafrikanischer Haft unternahm) in Australien Station machen, und Darryl würde ihn mit einer Delegation Aborigines aufsuchen.

»Die Eingeborenenvölker der ganzen Welt kriegen beschissenes Land, das man nicht bestellen kann«, sagte Darryl gerade. »Und dann findet irgendwer Bodenschätze drin, und die Regierung will es zurückhaben.«

»Ich habe von weißen Australiern die Ansicht gehört, daß
mit der Zeit ein Assimilationsprozeß stattfinden wird und . . . «

»Assimilation ist ein Reizwort. Wir wollen uns nicht anpas-
sen. Warum auch?«

Mir schien, daß Darryl selber, der so irisch aussehende
Darryl, längst angepaßt war. Aber ich sagte: »Ich kenne die
Argumente nicht. Aber wollen Sie denn Apartheid – eine ge-
trennte Entwicklung?«

»Dieses ganze Land ist unser Grund und Boden«, sagte
Darryl. »Weiße brauchen Genehmigungen, um unser Land zu
betreten. Und jetzt sagen sie, daß wir Sondergenehmigungen
brauchen, um in die Stadt zu gehen. Dabei gehört das Land
uns!«

Wassermangel ist kein Hinderungsgrund für die jährliche
Henley-on-Todd-Regatta, die im trockenen Flußbett stattfin-
det. Als ich davon hörte, machte ich mich zum Austragungsort
auf – nach der Methode *walkabout*, denn er war nicht zu verfehlen. Ich folgte dem Gebrüll der Menge und den Staubwolken,
die wie Rauch zwischen den Eukalyptusbäumen aufstiegen.

Die Ereignisse waren in vollem Gange: Es gab »Achter« und
»Yachten«, bodenlose Boote, die von rennenden Männern getragen wurden, »Oxford-Wannen«, mit je einem Mann be-
setzte Badewannen, die von Sechser-Mannschaften getragen
wurden, und das »Sandschaufeln«, eine Art Staffellauf, in dem
es darum ging, eine Hundertsiebzig-Liter-Tonne mit Sand zu
füllen, wobei die rennenden Kombattanten auch noch nasse
Sandsäcke mitschleppen mußten.

Der Ansager brüllte sich die Seele aus dem Leib, aber es gab
keine Anfeuerungsrufe. Die Zuschauer – Tausende, wie mir
schien, alles *jackeroos* und *jillaroos*, *Knechte* und *Dorfschöne*, und
der Typ von Viehdieb, der hier *poddy-dodger* oder *cattleduffer*
heißt – standen in der grellen Sonne im Staub herum, trugen
verschwitzte T-Shirts und breitkrempige Hüte, hatten Gummilatschen an den nackten Füßen und tranken Bier. Wie viele
andere Festivitäten im Outback – die Birdsville-Rennen oder
das Rodeo im fernen Laura – war die Henley-on-Todd-Regatta
nichts anderes als wieder ein Grund, sich aufs allerfröhlichste
vollaufen zu lassen.

»Der Ort ist das Letzte«, stöhnte ein befreundeter Fotograf in Alice Springs. Er arbeitete an einem Fotoessay über Australien, eine Anstrengung, die ihm allmählich anzumerken war. »Birdsville ist ein Irrenhaus. Die Städte sind unerträglich. In den Vororten kriege ich Depressionen. Ich pack das nicht. Für mich ist Australien eine einzige große Bierdose.«

Am frühen Nachmittag waren die Regattazuschauer so blau, daß sie kaum noch mitbekamen, wer gegen wen antrat. Sie nahmen auch die Stechfliegen nicht mehr wahr, die im Outback eine wahre Plage sind. Diese Fliegen sind die Pest, allerdings so klein, daß man sie auf Fotos von Australien nicht sehen kann. Wenn man es könnte, würden sich Touristen in spe die Sache vielleicht noch mal überlegen.

Von meinem Standort in der Mitte des trockenen Flußbetts konnte ich dunkle Gruppen von Aborigines unter fernen Bäumen sitzen sehen, nicht mehr als körperlose Schatten. Zwei dieser Schatten waren Michael und Mary, ein Aboriginal und seine Frau. Ich stellte mich ihnen vor, und ein paar Tage später traf ich sie in der Stadt. Sie erzählten mir, daß sie immer unter den Eukalyptusbäumen schliefen, wenn sie in die Stadt kämen. Bei unserem Wiedersehen standen sie stumm und barfuß in der Nähe der Dreamtime Art Gallery. Fliegenschwärme umschwirrten sie, und sie sahen ziemlich verloren aus. Michael trug ein aufgerolltes Gemälde unter dem Arm. Beide waren betrunken, aber noch einigermaßen bei Sinnen. Ich sah mir das Bild an.

»Ein Känguruh«, sagte Michael. »Habe ich gemalt.«

»Malen Sie auch, Mary?«

»Ich helfe ihm bei den Punkten.«

Es waren fast nur Punkte, ein amorphes Muster – vielleicht war es ja tatsächlich ein Känguruh, eins, das auf der Straße nach Tennant's Creek von einem Truck mit Känguruhgitter am Kühler umgebügelt worden war. Michael sagte, er würde mir das Bild für zweihundert Dollar verkaufen.

Er wandte sich zur Kunstgalerie um und meinte: »Die da drin kennen mich.«

Er nahm mich mit hinein. Die Galeristin war eine weiße Australierin in einem bunten Kleid. Sie ordnete Aboriginal-Zeichnungen in einer Mappe.

Michael ging zu ihr. Er fragte schüchtern: »Haben Sie mein Bild noch?«

»Ich glaube, wir haben es verkauft.«

»Es war hier«, sagte Michael und zeigte auf eine Stelle an der Wand. Seine Frau stand, leicht unsicher auf den Beinen schwankend, in ihrem zerfetzten Kleid draußen auf dem Gehsteig und starrte durch die Fensterscheibe.

Die Galerie hing voller Bilder in einem ähnlich pointillistischen Stil: Punkte auf Leinwand. Manche zeigten identifizierbare Geschöpfe – Känguruhs, Eidechsen, Krokodile –, während andere die stürzenden Linien von Aboriginal-Mustern nachzeichneten und viel Ähnlichkeit mit den gepunkteten Kärtchen hatten, die beim Augenarzt für Farbblindheitstests benutzt werden.

Ich fragte: »Verstehen Sie diese Bilder?«

Michael nickte. Er kniff die Augen zusammen. Die Fliegen waren ihm in die Galerie gefolgt. Manche sausten um seinen Kopf herum, ein paar saßen auf seinen Schultern.

Ich zeigte auf ein Gemälde mit zwei Bögen und einem Klecks: »Was ist das?«

»Leute, die im Kreis sitzen.«

Ich zeigte auf eins mit nur einem Klecks, die Pünktchen waren zweifarbig.

»Ein Ei.«

»Ein *goog*?« Ich probierte ein australisches Wort aus. *Chooks, Flattermänner,* legten *googs.*

»Ja.«

»Und das?« fragte ich vor einem Bild voller Würmer.

»Wasser. Regen.«

»Und dieses?« Es sah aus wie ein unregelmäßig gepunkteter Horizont.

»Eine Schlange.«

Michael erzählte, daß er die Leinwände und Farben in Alice Springs kaufte und dann ins Reservat bei Hermannsburg mitnahm, wo er seine Bilder malte. Die meisten Bilder in der Galerie trugen vierstellige Preisschilder.

»Wieviel kriegen Sie für Ihre Bilder?«

»Nicht viel«, sagte er. »Aber genug.«

Ich wollte ein Reservat sehen. Man hatte mir gesagt, dazu brauchte ich eine spezielle Genehmigung, aber ich fuhr einfach nach Amungoona, ein Reservat außerhalb von Alice Springs, und fragte den zuständigen Mann – Ray Satour, früher Baggerführer, jetzt Häuptling –, ob ich mich umsehen dürfe.

»Klar doch, Kumpel«, sagte er. Ich sollte mir vor allem die Tennisplätze, das Schwimmbad, die Sporthalle und die neuen Häuser ansehen.

Warum war er so stolz darauf? Das Reservat von Amungoona war eingezäunt, runtergewirtschaftet und sah aus wie eine Kreuzung zwischen Hühnerfarm mit Freigehege und Gefängnis ohne Sicherheitstrakt. Es war sehr schmutzig. Die Tennisplätze waren vergammelt, im Swimming-pool war kein Wasser, die Sporthalle war eine Ruine und die Häuser sahen nicht besser aus. Mit war das Ganze ein Rätsel.

Ich überlegte, vielleicht sollten die zuständigen Behörden weniger Swimming-pools bauen und statt dessen mehr Eukalyptusbäume pflanzen, damit sich die Aborigines druntersetzen konnten? Es war sicher kein Zustand, wenn so gut wie kein Weißer eine der verschiedenen Aboriginal-Sprachen beherrschte – und das in einem Land, in dem zwei Drittel der Ortsnamen sich aus diesen Sprachen herleiteten. So etwas konnte nur zu Entfremdung und bösem Blut führen.

Ich hatte mir vorgenommen, nach Palm Valley zu fahren, das zu dem Reservat von Michael und Mary gehörte. Es lag hinter Hermannsburg, ungefähr vier Autostunden westlich von Alice Springs.

»Ich an Ihrer Stelle würde da nicht hinfahren«, meinte der Angestellte der Leihwagenfirma.

Und wohl ein halbes Dutzend mal hörte ich das gleiche über andere Orte. Ein paar der Ratgeber waren Amerikaner. Es gab viele Amerikaner in Alice Springs, fand ich: Es gefiel ihnen hier, und sie wollten so lange wie möglich bleiben. Sie waren Angehörige, meistens Ehefrauen, von amerikanischen Soldaten, die beim amerikanisch-australischen Verteidigungsprojekt Joint Defense Facility in Pine Gap arbeiteten, wobei es sich um eine Satelliten-Beobachtungsstation, vielleicht auch eine Atomwaffenbasis handelte: Es war geheim, keiner wußte etwas.

»Weiße sind in Palm Valley nicht gern gesehen.«

Ich vermochte nicht zu sagen, ob die Warnungen begründet waren, allerdings hatte ich das Gefühl, daß die Hälfte davon nur Gerede war. Schließlich war ich auch in das Reservat von Amungoonga einfach so hereingeschneit: Mein höfliches und respektvolles Auftreten hatte gewirkt. Und ich hatte betont, daß ich kein Australier sei. Trotzdem blieben die Warnungen nicht ohne Effekt – ich fuhr schließlich doch nicht nach Palm Valley.

Daß ich Ausländer war, half in vielerlei Hinsicht. Manchmal fühlten sich die Australier dadurch aufgefordert, mir Ratschläge zu geben. Immer wieder mußte ich feststellen, daß die Australier, das weltoffenste Volk der Erde, voller Vorsichtsmaßregeln und Ängste steckten. Sie warnten einen vor der Sonne, dem Meer, den ekligen Krabbeltieren und dem, was sie *bities* nennen, den Schlangen, Spinnen, giftigen Quallen und Krokodilen, vor Känguruhs, die durch die Windschutzscheibe donnern, und Wildschweinen, die einem das Mittagessen stehlen. Es ist eine Tatsache, daß die australische Wüste mehr Arten von Reptilien beherbergt (zweihundertfünfzig, und viele davon giftig) als jede andere Wüste der Welt, und es ist ebenfalls wissenschaftlich erwiesen, daß die Taipan-Schlange das giftigste Reptil der Erde ist: Ihr Biß tötet in Sekunden. Aber all das sollte niemanden ernsthaft davon abhalten, sich zu Fuß oder auch auf allen Vieren im Outback zu bewegen.

Das letztere tat ich gerade. Auf Händen und Knien erging ich mich in den roten Felsen des Glen Helen Gorge, einhundertdreißig Kilometer westlich von Alice Springs, auf den Spuren des scheuen schwarzfüßigen Felsenkänguruhs. Hinter dem bröckligen, rotbraunen Sandsteingipfel lag der Finke River, einer der wenigen Flüsse im Outback, der wirklich etwas Wasser enthielt, und in der Schlucht selbst fand sich ein schwarzer Wassertümpel. In einem heißen, zweistündigen Anstieg durch eine Felsenrinne kletterte ich auf die Spitze des Hügels, wanderte dort ein bißchen herum – und verirrte mich. Ich konnte die Rinne einfach nicht wiederfinden, nur eine Wand, die senkrecht zum Talboden abfiel. Als es gerade so auszusehen begann, als ginge mein *walkabout* allmählich in den Gruselfilm *Picknick at Hanging Rock* über, fand ich einen Weg nach unten.

Am Teich in der Glen-Helen-Schlucht traf ich Australier, die zum Baden hergekommen waren. Sie alberten mit ihren Kindern herum, mampften Sandwiches, tranken Bier, saßen unter Bäumen und hatten die weißen Beine ausgestreckt und die T-Shirts gelüftet, um den Wind an ihre Bäuche zu lassen. Auf den T-Shirts stand *Freddy Krueger* und *Das hier sind seltsame Zeiten* und *I climbed Ayer's Rock*. Es waren Familien. Sie hatten einen Mordsspaß.

Diese weißen Australier taten – wenn auch ein bißchen lauter –, was auch die Aborigines hier immer getan hatten. Weil es im Teich das ganze Jahr über Wasser gab, war er ein Versammlungsort der Aranda, die über die zentralen und westlichen Macdonnell Ranges wanderten. Für sie hieß er Yapalpe, die »Behausung der Großen Wasserschlange« nach dem Mythos der Aborigines, und da drüben, wo Estelle Digby gerade Sonnencreme auf ihre Nase schmierte (eine weiße, zähe Masse, die aussah wie Aboriginal-Körperfarbe) waren die ersten körperlosen Traumzeitwesen erschienen.

Der Teich in der Ormiston-Schlucht war noch schöner: schattiger, versteckter, mit reinweißen Baumstämmen, die einen scharfen Kontrast zum geborstenen, gestaffelten roten Fels bildeten. Die Szene wirkte heiter wie der Garten Eden, auch unter dem allerblauesten Himmel. Und auch hier kreischten Kinder, Erwachsene machten ein Nickerchen, und ein paar alte Frauen mit finsteren Emu-Gesichtern stapften stoisch durch den lockeren Kies. Sie waren zufällig weiß, aber sie hätten genausogut Aborigines sein können. Es hatte sich so ergeben, daß die Aborigines vorzogen, sich an anderen Wasserstellen zu versammeln: Unter anderem an dem großen, dunklen Teich bei Emily Gap, östlich von Alice Springs. Dort sah ich Aborigines schwimmen, schlafen und ihre Babys schaukeln. Sie taten, was sie seit Zehntausenden von Jahren getan hatten, nur trugen sie jetzt Shorts und T-Shirts.

Es ist vielleicht etwas zu einfach, wenn man sagt, daß die weißen Australier nichts anderes sind als Aborigines in anderen T-Shirts, aber sie sind es weit mehr, als sie zugeben würden, verblendet und verdorben von der Kultur der vorstädtischen englischen Mittelschicht, der sie noch immer anhängen. Ein Bungalow ist schließlich nichts anderes als eine Art *humpy*.

An der Straße nach Tanami, ungefähr dreißig, vierzig Kilometer nordwestlich von Alice Springs, hielt ich an, um mir eine
am Straßenrand kauernde Echse genauer anzusehen und hörte
den Wind, der an den Dornbüschen zerrte und in den Telefon-
drähten heulte. Plötzlich merkte ich, daß ein paar Rinder mit
verzückten Gesichtern über ihren Zaun hinweg zu mir her-
überstarrten. Es war die Musik auf meinem Kassettenrecorder,
Kiri Te Kanawa sang: »*I know that my Redeemer liveth*«. Ich stellte
die Musik lauter, und die Rinder rückten näher, um dieser
wunderbaren Stimme zu lauschen.

Ich stieg aus und ging die Straße entlang. Eine typische Out-
back-Straße, staubig, voller Bodenwellen und von einem Flußbett allenfalls dadurch zu unterscheiden, daß sie ohne Biegun-
gen verlief.

Ein Blechschild war an einen Baum genagelt worden:

> *»This plaque in memory of Jonathan Smith*
> *who if he hadn't jumped the fence in Darwin*
> *would have been able to do kaig. 13-8-88.«*

Etwa:

> *»Dies Schild soll an Jonathan Smith erinnern,*
> *der, wenn er nicht in Darwin übers Gatter gesprungen wäre,*
> *kaig hätte tun können. 13.8.88.«*

Ich hatte keine Ahnung, was es bedeuten sollte, war mir aber
sicher, daß Jonathan Smith ein Aboriginal gewesen war und es
sich hier um einen kryptischen Ausdruck von Aboriginal-
Trauer handelte.

Ich war hergekommen, weil ich mich selbst auf den *walkabout* gemacht hatte, um einige der leeren Gegenden Australiens genauer kennenzulernen, und ich begriff, daß dieses
Land nicht nur hinreißend schön war, sondern tatsächlich einzigartig, voller wilder Geschöpfe, die genauso seltsam waren
wie die Menschen – voller Glattechsen, Schlangen, Nattern
und Wespen. Manche davon sah ich lebendig, ein paar Meter
neben der roten Staubpiste, andere plattgefahren mitten auf
der Straße nach Tennant Creek, und über viele gab es Horrorgeschichten.

Manche der häßlichsten Tiere waren harmlos, wie zum Beispiel der grauenhaft aussehende Wüstenteufel oder Moloch,
der eigentlich ein unschuldiger Kasper voll Stacheln und
Schuppen ist. Die Netz-Braunschlange, die zweitgiftigste der
Welt, sieht wiederum überhaupt nicht spektakulär aus. Dann
gab es noch *Spencer's goanna* mit seinem faltigen gelben Bauch
und der schwarzen Zunge, den Dornschwanzskink, eine Sta-
chelechse mit einem feisten, dornigen Hinterteil, und den
Horn-Blattschwanzgecko, der so platt ist, daß es den An-
schein hat, als wäre er schon zu Lebzeiten von einem Auto
zermatscht worden. Die Kragenechse sieht aus wie die
Eidechsenausgabe von Bozo, dem Clown, und die Wüsten-
Todesotter lockt und täuscht ihr Opfer mit ihrem hakenbe-
wehrten Schwanz. Wenn man langsam fuhr, konnte man am
Straßenrand eine Art Bartagame lauern sehen, ein geduldiges
Geschöpf, das dahockte und sich mit Insekten vollschlug, die
vorbeifahrenden Autos zum Ofer gefallen waren. Die Tep-
pichpython ist ein Nachtjäger. Sie hat Wärmerezeptoren im
Kopf und reagiert wie eine Peitsche, so daß sie blind eine Fle-
dermaus fangen kann.
Die Aborigines hatten gelernt, mit diesen Tieren zu leben.
Manche fingen sie, enthäuteten sie und aßen sie roh, andere
warfen sie ins Feuer, ließen sie drin, bis sie aufplatzten wie
angekokelte Würstchen und stopften sie sich dann in den
Mund. Sie hatten keine Angst vor Schlangen. Sie glaubten, mit
ihnen verwandt zu sein – wie mit den Känguruhs, mit der ganzen Erde: Sie sahen nicht, wo die Erde anfing und ihr Leben
endete. Alles war Teil eines Kontinuums, eines natürlichen
Kreislaufs, in dem sie, versehen mit den Segnungen der Götter, zusammen mit Felsen, Steinen und Bäumen ihre Bahn
zogen.
Mit dem Taipan und der Todesotter kamen sie gut zurecht.
Ihr Problem waren die weißen Australier.
»Es ist sehr wenig unternommen worden, um [den Aborigi-
nes] ein Gefühl der Sicherheit in dem Land zu geben, in das
wir eingedrungen sind«, schrieb Patrick White am Australia
Day des Jahres 1988, dem Jahr der Zweihundertjahrfeier.
»Trotz allerhand geschwätziger, gesichtswahrender Augenwi-
scherei, die der Premierminister – einer der größten Schwach-

köpfe der Geschichte – noch schnell von sich gegeben hat, dürfen die Aborigines zwar nicht mehr, wie noch in den frühen Tagen der Kolonisierung, erschossen und vergiftet werden, aber es gibt subtilere Möglichkeiten, sie loszuwerden. So kann man sie durch die psychischen Qualen, die sie in Gefängniszellen erleiden, in den Selbstmord treiben. Und für alles dann Alkohol und Drogen verantwortlich machen, wovon manche tatsächlich abhängig sind: Sie haben es von den Weißen gelernt. In einer Stadt wie Walgett beispielsweise kann man ehrenwerte weiße Figuren an hohen Festtagen durch die Straßen schwanken sehen. Wenn ich dort als Junge bei meinem Onkel auf seiner Schaffarm am Barwon zu Besuch war, und er mich in seinem offenen Wagen an den Slums am Stadtrand vorbeifuhr, sagte er immer: ›Für diese Leute kann man nichts tun.‹«

Die Selbstmordrate unter inhaftierten Aborigines ist erschreckend: Eine Gefängniszelle ist für einen Aboriginal die Hölle auf Erden, und wenn er nüchtern aufwacht, nachdem er wegen Trunkenheit eingesperrt wurde – oder wegen des bloßen Besitzes von Alkohol (es genügt, mit Alkohol im Umkreis von hundert Metern von einem Getränkemarkt erwischt zu werden) –, wenn er sich also plötzlich hinter Gittern wiederfindet, ist das solch ein Alptraum für seine Nomadenseele, daß viele sich noch in der kleinen, stickigen Ausnüchterungszelle erhängen, bevor Schuld oder Unschuld je bewiesen werden können. Bei jüngeren Aborigines allerdings ist Trunkenheit nicht der häufigste Grund für einen Einstieg ins Strafregister. Verhaftet werden sie im allgemeinen wegen kleinerer Straftaten, Erregung öffentlichen Ärgernisses, Eigentumsdelikten, Einbruch und Fahrzeugdiebstahl. Selten wegen Verkehrsdelikten oder Ladendiebstahl – Straftaten, auf die in Australien Weiße das Monopol haben. Im normalen Leben bringen Aborigines sich nicht um, obwohl ihre Selbstmorde hinter Gittern durchaus den Schluß nahelegen könnten, sie knüpften sich auch draußen in einer Art Todessehnsucht scharenweise an den Eukalyptusbäumen auf. Das ist nicht der Fall. Sie tun es, weil man sie einsperrt.

Kein Zweifel, alkoholsüchtige Aborigines sind zu einem Problem geworden. Aber sind sie ein größeres Problem als weiße Betrunkene? Abgesehen von der vielleicht einzigen Ausnahme, nämlich Finnen im Winter, habe ich in meinem Leben nur in Australien so viele schwarze und weiße Menschen gesehen, die sich mit so viel Hingabe vergiften. Trinken ist sozial nicht geächtet, jedenfalls nicht mehr als Pöbelei beim Football, obszöne Rugby-Gesänge oder das seltsam verletzende Benehmen, das in Australien als besondere Form von Kumpelhaftigkeit gilt – wobei *mate-ship*, die Kumpanei, eine der Triebfedern des Landes ist. Im allgemeinen gilt ein Nichttrinker in Australien als wesentlich größere Störung oder gar Bedrohung als ein schreiender, kotzender Besoffener.

Warum also, fragte ich mich, warf man in diesem trinkenden und betrunkenen Land den Aborigines ihre Trunksucht vor? Vielleicht war es ihre Freudlosigkeit. Die gesamte australische Langeweile und Verzweiflung nahm in den trinkenden Aborigines Gestalt an. Sie sangen nicht, wenn sie blau waren, sie tanzten nicht und wurden auch nicht kumpelhaft. Sie würgten bloß ihr Abendessen wieder raus, fielen um und verloren in der Lache ihres Erbrochenen das Bewußtsein. Das Ganze spielte sich mit einer Art wütender Zielstrebigkeit ab, und es war keine Seltenheit, daß man Aborigines an einem Morgen unter ihrem Eukalyptusbaum einen Vier-Liter-Kanister Coolabah-Mosel wegtrinken sah – und wenn das Geld zur Neige ging, wurde es Zeit für eine *White Lady*: Methylalkohol mit Milch. Ich wußte das nur aus Erzählungen, aber es gab Statistiken, und die waren überraschend. Eine maßgebliche Untersuchung des Alkoholmißbrauchs bei allen ethnischen Gruppen in Alice Springs aus dem Juni 1990 von Pamela Lyon, im Auftrag des Tangentyere Council, kommt zu der Feststellung, daß Aborigines weniger trinken als Weiße, daß aber der Alkohol bei ihnen stärkere Wirkung zeigt, daß sie größere physische Schäden dadurch erleiden und eher daran sterben.

Man hatte mir gesagt, daß David Gulpilil das eine oder andere zum Thema Alkoholismus unter den Aborigines würde sagen können, und als erster Aboriginal-Filmstar hatte er vielleicht auch etwas zum Thema Glück und Erfolg beizutragen. Seit jenem Film hatte ich mich gefragt, was aus ihm geworden war. Regisseur und Produzenten von *Crocodile Dundee*, seinem einzigen anderen Film, hatten ihn offenbar ziemlich übers Ohr gehauen.

»Er ist *walkabout* gegangen«, sagte eine Frau in Sydney. Schon wieder dieses Wort. Dann hieß es, er sei in Darwin gesehen worden und in Alice Springs. Jeder kannte ihn.

»Ich hab ihn neulich gesehen, wie er die Straße runterging«, erzählte mir jemand in Sydney. »Ein großer, dünner Typ. Unverkennbar. So ein guter Tänzer.«

Ich bekam eine Telefonnummer, unter der ich ihn erreichen könnte: Das Telefon stand in einem Reservat oben im Norden. Ich wählte, aber niemand meldete sich. Ich versuchte es immer wieder, und dann sagte man mir, die Nummer gehöre zu einem öffentlichen Fernsprecher, irgendwo in Arnhem-Land, wieder mal ein Platz in Woop Woop. Ich hatte solche Telefonzellen gesehen: staubige, mutwillig zerstörte, mit Namen, Daten und Obszönitäten bekritzelte Kästen, die in der Sonne schmorten, der Hörer zu heiß zum Anfassen. Ich habe ihn nicht erreicht, niemand nahm ab. Wen wundert's? Aber ich stellte mir immer wieder das Telefon an seinem Holzpfosten in Woop Woop vor, wie es unter einem wolkenlosen Himmel klingelte und klingelte, und dann eine große, schwarze Gestalt weiter weg. Sie war keineswegs taub, hörte nur nicht auf das Ding und ging davon.

5. Kapitel

NÖRDLICH VOM NIRGENDWO

Ich holte mein Faltboot, flog über dreitausend Kilometer in den Norden nach Cairns, fuhr mit dem Auto nach Port Douglas, nahm ein Schiff nach Cooktown, das nur einen Steinwurf von Neuguinea entfernt liegt, baute das Boot zusammen und fing an, damit vor der Küste in der Nähe der Mündung des Endeavour River herumzupaddeln und Makrelen zu angeln – welche Wonne. Aber die Gegend gilt bei fast jedem in Australien als Krokodilopolis.

Der Wind war stark, böige fünfundzwanzig Knoten aus Südost, ein Wind von der Sorte, die einem den Hut vom Kopf reißt, eine Flagge in die Waagrechte streckt und dem Meer eine kurze, kabbelige Dünung mit weißen Schaumkronen verpaßt. Alle hatten sie mich vor Haien und menschenfressenden Krokodilen gewarnt, niemand hatte ein Wort über diesen Wind verloren. Was der endgültige Beweis dafür schien, daß sie alle keine Ahnung hatten.

Das Luftkissenboot Quicksilver war die ganze Strecke zwischen Port Douglas und Cooktown über schwer gebeutelt worden. Port Douglas, ein neuer Urlaubsort mit Golfplätzen und aufgedonnerten Einkaufszentren, war fest in japanischer Hand. Japanische Touristen mit albernen Urlauberhütchen flogen her, um Designerkram zu kaufen und auf Golfbälle einzuschlagen. Angeblich war das billiger als die Mitgliedschaft in einem japanischen Golfklub. Ich freute mich, daß ich in das große Boot einsteigen und abheben konnte, fand es aber erstaunlich, wie stark die weiße Gischt durch den verwünschten Wind an den Seiten hochgeweht wurde.

»Ist immer so«, hatte ein Matrose gesagt. »'ne ziemlich windige Ecke hier. Sie fahrn nach Cooktown, oder? Iss ziemlich beschissen da oben.«

An den Namen der Landzungen und Buchten, die Captain
Cook einst getauft hat, ließ sich ablesen, welcher Stimmung er
während seiner Reise entlang der Küste gewesen war: *Weary
Bay – Bucht der Erschöpfung, Cape Tribulation – Kap der Trübsal,
Hope Island – Hoffnungsinsel.* Die Hügel waren dürr und flach,
die Landzungen felsig und vom Wind glattgeschrubbt. Es war
dieser Wind, der Cooks Schiff, die Endeavour, im Juni 1770
genau hier auf ein Riff warf. Cook ließ das leckgeschlagene
Schiff mühsam auf den Strand ziehen und dort reparieren.
Vorsichtig bewegte er sich flußaufwärts, während die hiesigen
Aborigines ihn aus dem Gebüsch heraus beobachteten. Sie
nannten den Fluß Wahalumbaal, was bedeutete: »Man wird
dich vermissen«, ein Abschiedsgruß – Aborigines paddelten
mit ihren Kanus von hier fort.

»Die Leute in Cooktown werden ganz verrückt von dem
Wind«, sagte der Matrose. »Einer hat's mal nicht mehr ausgehalten. Fing an, wegen dem Wind rumzuschreien – fing echt
an zu toben. Dann hat er 'n Koller gekriegt, ist auf das Dach
seines Hauses gestiegen und hat angefangen, mit dem Gewehr
in den Wind zu ballern.«

Wind ist für einen Faltbootfahrer das Schlimmste – schlimmer
und ermüdender als hohe Wellen oder eine starke Dünung.
Aber ich wollte unbedingt paddeln und war so froh, daß ich
endlich Gelegenheit dazu hatte, daß ich fast einen Tag lang
gegen den Wind ankämpfte. Fische fing ich keine.

»Mann, seinse bloß froh, daß Sie keinen Fisch erwischt
ham«, rief mir ein Mann zu, als ich wieder an Land ging. »Hier
gibt's Makrelen, die wiegen achtzig Kilo. So 'n kleines Boot wie
Ihrs versenken die wie nix. 'n paar von den Biestern sind so
groß wie ich!«

Er war sehr fett und hatte (wie man in Cooktown sagt) ein
Gesicht wie eine Gummibaumfrucht. Sein T-Shirt warb für
eine Biersorte, und er leckte sich begeistert die Lippen. Er genoß es sichtlich, mir zu erklären, daß ich beinahe mein Leben
an einen großen Fisch verloren hätte.

»Der Wind hat mir mehr zu schaffen gemacht«, sagte ich.

»Der hört überhaupt nie auf.«

Ich hätte zu gern gewußt, wie viele windstille Tage sie um

diese Jahreszeit normalerweise hatten und ob ich warten sollte, bis das Wetter umschwang. Es mußte auch Flautentage geben, aber wenn ich den Mann danach gefragt hätte, hätte er mich bestimmt als »Scheißami« und »blöden Touristen« ausgelacht.

Mangroven wuchsen am Flußufer unterhalb der Stadt, und dort ließ ich mein Boot zurück, nachdem ich es vorn und achtern festgebunden hatte, damit die Flut es nicht wegschwemmen konnte. Meine erste Nacht in Cooktown hatte ich in einem Hotel verbracht, aber jetzt wollte ich draußen campieren und schlug mein Zelt am gegenüberliegenden Ufer des Endeavour River auf, an dem es nur Gestrüpp, Dünen und wilde Schweine gibt. Über den Fluß selbst sagte mir jeder – natürlich –, daß er voller Krokodile stecke. Ein über vier Meter langes Exemplar war gerade gefangen und in die Krokodilfarm nach Cairns verfrachtet worden, wo es auf den Namen George getauft und von Touristen fotografiert wurde.

Cooktown, die klassische Ansammlung von Staub und einstöckigen Häusern irgendwo im Nirgendwo des weiten Outback, bestand aus einer Hauptstraße und weiter nicht viel. Es sah aus wie eine afrikanische Stadt in den Fünfzigern, komplett mit barfüßigen Schwarzen, die einen niedergeschlagenen Eindruck machten und, wenn sie nicht total am Ende waren, volltrunken in einer der vielen Kneipen herumhingen. Die Aborigines hatten Zahltag: Jede Woche bekamen sie Geld, gewissermaßen Sozialhilfe, aber die Summe sollte sie auch dafür entschädigen, daß Bergleute und Ausbeuter im Boden ihres Reservats, ihrer traditionellen Gebiete und heimatlichen Trampelpfade nach Bodenschätzen suchten. Etwas weiter oben an die Küste hatten die Japaner eine Quarzglasfabrik gestellt, verwandelten den Sand der Aborigines in japanische Sake-Flaschen und bezahlten für die Nutzungsrechte.

»Ein Geldtropf«, sagte ein Trinker in der Bar des Sovereign Hotel. Er war Elektriker, kam aus der Gegend, war selbständig und ein Sonderling, wie viele Männer, die ich in Städten im Outback getroffen hatte. »Intravenöses Geld. Sie sitzen bloß auf ihren Ärschen und kriegen es ganz von alleine.«

Cooktown war voller wilder weißer Männer – voller als jeder andere Ort im australischen Outback –, und sie waren nicht bloß dreckig und betrunken, sondern auch sonnenverbrannt und gefährlich, mit schmutzigen nackten Füßen und zerrissenen T-Shirts. Sie wurden *ferals*, *Raubzeug*, genannt. Auch sie lebten von der Stütze, und sie schoben ihre sonnengegerbten Nasen und schnurrbärtigen Gesichter dicht vor meins, um mich vor den Aborigines in Cooktown genauso zu warnen wie vor den Haien, den Krokodilen und der giftigen Seenessel.

»Es scheint in dieser Stadt reichlich Theken zu geben.«

»So viele auch wieder nicht, Kumpel«, sagte der Mann. »In jeder Kneipe gibt's drei: eine für Tiere, eine normale und eine für Snobs.«

»Und was ist die hier?« Wir waren im Sovereign.

»Das ist die normale. Hintenrum, das ist die für Tiere. Für die Schafscherer, Dorfdeppen, *ferals* und Abos.«

Er hielt nicht viel von den *ferals*, aber gegen die Abos hatte er etwas.

»Die kriegen Geld, weil sie schwarz sind. Kriegen ihre Kohle vom Tropf und Kredite für zwei Prozent. Leihen sich Geld und kaufen tolle Laster und Jeeps. Und dann vergessen sie ihre Kredite irgendwie. Aber wenn sie in Verzug geraten, behalten sie ihr Auto trotzdem, dann kommt ihre Organisation und zahlt's ab.«

Er trank gemächlich und betrachtete zwei Thursday-Insulaner, die Billard spielten: kahlköpfige, massige Melanesier mit Boxerfiguren, die von ziemlich hageren, betrunkenen Aborigines beobachtet wurden, die darauf warteten, daß sie an den Tisch konnten.

»Die sind völlig demoralisiert«, meinte er. »Warum auch malochen, wenn man dafür bezahlt wird, daß man's nicht tut?«

Er fragte mich, wo ich wohnte.

»Ich habe mein Zelt auf der anderen Seite vom Fluß.«

»Haste 'ne Knarre, Kumpel?«

»Nein.«

»Solltest du aber. Jeder, der hier irgendwo im Zelt schläft, braucht 'ne Knarre.« Er überlegte einen Moment. »Da gibt's Schweine, Krokos, alles mögliche.«

Wenn er sich so benommen hätte wie die anderen, die mir den Busch ganz ausreden wollten und versuchten, mich mit Geschichten von Riesenfischen und Superkrokodilen zu erschrecken, hätte ich nicht auf ihn gehört. Aber er war anders:

Er ermunterte mich noch, meinte nur, ich sollte mich bewaffnen, und empfahl mir einen Waffenhändler in der Charlotte Street, der Hauptstraße.

Der Laden, mit Eisengittern gegen Diebe verrammelt und verriegelt – der Standardausstattung einer ländlichen Waffenhandlung –, war staubig und wirkte ziemlich provisorisch: Fast die gesamte Ware lag in Pappkartons. Der Besitzer war um die fünfzig, ein harter Mann mit grauen Strähnen und einem sensiblen, wachsamen Gesichtsausdruck.

»Neu hier?« fragte er.

»Ja.« Und ich erzählte ihm, wo mein Zelt sei und daß ich vorhätte, die Küste raufzupaddeln.

»Da hab ich genau das Richtige für Sie.«

Es schien nicht mehr als der schwarze Kunstoffkolben eines Gewehrs, aber darin (man zog das Schulterpolster ab, um heranzukommen) waren Lauf, Mechanik und ein Magazin verborgen. Es war leicht zusammenzubauen: den Lauf anschrauben, die Mechanik drunterklemmen und mit einer Flügelmutter sichern, das achtschüssige Magazin reinschieben. Es war nicht nur wasserdicht und narrensicher, sondern auch halbautomatisch. Ein Zug am Ladehebel, und man konnte so schnell schießen, wie sich der Abzug betätigen ließ.

»Es schwimmt sogar.«

»Aber brauche ich es überhaupt?«

»Haben Sie schon mal ein Killerschwein gesehen? Die wilden Dinger? Sie haben große Hauer, mit denen sie das Ufer durchwühlen, wenn sie Austern suchen.« Er lächelte mich an. »Ich hab schon Schweine gesehen, die neunzig Kilo wogen. Sind furchtbar launisch. Was würden Sie machen, wenn so eins auf Sie zukäme?«

Ich kaufte das Gewehr und dachte: neunzig Kilo schwere Schweine, achtzig Kilo schwere Makrelen, über vier Meter lange Seekrokodile und menschenfressende Haie. Ein schöner Campingausflug.

»Ich möchte das Gewehr ausprobieren.«

»Kein Problem.«

Wir fuhren zu einem kleinen Steinbruch außerhalb von Cooktown, der als Schießplatz diente. Auf dem Weg dorthin erzählte mir der Mann etwas über sich. Er hieß Fred Hardy

und war nach Cooktown gekommen, weil ihm die Weite der
Gegend gefiel. Er war nicht in Australien geboren und sagte,
daß er besonderen Wert darauf lege, das Wort *mate* nie zu benutzen. Ihm gehörten verschiedene Läden, und da er die meisten Maschinen reparieren und alle möglichen Elektroarbeiten
ausführen konnte, war er ein gefragter Mann. In Cooktown
brachen ständig irgendwelche Motoren zusammen, und Er-
satzteile waren knapp. Jeder Schweißer oder Mechaniker
konnte hier Arbeit finden. Der Ort war in vielerlei Hinsicht Pio-
nierland, bot einen Neubeginn für die einen, Zuflucht für die
anderen und verschaffte ein paar von denen, die im Outback
nach Gold suchten, ein Vermögen.

Hundertzwanzig Jahre früher hatte es einen Goldrausch gegeben, Cooktown war fast auf städtische Ausmaße ange-
schwollen – dreißigtausend Einwohner, die Hälfte davon be-
zopfte chinesische Goldgräber. Sie waren in Australien, und
am Fluß entstand rasch eine Chinatown. Die Stadt war berühmt für ihre einhundertdreiundsechzig Bordelle und vier-
undneunzig Bars. Goldsucher trampelten über das Land der
Aborigines, um an die Goldfelder des Palmer River zu
kommen und Gebiete mit größeren Vorkommen zu finden. Es
kam zu schweren Kämpfen zwischen Goldgräbern und Aborigines (die man für Kannibalen hielt). Nicht weit von Cooktown
lag die Siedlung Battle Camp, »Schlachtfeld«, deren Name an
ein Gemetzel erinnerte, das weiße Goldgräber unter Aborigines veranstaltet hatten. Innerhalb weniger Jahre wurden Vermögen gemacht, dann waren die Vorräte erschöpft, und Cooktown schrumpfte wieder auf die Größe eines kleinen Kaffs mit
ein paar Einwohnern, am hinteren Rand von Nirgendwo.

»Aber es ist komisch«, sagte Fred Hardy. »Neulich kam einer
rein und fragte mich, ob ich seine Wiege reparieren könnte.
Wissen Sie, was eine Wiege ist? Die Pfanne zum Goldwaschen.
Seine war riesig. Irgendwo im Busch – keiner weiß, wo –
schürft der Kerl in verdammt großem Stil nach Gold, und nach
dem, was ich weiß, hat er Säcke voll davon. Ich hab ihm seine
Wiege repariert und keine Fragen gestellt. Das lernt man:
Nicht zu fragen, wo einer schürft. Zuviel Neugier kann gefährlich werden.«

Wir durchlöcherten ein halbes Dutzend Zielscheiben, und

als die Sonne unterging und das Licht zu schlecht zum Schießen wurde, packten wir unsere Gewehre zusammen.

Fred sagte: »Wollen Sie morgen ein bißchen was vom Outback sehen? Ich muß ein paar Sachen erledigen, da kann ich Sie mitnehmen.«

Ich wollte, und am nächsten Morgen paddelte ich von meinem Lager in die Stadt hinüber, um mich mit ihm zu treffen. Wegen der ausgefahrenen Piste müßten wir Ballast auf den Pickup laden, meinte er, sonst würden wir zu sehr durchgeschüttelt. Wir bepackten ihn mit vierzehn Sack Zement, ungefähr einer halben Tonne Gewicht, und fuhren los.

Nur zehn Minuten hinter Cooktown, im gelblichen Busch mit den dünnen Eukalyptusbäumen und dem bleichen, trockenen Boden, starrte Fred auf die Wagenspuren in der Piste vor uns und sagte: »So sieht es über Hunderte von Kilometern aus, das werden wir heute den ganzen Tag sehen. Das ist der australische Busch.«

Warum kehren wir dann nicht um? wollte ich schon fragen. Ich fand die schmale Piste furchtbar, mochte es nicht, wie der Truck in den Fahrspuren schlingerte, und außerdem erstickten wir fast jedesmal in einer Wolke von Staub, wenn uns ein anderer Laster überholte. Es gab auch keinen Schatten: Die Bäume waren zu mickrig, die Blätter zu klein, Sonnenlicht schnitt durchs Gestrüpp.

Mehrere Stunden vergingen. Fred fragte mich nach meinem Beruf, und in einem seltenen Anfall von Offenheit erzählte ich ihm, ich sei Schriftsteller. Normalerweise macht dieses Geständnis den Gesprächspartner befangen, er wird entweder stumm oder besonders redselig – endlose Fragen, ungekürzte Monologe über unvergeßliche Reisen oder schillernde Persönlichkeiten. Wenn sie nicht wissen, daß man Schriftsteller ist, erzählen die meisten Menschen viel bessere Geschichten und unterhalten sich weit ungezwungener. Fred blieb unbeeindruckt. Er hatte drei meiner Bücher gelesen, und wir unterhielten uns darüber, aber er war so begierig, mir von Australien zu erzählen, wie ich, ihm zuzuhören – und dies war schließlich eine Tour durch eine seiner seltsamsten Gegenden.

Wir fuhren durch Battle Camp, am Normanby River aßen wir zu Mittag – er hatte einen Picknickkorb mitgebracht – und machten Schießübungen: Wir schossen die Bolzen von einem alten Boiler, der im Uferschlamm des Flusses steckte. Fred konnte ausgezeichnet mit seiner .38er umgehen, und er erzählte mir von seinem Traum, diesen Fluß einmal mit einem selbstgebauten, krokodilsicheren Boot hinunterzufahren. Er hatte hier schon Krokodile gesehen, fürchtete sich zwar nicht vor ihnen, meinte aber, daß man bei jeder Fahrt auf dem Fluß mit ihnen zu rechnen hätte. Er erzählte die Art von normalen, vernünftigen Krokodilgeschichten, die ich hören wollte. Sein Standpunkt war: Nimm dich in acht vor den Viechern, aber laß sie nicht dein Leben beherrschen.

»Vor Haien habe ich mehr Angst«, sagte ich.

»Ich weiß nicht viel über Haie hier in der Gegend«, meinte Fred.

»Peter Benchley hat mir einmal gesagt, an der Küste von Queensland sollte man sich vor ihnen in acht nehmen«, sagte ich. »Und wenn der Autor von Der weiße Hai einem was über Haie erzählt, dann hört man zu und merkt es sich.«

»Ich stelle mir vor, daß es ungefähr so ist, wie wenn Sie was über Eisenbahnen sagen«, antwortete Fred.

Weitere Kilometer durch den gelbvertrockneten Busch, und wir erreichten Laura, eine kleine Schafstation tief im Nirgendwo. Es gab eine Kneipe, mehrere Häuser und Aboriginal-Höhlenmalereien, letztere gerüchtweise. Der Ort war zu klein für eine Stadt und auch zu klein für ein Dorf – station traf die Sache ziemlich genau. Station ist ein echtes australisches Wort, mit dem man eine Farm im Rang eines Dorfes bezeichnet, größer als ein property, ein Besitz, oder ein run, ein riesiges Gelände mit Schafweiden.

Laura lag sehr winzig in der Stille und der Hitze. Es gab keinen Lufthauch, die einzige Bewegung kam von den Fliegen.

Lakeland Downs lag noch weiter weg. Jede Station hat eine Zapfsäule und eine Kneipe. Bald waren wir an der Hauptstraße nach Norden in Richtung Cape York. Max, ein Erdnußfarmer, dem die Ernte ausgefallen war, regelte an einer Baustelle den Verkehr. »Ungefähr alle Viertelstunde kommt hier ein Auto vorbei«, sagte er.

Fred gab ihm ein kaltes Bier.

Mit pumpenden Läufen sauste ein Känguruh an uns vorbei

und raste zwischen den Bäumen in einen Schotterweg hinein. Ich bewunderte seine Schnelligkeit. Fred zuckte nur mit den Achseln und meinte, hier liefen Millionen Känguruhs herum. Paradoxerweise stehen Känguruhs nach dem United States Endangered Species Act auf der Liste der bedrohten Tierarten, sind aber in Australien nicht geschützt. Im Gegenteil: Die australische Regierung fördert ihr Abschlachten und gab allein im Jahr 1991 4 208 800 Känguruhs zum Abschuß frei, die zu Hundehalsbändern, Spieltieren, Sportschuhen und Peitschen verarbeitet werden. In den meisten australischen Souvenirläden kann man kleine Lederbörsen kaufen, die aus dem Hodensack von Känguruhs hergestellt sind. An der Straße sahen wir Spaltfußgänse. Wir sahen Geier. Und gegen Ende des Nachmittages sahen wir große, helle, truthahnähnliche Vögel in einem Feld zwischen den leeren Hülsen von Maiskolben herumpicken.

»*Bustards*, Hühnergänse. Vom Aussterben bedroht«, sagte Fred. »Schmecken wunderbar.«

»Sie essen sie?«

»›Nicht abschießen!‹ heißt es immer.« Höhnisch imitierte Fred eine klagende, näselnde Stimme: »›Sie paaren sich fürs Leben! Das arme Tier, das übrig bleibt, ist dann ganz traurig!‹« Er grinste. »Aber ich hab die Patentlösung dafür.«

»Ach ja?« sagte ich, weil er mich verschwörerisch ansah.

»Jawoll. Alle beide abschießen.«

Bei Sonnenuntergang, nach einem langen Tag voller Sonne und Fliegengesumm, fanden wir zurück in eine Kneipe in Cooktown.

»Darf ich Ihnen mal was sagen – wenn Sie mir versprechen, daß Sie es nicht falsch verstehen?«

Es war ein eigenartiger Moment – es war klar, daß Fred Hardy nicht der Typ war, der leicht vertraulich wurde –, und ich sagte: »Nur zu.«

»Sie sind der einzige Mensch auf der Welt, den ich beneide.«

Mir wurde bewußt, wie wenig ich ihm von meinem Leben erzählt hatte.

»Sehen sie die Kerle da?« wechselte er abrupt das Thema. Er deutete auf einen Tisch ganz hinten in der Kneipe.

Vier Menschen saßen dort zusammen: zwei kräftig täto-

wierte Männer mit Bärten und nackten Füßen, die schmutzige
Shorts und zerrissene T-Shirts trugen, und zwei Aboriginal-
Frauen. Die Frauen trugen verschossene, verschlissene Kleider, hatten zottelige Haare und große, sanfte Gesichter. Auf
ihren dürren Oberschenkeln standen Bierdosen.

»*Gin-Jockeys*«, erklärte Fred.

So nenne man hier einen weißen Australier, der mit einer
Aboriginal-Frau, einer sogenannten *gin* zusammenlebe. Alle
Aborigines bekamen ihren wöchentlichen Scheck, und deshalb
war eine solche Beziehung, die schließlich auch die Erfüllung
wahrer Liebe hätte bedeuten können, in den Augen der meisten weißen Betrachter nichts anderes als schnelles Geld für
den jeweiligen Mann.

»Ich geh mal eben raus und bums 'ne Schwatte.« Das hatte
Fred einmal von einem Betrunkenen in einer Kneipe im Busch
gehört. Im Outback wurden Aboriginal-Frauen häufig für sexuelle Zwecke verschleppt. *Gin-Räuber* war noch ein Ausdruck
dafür. Man ging auf Jagd nach den Mischlingen, den *creamies*
oder *halfies*, besonders nach *lubras*, den jungen Mädchen darunter.

»Aber weißt du, Paul«, sagte Fred, »manche von den Abo-
Frauen sind schwer in Ordnung. Sie kaufen Gewehre bei mir
und gehen auf Taubenjagd. Sie schießen gut. Den Männern ist
alles egal. Die Frauen schießen, die Männer saufen.«

Sechs oder sieben betrunkene Aborigines saßen an anderen
Tischen, ließen sich gemeinsam mit Bier vollaufen und sahen
elend aus: blutunterlaufene Augen, mager, völlig verdreckt,
die Haare verfilzt. Es war fast erschreckend, wie deutlich man
bei einigen Aborigines die Knochen sah: Sie wirkten wie in zer-
knautschten Samt gewickelte Skelette, wie Zombies, wie ihre
eigenen scheußlichen Loch-Ness-Fabelwesen, die *bunyips*.

»Sie besitzen reichlich Waffen«, sagte Fred, »aber sie schießen nicht aufeinander. Im Gegenteil, die Kriminalitätsrate unter ihnen ist sogar ausgesprochen niedrig. Sie saufen, und sie
prügeln sich – die, die in die Stadt kommen –, und ich kann's
ihnen nicht mal übelnehmen. Ich hab selber schon ein paar
saftige Kämpfe mitgemacht. Übrigens, ich wollte schon immer
mal jemandem in Hollywood einen Brief schreiben. Warum
müssen Prügelszenen in Filmen immer so lange dauern? Das

geht ja endlos.« Er überlegte einen Moment: »Warst du schon
mal in einem Kampf?«

»In einem Faustkampf? Nein.«

»Ich in vielen, und alle waren mit dem ersten Schlag zu
Ende. *Peng*, rein in die Visage, *platsch*, und der Spuk ist vorbei.
Nie mehr als ein Schlag. Ich will ja nicht sagen, ich wär 'n harter Kerl oder so was – aber alle Prügeleien, die ich mitgekriegt
habe, waren mit einem Schlag erledigt. Warum grinst du so?«

»Weil ich dran denke, wie es wäre, wenn du einem von diesen Typen eine verpaßtest.«

»Neulich erst wieder – einer hat 'ne Bemerkung über meine
Frau gemacht. Ich hab ihm eine reingehauen, und das war's
dann. Ich hab da ein Problem, verstehst du. Ich leide unter
einem medizinischen Syndrom, das man eine sehr schwache
Sicherung nennt.«

»Würdest du sagen, daß die Aborigines gefährlich sind?«

»Ein paar schon. Aber es gibt jede Menge ruhige, anständige
Schwarze im Reservat von Hope Vale drüben am anderen
Ufer«, sagte Fred Hardy. »Hör mal – weißt du überhaupt, daß
dein Zelt auf ihrem Land steht?«

Ich hatte nicht gleich gesehen, wieviel Land diese Hope-Vale-
Aborigines besaßen: Alles, was nördlich vom Endeavour River
lag, gehörte ihnen, ein ziemlicher Batzen von North Queensland. Das schloß auch das kleine Stückchen ein, das ich mir
herausgepickt und Windy Camp getauft hatte. Nach dem, was
Fred mir über meine Grenzverletzung gesagt hatte, drängte es
mich, weiter die Küste hinaufzufahren – was ich sowieso vorgehabt hatte – und mich mitten ins Reservat zu begeben.

Ich mußte dreimal in die Stadt, um mich mit einem Vorrat an
Lebensmitteln und Wasser für eine weitere Woche an der Küste einzudecken. Das schwerbeladene Faltboot lag gut im Wasser, stabilisiert durch die Vorräte, die ich in wasserdichten Beuteln in Bug und Heck untergebracht hatte. Das Wetter war so
wie an allen anderen Tagen, die ich an der Küste verbracht
hatte: sonnig, zwanzig bis fünfundzwanzig Grad, südöstlicher
Wind mit ungefähr zwanzig, in Böen auch dreißig Knoten.
Hinter der Hafenmündung, wo der Wind um Anchor Point,

die Landzunge von Cooktown, herumpfiff, war das Meer voller Schaumkämme, eine kurze, kabbelige See.

Der steife Wind war lästig, aber ich war entschlossen, auf dem Wasser zu bleiben, und außerdem konnte ich auf dieser Küstenstrecke jederzeit an Land gehen, mein Lager aufschlagen, etwas schreiben und Radio hören. Oder essen: Ich zog meine eigene Küche dem Aussie-Futter vor, das ich in Hotels und Restaurants bekommen hatte. *Flyswisher stew*, Fliegenklatschengulasch, das heißt Ochsenschwanzsuppe, *fried barramundi*, gebratene Flußfische, *snorkers and googs*, Würstchen mit Spiegelei, *roast chook*, *Flattermann* vom Grill, – farbige Umschreibungen für grauenhafte Mahlzeiten. Noch nie in meinem Leben hatte ich mich so beweglich und so selbstgenügsam gefühlt. Ich hatte Schutz, Nahrung, Wasser, Medikamente und ein seetüchtiges Boot. Und weder am Anfang noch am Ende meines Weges wartete jemand.

So weit ich sehen konnte, war das Meer mit ein bis anderthalb Meter hohen Wellen bedeckt. Als Ziel suchte ich mir eine Landzunge in Sichtweite aus: Saunders Point, eine Erhebung, gegen die die Brandung schäumte. Es war eine unbeholfene Paddelei mit dem Wind von Steuerbord und den Wellen, die gegen den Bootsrumpf schlugen und ihn abdrängten. Aber es war bekannt, daß Krokodile und Haie solchen Seifenschaum nicht mochten – er war ihnen viel zu anstrengend –, und so mußte ich mir wenigstens keine Gedanken darüber machen, daß ich gefressen werden könnte.

Die größte Schwierigkeit bestand darin, mich aufrecht zu halten, obwohl Wind und Wellen von der Seite gegen mich anschlugen. Der schwere Ballast war eine Hilfe, das Boot ging langsam, aber sicher, und allein der Gedanke, Cooktown, die letzte größere Ansiedlung in Queensland, zu verlassen, hob meine Stimmung. Die meisten Australier, die ich getroffen hatte, betrachteten Cooktown als das Ende, den wahren Busch, das *Land of Wait*, das Nirgendwo – kaum einer war je dort gewesen. Jetzt fuhr ich über diesen Punkt hinaus, und sich vom Nirgendwo aus nördlich zu bewegen, war etwa das gleiche, wie den Rand der bekannten Welt zu überschreiten.

Bis zum frühen Nachmittag paddelte ich weiter, bis die Böen häufiger kamen. Als ich gerade eine Kompaßmessung machte, erfaßte mich ein ziemlicher Brecher, der das Boot drehte. Bevor ich überhaupt Luft holen konnte – ich hielt mich mit dem Paddel aufrecht –, schickte mich die nächste Welle schon wie ein Surfbrett in Richtung Land. Mühsam balancierte ich auf dem Wellenrücken und schoß dann mit wachsendem Tempo nach unten. Rechts von mir waren die spitzen Klippen der Landzunge zu sehen, aber vor mir liefen die Wellen auf Sand aus. Etwas näher am Strand schaffte ich es, langsamer zu werden und zu wenden, landete mit dem Heck voraus – machte einen *backshoot*, wie Surfer es nennen würden – und brachte ohne unfreiwilligen Ausstieg das Boot auf den Strand.

Die Wellen waren jetzt zu hoch, um noch einmal aufs Meer zurückzukehren und die Landzunge zu umfahren – und wieso auch, ich hatte es schließlich nicht eilig. Ich zog das Boot durchs flache Wasser, fand eine geschützte Stelle zum Sitzen und Ausruhen, zog das Boot auf den Sand und machte es an einem großen Ast fest. Dann ging ich zum Saunders Point und kletterte weit genug hinauf, um erkennen zu können, wo es gute Stellen zum Zelten gab. Ich entdeckte die Hütte eines Strandläufers (oder war es das *humpy* eines Aboriginal?), um die ich lieber einen Bogen machen wollte. Ich lief ein Stück weiter und kam zu einem Haufen Holzscheite, einer Art Picknickplatz, in deren Mitte ein Feuer glomm. Offenbar eine Stelle, an der die Fischer der Aborigines ihr Essen kochten. Daß das Feuer noch qualmte, beunruhigte mich etwas, schien es doch darauf hinzudeuten, daß derjenige, der es angezündet hatte, bald wieder zurück sein würde und womöglich etwas gegen meine Anwesenheit haben würde.

Beim Feuer lagen rostige Dosen – Lebensmitteldosen, Bierdosen – und Plastikfetzen. Jetzt erst merkte ich, daß jeder Quadratmeter dieses Strandabschnitts mit Flaschen und Fragmenten von Plastikmüll übersät war: Sandalen, zerrissenen Netzen und Tauenden. Da gab es leere Spraydosen, Autoreifen, Korkstücke und Styroporbrocken. Die Plastikschwimmer für die Fischernetze waren wohl unvermeidlich, aber was war mit all den Plastikflaschen, Bierdosen und leeren Ölfässern? Sie waren offenbar von Schiffen geworfen worden, die die Coral Sea befuhren, waren von Vanuatu und Neukaledonien weggeweht, und die Passatwinde hatten sie hier an diesen Strand

getrieben. Dieser enorme, häßliche Streifen Strandgut ließ die
lange, windige Küste aussehen wie den Rand einer Müllkippe.

Weil ich es zu deprimierend gefunden hätte, in Sichtweite
dieses Abfallhaufens zu kampieren, ging ich zurück, fand
einen guten Platz hinter einer Düne und stellte dort mein Zelt
auf. Es war so heiß, und ich war von der Paddelei in dem starken Wind so erschöpft, daß ich hineinkroch und eine Stunde
lang schlief. Danach holte ich meine Sachen aus dem Boot und
richtete mich ein: hängte den Wassersack auf, stellte den Kocher bereit, packte den Schlafsack aus und ließ ihn lüften, sortierte meine Lebensmittel und hängte sie außer Reichweite von
möglicherweise herumstöbernden Schweinen.

Im Sand unter den Bäumen fand ich überall Spuren von Echsen und Schweinen. In der Kühle des späten Nachmittags
baute ich mein Gewehr zusammen, füllte meine Taschen mit
Patronen und sah mich um. Fred hatte mir versichert, daß ich
früher oder später auf wütende Schweine treffen würde. Wenigstens vor diesem schimpflichen Ende wollte ich mich schützen – wenn es mir auch keinen Spaß machte, ein Tier zu töten.
Seit ich zehn Jahre alt war, hatte ich irgendeine Art von Waffe
besessen, aber seit meiner frühen Teenagerzeit auf kein Lebewesen mehr geschossen: Ich konnte Menschen nicht ausstehen, die Tiere zum Zeitvertreib töteten. Ich betrachtete mein
Gewehr als Mittel zur Selbstverteidigung und als eine Art
Sportgerät. Ich übte mit einer Blechdose und ging dann weiter.

Vielleicht ist dies der richtige Moment, um zu sagen, daß ich
in den anderthalb Jahren, die ich im Pazifik herumgereist bin,
kein einziges Landtier getötet und nur einige wenige gegessen
habe – ich blieb fischessender Vegetarier, außer bei den wenigen Gelegenheiten, wenn es eine unverzeihliche Unhöflichkeit
bedeutet hätte, Fleisch abzulehnen (»wir haben dieses Schwein
extra für Sie geschlachtet, Mister Paul«). Warum sollte irgendein Tier sterben, nur weil ich hier herumreiste?

Hinter den Bäumen am Ufer erstreckte sich ein riesiger,
stinkender Sumpf, in dem ich – nach seiner Lage und den
Spuren – die wilden Schweine vermutete. In der Luft und in
den Bäumen waren alle möglichen Vögel – Fischadler und Falken, Regenpfeifer, Regenbrachvögel, Brachvögel und viele namenlose Pfeifer und Zwitscherer.

Bei Sonnenuntergang machte ich Couscous, das ich mit Bohnen und Thunfisch aß, und eine Kanne grünen Tee. Ich fand es schade, daß ich kein Bier hatte, aber Bierdosen waren schwer. Beim Essen hörte ich Radio, und als die Dunkelheit kam und die Insekten ausschwärmten, kroch ich in mein Zelt, um beim zu grellen Licht meiner Taschenlampe *Das Geschlechtsleben der Wilden* zu studieren. Danach hörte ich im Dunklen den BBC World Service: Nachrichten aus der Außenwelt, die alle bedeutungslos klangen.

Der Wind wehte die ganze Nacht und erreichte mich sogar in meiner Mulde hinter der Dünenbarriere. Die Zeltwände flatterten, und die Äste über mir – dünne Kiefernzweige – wedelten ächzend hin und her. Der Wind wirkte auf alles ein, auf alles Lebendige und Tote. Er wehte Müll und Treibholz an den Strand, peitschte das Meer auf und ließ es die Felsen auswaschen, er häufte den Sand zu Dünen auf und zwang die Bäume in eine unnatürliche Wuchsrichtung – ohne Ausnahme bogen sie sich vom Wind weg.

Hoffnungslos träumend schlief ich bis zum Morgengrauen, bis ein paar Vögel – deren Namen ich nie herausfand – mit ihrem Wolfsgejaul einsetzten.

Es war nicht einfach, bei dem heftigen Wind zu kochen. Egal, wohin ich den Kocher stellte, der Wind fand ihn und blies die Flamme zur Seite. Ich schälte eine Orange und aß sie, bis endlich das Wasser kochte: für meine Nudeln und eine Kanne grünen Tee, ein nahrhaftes Frühstück, auf das die Bauern in ganz China schwören.

Während ich im Schneidersitz auf der Düne saß und aß, riß sich mein Zelt wie ein Kinderdrachen los und flog in die Zweige einer kleinen Kiefer. Ich wollte mir an diesem Tag sowieso einen neuen Lagerplatz suchen, packte also das Zelt und meine übrigen Sachen zusammen, hängte das Ganze an einen Baum und machte mich mit meinem Gewehr auf den Weg. Ich sah Spuren von Schweinen, aber keine menschlichen Fußabdrücke. Im Schatten der Bäume am Rand des dichteren Waldes hörte ich ab und zu ein Kichern oder lautes Quaken, sah jedoch die Vögel nicht, die diese Töne von sich gaben.

Hinter Saunders Point lag eine steile Erhebung – Mount

Saunders –, deren Flanken mit großen Felsbrocken übersät waren. Als ich den Hügel etwa zur Hälfte hinaufgeklettert war,
merkte ich, daß es sich bei den Brocken um ein bis zwei Meter
große Ameisenhügel handelte. Es gab keinen Pfad: Ich arbeitete mich von einer trockenen Wasserrinne zur nächsten. In
einer flachen Rinne kreuzte eine dunkle Schlange meinen
Weg, wobei sie sich ziemlich viel Zeit ließ. Während ich zusah,
wie sie langsam durch das struppige Gras des Hügels glitt, versuchte ich, ihre Länge abzuschätzen. Ich habe keine Angst vor
Schlangen, kann mich aber von der afrikanischen Vorstellung
nicht lösen, daß es Unglück bringt, wenn einem eine Schlange
über den Weg kriecht, nachdem man eine Reise angetreten
hat. Dem Aberglauben nachgebend, ging ich in eine andere
Richtung und stolperte beinahe direkt in das *humpy* eines Aboriginal, das, zwischen ein paar Büschen verborgen, windge-
schützt im Sattel des Hügels stand.

»Hallo«, rief ich laut und erschreckte mich mit meiner eigenen Stimme. Rings um mich waren nur Bienen und Schmetterlinge. Ich sah mir das *humpy* näher an. (Dieser kleine, fenster-
lose Unterstand aus Stöcken und Gerümpel kann auch *mia mia,
wurley* oder *gunyah* heißen.)

Es war niemand zu Hause.

Von meiner Position aus hatte ich eine wunderbare Aussicht
auf den Indian Head in der Ferne und den langen Bogen des
weißen Sandstrandes darunter. Eines der größten Wunder
Australiens sind diese tropischen Strände im ganzen Land
nördlich des Nirgendwo – viele Kilometer Sand und Brandung
und keine Menschenseele, die dort schwimmen geht. Es gibt
viele große, leere Länder auf der Welt, aber nur wenige sind so
schön, so bewohnbar und, in gewissem Sinn, so glücklich wie
Australien.

Die Strände sind namenlos, weil sie kaum jemand benutzt.
Außerdem stand ich mitten im Aboriginal-Land. Wenn sie
einen Namen dafür hatten, hatten sie ihn den Kartographen
nicht verraten. Die Berge und Landzungen waren sämtlich,
igendwann vor rund zweihundert Jahren, von Captain Cook
getauft worden: Aber von seinem Schiff aus konnte er nur die
höher gelegenen Landesteile ausmachen.

Zurück in meinem Lager, trug ich meine Ausrüstung ins

Boot und fuhr weiter die Küste hinauf, um einen weniger windigen Platz zu suchen. Ich kämpfte mich durch die Brandung, sah dann aber mit Entsetzen bis hin zum Horizont nur hohe Brecher: eine weite, schäumende See. Also zog ich das Boot im flachen Wasser hinter mir her und sah dann direkt vor mir einen nicht ganz anderthalb Meter langen Hai – die Art Sandhai, die manchmal auch an der Küste von Cape Cod auftaucht. Ich platschte mit dem Paddel herum und er verschwand: überflüssig, dem armen Tier mit der Harpune zu Leibe zu rücken.

Auf einem sandigen Vorsprung an der steilen Rückseite einer Düne aß ich zu Mittag: kein Wind, aber gerade deshalb war die Düne auch sehr heiß, ziemlich stickig und voller Moskitoschwärme.

Schließlich watete ich weiter den Strand entlang und überlegte, wo ich übernachten sollte. Von Ferne sah ich eine Gestalt auf mich zukommen. Als sie näher kam, erkannte ich einen kleinen, zerlumpten Mann, der sich langsam bewegte und dabei nach unten sah: ein Strandläufer. Sein Hemd war löchrig, seine Hosenbeine bis zu den Knien aufgerollt. Hin und wieder hob er etwas auf, betrachtete es eingehend, steckte es dann entweder in seine Schultertasche oder warf es weg. Neben ihm her trottete ein trübsinnig aussehender Hund.

Ich grüßte ihn. Wir sagten etwas über den Wind. Er beäugte mein Boot.

»Faltbar«, sagte ich.

»Möchten Sie ein selbstgebrautes Bier?« fragte er.

Eine der Vorsichtsmaßregeln, die man mir in Cairns mitgegeben hatte, lautete: »Traue keinem, der zu freundlich ist. Hat ein Kumpel von mir mal gemacht. Dem haben sie sämtliche Knochen im Leib zerschlagen.« Natürlich hatte ich diese Bemerkung für eine der üblichen seltsamen australischen Warnungen gehalten, ebensowenig ernst zu nehmen wie der fette Mann, der gebrüllt hatte: »Diese Makrelen sind größer als ich.«

Dieser Strandmensch war klein und schwächlich.

»Gehen Sie voran«, sagte ich.

Er tapste geradewegs die Düne hinauf und dann auf einem sehr umständlichen Weg durch ein dichtes Gehölz.

»Es gibt keinen richtigen Weg«, sagte er.

Wir schlugen uns weiter durch die Büsche.

»Ich möchte keinen Weg machen.«

Die Kiefernäste schlugen mir ins Gesicht, und sogar der Hund sah verwirrt aus.

»Dann kommt alle Welt zu Besuch«, sagte der Beachcomber. »Besonders die Behördenwelt.«

Er hatte eine etwas förmliche Sprechweise, und ich glaubte, aus der Art, wie er das »l« im Wort *officialdom* verschluckte, einen Anflug von London herauszuhören: *offishoodum – Behördenwelt.*

Endlich waren wir bei seinem Camp. Es lag in der Mulde zwischen zwei Dünen und sah aus wie ein Schlachtfeld. In der Mitte stand eine Palette von der Größe eines französischen Betts, über der mit Wanten ein verschlissener Segeltuchbaldachin aufgespannt war. Die Schlafstatt war von unglaublichem Gerümpel umgeben, aber das, was beim ersten Blick wie Schutt und Müll ausgesehen hatte, erwies sich bei näherem Hinsehen als Sammlung von Glasflaschen und Behältern, die nach Form und Größe sortiert waren, stapelweise und in langen Reihen an die Sandbänke gelehnt, Tassen und Schüsseln schön ineinandergeschichtet. Schwimmer von Fischernetzen – die großen Plastikbälle, die sich von den bösen, schildkrötenwürgenden, delphintötenden Treibnetzen der Japaner gelöst hatten. Neben dem Bett ein rostiger Holzkocher – ich konnte sehen, wie dieser Beachcomber sich hinlegen und gleichzeitig kochen konnte – Strandläufers durchrationalisierter Arbeitsplatz.

»Das ist mein kleines Reich«, sagte er.

Verkohlte Knochen, Tierknochen, lagen auf dem Herdrost. Daneben ein Stapel Zeitschriften, vornehmlich Reader's Digest, und auf einem Baumstamm ein würdiges, großes, pinkfarbenes Radio.

Der Mann kramte in den Flaschen herum und zog eine hervor, während der Hund mich ankläffte. Ich war nur sehr ungern barfuß. Ich hatte gedacht, das Camp sei näher am Strand, dabei lag es ein ganzes Stück landeinwärts, offensichtlich, um den prüfenden Blicken der »Be-örden« zu entgehen.

»Probieren Sie mal«, sagte der Strandläufer und hebelte den Kronkorken von der Flasche.

Ich sagte: »Komisch, aber ich hab gar keinen Durst.«
Er nahm einen Schluck. »Nicht übel.« Er nahm noch einen
und wischte sich den Mund ab. »Die Ladung hier habe ich
letzte Woche gemacht.« Er probierte wieder. Schaum stand auf
seiner Oberlippe.
»Bloß sind die meisten Flaschen explodiert.«
Ich hörte ihn deutlich »*bottoos*« statt »*bottles*« sagen.
»Sie sind Engländer.«
»Aus Kent«, sagte er und leckte sich den Schaum von den
Lippen. »Was in der Nähe von London liegt.« Er nahm wieder
einen Schluck. »Geboren bin ich in Gravesend. Es kostet sechs
Dollar, ungefähr vierzig Flaschen von diesem Bier zu machen.
Man braucht bloß eine Dose davon«, er zeigte auf eine leere
Büchse, »und ein paar Pfund Zucker.«
Es schien ihm plötzlich sehr wichtig, seine Flasche auszulee-
ren. Er trank in säuberlichen Schlucken, zwischen denen er die
Flaschenöffnung anstarrte.
»Und jetzt leben Sie hier?«
»So ist es«, sagte er, und ließ seinen Blick über das Gerümpel
schweifen. »Ja, es verhält sich so, daß ich ein Floß konstruiere.
Deswegen habe ich diese Röhren und diese Plastikbälle. Das
sind die Luftkammern, verstehen Sie.«
Hinter diesem Haufen von Bällen und Röhren war kein
Zweck oder Plan zu erkennen gewesen.
»Was haben Sie mit dem Floß vor?«
»Mein Vorhaben ist, dieses Floß zu bauen und damit in eine
nördliche Richtung zu reisen«, sagte er mit einer gewissen Prä-
zision.
»Wieviel weiter nördlich, als wir hier sind, können Sie denn
kommen?«
»Um Cape York herum.«
Du meine Güte, dachte ich. »Durch die Torres Strait?«
Eine der übelsten Strömungen der Welt, zwölf turbulente
Knoten Ozean, die sich wie ein Wildwasser zwischen Austra-
lien und Neuguinea hindurchquetschen.
»Ja. Da durch.«
»Irgendein besonderer Grund?«
Er lächelte. Seine Haare standen wirr um seinen Kopf. Er
war unrasiert.

»Auf dem Wege komme ich nach Darwin.«

»Mit einem Floß durch den Golf von Carpentaria.«

»Und die Arafura-See. Ja.« Er hatte sein Bier ausgetrunken. Er stellte die Flasche ordentlich zum Leergut und sagte: »Ich hab es nicht eilig. Ich hab früher schon Flöße gefahren. Den Cabrera-Fluß in Kolumbien runter. Ich war sechs Monate in Südamerika. Das war vor etwa acht Jahren. Viele Abenteuer. Und ein paar Gefahren.«

»Gefährliche Indios?«

»Nein. Mit denen bin ich gereist. Im Südamerikageschäft geht nichts ohne Indios.« Er schien inzwischen etwas beschwipst. Er wurschtelte sich zu den Flaschen durch und ordnete sie neu. »Habe Tagebuch geführt. Hab immer gesagt, ich müßte mal 'n Buch drüber schreiben.«

Irgendwie, obwohl ich barfuß im Lager dieses Strandläufers an der Küste eines Aboriginal-Reservats in Nord-Queensland stand, erschien mir der Ausdruck seiner schriftstellerischen Ambitionen gar nicht so abwegig. Immerhin hatte ich die gleichen Ambitionen, und auch ich war barfuß und schnauzbärtig.

»Und warum schreiben Sie keins drüber?«

»Ich würde es ja tun«, sagte er, »wenn ich im Krankenhaus läge.«

Während er sprach, kraulte er seinen Hund hinter den Ohren und blickte in eine mittlere Ferne hinaus.

»In einem Krankenhaus, mit zwei gebrochenen Beinen. Dann würde ich's tun«, sagte er. Er dachte für einen Moment darüber nach. »Aber wahrscheinlich würde ich es gar nicht tun wollen, wenn ich zwei gebrochene Beine hätte.«

»Sie haben offensichtlich viel zu trinken hier«, sagte ich. »Was ist mit dem Essen?«

»Fisch. Es gibt viel Fisch in diesen Gewässern. Ich hab eine Krebsreuse. Dafür sind die Knochen da.« Er polkte in den schwarzen Knochen auf dem Kocher herum. »Ich tu sie in die Reuse. Die Krebse sind ganz wild darauf. Und auf Zwiebeln.«

Ein Sack Zwiebeln hing von einem toten Ast.

»Zwiebeln halten sich monatelang.«

Beide betrachteten wir den Sack.

»Känguruhfleisch auch«, sagte er. »Davon gibt's hier jede Menge. Hier, nehmen Sie was.«

Er reichte mir einen braunen Streifen Fleisch, der aussah wie Leder und genau die Form und Größe der Zunge eines alten Schuhs hatte.

»Ist trocken geräuchert. Hab ich selber gemacht. Hält sich ewig. Jahrelang.« Er wurde wieder nachdenklich. »Ich hab mal ein Stück Känguruhfleisch unter einer Kiste gefunden. Hatte vergessen, daß es noch da war. War zwei Jahre alt, das Zeug.«

»Was haben Sie damit gemacht?« fragte ich, um ihn anzustacheln.

»Gegessen.«

»Zwei Jahre altes Känguruhfleisch?«

»Geräuchert. Es war köstlich. Wunderbare Suppeneinlage.«

»Sie kochen sich Suppe?«

»Andauernd«, sagte er. »Tolles Zeug.«

»Haben die Aborigines etwas dagegen, daß Sie in ihrem Reservat kampieren?« fragte ich.

»Die stellen sich nicht an. Die in der Stadt sind ein bißchen wild, aber die Abos hier sind gute Leute. Allerdings verlieren sie ihre alten Bräuche. Neulich haben sie da unten, wo Ihr Boot ist, eine große Schildkröte gefangen, haben ein bißchen was vom Fleisch mitgenommen und den Rest für die Schweine dagelassen. Vor ein paar Jahren hätten sie noch das ganze Ding aufgegessen.«

Das war nun sehr die Ansicht eines Strandläufers – diese Obsession mit der Verschwendungssucht anderer Leute.

Ich sagte ihm, daß ich auf der Suche nach einem windgeschützten Platz sei.

»Haben Sie es schon in der Leprabucht probiert?«

»Nein. Aber der Name gefällt mir ganz gut«, sagte ich.

Er beschrieb mir den Weg. Ich paddelte hin und fand einen guten Platz – kein Wind und ziemlich geschützt. Dort schlug ich mein Zelt für die Nacht auf. Einen Schreck bekam ich nur im Morgengrauen, weil ich große Füße durch die Blätter knirschen hörte. Ich griff nach meinen Gewehr, als das Geräusch näher kam – jetzt war es sehr laut. Ich öffnete die Zeltklappe und sah zwei wilde Truthähne: schöne, kahlköpfige Busch-Truthähne mit gelben Kehllappen und glänzenden schwarzen Federn, die an meinem Zelt vorbeistolzierten.

»Man kann sie essen«, sagte der Beachcomber, als ich ihn

später am Strand traf. Er hatte gerade seine Krebsreuse über-
prüft: nichts drin. »Man rupft den Truthahn und legt ihn zusammen mit einem Ziegelstein in einen Topf. Man gibt etwas
Wasser dazu und läßt das Ganze kochen, bis man mit einer
Gabel leicht durch den Ziegelstein stechen kann. Dann wirft
man den Truthahn weg und ißt den Stein.«

Er lächelte nicht.

»Das ist sehr witzig«, sagte ich. »Wie heißen Sie?«

»Sie können Tony zu mir sagen.«

Ich war sicher, daß er nicht Tony hieß. Trotz seiner Freundlichkeit schien er Fremden gegenüber zutiefst mißtrauisch,
und ab und zu schienen ihn meine hartnäckigen Fragen derart
zu irritieren, daß er in Schweigen verfiel.

Er interessierte sich sehr für meine Ausrüstung, für das sta-
bile Zelt und das gute Boot, untersuchte die Nähte und Be-
schläge, inspizierte meine Töpfe, den Kocher und den Wassersack, den ich in Sydney gekauft hatte.

»Das ist genau das, was ich für meine Floßfahrt rund um
Cape York brauche«, meinte er.

Ich fragte: »Woher bekommen Sie Ihr Wasser?«

An dieser sonnendurchglühten Küste gab es nirgends Trinkwasser, die Wassertümpel, die ich gefunden hatte, waren
brackig.

»Wenn es nicht so windig ist, fahre ich mit meinem Kanu
nach Cooktown«, sagte er und verzog das Gesicht: »Aber
das Wasser in Cooktown taugt nichts. Da wird Fluor reinge-
schüttet.«

Es paßte zu diesem Mann, daß er so heikel war und sich über
die Qualität des städtischen Wassers beschwerte. Die meisten
Tramps, die ich in meinem Leben kennengelernt habe, hielten
Städte für zutiefst unsauber, und viele der Obdachlosen, mit
denen ich in London gesprochen habe (zum Beispiel Leute, die
in Lagern vor den Toren Londons kampierten, die dem von
Tony hier in Queensland durchaus ähnelten) hatten voll Ekel
vom Schmutz und Ungeziefer in den Heimen und Unterkünf-
ten gesprochen. Ein schmuddeliger Strandläufer ist stets der
Ansicht, daß er das reinlichste Leben überhaupt führt. Körper-
pflege ist ein Lieblingsthema von Tramps, die alle betonen, wie
empfindlich sie da sind.

»Die Aborigines sind nicht besonders beliebt in Cooktown«, sagte ich.

»Weil die Australier Rassisten sind«, meinte Tony. »Wenn's die Abos nicht wären, dann wärn's die Italiener oder die Jugoslawen. Sie brauchen jemanden, den sie hassen können.«

Diese scharfsinnige Feststellung von einem barfüßigen, struppigen Mann, der mit einem Hund auf dem Arm und zerlumpter Hose in der Wildnis von Queensland stand.

»Es gibt ein paar Städte in Australien, zum Beispiel Katherine« – im Northern Territory – »wo Schwarze und Weiße sich ständig in die Haare kriegen. Da ist Cooktown eigentlich noch ganz friedlich. Ich kaufe da auch meine Bierzutaten. Aber wenn die Straße erst mal asphaltiert ist, wird sicher alles anders.«

»Tony, mir scheint, daß Sie sich hier ganz gut eingerichtet haben.«

»Sieht so aus«, sagte er geschmeichelt. »Ich habe, was ich brauche.«

»Schon Krokodile getroffen?«

»Nur kleine Kerlchen. Es gibt hier Schweine, aber die sind mir egal.«

»Moskitos?«

Ich hatte ein Moskitonetz am Zelt. Tony schlief unter freiem Himmel.

»Wenn der Wind nachläßt, gibt's welche. Aber normalerweise läßt der Wind nicht nach.«

Er zögerte etwas – Anzeichen dafür, daß meine Fragen ihn nervös machten.

»Treff Sie später«, sagte er – eine australische Wendung, die besagen soll: Die Unterhaltung ist zu Ende. Er schien zu seinem Camp zurückgehen zu wollen.

»Unternehmen Sie heute keinen Streifzug?«

Er hatte seine Strandgut-Tasche bei sich. Seine Schuhe steckten darin, seine Wasserflasche, sein Hut und etwas in Papier eingewickelte Verpflegung. Er zog nie ohne dieses Notgepäck los, das ihm einen zwar schäbigen, aber respektablen Habitus verlieh.

Er sei schon auf dem Weg gewesen, sagte er, habe dann aber kehrtgemacht. »Der Strand wurde mir 'n bißchen voll.«

Ich betrachtete den acht Kilometer langen Sandstrand in der
weiten Bucht und sah niemanden.

»Da war noch wer. Außer Ihnen.«

Das war zuviel für ihn. Er ging zu seinem Camp zurück, und
ich fuhr mit meinem Boot zum Angeln. Ich fing nichts, aber es
war eine gute Ausrede für einen auf dem Meer vertrödelten
Nachmittag. Irgendwann glaubte ich, ein paar Aborigines etwa
anderthalb Kilometer weiter oben in der Brandung fischen zu
sehen – vielleicht waren das die Leute, die Tony gesehen
hatte? –, aber als ich in ihre Richtung paddelte, verschwanden
sie.

In der Abenddämmerung machte ich mir mein Essen zur
Musik von Taubenschwingen – sie flogen in die Bäume, wo sie
sich zur Nacht niederließen. Oben in den Ästen rauschte der
Wind, aber unten in meinem Lager war es ruhig. Gerade als ich
in mein Zelt kriechen wollte, sah ich an der Zeltklappe eine
große braune Spinne hängen, sie war fünf bis sieben Zentimeter groß. Ich fegte sie weg (»hier gibt's 'n paar von den giftig-
sten Spinnen der Welt, Kumpel. Ein Biß und du bist tot wie 'n
kaltes Hammelkotelett«) und schloß mich mit dem Reißver-
schluß für mein Abendritual ein: Teetrinken, Notizen machen,
und bei Dunkelheit zur guten Nacht Radiosendungen aus fernen Ländern hören. Der Klang der schlechten Nachrichten
vermischte sich mit dem Quaken der Frösche vom Leprosy
Creek.

Die Morgendämmerung kam in der ruhigen Luft der Bucht
schnell und mit großer Hitze. Die Sonne traf mein Zelt in der
Sekunde, in der sie über die Mangroven auf dem anderen Ufer
stieg. Ihr Licht verwandelte die Oberfläche der Bucht in ein
blendendes Stück Aluminiumfolie. Mit dem aufsteigenden
Licht und der Hitze zwitscherten und sangen die Vögel in den
Mangrovenzweigen über mir. Die Bäume hatten feuchte, ver-
zweigte Wurzelsysteme, die die Sandbank zusammenhielten,
die schlammigen Tümpel dazwischen wimmelten von Moskitos. Die Gezeiten veränderten die Bucht, und bei Flut saß ich
direkt am Wasser. Ich konnte das Zelt nicht verlassen, ohne
mich mit Insektenschutzmittel einzusprühen. Dennoch war
ich am Leprosy Creek glücklicher als in jeder australischen

Stadt. Lieber saß ich hier in den stürmischen Dünen im Zelt als in Sydney im Opernhaus.

Nach dem Frühstück (wieder Nudeln, grüner Tee und eine Queensland-Banane) paddelte ich aus der Bucht hinaus und die Küste hinauf. Der lange Küstenstreifen war bis zur Landzunge leer, und ich fuhr unter einem sonnigen Himmel dahin, dachte darüber nach, welches Glück es war, hierzusein, und lachte beim Gedanken an Tony, den Strandläufer, wie er zwei Jahre altes Känguruhfleisch gelobt und meine Frage nach Krokodilen mit »*only littoo buggers*« – »*nur kleine Kerlchen*« beantwortet hatte.

Einige träge hingelagerte menschliche Wesen etwa anderthalb Kilometer den Strand hinauf erwiesen sich als Aborigines, die an einem Baumstamm lehnten und gar nichts taten: ein älterer schwarzer Mann, eine kräftige Frau und ein etwa sechs Jahre alter Junge. Der Junge kämmte Nissen aus den Haaren der Frau. Mit feierlicher Hingabe suchte er ihr Haar ab, nahm die Strähnen zwischen die Finger und zerquetschte Nissen und Läuse mit den Nägeln, während die Frau dasaß und mir halb den Rücken zuwandte. Der alte Mann sah aufs Meer hinaus.

Von ihrem schattigen Fleck am Strand aus beobachteten sie, wie ich an Land ging. Ich zog mein Boot auf den Sand, grüßte sie und fragte sie – nur um etwas zu sagen –, ob ich in ihrem Reservat zelten dürfe.

»*No worries, mate. Klar doch, Kumpel*«, sagte der alte Mann. Er sprach reinstes Australisch mit mehr *strine* in den Vokalen als fast alle, ob sie nun Hiesige oder Einwanderer waren, die ich auf die Aborigines hatte schimpfen hören. »Kannst du machen. Mit deinem Boot da – nur nennen wir so was nicht Dingi. Das ist kein Dingi.«

»Wie würden Sie es nennen?«

»Das ist ein *wongka*.«

Das war das erste Mal, daß ich diese Bezeichnung für ein Kanu hörte: Ich freute mich, daß ein australischer Aboriginal sie benutzte. Später sollte ich diesem Wort, und vielerlei Varianten davon, im gesamten Pazifikraum immer wieder begegnen. Der Ausdruck ist einer der Beweise dafür, daß die Bevölkerung dieses Raums aus Südostasien und nicht, wie Thor

Heyerdahl behauptet hat, aus Südamerika zugewandert ist. In
dem 1930 erschienenen dreibändigen Werk zum Thema, *Ca-
noes of Oceania*, listen die Autoren die verschiedenen Bezeichnungen für Kanus akribisch auf. Dort heißt es: »Der Ausdruck
wangka oder *waka* ist . . . im malaiisch-polynesischen Raum weit
verbreitet . . . Man findet ihn in Indonesien, auf den Philippinen, in Mikronesien, Melanesien, Polynesien . . .«
   Ich sagte: »Sie sprechen die Sprache.«
   »Ich spreche sie«, sagte der alte Mann. Er war vollkommen
zahnlos.
   Er trug Blue jeans und ein Hemd, war zweiundachtzig Jahre
alt (sah aber viel jünger aus) und hieß Ernie Bowen. Die Frau
im zerrissenen Kleid war seine Frau Gladys. Sie war dreißig
Jahre jünger als er und ebenfalls zahnlos. Der Junge war ihr
Enkel Shawn, er trug blaue Shorts. Eifrig lauste und kämmte er
weiter im offenen Haar der Frau herum.
   »Wie heißt die Sprache?«
   »*Guugu Yimidirrh*.«
   Er mußte es fünfmal sagen, bis ich die Worte deutlich genug
gehört hatte, um sie aufschreiben zu können. Das Wort *Guugu*,
erklärte er mir, bedeute nichts weiter als »unser Wort« oder
»unsere Sprache«, und zugleich sei es der Name des Clans, der
hier lebe: in dem Gebiet zwischen dem Fluß Annan im Süden
und dem Jennie, jenseits der Landzunge von Cape Flattery, im
Norden.
   Für mich war es ein Glücksfall, die drei zu treffen, denn sie
waren eine historische Einzigartigkeit in Australien. Es waren
die Guugu Yimidirrh, über die Captain Cook am 16. Juni 1770
knapp in das Logbuch seines beschädigten und leckenden
Schiffes schrieb: »Einige Menschen wurden heute an Land gesichtet.«
   Captain Cook empfand sie als furchtsam. Mit einem Gefühl
der Vorahnung, die der Robinson Crusoes unter gleichen Umständen ähnelte, notierte er zunächst: »Ihre Fußspuren im
Sand unterhalb der Flutgrenze bewiesen, daß sie erst sehr
kürzlich hiergewesen waren.« Bald begegnete er ihnen selbst,
aber sie interessierten sich nicht für seine Geschenke, für Tuch,
Nägel und Papier. Allerdings waren sie selig, als er ihnen einen
Fisch überreichte, den sie als symbolische Gabe betrachteten.

Sie verehrten Fische und malten Bilder von ihnen auf die Wände ihrer Höhlen – ebenso wie großartige Darstellungen ihrer anderen Totems: Schildkröten, Dämonen, nackte Menschen und *dugongs*, die Seekühe.

»Sie waren wohlgestaltet, munter und flink«, schrieb Cook. »Kleider hatten sie keine.«

Eine Meinungsverschiedenheit wegen ein paar Schildkröten beantworteten Cooks Männer erst mit Musketenfeuer, dann mit Versöhnung. Und die Eingeborenen lehrten Cook einige ihrer Wörter. Fünfzig Ausdrücke fanden Eingang in Cooks ausführliches Logbuch und nahmen somit als erste Aboriginal-Sprache schriftliche Form an.

»Was ist das?« hatte einer von Cooks Männern gefragt und auf ein Tier gezeigt, das er am Morgen erlegt hatte, als es am Lager vorbeihüpfen wollte.

»*Gangurru*«, erklärte ein Aboriginal, und das Wort der Guugu Yimidirrh wurde weltbekannt. Sie waren sehr genau mit ihren Bezeichnungen. Zufällig war das betreffende Tier groß und braun. Sie hatten elf Namen für die verschiedenen Arten von Känguruhs und Wallabys, vom kleinen Sumpf-Wallaby, dem *bibal*, bis zum *galbaala*, dem großen, roten Känguruh.

Sie waren Jäger und Fischer. Sie besaßen Waffen und bauten Einbaum-Kanus. Sie lebten bereits seit Tausenden von Jahren in dieser Gegend und kannten weder Beschneidung noch Zähneziehen. Ihr großer Schrecken war *Yigi*, ein böser Geist, der nachts sein Unwesen trieb. Seinetwegen gingen sie nach Anbruch der Dunkelheit nur selten aus.

Sie hatten kein Wort für Liebe. Für die Guugu Yimidirrh war Freundschaft alles, das stärkste Band, das sie sich vorstellen konnten. Die Ehe galt als Freundschafts- und nicht als Liebesbund. Das überraschte die Missionare, die ihnen mit der Bibel auf die Köpfe schlugen und viele von ihnen zum lutherischen Glauben bekehrten. Aber auch die Missionare konnten die Sprache nicht ändern, und so wurde »Ich liebe Jesus« bei den Aborigines zu: »Jesus ist mein bester Freund.«

Cook war von diesen Menschen tief beeindruckt. Und obwohl er gerade aus Tahiti gekommen war, Inseln von »zügelloser Sinnlichkeit«, erschreckte ihn die völlige Nacktheit der Aborigines doch: »Männer und Frauen gehen völlig nackt, bar jeglicher Art von Bekleidung, die Frauen bedecken nicht einmal ihre Scham.« Joseph Banks, der Botaniker auf der Endeavour, sah die Aborigines wie Menschen vor dem Sündenfall – friedfertige, wohlgenährte, nackte Nomaden: »So leben diese, ich hätte beinahe gesagt, glücklichen Menschen, zufrieden mit wenigem, ja, mit fast nichts.«

Nachdem das Schiff wiederhergestellt war, was sechs Wochen dauerte, setzte Captain Cook unter den Augen der Guugu Yimidirrh die Segel und führte sein Logbuch fort.

»Aus dem, was ich über die Eingeborenen Neu-Hollands berichte, mag mancher den Schluß ziehen, sie seien die elendesten Kreaturen auf Erden«, schrieb er, »doch in Wirklichkeit sind sie weit glücklicher als wir Europäer. Sie befinden sich in völliger Unkenntnis der überflüssigen wie der notwendigen Annehmlichkeiten, welchen das höchste Streben der Europäer gilt, und sie sind glücklich durch ihr Unwissen. Sie leben in einer Ruhe, welche nicht durch die Ungleichheit der Umstände gestört wird. Land und Meer versorgen sie von selbst mit allen Dingen, die zum Leben notwendig sind ...«

Hundert Jahre vergingen. Dann wurde Gold im Land der Guugu Yimidirrh gefunden. Sie wurden als Kannibalen abgeschlachtet. Sie wehrten sich, aber als sie immer weniger wurden, zerstreuten sie sich. Man nahm an, sie würden aussterben, doch sie flohen auf das Nordufer des Flusses und an die Küste, auf der ich kampierte: »sumpfiges, steiniges Land, das kein weißer Mensch würde haben wollen.«

Eines Tages in den achtziger Jahren des vorigen Jahrhunderts las ein protestantischer Pastor in der bayerischen Oberpfalz eine deutsche Übersetzung der *Reisen des Kapitäns Cook* – mit der Beschreibung der Guugu Yimidirrh (»wohlgestaltet ...Kleider hatten sie keine«). Dieser Pastor, Johann Flierl – sein Name und seine Mission wurden später jedem Aboriginal in der Gegend ein Begriff –, empfing vom Herrn den Auftrag, dieses »völlig unberührte heidnische Volk« aufzusuchen. Damit war das Schicksal der Guugu Yimidirrh besiegelt, und sie konnten ihren Sitten und Gebräuchen *wahalumbaal* sagen.

Deutsche Missionare kamen über diese unschuldigen Menschen und die steinige Küste am Cape Bedford. Einundfünfzig Hymnen wurden in ihre Sprache übersetzt, ebenso Luthers

Katechismus. Und ein Missionar namens Pastor Poland
machte sich ans Neue Testament. Bevor er aber bei Lukas angekommen war, traf der katastrophale Zyklon von 1907 die Küste, machte die Mission dem Erdboden gleich und verstreute
die Seiten der Übersetzung.

Die Guugu Yimidirrh beteten. Nichts geschah. Aber in den
Dreißiger Jahren wurden in China die Seewalzen – die sogenannten Seegurken oder *bêche de mer* – und Trochus-Muscheln
knapp, und so hatten die Menschen etwas, das sie der Außenwelt geben konnten. Die Aborigines am Cape Bedford lebten
wieder auf und erreichten einen bescheidenen Wohlstand.

Als der Krieg ausbrach und japanische Flugzeuge über die
Köpfe der Guugu Yimidirrh hinwegflogen, wurden sie evakuiert, und ihre deutschen Missionare kamen als mögliche Nazi-
spione in Haft.

Ernie Bowen gehörte, wie er mir erzählte, 1942 zu diesen
Evakuierten, die man nach Rockhampton brachte. Er war 1907,
im Jahr des Großen Sturms, am Cape Bedford zur Welt gekommen und hatte seine frühe Jugend hauptsächlich mit Fischen
und Tauchen zugebracht. Tauchen war sein eigentlicher Beruf – nach Trochus-Muscheln, die das Material für Knöpfe an
guter Kleidung lieferten, bis industrielle Kunststoffe sie überflüssig machten.

Ich fragte Ernie nach der Evakuierung, die fast sechshundert
Aborigines aus dieser Gegend gerissen hatte.

»Also, der Protestantismus ist eine deutsche Religion«, sagte
Ernie. »Und es war Krieg, Kumpel. Von euren Jungs waren
auch welche hier. Yankees. Waren überall. Die haben gedacht,
daß wir vielleicht für die Deutschen spionieren – die waren ja
hier als Missionare.«

»Wie war die Reise nach Rockhampton?«

Eine Entfernung von fast zweieinhalbtausend Kilometern,
und das für Leute, die noch nie ihre Heimat verlassen hatten.

»Grauenhaft, Kumpel. Tag und Nacht auf einem Schiff. Kein
Essen. Die Leute haben geweint, wußten ja nicht, wo sie hin-
fuhren.« Er schwieg und sah aufs Meer hinaus. Er hatte die
stumpfen Augen eines alten Mannes. »Nach dem Krieg sind
wir wieder hergekommen, nicht nach Cape Bedford, aber zur
Hope-Vale-Mission.«

»Wo liegt die?«

»Da drin.«

Das Erbe von Johann Flierl, erklärte er, sei eine Aboriginal-Siedlung von ungefähr hundert Häusern, sie liege am Ende einer Schotterstraße des Reservats.

»Darf ich dort mal einen Besuch machen?«

»Klar doch, Kumpel«, sagte er und sah mich prüfend an. »Wo ist dein Bündel?«

»Mein Bündel ist hinter dem Hügel«, sagte ich und zeigte in die Richtung. »Besitzen Sie hier Land?«

»Ich besitze nichts außer diesen Kleidern und einem Fahrzeug. Wenn der weiße Mann hier reinspazieren und das Reservat übernehmen wollte, könnte er's tun, genau wie in Cape Flattery.«

»Aber Sie bekommen Geld von den Japanern, die da oben graben, oder?«

»Ja.«

»Ist es genug?«

»Ja.«

Gladys sah von den fleißigen Händen ihres Enkels auf – er hatte ihre Haare ziemlich durcheinandergebracht und hielt die Strähnen immer noch in seinen kleinen Händen. »Die Regierung ist auf unserer Seite«, sagte sie. »Die Weißen waren früher viel schlimmer.«

»Inwiefern?«

»Sie waren grob.«

Ernie sah die Küste hinunter und meinte: »In Cooktown sind nur Hooligans. Ein paar von den Aboriginal-Jungs trinken zuviel.«

Ich erzählte ihnen, daß ich am Hang vom Mount Sanders ein *humpy* gesehen hätte.

»War wohl ein Fischer«, sagte Ernie.

»Sagen Sie *humpy*?«

»Nein. Wir nennen das ein *bayan*.«

»Gibt es hier viele Krokodile?«

»Im Leper Creek jede Menge.«

»Da habe ich mein Bündel«, sagte ich. »Ich habe gehört, daß die Krokos da bloß kleine Kerlchen sind.«

»Sind auch 'n paar große dabei.«

»Heißt es Leper Creek oder Leprosy Creek?«

»Leper Creek. Weil vor langer Zeit ein paar Aussätzige da-waren, die diese Krankheit hatten.«

»Machen die Krokodile Ihnen was aus?«

»Die Salzwasserkrokodile nennen wir *kanarrh*, und sie wer-den sehr groß. Sie haben ein paar Leute hier gefressen, mei-stens nehmen sie Frauen. Keine Ahnung, wieso, Kumpel. Viel-leicht, weil Frauen schwach sind.«

»Oder weil sie ihre Wäsche in der Bucht waschen«, schlug ich vor.

»Vielleicht«, sagte er. »Wenn vier oder fünf Leute schwim-men gehen, nimmt das Krokodil keinen, aber wenn sie wieder aus dem Wasser steigen, packt es den letzten.«

»Was würden Sie tun, wenn Sie schwimmen gehen und ein Krokodil sehen, Mr. Bowen?«

»Wenn ich ein Kroko sehen würde, hihi, dann würde ich gar nicht erst reingehen.«

Gladys lud mich ein: »Setz dich zu uns. Du kannst hier sit-zen.« Sie klopfte gegen das Ende des Baumstamms.

Ich setzte mich und sagte: »Sprechen Sie Englisch, wenn Sie unter sich sind?«

»Nee, Kumpel«, meinte Ernie: »Dann sprechen wir Guugu Yimidirrh.«

»Das ist gut.«

»Ja. Es ist gut, wenn man eine Sprache hat. Jetzt hör mal: Ich kann sagen« – er sagte ganz schnell ein paar Worte, ein gemur-meltes Rumpeln, das sich anhörte wie *worrojool gangaral* – »und du hättest keine Ahnung.«

Als er zu Ende gesprochen hatte, riß Gladys den Kopf aus den Händen ihres Enkels, kniff die Augen zusammen und sah weg.

»Wovon hätte ich keine Ahnung?«

»Ich habe gesagt: ›Bringt den weißen Mann um‹«, sagte Er-nie mit freudigem Gesichtsausdruck. »Und siehst du, du hast nichts davon mitgekriegt.«

Seine Augen blitzten.

»Es ist gut, wenn man eine Sprache hat«, sagte er.

Gladys sah immer noch gequält aus.

»Amerikanische Neger, was sprechen die für eine Sprache?«

»Englisch.«

»Sie haben keine eigene Sprache?«

»Nein.«

»Wie dumm. Sie sollten eine haben. Was sprechen denn die anderen Leute in Amerika?«

»Meist Englisch.«

Das verblüffte ihn etwas. »In Deutschland sprechen die Weißen deutsch.«

»Mr. Bowen, sind Sie Protestant?«

»Jawoll, Kumpel.«

»Tauchen Sie noch?«

»Hab ich vor Jahren aufgegeben.«

»Haben Sie Schildkröten und *dugongs* erlegt?«

»Ach, oft.«

»Wie tötet man *dugongs*?«

»Man sticht den Speer rein, zieht das Tier rauf, drückt es gegen das Boot und ertränkt es. Das Öl ist gut gegen Schmerzen. Das Fleisch ist auch gut.«

Später erfuhr ich, daß die Guugu Yimidirrh einer der letzten Clans sind, die nach wie vor die bedrohten Seekühe und die ebenfalls geschützte grüne Meeresschildkröte jagen dürfen.

Wir unterhielten uns noch ein bißchen, und ich ließ mir den Weg zur Hope-Vale-Siedlung erklären. Ich nahm an, daß es keine Schwierigkeiten geben würde, wenn ich dort jemanden kannte. Ernie und Gladys sagten, ich könnte jederzeit vorbeikommen.

»Ich schau bald mal rein«, sagte ich.

»Ist gut, Kumpel.«

»Ich glaube, ich geh jetzt mal zu meinem Bündel zurück«, sagte ich.

Aber Ernie hörte mir nicht zu. Er starrte zur Landzunge hinüber, vor der eine einzelne Palme stand.

»Die Palme da«, sagte er. »Die Palme da hab ich noch nie gesehen.«

Am folgenden Tag traf ich einen anderen Strandläufer. Erst grüßte er, dann überlegte er es sich anders und schlug sich in die Büsche. Das war noch einen oder zwei Kilometer weiter oben am Strand. Später hörte ich, daß er ein Segelboot hatte, das in einer Tidenbucht versteckt lag. Diese Menschen, die Strandläufer und die Aborigines, waren kilometerweit voneinander entfernt, und trotzdem glaubten sie, zu dicht aufeinanderzuhocken. Tony war jedenfalls dieser Ansicht. Ich sah ihn während der folgenden Tage öfter und hatte den Eindruck, daß er ein Auge auf ein paar von meinen Ausrüstungsgegenständen geworfen hatte, die er für seine Reise um Cape York gebrauchen konnte.

Ich lud Tony ein, mein Lager zu besuchen, weil ich mehr über sein Strandläuferleben erfahren wollte. Mit der Zeit fing ich an, in seinem Leben eine Art von Luxus zu erkennen, die man schwerlich kaufen konnte – es war sein Für-sich-Sein, nicht irgendein Komfort. Ich interessierte mich für seine aktiven Zeiten, seine Pläne, seine Tage völligen Nichtstuns, seine völlige Versenkung in sich selbst, seine Freuden.

Er hatte etwas zutiefst Ehrbares und Ordentliches. Zum Beispiel die Umhängetasche, die das Nötigste für seinen Tag enthielt: Schuhe, Hut, Essen und Wasser. Er trug immer ein Hemd und eine Hose, auch wenn am Hemd die Knöpfe fehlten und seine Hose ein halbes Dutzend Löcher hatte. Und er ging nie ohne seinen Hund aus, eine winzige Promenadenmischung mit einer heiseren, ängstlichen Kläffstimme.

Ich fragte ihn einmal, ob der Hund einen Namen habe. »Nein«, meinte Tony. »Naja, er ist ja auch so klein« – als ob seine Größe es nicht rechtfertigte, daß er einen Namen bekam – »aber manchmal rufe ich ›chop chop‹, wenn er sich beeilen soll. Vielleicht heißt er so.«

Der Hund liebte ihn, mußte auf den Arm genommen und geherzt werden. Mich interessierte besonders, wie Tony an diesem schwierigen Ort überleben und auch noch für einen Hund Futter suchen konnte, aber als ich ihn danach fragte, zuckte er nur mit den Achseln.

Tonys Tagesablauf, seine Ansichten und die Art, wie er sein Leben lebte, sahen nach Ehrbarkeit aus. Er konnte die Nähe anderer Menschen nicht ertragen, und seinen Reaktionen entnahm ich, daß es ihm davor grauste, irgend jemand könne herausfinden, wo und wie er lebte. Er war selbstgenügsam, selbstgefällig und selbstsüchtig. Daß er Strandläufer war, bedeutete nicht, daß er wie ein Ausgestoßener lebte. Er hatte seinen Platz

in der Welt, und die war, wo er sich gerade befand. Die Suche
nach Strandgut war seine Hauptbeschäftigung: Er brauchte
Flaschen für sein Selbstgebrautes, Schwimmer und Taue für
sein Floß, Treibholz für seinen Kocher. In der übrigen Zeit
jagte er Fische, Austern und Krebse. Er war stolz auf seine Sup-
pen und sein selbstgebackenes Brot. Manchmal war er sehr beschäftigt, völlig von den Prozessen des Überlebens in Anspruch genommen – was ihm gelang, ohne daß er Geld ausgab –, aber er hatte auch ungeheuer viel freie Zeit.

Eines Morgens sagte er zu mir: »Gestern abend habe ich acht
oder zwölf Flaschen getrunken und dabei Radio gehört. Hab
heute lange geschlafen und 'n kleinen Kater. Dann hab ich die
Krabbenreuse rausgetan. Jetzt gehe ich spazieren.«

Das war sein Leben an der heißen, windigen Küste beim
Cape Bedford, und ich staunte darüber: Es verband die strikte-
ste Disziplin mit einer völligen Mißachtung von Zeit.

Und manchmal überlegte ich ernsthaft: Bin ich wie er?

Am letzten Abend in meinem Lager fragte ich ihn, ob er irgendwann einmal wieder in London gewesen sei.

»Ja, ich bin mal wieder hingefahren. Vor ungefähr zehn Jahren. Hatte kein Geld, also habe ich 'n Job bei der Post angenommen, bei der Hauptpost in West One.« Er lächelte. »Alles
Inder und Jamaikaner. Schwarze Westinder rechts von mir, indische Hindus links. Ich konnte kein Wort verstehen, und sie
haben ununterbrochen gequasselt. Ich habe mich nur gefragt:
Wo soll das mit diesem Land noch hinführen?«

Er war Anfang fünfzig, klein und ziemlich schlank, verbrannt von einer Sonne, die an einem wolkenlosen Himmel
glühte. »Ich hab's da nicht lange ausgehalten.«

Ich vertäute mein Boot an den Mangrovenwurzeln, damit
die Flut es nicht wegziehen konnte.

»Und ich bin noch nicht mal Rassist«, sagte er in anklagen-
dem Ton.

Ich wollte am nächsten Tag weiter, zur Aboriginal-Mission,
und mußte Ballast loswerden, also gab ich ihm etliche Lebensmittel, die ich nicht brauchen würde, und meine Extra-Wasser-
flasche mit knapp zehn Litern Wasser.

»Ich nehm's mit auf mein Floß«, sagte er, »wenn ich nach
Norden fahre.«

»Ich wünsche Ihnen viel Glück.«

»Ich mach mir keine Sorgen«, sagte er, und dann kam ein Satz, der mir die Quintessenz seiner Lebensphilosophie zu enthalten schien: »Ich finde immer, daß man fast alles tun und fast überall hingehen kann, wenn man's nicht eilig hat.«

Nach all den Warnungen vor Krokodilen wollte ich unbedingt eins sehen. Ich hatte die Broschüre *Leben mit Wildtieren: Krokodile*, herausgegeben vom Queensland National Parks and Wildlife Service gelesen, die vernünftige Ratschläge zu enthalten schien: »Meiden Sie trübe Gewässer ... Lassen Sie Arme und Beine nicht ins Wasser hängen ... Zelten Sie mindestens fünfzig Meter vom Wasser entfernt (das war zu unbequem, ich nahm das Risiko auf mich) ... Lassen Sie keine Essensreste um ihren Zeltplatz herumliegen ... Seien Sie während der Brutzeit von Oktober bis April besonders vorsichtig ... Füttern Sie Krokodile keinesfalls ... Kommen Sie ihnen nicht nahe: Krokodile sind dafür bekannt, daß sie Boote und Kanus zum Kentern bringen ... Achten Sie besonders auf große Krokodile, die außergewöhnlich hoch aus dem Wasser ragen oder den Schwanz anheben: Das kann ein Anzeichen dafür sein, daß das Tier angreifen will ...«

Wenn ich einen Alptraum hatte, dann wegen dieser letzten Warnung: Ich hatte das Bild eines großen, schnellen Krokodils vor Augen, das mit hocherhobenem, gebogenem Schwanz wie ein Monsterskorpion auf mich zuschoß.

Ich paddelte den Leprosy Creek hinauf, bis er sehr eng wurde, und ungefähr anderthalb Kilometer von der Mündung entfernt entdeckte ich zwei kleine Krokodile, die sich auf einer Sandbank ausruhten: Ihre Glubschaugen und Schnauzen sahen gerade aus dem Wasser heraus. Vielleicht würde ihre Mutter verrückt spielen und mich angreifen.

Ich sah mich um, aber es war natürlich nichts zu sehen.

»Das Vieh, das dich frißt, siehst du nie«, hatte jemand in Cooktown gesagt. Es klang nach Wahrheit. »Du hörst es nicht. Wirst nie wissen, was dich getroffen hat. Siehst nichts. Sie sind gar nicht da. Und im nächsten Moment schon hat es dich im Maul. Sie haben diese unglaubliche Fähigkeit zu schnellen Bewegungen. Und sie fressen dich natürlich nicht. Sie zerren

dich unter Wasser und halten dich fest, bis du ertrinkst. Dann
verstecken sie deine Leiche im Schlamm, und wenn dein
Fleisch verfault ist und von den Knochen fällt, dann schlingen
sie's runter.«

Ich paddelte zur Bucht zurück und dann zur Landzunge in
Richtung Cape Bedford. Wenn mich jetzt jemand fragen sollte,
ob ich Krokodile gesehen hätte, konnte ich ganz lässig sagen:
»Das eine oder andere.«

Die Hope-Vale-Mission lag einige Kilometer landeinwärts. Ich
folgte zuerst den Spuren von Echsen und Schweinen, fand
dann einen Pfad und schließlich eine Straße. Ein Mann in
einem ziemlich neuen Four-Wheel-Drive – etliche Aborigines
in Hope Vale schienen welche zu haben – nahm mich mit.

Dieser Mann war ein fetter, fröhlicher Mensch namens Paul
Gibson. »Tach auch. Wo wolln wir denn hin?« Er war kaffee-
braun, hatte krause Haare, einen gepflegten Bart und war in
einer Weise extrovertiert, die ich bisher noch bei keinem Aboriginal erlebt hatte. Ich fragte ihn nach seiner Arbeit.

»Ich bin Disc jockey.«

»Gibt es denn hier im Reservat einen Radiosender?«

»Jeder hört ihn.«

»Was ist die beliebteste Art von Musik in Ihrer Sendung?«

»Country-Musik. Aborigines stehen auf Country.«

»Willie Nelson? Dolly Parton? Loretta Lynn? So was?«

»Ganz genau, Kumpel.«

Also unterhielten wir uns über Country-Musik, bis wir bei
der Siedlung waren.

Niemand wußte mit Sicherheit, wie viele Aborigines hier lebten. Mal hieß es sechshundert, mal siebenhundert. Sie wohnten in allen möglichen Häusern, von *gunyahs* oder besseren
humpys bis hin zu großen, gepflegten Bungalows mit Klinker-
fassaden, eigens angepflanzten Bäumen, Gemüsegärten und
Gartenzäunen. Das Letzte, was ich in einem Aboriginal-Reser-
vat erwartet hätte, waren Zäune. Aber das hier waren prote-
stantische Aborigines.

Hope Vale war ein ebener, sonnenverbrannter, staubtrocke-
ner Ort mit weiten Straßen und niedrigen Gebäuden, der aussah wie ein Lager, das sich allmählich zu einem Dorf entwik-

kelte, und zwar mit dem Ordnungssinn einer Fabriksiedlung: Die Geschäfte auf der Hauptstraße waren nicht einfach wie Pilze aus dem Boden geschossen, sondern offensichtlich nach dem Reißbrett entstanden. Der Laden, das Postamt, das Gemeindehaus, die Tankstelle – irgend jemand hatte alles so geplant. Einige Aborigines arbeiteten auf den Straßen, andere stützten sich auf ihre Schaufeln. Das Werk schien langsam der Vollendung entgegenzugehen, und ganz fraglos waren die Randsteine, Gullys und Straßen besser als die in Cooktown.

Ich sah mich im Gemeindehaus um. Ich war inzwischen lange genug unter Aborigines gewesen, um zu wissen, daß sie sich mit Schweigen umgaben. Sie riefen nicht, sondern redeten leise, wenn sie überhaupt sprachen, sie bewegten sich sehr aufrecht und tappten beinahe lautlos auf großen, platten Füßen dahin. Wenn ich »hallo« sagte, erwiderten sie nichts, sondern nickten nur.

Am Schwarzen Brett hing ein großer Zettel: »Pig Dogs zu verkaufen, Steve Lee.« *Pig Dogs* waren scharfe, kräftige Jagdhunde, die im Busch auf Schweinehatz gingen. Auf einem anderen Zettel stand: »Könnten die Besitzer von dem Pferd, das im Dorf herumläuft, es bitte bis nächste Woche einsammeln und in ihre eigenen Wiesen tun. Wenn ihr das nicht tut, dann wird es eben weggefahren und verkauft.« Eine der Nachrichten betraf die wöchentlichen Zahlungen an die Aborigines: »Die Leute, die den Lohn diese Woche vergessen haben, können bis zur Zahlung in der nächsten Woche keinen Scheck erhalten.« Das Wort »Lohn« diente als Euphemismus für den Pro-Kopf-Anteil der Summe, die die Grubengesellschaft an die Gemeinde zahlte, und der Zettel implizierte, daß es Gemeindemitglieder gab, die zu faul waren, ihr Geld an einem bestimmten Tag abzuholen.

»Wer seinen Hund erschossen haben will«, lautete ein weiterer Zettel, »bitte melden bei Goombra Jacko.«

Die Gemeinde schien sich in ein halbes Dutzend Nachnamen zu teilen: Flinders, Gibson, Deemal, Woibo, Cobus und Bowen. Der Ort war voller Bowens, aber Ernie und Gladys konnte ich nicht finden.

»Wahrscheinlich weg zum Fischen«, meinte Lynton Woibo.

Er sagte es im Laden, den die Mission betrieb – mit einem

besseren Warenangebot als jeder Lebensmittelladen in Cooktown. Das einzige, was es nicht gab, war Alkohol: Das Reservat war trocken. Aus diesem einzigen Grund fuhren die Aborigines nach Cooktown: um Alhohol zu kaufen. Das teure und exklusive Lebensmittelangebot war erstaunlich: Gänseleberpastete, »Sarah Lee's Schwarzwälder Kirschtorte«, tiefgefrorenene Quiche Lorraine, Chinagemüse von Bird's Eye und »Papa Giuseppe's Mikrowellenpizza«. Und dazu, in einem Reservat mit künstlich bewässerten Ackerböden, Dosengemüse. Ich versuchte, mir vorzustellen, wie die speerwerfenden, *dugong* – mordenden Aborigines, die ich im Busch gesehen hatte, von einem erfolglosen Jagdausflug heimkehrten und sich eine Pizza von Papa Giuseppe in die Mikrowelle knallten.

Mikrowellenherde gab es im Haushaltswarengeschäft, dazu Toaster, Videogeräte, Radios und Äxte. Die Regale des Metzgerladens waren voll, das Fleisch aber teuer (Filet für zwölf Dollar das Pfund).

Die Siedlung war, wie Ernie Bowen mir erklärt hatte, nach dem Krieg gegründet worden, als man die Aborigines aus Rockhampton wieder herbrachte. Die Geschichte stand auf einer Tafel in der Pioneer Hall, eine kurze Geschichte – drei Zeilen über den Anfang im Jahr 1949 und dann: »Zum Andenken an unsere Pioniere«, gefolgt von einer Liste der bekannten Nachnamen.

Es gab in der Gemeinde keine einheitliche Hautfarbe, Physiognomie oder Rasse. Alle Farben kamen vor, vom tiefsten, bläulichen Schwarz bis zum schlichten, rosagetönten Weiß.

Barry Liddie war sehr viel blasser und viel höflicher als die meisten weißen Australier, die ich getroffen hatte, aber unter seinen Vorfahren gab es etliche Aborigines. Sein Haus am Ende der Siedlung war niedrig, ausufernd, ziemlich unordentlich und voller rostiger, schrottreifer Maschinenteile, die überall im Garten und auf der Veranda herumlagen, auf der er gerade saß. Er hatte sich ausgesperrt. Und statt nach seiner Frau zu suchen, setzte er sich erst mal hin. Sie würde schon kommen und die Tür aufschließen.

Barry Liddie hatte rötliche Haare, war stämmig und sah auf eine etwas fleischige Art gut aus. Er stammte aus dem heißen, fernen Coen, einer Stadt im Norden, im tiefsten Outback. Nach seiner Heirat mit Lynette Deemal, die hier in der Mission geboren war, waren sie hergezogen. Er fischte, sie arbeitete im Gemeindebüro. Außer diesem Haus besaßen sie ein Boot und zwei große Autos mit Vierradantrieb.

Um die Zeit totzuschlagen, bis seine Frau mit dem Schlüssel kam, trank Kerry ein paar Biere. Ich lehnte dankend ab – zu früh, es war erst elf Uhr vormittags.

»Dafür ist es nie zu früh«, meinte er, aber er trank verstohlen und hielt die Hand vor die Flasche. Im Ort herrschte Alkoholverbot.

Als Lynette kam und aufschloß, verschwand er, und Lynette erzählte von ihrer zwölfjährigen Tochter, die Sacheen (»Shaheen«) hieß. Ich wollte wissen, ob das ein Guugu-Yimidirrh-Name sei.

»Nein. Erinnern Sie sich noch an das Indianermädchen, das den Academy Award für Marlon Brando abgeholt hat? Sie hieß Sacheen. Der Name ist irgendwie bei mir hängengeblieben, und als wir dann eine Tochter bekamen, wußte ich, daß ich sie so nennen wollte.«

»Geht sie hier zur Schule?« fragte ich.

»Nein, in Cairns. Ich glaube, da ist sie besser untergebracht als hier im Reservat«, erzählte Lynette. Sie war sprachgewandt und gelassen; schwer zu sagen, zu welchem Anteil sie eine Aboriginal war. Sie hatte die Züge und den Teint einer Tamilin aus Südindien. »Sacheen lernt sehr fleißig. Vielleicht wird sie mal Friseuse oder Geschäftsfrau.«

»Hätten Sie es gern, wenn sie sich am Leben hier im Reservat beteiligte?«

»Ich will sie nicht beeinflussen. Ich möchte, daß sie tut, was sie will. Daß sie lernt, auf ihren eigenen Füßen zu stehen.«

Eine bewundernswerte Ansicht, denn im Reservat, in dem jeder Aboriginal Grundbesitzer war, gab es Geld umsonst: Niemand mußte arbeiten. Ich sagte, wie ruhig mir Hope Vale vorkomme.

»Freitags, wenn die Leute hier ihr Geld kriegen, wird es laut«, sagte Lynette. »Dann sind die ganzen Betrunkenen unterwegs.«

Ich wollte zurück zur Küste, zu meinem Boot. Barry half mir, jemanden zu finden, der mich mitnahm, und beim Aufbruch

schüttelte ich ihm die Hand. Er nahm meine Hand, ohne auch
nur im geringsten zuzufassen: Es war das seltsamste Hände-
schütteln, das ich je erlebt hatte, komischer noch als der lahm-
ste Händedruck, den ich je von einem Mitglied der nicht-hän-
deschüttelnden englischen Nation bekommen hatte.

Einem Australier gegenüber erwähnte ich, wie merkwürdig
ich fand, daß Barry behauptete, Aboriginal zu sein. Schließlich
war er weiß.

»Wie kann man feststellen, ob er wirklich ein Aboriginal ist?«

»Haben Sie ihm die Hand geschüttelt?«

»Ja.«

»Hat sich seine Hand angefühlt wie ein toter Fisch?«

»Ja.«

»Das ist der Beweis. Sie schütteln keine Hände.«

Ich war wieder in Cooktown. Ich hatte eine Woche lang
keine Badewanne und keinen Rasierapparat gesehen. Ver-
suchshalber ging ich in die Animal Bar, um zu sehen, ob ich
auffallen würde. Die Verkleidung wirkte echt: Niemand
gönnte mir einen zweiten Blick.

»Ruhig heute«, sagte ich zu dem jungen Mann neben mir.

Er war nicht ganz so verdreckt wie ich, aber barfuß.

»Wart mal, bis Zahltag ist«, meinte er. »Dann sind die Abos
alle da. Die stehen auf Feuerwasser. Die kriegen ihr Geld, und
dann lassen sie die Sau raus.«

»Wird's dann gefährlich?«

»Sind nicht allzu brutal«, meinte er. »Keine Messer oder so.
Nehmen höchstens mal 'ne abgebrochene Bierflasche. Bei den
jungen Fußballern sind 'n paar ganz wilde, aber die meisten
Abos saufen bloß, und dann fallen sie um.«

Dann fing er die alte Leier wieder an: Geld von der Regierung, Pacht für das Land, freies Bargeld, zweiprozentige Hy-
pothekenzinsen. »Und was hab ich?«

Ich fand, er hatte ziemlich viel, wenn er in diesem wunderbaren Klima von der Stütze leben, die ganze Nacht auf seinem
Arsch sitzen, Bier trinken und mit dem hübschen Mädchen
hinter dem Tresen schwatzen konnte, und das offensichtlich,
ohne sich um irgend etwas auf der Welt zu kümmern. Aber ich
sagte nichts.

»Haste schon mal von dem Typ gehört«, fragte er rachlüstern, »unten in Melbourne, der beweisen will, daß die ersten Menschen in Australien keine Abos waren?«

»Nie gehört«, sagte ich. »Aber wenn die Aborigines hier nicht die ersten waren, wer dann?«

»Das isses ja eben. Der Typ meint, die Juden.«

»Die Juden waren zuerst da?«

»Genau«, sagte er triumphierend. »Und wenn er 's beweisen kann, dann sind die Abos angeschmiert.«

Ich sagte: »Dann sind es Juden, die das Geld von den Grubenunternehmen kriegen. Dann sitzen die an den heiligen Stätten. Und kriegen zweiprozentige Hypotheken.«

Seine Augen wurden eng, und er schluckte an seinem Bier. Er mußte mir recht geben.

»Na ja. Dann schon lieber die Scheißabos.«

Er hatte damit gerechnet, die Aborigines um ihr Erbteil zu bringen, aber meine Folgerung machte ihn nachdenklich. Seine Augen waren vorher schon glasig gewesen, jetzt wurden sie noch glasiger. Aber nach einer Weile, als er merkte, daß ich mich nicht bewegt und nichts gesagt hatte, kam er wieder in Schwung.

»Hab ich dich hier in der Stadt schon mal gesehen?«

»Wohl kaum. Ich hab ein Zelt oben am Strand in Richtung Cape Bedford.«

»Lauter Abos da oben. Und Scheißkrokodile.«

Ich lächelte harmlos, um anzudeuten: Wenn's weiter nichts ist . . .

»Haste schon welche von denen gesehen?« Und er brachte sein schnauzbärtiges Gesicht dicht an mein schnauzbärtiges Gesicht.

»Das eine oder andere«, sagte ich lässig. »Wie heißen sie doch gleich? Sumpfkrokodile?«

»Das eine oder andere! Na prima!«

II. Teil

MELANESIEN

6. Kapitel

OBERWASSER AUF DEN FRIEDLICHEN
TROBRIANDEN

Cape Bedford mit seinen Aborigines und Strandläufern lag viel näher an der Mangrovenküste von Papua Neuguinea als etwa an Brisbane oder jeder anderen nennenswerten australischen Stadt. Und da ich jetzt wußte, daß ich die »Inseln der Liebe« sehen wollte, die in Malinowskis *Das Geschlechtsleben der Wilden* so anschaulich beschrieben werden, hätte ich da nicht einfach in mein Faltboot klettern und hinpaddeln können?

Auf der Seekarte der Torres Strait, der Meerenge zwischen Australien und Neuguinea, sah die Reise ziemlich einfach aus. Ich würde nach Cape York paddeln, unterwegs im Zelt übernachten und dann von Insel zu Insel die Meerenge überqueren – der Abstand zwischen den einzelnen Inseln war nie größer als fünfunddreißig Kilometer, also jeweils eine Tagesreise: von der Thursday-Insel nach Moa, danach von einem Felsen zum anderen bis Daru, das südwestlich von der Mündung des Fly River auf Neuguinea liegt. Schließlich am Flußdelta vorbei und die Küste entlang, an der es kleine Niederlassungen und schlammige Häfen gab, bis Port Moresby – eine Sache von vierzehn Tagen. Wenn man es nicht eilig hat, kommt man überallhin, hatte der Mann gesagt. Dort würde ich dann sehen, wie ich zu den Trobrianden weiterkam.

Karten, vor allem einfache, bieten oft ein sehr einladendes, freundliches Bild von einer Gegend. Karten der Torres Strait können die machtvolle Strömung nicht zeigen, die zwischen den Inseln hindurchschießt, nicht den heftigen Wind und die zahllosen Riffe, die raren Zufluchtsorte für wirkliche Notfälle, das Fehlen von Trinkwasserquellen, die elende, insektenverpestete Mangrovenküste auf der anderen Seite und auch nicht – im riesigen, sumpfigen Mündungsgebiet des Fly River – die Krokodile. Meine Informanten waren keine Städter, ich fragte alte Schwarze von den Thursday-Inseln, Fischer und Seeleute,

die die Torres Strait befahren und dort gearbeitet hatten. Sie
erzählten keine Horrorgeschichten, sondern nur, was sie gesehen hatten. Und niemand versuchte, mich zu entmutigen. Ich
sollte nicht allein losfahren, mit einem Monat oder sechs Wochen für die Überfahrt sei schon zu rechnen. Und auf keinen
Fall sollte ich bei den wilden, verzweifelten Lehmmännern in
den unwirtlichen Pfahldörfern am Fly übernachten.

Ich faltete mein Boot zusammen und flog von Cairns nach
Papua Neuguinea. Nach nur sechzig Flugminuten kam ich in der
Hauptstadt Port Moresby an, einer der kriminellsten und verkom-
mensten Städte dieses Erdballs. Sie war staubig, zerbröckelte, war
längst vor ihrer Fertigstellung schon gründlich verwüstet worden
und sah aus wie eine riesenhafte Baustelle: Slums und wacklige
Häuschen über ein paar häßliche Hügel verstreut, voller abgerisse-
ner, bärtiger Schwarzer aus dem Bergland, die dem großen Jazz-
pianisten Thelonious Monk lächerlich ähnlich sahen.

»Wonem dispela? Was ist das, wie heißt der Bursche?« fragte die
Beamtin vom neuguineischen Zoll im Terminal. Sie hatte zottelige Haare und trug ein schmutziges Kleid.

Es war das erste Mal, daß Neuguinea-Pidgin an mein Ohr
drang. »Neo-Melanesisch«, wie es bei Linguisten heißt, gehört
zu den Faszinationen des westlichen Pazifikraums: »... viele
Autoren betrachten Pidgin irrigerweise als Babygestammel ...
Diese Ansicht ist unzutreffend ... Pidgin ist sowohl komplex
als auch präzise.« Das ist die Meinung (ting) eines hervorra-
genden (gat nem) Lehrers (tisa), der sich über diese Sprache
(tok) sehr viele Gedanken (tumas tingktingk) gemacht hat.

Als ich es später selbst benutzte – indem ich zum Beispiel die
Wochentage aufzählte –, hatte ich das Gefühl, mich in die
Buchseiten von Finnegans Wake und die Joycesche Schreibweise der Wochentage hineinzureden: moanday, tearsday, waits-
day, thumpsday, frightday, shatterday. In Pidgin heißen sie mande,
tunde, trinde, fonde, fraide, sarere, sande.

»Dieser fellow ist ein Boot«, sagte ich.

»Yu tinka dispela bot? How long dispela bot blong yu? Sie denken,
das ist ein Boot? Seit wann gehört es Ihnen?«

»Ungefähr vier Jahre.«

»Yu taking dispela away wit' you when yu lusim hia? Sie nehmen
es wieder mit, wenn Sie abreisen?«

»Ich denke schon.«

»*Wonem dispela bek? Wie heißt dieser Beutel?*« Jetzt zeigte sie auf den Lunchbeutel, den ich eigentlich hatte wegwerfen wollen.

»Müll«, antwortete ich.

»*Samtin-nating, etwas-nichts*«, kommentierte sie mit präzis neo-melanesischer Ausdrucksweise den Inhalt. »*You pas. Gehen Sie durch.*«

Sie machte einen Kreidestrich auf meine Segeltuchsäcke.

»Ich suche das Flugzeug zu den Trobrianden«, sagte ich.

Eine ihrer Kolleginnen hörte mich und sagte: »*Balus I laik go nau. Das Flugzeug geht jetzt.*«

»Soll das bedeuten, daß das Flugzeug gleich abfliegt?«

»*Yesa. Ja, Sir.*«

In fünfzehn Minuten schon sollte es losgehen, vom Inlandsterminal, einem Schuppen oben an der Straße, der nach Obstschalen und Urin roch. Ich bekam zwangsweise Unterstützung von einem zwergenhaften Insulaner mit Wollmütze. Seine Zähne waren schwarz, seine Hände und Füße riesig, und er trug eins der dreckigsten Hemden, die ich je gesehen hatte. Wir mühten uns mit meinem Boot und meiner Campingausrüstung ab.

»*Yu kam olsem wonem? Du kommst mit so was?*« fragte er. Er grinste. Er schwitzte. Er selbst sei vom Mount Hagen. »*Yo kam we? Yu go we? We yu stap long? Woher kommst du? Wohin willst du? Bleibst du lange?*«

»Ich bin nur zu Besuch«, sagte ich.

»*Wat dispela bikpela kago? Was ist das für großes Gepäck?*«

»Ein Boot.«

»*Kago bilong yu, putim long hap, klostu long dua. Dein Gepäck tu ich dahinten hin, an die Tür.*«

Er ließ mein Gepäck neben der Tür zu Boden fallen.

»*Balus i bagarap. Das Flugzeug ist kaputt.*«

»*It's buggered up? Kaputt?*«

Der Mann lächelte, zog seine Mütze vom Kopf, wischte sich den Schweiß vom Gesicht und verlangte nach Austern. Das Wort für Austern ist im Pidgin-Englisch das gleiche wie das für Geld. Ich gab ihm welches, er salutierte.

Die »Twin Otter« war nicht kaputt, sie hatte keinen Treib-

stoff mehr, und der australische Pilot sagte gerade zu einem
bärtigen Mann aus dem Hochland: »Ich kann ja wohl kaum
ohne Sprit nach Losuia fliegen, oder?«

Die Herrentoilette *(Haus Pek Pek)* draußen vor dem Terminal
war so widerlich, daß man sie kaum benutzen konnte. Ein
deutliches Hinweisschild bat zweisprachig: *»Bitte nicht die
Toilette verunreinigen/No Ken Bagarupim Haus Pek Pek.«*

Wie sich herausstellte, war ich der einzige Passagier, der zu
den Trobrianden wollte.

Eine Stunde lang hohe Wolken und blauer Ozean, dann
schimmerten die grünen Inseln ins Blickfeld. Sie lagen mitten
im Nichts: Auch hier empfand ich den Pazifik wie den Nacht-
himmel, das Weltall und das Springen von Insel zu Insel in
diesem Ozean als eine Art interstellare Reise. In der Solomon
Sea unter mir lagen etwa ein Dutzend kleine und große, brett-
ebene Inseln. Sie erhoben sich höchstens ein paar Meter über
den Meeresspiegel, hatten keinen einzigen Buckel oder Hügel
und schienen zu schwimmen, auf dem Wasser dahinzutreiben
wie dünner, grüner Seetang. Im Zentrum jeder der größeren
Inseln war ein leuchtender, morastiger Sumpf zu erkennen.
Ich konnte die hohen Kokospalmen sehen, die die Schotter-
pisten säumten und lange Schatten auf den niedrigen Busch
warfen. Jedes Dorf war nach dem gleichen Muster angelegt,
das auch Malinowski beschreibt: Die anmutigen Hütten scharten sich um das fürstlich bemalte, mit Schnitzereien verzierte
»Yams-Haus«. Sehr vieles war schon aus der Luft auszumachen: Es gab keine Autos, keine festen Straßen, keine Stromleitungen, keine Reklameplakate, keine Blechdächer und keine
Motorboote. Dieses Versprechen von Einfachheit elektrisierte
mich.

Das Flugfeld war ein Grasstreifen, der dem *fairway* eines öffentlichen Golfplatzes glich: ziemlich zertrampelt und unge-
pflegt. Die Ankunfts- und Abflughalle bestand aus einem
knapp garagengroßen Schuppen. Zwei verbeulte Fahrzeuge
parkten daneben, und ungefähr zweihundert braune Menschen umringten das Gebäude. Sie trugen Shorts und Sarongs,
lap-lap genannt, manche hatten Blumen hinter den Ohren oder
Kränze aus welken, weißen Frangipani-Blüten im Haar. Ein
halbes Dutzend von ihnen hielt Schnitzereien in den Händen –

Spazierstöcke, Salatschüsseln, Keulen und Statuen –, der Rest stand schlicht mit offenem Mund da, während das Flugzeug langsam ausrollte. Es gehörte zu den Volksbelustigungen auf Kiriwina, der Hauptinsel der Trobrianden, dem Flugzeug von Port Moresby beim Landen und Abfliegen zuzusehen.

Nach der Menschenansammlung zu urteilen, gab es kein typisches Gesicht der Trobrianden: Die Leute hatten nur wenig gemeinsame Züge. Der schwarze melanesische Nat-King-Cole-Typus mit der straffen Haut war ebenso vertreten wie der hellhäutige, fast glatthaarige Polynesier, der auch bei einem Hula-Wettbewerb am Strand von Waikiki nicht exotisch gewirkt hätte. Und dazu alle Hautschattierungen und Haarstrukturen, die dazwischen lagen: hier eine Frau mit sonnengebleichtem, fast blondem Haar, da ein paar Rotschöpfe, die aussahen, als hätten sie es mit der Henna-Kur übertrieben. Es war eine merkwürdig bunte Mischung, sogar ein paar Albinos waren zu sehen, und sie wurde noch viel merkwürdiger, wenn man bedachte, daß sie die Bevölkerung einer ziemlich kleinen Insel mitten im Ozean repräsentierte.

Eine kleine, fette Trobrianderin kam auf mich zu. Der Bleistift, der aus ihrem Kraushaar ragte, schien ihr direkt im Schädel zu stecken.

»Sie können einsteigen«, sagte sie und zeigte auf einen verrosteten Kleinlaster.

Sie arbeitete im »Lodge«, einer vergammelten Strandpension, der einzigen Herberge der Insel – und übrigens auch aller anderen des Archipels. Man ging davon aus, daß jeder Besucher, der dem Flugzeug entstieg, zum Lodge wollte. Ich hatte eigentlich vorgehabt, eine Mitfahrmöglichkeit zum Strand zu suchen und dann dort zu zelten, aber dieses Arrangement paßte mir noch besser.

»Was ist in dem ganzen Gepäck?«

»Ein Boot.«

Sie zuckte mit den Achseln, seufzte und verzog das Gesicht. Unterwegs krallte sie sich stumm am Lenkrad fest und stierte auf die holprige Piste. Nach einer Weile entlockte ich ihr die Information, daß sie Amy hieß und einige Zeit in Australien zugebracht hatte. Ich schrieb ihre Übellaunigkeit dem Umstand zu, daß sie dort wohl nicht gerade gut behandelt worden war, zumindest mit ebensowenig Aufhebens, wie sie es jetzt von mir machte.

»Gibt es auf dieser Insel so etwas wie ein Verwaltungszentrum, eine Stadt oder einen Markt?«

»Wir sind grade durchgefahren.«

Ich hatte nur Palmen und Holzschuppen gesehen.

»Sind noch andere Gäste in Ihrer Pension?«

»'n paar *dim-dims*«, sagte sie mit dem landesüblichen Ausdruck für die Weißen. »Australier.«

Es handelte sich um sieben Auswanderer, die mit einem Privatflugzeug von einem Ort an der Nordküste Neuguineas hergekommen waren, um ein feuchtfröhliches Wochenende zu feiern. Sie hatten – und das schien ihr einziges Gepäck zu sein – etliche Kästen Bier bei sich. Es war früher Nachmittag, und sie waren bereits betrunken, hatten das Stadium plumper Leutseligkeit erreicht, das mir aus Cooktown so vertraut war.

Sie hatten glasige Augen, waren braungebrannt, fleischig und so freundlich, wie sie nur konnten. Nachdem sie mich entdeckt und eingeschätzt hatten, wurden sie herzlich. Einer gab mir ein Bier; Zecher brauchen Kumpane und können nüchterne Zeugen nicht ertragen. Ich schüttelte dem fettesten von ihnen die Hand.

»Tach auch. Ich bin Mango. Das ist Fingers. Der da ist Big Bird, dem gehört das Flugzeug. Das ist Booboo. Das da ist Ali . . .«

Alles Spitznamen. Wir tranken noch ein Bier, setzten uns auf die Veranda und betrachteten die Ebbe, die langsam die Sandbänke der Lagune freigab.

»Fingers hat hier eben 'n Kroko gesehen.«

»Wenn das man bloß keine Scheiß-*meri* beim Schwimmen war.«

Meri ist das Pidgin-Wort für Frau.

»Letzte Nacht hab ich drei *meris* gebumst.«

»Fingers ist ein Schweinehund.«

Fingers hatte Sommersprossen und eng beieinander stehende Augen. Sein merkwürdiger Kiefer – das Kinn sprang weit vor – verlieh ihm einen irren Gesichtsausdruck, wenn er lächelte.

»Die suchen alle nach 'nem weißen Ehemann«, sagte Booboo.

»Halten Sie die Frauen hier für wahnsinnig gutaussehend?« fragte ich.

»'n paar sind hübsch, 'n paar sind potthäßlich«, sagte Mango. »Aber vögeln tun sie alle.«

Sie waren bei einem ihrer Lieblingssujets. In ihren Geschichten dazu waren sie selbst immer die Passiven, die Frauen die Angreiferinnen: »Da hör ich also diesen Scheißlärm am Fenster, ich guck raus, und da steht eine *meri*, die ihr *lap-lap* hochzieht . . .«

Andere Themen waren die Faulheit der Bergvölker, die hohe Kriminalitätsrate, besonders dramatische Autounfälle, gute Mahlzeiten, die Scheußlichkeiten von Port Moresby und der viele Spaß beim heftigen Saufen. Sie waren laut und lustig und ziemlich harmlos. Das fanden sie selber auch.

»Wir kriegen alle den Tropenkoller.«

»Was sind die Symptome?«

»Es fängt damit an, daß du nicht mehr nach Hause willst«, sagte Fingers. »Du wirst 'n bißchen seltsam im Kopf, verstehste.«

»Und die Weiber am Ort sehen alle auf einmal ganz geil aus«, sagte Booboo.

»Und du sitzt an Orten wie dem hier rum und hast 'ne Bierpulle in der Hand«, sagte Mango.

Big Bird stand auf und trat ans Geländer der Veranda: »Da iss'n Krokodil«, sagte er. »Das iss hundertprozentig eins.«

Ein flacher, baumstammähnlicher Schatten im dunklen Wasser ließ die Oberfläche der schlammigen Lagune erzittern und versank. Ein paar winzige Wellenfältchen blieben zurück.

»Ekliger Kerl«, sagte Mango und starrte auf die auslaufende Kräuselung des Wassers.

»Das Vieh war mindestens zweieinhalb Meter lang«, meinte Ali.

»Eher zehn«, sagte Booboo.

Sie debattierten über die Länge des Krokodils, das immer länger wurde, bis Amy auf der Veranda auftauchte und muffig das Abendessen ankündigte.

Zwei barbusige Mädchen in Baströcken schafften es, scheu auszusehen, während sie uns bedienten, obwohl Fingers sie mit unverhohlener Lüsternheit anstierte. Die Mädchen waren

klein – Trobriander sind ohnehin zierliche Menschen, aber
diese Kinder konnten nicht älter als dreizehn oder vierzehn
sein. Ihre kurzen, dichten Baströckchen saßen wie Ballett-Tu-
tus. Auch Malinowski schreibt, wie sehr diese Röcke »... junge
Frauen kleiden und den schlanken, zierlichen Mädchen ein
graziös elfenhaftes Aussehen verleihen«.

»Elfenhaft« traf es ziemlich genau. Und ihre Muschelarmbän-
der, Halsketten und Fußkettchen klingelten bei jeder Bewegung
wie zierliche Windglöckchen. Niemand sagte etwas, die australischen Männer gaben beim Essen nichts als konzentriertes
Geseufz und Gemurmel von sich, während die Mädchen auf
leisen, nackten Sohlen um den Tisch herumschwebten.

Das Essen war unansehnlich und letztlich ungenießbar: fet-
tiges Fleisch, gekochtes, weißes Knollengemüse und dazu
dicke Klötze »Spam«, angelsächsisches Büchsenfleisch.

»Wie finden Sie das Essen?« fragte ich.

»Beschissen«, sagte Mango und stopfte sich ein Stück Spam
in den Mund.

Hinterher gaben die barbusigen Kellnerinnen und ein paar
Trommler, die man von der Straße hereingeholt hatte, eine
Tanzvorführung. Unter den Lampen versammelte sich eine
Gruppe von Menschen, die herumhockten und schwatzten.
Die übrigen Teile der Insel schienen vollkommen dunkel, und
so kamen die Leute abends gern zum Hotel, weil es hier einen
Generator und ein paar Glühbirnen gab. Als die Musik zu
Ende war und die Australier nach draußen gestolpert waren,
um Frauen zu suchen, und nachdem Amy mir deutlich meinen
Platz angewiesen (»wir haben keine Kleiderbügel«) und ich
herausbekommen hatte, wo ich für den nächsten Tag Essen
und Vorräte kaufen konnte, ging ich zu Bett – mit dem Schwur,
gleich morgens von dannen zu paddeln.

»Waga«, hörte ich sie sagen: »Waga, waga«, als das Faltboot
Gestalt annahm. Ungefähr fünfzig Männer und Jungen hockten am Ufer der Lagune und sahen mir beim Zusammenbauen
zu. Die meisten staunten stumm, einige machten sich über
mich lustig, andere fummelten an Teilen des Boots herum, und
zwei oder drei kamen mir in die Quere, weil sie mir unbedingt
helfen wollten.

Wann immer ich von da an das Faltboot zusammensetzte oder auseinandernahm, kam eine Gruppe männlicher Wesen zusammen (die Frauen hatten Besseres zu tun), um mich zu beobachten oder zu ärgern. Bei solchen Gelegenheiten – der Tag ist feuchtheiß, und ich taste mich an einem schlammigen Ufer der Trobrianden unter dem kichernden Spott der Insulaner (»was macht der *dim-dim* da?«) durch die Korallen – dachte ich oft an Malinowski, diesen einfühlsamen Anthropologen, der nach einem Tag unter diesen lachenden Menschen in sein Zelt gekrochen und es ihnen in seinem privaten Tagebuch heimgezahlt hatte.

»Die Eingeborenen sind immer noch entnervend, besonders Ginger, den ich am liebsten totschlagen würde«, schrieb er. »Allmählich begreife ich die Grausamkeiten der deutschen und belgischen Kolonialherren.« Oder: »Unangenehmer Streit mit Ginger . . . Ich war wütend und gab ihm ein, zwei Kinnhaken.« Oder: »Ich befinde mich hier in einer Welt voller Lügen.« Oder Schlimmeres. Öffentlich nannte er die Menschen hier »die Argonauten des westlichen Pazifik«, aber in seinem Tagebuch hatte er einen ganz anderen, privaten Namen für die Insulaner. »Die Nigger waren sehr laut . . . Große Abneigung gegen Nigger . . .«

Die Einträge hätten auch den privaten Journalen von Mistah Kurtz, dem Bösewicht in Joseph Conrads *Herz der Finsternis*, entstammen können, aber nein, es sind Notizen des Begründers der modernen Anthropologie, des Mannes, der diese Disziplin zu einer hochgelehrten, empirischen Wissenschaft erhoben hat. Es gab einen allgemeinen Aufschrei, als Malinowskis private Tagebücher 1966 posthum veröffentlicht wurden, aber sie erwiesen sich als völlig harmlos, waren voller Nebensächlichkeiten, Schwulst, Einsamkeit, Unsicherheit und Selbstmitleid. Ganz deutlich wird darin jedenfalls, was er am wenigsten – wie jeder andere Reisende übrigens auch – ausstehen konnte: Daß man ihn nicht ernst nahm.

Sie zogen ihn auf und mich auch. Es war ärgerlich, aber was sollte es? Die Kinder auf den Trobrianden sind frech und werden selten zurechtgewiesen. Mir waren noch nie Kinder begegnet, die eine so freie Existenz führten. Die Kleinsten spielten den ganzen Tag, und in den mondhellen Nächten tobten

alle draußen herum – ich sollte oft noch um Mitternacht Kleinkinder lachen hören. Dennoch tun sie, was man von ihnen erwartet: Sie arbeiten in den Gärten, ernten Kokosnüsse und gehen mit zum Fischen. Es gibt zwar Schulen, aber die Hälfte
aller Dorfkinder sieht nie ein Klassenzimmer. Trotzdem beherrschen sie die Künste der Inseln und sind bestens mit ihren
Geschichten und Traditionen vertraut. Diese Selbstsicherheit,
die ziemlich arrogant wirken kann – wenn sie etwa *dim-dims*
ärgern –, hat die Kultur der Trobrianden aufrechterhalten und
ist vielleicht der Grund für ihr Überleben.

Nachdem ich alle Einzelteile aus den zwei Beuteln gezogen
und das Boot zusammengesetzt hatte, verstaute ich die Lebensmittel und meine anderen Sachen, und während mir die
Insulaner – immer noch tuschelnd und kichernd – weiter zusahen, stieß ich mich vom Ufer ab und paddelte davon. Ich war
an der Ostküste von Kiriwina, beim Dorf Wawela. Auf der Seekarte war eine Lücke im Riff als »Bootspassage« bezeichnet,
dorthin paddelte ich. Eine heftige Ripptide strömte durch die
Passage, und direkt hinter ihr brachen sich große Wellen, also
blieb ich in der Lagune und fuhr in südlicher Richtung am Riff
entlang, durch hübsches, grünlichblaues Wasser, über Bänke
bunter Korallen hinweg.

Ich paddelte ungefähr acht Kilometer nach Süden, bis sich
die Lagune verengte und mich in ein schmales Nadelöhr zwischen Riff und Strand quetschte. Am Ufer sah ich eine Gruppe
von Menschen, die dort offenbar kampierten – es waren keine
Häuser oder Hütten zu sehen. Ich dachte, daß sie vielleicht nur
die Zeit totschlugen, während sie auf ein Schiff zur Insel Kitava
warteten, die keine zehn Kilometer hinter dem Riff lag.

Als sie mich sahen, pfiffen mir einige der Männer zu und
winkten mich heran. Da ich nichts Besseres vorhatte und
ohnehin gern meine etwas kahle, fünfzig Jahre alte Karte mit
einigen Details über den Küstenverlauf aktualisieren wollte,
nahm ich Kurs auf sie.

Eine grüne Seeschildkröte lag rücklings neben den Männern
im Sand, schnappte nach Luft und zuckte schwach mit den
Flossen. Immer, wenn sie versuchte, sich auf den Bauch zu
drehen, trat einer nach ihr.

Die Männer, die mir zugewunken hatten, konnten kein Englisch, aber ein anderer, der Sam hieß, sprach es fließend. Pidgin hätte hier wenig genützt. Auf den Trobrianden gilt es als »Schweine«-Englisch und wird nur zögernd und widerwillig gesprochen. Sam hatte sein Englisch in Port Moresby gelernt, wo er in einer Bank gearbeitet hatte. Aber ihm hatte es in der Stadt nicht gepaßt. Sobald er genug gespart hatte, war er in sein Heimatdorf Daiagilla auf den Trobrianden zurückgekehrt.

»Es liegt im Norden der Insel, nahe Kaibola, aber nicht am Meer«, sagte er. »Das ist unser Problem. Wir können da nicht fischen. So viele Menschen, und alle wollen fischen.«

Die Lösung hieß, hier, fünfundzwanzig Kilometer weiter südlich, ein provisorisches Fischercamp für dreiunddreißig Männer und Jungen einzurichten. Sie trugen zerfetzte Badesachen. Einer war schwachsinnig. Einer taubstumm. Sie lebten in völliger Harmonie. Es gab ein Abkommen mit dem Dorf, dem der Strand gehörte, und sie arbeiteten Tag und Nacht mit Speeren und Netzen, bis sie genug Fische hatten, die sie nach Hause bringen konnten.

»Warum ist das Dorf bereit, Ihnen zu helfen?«

Sie teilten den Fang und bekamen dafür auch noch Gemüse und Trinkwasser.

»Es gibt keinen Streit«, meinte Sam. »Wir kämpfen nicht. Wir wollen in Frieden leben.«

Sie waren seit vier Tagen da. Wenn sie nicht gerade draußen beim Fischen waren, räucherten sie die großen Meerforellen (dreieinhalb bis viereinhalb Kilo schwere Dinger) auf einer Art wackligem Tischchen über einem glimmenden Feuer oder hängten sie an Leinen zum Trocknen auf, die von Palme zu Palme gespannt waren.

»Nachts fangen wir mehr.« Sam zeigte mir die langen, wasserdichten Taschenlampen, die sie benutzten, und einen hölzernen Speer mit rostigen Widerhaken an der Spitze. »Und diese Speere sind auch gut. Das hier ist ein guter Fischgrund. Aber wir kommen nicht oft her. In diesem Jahr erst zum zweitenmal.«

»Was essen Sie sonst? Yamswurzeln?«

»Yams ist etwas Besonderes. Yams gibt es nur, wenn wir zu einem Fest zusammenkommen. Wir essen anderes Gemüse. Taro. Süßkartoffeln. Kürbis.«

»Ich sehe keine Frauen«, sagte ich.

»Frauen gehen nicht zum Fischen. Sie bleiben zu Hause, kümmern sich um die Gärten und die kleinen Kinder und bereiten sich darauf vor, daß wir zurückkommen.« Er betrachtete die Schildkröte in ihrem Todeskampf und gab ihr noch einen Tritt. »Wenn wir nach Hause kommen, gibt es ein großes Fest, bei dem wir fast alle Fische essen. Wir müssen sie essen, wir können sie nicht aufbewahren.«

»Haben Sie schon mal von Malinowski gehört?« fragte ich.

»Hab ich«, lachte Sam. »*Die Inseln der Liebe.* Ich habe seine Bücher nicht gelesen, aber jemand hat mir von ihm erzählt, als ich in Moresby war.«

»Und was?«

»Er war hier. Vielleicht war er während des Yams-Festes hier. Und dann hat er gedacht, daß wir das ganze Jahr so sind. Ich glaube, es ist zu allgemein, was er über uns sagt.«

»Erzählen Sie mir vom Yams-Fest«, bat ich. Malinowski hatte es mit einem Bacchanal verglichen und anschauliche Beispiele sexueller Freizügigkeit beschrieben.

»Also, das Yams-Fest . . .« Sam lächelte und sah zu den anderen hinüber, die mein Boot durchwühlten, meine Harpune in Augenschein nahmen, die Nylonschnüre verknoteten und wieder entwirrten. »Es findet im Juni und Juli statt. Die Frauen machen alberne Sachen, und die Männer machen alberne Sachen. Ich auch. Es ist ein lustiges Fest.«

Sie luden mich ein, in ihrem Camp zu bleiben. Es war erst früher Nachmittag, aber der Tag war heißer, als ich erwartet hatte, und als sie auf einem Palmblatt einen großen geräucherten, dampfenden Fisch brachten, aß ich mit ihnen zusammen und ließ alle Pläne fahren, an diesem Tag noch weiter nach Süden zu gelangen. Sie interessierten sich für meine Lebensmittel. Ich gab ihnen gern einen Laib Brot, den sie herumreichten, und ein paar Kekse und Früchte.

Es war frustrierend, Obst oder Süßigkeiten zu verschenken, und ich sollte das Erlebnis später noch öfter haben. Ich holte eine ganze Schachtel Kekse oder eine Riesentafel Schokolade hervor und konnte zusehen, wie alles mit solcher Geschwindigkeit aufgeteilt und verschlungen wurde, als hätte ich überhaupt nichts dabeigehabt. Sie teilten sich die Sachen immer, sie stritten sich nicht darum, und trotzdem schien sich alles – besonders Kekse – unter ihren gierigen Griffen in Luft aufzulösen. Aber derlei Dinge waren ohnehin frivol und unbedeutend. Ich hatte Speerspitzen, Speergummis und Angelhaken als Geschenke mitgebracht.

Als wir an diesem Abend ums Feuer saßen, stellte Sam mir Fragen, die die anderen ihm soufflierten: Woher ich käme? Wie ich hieße? Ob ich verheiratet sei? Ob ich Kinder hätte? Wie ich von den Trobrianden gehört hätte?

Ich antwortete nach bestem Gewissen und erzählte ihnen von Malinowski.

Sam meinte: »Ich will seine Bücher nicht lesen. Warum auch?«

»Sie alle hier scheinen glückliche Menschen zu sein«, sagte ich. »Aber wenn Sie die Chance hätten, etwas in Ihrem Leben zu verbessern – was würden Sie dann tun?«

Er dachte lange nach und beriet sich mit den anderen, bevor er mir eine Antwort gab. »Wenn wir nur irgendein Fahrzeug hätten. Der Regierungslaster ist so teuer.« Zwei oder drei Lastwagen stellten auf Kiriwina das öffentliche Verkehrsnetz dar, auf den anderen Inseln gab es weder Fahrzeuge noch Straßen. Ich fand diesen Zustand wunderbar, Sam war jedoch anderer Meinung. »Aber wir kriegen das Geld sowieso nicht zusammen. Wir verdienen zwar ein bißchen, wenn wir Schnitzereien und Lebensmittel auf dem Markt verkaufen, aber es ist wenig.«

Ich hielte es, erklärte ich ihm, für die Tugend der Trobriand-Inseln, daß sie keine Geldwirtschaft hätten. Ja, meinte er, aber es gebe eben Dinge, die man nicht im Tauschhandel bekäme: Schulgeld, Büchsenfleisch, gute Kleidung und ein Auto, wie sein Dorf eins brauche, aber nie bekommen würde.

In der Dunkelheit hinter dem Lagerfeuer machten sich die jungen Männer und Knaben mit Speeren und Taschenlampen zu schaffen. Sam hatte ein paarmal den Chief erwähnt, und wie sich zeigte, war er auch da: ein zahnloser, betelnußkauender Mann in einem zerfetzten T-Shirt, der Goody oder Gudi hieß.

»Das Land, auf dem unser Dorf steht, gehört ihm«, erklärte Sam.

Wegen des gleichmäßigen Windes gab es keine Moskitos,

also zog ich meinen Schlafsack heraus und suchte mir einen
Schlafplatz auf dem Sand. Die Nacht war erfüllt vom Geflüster
und Geplansche der Insulaner, und als der Wind drehte, bekam ich den Rauch der Holzfeuer ab. Am Morgen konnte ich
erst richtig sehen, welches Durcheinander im Camp herrschte:
Es war eine einzige Ansammlung von zerschlagenen Kokosnüssen, Fischgräten, Krebsschalen, qualmenden Feuerstellen
und stinkigen Fischen – und mittendrin immer noch dieselbe
japsende, sterbende Schildkröte.

Gudi ließ mir durch Sam sagen: »Ich will dein Boot fahren.«

Das Ufer war voller Korallen, und ich hatte Angst, daß er mir
ein Loch in die Bootswand rammen würde, also sagte ich:
»Heute nicht. Vielleicht, wenn ich zum Yams-Fest wieder-
komme.«

In der Nähe der Südspitze von Kiriwina, bei Gilibwa, gab es
eine weitere Bootspassage. Ich paddelte hindurch, um auf die
sumpfigere Westseite der Insel zu gelangen. Hier wehte zwar
kein auflandiger Wind, aber das Wasser war so flach, daß ich
von Zeit zu Zeit aussteigen und das Boot an der Schleppleine
hinter mir herziehen mußte. Ich platschte wegen der Steinfi-
sche, Seeigel und scharfkantigen Korallen mit meinen Gummigaloschen ziemlich dahin, aber da ich über Kopfhörer Mozart
hörte und mich bei den gastfreundlichen Menschen der Insel
völlig sicher fühlte, fand ich die Reise um das Südende der
glücklichen Insel Kiriwina äußerst angenehm.

Die Pension war leer bis auf ein sonnengebräuntes französisches Pärchen in grünen Armee-Freizeitpullovern, das sich
über den kaputten Ventilator in seinem Zimmer beklagte.

Ich erneuerte meine Lebensmittel- und Wasservorräte und
bereitete mich darauf vor, von Losuia aus westlich die knapp
dreizehn Kilometer zur Nachbarinsel Kaileuna zu paddeln, die
ich anschließend umfahren wollte.

»Am Boli Point hat es neulich eine Frau erwischt. Ein Krokodil«, sagte Bill, der australische Hoteldirektor, als ich gerade
weg wollte.

In ein paar Stunden würde ich am Boli Point vorbeikommen.

»Wann wollen Sie zurück sein?« fragte er.

»Dienstag nachmittag.«

»Wenn Sie bis abends nicht wieder da sind, kommen wir Sie suchen«, sagte er mit nachbarlicher Fürsorge. »Und noch was: Zelten Sie nicht einfach wild. Holen Sie sich eine Genehmigung aus dem Dorf, das dem Strand am nächsten liegt. Vielleicht wollen sie ein paar Kina dafür haben, aber auch nicht mehr. Und aufgepaßt: Wer das größte Mundwerk hat, ist nicht unbedingt der vertrauenswürdigste. Es kann Sie einiges kosten, wenn Sie nicht aufpassen. Gehen Sie nicht drauf ein, wenn man Ihnen sagt: ›Keine Sorge, das regeln wir morgen‹, denn ›morgen‹ können Sie schon tief in der Scheiße stecken. Dann verlangen sie womöglich hundert Kina, und Sie müssen zahlen.«

Kurz bevor ich ins Boot stieg, wurde der Himmel schwarz, und es gab einen solchen Platzregen, daß ich noch eine Stunde bis zu meiner Abfahrt warten mußte. Männer und Halbstarke beobachteten grinsend, wie ich in meinen klatschnassen Sachen an meinem Boot herumhantierte – durch den plötzlichen Guß stand das Wasser fast drei Zentimeter hoch in der Bilge. Sie hörten allerdings auf zu grinsen und rückten näher, als ich meine Lenzpumpe herausholte, eine einfache Handpumpe, aber schneller und effizienter als die geschnitzten Holzkellen, mit denen die Insulaner ihre Kanus leerschöpften.

»Du gibst mir das«, sagte einer von ihnen.

»Tut mir leid.« Ich verstaute die Pumpe.

Für seine Freunde machte er den Narren: »Der *dim-dim* mir nichts geben!«

»Weil du über mich gelacht hast«, sagte ich.

Dampf stieg von der Lagune auf, die Luft war schwer und feucht, und die Bäume am Ufer troffen vor Nässe, als ich mich vorsichtig durch die verschlammten Korallenformationen tastete. Fische sprangen, Vögel kreischten, und am Ufer quietschten und planschten Kinder.

Zunächst gab es wenig Wind, aber ich mußte gegen die hereinkommende Flut ankämpfen. Ich verließ das flache Wasser und paddelte auf die dunkelblaue Hauptrinne zu. Sie war tief genug für die Handelsschiffe, die mit Fracht aus dem Hafen von Alotau auf dem »Festland« von Neuguinea die Milne Bay durchquerten.

Ich näherte mich Boli Point, dachte an Bills Krokodilgeschichte und umfuhr die Stelle in etwa anderthalb Kilometern

Entfernung vom Ufer in einem auffrischenden Wind und Wellen von rund einem Meter. Ich konnte die morastige Flußmündung erkennen, in der es die Krokodile geben sollte. Wasser, in dem Krokodile leben, hat immer etwas Fauliges, Düsteres, die Vegetation etwas Verborgenes, Geschütztes. Es ist still, und die Schatten stinken modrig.

Hinter der Landspitze war die Insel Kaileuna zu sehen: flach und tiefgrün, vielleicht drei Kilometer entfernt. Ich paddelte hinüber und erreichte die Landzunge Mamamada, einen Brokken aus stachligen Korallen mit einem kleinen Strand. Es war mittlerweile früher Nachmittag, ich ließ mich zum Essen nieder und freute mich, eine der kleineren Inseln der Gruppe erreicht zu haben. Soweit ich sehen konnte, gab es keine Dörfer, obwohl mir weiter oben an der Ostküste, die ich umfahren hatte, um an die Südseite der Insel zu gelangen, ein paar Hütten aufgefallen waren.

Ich lief am Wasser entlang und kam zu einer weißen, von zwei vorspringenden Klippen geschützten Sandbucht. Grüne Papageien saßen in den Bäumen, am Himmel kreiste ein großer Adler, und in der Lagune vollführten Seeschwalben Tiefflugmanöver. Es gab keine menschlichen Fußabdrücke im Sand, nur Echsenspuren, und der Platz schien ideal zum Zelten. Noch während ich mich etwas näher umsah, paddelten in einem Einbaum zwei barbrüstige Frauen vorbei, die mir etwas zuriefen, das wie Jodeln klang. Also war meine Anwesenheit bekannt. Ich stieg wieder ins Boot und folgte ihnen. Bald konnte ich ungefähr anderthalb Kilometer weit weg eine Rauchfahne und die zarten Umrisse einzelner Hüttendächer am Strand erkennen. Das Dorf war auf meiner Karte nicht verzeichnet.

Ich erreichte einen kleinen, grasgedeckten Pavillon am Ende eines Stegs, und beinahe hätte ich mein Boot dort festgemacht. Es war sehr gut, daß ich es nicht tat, denn bei dem Pavillon handelte es sich um die Damentoilette des Dorfes – die für Herren stand am anderen Dorfende. Während ich weiter am Ufer entlangpaddelte, nahm eine Gruppe von Jungen die Verfolgung auf und rannte mit großem Hallo durch den Sand. Ich winkte zurück.

Als ich endlich am Hauptstrand des Dorfes ankam, hatte sich schon eine größere Zuschauermenge versammelt, die beobachtete, wie ich mein Faltboot an Land zog: hämische Halbwüchsige, verängstigte Babys, Jungen in *lap-laps* und Badehosen, halbnackte Frauen und murmelnde Männer. Ein paar von den älteren Männern hatten Kürbisschalen mit Kalk bei sich und lutschten Betelsaft am Stiel.

»Sobald ein interessanter Fremder ankommt«, beschreibt Malinowski einen typischen Empfang auf den Trobrianden, »versammelt sich das halbe Dorf um ihn, gibt lautstarke, nicht immer schmeichelhafte Kommentare über ihn ab und befleißigt sich dabei eines Tons scherzhafter Vertraulichkeit.«

Diesen Eindruck hatte ich bei meiner Ankunft auch, aber was mir besonders auffiel, war die gute körperliche Verfassung der Dorfbewohner, vor allem ihre guten Zähne.

»Spricht jemand Englisch?« fragte ich.

»Jeder hier kann Englisch«, antwortete ein Mann.

Ein älterer Mann kam auf mich zu und schüttelte mir die Hand: der Chief. Er wollte wissen, wo ich herkäme und was für ein Boot das sei.

Ich sagte es ihm und erklärte, daß ich damit um die Inseln führe und eben in der Nähe einen Platz für mein Zelt gefunden hätte. Ob er mir gestatte, dort zu übernachten?

»Warum bleiben Sie nicht im Dorf?« meinte ein Mann, der neben ihm stand. »Der Missionar kann Ihnen zeigen, wo.«

»Wo ist der Missionar?«

Ich hatte einen *dim-dim* im Talar erwartet, statt dessen begrüßte mich ein Trobriander mit T-Shirt und Badehose.

»Ich bin der Missionar.«

Er heiße John, sagte er. Er war groß, braun und schlank, hatte rotbraunes Kraushaar, und aus der Nähe konnte ich sehen, daß seine Haut rötlich schimmerte. John trug ein kleines, nacktes Kind auf dem Arm, das aus irgendeinem Grund ein langes Schnitzmesser umklammerte und damit durch die Luft säbelte, während es durch seine Rotznase schniefte.

Weitere kleine Kinder marschierten hinter uns her, als John mich durchs Dorf führte. Alle anderen widmeten sich wieder ihren Aufgaben: Sieben oder acht Männer bauten ein großes Segelkanu, die Frauen kümmerten sich um rauchende Feuerstellen, und am Ende des Dorfplatzes wurde ein Fußballspiel fortgesetzt.

Kleinkinder, die auf den Armen ihrer Mütter saßen oder auf Strohmatten spielten, fingen bei meinem Anblick vor Angst an zu pinkeln und zu heulen. Wie um ihren Jammer noch zu vergrößern, hoben die Erwachsenen sie hoch und taten so, als wollten sie sie mir geben, und je lauter die Kinder beim Anblick des *dim-dim* schrien, desto mehr amüsierten sich die Großen.

Er sei aus Alotau, sagte John, und Gott habe ihn hier nach Kaisiga, so hieß das Dorf, gesandt. Es war eine rein zufällige Entscheidung seitens des Allmächtigen. Johns Frau Esther stammte aus dem Nachbardorf Bulakwa. John und Esther hatten zwei Kinder: das rotznasige auf seinem Arm und noch eins, das gerade unter der Treppe zu ihrer Hütte eine Katze quälte. Sie hießen Cleopas und Waisodi. Esther war hochschwanger, saß auf einer erhöhten Felsplatte am Ufer und putzte Gemüse.

»Ich hätte gern ein Mädchen«, sagte Esther. »Wie heißt deine Frau?«

Immer, wenn jemand auch nur ganz beiläufig meine Ehe erwähnte, wurde ich traurig und schweigsam. Zuerst tat ich so, als hätte ich sie nicht gehört, aber Esther ließ nicht locker. Ich sagte ihr, was sie wissen wollte.

»Ein schöner Name«, sagte Esther und legte die Hände auf ihren Bauch. »Wenn es ein Mädchen wird, nennen wir es Anne.«

John hatte inzwischen schon angefangen, mir von seiner Bekehrung zu erzählen.

»Ich war blind. Viele Jahre habe ich als Blinder gelebt«, sagte er. »Dann wurde ich Sieben-Tage-Adventist und lernte zu sehen. Paul, willst auch du lernen zu sehen, wie dein Namenspatron auf dem Wege nach Damaskus?«

Sie waren also Sieben-Tage-Adventisten, und genau da lag der Grund für ihre guten Zähne. Sie tranken und rauchten nicht, die jüngeren kauten keine Betelnuß. Kein Schweinefleisch.

»Wollen Sie mich bekehren?«

»Ja. Das will ich.«

»Ich muß erst darüber nachdenken, John. So etwas ist eine große Entscheidung im Leben eines Menschen.«

»Das ist wahr«, sagte er zweifelnd, aber seine Gedanken waren woanders. »Mit dem Zelten ist das so eine Sache, die Kinder werden dich belästigen. Sie sind sehr neugierig und ungezogen.«

»Warum sagen wir ihnen nicht einfach, daß sie nicht neugierig und ungezogen sein sollen?«

»Dann lachen sie uns bloß aus.«

Ein anderer Mann bestätigte das: »Ja, die Kleinen machen, was sie wollen.«

»Wann gehen sie schlafen?«

»Wann sie Lust haben«, sagte der Mann. »Um elf oder zwölf, manchmal auch später.«

»Und dein anderes Problem ist«, sagte John, »daß ich morgens sehr früh die Trommel schlage, um die Gemeinde zum Gottesdienst zu rufen. Stell also dein Zelt nicht zu nah bei der Trommel auf.«

»Was heißt früh?«

»Sechs Uhr vielleicht.«

»Dann zelte ich am besten dahinten.«

Ich ging zu meinem Boot zurück und zog es durchs flache Wasser der Lagune bis zum Dorfende. Als ich es auslud, gab es einen Menschenauflauf, ich zählte siebenundvierzig Erwachsene und Kinder, während ich mein Zelt aufbaute. Die Kleineren faßten alles an, befühlten das Zelt und die Außenhaut des Bootes, verwurstelten die Leinen und Heringe und waren mir bei ihren Versuchen, mir zu helfen, ziemlich im Weg. Die nackten, staubigen Dreikäsehochs fummelten ziemlich furchtlos, kreischend und plappernd an meinen Sachen herum und reichten ihren Eltern verschiedene Gegenstände zur Begutachtung.

»Dein Zelt macht ganz schön Eindruck«, sagte John.

Ich zog die mit Gummistrippen verbundenen Teleskopstangen auseinander und ließ sie auf ihre Gesamtlänge von zwei Meter fünfundsiebzig zusammenklicken: Applaus und Gelächter. Die Leute setzten sich hin und warteten auf mehr. Ich hängte meinen Wassersack in einen Baum, drehte das Boot um, damit die kleinen Kinder nicht hineinkonnten und ging, völlig konfus durch all die Leute, am Strand spazieren. Als ich in der Dämmerung zurückkam, waren die Dörfler weg. Ich kroch in mein Zelt, nahm, um die Adventisten nicht zu demoralisieren, drinnen drei Schlucke aus der Sherryflasche und begann, mir mein Abendessen zu machen.

In Losuia hatte ich mir noch Kerosin für meinen Campingkocher besorgt, setzte Wasser für Tee und Nudeln auf, zu denen
ich dann Bohnen und Dosenmakrelen aß.

Während ich beim Essen saß, kam John herüber, immer
noch mit seinem verrotzten Kind auf dem Arm.

»Sie finden dich komisch«, sagte er. »Aber ich habe ihnen
gesagt, daß du es nicht bist.«

»Vielen Dank, John.«

»Sie haben noch nie gesehen, daß jemand allein ißt, aber ich
habe ihnen gesagt, daß die Menschen aus dem Westen das andauernd tun.«

»Genauso ist es, John«, sagte ich. »Wollen Sie einen Keks?«

Er nahm sich eine Handvoll, und wir gingen im schwindenden Licht zu dem strohgedeckten Pavillon am Meer, den sie
bwayma nannten. Ich reichte Kekse herum, und wir saßen und
redeten, während die Kinder nach wie vor am Ufer der Lagune
schwatzten und planschten.

»Was tun die Kinder bis Mitternacht?«

»Sie spielen. Sie singen und erzählen Geschichten. Niemand
schickt sie ins Bett.«

Vor den Hütten leuchteten helle Küchenfeuer, Frauen machten Essen, und ihre Männer saßen kauend daneben.

»Wir teilen hier alles«, sagte John. »Wenn die Männer Fische
fangen, bekommt jede Familie etwas. Wir haben einen gemeinsamen Garten und kochen füreinander.«

Wir saßen zu fünft in dem luftigen Pavillon und verspeisten
die letzten Kekse. John wollte mir mehr von den Sieben-Tage-
Adventisten erzählen, aber ich lenkte ab und erkundigte mich
nach dem Yams-Fest.

»Das Yams-Fest ist sehr unchristlich«, sagte John, während
die anderen feixten. »Die Mädchen und Frauen stürzen sich
einfach auf dich und grapschen dich überall an.« Er zeigte auf
seinen Unterleib und runzelte die Stirn.

Die anderen jauchzten vor Vergnügen.

»Das ist nicht lustig«, sagte John traurig.

»Es ist ungewöhnlich«, meinte ich.

»Es ist schlimmer als ungewöhnlich«, sagte John. »Die
Frauen können dich durchaus überwältigen. Manchmal sind
es sieben oder acht auf einmal. Sie halten dich fest, und eine
setzt sich auf dein Gesicht, lacht dich aus und drückt ihre Gürtellinie gegen dich.«

»Ihre *Gürtellinie*?«

»Ihr Ding«, sagte John.

»Ihr *wila*«, half jemand. Das Gelächter wurde lauter.

»Verstehe«, sagte ich.

»Es gibt viel Unzucht, sogar Vergewaltigungen«, fuhr John
mit Grabesstimme fort. »Ja, ich sage dir, fünf, sechs Mädchen
können einen Mann vergewaltigen. Sie nehmen ihn und setzen sich auf ihn, sie fassen ihn an, und wenn sein . . .«

»*Kwila!*« brüllte jemand.

»Wenn sein *kwila* steif wird, setzt die Siegerin sich drauf.
Was hältst du davon?«

Alle sahen mich an. Ich lächelte: »Ehrlich gesagt, klingt es
wie ein Mordsspaß.« Die Männer lachten John aus, und ich
dachte: Tennyson gefällig?

> »Eine Wilde will ich nehmen, braune Buben
>   mit ihr zeugen!
> Eisengliedrig, schlangensehnig, sollen tauchen sie
>   und rennen,
> Lanzen schwingen und die Berggeis bei den Haaren
>   fangen können!
> Sollen durch die Regenbogen springen
>   über klaren Bächen,
> Nicht mit jämmerlichen Büchern ihre junge Sehkraft
>   schwächen!«

Die Männer stießen John in die Rippen und forderten ihn zum
Weitersprechen auf.

»Die Bibel sagt, daß unser Leib der Tempel Gottes ist.«

»Ja, das sagt sie«, meinte einer – und wurde gleich ausgebuht.

»Aber Gott ist Liebe«, antwortete ich. »Und das Yams-Fest
ist doch Liebe?«

»Ja! Ja!« skandierten die Männer und Jungen ihrem Missionar ins betrübte Gesicht.

»Unkeuschheit kann eine Ehe zerstören«, meinte er.

»Gehen denn durch die Seitensprünge beim Yams-Fest Ehen in die Brüche?«

»Nein«, gab John offen zu. »Zwei Monate lang geht der Ehemann da hin, die Ehefrau dort hin. Wenn das Fest vorbei ist, kommen sie wieder zusammen, und alles ist wie vorher.«

»Also gibt es keine Probleme«, sagte ich.

»Aber der Leib ist der Tempel Gottes«, jammerte John verzweifelt. »Und es gibt auch noch schlimmere Sachen.«

»Davon würde ich gern mehr hören.«

»Der *mwaki-mwaki*, der Sagotanz«, sagte jemand. »Der ist ganz sündhaft.«

»Und Tauziehen«, ergänzte John. »Sie fordern die anderen Dörfer heraus. Die Jungen aus dem einen Dorf fordern die Mädchen aus dem anderen heraus. Und die Mädchen von hier tun es mit den Jungen von dort. Sie ziehen an Lianen, und wer gewinnt, jagt die Verlierer, und wenn eine Partei gefangen ist, treiben sie es miteinander, einfach so im Gras.«

»Und was passiert dann?«

»Dann ziehen sie ihre Hosen wieder an, und es geht von vorne los.«

»Das klingt doch sehr lustig«, sagte ich.

Alle lachten, außer John, der den Pavillon verließ und zu seiner Hütte hinüberging. Ein paar Minuten später war er wieder da, mit einem Heft der Adventistenzeitschrift *The Voice*, das ich unbedingt lesen sollte. Aber vorher wollte er mir erzählen, wie er ins Dorf Kaisiga gekommen war.

»Dieses Dorf gehörte früher der Vereinigten Kirche an. Aber eines Morgens sahen die Dorfbewohner einen sehr großen Wal am Ufer liegen, der dort gestrandet war, und der Chief des Dorfes hatte einen Traum, in dem eine Stimme sagte: ›Weil ihr um Nahrung gebeten habt.‹ Sie holten Seile und zogen den Wal zurück ins Meer, doch am nächsten Tag war er wieder da. Und wieder hatte der Chief einen Traum. Diesmal sagte die Stimme: ›Nicht fleischliche, sondern geistige Nahrung.‹ Also zogen sie den Wal nicht wieder aufs Meer hinaus, sondern nahmen ihn und begruben ihn am nächsten Strand. Wieder hatte der Chief einen Traum, in dem ihm gesagt wurde, was der Wal bedeutete: ›Ihr bittet, daß man Euch eine andere Religion einflößt.‹ Also verließen sie die Vereinigte Kirche, riefen die Adventisten, und ich wurde aus Poppondetta hergeschickt, um sie zu führen.«

Das Meer lag fast ganz im Dunklen, nur ein schwacher, rosiger Perlmuttschimmer hielt sich noch, wo die Sonne untergegangen war, und warf diffuse Schatten buckliger, ferner Inseln auf den südwestlichen Horizont: Fergusson, Normanby und Goodenough. Ein Teil der Lagune war ein großer, rosa gefärbter See, der nahe, schattige Ozean dahinter rollte gegen die Häuser am Ende des Dorfes.

»Was heißt ›gute Nacht‹?«

»*Bwoyna bogie*«, sagte John.

»*Bwoyna bogie*«, sagte ich, verließ die anderen und kroch in mein Zelt. Und fast die ganze Nacht lang, unter dem strahlenden Halbmond, der den Sternenhimmel, die Baumwipfel des Urwalds und die hoch oben segelnden Wolken erleuchtete und die Schatten der Kokospalmen zu Scherenschnitten machte, lachten und sangen die Kinder zum Rauschen der schwappenden Lagune.

Das Trommeln erklang früh, auf einem stählernen Ölfaß. Es war ein Heidenlärm und dauerte eine Ewigkeit: Der Trommler war wieder mal ein Kind aus dem Dorf, das sich seines Lebens freute. Es war halb sechs. Morgengrauen. Dann hörte ich Geflüster und Gelächter, tippelnde Füße auf der festgestampften Erde zwischen den Hütten, die knarrenden Bohlen des Kirchenfußbodens und schließlich den süßen Klang singender Kinderstimmen:

»Sag ein Gebet am Morgen,
Sag ein Gebet am Mittag,
Sag ein Gebet am Abend,
Halte dein Herze froh.

Jesus mag kommen am Morgen,
Jesus mag kommen am Mittag,
Jesus mag kommen am Abend,
Halte dein Herze froh.«

Anschließend ertönte Johns Predigt. Er zitierte ein paar Bibel-
verse, an die er seine Art von Auslegung fügte: »Das ist kein
alkoholischer, sondern reiner Wein. Es ist, sagen wir mal, so
etwas wie Traubensaft . . .«

Ich war angezogen und goß gerade meinen grünen Tee auf,
als die Gemeinde nach dem Frühgottesdienst das Gebäude mit
dem Blechdach wieder verließ, das als Kirche diente: fast alles
Kinder, ein paar Frauen und eine Handvoll der Zwischenrufer
vom Vorabend.

Als ich John traf, sagte ich: »Sie waren früh auf.«

»Halb sieben, wie jeden Tag.«

»Sie meinen halb sechs.«

»So früh?« fragte er. »Nun ja, wir haben keine Uhr im Dorf.
Aber die da ist schön.«

Während er meine Armbanduhr betrachtete und drauf und
dran schien, das Achte Gebot zu brechen, überlegte ich, wie
schön es sein müßte, so wenig über die Uhrzeit nachzudenken.

»Was kochst du da?«

»Grünen Tee.«

»Wir trinken keinen Tee. Auch keinen Kaffee. Der Leib ist
der Tempel Gottes.«

Er sprach als Sieben-Tage-Adventist, dennoch fand ich es etwas seltsam, daß er eine Tugend aus dem Verzicht auf Dinge
machte, die es auf der Insel normalerweise sowieso nicht gab.

Ich nahm einen Schluck Tee und fing an zu würgen. John
verstand das als Fingerzeig Gottes, mir jedoch wurde bewußt,
daß ich drüben in Losuia meinen Wassersack versehentlich mit
Brackwasser gefüllt hatte. Ich ärgerte mich über mich selbst,
daß ich in meinem Faltboot zwölf Liter ungenießbares Wasser
hergeschleppt hatte.

Er lud mich zum Frühstück ein. Bei in Kokosmilch gekochtem, zerstampftem Taro mit Bananen entspann sich eine Unterhaltung über die Freuden der fleischlosen Ernährung.

»Außerdem essen wir keine Schweine und Fledermäuse.
Auch kein Tulip«, sagte John.

Tulip war nicht etwa sein Lieblingshuhn, sondern ein Markenname, der zum Gattungsbegriff für jede Art von fettem
Schweinefleisch in Dosen geworden war.

»Und keine *coneys*«, zählte John weiter auf.

»Haben Sie *coneys* gesagt? Kaninchen? Gibt es die hier?«
»Nein.«
»Welches Buch der Bibel spricht vom Essen?«
»Das dritte Buch Mose. Elftes Kapitel«, sagte er. »Und im fünften Buch steht auch etwas.«

Er gab mir seine Bibel. Ich las das Kapitel im fünften Buch, das mir vorkam wie die Satzung einer Umweltschutzorganisation – es hat wohl mehr zum Schutz bedrohter Tierarten beigetragen als alle modernen Naturschutzprogramme zusammen.

»Ich sehe, du bist interessiert«, sagte John, dem meine Bekehrung greifbar nahe zu sein schien.

Während ich bei ihm saß, kamen neun oder zehn ältere Jungen, einer brachte eine Kette aus Frangipani-Blüten, die sie *katububula* nannten. Der Junge, er hieß Wilson, sagte: »Der alte Mann hat uns gefragt: ›Warum habt ihr ihm gestern keine Blumen gegeben?‹ Und wir haben gesagt: ›Wir haben nicht gesehen, wie er angekommen ist.‹«

»Bist du damit fertig?« fragte mich ein Junge namens Zechariah. Er hatte gesehen, daß ich meinen Teller zur Seite geschoben und die Hälfte des klebrigen Breis übriggelassen hatte.

»Ich bin fertig«, antwortete ich.

Er griff sich den Teller und aß, was noch drauf war. Als er fertig war, strahlte er: »*Sena bwoyna! Das hat gut geschmeckt!*«

Sie wollten wissen, was ich vorhatte. Ich hätte Ferien und wollte um die Inseln paddeln, sagte ich. In ihren Augen war das eine vollkommen normale Beschäftigung. Einer, der Micah hieß, meinte: »Aber paddele bloß nicht zur Insel Tuma.«

»Warum nicht?«

»Dorthin gehen die Toten.«

Ich fand die Insel auf meiner Karte: eine schmale, etwa acht Kilometer lange Insel im Nordwesten. Auf meine Fragen hin erfuhr ich, daß kein lebender Mensch je diese unheimliche Insel aufsuchte, weil dort die gefährlichen Geister der Toten wohnten. Nach Malinowski ist Tuma das Himmelreich der Trobriander, ein Ort ewiger Jugend und permanenter Kopulation – ein Liebesparadies, wenn man ein *khosa* ist, ein Geist. Nicht einmal die Sieben-Tage-Adventisten von Kaisiga bestritten das, aber sie sagten, daß die *khosas* herumspukten und den Lebenden übel mitspielten.

Ich setzte Tuma hoch oben auf meine Liste unbedingt anzu-
steuernder Orte.

Einer der Jungen war der Sohn des Kanu-Baumeisters Meia.
Er nahm mich mit zu dem Platz, an dem das große Auslegerkanu gebaut wurde, das ich bei meiner Ankunft gesehen hatte.
Sie arbeiteten schon fast ein Jahr lang daran, sagten sie. Ich
skizzierte das Boot, um mir die Bezeichnungen der einzelnen
Teile merken zu können: Wellenbrecher und Steven waren
prachtvoll geschnitzt und bemalt, Trauben von kleinen Kauri-
schnecken zierten die Schandeckel. Sie hatten das Boot auf
einen Namen getauft, der sich in etwa mit *Segeln vor dem Wind*
übersetzen ließ.

»Werden Sie damit auf Fischfang gehen?«

»Nein«, ließ der alte Meia mich durch einen Dolmetscher
wissen. »Es ist für das Spiel.«

Es sollte zu den *kula*-Fahrten benutzt werden, auf denen die
Männer aus Kaisiga von Insel zu Insel reisen, um die kostbar
gearbeiteten Armmuscheln *(mwali)* und Halsbänder *(soulava)*
zu verschenken und geschenkt zu bekommen, die Bestandteil
ihres rätselhaften Spiels sind: Nach außen hin handelt es sich
um eine Tauschzeremonie, Schmuckstücke aus Muscheln werden von Insel zu Insel an Freunde (die *kula*-Partner) weiterge-
reicht, die wiederum Preziosen zu anderen Inseln bringen. Der
sogenannte *kula*-Ring hat eine soziale und eine magische
Komponente und ist ein Spiel, das von den Insulanern im Gebiet der Milne Bay, die geübte Segler sind, seit Jahrtausenden
als Reise zwischen den Inseln gespielt wird. Die Armreifen
wandern gegen den Uhrzeigersinn um die Inseln, die Halsbänder im Uhrzeigersinn, und aufgrund ihrer Geschichte steigt ihr
Wert, und ihre Kraft verstärkt sich mit der Zahl der Personen,
durch deren Hände sie über die Jahre hin gehen. Ihre übernatürliche Kraft heißt in Polynesien *mana* – Stärke und Seele. Jedes Stück (es sind immer Hunderte im Umlauf) hat einen Namen, einen Stammbaum und eine Persönlichkeit. Es gehört
niemandem, und völlig undenkbar ist, eines dieser Kunstwerke zu verkaufen.

Nicht alle Trobriander konnten sich am *kula*-Ritual beteili-
gen. Ich hatte den Eindruck, daß nur eine Minderheit der Insulaner dem Ring angehörte und durch Freunde und Verwandte

in den engeren Kreis der *kula*-Gesellschaft eingeführt wurde, etwa so, wie man in einer anderen Kultur Mitglied eines Kegelklubs werden kann. Das wichtige scheint die Kameradschaft, und – wir sprechen von den Trobrianden – die schließt auch Frauen ein.

All das erfuhr ich von Meia, dem Kanu-Baumeister. Das seetüchtige Kanu, das *masawa*, spielt auf der *kula*-Reise eine wesentliche Rolle, da die Inseln ziemlich weit auseinander liegen.

Während er sich mit mir unterhielt, vermischte Meia in seinem kleinen Topf Betel mit ungelöschtem Kalk und lutschte rote Klumpen der Mischung von seinem Rührstab. Er gehörte zu den wenigen Menschen in Kaisiga, die sich noch dem Genuß dieses leichten Rauschmittels hingaben.

»Was ist das?« fragte ich.

»Bier«, meinte er mit zahnlosem, vom Kalk zerfressenem Grinsen.

Sein wirkliches Alter war Meia nicht anzusehen, aber es ließ sich schätzen. Er erinnerte sich daran, daß er amerikanischen Soldaten nach ihrer Landung auf den Trobrianden geholfen hatte, Proviant- und Munitionskisten an Land zu bringen. (General MacArthur hatte den Graslandeplatz von Kaisiga im Kampf der Aliierten gegen Japan nutzen wollen.) Das war im Juni 1943. Wenn Meia damals vierzehn gewesen war, mußte er heute einundsechzig sein, sah aber durch seine Zahnlosigkeit, das hagere, welke Gesicht und die trüben Augen viel älter aus.

Niemand, den ich auf den Trobrianden kennenlernte, kannte sein oder ihr genaues Alter, und viele konnten es nicht einmal schätzen. Geburtsjahre oder gar -tage wurden nicht registriert, niemand erinnerte sich daran. Kleine, flachbrüstige Mädchen sagten: »*Fifteen!*«, und große, dralle Dinger meinten: »*Seex!*« Ein Schuljunge alberte: »Ich bin hundert Jahre alt«, aber als ich ihm Bonbons versprach, wenn er mir sein tatsächliches Alter verriet, wußte er keine Antwort. Ihre Eltern hielten die Kinder für: »Vierzig oder fünfzig oder so.«

Ich erklärte Zechariah, der Anfang zwanzig sein mußte, was ein Geburtstag ist.

»Klingt interessant«, meinte er. »Aber ich weiß es nicht. Meine Eltern erinnern sich nicht, wann ich geboren wurde.«

Ich hatte zuerst nicht vorgehabt, mich lange in Kaisiga aufzuhalten, aber da mein Zelt nun mal dastand und ich kein Kurio-
sum mehr war, blieb ich eine Weile. Kaisiga war ein guter Ausgangspunkt für Exkursionen zu den anderen Dörfern der
ziemlich großen Insel, und es war ein Ort, an den ich abends
gern zurückkehrte. Es gab Trinkwasser, das Dorf war sauber
und ordentlich, und seine Bewohner waren gastfreundlich: Sie
bettelten nicht, borgten sich nichts, stahlen nicht, und nach ein
paar Tagen starrten sie mich auch nicht mehr an. Vor allem
aber waren sie sanft und friedliebend, und ihre Friedfertigkeit
beeindruckte mich am meisten. Ich beschloß, länger zu bleiben.

Meine Lebensmittel waren aufgebraucht, und so zeigte es
sich als glücklicher Zufall, daß ich das Essen im Dorf gern
mochte. Als Hauptnahrungsmittel dienten gedämpfte oder gekochte Taro-Wurzeln, Süßkartoffeln, Yams, ein Gemüse, das
sie »Kürbisspitzen« nannten, und eine spinatartige Blatt-
pflanze, die *ibica* hieß.

Sie kochten mit Kokosmilch, das Fruchtfleisch wurde geras-
pelt und mit frischem Wasser aufgegossen. Gelegentlich aßen
sie geräucherten oder gedünsteten Fisch. Bananen und Guaven gab es reichlich, Fleisch lehnten sie aus religiösen Gründen
ab. Sie brieten nie etwas und verwendeten weder Salz noch
Gewürze. Eine fast perfekte Ernährungsweise, tatsächlich glich
sie sehr der fettfreien, kohlehydratreichen Diät, die in Amerika
– besonders von Nathan Pritkin, der einen Bestseller dazu geschrieben hat – propagiert wird.

»Fettleibigkeit ist selten anzutreffen, in ihren auffälligeren
Erscheinungsweisen wird sie als Krankheit angesehen«, hatte
Malinowski vor siebzig Jahren notiert, und es stimmte immer
noch. Eines Samstags, als es im Dorf nichts zu tun gab – niemand durfte am Sabbat arbeiten oder kochen –, überredete ich
ein paar Dorfbewohner zu einem Spaziergang, damit ich die
auf der Insel üblichen Namen für einige Tiere lernen könnte
(die meisten davon standen auf der Proskriptionsliste im fünften Buch Mose: Reiher, Schlangen, Eidechsen, Schildkröten).
Ich befragte sie zum Thema Korpulenz, und Lyndon (*»Liehndon«*) meinte erstaunlich heftig: »Grauenhaft.«

Die anderen pflichteten ihm bei. Auf den Trobrianden gebe

es, sagten sie, so gut wie niemanden, der *napopoma* (dickwanstig) sei. Ein dicker Mensch war für sie so unerotisch wie Alte, Krüppel, Leprakranke oder Albinos.

Der samstägliche Sabbat in Kaisiga war der Tag der kalten Yamsknollen und klammen Gemüse, der Tag zum Herumsitzen und Reden oder zum Schlafen, während die jungen Dörfler sangen, beteten und Pastor Johns Bibelworten lauschten, die er »Memorierstücke« nannte. Wie fremd und einsam ich mir auch zu Anfang in diesem kleinen, ereignislosen Kaff auf dieser kleinen, feuchten Insel vorgekommen sein mochte – am Samstag verstärkte sich das Gefühl, machte mich nervös und kribblig. Aber schon am zweiten Sabbat hatte ich mich auf ihr Leben eingestimmt, und als John mich bat, in der Kirche zu sprechen, hielt ich eine vegetarische Predigt. Ich las aus dem Buch Daniel: Wie Daniel es abgelehnt hatte, sich mit Nebukadnezars Fleisch und Wein zu verunreinigen, und wie er dadurch gesund und verständig geworden war, daß er nur Gemüse und Wasser zu sich nahm.

John hielt mich reif für die Bekehrung. Wann immer ich ihn traf, predigte er mir die Lehre der Adventisten. Eines Tages wollte ich gern den Dorfgarten sehen, der etwa fünfzehnhundert Meter weiter landeinwärts lag. Wir kämpften uns über einen Urwaldpfad, der halb aus Schlamm und halb aus Korallen bestand, die Luft war stickig und feucht. Ich versuchte, über die schwarzen, glänzenden Tausendfüßler und den Morast hinweg von einer Baumwurzel zur nächsten zu hüpfen, während mich unsichtbare Tierchen und Moskitos zerstachen. Hier und da hing eine fünfzehn Zentimeter große Spinne in ihrem wagenradgroßen Netz, Spinnweben klebten auch auf meinem Gesicht, und mir war heiß, ich hatte Durst und keuchte, und meine Füße schmerzten von der Stolperei über die Korallen – und John predigte unablässig.

»Jesus sagt: ›Niemand kann zwei Herren dienen: Entweder wird er den einen hassen und den anderen lieben, oder er wird dem einen anhängen und den anderen verachten. Ihr könnt nicht Gott dienen und dem Mammon.‹ Was will der Allmächtige uns damit sagen? Es bedeutet ...«

Und ich stolperte schwitzend, schlammverkrustet und zerstochen weiter, fegte die Spinnen beiseite, und jedesmal, wenn ich einen Baumstamm streifte, sprangen mich die Ameisen an, um mich zu beißen.

»»Denn die Pforte ist weit, und der Weg ist breit, der zur Verdammnis abführet««, sagte John.

Die Gärten, die wir nach einstündiger Buschklopferei erreichten, erwiesen sich als steinbruchartiges Durcheinander: Yams, Süßkartoffeln, Taro und Pawpaws gediehen prächtig auf dem holprigen Boden zwischen Baumwurzeln und Korallenbrocken.

»Ich sage ihnen immer, sie sollen kein Essen verschwenden«, deklamierte John von einem Korallenblock herunter. »Es gibt Menschen auf der Welt, die verhungern müssen!«

Ein Huhn pickte im Garten herum. »Eßt ihr auch Hühner?«

Er blickte mich düster an: »Der Leib ist der Tempel Gottes.«

Damit läutete er den Heimweg ein.

»Das Yams-Fest ist entsetzlich«, gluckste er kopfschüttelnd. »Jeder begeht Unzucht.«

»Im Dorf?«

»Ja, sie treiben es mitten im Dorf.«

»Kann man ihnen dabei zusehen?«

»Sie tun es vor aller Augen!« sagte er, während wir uns durch die Büsche schlugen. »Man kann zusehen, wie sie rauf und runter gehen! Oh, es ist entsetzlich.«

»Ich möchte nicht einmal daran denken«, sagte ich mit entrüstetem Kopfschütteln, während er mir weitere Einzelheiten schilderte.

Die Abendgottesdienste fanden im Dunkeln statt: Es gab in Kaisiga keine Laternen, und die Taschenlampen wurden nur zum Fischfang verwendet. Am frühen Abend ging ich zu meinem Zelt, trank meinen Sherry, machte Notizen und hörte die Kinder »*Weespa a frayer in da morning. Sag ein Gebet am Morgen*« singen. Ich wußte, der Gottesdienst war zu Ende, wenn sie dieses Lied anstimmten:

> »Gott schütz uns diese Nacht
> Vor allem, was uns Sorgen macht,
> Laß Engel unsren Schlaf bewachen,
> Bis die Sonne erwacht.
> Amen!«

Dann eilten sie aus der Kirche hinaus in die Dunkelheit, um zu rennen, zu spielen und zu singen, zu kichern und zu fummeln, und manchmal machten sie – trotz all ihrer offenkundigen Frömmigkeit – ungeheuren Unsinn und sangen dabei den englischen Kindervers:

> »*London Bridge is palling down,*
> *Palling down, palling down,*
> *My pair lady!*«

Der schönste Strand der Insel lag auf der Westseite in einer unbewohnten Bucht, ungefähr zwei Paddelbootstunden entfernt. Es war ein weißer, sandiger Halbmond mit klarem Wasser und schattenspendenden Bäumen. Manchmal aß ich dort zu Mittag, ging schwimmen und beobachtete die Papageien und Fischadler.

Aber das war nur ein Teil meiner Zeit in Kaisiga. Der andere, vielleicht wonnevollste, bestand darin, während die Sonne unterging und eine kühle Brise von der Lagune hereinfächelte, mit einer Handvoll leise plaudernder Dorfbewohner im Pavillon am Strand von Kaisiga zu sitzen. Wir tranken das süße Wasser der grünen Kokosnüsse.

Wenn du wiederkommst, bring Schokolade mit, sagten sie. Bring uns Speergummis, Speerspitzen, Angelhaken und Angelschnur. Bring uns T-Shirts. Bring mir eine Laterne mit, sagte Micah. Bring Babywäsche mit, bat Esther. Bring eine Armbanduhr, sagte John.

An den Abenden im Pavillon unterhielten wir uns im Flüsterton über die Geister. Es gab so schrecklich viele Geister! Ihretwegen verbarrikadierten sich die Insulaner nachts in ihren fensterlosen Hütten, selbst wenn ihre Kinder noch draußen spielten. Sie erzählten mir von den *khosa*, den Geistern der Toten: »Sie kommen und spielen uns üble Streiche!«, und von den *mulukwausi*, den unsichtbaren fliegenden Hexen, die auf Bäumen und Hüttendächern lauerten, um zu Boden zu segeln, in die Körper von Menschen zu fahren und in ihren Herzen und Lungen zu wohnen, bis sie starben. Oder den *bwaga'u*. »Nein, das sind keine Geister«, flüsterten sie. »Das sind wirkliche Menschen, die nachts töten.« Die *bwaga'u* waren Hexer.

»Nennt mir ein Beispiel«, bat ich.

Es war eine mondhelle Nacht im Pavillon an der Lagune, in der man die Seligkeit des Südseetraums spüren konnte – die Brise in meinem Gesicht, das Rauschen des Meeres, der Duft von Blüten, die letzten Krächzer von Vögeln, die sich zur Nacht auf den Zweigen niederließen.

»Vor zwei Jahren«, erzählte Lyndon, »gab es zwei kleine Kinder im Dorf, die als böse galten. Schlechte Dinge geschahen durch sie. So hieß es damals.«

Der Wind raschelte im Strohdach des Pavillons. Ich konnte den leisen Atem der anderen hören.

»Und was geschah mit den Kindern?«

»Sie wurden getötet.«

»Wie denn?«

»Vergiftet.«

»Von wem?«

»Von einem *bwaga'u*. Jemandem aus unserem Dorf.«

»Wißt ihr, wer es war?«

Niemand sagte etwas. Dunkelheit und Schweigen. *Jemand aus unserem Dorf.* Ein Hexer. Es war ein sehr kleines Dorf.

7. KAPITEL

GESTRANDET AUF DEN STÜRMISCHEN
TROBRIANDEN

Wir können die Abkürzung nicht nehmen. Ich habe heute früh auf der Straße ein paar nackte Mädchen gesehen«, grinste Simon – doch seine lilafarbenen Lippen zuckten verängstigt.

Mein zweiter Besuch auf den Trobrianden. Das Flugzeug aus Port Moresby hatte mich gerade auf dem Flugfeld abgesetzt, und ich saß neben dem zahnlosen, barfüßigen Simon, der mit seinem rostigen Kleinlaster gekommen war, um mich abzuholen. Simon bildete die Ausnahme von Malinowskis Regel: »Der erste Eindruck, den man von ihnen bekommt, ist weniger der von Wilden als von schmucken, selbstgefälligen Bürgern.«

Ich fand es überraschend, daß er überhaupt grinste. Kurz vorher hatte ein ältlicher italienischer Priester mit Strohhut und Shorts am Straßenrand gestanden und Simon gebeten, ihn ein Stück mitzunehmen. Simon hatte gefragt: »Zur katholischen Mission?«, und auf das Nicken des Priesters hin »nein, nein!« geschrien und Vollgas gegeben. Die Mission lag dicht neben seinem Dorf. »Schlechte Leute«, erklärte er mir. »Sie machen nur Ärger in meinem Dorf.«

Das Faltboot und die Campingausrüstung lagen hinten auf dem Laster, außerdem ein großes Paket mit den Geschenken: den T-Shirts, der Laterne, den Speerspitzen, den Angelhaken und allem anderen, um das die Leute in Kaisiga mich gebeten hatten.

»Ich hab gesehen, wie die Mädchen den *mwaki-mwaki* getanzt haben«, kicherte er. Er hatte staubige Haare und ein braunes, narbiges Gesicht. »Mit kurzen Röcken.« Er meinte die kurzen, steifen Baströckchen. »Sie haben die Röcke hochgehoben und ihren Arsch und ihr Dingsbums gezeigt.«

»Was passiert denn, wenn wir hinfahren?«

»Sie vergewaltigen uns.«

»Aber wie sollen sie uns denn vergewaltigen, wenn wir nur
daliegen? Das geht doch technisch gar nicht.«

»Sie . . .«, und dabei zeigte er strahlend seine vom Betelsaft
rotverfärbten Zähne, ». . . setzen sich auf unsere Gesichter.«

»Haben Sie Angst davor?«

»O ja.«

»Einen *dim-dim* wie mich werden sie wohl in Ruhe lassen.«

»Von wegen. Vor ein paar Jahren haben sie sich einen geschnappt. Und Dennis . . .«, Dennis war der hiesige Parla-
mentsabgeordnete, ein *dim-dim*, ». . . letztes Jahr waren sie auch
hinter Dennis her.«

»Das Yams-Fest soll doch erst nächste Woche anfangen,
oder?«

»Es ist heute schon losgegangen«, korrigierte mich Simon.
»Heute ist der erste Tag der Yams-Ernte.«

Wunderbar, dachte ich.

Die Trobriander, die beim Hotel herumhingen oder dort arbeiteten, begrüßten mich freundschaftlich und halfen mir,
meine Sachen zu tragen: »Hier ist dein Boot, Mr. Paul!« In Gegenden, in denen die Zeit keine Bedeutung hat, es keine Ter-
mine und wenig Dringliches gibt (auf den Pazifikinseln, in den
Binnenländern Zentralafrikas oder in südamerikanischen Ur-
walddörfern) scheinen die Menschen alle ein ausgezeichnetes
Gedächtnis zu haben. Nur selten machen sie eine Bemerkung
darüber, wie lange es her sei, daß man zuletzt da war. Man
wird willkommen geheißen, nicht überschwenglich, aber
freundlich. Man bekommt zu essen. Es ist, als wäre man nie
fortgewesen.

»Gibt's was Neues?« wollte ich wissen.

»Nein.«

Das Essen im Hotel war noch viel grausiger als beim letztenmal. Ich saß vor meiner Vorspeise: einem Teller, auf dem sich
ein Orangenstück, eine kleine, welke Karotte, einige braune
Bananenscheiben und ein kaltes graues, aufgeschnittenes
Würstchen befanden.

»Der Koch streikt gerade«, erklärte Gertrude. Sie war dürr
und verschrumpelt, obwohl sie nicht älter als fünfunddreißig
sein konnte. In diesem Teil der Welt, in dem die durchschnittliche Lebenserwartung, verkürzt durch Malaria, TB und Infek-

tionskrankheiten, bei knapp über vierzig Jahren lag, galt Gertrude als ziemlich alt – und so sah sie auch aus.

Ich bat um Fisch, Yams und Süßkartoffeln, und wenn es das in der Küche nicht gab, konnte man es vielleicht aus dem nächsten Dorf kommen lassen. Sie brachte mir mein Essen, setzte sich zu mir, und wir unterhielten uns über die Yams-Ernte. Gerade an diesem Morgen waren ein paar mit Yams beladene Mädchen aus den Gärten gekommen und hatten sich über einen Mann hergemacht. Yams-Knollen waren etwas Besonderes, Magisches, nur Frauen durften sie transportieren. In dieser matrilinearen Gesellschaft hatten die Frauen Macht.

»Sie haben ihn flachgelegt«, erzählte Gertrude, »und ihm die Arme zerkratzt.«

»Waren es Mädchen oder Frauen?«

»Nur die Mädchen. Die Frauen nicht. Die Mädchen sind jung. Sie können tun und lassen, was sie wollen. Sie gehören allen. Aber es gibt auch Frauen, die um diese Jahreszeit kurze Röcke anziehen. Ihre Männer können nichts dagegen machen.«

»Tragen auch Sie manchmal einen kurzen Rock?«

»Wenn ich Druck habe!« lachte sie rauh. »Was tut man denn in Amerika?«

»Männer und Frauen jagen sich das ganze Jahr über, nicht bloß zur Erntezeit. Aber es macht nicht soviel Spaß. Und manchmal werden die Frauen auch dafür bezahlt.«

»Hier zahlen die Männer auch, in manchen Dörfern. Fünf Kina. Oder zwei, wenn der Mann arbeitslos ist.«

Das gefiel mir.

»Das heißt dann ›Zwei-Kina-Wald‹. Für den Preis geht man in die Büsche.«

Nach einer windigen Nacht ließ die steife Brise auch am Morgen nicht nach. Das Paddeln würde nicht einfach werden. Es war kühler als bei meinem letzten Aufenthalt und zeitweilig bewölkt. Aber ich wollte los, trug meine Ausrüstung zum Ufer und begann, während die halbwüchsigen und erwachsenen männlichen Zuschauer zusammenliefen (»*waga*«, murmelten sie), mein Boot zusammenzubauen. Neun von den Männern hatten Büschel von Betelnüssen dabei, saßen da, sahen zu, spuckten blutroten Betelsaft aus und lachten jedesmal, wenn

sie mich stolpern sahen oder fluchen hörten. Sie kamen von
der Insel Munawata, ein paar Kilometer westlich von Kaileuna.

Zwei Chinesen aus Malaysia gesellten sich zu ihnen. Sie waren offenbar hier, um *bêche-de-mer* einzukaufen, die Seewalzen
oder Seegurken, die bei Chinesen als Delikatesse gelten. Die
Taucher finden die besten Exemplare im tiefen Wasser und bekommen von den örtlichen Verwertern etwa fünfzehn Cents
pro Stück. Die fetten, schlappen Würste werden im Rauch zu
harten kleinen Riemen getrocknet, dann in Zehn-Kilo-Säcke
gefüllt und exportiert. Neben Schnitzarbeiten sind Seegurken
einer der wenigen Exportartikel der Inseln. (Trochus-Muscheln
für Perlmuttknöpfe und hübsche Schmetterlinge, die an
Sammler verkauft werden, gehören auch noch dazu.) Mit Seegurken kann man eigentlich nichts anderes tun, als sie verkaufen. Die meisten Trobriander hätten es abwegig gefunden, die
Dinger zu essen. Nur wenn einmal alles knapp wurde, kamen
sie womöglich in Frage.

Mr. Lim und Mr. Choo sahen zu, wie ich mein Boot belud.

»Sie wollen mit dem kleinen Boot allein losfahren?« fragte
Mr. Lim.

»Ja.«

»Das ist aber abenteuerlustig«, sagte er.

»Wenn Sie meinen.«

»Sie sehen aber gar nicht abenteuerlustig aus«, fuhr er fort.
»Sie sehen aus wie ein Professor.«

»Vielen Dank, Mr. Lim.«

Mr. Choo meinte: »Ich bin auch abenteuerlustig.«

»Wie schön für Sie«, sagte ich.

»Aber ich würde nicht allein losfahren. Es ist gefährlich, allein zu fahren.«

Mr. Lim streifte die Männer aus Munawata mit einem finsteren
Blick: »Aber die Aborigines scheinen ganz freundlich zu sein.«

Andrew, ein dunkler, kräftiger Fischer, der im Hotel arbeitete, unterhielt sich mit den Männern. Offensichtlich sprachen
sie über mich, denn jetzt wandte er sich lachend zu mir um:
»Sie haben gesagt: ›Sag dem *dim-dim*, er soll aufpassen.‹«

»Was gibt es denn?«

»Das Meer um Kaileuna herum ist sehr rauh. Deswegen sind
sie ja auch hier. Sie warten, daß das Wetter besser wird.«

Die Sache hätte mich bedenklich stimmen können, aber inzwischen kannte ich ihre Kanus. Sie waren stabil, hatten aber keine ausreichende Freibordhöhe – bei hohem Seegang schwappte das Wasser herein. Die Kanus blieben zwar auch in einigermaßen schwerer See wendig, aber dann mußte viel mit den hölzernen Schöpfkellen gearbeitet werden. Mit meinem Boot konnte ich überallhin, bei fast jedem Wetter: Das ist der große Vorteil eines Kajaks.

Aber ich hatte mein Boot noch nie mit soviel Ladung bepackt. Außer meinen Lebensmitteln und der Ausrüstung hatte ich haufenweise Geschenke dabei. Die fünfzig T-Shirts und das Angelzeug steckten in einem postsackgroßen Segeltuchbeutel, den ich achtern wie einen Leichnam auf dem Boot festgezurrt hatte.

Das Gewicht drückte mein Kajak ins Wasser. Durch all die nasse Oberfläche gewann es an Stabilität, war aber schwerer zu paddeln, und hinter dem lehmfarbenen Kanal, den veralgten Untiefen und den Krokodilnasen, die am Boli Point aus dem Wasser lugten, da, wo das offene Wasser anfing, wehte ein kräftiger Wind, und die Schaumkronen hoben sich meterhoch.

Der Wind drückte gegen den großen Buckel hinter mir und warf das Boot hin und her wie eine Wetterfahne. Ich überlegte ernsthaft, ob ich umkehren oder auf der Westseite von Kiriwina kampieren und auf besseres Wetter warten sollte. Während ich mir die Möglichkeiten durch den Kopf gehen ließ – Kaileuna war in der Ferne zu sehen –, schob der Wind das Boot munter vor sich her, Wellen klatschten über den Bug, und ich stellte plötzlich fest, daß ich durch meine Entschlußlosigkeit ziemlich weit vom Ufer abgetrieben war.

Also machte ich weiter. Wenn du auf Wind und hohe Wellen triffst, sagen Kajakfahrer, bleib sitzen und paddle hindurch. Ich hatte den ganzen Tag vor mir und brauchte mich nicht zu beeilen. Ich mußte nichts weiter tun, als bis Kaileuna durchzuhalten. Die Brecher waren das schlimmste: Alle paar Minuten kam einer über. Wenn mir wieder so eine kalte, schaumige Welle ins Gesicht schlug und das Wasser den Nacken runterlief, flackerte eine nervöse Furcht in mir auf, eine Vorahnung von Schlimmerem, das noch kommen könnte.

Ich hielt auf den nächstgelegenen Teil von Kaileuna zu, eine Landspitze, in deren Schutz ich etwas trinken wollte, bevor ich die Küste entlang nach Kaisiga weiterpaddelte. Nach geschlagenen drei Stunden hatte ich den Felsvorsprung erreicht, aber bevor ich meine Leistung mit einem Schluck aus der Wasserflasche begießen konnte, tauchten zwei halbwüchsige Kerle am Strand auf. Sie hatten Speere bei sich, gerade Schäfte mit selbstgebastelten, rostigen Spitzen.

»Wir tun dir nichts«, sagte der eine. Er trug eine Sonnenbrille, die ihm das glubschäugige Aussehen eines klassischen Bösewichts verlieh.

Das war eine deutliche Warnung. Ich holte meinen eigenen Speer heraus, ein langes Ding aus Fiberglas mit einem bösen Dreizack an der Spitze.

»Wollt ihr meinen Speer sehen?«

Sie bewunderten ihn mit gehörigem Respekt. »Wo willst du hin?«

»Nach Kaisiga«, sagte ich.

»Wir mögen die Leute da nicht«, sagte der Junge mit der Brille. »Wir sind aus Giwa.«

Ich fragte: »Vergewaltigen die Mädchen aus Giwa diese Woche die Männer?«

»Auf dem Festland tun sie so was. Hier nicht!«

Mit »Festland« war Kiriwina gemeint. Diese größere Insel hieß immer so. Das eigentliche Festland nannten sie Neuguinea.

»Besuch uns in Giwa«, meinten sie, als ich wegpaddelte. »Wir zeigen dir unser Dorf.«

Nach Kaisiga fuhr ich noch eine Stunde durch Küstengewässer, die normalerweise voller Fischerkanus, kleiner Einbäume und großer Auslegerboote waren. Heute war kein Boot zu sehen, nur rauhe See. Am Strand war auch niemand, nur fauchender Wind, wildes Rascheln von den Strohdächern drüben und losgerissenes Flechtwerk von den Hüttenwänden.

Sie sahen mich – erst ein paar Kinder, dann auch Männer, die im Windschatten einer Hütte saßen – und halfen mir an Land: Micah, Josiah und Lyndon.

»Du kommst von der Station?« Josiah meinte Losuia. »Bei dem Wind? Hoho!«

Die Freude war ihnen anzumerken. Sie hatten an diesem Tag eigentlich zum Fischen fahren wollen, waren aber wegen des Sturms an Land geblieben und fühlten sich geschmeichelt, daß ich den ganzen Weg in Wind und Wellen zurückgelegt hatte, um sie zu sehen – und wegen ihrer T-Shirts und Angelgeräte auch noch nasse Füße riskiert hatte.

John arbeitete im Dorfgarten, aber Esther war zu Hause. Sie saß im Schneidersitz vor der Hütte und stillte ihr Baby.

»Das ist Anne«, begrüßte sie mich. »Wie ich's gesagt habe. Wir haben sie nach deiner Frau benannt.«

»Ein schöner Name«, sagte ich.

Ich konnte es schlicht nicht über mich bringen, ihr oder sonst jemandem auf diesen glücklichen Inseln von der Unordnung in meinem Leben zu erzählen.

Ich gab Esther die Starklichtlaterne, die ich ihr aus Port Moresby mitgebracht hatte, dann entlud ich mein Boot. Als ich das Zelt aufstellte, frischte der Wind noch mehr auf und peitschte in wilden Böen auf die Kokospalmen ein. Inzwischen hatten die Kinder mit einem Fußballspiel angefangen, und alle paar Minuten flog der Ball gegen mein Zelt. Ich versuchte, sie zu verscheuchen, aber sie lachten mir frech ins Gesicht. Auch als der Regen einsetzte, rannten sie weiter kreischend und platschend ihrem Ball hinterher.

Die wilden Kinder, der Regen und der Wind waren ermüdend. Ich ging ins Zelt und machte mir Notizen zur stürmischen Überfahrt am Morgen, während ich heimlich meinen versteckten Sherry trank. Immer noch donnerte ständig der Fußball gegen das Zelt, und die Kinder kicherten, wenn ich ihnen sagte, sie sollten woanders spielen. Irgendwann schlief ich ein.

Die Trommel weckte mich wieder auf. Ich hörte die Kinder durch den tropfenden Regen hasten und dann:

> »Weespa a frayer in da morning,
> Weespa a frayer at noon ...«

Der Klang der Stimmen war unzweifelhaft schön, aber er hatte einen spöttischen Unterton. Sie hörten sich längst nicht mehr unschuldig an. Die frommen Rituale waren nichts weiter als kurze Unterbrechungen im unbarmherzigen Treiben dieser Quälgeister, das auf die Weise eher noch angespornt zu werden schien.

Pastor John war von den Gärten zurückgekommen, um den Abendgottesdienst abzuhalten. Ich traf ihn später zwischen den im Wind schwankenden Bäumen und sagte, daß ich alles Gewünschte mitgebracht hätte: die Armbanduhr, die Laterne, die T-Shirts und das Angelzeug.

Eine Anzahl Dorfbewohner versammelte sich im Nieselregen, um das Bündel von T-Shirts zu begutachten, das ich bei Freunden gesammelt hatte. Alles wurde gleich anprobiert – die *Boston Celtics*, das *Hard Rock Café*, *Me and my Girl*, die *Punahou School*, das *Great Wall Hotel Beijing*, die *Dream Girls*, die *Braves* und so fort – und ohne größere Umstände kassiert. Es wirkte nicht direkt undankbar, aber der Dank kam wortlos, so stumm und mechanisch, daß er fast Enttäuschung auszudrücken schien.

Ich gab *Liehndon* ein Päckchen Angelhaken. Er lächelte mich an: »Aber wo ist die Angelschnur? Was nützen die Haken ohne Schnur?«

Zechariah bedankte sich für die Speerspitze, sagte aber sofort: »Jetzt brauch ich einen Speergummi.« Er meinte ein Stück Gummischlauch aus dem Laborbedarf: Sie befestigten Stücke davon am Speerschaft, um ihm Triebkraft zu verleihen.

»Du kannst dir doch den von Micah leihen.« Ich hatte Micah einen Meter Gummischlauch mitgebracht.

Aber Zechariah hatte noch mehr Schlauchstücke in meinem Gepäck gesehen – sie waren für den Tauschhandel in anderen Dörfern gedacht.

»Ich will meinen eigenen Gummi«, sagte er.

»Hast du mir Reservebatterien für meine Uhr besorgt?« wollte John wissen.

»Das Hemd hier paßt mir nicht.« Derrick tauschte sein *Braves*-T-Shirt gegen eins mit der Aufschrift *A Day in the Life of Canada*.

In einer Gesellschaft, deren Zusammenhalt durch den ständigen Austausch von Geschenken funktionierte, hatte ich mich lediglich einem Ritual unterzogen und eine Pflichtübung absolviert. Deswegen fühlten sie sich frei, an mir herumzukriti-

sieren. Ich zeigte mich von ihrer Meckerei völlig unbeeindruckt, und sie wechselten das Thema.

»In Sinaketa ist morgen ein Fest«, sagte Lyndon. »Ich fahre
mit dem Segelboot hin. Du könntest mitkommen.«

»Und wenn das Wetter schlecht ist?«

»Ich bin ein guter Segler«, lachte Lyndon. »Ich *big-pela,
strong-pela, großer, starker Bursche*, haha!«

»Vielleicht paddele ich in meinem Boot hinterher«, meinte
ich.

In der Nacht war der Wind so heftig, daß mein Außenzelt
angehoben und das Moskitonetz völlig durchnäßt wurde. Die
prasselnden Regentropfen und das Heulen des Windes in den
Bäumen weckten mich und machten mir angst. Ich hörte die
Wellen laut auf den Strand donnern und steckte den Kopf aus
dem Zelt, konnte in der Schwärze aber nichts sehen. Also knip-
ste ich meine Taschenlampe an und störte einen dunklen
Krebs von doppelter Handgröße auf, der sich an meine Zeltklappe geklammert hatte.

Morgens machte ich mir auf meinem kleinen Kocher grünen
Tee und aß Esthers Reis und in Kokosmilch gekochte »Kürbisspitzen« dazu. Der Wind wehte immer noch kräftig, die Lagune war voller Schaumkronen und großer Wellen. War das
nun ein Tag, um irgendwohin zu segeln oder zu paddeln?

»Wir fahren«, sagte Lyndon. »Komm mit.«

Er war der Mann, der mir einmal gesagt hatte: »Wir fahren
raus, und wenn es dunkel wird, suchen wir uns eine Insel und
übernachten da. In diesem Meer sind überall Inseln, man findet immer irgendeine für die Nacht.«

Ich vertraute ihm.

Das ganze Dorf kam zusammen, um Lyndons Auslegerboot
in die Brandung zu ziehen. Ich hatte mein Fernglas und meinen Kompaß dabei. Insgesamt waren wir zu neunt auf dem
Boot, auch eine Frau war dabei, sie hockte im Bug. Ich saß auf
dem Schandeckel, und die sieben Männer bildeten die Crew:
Zwei waren mit dem Rigg beschäftigt, zwei bedienten die zwischen Dollen geklemmten Steuerruder, einer stand an der
Großschot, einer im Vorsteven und gab brüllend den Kurs an,
und Lyndon war damit befaßt, abwechselnd Kommandos zu
grunzen und das Kanu leerzuschöpfen. Mit einer Mannschaft

von weniger als sieben Leuten wäre das sechs Meter lange Boot kaum zu segeln gewesen. Wasser kam über, sobald wir das Ufer verlassen hatten, und als wir über das Riff weggeschossen waren, drang auch seitlich Meerwasser ins Schiff. Das meiste kam durch die unkalfaterten Längsplanken, die angebaut worden waren, um dem Schiffsrumpf mehr Höhe und Volumen zu geben. Niemand schien sich daran zu stören, am wenigsten Lyndon, der mit einer alten Holzpütz, die sie *yatura* nannten, unablässig schöpfte und schöpfte.

Wir hatten ein Lateinersegel aus dickem, blauem Plastikmaterial und segelten mit halbem Wind: Er traf die Seite des großen Auslegers, hob die Sitzplattform zum Bootsrumpf hin an und drückte die leeseitige Auslegerplanke fast unter Wasser. Wir konnten nicht sehr hart an den Wind gehen, und anfangs schien mir das Ganze ziemlich chaotisch, aber nach einer Weile merkte ich, daß jeder auf diesem Schiff eine bestimmte Rolle hatte, die er in der rauhen See sehr gewissenhaft ausfüllte.

Das Kanu reagierte nur sehr langsam auf jedes Trimmen, war noch langsamer zu wenden und benahm sich in den Wellen äußerst träge. Kaum, daß wir das Riff hinter uns gelassen hatten, waren wir alle naß bis auf die Haut.

»*Liehndon*, hat dieses Kanu einen Namen?«

»*Toyokwai*«, sagte er. »Das heißt ›zu dickköpfig‹. Man sagt, tu dies, mach das, aber so einer hört einem nicht zu. Er macht, was er will, und läßt sich nichts sagen.«

Aufgeblasen, arrogant, selbstzufrieden. »Ich kenne solche Typen. Aber warum fahren wir aufs offene Wasser?«

»Ist bei diesem Wind besser.«

Wir blickten zurück zu den kleiner werdenden Inseln, wo ein anderes Kanu gegen einen leichteren Wind ankämpfte.

»Den schlagen wir«, sagte ich.

Sie freuten sich: Genau das hatten sie vor und waren ständig dabei, die Paddel abzustimmen, die sie entweder als Seitenschwerter oder Ruder einsetzten.

»Guck dir den an«, sagte Micah.

Das andere Kanu stampfte und schlingerte im Wind, zwischen uns lagen etwa achthundert Meter kabbeliges Wasser. Wir liefen südöstlichen Kurs auf das Küstendorf Sinaketa.

Micah rief etwas in der Sprache von Kiriwina zu dem anderen Boot hinüber, in einem spöttischen, schadenfrohen Ton, über den die anderen lachten.

»Was hat er gesagt?«

»Micah sagt: ›Bums deine Mutter, bums deine Schwester.‹« Ich muß wohl ein besorgtes Gesicht gemacht haben, denn er fügte hinzu: »Wir machen nur Quatsch.«

Der Wind riß am Segel und zerrte an den betagten Schoten.

»Wir nennen so was eine steile, verwirrte See.«

»Die Strömung läuft *da*rum, und der Wind weht anders-rum«, beschrieb Lyndon ein unumstößliches Gesetz der See. »Deswegen kommen die Wellen.«

»Hat das Dorf ein Motorboot?« fragte ich.

»Ja, ein Dingi, aber der Motor ist kaputt«, sagte einer der Rudergänger. »Und es gibt Probleme.«

Lyndon wechselte das Thema. Wir sprachen von Krokodilen. Sie hatten keine Angst vor ihnen. »Früher sind sie immer ins Dorf gekommen und haben Hunde gefressen«, sagte einer. Und ein anderer ergänzte: »Bei Ebbe kann man am Boli Point welche sehen, wie sie auf Futter warten.« Lyndon erzählte: »Ein *dim-dim* hat mal ein großes Krokodil erschossen, das ein kleines Mädchen gefressen hatte. Sie haben das Vieh aufgeschnitten und doch tatsächlich die Knochen und den Ohrring von dem Mädchen gefunden.«

Wir waren inzwischen weit weg von Kaileuna und noch immer nicht ganz in Sichtweite der Hauptinsel. Alle Schoten waren straff gespannt, und die Holzteile und Brassen des Kanus knarrten. Lyndon kommentierte laufend alle Handgriffe und beantwortete gleichzeitig meine Fragen zur Ehe auf den Trobrianden. Es sei undenkbar, nicht zu heiraten. (»Der Trobriander gewinnt erst durch die Ehe seinen vollen sozialen Status«, hatte Malinowski geschrieben.) Es gebe für jeden einen Partner. Sei das in Amerika denn anders?

»Manche Leute heiraten nie«, sagte ich. »Ich kennen einen Mann, der schon über fünfzig ist. Er war drauf und dran zu heiraten, aber die Frau hat sich's im letzten Moment anders überlegt. Dann fand er wieder eine, doch kurz vor der Hochzeit lernte sie einen anderen kennen. Und auch die dritte ließ ihn stehen – *bwoyna bogie*, tschüs, das war's. Die vierte verlobte sich mit ihm, aber dann stritten sie sich, sie ging weg und schickte ihm seinen Ring zurück.«

»Er muß sehr traurig sein«, sagte Lyndon.

»Er sagt, daß er die Frauen jetzt haßt.«

»Er hat keine Frau, keine Kinder. Furchtbar. Was macht er denn den ganzen Tag?«

»Er schreibt Sachen.«

»Er verschwendet seine Zeit. Er sollte herkommen. Wir werden eine Frau für ihn finden.«

»Ein vierzehnjähriges Mädchen mit Baströckchen und Blumen im Haar?«

»Vielleicht auch fünfzehn«, meinte Lyndon.

Auf der restlichen Strecke nach Sinaketa erzählten sie mir, was ich ihnen das nächste Mal mitbringen sollte (eine wasserdichte Armbanduhr, ein Zelt wie meins, einen Wassersack wie meinen, mehr Angelzeug), und wir angelten, mit Stückchen von einer Plastiktüte als Köder.

»Letzten Monat ist mir beim Fischen das Plastikzeug ausgegangen«, erzählte Micah. »Also hab ich einfach mein Hemd auseinandergeschnitten und kleine Fetzen davon als Köder genommen. Ich hab viele Fische gefangen.«

In Sinaketa zogen wir das Kanu auf den Strand und gingen an Land. Das Fest hatte schon angefangen. Unsere kleine Kanubesatzung war von der Menge der kostümierten, tanzenden Menschen ziemlich überwältigt, und wir blieben zusammen. Lyndon deutete auf Puliyasi aus dem mächtigen Clan der Tabalu, den höchsten Chief der Trobriand-Inseln, der mit einer Anzahl von Frauen in Omarakhana lebte. Sir Michael Somare, der ehemalige Premierminister von Neuguinea, saß unter einem Baldachin. Und ein Mann, schwarz und cool wie ein amerikanischer Rapper, erwies sich als melanesischer Ernährungswissenschaftler aus New Ireland im Bismarck-Archipel.

Stirnrunzelnde, barbrüstige Mädchen in Basttutus, angeheizt von verschwitzten Trommlern, tanzten in einer Art kubanischer Conga-Formation. Manche der Mädchen trugen *kula*-Schmuck: bimmelnde Armmuscheln und Muschelketten. Hinter ihnen kamen Jungen, die ihre Gesichter mit Talkum gepudert hatten – seltsame weiße Masken – und den *mwaki-mwaki* tanzten, den »Sagotanz«, eine krud-erotische, pobackenklopfende, mit vielen lauten Grunzern untermalte Wackelei und Wedelei, die das begeisterte Publikum zur Raserei brachte.

Die Tänzer schlängelten sich zwischen hohen, aus Knüppeln errichteten Yams-Türmen hindurch, die für die Ehrengäste aufgestellt worden waren. Es gab Fahnen und Blumen, und hie und da waren struppige schwarze Schweine angebunden, die sich quiekend gegen ihre Fesseln sträubten.

Ich kam mit einem Mann aus Sinaketa ins Gespräch und fragte ihn nach den örtlichen Begräbniszeremonien.

»Hier wird nicht viel beerdigt«, sagte James. »Die Leute sterben, man füllt ihre Knochen in Tongefäße und versteckt sie.«

Ich sah jetzt, daß Lyndon Micah und die anderen zu den kleinen Unterständen geführt hatte, die für das Fest aufgebaut worden waren. Auf langen Tischen standen Berge von Reis, gekochtem Yams und Bananen. Die Seemänner von Kaisiga langten zu und schaufelten sich große Hände voll in den Mund.

»Aber auf Kitava«, sagte James weiter, »da nehmen sie den toten Mann und zerlegen ihn, wobei seine Witwe unter der Leiche liegt. Das Blut spritzt über ihre Kleider. Die trägt sie drei Tage lang, während die Leute aus dem Dorf die Knochen des Mannes saubermachen. Die kommen dann in ein Tongefäß.«

Dieses Dorf war wilder und sehr viel festlicher als alle anderen, die ich bisher gesehen hatte. Auf dem Rückweg versuchte ich aus Lyndon eine Erklärung dafür herauszubekommen. Mir wurde klar, daß die Hauptinsel, auf der es ein paar Schulen und die einzigen Kraftfahrzeuge gab, zugleich die konservativste war. Der höchste Chief lebte auf ihr, ebenso die mächtigsten Clans, und auf ihr gab es auch die reichsten Dörfer. Auf dieser Insel hielt man sich genau an die alten Rituale der Yams-Ernte, und obwohl es Missionen gab, hatten die Geistlichen wenig Einfluß.

Sonst war es mir immer so vorgekommen, daß sich Traditionen in den Orten am längsten hielten, die am weitesten von irgendeinem Zentrum entfernt lagen, aber auf den Trobrianden war es das Hinterland der äußeren Inseln und kleinen Atolle, das die große Insel als rückständige, von Primitiven bewohnte Gegend betrachtete. Deswegen hatten die Leute aus Kaisiga es auch so eilig, der königlichen Hauptinsel Kiriwina schnell wieder den Rücken zu kehren. Dort konnte einem alles mögliche passieren . . .

Wovon ich ein paar Tage später eine kleine Kostprobe erhielt. Bedrückt von der Einsamkeit im Dorf – alle arbeiteten in den heißen, moskitoverseuchten Gärten –, war ich zu einer sumpfigen Mangroveninsel namens Baimapu gepaddelt, um Vögel zu beobachten. Der Wind hatte sich gelegt, der Morgen war wunderschön und friedlich, das Meer bis zum Horizont ein glatter Spiegel für klares Licht und rosa-bläuliche Pastelltöne. Rote und schwarze Papageien jagten einander in den Bäumen, Reiher und andere Seevögel staksten durch die Untiefen.

Das Wasser war flach und schlammig, aber es gab einen Kanal, der die Insel durchschnitt. Ich versuchte, in seiner Mitte zu bleiben, möglichst weit weg von dem schattigen Sumpf an seinen Rändern, in dem es womöglich Krokodile gab und das Paddeln schwierig war: An manchen Stellen war das Wasser höchstens ein paar Zentimeter tief.

Vor mir sah ich sieben oder acht halbwüchsige Jungen durch das flache Wasser platschen und ab und zu Speere hineinstoßen. Sie fischten. Als sie mich sahen, drehten sie sich um und kamen heran.

»Woher kommst du, *dim-dim*?« fragte einer. Er war vielleicht dreizehn Jahre alt, sein langer Speer, mit dem er mir vor der Nase herumfuchtelte, hatte eine rostige Spitze.

Er wollte mich herausfordern und war absichtlich frech, also antwortete ich: »Nenn mich nicht *dim-dim*. Ich bin aus Amerika.«

»Gib mir PK«, forderte ein anderer. (Der Markenname PK wurde als Gattungsbegriff für alle Arten von Kaugummi benutzt.)

Dann wollten auch die anderen unbedingt Kaugummi, und ein paar fingen an, am Boot herumzufummeln.

»Wir wollen mit deinem *waga* fahren.«

Einer versuchte, sich aufs Heck zu setzen, ein anderer drückte seine Speerspitze gegen die Stoffhaut des Boots.

»Finger weg«, sagte ich scharf. »Haut ab.«

Inzwischen war ich aus dem Kanal herausgetrieben und saß im flachen Wasser auf Grund. Die Jungen umringten mich und erhoben die Speere. Sie trugen zerlumpte Shorts, und ihre Beine waren voller Schlamm, ihre Körper lehmverschmiert.

Einer von den kleineren Jungen wedelte mit seinem Speer herum, rannte auf und ab und schrie: »*I keel you, I keel you! Ich bring dich um!*«

Dabei machte er eine gräßliche Grimasse, warf mir finstere Blicke zu und streckte die Zunge heraus.

Ich tauchte das Paddel ein, aber mein Boot steckte so fest im Schlamm, daß ich es nicht wieder flottbekam. Ich versuchte, mir meine Nervosität nicht anmerken zu lassen, und sagte in einem etwas gezwungen ruhigen Ton: »Hör auf mit dem Blödsinn.«

Als die anderen merkten, daß ich festsaß, stimmten sie in seinen Singsang ein: »*Keel the dim-dim! Keel the dim-dim! Bringt ihn um!*«

Der kleinere Junge kam nahe an mich heran, schüttelte seinen Speer und zischte mir zu: »Hau ab, *dim-dim!*«

»Bringt ihn um!«

Die ganze Zeit über grinste ich mein gefrorenes Lächeln, sprach langsam auf sie ein und versuchte, mich mit meinem Paddel von der Schlammbank abzustoßen. Ich wollte weder aus dem Boot aussteigen noch meine Angst zeigen.

Es war ein Alptraum: die brüllenden Halbstarken, die Art, wie sie im Wasser herumhopsten und mich bedrohten, ihre dreckigen Gesichter und ihre widerlich gefährlichen Speere. Ich saß, sie standen. Außerdem saß ich auf Grund, und ihnen war klar, daß ich hilflos war. Ich wußte nicht genau, ob sie bloß ein makabres Spielchen trieben oder wirklich feindselig waren, aber ich hielt es für das beste, mich nicht mit ihnen anzulegen und schnellstmöglich zu verschwinden.

Ich wandte ihnen den Rücken und versuchte erneut, das Boot flottzukriegen. Es bewegte sich zäh, und immer noch tänzelten und skandierten sie: »Hau doch ab!«, oder riefen: »Guck her!«, damit ich ihre bedrohlichen Speere sah. Ich hielt ihnen absichtlich den Rücken zugekehrt, verbarg meine Anspannung (ich war sicher, daß sie mich verfolgen würden, wenn sie mir meine Nervosität anmerkten) und manövrierte das Boot zurück in Richtung tieferes Wasser. Unterdessen redete ich ununterbrochen in einem monotonen, scheinbar sorglosen Ton mit mir selbst: »Ihr habt keinen Grund, mit diesen lächerlichen Speeren vor mir rumzufuchteln . . .«

»Guck her!« Einer von ihnen hatte einen kleinen toten, farblosen Stachelrochen in der Hand: Die Trobriander verschmähten diese Fische, nur in den ärmeren, weiter von der Küste entfernten Dörfern wurden sie gegessen. »Friß ihn, *dim-dim!*«

Sie rannten vor mir her, damit ich sie und ihre Speere im Blickfeld hatte, aber ich versuchte ruhig zu wirken und paddelte an ihnen vorbei. Sie warfen mir den Rochen hinterher und schrien sich selbst in Rage, gräßliche Kerle mit rostigen Speeren und dreckigen Gesichtern.

Im tieferen Wasser tauchte ich das Blatt ein und paddelte mit kräftigen Schlägen los. Die Jungen liefen noch eine Zeitlang hinter mir her, und ich hielt den Atem an, weil ich das Gefühl hatte, daß einer von ihnen seinen Speer nach mir werfen würde. Ich sprintete davon und wurde erst langsamer, als ich sehen konnte, daß sie in sicherem Abstand hinter mir waren.

Sie hatten mich bedroht, weil sie in der Überzahl waren. Ich war allein gekommen und hatte ihnen keine Geschenke gegeben. Meine Harpune lag in Kaisiga. Wenn ich sie mit meinem eigenen Speer bedroht oder mich wie ein Waschlappen aufgeführt hätte, wären sie womöglich weit gefährlicher geworden. Ich war das ideale Opfer – ein Außenseiter. Sie hätten mich leicht verletzen und sogar töten können. Die Bakterien von einer dieser rostigen Speerspitzen hätten das schon erledigt. Was mich am meisten überrascht hatte war die Unvermitteltheit dieses Ausbruchs von Grausamkeit.

Ich paddelte zum Kai von Losuia, wo etliche Kanus vertäut lagen. Ich fühlte mich etwas wacklig auf den Beinen, wollte einfach nur aussteigen und mich irgendwo hinsetzen. Wenn der kleine Laden offen war, wollte ich mir etwas zu essen kaufen.

Ein Fischer am Kai sagte: »Sie wollen hier anlegen?«

»Ja«, sagte ich. Ich hatte schon oft dort festgemacht.

»Dafür müssen Sie dreißig Kina zahlen.«

Was sollte das denn jetzt? Über dreißig Dollar für etwas, das mich bisher keinen Cent gekostet hatte? Hinter dem Mann versammelten sich Zuschauer.

»Wenn das so ist, dann mache ich hier nicht fest.«

»Wieviel wollen Sie denn zahlen?« fragte der selbsternannte Wucherer.

»Gar nichts.«

Die Leute glotzten zu mir herunter. Keiner sagte etwas. Schon wieder schien Gefahr in der Luft zu liegen. Jeder, den ich traf, benahm sich plötzlich feindselig. Während ich wegpaddelte, rief jemand: »Kommen Sie zurück! Wir wollen Ihnen helfen!« Aber ich war sicher, daß sie nur ihren Spaß mit mir haben wollten, und fuhr weiter, zurück zu meinem Lager in Kaisiga.

Und selbst in Kaisiga verhielten sich die Leute merkwürdig. Tage später paddelte ich zur Ortschaft Koma an der Ostküste – einem gespenstischen Kaff voller grunzender Schweine – und tauschte dort ein paar Seidentücher gegen Schnitzarbeiten ein (einen Kanusteven, einen Kalktopf aus Ebenholz). »Fahr nicht nach Koma«, sagten sie hinterher. »Die Leute dort sind schlecht.«

Die Dorfbewohner schienen unruhig und nachdenklich. Ich schlug vor, wir sollten alle mit Lyndons Boot zum Fischen fahren.

Zechariah sagte: »Ich komm mit, wenn du mir deine Sonnenbrille und deinen Speer gibst.«

»Ich teile sie mit dir«, sagte ich.

Schließlich legten wir zu zwölft mit Lyndons Kanu ab, und kaum waren wir ein, zwei Kilometer vom Land entfernt, standen alle auf, um den Meeresboden nach Felsen abzusuchen, bei denen es Fische geben mußte. Das Wasser war so klar, daß man noch aus ziemlicher Entfernung jeden Stein sehen konnte, und als wir einen gefunden hatten – eigentlich ein Haufen von Steinen und Korallen –, sprangen alle ins Wasser und strampelten zum Grund.

Durch seine Klarheit wirkte das Wasser flacher, als es war. Ich rutschte auch hinein, aber die anderen waren weit unter mir in fast zehn Metern Tiefe zwischen Schwärmen gelb und grün glitzernder Stichlinge und plumper Papageienfische. Ich hatte noch nie Menschen gesehen, die so tief tauchen und so lange unten bleiben konnten. Mit einer Hand hielten sie sich an den Korallen fest, mit der anderen stachen sie zu. Zum Atemholen tauchten sie kurz auf – ihre Speere klemmten sie solange zwischen die Korallen – und gingen gleich wieder nach unten, um weiterzumachen. Ich kam bis auf drei, vier Meter an den Grund heran, bis meine Ohren dröhnten und ich mich zurück in Richtung Oberfläche verziehen mußte. Den anderen schien die Tiefe nichts auszumachen, sie blieben jedes-

mal für zwei oder drei Minuten unten. Und sie handhaben
ihre Speere mit tödlicher Sicherheit. Kaum hatten wir haltge-
macht, brachten sie auch schon die ersten Fische nach oben:
Papageienfische, Meeresforellen und einen dunklen Chirur-
genfisch, den sie *blackfish* nannten.

Das Kanu lief wieder voll, also saß ich in der Sonne zwischen
den zuckenden Fischen und schöpfte mit Lyndons *yatura:* Das
Wasser war rot vom Blut der aufgespießten, zerstochenen
Tiere. Wir hatten Kokosnüsse dabei, zum Trinken, zum Essen
und als landesübliche Hautpflege (die Männer rieben sich zer-
drücktes Kokosnußfleisch auf Arme und Schultern, um die
Haut zu schützen und Sonnenbrände zu lindern).

Als ich zurück ins Wasser tauchte, sah ich, daß sich die anderen über das ganze zerklüftete Riff verteilt hatten, ihre Beute in
Felsspalten scheuchten und dann heftig zustachen. Ich tauchte
ein paarmal tief runter und wollte es gerade noch einmal versuchen, als ich in den langen Sonnenstrahlbündeln, die das tiefe
Wasser durchdrangen, die unverwechselbare silbrige Schnauze
und den Torpedokörper eines Hais entdeckte, der langsam
nach unten glitt, auf die schwimmenden Speerträger zu.

Es war der riesige, süffisant grinsende, hungrig aussehende
Hai aller Horrorgeschichten, der mit monströser Geduld die
nackten Taucher betrachtete. Die dunkle Zigarrenform unseres
Kanus war direkt über mir. Mit sparsamen Schwimmzügen
(»Haie merken es, wenn du Schiß hast«) erreichte ich das Kanu
und rollte mich mit einer einzigen, schnellen Bewegung aus
dem Wasser ins Boot zwischen die zappelnden Fischleiber.

Ich wischte mir den Schleim von Armen und Händen und
versuchte, in die Tiefe zu sehen, aber die Oberfläche war durch
den Wind mit kleinen Wellenfältchen überzogen, die wie ein
Vorhang auf dem Wasser lagen und alles verschleierten.

Lyndon tauchte als erster auf. Er grapschte nach dem Kanu
und holte japsend Luft. Dann taten Derrick und Zechariah das
gleiche, andere folgten, hängten sich ans Boot.

»Habt ihr den Hai gesehen?«

»Es waren drei«, sagte Lyndon. »Der große und hinter ihm
noch zwei. Sie sind auf Zechariah zugeschwommen, aber er
war bei den Felsen und hat sie nicht gesehen. Also hab ich ihm
was zugebrüllt.«

Ich konnte mir lebhaft vorstellen, wie Lyndon sieben Meter unter Wasser jemandem was zujodelte.

»Ich hab mich umgedreht, und da waren sie«, sagte Zechariah strahlend.

»Hattest du Angst?« fragte ich.

»Nein. Ich brülle sie an: ›Ho! Ho! Ho!‹ Das hat sie verscheucht. Es sind dumme Fische.«

»Warum bist du nicht weggeschwommen?«

»Wenn sie sehen, daß du Angst hast, essen sie dich.«

»*Liehndon*«, sagte ich, »hast du denn keine Angst vor Haien?« Er lachte mich an: »Nein.«

»Habt ihr schon mal von einem gehört, der gebissen worden ist?«

»Nie.«

»Aber ihr könnt Haie töten.«

Jetzt sah er entrüstet aus: »Nein. Ich bin ein Sieben-Tage-Adventist.« Und er verwies mich auf das dritte Buch Mose, Kapitel elf, das schuppenlose Fische als Greuel deklariert.

Wir tauchten weiter, ich blieb allerdings in der Nähe des Kanus, denn ich war mir sicher, daß die Haie vom Fischblut angezogen worden waren, das ich aus dem Boot geschöpft hatte, und auch die Heiterkeit der anderen war mir kein Trost. Ich fürchtete mich. Und machte mich gleich noch einmal lächerlich, als ich beim Anblick einer gelben Seeschlange, die sich über mir durch das Wasser wand, hastig ins Kanu kletterte.

Lyndon hatte mich beobachtet. »Warum hast du Angst?«

Ich sagte: »*Big pela snake. Long pela. Yellow pela. Eine große Schlange. Langer Bursche. Gelber Bursche.*«

»Die tun nichts«, meinte Derrick. »Wir spielen mit ihnen.«

Später, als wir nach besseren Fischgründen suchten, nach noch mehr durcheinanderliegenden Korallenfelsen, schwamm etwa fünfundzwanzig Meter vor uns ein Ding, das aussah wie eine dümpelnde Kokosnuß.

»Eine Schildkröte«, sagte Lyndon.

»Ziemlich groß. Können wir jagen«, meinte Micah.

»Eßt ihr die?«

»Nein«, antwortete Lyndon. »Wir sind SDA. Aber die alten Männer im Dorf essen sie. Schmecken gut.«

Es war eine grüne Seeschildkröte mit einem kanaldeckelgroßen Panzer. Wir paddelten hinterher, aber sie glitt davon.

»Nachts erwischt man sie besser, da schlafen sie unter dem Riff«, erklärte Lyndon.

Wir saßen im Schneidersitz auf der Plattform aus Holzstangen, die auf dem Ausleger des Bootes festgelascht war, acht oder neun Leute hatten bequem darauf Platz. Lyndon sah zu, wie die anderen die Fische zählten. »*Porty-pive*«, sagte einer – *p* und *f* sind in der Sprache von Kiriwina austauschbar.

»Zuviel Strömung«, meinte Lyndon und gab den anderen Zeichen, das Boot für die Heimfahrt klarzumachen. »Deswegen haben wir so wenig Fische.«

Fünfundvierzig waren eine ganze Menge – immerhin eine Ausbeute von mindestens dreißig Kilo. Aber sie mußten für das ganze Dorf reichen, das war seine Sorge. Sie würden doppelt so viele Fische brauchen, wenn sie sie räuchern und bis zum nächsten Tag aufheben wollten.

Auf dem Heimweg aßen wir Bananen und tranken Kokosmilch, und die Männer rieben sich mit dem zerkrümelten Fruchtfleisch ein.

Plötzlich sagte Lyndon bekümmert: »Zu dumm, daß wir die Schildkröte nicht erwischt haben.«

In Ufernähe warfen die Fischer ihre Beute den herumplanschenden Kindern zu, die sie auffingen, wuschen und dann ins Dorf trugen, wo eine andere Gruppe von Kindern einen Windschutz gebaut und über einem Feuer einen Rost errichtet hatte. Zwanzig Kinder arbeiteten am Grill, unter ihnen viele von den Jungen und Mädchen, die ich immer für die schlimmsten Satansbraten des Dorfes gehalten hatte. Wenn es galt, irgendwelche Aufgaben zu erledigen, half jeder mit, auch die Satansbraten.

Die Frauen, die auf die Rückkehr der Fischer gewartet hatten, dämpften Yams, Bananen und Süßkartoffeln in dem Erdofen, der im ganzen Pazifikraum üblich ist – von Guinea, wo er *mumu* heißt, bis nach Hawaii, wo er als *imu* bekannt ist. Das Wort auf den Trobrianden, das mit ziemlicher Sicherheit mit den anderen verwandt ist, heißt *kumkumla*.

Als wir uns zum Essen hingesetzt hatten – wir saßen alle in einer langen Reihe auf dem Boden und aßen von Palmblättern –, wollte ich von den Fischern mehr über die *kula*-Fahrten erfahren. Lyndon war der eifrigste *kula*-Mann im Dorf, sprach aber nur ungern über die Armmuscheln und Halsbänder, die er in seiner Hütte aufbewahrte. Schließlich meinte er: »Ich will Faul mein *bagi* nicht zeigen. Nachher will er die alle kaufen.«

Ich überredete ihn, mir das schönste Halsband zu holen, eine lange, wunderschöne Kette aus winzigen, polierten Muscheln, und sagte dann: »Das will ich nicht kaufen. Das ist mir nicht schön genug. Eigentlich ist es ziemlich häßlich. Es ist *no-gut, samting-nating.*«

»Er sagt, es ist *samting-nating*! Ha!«

Alle lachten. Über derben Sarkasmus amüsierten sie sich am meisten.

John drehte Primrose, die sechs Monate alte Tochter seiner Schwägerin, über einer verglühenden Kokosnußschale, während er sich die Blödelei anhörte. Für Wertloses gibt es im Pidgin-Englischen enorm viele Ausdrücke: »*It is bullseet . . . It is rabis . . . Namba-ten . . . Mist . . . Quatsch . . . Nummer zehn . . .*« Sie fanden Pidgin so lustig wie ich, und weil man es auf den Trobrianden selten benutzte, war die Wirkung immer sehr komisch. Auf pidgin konnte ich Fragen stellen, die mir in schlichtem Englisch zu heikel gewesen wären.

Menschen, die Hunde aßen, hatten mich immer schon fasziniert, und so benutzte ich die Gelegenheit unseres kleinen Festes, um zu fragen: »*Yu-pela kai-kai dok? Eßt ihr Hunde?*«

»*SDA-pela no kai-kai dok. Sieben-Tage-Adventisten essen keine Hunde*«, antwortete Lyndon.

»*Yu traiem kai-kai dok – nambawan, moa beta. Probiert mal Hundefleisch. Eins a, sehr gut!*« Ich klopfte mir auf den Bauch.

John lächelte. Er drehte noch immer das nackte Baby im Rauch herum. »*Alotau people traiem dok tumas. Tu, kai-kai pusi.*«

Die Frauen von Kaisiga starrten ihn an, die Männer kreischten vor Lachen.

»Warum reden wir eigentlich Pidgin?« fragte ich. »Sprechen wir lieber normales Englisch. Wir sprechen doch alle normales Englisch, oder?«

»Ich sprech das allernormalste«, meinte Lyndon zur allgemeinen Erheiterung.

Aber ich sah zu John hinüber: »Hab ich das richtig verstanden? Hast du gesagt, daß die Leute in Alotau Pussies, also Katzen essen?«

»Manche«, sagte er. »Aber nicht unsere eigenen Hunde und Katzen. Wir holen andere, die im Wald oder auf der Straße herumlaufen, und wir kochen sie wie jedes andere Fleisch. Ja, manchmal ist es traurig, weil der Hund der beste Freund des Menschen ist. Aber sie schmecken gut.«

»Sind Hunde und Katzen nicht im dritten Buch Mose genannt?«

»Nein«, sagte John, der immer noch das Baby in den Rauch hielt. »Und im fünften Buch auch nicht.«

»Was machst du da mit dem Kind?«

Er hob die Kokosnußschale an und zeigte mir einen walnußgroßen Gegenstand, der darunter kokelte.

»Siehst du dieses Grashüpfer-Ei?« Er deutete auf die rauchende Walnuß. Grashüpfer-Ei? »Wir verbrennen es, und wenn der Rauch durch die Kokosnußschale kommt, lassen wir das Baby daran riechen. Dadurch bekommt es einen aufrechten Gang.«

»Glaubst du daran?«

»Ich habe es schon gesehen.«

Bisher hatte ich ihn ziemlich eintönig biblisch gefunden und seinem ewiglangen, salbadernden Dankgebet vor dem Essen immer nur zähneknirschend zuhören können. Als ich diesen christlichen Insulaner jetzt aber voller Hingabe an Magie und Aberglauben erlebte, ermunterte ich ihn noch.

Ich hatte mir selbst versprochen, zu den winzigen Atollen am Rande des Archipels der Trobrianden zu paddeln. Aus Kaisiga allerdings wollte niemand mitkommen: Jeder Besuch in einem anderen Dorf oder auf einer anderen Insel brachte ein kompliziertes Geschenkritual mit sich, zu dem sie keine Lust hatten. Ich konnte einfach dort auftauchen, ein bißchen herumpalavern und die Dorfbewohner mit ein paar Päckchen Tabak oder Angelhaken beglücken: Ein *dim-dim* war sowieso kein richtiger Mensch.

Für die Hin- und Rückfahrt nach Munawata brauchte ich einen Tag. Die Seemänner der Insel erinnerten sich noch von den stürmischen Tagen am Hafen von Losuia her an mich, als ich bei dem schlechten Wetter losgepaddelt und sie an Land geblieben waren. Auf ihrer lieblichen Insel gab es nur ihr schönes Dorf, und als ich es lobte, sagten sie: »Aber wir haben kein Wasser.«

Die Kehrseite des Lebens in diesem Inselparadies mit seinen Sandstränden und fruchtbaren Böden bestand darin, daß sie zum Wasserholen in ihre Kanus klettern und fast zwei Kilometer nach Labi hinüberfahren mußten, wo es eine Quelle gab. Bei Nordwestwind war die Überfahrt nicht möglich. Manchmal wehte er tagelang.

»Dann essen wir grüne Kokosnüsse, versuchen Regenwasser zu sammeln und warten ab, bis der Wind sich dreht.«

Auf Munawata gab es traditionelle Junggesellenhäuser für junge Männer, die dort wohnten und auch ihre Freundinnen empfingen. Die Mädchen blieben manchmal wochenlang bei ihnen, nahmen aber ihre Mahlzeiten bei den Eltern ein – ein sehr zivilisiertes Arrangement, fand ich. Die Jungen von Munatawa trugen Blumen im Haar, die halbwüchsigen Mädchen und die Frauen waren barbusig, hatten stark mit Rouge geschminkte Wangen, gaben und kleideten sich betont sinnlich, weil die Yamsernte in vollem Gange war.

Es war schon seltsam, aus diesem Dorf der freien Liebe nach Kaileuna zurückzupaddeln, zu den frommen Leuten von Kaisiga, die über die alten Bräuche spotteten und sich an ihren neuerworbenen Adventistenglauben klammerten. Aber selbst sie waren fest genug in der Kultur der Trobrianden verwurzelt, um einen Ausflug auf die verbotene Spukinsel Tuma unaussprechlich gruselig zu finden. Niemand wollte mit mir mit, und sie flehten mich an, auch selbst nicht hinzufahren. Die Insel sei voller Stimmen und Schatten, die Geister sämtlicher Menschen, die je auf den Trobrianden gestorben seien, lauerten auf Tuma, und wenn ich dort übernachten wolle, würde ich keinen Schlaf finden. Ich paddelte hin – die Insel war schön, leer und wegen ihres schlechten Rufs völlig überwuchert –, aber ich übernachtete nicht auf ihr, sondern kampierte noch einmal in Kaisiga und fuhr am nächsten Tag zur Hauptinsel Kiriwina weiter. Auf dem Weg dorthin kam ein Motorboot längsseits: ein deutscher Anthropologe, Prof. Wulf Schiefenhövel, mit seinem Sohn Fridtjof. Wulf war aufgefallen, daß mein Faltboot aus Deutschland stammte.

»Ich habe hier noch nie jemanden in einem Kajak herumfahren sehen«, meinte er.

Wir machten unsere Boote aneinander fest, teilten eine Pepsi aus seiner Kühlbox und redeten über die Trobriander. Er beschäftigte sich seit zwanzig Jahren mit ihnen. Ihre Ernährungsweise sei nahezu ideal, sagte er, sie hätten keine Herzkrankheiten und keine Gefäßprobleme. Ihr Blutdruck sinke, wenn sie älter würden. Und doch bestätigte er, was ich schon gehört hatte: daß sie nämlich nicht lange lebten. Ihre Lebenserwartung lag wegen der hohen Infektionsgefahr sogar noch unter vierzig.

»Hier hat sich so wenig geändert«, sagte er, »als kämen die Leute direkt aus Malinowskis Buch spaziert.«

Er riet mir, mich länger auf der Hauptinsel umzusehen und Omarakhana, das Dorf des Paramount Chiefs, zu besuchen, machte ein Bild von mir – ich hatte es lästig gefunden, eine Kamera mitzuschleppen –, und wir fuhren auf getrennten Wegen weiter, er zu seinem Dorf auf Kaileuna, ich nach Kiriwina, der blendenden Nachmittagssonne entgegen.

Das Herz der Trobrianden, seines Clanlebens und seiner Kultur, ist Omarakhana. »Seit wir aus den Höhlen gestiegen sind«, sagen die Trobriander, »hat unser Chief hier gelebt.« Sie erwähnten nie, daß ihre Vorfahren womöglich von anderen Inseln zugewandert waren, ganz im Gegenteil: Sie glaubten mit Bestimmtheit, daß es nicht so war. Vor langer Zeit waren ihre Vorfahren den Korallenhöhlen bei Kaibola auf dem Gipfel der Insel entstiegen und hatten sich in verschiedene Clans aufgeteilt. Einer der angesehensten war der Clan der Tabalu, aus dem der derzeitige oberste Chief Puliyasi stammte. Er amtierte seit etwa drei Jahren.

Wegen der Gefahr von Vergewaltigungen – es waren tatsächlich ernstzunehmende, demütigende, brutal ausgeführte Angriffe, die überall geschahen – fuhr ich mit einem freundlichen Dörfler namens Matthew im Lastwagen. Unterwegs erzählte er mir, daß Puliyasi als Chief besser sei als der vorherige. Nach der Tradition hat der oberste Chief die Macht über das Wetter. Sein Vorgänger, der ständig übler Laune gewesen war, hatte ihnen das scheußlichste Wetter gebracht: zuviel Regen, zuviel Sonne und dann tagelangen Wind.

»Wenn ich sage: ›Bitte, Chief, lassen Sie es regnen‹, macht er es dann?«

»Wenn er will, macht er es.«

Es mußte schön sein, an einem Ort zu wohnen, wo jemand, den man kannte, für das Wetter verantwortlich zu machen war. Das königliche Dorf war matschig und feucht, lag im Zentrum der Insel, weit weg von jeder Meeresbrise, mindestens drei Kilometer vom nächsten Strand entfernt, am Ende einer schlechten Straße und eines überwachsenen Trampelpfads. Es war nicht im mindesten so ordentlich oder hübsch wie die Dörfer, die ich auf den äußeren Inseln gesehen hatte. Mit seinen schäbigen Hütten, schlampigen Grasdächern und baufälligen Pavillons wirkte es vernachlässigt und gespenstisch. Schweine wühlten grunzend zwischen Hütten und rotznasigen Kindern herum, struppige Hunde balgten sich um Essensreste. Die Hütte des Chiefs war besonders zerfleddert, aber laut Matthew war es nicht seine einzige, er habe mehrere, weil er immer noch Frauen dazu erwarb – zur Zeit besaß er drei.

Ein fast kahlköpfiger Mann in löchrigen Shorts und einem T-Shirt mit der Aufschrift *Coca-Cola Fun Run 1988* kam aus der Hütte und spuckte aus. Er rauchte ätzenden trobriandischen Tabak in einem zusammengerollten Stück Zeitungspapier. Er war barfuß. Mit einem vom Betelsaft fleckigen Grinsen kam er auf mich zu und winkte einem Jungen, der eilfertig in einem verrottenden, wandlosen Pavillon einen wackligen Campingsessel für ihn aufstellte. Darauf ließ er sich nieder, und das ausgefranste blaue Kunststoffgewebe ächzte. Der Mann war Paramount Chief Puliyasi.

Ich setzte mich ihm zu Füßen – es wäre absolut undenkbar gewesen, auf gleicher Höhe mit dem Chief zu sitzen und ihm geradeaus in die Augen zu blicken –, stellte mich als Reisenden und dankbaren Gast der Trobrianden vor und überreichte ihm klebrigen, schwarzen Tabak im Wert von zwanzig Dollar.

Der Chief, der kein Englisch sprach, murmelte einem seiner Höflinge etwas zu.

»Der Chief wünscht zu erfahren, wie Sie von den Trobrianden Kenntnis erhalten haben.«

»Ich habe ein paar Bücher über sie gelesen, die ein berühmter *dim-dim* namens Malinowski verfaßt hat.«

»Er hat in diesem Dorf gewohnt«, sagte der Mann. Er hieß
Joseph Daniel und trug eine zerrissene braune Hose. »Die Leute
konnten seinen Namen nicht aussprechen, deshalb nannten sie
ihn *Tolibwoga*, was ›Meister der Geschichten‹ oder ›Historiker‹
oder so bedeutet. Er hat immer Geschichten von früher erzählt.«

Als der Name fiel, lächelte der Chief und paffte an seinem
Zeitungsstumpen. Ich frage, wo Malinowski gelebt habe.

»Da hinten, wo man die Leine und die Wäsche sieht.«

»Bei der Wäscheleine?«

»Ja. Er hat neben Chief To'uluwa gewohnt. Der war der
Großvater von Chief Puliyasis Mutter.«

Die Insulaner leben in einer matrilinearen Gesellschaft, in
der Titel und Grundbesitz über die mütterliche Linie vererbt
werden. Der Bruder einer Frau stand ihren Kindern näher als
deren Vater, den man kaum als Blutsverwandten ansah (wobei
die Verbindung des Onkels zu den Kindern seiner Schwester
nie in Frage stand).

»Erzählt man noch Geschichten von Tolibwoga?«

»Nein, aber der Chief kennt welche.«

»Hat Tolibwoga auch die anderen Inseln besucht?« fragte
ich. Meine Frage und die Antwort wurden übersetzt.

»Er ist nie gereist, weil man nicht für seine Sicherheit garantieren konnte. Damals gab es Unruhen auf den anderen Inseln.
Die Leute führten Krieg. Tolibwoga blieb hier.«

Ich tat so, als schriebe ich genau das in mein Notizbuch,
schrieb aber tatsächlich: »Fun-Run-T-Shirt, Campingsessel,
kahlgeschorene Frauen, Spinnweben in allen Häusern,
Schweine und Hunde, schlampige, baufällige Hütten.«

Der Chief murmelte Joseph etwas zu, der sich an mich
wandte: »Der Chief wünscht zu wissen, ob Sie Fragen an ihn
haben. Er möchte Ihnen helfen. Es ist Ihnen freigestellt, alles
zu fragen.«

Ich erkundigte mich nach ein paar unverfänglichen Dingen
und riskierte dann die Frage, die mir wirklich auf der Seele lag:
»Stimmt es, daß Chief Puliyasi magische Kräfte besitzt, die ihm
Macht über das Wetter verleihen?«

Als er die Übersetzung hörte, lachte der Chief leutselig in
sich hinein, murmelte etwas, paffte an der verkokelten Zei-
tungsröhre und zupfte an seinem dreckigen T-Shirt herum.

»Ja, er kann das Wetter bestimmen.«

»Er hat Zauberkräfte?«

»Ja.«

»Hat er diese Zauberkräfte von jemandem erhalten, als er Chief wurde?« Man hatte mir erzählt, daß der Chief Hexer als Berater habe, die den Tod anderer Menschen bewirken könnten. Puliyasi bräuchte zum Beispiel nur zu brüllen: »Wer befreit mich von diesem aufrührerischen Priester?«, und der Gottesmann sei so gut wie tot.

»Nein«, sagte Joseph. »Der Chief hat diese Zauberkräfte schon seit vielen Jahren. Er hat das Wetter schon gemacht, bevor er Chief wurde.«

Puliyasi lächelte. Er hatte feiste Wangen, war einer der wenigen dicken Menschen, die ich auf den Trobrianden gesehen hatte. Es war das zuversichtliche Lächeln eines Menschen, der dafür sorgen kann, daß es auf dich regnet, wenn du zu viele lästige Fragen stellst.

Er unterhielt sich gern über seine Frauen. Seine Höflinge verhandelten gerade darüber, daß ihm aus jedem größeren Clan auf den Trobrianden ein junges Mädchen geschickt wurde. Am Ende würde er wohl, wie sein Vorgänger, ein Dutzend Ehefrauen beisammen haben. Die Brüder dieser Frauen würden sämtlich für den Chief arbeiten, ihre eigenen Gärten bestellen und ihm die Ernte bringen. Ja, es war ein hartes Los und ein Job fürs Leben, aber es war auch ganz nützlich, wenn man ab und zu jemanden darauf hinweisen konnte, daß man der Schwager des Paramount Chiefs war.

»Seit wann hat es hier Chiefs gegeben?«

»Seit wir aus den Höhlen gekommen sind.«

Die Antwort brachte mich auf eine Frage, die ich schon lange hatte stellen wollen. Waren die Trobriander in alten Zeiten jemals mit ihren Kanus davongesegelt, um auf anderen Inseln im Pazifik zu leben?

»Ja, auf Fidschi«, sagte einer. Er hieß Patimo Tokurupai und sprach sehr gut englisch. »Wir wissen das wegen der ähnlichen Gesichtszüge. Es waren mal Leute aus Fidschi da. Sie haben gesagt: ›Unsere Vorfahren stammen von hier.‹«

Vom langen, demütigen Sitzen auf einem losen Bodenbrett wurde ich allmählich so steif, daß ich darum bat, das Yams-

Haus des Chiefs sehen zu dürfen. Nur der Paramount Chief
darf sein Yams-Haus reich dekorieren, seines war mit Muscheln und reichem Bänderschmuck mit Darstellungen von
Vögeln und Fischen verziert. Auf dem Giebel thronte ein seltsamer Kopf, der einzige geschnitzte Kopf, den ich je auf den
Trobrianden zu Gesicht bekam: ein schwarzweißes Glotzge-
sicht, das Ähnlichkeit mit Mister Punch hatte.

Beim Hinausgehen fragte ich einen der Männer aus Omarakhana, warum das Dorf so verkommen wirkte. Man kümmere
sich mit Absicht nicht um seinen Zustand, sagte er. Niemand
dürfe seine Hütte reparieren oder das Gras mähen, weil einer
der Brüder des Chiefs gestorben war. Die Witwe rasierte sich
den Schädel kahl und bestrich sich täglich das Gesicht mit
Lehm und Asche – ich sah sie kurz, wie sie im Matsch kniete:
Sie sah selbst aus wie eine Leiche. Wenn die fünf Monate dauernde Trauerzeit vorüber war, würden sie das Dorf neu aufbauen, alles anstreichen und in seinem alten Glanz erstrahlen
lassen. Bis dahin blieb alles so grauenhaft.

Es war heiß und stickig, also fuhr ich ein paar Tage später
wieder mit Freuden nach Kaisiga. Aber obwohl ich diesmal
vier Stunden lang gepaddelt war, fiel meine Begrüßung durch
Lyndon und die anderen sehr knapp aus. Sie waren nicht zu
Pidgin-Scherzen aufgelegt und auch nicht für einen Schwatz
im *bwayma* am Strand zu haben. Es war untypisch, aber ich
merkte, daß die Dorfbewohner mit ihren Gedanken ganz woanders waren. Mir wurde noch eingeschärft, was ich fürs nächste Mal alles einkaufen sollte (Isolierband, Seile, Plastikplanen,
noch eine Laterne, Speerspitzen, Messer und Angelschnur),
und dann schien es, als wäre es ihnen ganz lieb, wenn ich mich
verabschiedete.

Sie forderten mich nicht zum Bleiben auf – die klassische
Insulanermethode, jemanden wegzukomplimentieren. Sie waren kurz angebunden, nachdenklich, ahnungsvoll. Ich fühlte
mich von diesem völligen Stimmungsumschwung wie vor den
Kopf geschlagen, besonders von ihrem Eifer, mich loszuwerden. Ich hatte sowieso nicht lange bleiben wollen – am über-
nächsten Tag ging mein Flug –, aber ich fand diesen stummen
Abschied sehr traurig. Doch vielleicht war er auch gar nicht
stumm. Alles war äußerst gefühlsgeladen, jene Stimmung von

Bestürzung und Trauer, wenn Worte nichts mehr auszurichten vermögen, ein Schlußstrich, der den endgültigen Abschied bedeutet. Ich kannte diese Sorte Abschied inzwischen.

Ich paddelte davon und dachte darüber nach, daß ich diese Inseln einmal idyllisch gefunden hatte. Ich hatte mich geirrt. Eine Insel mit einer intakten überlieferten Kultur kann nicht idyllisch sein. Sie ist etwas anderes, nämlich einfach sie selbst: durchzogen von Magie, Aberglauben, Mythen, Gefahren, Rivalitäten und eingefahrenen Gebräuchen. Man muß sie nehmen, wie sie ist. Der Schlüssel für ihr Überleben liegt darin, daß die Menschen über alle Eindringlinge lachen und sie sich vom Leibe halten. Obwohl es merkwürdig schien, daß die Insulaner sich selbst als Menschen ansahen und mich als Untermenschen, als *dim-dim*, war mir plötzlich klar, daß ich ihre Welt niemals verstehen würde. Bei diesem zweiten Besuch hatte ich unterschwellige Gewalt gespürt, und das nicht nur, weil man mich bedroht hatte. Es lag etwas in der Luft: eine Schwingung, die Schreie mancher Vögel, die Art, wie der Wind die Bäume peitschte, die stickige Dunkelheit mancher Urwaldpfade und das plötzliche, laut raschelnde Gedrängel im Gebüsch, das mich erschreckte und mir den Atem stocken ließ.

»Was war das?« fragte ich dann.

»*Leezard.*«

Eine Eidechse von neunzig Kilo?

»Vielleicht ein Wildschwein.«

Aber manchmal schienen auch sie besorgt.

Zwei Tage nach meinem Abschied von Kaisiga traf ich in Losuia einen australischen Ladenbesitzer.

»Haben Sie von der Schlacht gehört? Das Dorf von Koma ist in Kaisiga einmarschiert. Es muß einen ziemlichen Kampf gegeben haben, hab ich gehört. Ein paar von den Leuten sind mit Schiffen ins Krankenhaus geschafft worden. Ungefähr dreißig Verletzte, und einen Haufen davon hat's ziemlich schlimm erwischt.«

Bevor ich ins Flugzeug stieg, schickte ich einen Brief nach Kaisiga, in dem ich John um eine Schilderung bat. Seine Antwort, in sauberer Missionsschulenhandschrift, holte mich irgendwann ein:

»SDA Mission Kaisiga, Trobriand Islands PNG.

Lieber Paul, Du fragst nach dem Kampf zwischen Koma und Kaisiga. Also, es ging um ein Dingi, das der Gemeinde Kaisiga gehört. Nach einer Übereinkunft, die die zwei Dörfer hatten, haben die Leute von Koma das Dingi für zwei Wochen benutzt. Als die zwei Wochen um waren, haben sie (die Koma) sich geweigert, das Dingi an Kaisiga zurückzugeben, und vorgehabt, es noch ein Jahr lang zu behalten. Deswegen sind die Männer von Kaisiga am Montag abend zum Strand von Koma gefahren und haben es zurückgeschleppt – das Dingi.

Am Dienstag in der Frühe sind alle Männer aus Koma, und auch Giwa und Lebola, gekommen und haben am Strand von Kaisiga, ungefähr dreihundert Meter vom Dorf entfernt, gegen uns gekämpft. Sie haben sehr laut auf einer Muschel geblasen. Sie hatten Buschmesser, kurze Knüppel, Eisenstangen und sogar ein paar Harpunen. Der Kampf fing um sechs Uhr dreißig an und dauerte bis elf Uhr dreißig. Ich bin hingegangen, um ihn zu stoppen, aber ich konnte es nicht. Als er vorbei war, ist die Polizei aus Losuia gekommen. Wir kamen alle vor Gericht. Die Strafe für Kaisiga waren 1 920 Kina, die für Koma sieben Monate Gefängnis, für alle Leute, ungefähr dreißig, einschließlich Frauen, die Essen an den Kampfplatz gebracht hatten.

Einige Männer aus Kaisiga sind verwundet worden, Leute wie Micah, Lyndon, Peter und andere. Zwei Männer aus Koma, die schwer verwundet worden sind, wurden ins Public Hospital von Alotau geflogen. Nach einer Woche ist einer gestorben. Wenn die Männer aus Koma aus dem Gefängnis zurückkommen, machen wir eine große Party (ein Fest zur Versöhnung der entzweiten Dörfer).

Bitte, Paul, ich brauche eine neue Uhr, weil die alte nicht mehr in Gebrauch ist. Meine Mrs. braucht eine Armbanduhr. Und wenn du in Port Moresby einkaufst, bevor du kommst, kauf uns bitte etwa drei Ballen Stoff mit Blumen drauf. Es gibt nicht viel zu erzählen, also schließe ich hier. Möge Gott Dich reichlich segnen.«

Und dann sein unleserlicher, krakeliger Namenszug, ein englischer Name, hingekratzt in zuckender Trobrianderschrift.

Aber diese blutige Schlacht war ja nicht die ganze Geschichte. In meiner Erinnerung behielt ich meine glücklichen
Tage und Nächte, sie wurden zum Sinnbild für den Pazifik. Es
waren die Trobrianden, auf denen ich begriffen habe, daß der
Pazifik tatsächlich ein Universum ist und nicht bloß ein
schlichter Ozean.

Ich erinnere mich besonders an einen Tag, an dem es spät
geworden war und die Nacht kam, während wir zur Insel zu-
rücksegelten. Überall waren Sterne, über uns und als Reflexe
im Meer, wo sie mit der phosphoreszierenden Bugwelle in
einem funkelnden Strom zusammenflossen. Wenn ich die Ruder ins Meer tauchte und die Oberfläche aufrührte, glitzerte
das Wasser mit blinkendem Leben. Wir machten rasche Fahrt.
An Land waren keine Lichter.

Dieser Ozean war so weit wie das Weltall, und unsere Fahrt
glich einer Reise von Stern zu Stern, in gläserner Nacht.

8. KAPITEL

DIE SALOMONEN: DOWN UND DRECKIG
IN GUADALCANAL

Die große Kanu-Völkerwanderroute, die alte Meeresstraße, auf der auch ich reiste, durchschnitt die bergigen Inseln und Korallenatolle der Milne Bay und führte nach Westen zu den Salomonen. Die ersten Inseln dieser Gruppe lagen gleich hinter der Ostspitze von Neuguinea: die sogenannten Nördlichen Salomonen, verwirrenderweise eine Provinz von Papua Neuguinea. Ich hatte die Idee, erst dorthin zu paddeln und dann weiterzureisen in den riesigen, aus 992 Inseln und Atollen bestehenden Archipel der Republik der Salomonen, die ihren Namen, nach König Salomon, vierhundert Jahre zuvor von einem phantasievollen Spanier erhalten hatte.[*]

Bevor ich meinen Plan jedoch in die Tat umsetzen konnte, traf ich Takaku. Dieser Insulaner bestätigte mir das Gerücht, nach dem sich die Nördlichen Salomonen von Neuguinea losgesagt und seine Mitinsulaner unter dem Druck der Belagerung zu den Waffen gegriffen hätten. Die Guerilla-Kämpfer nannten sich »Rambos« und stilisierten sich selbst und ihre hinterhältigen Mordmethoden nach dem Vorbild des schmierigen kleinen Schwachkopfs, den sie auf Video gesehen hatten.

Takaku machte mir angst. Es war nicht nur seine ungeheure Körpergröße, sondern auch seine Wut und sein bedrohliches T-Shirt, auf dem ein Salomon-Insulaner prangte, der, etwas verfrüht, wie mir schien, im Siegestaumel mit einem Maschinengewehr herumhopste.

»Die *dim-dims* sagen, ich sehe aus wie Idi Amin«, sagte Takaku.

---

[*] Der Seefahrer Alvaro de Mendaña war aus Peru angereist, verlockt durch Legenden der Inkas, nach denen sechshundert alte Seemeilen weiter im Westen Inseln voller Gold lägen. Ein glänzender Trick der Inkas, um sich wieder mal einen *Conquistador* vom Hals zu schaffen.

Ich war auch ein *dim-dim*, der das gesagt hätte. Glühende, blutunterlaufene Augen in einem schweren, gummiartigen Gesicht von erstaunlicher Schwärze, spitze Zähne, teerbraunes Zahnfleisch, ein gewaltiger Bauch, und die riesigen Füße hatten jeden Funken Leben aus seinen Gummilatschen gequetscht. Er war ein Typ, den die spöttischen Trobriander (die sich selbst als Weiße betrachteten) *tabwaubwau, Negerchen*, genannt hätten.

Takaku war der Ansicht, daß die neuguineische Provinz Nördliche Salomonen mit ihren reichen, von ausländischen Einwanderern ausgebeuteten Kupfervorräten ein selbständiger Staat werden müsse. Vor kurzem hatten sich die Bewohner der Inseln für unabhängig erklärt und etliche ausländische Grubenarbeiter umgebracht, um zu zeigen, daß sie es ernst meinten. Den Rest vertrieben sie nach Australien. Der Führer des bewaffneten Aufstands war ein gewisser Francis Ona, ein Nationalist – für die Insulaner ein Visionär, für die Bergleute ein Opportunist und Volksverhetzer. Nationalisten sind fast immer die Pest.

»Ona ist ein großer Umweltschützer«, erzählte Takaku. »Er will dem Volk das Land zurückgeben. Unser Land ist gemäß den Interessen einer Minderheitenclique in Panguna vergewaltigt worden.«

Panguna war die Hauptstadt der Hauptinsel Bougainville.

»Wollen Sie damit sagen, daß die Menschen das Geld von den Bergbaugesellschaften nicht haben wollen?«

»Nein. Wenn wir meinem Volk Gold und Silber zeigen, sagen die Leute: ›Was ist das? Das ist nur Metall. Wir wollen es nicht. Wir wollen Taro und Cassava. Warum wühlen sie unser Land auf und schicken es ins Ausland?‹«

Es war wohl nicht der richtige Zeitpunkt, ihn daran zu erinnern, daß die meisten Neuguineer, sogar die Trobriander, Geld brauchten, um lebensnotwendige (Angelhaken, Seile, Stoff, Töpfe) und ab und zu auch luxuriöse Dinge zu kaufen. Die Trobriander hatten es mir klargemacht und mir so meine Rolle zugewiesen. Zum Beispiel zogen sie den Geschmack von japanischen Dosenmakrelen jedem selbstgefangenen frischen Fisch vor. Aber derlei Probleme standen im Moment nicht im Vordergrund, die Unabhängigkeitsbewegung der Nördlichen Salomonen war zur militärischen Frage geworden.

»Stimmt es, daß die Regierung von Neuguinea über Bougainville eine Blockade verhängt hat?«

»Ja, aber die wird nichts nützen«, sagte Takaku. »Sie sagen: ›Ihr werdet keinen Strom und kein Licht haben‹, und mein Volk sagt: ·›Könnt ihr verhindern, daß die Sonne aufgeht? Könnt ihr verhindern, daß Regen fällt?‹ Mein Volk gibt sehr poetische Antworten. Es hat eine wunderschöne poetische Sprache, keine austronesische Sprache.«

»Wie soll die neue Republik heißen?«

»Francis Ona wollte sie zuerst ›Das Heilige Land‹ nennen, aber es werden dort so viele Sprachen gesprochen, daß er meint, es ist besser, wenn sie Bougainville heißt.«

»Finden Sie auch, daß es ein heiliges Land ist?«

»Ja. Wir brauchen keine Radios, keine Autos und kein Geld. Mein Volk sagt: ›Wir fahren so lange mit unseren Autos, bis das Benzin alle ist, dann schubsen wir sie ins Meer, als Häuser für Fische. Wir haben Kanus, wir haben zu essen, wir werden tanzen und singen.‹«

Aber Takaku hatte ein Problem: Seine Versuche, um Unterstützung für die neue Republik zu werben, waren bisher nicht sehr erfolgreich gewesen.

»Ich bin zur Neuseeländischen Vertretung in Port Moresby gegangen und habe gefragt: ›Warum erkennen Sie uns nicht an?‹ Und da haben sie gesagt: ›Wenn wir das tun, machen wir uns vor der ganzen Welt lächerlich.‹ Aber warum tun sie's wirklich nicht?«

Ich sagte: »Weil man Ihr Volk nicht braucht. Wenn Sie die Gold- und Kupferminen nicht wieder aufmachen, wenn Sie nichts aus dem Ausland brauchen, warum sollte Sie dann irgend jemand anerkennen? Was hätte man davon?«

»Wir wollen unser Land schützen«, meinte er.

»Aber je mehr Sie sich isolieren, desto verwundbarer machen Sie es.«

»Das macht nichts. Wir werden schwach sein, aber wir werden unser eigenes Land haben. Wir wollen keine Ausländer. Sehen Sie sich doch an, was in Fidschi passiert ist – die Inder wollten alles an sich reißen. Aber die werden bald rausgeschmissen.«

Wir redeten noch ein bißchen miteinander, und während

mein Entschluß reifte, seine unruhige Heimat nicht aufzusuchen – ich hatte schließlich keine Lust, mein Leben zu riskieren –, berichtete Takaku mir von seiner melanesischen Einzigartigkeit und seinem Stolz, kein Polynesier zu sein.

Die Nördlichen Salomonen waren keine glücklichen Inseln. Ich fand es eigenartig, daß die kleine Inselgruppe zu Neuguinea und nicht zur Republik der Salomonen gehörte, den Hunderten von Inseln direkt im Süden, mit denen sie Sprache und Kultur gemeinsam haben. Wieder einmal eine Laune der Geschichte.

Mit meinem Faltboot im Gepäck flog ich an Panguna vorbei nach Honiara, der Hauptstadt der Salomonen, einem Hafen an der Nordseite der Insel Guadalcanal. Der Name ist arabisch, kommt von *Wadi el Ganar*, und wurde ebenfalls von Alvaro de Mendaña aus Spanien mitgebracht.

»Habe absolut das Gefühl, daß sich das Leben anderswo abspielt«, schrieb ich in Honiara ins Notizbuch.

Mein erster Eindruck von diesem Ort: so klapprig, arm, beängstigend, so unglaublich dreckig, daß ich den Begriff Kulturschock jetzt erst richtig zu verstehen glaubte – in dieser lähmenden, bösartigen Form hatte ich so etwas noch nie erlebt. Der Gedanke, daß irgendwer diesen elenden Ort als Hauptstadt betrachten konnte, schien völlig absurd.

Ich schrieb: »Warum überhaupt sollte irgend jemand hierherkommen wollen?«

Und es war nicht nur scheußlich, es war auch teuer. In den Läden von Honiara gab es fast nur importierte Lebensmittel, aus Australien, Neuseeland, Japan und Amerika. Der wirtschaftliche Zustand eines Landes wird oft bei einem Gang über den Marktplatz deutlich. Der Marktplatz von Honiara war kläglich – ein paar alte Frauen, die kleine Häuflein schwärzlicher Bananen, welker Blätter und ein paar fliegenumschwärmte Fische feilboten.

»Wenn ich König wäre, dann wäre die schlimmste Strafe, die ich meinen Feinden angedeihen ließe, die Verbannung auf die Salomonen«, schreibt Jack London in seinem Südseebuch *The Cruise of the Snark*. »Aber wenn ich's mir recht überlege«, fügt er dann hinzu, »König oder nicht, ich glaube nicht, daß ich es übers Herz brächte.«

Die Salomonen und Melanesien beängstigten und inspirierten London weit mehr als der Goldrausch am Klondike. Für ihn waren die Salomonen ein Synonym für Horror: die wildesten Inseln im Stillen Ozean.

Man denkt einen Augenblick darüber nach, und dann will man mehr sehen.

Ich ging weiter, vorbei an Gerippen mutwillig zerstörter Gebäude und an Jugendbanden in dreckigen T-Shirts. Honiara sah so hinfällig und bösartig aus wie Haiti oder eine der geplünderten Küstenstädte Westafrikas. Die einzige breite, geteerte Straße hörte schon nach ein paar hundert Metern wieder auf und ging in einen holprigen Weg voller Schlaglöcher über. Selbst die Bäume wirkten schäbig. Die Schiffe, die am Kai vertäut oder im Hafenbecken vor Anker lagen, waren rostige Wracks. Die meisten Läden gehörten Chinesen und führten die gleichen Waren: Stoff, Seife, Schuhe, Aluminiumtöpfe, Schmalz, Streichhölzer und Konserven der Marke »Ma Ling«: Dosenfleisch, Hühnerfüße, Lychees in Sirup, Corned beef, Gänsefleisch in Soße. Ein japanisches Geschäft offerierte viel Geld für bedrohte Tierarten und forderte die Insulaner zum Verkauf von Schildkrötenpanzern, Riesenmuscheln und seltenen Vögeln auf. Ich war kaum fünfzig Meter weit gegangen, als sich ein Insulaner an mich heranmachte, um mir eine Halskette zu zeigen. Sie bestand aus mindestens dreihundert Delphinzähnen, hübschen kleinen, perlförmigen Dingern, die ich zählen sollte – der Preis für solche Ketten, für die vielleicht zwanzig Delphine gestorben waren, richtete sich nach der Anzahl der Zähne.

Ich ging zum Hafen. Ein kleines, hölzernes Fischerboot trug den hochtrabenden Namen *PT-109*, zu Ehren des Schiffes, das unter Kennedy bei einer nahegelegenen Insel torpediert worden war. Die grimmigen Stacheln und rostigen Eingeweide von Wracks aus dem Zweiten Weltkrieg – verlassene Landungsboote und die hohlen Rümpfe größerer Schiffe – ragten als ernsthafte Gefahrenquellen aus dem Wasser. Müll und ungeklärte Abwässer schwappten gegen das Ufer, und was ich zuerst für ein aufgepumptes Gummitier gehalten hatte, erwies sich als der graue, aufgedunsene Kadaver eines Schweins, der im dreckigen Wasser dümpelte und kurz vorm Platzen schien.

Drei fette melanesische Jungs in zerrissenen Shorts musterten das Schwein teilnahmslos und teilten sich eine Tüte »Cheez Doodles«.

Die Salomoner von Honiara gehörten zu den furchterregendsten Menschen, die ich je in meinem Leben gesehen hatte, mit wirren Haaren, riesigen Füßen, zerrissener, zerlumpter Kleidung, tätowierten Stirnen, Ziernarben in den Gesichtern und zersplitterten Sonnenbrillen. Sie stolzierten in großen Gruppen vorbei oder hingen vor den Geschäften herum, die amerikanische Rap-Musik spielten, und sahen selber am allermeisten wie Rapper aus.

Das, wie gesagt, war mein erster Eindruck von Honiara, doch mit der Zeit, während ich die Läden nach Expeditionsproviant absuchte, nach dem Weg fragte, Landkarten kaufte und mich einfach dort bewegte, besserte sich der Eindruck etwas. Der Krieg hatte das ehemalige Dorf in eine Hauptstadt verwandelt, als solche existierte sie erst seit damals, seit weniger als fünfzig Jahren. Das im Hinterkopf, fand ich den Ort nicht weniger abscheulich, aber ich merkte allmählich, daß die so wild aussehenden Leute tatsächlich freundlich und offen waren.

»Gude apinun, mistah, yu stap gut? Guten Tag, Mister, geht's gut?«

Ja, man sprach Pidgin.

»Ples bilong yu we? Wanem nem bilong yu? Mi laikim America tumas. Yu savvy Michael Jackson himpela sing-sing? Woher kommst du? Wie heißt du? Mir gefällt Amerika sehr. Kennst du Michael Jackson, den Sänger?«

Über Verbrechen wollte ich allerdings lieber mit jemand anderem sprechen, mit jemandem, der sich auskannte, zum Beispiel mit Officer Saro von der Polizei in Honiara. Seine Eltern hatten ihm den Vornamen Marcelline gegeben, auf Vorschlag eines französischen Priesters in der Westprovinz Malaita. Malaita sei sehr konservativ, sagte Saro. Ein paar Männer trügen noch Knochenschmuck in der Nase, und manche Dörfer griffen jeden Fremden an. In anderen verehre man Haie . . . in seinem zum Beispiel.

»Aber Honiara ist ruhig«, sagte er. »Guadalcanal ist ziemlich sicher. Nur kleine Delikte, hauptsächlich Prügeleien zwischen

Betrunkenen. Ein paar Verkehrssachen. Alle zwei oder drei
Jahre ein Mord, meistens im Rausch begangen. Mehr eigentlich nicht.«

Wir saßen am stinkigen Hafen von Honiara unter Bäumen
beim Bier und genossen die Aussicht auf den Kanal namens
»The Slot« und den »Iron Bottom Sound«, so benannt nach
den etwas über sechzig Schiffen, die in der Schlacht von Guadalcanal versenkt wurden: in einer sechs Monate dauernden
Quälerei, die im Februar 1943 mit dem Sieg der Amerikaner
endete. Es war eine der Entscheidungsschlachten des Zweiten
Weltkriegs im Pazifikraum. Die Japaner hatten ihr Hauptquartier in Tulaghi, jenseits vom Iron Bottom Sound, auf der Nordseite des Sealark Channel – des Slot. Die Schlacht war womöglich der Wendepunkt des Krieges, zum hohen Preis von dreißigtausend Menschenleben.

Marcelline Saro hatte entdeckt, daß der Name Guadalcanal
den Menschen im Ausland ein Begriff war. Er hatte früher in
einem Amateurverein geboxt und war später Trainer der
Olympia-Boxmannschaft der Salomonen geworden.

»Ich habe sie zu den Olympischen Spielen in Los Angeles
begleitet«, erzählte er. »Disneyland hat mir am besten gefallen.
Die Leute haben mich immer gefragt, ob ich aus Afrika käme.
Nein, habe ich gesagt, und wenn ich ihnen dann erzählt habe,
ich käme aus Guadalcanal, hatten alle dieses Wort schon mal
gehört. Wegen des Krieges.«

»Wußten sie denn, wo Guadalcanal liegt?«

Nein, meinte er, aber das mache ihm nichts aus.

An der Olympiade in Seoul hatte er auch teilgenommen.

»Was hat Sie in Korea am meisten beeindruckt?«

»Ich habe gemerkt, was ich für ein Glück habe, daß ich Englisch spreche. Dort können sie es überhaupt nicht.«

Seine fünf Kinder lernten Englisch in der Schule. Er und
seine Frau sprachen ihre eigene Sprache – sie stammte ebenfalls aus Malaita –, und mit den Kindern unterhielt er sich im
Pidgin der Salomonen.

Wenn er genug gespart hätte, wollte er mit der ganzen Familie nach Malaita zurückgehen und sich eine Farm kaufen. Er
mochte keine Städte, sagte er. In Los Angeles oder Seoul hätte
er es nie ausgehalten. Wenn er wieder einmal die Gelegenheit

hätte, ins Ausland zu kommen, würde er aufs Land fahren und sich ansehen, wie die Bauern lebten.

»Meine Insel ist sehr traditionell«, sagte er. »Wir haben keinen elektrischen Strom. Nachts ist es dunkel.«

Und die Missionare, deutete er an, hatten an Einfluß verloren. Ich erkundigte mich nach den Traditionen, und er erzählte mir vom Hai-Kult.

»Wir respektieren den Hai, deswegen verehren wir ihn«, sagte er. »Und deswegen essen wir ihn auch nicht. Wir glauben, daß er uns rettet und schützt, der Hai hat Zauberkräfte . . .«

Im gleichen Sinn betrachteten die alten Russen in den Steppen den bösen Braunbär mit Ehrerbietung.

»Jedes Jahr«, sagte Saro, »opfern wir ein Spanferkel in einer feierlichen Zeremonie. Keine Frau darf sich dem Altar nähern. Der Hai-Rufer lockt den Hai an: Er steht am Strand und ruft den Fisch. Wenn er ihn heranschwimmen sieht, wirft er ihm das Ferkel zu. Der Hai frißt es, und dann beschützt er uns.«

Saro sah seinen Freund William Fagi am Ufer vorbeigehen und lud ihn ein, doch ein Bier mit uns zu trinken. William war Koch im Happy Café in Honiara, hatte gerade Feierabend gemacht. Er stammte ebenfalls aus Malaita – einem anderen Teil der Insel zwar, aber sein Dorf war genauso traditionell wie das von Saro. Beide benutzen das Pidgin-Wort *kastom*, um zu beschreiben, wie traditionsgebunden die Orte waren. Sie glaubten an *kastom*.

Fagi sagte: »Nach unserer *kastom* verehren wir den Adler. Adler bringen Nachrichten. Sie sind stark. Niemand darf den Adler töten oder essen.«

Es war kurz vor Sonnenuntergang, eine Tageszeit, zu der es wie offenbar überall in diesem Teil des Stillen Ozeans windstill wurde. Im Licht des frühen Abends füllte sich der Horizont mit den unregelmäßigen, scharfen Umrissen buckliger Inseln, deren Konturen den Tag über vom Dunst verschleiert gewesen waren. Von unseren bequemen Plätzen unter den Bäumen aus sahen wir auf der anderen Seite der Meerenge die Florida-Inseln, die beiden Nggellas, eine groß, eine klein, und im Nordwesten den schlichten Kegel eines Vulkans, der sich aus dem Meer erhob. Die Insel Savo.

»Ein aktiver Vulkan«, sagte Saro. »Ich war noch nie dort, aber es heißt, daß er ab und zu ausbricht. Da drüben gibt es eine Buschente, die ihre Eier in den Sand legt. Ein komischer Ort, aber ich glaube, die Leute sind freundlich.«

Während er sprach, rechnete ich mir schon aus, wie lange ich dorthin brauchen würde, wenn ich die Küste entlangpaddelte und dann den Sund überquerte, etwas über dreißig Kilometer.

Unterdessen hatte Fagi wohl noch immer Gedanken an sein Dorf auf Malaita und die dort verehrten Lebewesen gewälzt, denn er sagte: »Es gibt auch eine bestimmte Schlange, die uns besonders auf Reisen viel bedeutet: die *baeko*, eine schwarze Schlange mit weißen Flecken, die dich retten und heil nach Hause bringen kann.«

»Erzählen Sie mir mehr davon«, bat ich, denn ich habe (auf Reisen) oft eine leise Vorahnung meines eigenen Untergangs.

Das Reisen wird mich eines Tages umbringen, glaube ich. Ich habe, und hatte schon immer, die Vorstellung, daß mein spezielles Ende durch eine Verabredung in Samarra zustande kommt: Dereinst werde ich eine große Strecke zurücklegen und ungeheure Unannehmlichkeiten, Kosten und Mühen auf mich nehmen – um meinen Tod zu treffen. Wenn ich lieber zu Hause hockte, lieber mein Brot im Schoß meiner Familie äße, würde es nie soweit kommen, und ich würde hundert Jahre alt werden. Aber natürlich werde ich mich ins Hinterland aufmachen, und ziemlich bald wird ein Stück von einem fremden Feld auftauchen, das für immer und ewig mein Medford, Massachusetts, ist. Und ich stelle mir diesen überseeischen Tod als dummen Fehler vor, so wie den des Mönchs und Mystikers Thomas Merton, der nach dreißig sicheren Jahren sein Kloster Gethsemane in Kentucky verließ, 1970 in Singapur (während ich dort lebte) auftauchte und sich eine Woche später versehentlich durch den defekten Draht eines Ventilators in Bangkok selbst den Tod auf dem elektrischen Stuhl verpaßte. Dieser lange Weg, der ganze Aufwand, bloß um in einem miesen Hotel an einem kaputten Lichtschalter herumzuknipsen.

Ich wollte mehr über diese Schlange hören, die mich vor einem solchen Schicksal bewahren konnte.

»Bevor wir verreisen«, sagte Fagi, »gehen wir zur Höhle der

baeko, stecken die Hand rein und berühren alle Schlangen. Dann nehmen wir die fetteste und halten sie fest.«
»Ist diese Schlangenart giftig?«
»O ja, sogar sehr giftig. Und wenn wir sie in der Hand haben, packen wir sie ordentlich und quetschen sie ein bißchen.«
Später erfuhr ich, daß es sich bei *baeko* um die giftige, bissige *Loveridgelaps elapoides* handelte, eine der tödlichsten Schlangen auf den Salomonen. Schon möglich, daß man auf die Weise auf Malaita die Verabredung in Samarra platzen lassen konnte, aber ich hielt es für unwahrscheinlich, daß ich mich jemals auf alle viere begeben, meine Hand tief in ein schwarzes Loch stekken und einem von diesen Viechern an die Taille grapschen würde.
Ich fragte Saro und Fagi, woher die Salomoner ihrer Meinung nach stammten. Waren sie vielleicht aus Australien gekommen?
»Nein«, sagte Fagi. »Aus Australien nicht. Wir haben keine Ähnlichkeit mit den Aborigines. Die haben runde Nasen, breite Gesichter und weiche Haare. Die sehen eher aus wie Inder.«
»Manchmal sehe ich Menschen aus Israel und dem Mittleren Osten und denke, die sind wie ich«, meinte Saro. »Aber wenn Sie mich jetzt fragen würden, wer uns auf der Welt am ähnlichsten sieht und außerdem unsere *kastom* teilt, würde ich sagen, die Äthiopier.«
»Gibt es denn irgendeine Verbindung zwischen den Salomon-Inseln und Äthiopien?« fragte ich und stellte plötzlich selbst eine gewisse Ähnlichkeit fest.
»Ich werde Ihnen eine Geschichte erzählen«, sagte er. »Auf einem Schiff war einmal ein Äthiopier. Er war illegal da . . .«
»Ein blinder Passagier.«
»Genau, und als er nach ein paar Tagen auf See gefunden wurde, wollte man ihn an Land schicken. Sie fragten ihn: ›Wer bist du? Woher kommst du?‹, und der Äthiopier sah die Leute an und sagte: ›Ich komme von den Salomonen.‹«
»Die Geschichte habe ich auch schon gehört«, sagte Fagi.
»Das Schiff fuhr weiter bis Honiara, und der Mann wurde abgesetzt. Wir haben ihn auf dem Polizeirevier in Gewahrsam genommen. Er sprach tadelloses Englisch, er sah genauso aus

wie wir, und er hat ein Jahr lang hier gelebt. Während der ganzen Zeit kam er niemandem fremd vor, niemand hat ihn gefragt, woher er stamme. Wer ihn gesehen hat, dachte, er käme von den Salomonen. Er wäre gern länger geblieben, aber man hatte seine Regierung verständigt, und schließlich ist er abgeschoben worden.«

Es war dunkel geworden, der Sund glänzte silbrigschwarz wie ein Meer von Tinte. Die Inseln, die wir gerade noch betrachtet hatten, waren verschwunden, schwarz geworden und in dieser Nacht ohne Tiefe aufgegangen.

»Savo ist weg«, sagte ich.

»Sie haben kein Licht«, erklärte Fagi. »Sie haben keinen Strom, keine Straßen und kein Telefon. Nur diese komischen Buschenten, die sie Megapoden nennen.«

Das klang einladend.

»Megapode heißt Großfuß«, sagte ich.

»Ich glaube, Sie sind Lehrer«, meinte Fagi.

»Brauche ich eine Genehmigung, um auf diese Insel zu fahren?«

»Keine schlechte Idee. Sie sollten sich immer eine geben lassen, wenn Sie zu solchen Orten wollen. Natürlich werden Sie sie kriegen. Und ich weiß, zu wem Sie gehen müssen.« Es war der Minister für Wohnungsbau, ein gewisser Allen Kemakeza, dessen Heimatdorf auf der Insel Savo lag. Ich konnte mir allerdings kaum vorstellen, daß ein Regierungsmitglied kurzfristig zu einem Treffen mit mir bereit sein könnte, um zu erörtern, ob ich zu einer obskuren Insel paddeln durfte, auf der ich kampieren und die Brutgewohnheiten des Großfußvogels studieren wollte. Aber da wir uns auf den Salomonen befanden, rief ich gleich am nächsten Morgen in seinem Büro an.

»Er ist nicht da«, sagte seine Sekretärin.

»Wann erwarten Sie ihn denn?«

»Meistens kommt er so gegen neun. Aber Sie können ihn ja auch zu Hause anrufen.«

Es war halb neun, ich war ihr völlig unbekannt, und trotzdem gab sie mir bereitwillig die private Telephonnummer des Ministers, damit ich ihn um einen Gefallen bitten konnte. Für meine Begriffe war das eine sehr glückliche Art, diese Inseln zu verwalten. Ich rief beim Minister zu Hause an und fragte, ob ich ihn treffen könne.

»Hier geht es ein bißchen schlecht«, sagte er, »aber in einer Stunde bin ich in meinem Büro. Kommen Sie doch vorbei, dann können wir uns unterhalten.«

Er hatte keine Ahnung, wer ich war oder was ich wollte, und war trotzdem sofort bereit, mich zu empfangen.

Das neue, sechsstöckige Wohnungsbauministerium, in dem sich Mr. Kemakezas Büro befand, war das auffälligste Bauwerk in Honiara, vier Stockwerke höher als jedes andere Gebäude in der Stadt. Außerdem verfügte es über den einzigen Fahrstuhl im ganzen Land. Barfüßige Jugendliche in T-Shirts und Sonnenbrillen schlichen sich herein, unternahmen Vergnügungsfahrten mit dem Lift und verewigten sich durch zaghafte Graffiti auf den Wänden.

Dieses vollkommen deplazierte Hochhaus konnte nur mit ausländischer Hilfe errichtet worden sein, durch eine der selbstsüchtigen, sinnlosen Arbeitsbeschaffungsmaßnahmen, mit denen westliche Länder Gelder in Form von Aufträgen für eigene Baufirmen lockermachen, die dann vollkommen überflüssige, teure Paläste hinstellen. Im Inneren dieses merkwürdigen Gebäudes herrschte kerkerhafte Finsternis – merkwürdig, weil es noch neu war und trotzdem zerbrochene Türen in den Türangeln hingen, Schlösser lose aus den Füllungen baumelten, die Böden verdreckt und alle Wegweiser auf Papierfetzen geschrieben und mit Klebestreifen an die Wände gepappt worden waren. Nur wenige Lampen funktionierten. Die meisten Büros standen leer. Offensichtlich war das Bauwerk noch nicht voll in Gebrauch, eingeweiht war es bereits – durch Vandalismus und Vernachlässigung hatte man es in einen Zustand versetzt, in dem es einem Einheimischen von Honiara bewohnbar erscheinen mußte.

Ich folgte einem gekritzelten Schild und seinem Pfeil zu einem völlig leeren Büro – abgesehen von einem auf einem Stuhl sitzenden melanesischen Jungen mit goldener Haut und blondgekraustem, basketballgroßem Afroschnitt.

»Ich habe eine Verabredung mit dem Minister.«

»*Dis way*«, lautete die Antwort.

Allen Kemakeza residierte in einem ebenfalls kahlen, fast unmöblierten Raum. Er saß an einem Tisch und beschriftete eselsohrige Aktendeckel. Er war kräftig, um die vierzig, trug ein altes, verschossenes Hemd und Shorts. Später erzählte er mir, daß er ungefähr zwölf Jahre lang Polizist gewesen sei und seinen Aufstieg der People's Right Party verdanke. Tatsächlich sah er immer noch aus wie ein Polizist, zäh, skeptisch, ironisch, durchtrainiert, reizbar, mißtrauisch, gelassen, aber aufmerksam – die Sorte Mann, die den Eindruck erweckt, als habe sie schon ein paar Kämpfe durchgestanden. Allen Kemakeza hatten den harten Blick eines Cops.

Ich stellte mich vor, sagte, woher ich käme, daß ich den Pazifikraum bereiste und gern nach Savo wolle, vorzugsweise mit meinem Faltboot, um die Brutfelder der Megapoden-Vögel zu studieren.

»Sind Sie Lehrer?«

»Ein bißchen Unterricht, ein bißchen Schreiberei«, lächelte ich einfältig und versuchte, wie ein harmloser Pädagoge zu klingen.

»Was hat Sie auf die Idee gebracht, im Pazifikraum zu reisen?«

»Meine Frau und ich haben uns getrennt, und ich fand, das wäre eine gute Möglichkeit, um, äh ...«, ich überlegte sehr schnell, »... *no getum bikpela bagarap in hia, damit hier drin nichts kaputtgeht*«, und klopfte auf meinen Schädel.

»*Mi savvy tumas, verstehe*«, sagte er. »Ich kann das auf Savo für Sie arrangieren.« Dann druckste er etwas herum, zögerte und fragte schließlich: »Was wissen Sie über diese Geschichte im Irak?«

»Nur das, was ich im Radio höre. Ich höre jeden Tag Nachrichten: Radio Australia, Voice of America, BBC, je nachdem, was ich am besten reinkriege.«

Zu diesem Zeitpunkt hatte Präsident Bush gerade sein Ultimatum an Saddam Hussein gestellt, die irakischen Truppen aus Kuwait abzuziehen. Die UN-Truppen gingen in Stellung, die Deadline würde in wenigen Wochen erreicht sein. Es war die Phase, in der jeder Spekulationen darüber anstellte, was passieren würde, wenn tatsächlich ein Krieg ausbrach: Man sagte, daß die Verluste auf beiden Seiten in die Zehntausende gehen würden, ein Angriff auf Israel unvermeidlich sei, daß die Irakis mit Atomwaffen angreifen könnten und so weiter. Eine genaue Vorstellung davon, was im Kriegsfall passieren würde, hatte allerdings niemand. Alles war möglich, selbst das Jüngste Gericht.

»Glauben Sie, daß es Krieg gibt?«

»Ich habe keine Ahnung. Ich hoffe nicht.«

Er schob seine Aktendeckel beiseite: »Es wird schrecklich werden. Wir spüren ja jetzt schon die Auswirkungen der Golfkrise. In Honiara ist der Benzinpreis auf eine aberwitzige Höhe gestiegen.«

Es gab kaum Motorfahrzeuge in der Stadt, auf ganz Guadalcanal fuhr nur eine Handvoll Lastwagen und Busse herum, aber auch die überladenen Boote und rostigen Fähren, die zwischen den Inseln verkehrten, brauchten Sprit. Schon der kurze Trip nach Tulaghi in einem kleinen Boot mit Außenbordmotor kostete etwa fünf US-Dollar, den Wochenlohn eines Salomoners.

»Wenn es Krieg gibt, glauben Sie dann, daß er zum Dritten Weltkrieg führt?«

»Nein. Die Sowjets könnten sich das nicht leisten. Sie scheinen auf unserer Seite zu stehen oder geben sich zumindest neutral, weil sie Wirtschaftshilfe aus den USA und Europa brauchen.«

»Sie sind jetzt arm.«

»Alle sind arm, außer den Japanern.«

»Aber warum sind das die einzigen Reichen?«

»Weil Japan ein einrassiger, einsprachiger, versippter Staat voller übereifriger Ehrgeizlinge ist, die einem faschistoiden Glauben an die Überlegenheit der eigenen Rasse anhängen«, sagte ich und merkte, daß ich damit eine Saite in ihm zum Klingen gebracht hatte, denn Mr. Kemakeza faltete die Hände und lächelte. »Diese kleinen Menschen haben den Drang, die Welt zu beherrschen, und sie setzen alles daran, ihren Kram zu verkaufen. In den Siebzigern, als der Rest der Welt sich weigerte, mit Südafrika Handel zu treiben, weil die Weißen dort die Afrikaner wie den letzten Dreck behandelten, waren die Japaner so scharf aufs Geschäft, daß sie sich zu Weißen umfärben ließen, und sie haben Milliarden dabei verdient. Sie essen Wale, hängen den Pazifik voller Treibnetze und lassen keine Einwanderer ins Land. Und sparsam sind sie auch, die größten Sparer der Welt, und deshalb haben sie die reichsten Banken. Die ganze Welt steht bei ihnen in der Kreide.«

»Die machen hier auch Geschäfte.«

»*Bikpela no liklik? Im großen Stil?*«

»*Bikpela pis bilong tins*«, antwortete er. »*Fischkonserven*. Ich bin gleichzeitig auch Finanzminister und hatte mit einer Beschwerde von einer hiesigen japanischen Firma zu tun: Solomon Tayo, Fischverarbeitung. Sie hatten gehört, daß ich einer kanadischen Firma Steuernachlässe gewährt hatte. ›Warum bekommen wir die nicht?‹ haben sie gefragt. Ich habe sie darauf hingewiesen, daß sie ihre Steuervergünstigungen, die als Anreiz für Firmengründungen gedacht sind, vor zwanzig Jahren bekommen haben, als sie hier anfingen, und sie haben gesagt: ›Aber wir machen seit zwanzig Jahren Verluste.‹«

»Was tun sie mit ihren Fischkonserven?«

»Einen Teil verkaufen sie hier, einen Teil exportieren sie.«

»Wie können sie denn so lange Verluste machen, ohne pleite zu gehen?«

»Ich weiß es nicht. Es ist ein Gemeinschaftsunternehmen mit der Regierung der Salomonen.«

»Also haben Sie an dieser Firma keinen Pfennig Steuern verdient?«

»Schwer zu sagen. Sie haben eine sehr komplizierte Buchführung. Außerdem wird alles auf japanisch gemacht. Wir kriegen nie eine Bilanz zu sehen.«

»Fisch ist teuer in Japan und wird von allen gegessen. Ich könnte mir denken, daß sie ein Vermögen gescheffelt haben. Die Japaner nutzen Sie aus, wahrscheinlich betrügen sie Sie auch. Denken Sie doch mal dran, daß die Japaner Sie viel nötiger brauchen als umgekehrt!«

Es schien mir grotesk, aber typisch, daß die knitterfreien Manager jener Firma dieses arme, barfüßige Volk übervorteilten und ihm eine seiner wenigen wertvollen Handelswaren und Grundnahrungsmittel raubten, den Fisch.

Der Minister sagte: »Die Salomoner sind zu freundlich.« Er blickte aus dem Fenster über die geflickten, zerborstenen Dächer von Honiara. »Aber wenn uns mal der Geduldsfaden reißt ... dann ... Sie werden schon sehen.«

»Was werde ich sehen?«

»Wir werden Fragen stellen.«

»Stellen Sie keine Fragen. Bedrohen Sie sie, lassen Sie den

Laden schließen, frieren Sie ihre Konten ein«, sagte ich. »Oder verlangen Sie, daß die Salomonen eine Delegation nach Japan schicken dürfen, um dort eine Firma zu gründen.«

Ich konnte mir lebhaft vorstellen, wie man die schwarzen, kraushaarigen Salomoner mit Knochenschmuck in der Nase und den wulstigen, X-förmigen Ziernarben auf Stirn und Wange in Japan aufnehmen würde. Selbst ein narbenloser Minister wie Mr. Kemakeza wäre für die Japaner eine Art Untermensch, dem sie gegen ein paar Glasperlen die natürlichen Schätze seines Landes wegnahmen, Holz und Fisch. Und mit welchem Hohngelächter würde der Wunsch der Insulaner quittiert werden, in Nippon eine Firma zu gründen: »*Mi laik opim kwiktaim kampani bilong bisnis.*«

»Warum lassen Sie sich von denen manipulieren? Sie sind Minister. Sie haben die Steuerhoheit. Das hier ist Ihr Land. Lassen Sie die Buchhalter und Prokuristen in Ihrem Büro antreten, und *mekim long pinga long – machen Sie ihnen Ihren Standpunkt klar.*«

Er strahlte jetzt: »Ja, ja.«

Schwungvoll schrieb er einen Brief, faltete ihn und steckte ihn in einen Umschlag mit der Aufschrift: »*On Her Majesty's Service.*«

»Wenn Sie nach Savo kommen, geben Sie das meinem Bruder. Er heißt Nathaniel Mapopoza.«

Auf dem Weg zum Lift erzählte er mir, daß er während seiner Zeit als Polizist einmal in England gewesen sei. Er hatte oben in Bradford an einem Kurs für polizeiliche Taktik teilgenommen. England habe ihm gefallen.

»Man kann nachts herumlaufen. In einen Pub gehen. In eine Disco. Die Menschen sind freundlich. In New York war es genauso. Da habe ich mich sicher gefühlt.«

»Sie mochten New York?«

»Ja. Aber Neuguinea ist schlimm, da ist es gefährlich. Warum eigentlich, Mr. Paul?«

In Port Moresby gab es zu viele Obdachlose aus dem Bergland, fand ich, keine gemeinsamen Interessen, keine einheitliche Kultur. Er stellte mir noch mehr Fragen und hörte sich aufmerksam meine Antworten an.

Schließlich ließ er mich gehen: »Fahren Sie nach Savo. Bleiben Sie, so lange Sie wollen. Ich hoffe, wir sehen uns bald einmal wieder und können uns weiter unterhalten.«

»Ich muß jetzt ein paar Vorräte kaufen.«

Seine Antwort klang seltsam: »Es gibt viele Eier auf Savo.«

9. KAPITEL

DIE SALOMONEN: AUF DEN EIERFELDERN
VON SAVO

Eine große Gruppe hagerer, hohläugiger Salomoner stand unter den Palmen von Honiara und sah zu, wie ich mein Boot zusammenbaute. Es war untypisch für Melanesier, daß niemand Anstalten machte, mir zu helfen. Schwer zu sagen, ob sie Piraten waren oder Schiffbrüchige – sie hätten beides sein können. Manchmal, wenn ich mich so vor den unfreundlichen Augen mitleidsloser Insulaner abrackerte, kamen mir doch ernsthafte Zweifel, ob mein einsames Inselhüpfen eigentlich eine so tolle Idee gewesen war. Aber zu Hause hätte ich wohl nur über den Verkehr geflucht und mir gewünscht, hierzusein und mich an einem sonnigen Tag unter Palmen auf eine Bootsfahrt vorzubereiten.

Ich ließ das Boot in der Obhut eines etwas freundlicher wirkenden alten Mannes und ging in die Stadt, um für eine Woche Proviant einzukaufen: erst mal das Übliche, und als ich später sah, daß ich noch Platz hatte, zusätzlich zwei Sechserpack Bier und ein paar Fünf-Pfund-Dosen australisches Gebäck der Marke »Conversation Biscuits«.

Vor einem der Geschäfte stand ein zerlumpter Junge und zeigte den Umstehenden einen in einen engen Korb gezwängten Vogel. Ich stellte mich zu der neugierigen Gruppe. Der Vogel war grün und rot, so groß wie eine kleine Drossel und piepste jämmerlich.

»Wo hast du den Vogel gefangen?« fragte ich.

Der Junge verstand mich nicht.

Ich sagte: »*Dispela pisin where you gettim?*«

»*Inna boos.*« Im Wald.

»*Wanem nem bilong dispela pisin? Wie heißt der Vogel?*«

»*Dispela ›laru‹.*«

Ein kleiner Lori, einer von den einundzwanzig Arten, die im Gebiet der Salomonen vorkommen.

»*Is gutpela pisin? Ist es ein guter Vogel?*«

»*Ya, dispela nambawan. Dispela pisin savvy tok, savvy sing-sing. Everything numbawan. Der ist Eins a. Der Vogel kann sprechen und singen. Alles Eins a.*«

Aber in seinem Korbgefängnis war dem Vogel im Moment wohl nicht nach Reden oder Singen zumute.

Ich war hin- und hergerissen, sollte ich eingreifen, den Vogel kaufen und freilassen (wie ich es schon einmal in China mit einer eßbaren Eule getan hatte) oder einfach nur beobachten, was sich im Tagesablauf eines Wilderers auf den Salomonen abspielen mochte. Nach fünf Minuten ging ein Melanesier mit Armreifen und Pflöcken in den Ohrläppchen auf den Jungen zu, stopfte dem Wilddieb den Gegenwert von neun US-Dollar in die Hand und trug den protestierenden Lori von dannen.

Ich ging zum Ufer zurück. Immer noch starrten mich die fünfzehn bis auf ihre Shorts nackten, struppigen Männer hohläugig an, aber jetzt von einem altersschwachen Segelschiff aus, das beim Strand vor Anker lag.

»Die kommen von der Wetterküste«, sagte ein Insulaner namens James. Das erklärte die Piratengesichter und das wettergegerbte, windgebeugte Aussehen.

Ich war froh, daß ich von der Leeseite der Insel aus lospaddeln konnte, eine ruhige See vor mir und für die Strecke nach Savo reichlich Zeit hatte. Der Insulaner stammte von dort, aus dem Dorf Monagho, wohin er mich herzlich einlud. Ich lehnte dankend ab, weil ich in Kemakezas Heimat wollte. Aber ich würde sicher einmal einen Abstecher machen.

»Es liegt im Norden, wo die Eier sind.«

Schon wieder so ein rätselhafter Satz.

»Gibt es da draußen eine starke Strömung?«

»Nicht besonders schlimm.«

»Und wie steht's mit Haien?«

»Im Krieg, als die ganzen Schiffe versenkt worden sind, da waren viele Haie da, *planti tumas sak,* wegen der Leichen«, sagte James. »Und noch jahrelang *planti moa, viel mehr.* Aber heutzutage nicht mehr viele.«

Ich ging die mehr als über zweiundzwanzig Kilometer lange Strecke über das offene Wasser lieber nicht direkt von Honiara aus an, sondern blieb an der Küste und hielt mich an meine exzellente Seekarte vom gesamten Sealark Channel, fuhr ungefähr zwanzig Kilometer nach Westen bis zum Dorf Visale am Cape Esperance, machte dort eine Pause am Strand und nahm dann die immer noch knapp zehn Kilometer lange Überfahrt nach Norden in Angriff. Mir war in solchen Meerengen immer etwas unbehaglich, weil es tückische Strömungen oder plötzliche Wetterumschwünge geben konnte, also paddelte ich eine Stunde lang mit kräftigen Schlägen und ließ es erst etwas langsamer angehen, als ich der Insel schon sehr nahe war.

Savo, das von Honiara aus wie ein kleiner Buckel im Ozean gewirkt hatte, erwies sich als ein Berg im Meer, ein sanft gerundeter Vulkan mit grünen Hängen. Die Südspitze war felsig, und als ich im Osten Palmen und weiße Strände sah, entschied ich mich für diese Seite. Ich war müde und wußte, daß ich dort jederzeit sicher an Land gehen konnte.

Die Dörfer waren klein, lagen ziemlich nah am Strand und bestanden, was mich beruhigte, aus hübschen Hütten. Menschen, die Hütten aus gespaltenen Bambusstäben flochten und derart sorgfältig gebundene Eckverbindungen und Strohdächer herstellten wie die Insulaner von Savo, konnten nur traditionsbewußte, gastfreundliche Leute sein. Wenn ich Blechdächer und Gasbetonsteine gesehen hätte, die Sorte von Schuppen mit baumelnden Türen und Vorhängeschlössern, die Hilfsorganisationen oft für die Leute hinstellten – im unschuldigen Glauben, ihnen damit einen Gefallen zu tun –, hätte ich mir ernsthaft Gedanken gemacht. In meinen Augen waren derlei Behausungen und die verletzten Dörfer, in denen sie standen, unberechenbar und voller Unannehmlichkeiten. Dorfbewohner, die unter Blechdächern mit dem Stempel »*A gift from the people of the United States of America*« lebten und die ihr Essen aus Hilfsgütertransporten bezogen, betrachteten Menschen wie mich als willfähriges Opfer. Ich habe nichts gegen Hilfsaktionen, aber es gibt eine Art Hilfe, die die Menschen aushöhlt und sie gefährlich macht.

Westlichen Einfluß zeigte keines der Dörfer von Savo. Dicht am Ufer angelten Männer und Jungen von Einbäumen aus. An einem breiten Sandstrand lag eine Siedlung. Ich paddelte zu einem der Kanus.

»*Wanem nem bilong dispela ples? Wie heißt der Ort?*« fragte ich einen Fischer und deutete auf die Hütten.

»*Dispela Pokilo*«, sagte er.

»*Balola Village i stap we? Wo geht es zum Dorf Balola?*«

Er zeigte mit der Hand nach Westen: »*Klostu liklik. Go stret. Ganz nah. Geradeaus.*«

Er hatte recht. Balola war nicht weit, aber als ich dort ankam und mein Kajak den Strand hinaufzog, war ich überrascht, wie verlassen das Dorf wirkte. Niemand sah mir bei der Landung zu, keine kreischenden Kinder, keine bellenden Hunde, keine Frauen, die Abfall ins Meer warfen, keine Männer, die in der flachen Brandung angelten. Vom Licht des frühen Abends am Strand wechselte ich in die kühle, dämmrige Dunkelheit des kleinen Dorfes, das feucht unter einem dichten Blätterdach von Bäumen lag. Ein paar Hühner trippelten gackernd über den Pfad, aber erst als ich das Dorf durchquert hatte, fand ich einen Menschen, einen Mann namens Aaron, der einen buschigen Backenbart trug und ein lahmes Bein hatte.

»*Hello. Yu savvy tok Inglis? Hallo. Sprechen Sie Englisch?*«

»*Pisin*«, antwortete er. Pidgin.

»*Plis yu nap halpim? Können Sie mir helfen?*« Ich zeigte ihm den Brief, den der Minister mir gegeben hatte. »*Mi laik toktok Nathaniel Mapopoza. Mi givim dispela pas. Ich möchte Nathaniel Mapopoza sprechen und ihm diesen Brief geben.*«

»*Yumi go*«, sagte er. »*Mapo i stap long ples. Komm mit. Mapo ist dahinten.*« Er zeigte auf den schlammigen Pfad.

»*Emi longwe o nogat?*« fragte ich, denn wenn es weit gewesen wäre, hätte ich viel lieber einfach hier gewartet.

»*Klostu liklik*«, sagte er und humpelte los. Ich folgte ihm.

Es wurde ein dreiviertelstündiger Marsch auf einem schmalen Pfad, der als einzige Verbindung um die ganze Insel führte. Savo besaß offensichtlich keine Straßen, keine Autos und keinen Strom. Wir kamen durch sechs oder sieben kleine Dörfer; in jedem rief Aaron den Bewohnern in der Inselsprache zu, daß er mich zu Mapo geleite.

Mapopoza saß unter einem Pawpaw-Baum, kaute Betel und stopfte sich Kalk in den Mund. In seinem Dorf, das Bonala hieß, fand ein merkwürdiges Spektakel statt. Etwa hundert Menschen drängten sich prüfend und tuschelnd um gewaltige

Stapel von Bananen, Körbe voller Kartoffeln und den größten Berg Kokosnüsse, den ich je gesehen hatte. Und um drei fette Borstenviecher, die winselten und quiekten, weil ihre Füße gefesselt waren.

»*Feegs*«, übte Aaron das englische Wort für Schweine. Er gab mir zu verstehen, daß Hochzeitsvorbereitungen im Gange waren, im Moment wurde der Brautpreis festgesetzt. Geld spielte dabei keine Rolle, davon war auf dieser Insel nicht viel im Umlauf.

Ich überreichte Mapo meinen Brief. Er zuckte mit den Achseln, wich meinem Blick aus und sah weg. Er war wohl von der Betelnuß etwas benebelt, aber das war nicht der einzige Grund für sein ausweichendes Verhalten. Ich verstand bald, daß er nicht lesen konnte, einen ausführlichen Brief von seinem Bruder aber für nichts Ungewöhnliches hielt. Mapo gab den Umschlag einfach einem Jungen, der ihn mit dem Fingernagel aufriß und einer wachsenden Menschenmenge in überlegenem Ton den Inhalt vorlas – er schien ziemlich begeistert von seiner eigenen Lesekunst.

Ich stand da, hatte Salz in den Augen und von der langen Paddelei einen üblen Muskelkater.

Mein Name wurde verlesen: »*Mistah Foll.*« Die Zuhörer wandten sich mir zu und glotzten. Und dann: »*Amerika.*«

Mapo verhielt sich vage. Er war nicht nur Analphabet, er sprach auch kein Englisch. Aber weder das eine noch das andere war wichtig. Ich wollte nur seinen Segen, seine Gastfreundschaft brauchte ich nicht. Das einzige, was ich wollte, war seine Erlaubnis, mein Zelt im Dorf Balola aufstellen zu dürfen.

Also sagte ich: »*Plis, mi laik putim haus sel long Balola na stap long?*«

»*Orait. In Ordnung*«, sagte er. »*Mi kam bai.*«

Er machte eine Geste, die mir zeigen sollte, wie unabkömmlich er gerade war. Es schien, daß er bei diesen Hochzeitsfeierlichkeiten eine wichtige Rolle spielte, aber er nötigte mich doch, mich auf den Boden zu setzen und etwas Milch aus einer frischen Kokosnuß zu trinken. Er schwieg. Und grinste falsch. Ein paar Meter weiter weg zitterten die Schweine vor Durst und schnappten nach Luft. Ein paar Jungen amüsierten sich mit ihnen, indem sie den armen Viechern Tritte verpaßten.

Frauen mit weißen Farbstreifen in den Gesichtern wanderten murmelnd umher – das gehörte wohl zum Hochzeitszere-
moniell, nahm ich an –, andere redeten, spuckten Betelsaft und
schlürften Kalk. Ich sah eine andere Gruppe von Leuten, die
sich in eine Hütte ohne Vorderfront drängten, und fragte Aaron, was dort vor sich gehe. Er wußte es nicht, erkundigte sich
aber bei einem Mann aus Bonala, der mir direkt antwortete.

»Da drin ist ein Mann aus Afrika.«

»Afrika?«

Das klang wie Saros Geschichte von dem blinden äthiopi-
schen Passagier, der behauptet hatte, Salomoner zu sein. Wer
konnte dieser Mann sein, und was tat er da? Vielleicht ein Priester oder Medizinmann, der den Dörflern eine Audienz ge-
währte?

Ich pirschte mich an die Hütte heran, überlegte noch, wie ich
mich vorstellen sollte, und stand plötzlich Auge in Auge mit
einem kräftigen Kerl, der mich heiter begrüßte: »*Hey, man.*«

Das war Bilal Mohammed, ein Freiwilliger des American
Peace Corps aus Brooklyn, New York, kahlrasiert, tiefschwarz
von der Sonne der Salomonen, bekleidet mit einem fröhlichen
T-Shirt und ausgeleierten Bermudashorts.

Er war Lehrer auf einer anderen Insel, auf Makira, hatte Ferien und war mit einem Motorboot nach Savo gekommen, um
sich mit Freunden zu treffen. Was ich über die Golfkrise
wüßte?

»Bis jetzt nur Säbelrasseln.«

»Ich hab mit 'nem Typ in Honiara 'ne Wette laufen, daß es
keinen Krieg gibt«, meinte er. »So blöd ist doch keiner.«

»Es sieht böse aus«, sagte ich, aber ich hatte keine Ahnung,
auf was ich wetten sollte. Es war eine Zeit großer Unsicherheit.
»In Saudi-Arabien stehen zweihunderttausend Mann Gewehr
bei Fuß.«

Bilal meinte: »Die Menschen denken immer, daß sie alles in
der Hand haben, und sie machen sich nicht klar, daß Gott seinen eigenen Plan hat. Wir können nicht schlauer sein als
Gott.«

Er sprach mit wahrem, islamischem Fatalismus und einem
bedauernden Lächeln. Wir schüttelten uns die Hände und be-
kräftigten beide, daß wir auf ein friedliches Ende der ganzen

Sache hofften. Dann setzte er sich wieder in die Hütte, und ich lief mit Aaron die fünf Kilometer nach Balola zurück, wo ich in der Abenddämmerung mein Zelt am Strand aufbaute.

Ich war noch nicht fertig, als ein fetter Mann mit dreckigem *lap-lap* – ein typischer Wichtigtuer – aus dem Wald herbeistapfte und mir mitteilte, daß ich mich viel wohler fühlen würde, wenn ich bei seiner Hütte kampierte. Bevor ich irgendwie darauf reagieren konnte, scharrte er schon meine Sachen zusammen und half mir beim Umzug.

»Ich bin der Präsident von Savo«, sagte er hoheitsvoll.

Ich war mittlerweile lange genug in Melanesien gewesen, um zu wissen, daß das auch dann nicht viel zu sagen hatte, wenn es stimmte. Wie sich herausstellte, bedeutete seine Präsidentschaft kaum mehr, als daß sein T-Shirt etwas weniger dreckig war als die der anderen Leute.

Der Mann war Kemakezas zweiter Bruder, aber sie sprachen nicht miteinander – mit Mapo sprach er auch nicht, denn der sei, wie er mir eilig zu verstehen gab, ein ignoranter Dorftrottel. Der Präsident hieß Ataban Tonezepo – es gab keine gemeinsamen Nachnamen – und war sehr redegewandt. Pidgin sei eine alberne Sprache, sagte er.

»Aber sehr nützlich«, meinte ich, »weil die Leute es sprechen.«

»Das ist eine sehr weise Beobachtung.« Seine kriecherische Redewendung legte den Schluß nahe, daß er sich als königliche Nervensäge erweisen könnte.

Als wir uns auf einen Platz geeinigt hatten, auf den ich mein Zelt stellen konnte – es war ein freitragendes »Moss«-Zelt, das wir in voll aufgebautem Zustand über den Strand hievten –, sagte Ataban: »Ich bin der ehemalige Premier der Zentralprovinz, aber bei der letzten Wahl habe ich verloren. Also bin ich hier, zurück in Balola.«

»Aber Ihre Verpflichtungen als Präsident müssen Sie doch ziemlich in Anspruch nehmen.«

»Das ist sehr wahr.«

In der wachsenden Dunkelheit kamen immer mehr Leute zusammen, die uns helfen wollten. Achtundzwanzig zählte ich, während ich meine Ausrüstung sortierte und die Vorräte rattensicher in den Bäumen aufhängte. Da der Strand nach

Norden lag, gab es keinen dramatischen Sonnenuntergang, nur ein schwaches Verglühen des letzten Lichts über dem Wasser und die Silhouetten der fernen Inseln Nggela, Isabel und Russell.

»Früher sind wir da hinübergesegelt«, sagte Ataban.

»Wenn der Benzinpreis so weitersteigt, könnt ihr bald wieder segeln.«

»Das ist sehr wahr.«

Die achtundzwanzig Männer und Jungen ließen sich nieder, um zuzusehen, wie ich den Kerosinkocher in Gang setzte und hastig mein Abendessen verzehrte: Bohnen, Makrelen und frisches Brot aus der Bäckerei von Honiara. Ich gab Ataban ein Bier und den anderen ein paar Conversation Biscuits. Als ich mit dem Essen fertig war, befahl Ataban vier von den Jungen, zum Wasser zu gehen und mein Geschirr zu spülen.

»Glaubst du, daß es im Januar den Dritten Weltkrieg gibt?« fragte Ataban.

»Ehrlich gesagt, nein.«

»Wir glauben, daß er herkommt. Alle machen sich Sorgen.«

»Hier sind Sie in Sicherheit, das können Sie mir glauben.«

»Aber der Zweite Weltkrieg ist auch hergekommen«, sagte er. »Genau hierhin. Auf diese Insel.«

»*Yupela bigpela, strongpela*«, sagte ich. »*Yupela nogat pret. Ihr habt keine Angst. Yupela kilim i dai. Die bringt ihr doch an einem Tag um.*«

Sie lachten über mich, und dann schickte Ataban die Leute weg: Sie sollten mich in Ruhe schlafen lassen.

»Morgen früh kannst du nicht zum Strand gehen«, sagte er. »Dann benutzen die Frauen ihn. Die machen da Scheiße, direkt da. Und die Männer sind da drüben und machen Scheiße.«

Der Dorfstrand diente auf den Salomonen als Klo, man »machte dort Scheiße«. Selbst im schlichten, schlampigen Neuguinea sagte man: »*Mi go haus pekpek*«, und suchte das Häuschen oder den Donnerbalken auf. Auf den Trobrianden gab es einen Pavillon auf einem Steg hoch über dem Meer, und auch die Sprache von Kiriwina kannte ein Wort für Toilette. Auf den Salomonen allerdings war die Sachlage anders. »*Mi go nambis.*

Ich gehe zum Strand«, hatte auf Pidgin nur eine Bedeutung: ein Haufen am Meer. Schwimmen bedeutete es nie, das hieß *waswas*, und das taten sowieso nur kleine Kinder, die zwischen den Exkrementen und Obstschalen herumtobten – der Strand war immer auch die von rostigen Dosen und Plastikflaschen übersäte dörfliche Müllkippe.

Es war außerordentlich, wie die Insulaner ihre Ufer verdreckten und erwarteten, daß die Flut zweimal am Tag alles mitnahm. Aber ich zeltete trotzdem lieber am Strand. Da man ihn allgemein als Toilette betrachtete, war er leer, es gab keine Eindringlinge, und ich hatte etwas gegen die Moskitos, das menschliche Geschnatter und das Hühnergegacker in den feuchten, schattigen Dörfern.

Der Strand diente auch als Friedhof. Einer der eifrigsten Beobachter der Melanesier ist R. H. Codrington, ein im neunzehnten Jahrhundert zum Anthropologen gewandelter Missionar. Er schreibt: »Auf Savo ... werden die einfachen Leute ins Meer geworfen, nur die großen Männer bekommen ein Begräbnis.« Codrington berichtet auch, daß die Menschen von Savo in Melanesien als Giftmischer berühmt waren.

Während ich an diesem Abend in meinem Zelt lag und mir unter meiner schaukelnden Taschenlampe Notizen machte, hörte ich draußen Kinder flüstern. Als ich das Licht ausmachte, gingen sie weg.

Noch Stunden später hörte ich sie singend und musizierend wie weihnachtliche Sternsinger zwischen den Hütten herumziehen.

Große Krebse versammelten sich gegen fünf Uhr früh vor meinem Zelt und weckten mich mit ihrem Gekratze – die aufgehende Sonne warf ihre Schatten deutlich auf die Wände. Ich hatte mir gemerkt, was Ataban über die »Scheiße machenden« Frauen gesagt hatte, blieb drinnen und hörte mir auf meinem Kurzwellenempfänger die neuesten Nachrichten über die Golfkrise an. Das Programm von Voice of America, das man so deutlich wie einen Regionalsender hörte, trug der Krise kaum Rechnung, sondern bot die übliche Folge trivialer Musik und belangloser Features, die nur hin und wieder durch vertrauenerweckende Journalistenstimmen mit düsteren Neuigkeiten

unterbrochen wurden. Radio Australia und die BBC hatten ihr
Programm geändert, sendeten Nachrichten, Exklusivmeldun-
gen, Gerüchte und längere Reportagen und lieferten angesichts der wachsenden Spannung einen glaubwürdigen
Kommentar zur Krise.

Ich hörte mir das alles an und fühlte mich, als sei ich eine
Million Meilen weit weg auf einem anderen Planeten, verloren
in der Galaxie Ozeaniens.

Nach den Nachrichten kroch ich aus dem Zelt, verscheuchte
die Krebse, kochte Tee und Nudeln, setzte mich hin, hörte Musik und sah aufs Meer, bis Mapo vorbeischaute, um mich nach
dem Stand der Dinge zu fragen. Es war erst kurz nach halb
sechs.

»*Sapos ol bigpela kaontri pait*«, sagte er, »*mi tingktingk ol kam na
pait long Solomons. Wenn die großen Länder Krieg anfangen, dann,
glaube ich, kommt er auch auf die Salomonen.*«

Das fürchtete tatsächlich jeder: Wenn die Supermächte sich
in einen Krieg hineinziehen ließen, würden auch die Salomonen irgendwann zum Kriegsschauplatz werden. Diese lau-
ernde Angst war aus fast jeder Frage herauszuhören, die die
Menschen in diesen Tagen an mich richteten. Manche Leute
hatten regelrechte Todesangst – vor der völligen Zerstörung
ihrer Lebensordnung und einem brutalen Durcheinander, das
man ihnen aufzwingen würde.

Eine Befreiung durch den Zweiten Weltkrieg hatten sie nicht
gespürt, für sie muß es etwa so gewesen sein, als hätten mehrere Wirbelstürme nacheinander ihr Land verwüstet: erst der
japanische – die Invasion, die Machtübernahme, die Besatzung – und dann das Bombardement der Alliierten, Feuerge-
fechte, die Schlacht von Guadalcanal, die Zerstörung von Dörfern, Hunderte versenkter Schiffe, all die Toten und die Haie,
die die Leichen fraßen.

Das Nachkriegschaos war nicht viel besser, sondern durch
die Demobilisierung der amerikanischen Truppen, die von den
Inseln wegwollten, fast ebenso zerstörerisch gewesen. Während des Krieges war man kaum zum Fischfang gekommen
und hatte die Felder nicht bestellt – die Ernte von drei Jahren
war verloren –, und da sie keine Vorräte hatten, waren die Insulaner von den ausländischen Soldaten abhängig geworden

und hatten einen bedauerlichen Geschmack an faden Konserven gefunden, besonders an Corned beef und gepökeltem schweinernem Frühstücksfleisch, das sie bis heute so schätzen.

Ich brachte auf Pidgin meine inzwischen stereotype Beruhigungsformel zu Gehör: Wenn ein Krieg ausbräche, dann käme er nicht bis hierher. Zur Bekräftigung sagte ich, das sei »*tru tumas*«.

Mapo lächelte. Er glaubte mir nicht.

»*Yu laik lukim megapode pisin? Willst du die Megapoden sehen?*« fragte er.

Savo war nicht gerade eine Insel, der es an Merkwürdigkeiten mangelte: Die Insel besaß einen aktiven, dampfenden Vulkan, heiße Quellen und offensichtlich einen eigenen Präsidenten – aber die Megapoden-Vögel waren das allermerkwürdigste.

Das einheimische Wort für die Vögel ist *ngero*, auf Pidgin heißen sie *skraeb dak*. Ornithologen nennen sie »Buschhuhn«, aber die meisten Bewohner der Insel sprechen, besonders, wenn sie sich mit Fremden unterhalten, mit dem wissenschaftlich korrekten Ausdruck »Megapoden« von ihnen, der sich aus der Artbezeichnung *Megapodiae* herleitet. Es handelt sich um eine ziemlich rare Gattung großfüßiger Vögel, von denen zwischen Indonesien und Vanuatu zwölf Arten bekannt sind. Die Besonderheit dieses Vogels liegt darin, daß er sich für das Ausbrüten seiner Eier ausschließlich auf die Wärme der Umgebung verläßt. Der Vogel legt seine Eier in Sand, der durch die Nähe des Vulkans immer gleich warm bleibt. Der Megapode hat von allen Vögeln die frühreifsten Nestlinge – die Eltern brüten nicht, und sie füttern und pflegen ihre Jungen auch nicht, sondern graben einfach nur ein Loch in den unnatürlich warmen Boden, legen das Ei hinein, buddeln das Loch wieder zu und fliegen davon.

Drei Wochen später schlüpft das Junge, gräbt sich aus dem Sand aus und rennt, voll entwickelt, schon nach wenigen Minuten los. Nur Stunden nach seiner Geburt lernt das Küken bereits fliegen und flattert, wenn es ihm gelingt, den halbwilden Hunden und Wildschweinen zu entkommen, auf den nächsten Baum.

Aber nur bei wenigen Eiern kommt es so weit. Mapo erzählte, daß später am Morgen die Eiersucher kommen würden,
um die Eier auszugraben. Wir gingen ein paar hundert Meter
weit parallel zum Strand durch den Busch und dann einen
schmalen Weg hinunter zu einem eingezäunten Strandabschnitt, wo Hunderte quakender, herumstolzierender, hühner-
artiger Vögel mit salatbesteckartigen Füßen damit beschäftigt
waren, Löcher zu buddeln und Sand zu schaufeln.

Mapo setzte sich auf einen schattigen Felsen und rauchte
eine Zigarette, während ich auf dem Bauch nach vorn robbte
und fasziniert zusah – erleichtert, daß ich keine Kamera dabei-
hatte. Der Anblick war sowieso nicht fotografierbar: Die Vögel
standen zu tief in den Löchern, ein Fotoapparat hätte den
Krach nicht einfangen können, und außerdem waren die
Megapoden scheu und wären vor dem Geräusch der Kamera
geflüchtet. Man hörte nichts als Quaken und sah nichts als flie-
gende Sandklumpen. Hin und wieder aber tauchte ein nervö-
ser Vogel aus einem Loch auf, schaufelte es schnell zu und
flatterte wie ein aufgeregtes Bläßhuhn davon.

In der aufsteigenden Hitze des frühen Morgens – selbst im
Schatten der Palmen schwitzte ich schon heftig – sah ich fast
eine Stunde lang zu, und als ich mich schließlich zum Gehen
wendete, hatten die meisten Vögel ihre Eier eingegraben und
waren weggeflogen.

Ich fragte mich, ob die Insulaner die Megapoden aßen, also
erkundigte ich mich auf dem Rückweg ins Dorf: »Yupela kaikai
megapode pisin?«

Mapo antwortete: »Sapos dok i gat long tit, mipela kaikai. Wenn
ein Hund einen zwischen die Zähne kriegt, essen wir ihn.«

Aber es sei verboten, die Vögel zu töten, sagte er, und fügte
etwas mysteriös hinzu, daß man sie früher mit tambu-Zeremo-
nien verehrt habe.

Mapo nahm mich mit zu sich nach Hause und stellte mich
seiner Frau Rebecca vor, die uns beiden ein Omelett aus Megapodeneiern mit Reis vorsetzte. Mapo holte ein Ei aus der Küche und zeigte es mir. Es war ungewöhnlich groß und schwer,
ein Riesending: etwa zehn Zentimeter lang und fünf breit, größer als jedes Entenei, das ich je zu sehen bekommen hatte.

Die Menschen von Savo lebten von den Eiern, erzählte er.

Sie sammelten sie, sie aßen sie, und sie verkauften sie für einen Salomon-Dollar pro Stück in Honiara. So gut ich es mit meinem Pidgin konnte, fragte ich ihn über die Geschichte der Insel aus, über den Kult um die Vögel und die mythologische Bedeutung der Eier. Er antwortete stockend.

Schließlich meinte er, ich sollte lieber jemand anderen fragen, und ergänzte schüchtern – in ungelenkem Englisch, nicht in schlechtem Pidgin: »Ich keine Ausbildung. Nicht Schule.« Er lächelte traurig. »Jetzt zu alt für Schule.«

Eines seiner Kinder spielte in der Nähe. Mapo zog den kleinen Jungen auf seinen Schoß und schob sein halbgegessenes Omelett beiseite: »*Dispela pikanin savvy toktok Inglis! Der kleine Kerl hier kann Englisch!*«

Wegen der Megapodeneier, die auf Guadalcanal sehr begehrt waren, waren die Leute auf diesem Teil der Insel wohlhabend und gut genährt. Auch die andere Seite der Insel war nicht arm, es gab dort ein fischreiches Riff, und auf ganz Savo wuchsen Obstbäume, Orangen, Zitronen und Guaven. Es gab Betelnußbäume, *ngali*-Nüsse (ähnlich wie Macadamias) und Kokosnüsse. Der Gartenbau war simpel: Cassava, Taro, Bohnen, alles dankbare Gewächse. Der Überfluß machte das Leben recht einfach – ein bißchen rechen, ein bißchen jäten. Die Dörfer waren sehr still, längst nicht so umtriebig wie die Orte auf den Trobrianden. Savo lag fast immer in leichtem Schlummer.

Welche Scheußlichkeiten hätten die Japaner wohl diesem glücklichen, trägen Volk beschert, hätten sie den Krieg gewonnen? Zumindest wäre hier ein Golfplatz hingeklotzt worden, jemand wie Mapo wäre Caddy geworden, und Rebecca hätte einen Job in der Küche vom Clubhaus bekommen, wo sie für die Söhne Nippons Megapodenomeletts hätte braten dürfen.

In den ersten Tagen, die ich auf Savo campierte, waren die Stille und Tatenlosigkeit zutiefst spürbar, es lag eine Art von Traurigkeit darin, als ob es spukte.

Ich paddelte südwärts nach Mbonala, ein Dorf in einer kleinen Bucht, in der Kinder planschten, Jungen mit Speeren fischten und Frauen Kleider wuschen. Die Männer des Dorfes saßen unter den Bäumen und kauten Betelnüsse. Eine johlende Menge versammelte sich, als ich nach dem Weg nach

Monagho fragte. Meine Karte zeigte Savo als gelbe Scheibe mit ein paar topographischen Angaben und Höhenlinien. Wenn ich mit jemandem sprach, trug ich weitere Einzelheiten ein und füllte die weißen Flecken mit den Namen von Dörfern, Buchten und Flüssen.

Im Dorf Monagho dann liefen alle zusammen, um mich zu begrüßen. Wie auch Balola und Mbonala war es ein Dorf voller barbrüstiger Frauen, von denen viele Briarpfeifen rauchten. Bald kam auch James – er war gerade dabeigewesen, sein Haus neu einzudecken. Er stellte mich seiner Familie vor. Seine hübsche, etwa sechzehnjährige Schwester Mary trug eine Halskette aus Delphinzähnen. James sagte, er suche gerade einen Ehemann für sie.

»*You marit pinis? Ist deine Ehe zu Ende?*« fragte er, aber da er pidgin sprach, erwartete er eigentlich keine Antwort.

»Das ist eine lange Geschichte«, sagte ich.

Er zeigte mir sein Haus. Ein großes, solides Gebäude wie die meisten Häuser und Hütten auf Savo – dickgeflochtene Palmblätter auf einem stabilen Rahmen aus Pfählen und ein geschickt gewebtes Dach, das wasserdicht und elegant war. Während ich plaudernd bei seiner Familie sitzen blieb, lieh er sich mein Kajak aus und paddelte zur Erheiterung sämtlicher Dorfbewohner am Ufer auf und ab.

Später fuhr ich knapp fünf Kilometer weiter nach Kaonggele, dem Dorf, das das Wegerecht zum Vulkan besaß, und als ich an Land gehen wollte, kamen mir zwölf Jungen zu Hilfe, die das Kajak auf das dorfeigene Kanugestell hievten. Ich erzählte ihnen, daß ich gern den Vulkan sehen wollte.

»Du mußt dem alten Mann was zahlen«, sagten sie. »Er ist unser Chief.«

Er saß auf einem Stück Holz unter einem Baum und hörte Radio – ein frühes Modell, so groß wie eine Kleenexschachtel. Es war verbeult, schmutzig und mit Klebestreifen geflickt, aber aus dem Lautsprecher ertönte das Rauschen einer Stimme.

Der alte Mann hieß Marcel Devo und schätzte sein eigenes Alter auf siebenundsiebzig Jahre. Auch dieses Dorf war katholisch: Die Kirche von St. Theresa lag oberhalb auf einer Klippe. Der Alte sprach weder Englisch noch Pidgin, nur Savosavo.

»Frag ihn, ob er sich an den Krieg erinnert«, bat ich einen der Jungen.

»Ich war schon verheiratet, als der Krieg anfing«, sagte er, und der Junge übersetzte.

»An was erinnern Sie sich?«

»An alles«, krächzte er. »Ich hab den Amerikanern geholfen, Proviant und Ausrüstung zu tragen. Ich hab hart gearbeitet. Siehst du diese Straße?« Er zeigte auf einen ausgefahrenen Pfad, der sich vom Strand hochwand. »Die haben die Amerikaner gebaut. Es war die einzige Straße, die wir auf Savo hatten.«

»Haben Sie während des Krieges Kämpfe miterlebt?«

»Überall wurde gekämpft.« Er hob den Kopf und sah mich aus roten Augen an. »Rauch und Feuer. Und Lärm. Schiffe überall auf dem Meer.«

Er wollte sein Radio hinstellen, das er auf dem Schoß gehalten hatte, und ließ es fast fallen. Er war sehr gebrechlich, aber ich hatte ihn an die alptraumhaften Jahre des Krieges erinnert.

»Es war schrecklich . . .« Der Junge übersetzte immer noch. »Manche Leichen wurden an den Strand geschwemmt, manche von Haien gefressen. Wir hatten Angst. Wir wußten nicht, was wir tun sollten.«

»Was haben Sie sich gerade im Radio angehört?«

»Nachrichten«, sagte er. »Im Irak wird es Krieg geben, und er wird auch hierherkommen. Entweder kommt das Volk des Irak zuerst hier an, und die Amerikaner werden sie vertreiben, oder die Amerikaner kommen, und die Leute aus dem Irak werden gegen sie kämpfen.«

»Sag ihm, daß ich glaube, daß das nicht passieren wird«, sagte ich.

Als er es hörte, murmelte er dem Jungen etwas zu, der sagte: »Du irrst dich.«

Normalerweise bekam der Chief fünf Salomon-Dollar von jedem, der auf dem Pfad von Kaonggele zum Vulkan hinaufsteigen wollte, aber der alte Mann meinte, daß ich nichts zu bezahlen bräuchte.

»Ich hab gesehen, daß du mit einem Kanu hergepaddelt bist, also kannst du umsonst gehen.«

Acht Jungen begleiteten mich – sie hätten nichts anderes zu tun, sagten sie. Der Aufstieg bis zum Kraterrand dauerte eine Stunde. Ich sah hinein und betrachtete den grauen Dampf, der unten aus den Spalten stieg, fand dieses Schauspiel aber weit

weniger beeindruckend als die heißen Quellen, die an einigen
Stellen neben dem Weg aus dem Hang sprudelten, kleine sie-
dende Tümpel, an denen sich die Leute versammelten, um ihr
Essen zu kochen. Ich gesellte mich zu einer Gruppe, die gleichzeitig verschiedene mit Blättern umwickelte Gemüse dämpf-
te – Cassava, Süßkartoffeln und Maiskolben. Ein Mann bot mir
einen Maiskolben an, den ich aß, und als ich den abgenagten
Kolben wegwerfen wollte, trat ich in eine schweflige Pfütze
und verbrühte mir einen Fuß.

Gebührenfreies kochendes Wasser auf den Flanken eines
Vulkans – diese Leute hatten wirklich alles! Vögel kamen und
brachten ihnen jeden Tag Hunderte von riesigen Eiern, und sie
mußten nichts weiter tun, als sie den Berg rauftragen und kochen. Sie hatten Nüsse und Orangen, Zitronen, Brotfrüchte
und Papayas, und die Bäume brauchten keinerlei Pflege. Auch
die Schweine versorgten sich selbst – genau wie ihre Hühner.

Dieses Leben schien fast unvorstellbar angenehm.

»Haben Sie hier Missionare?«

»Nein. Aber einmal im Monat kommt ein Priester und hält
eine Messe.«

Sie zeigten mir die Kirche. Sie war aus Holz, ziemlich grob
zusammengeschustert, groß, muffig und leer.

»Wie steht es mit den Mücken?«

»Sie machen uns nichts aus.«

Mir aber. Das einzige, was mir an dieser Insel nicht gefiel,
waren die widerwärtigen Insekten: Fliegen, Mücken, Moskitos
und vor allem winzige Stechfliegen, die mir trotz meines Insek-
tenschutzmittels keine Ruhe ließen.

Ich gab den Jungen ein paar Schokoladenkekse und betonte,
daß ich drei oder vier für Chief Marcel Devo aufheben wolle.
Zum Dank kletterten sie in die Kokospalmen und hackten ein
paar Nüsse auf. Ich trank eine aus und füllte meine Wasserflasche mit dem süßen Wasser der anderen.

Ein paar Tage später paddelte ich wieder nach Kaonggele,
aber statt eines verschlafenen Kaffs fand ich Jungen und Männer am Strand, die in hektischer Betriebsamkeit Haufen von
Yams und Bananen auf Palmblätter stapelten. Ein Junge, den
ich von meinem früheren Besuch her wiedererkannte, zer-
hackte gerade mit einer Machete ein totes Schwein.

»Wofür ist das alles?« fragte ich.

»Für den Frieden«, antwortete der Junge mit wissendem Lächeln.

»Willst du damit sagen, daß es Ärger gegeben hat?«

»Jetzt ist Frieden«, sagte ein verschlagen aussehender Mann.

»Dieser Mann Phillip Ärger gemacht«, meinte der Junge mit der Machete.

Phillip, der Verschlagene, war mager und ungefähr dreißig. Er hatte ein abgehärmtes, eher ängstliches Gesicht und sah überhaupt nicht aus wie ein Krawallbruder. Er wand sich ein bißchen und versuchte den Jungen mit beschwichtigenden Lauten zum Schweigen zu bringen.

»Das Schwein gehört Phillip«, kicherte ein anderer Junge.

»Es hat Krach gegeben«, sagte der erste Junge.

»Habt ihr euch verkracht?«

»Nein. Frag Phillip.«

Phillip war wirklich verlegen. »Ich hab den Ärger mit dem anderen Dorf angefangen«, sagte er leise. »Ich hab mich gestritten. Also tu ich das hier, damit der Ärger aufhört.«

Das Fest war ein *zokule*, ein Friedensmahl. Phillip hatte böses Blut erzeugt und jetzt, zur Versöhnung, sein Schwein geopfert, die anderen steuerten das Gemüse bei. Wenn das Mahl fertig war, würde das beleidigte Dorf über den Strand herkommen, mit ihnen gemeinsam tafeln und sich dadurch besänftigen lassen.

Wann immer ich in diesen Tagen Männer oder Jungen in Kanus traf – keine Auslegerboote, sondern die schlanken Einbäume, die die Insulaner zum Fischen oder Spielen benutzten –, forderten sie mich zu Rennen heraus, die ich gewann, denn ihre Kanus waren zwar schnittig, aber ihre Paddel hatten nur ein Blatt, waren schwer und unhandlich. Ich hatte ein Doppelpaddel aus Karbonfasern, wie es Kajakfahrer normalerweise benutzen. Wenn ich mit einem von ihnen die Paddel tauschte, verlor ich immer. Also lieh ich ihnen immer wieder meines aus und versuchte, sie davon zu überzeugen, sich selbst auch lange Doppelpaddel zu schnitzen.

Die meisten wollten es versuchen. Sie waren durchaus für Neues zu haben. Atabans vierzehnjährige Schwester Agnes, ein fülliges, frühreifes Schulmädchen, trug frische Narben auf der Wange: einen von welligen Linien umkränzten Kreis.

»Das ist die Sonne«, erklärte sie.

Eine strahlende Sonne, mitten in ihr Gesicht geschnitzt.

»Gehört das zu einem Brauch auf Savo?«

»Nein. Auf Malaita. Ist nicht unser Brauch. Ich hab die Leute von Malaita gefragt, ob sie mir das machen können. Sie war'n mal hier zum Tanzen. Ist einen Monat her.«

»Hat es weh getan?«

»Ja. Ziemlich doll. Sie haben's mit Messer und Gabel gemacht und dann Salzwasser draufgetan.«

Merkwürdig, dachte ich. Weil es auf einer anderen Insel der Salomonen üblich war, sich die Gesichter mit Narben zu verzieren, hatte sich dieses Schulmädchen aus Savo bereitwillig die Wange aufschlitzen und für den Rest ihres Lebens mit einer widerlichen Narbe entstellen lassen.

»Gefällt's dir?« fragte sie.

Ich antwortete, was sie hören wollte.

In den klaren Nächten, die schon lange vor Aufgang des Mondes von Sternen erleuchtet wurden, sangen und spielten die Kinder auch auf Savo bis Mitternacht. Eines Tages brachten sie mir einen Stuhl, und ich konnte also bequem unter einer Palme sitzen, Fliegen totschlagen und lesen oder schreiben. Meistens wartete ich, bis der Strand leer war, dann ging ich *nambis*, hockte mich nach Landessitte an die Flutlinie, blickte landeinwärts und kam mir in meiner Exponiertheit ziemlich dumm vor.

Abgesehen von den Insekten und der einen oder anderen Schlange war mein Leben auf Savo idyllisch. Aber ich merkte bald, daß ich mitten zwischen zwei feindlichen Brüdern saß: auf der einen Seite Ataban, der fette ehemalige Politiker, der gut, wenn auch etwas gestelzt Englisch sprach, auf der anderen Mapopoza, der dürre Analphabet, der nicht viel anderes tat, als sich Betel und Kalk in den Mund zu stopfen. Beide konnten ganz heiter sein. Natürlich war Mapo, der keinen Ehrgeiz kannte und nie sein Dorf verlassen hatte, der einflußreichere.

Aber Ataban kontrollierte die Eierfelder – der vierhundert Meter lange Strandabschnitt, auf dem die Eier gelegt wurden, gehörte ihm. Es war merkwürdig, daß die wilden Vögel einer

Art privater Nutzung unterlagen. Sie boten Ataban eine fast unerschöpfliche Einkommensquelle, um die man ihn sichtlich beneidete, aber was konnte man machen? Jeder Eiergräber mußte ihm für das Schürfrecht fünf Eier von seiner Tagesausbeute abgeben. Ich traf Ataban an mehreren Tagen hintereinander in den Eierfeldern, und was ich zunächst für schnell beschafftes Essen gehalten hatte, erwies sich bald als schmutzige, ermüdende, schweißtreibende Arbeit.

Um ihre Ernte nicht zu zerbrechen, schaufelten die Männer zuerst mit einer kleinen Holzlatte bis auf etwa einen halben Meter Tiefe, dann legten sie sich auf den Bauch und gruben mit bloßen Händen weiter, manchmal bis zu einem Meter tief. Der vulkanische Sand war schwer, und die Männer arbeiteten in der prallen Sonne. Eine erstaunliche Vorstellung, daß der Vogel so tief buddelte, ein Ei legte und dann den ganzen Sand mit seinen Kratzfüßen wieder zurückschob. Den Morgen über boten die Eierfelder von Savo das gleiche seltsame Bild: Männer, die in Löchern steckten und Sand herausschaufelten. Alles, was man von ihnen sah, waren verschwitzte, sandverkrustete Beine.

Ein junger Mann namens Walter erzählte mir, daß er seine Ausbeute aufspare. Zur Zeit habe er fünfundachtzig Eier. Wenn er hundert beisammen habe, wolle er sie in Honiara auf dem Markt verkaufen. Die Hin- und Rückfahrt mit dem Motorboot kostete vierundzwanzig Dollar und die Miete für den Marktstand noch ein paar Dollar. Sein Gewinn für vierzehn Tage Knochenarbeit: weniger als dreißig Dollar.

Peter aus dem Dorf Alialia bot einen merkwürdigen Anblick. Er war in den Siebzigern mit einer parlamentarischen Delegation nach London gefahren. Dort hatte er den britischen Außenminister und die Königin kennengelernt und einen geliehenen Anzug getragen, jetzt lag er in seinem *Foster's-Beer*-T-Shirt auf dem Bauch, hatte Sand in den drahtigen Haaren, schmutzige Arme, ein schweißglänzendes Gesicht und scharrte mit bloßen Händen Megapodeneier aus dem Boden.

Die Eierfelder waren eine Art Männerclub, Frauen durften hier nicht graben, nicht einmal den Strand betreten. Die Grabenden zogen sich gegenseitig auf und flachsten mit mir herum, während Ataban feist im Schatten eines Baumes

thronte und von jedem seinen Tribut kassierte: Täglich landeten zwischen zwanzig und hundert Eiern in seiner Stofftasche.
Wenn er etwa dreihundert Stück hatte – den Ertrag einer Woche –, schickte er seinen Sohn nach Honiara auf den Markt.

»Alle wollen sie«, sagte Ataban.

Eines Tages fragte ich: »Kommen immer noch genauso viele
Megapoden-Vögel wie früher?«

»Nein. Weniger.«

Das war vorauszusehen. »Warum gebt ihr den Eiern nicht
die Möglichkeit, sich zu entwickeln? Dann hättet ihr mehr Vögel und schließlich auch mehr Eier.«

»Die jungen Leute würden sich nie darauf einlassen, aber
früher hat man es gemacht, als der Vogel noch mit Opferzeremonien verehrt wurde.«

An diesem Tag zeigte er mir das Grab des Mannes, der die letzte
Opferzeremonie geleitet hatte. Der Mann, er hieß Kitaga, war 1965
gestorben. Das übliche Opfer bestand darin, daß man in einem
verbotenen Hain auf der Klippe hinter dem Dorf ein Schwein
einäscherte. Aber Ataban erklärte mir eine Art manichäische
Idee, nach der der Vogel auch mit einer bestimmten Schlange in
Verbindung gebracht wurde, ihrem »Teufel« oder Geist.

Auf dem Rückweg zum Dorf fragte ich: »In welchem Monat
erntet ihr Yams?«

»Normalerweise im Juni.«

»In dem Monat habt ihr also viel zu essen. Wie wär's, wenn
ihr dann das Eiergraben verbietet? Laßt den Juni als Brutzeit.
Ein paar Wochen später habt ihr alles voller junger Vögel, und
später gibt es mehr Eier.«

»Das ist eine sehr weise Beobachtung«, sagte Ataban.

Ich wußte nicht genau, ob er mich auf den Arm nehmen
wollte.

»Ich werde diesen Vorschlag der Gemeinde unterbreiten«,
sagte er. »Wir werden ihn in unsere Statuten aufnehmen.«

Auf den Eierfeldern, in der Atempause zwischen zwei ausgegrabenen Eiern, wurden sie gesprächig. Sie fragten mich
über den Ölpreis in anderen Ländern aus, über die Machtverhältnisse in Japan und der Sowjetunion, über den Treibhauseffekt (ein sehr alter Mann erkundigte sich danach: »In Honiara
hat mir jemand erzählt...«) und die Lebenshaltungskosten

und Preise für Häuser in anderen Ländern. Jedesmal kam beim Schwatz auf den Eierfeldern die Golfkrise zur Sprache, und nachdem Ataban meine Bekräftigung eingeholt hatte, daß im Falle eines Krieges die Amerikaner siegen würden (»kein Problem«, sagte ich, »aber es wird Tote geben«), fing er an, mich aufzuziehen.

»Werft eure Waffen weg«, sagte er. »Schmeißt die Bomben und die Flugzeuge und die Kugeln weg. Kämpft mit euren Händen. Wir Melanesier schlagen euch: mit bloßen Händen!«

»*Rabis. Bullseet*«, antwortete ich, und die anderen kicherten. »Das ist alles *nambaten*. Ihr hättet keine Chance. Wir sind *bigpela, strongpela*.«

»Nein! Wir sind Melanesier!« schrie Ataban. »Wir sind Krieger, wir haben Zauberkräfte.«

»*Ya, ya*«, grölten die Männer in meine Richtung.

»Wo war eure melanesische Zauberkraft denn 1942?«

»O je«, quäkte Ataban. »Wir hatten keine Zauberkraft damals. Wir sind bloß in den Wald gerannt und haben die Amerikaner gegen die Japaner kämpfen lassen. Haha.«

Nach dieser Unterhaltung kam ein Zwanzigjähriger namens Edward zu mir und sagte: »Aber Rambo ist sehr stark. Er kann ohne Gewehr kämpfen.«

Rambo ist einer der Volkshelden der Salomonen – sein Ruhm überzieht ganz Ozeanien. Jeder, der diesen Glauben nun vorschnell als primitives Barbarentum verurteilt, sollte sich daran erinnern, daß der amerikanische Präsident Ronald Reagan einmal geäußert hat, er habe im Weißen Haus einen Rambo-Film gesehen und sich von dem hirnlosen Brutalo in diesem wertlosen Streifen sehr inspiriert gefühlt.

Beim Abendessen in seiner Hütte (Megapodeneier, von den Insulanern als »Ma Ling« bezeichnetes Büchsenfleisch und *kumara*, Süßkartoffeln) fragte mich Mapo: »*Mi laik lukim Rambo video tumas. Yu lukim Commando? Nambawan man long Commando. Ich sehe gern Rambo-Videos. Hast du Commando gesehen? Der Mann in dem Film ist Eins a.*«

»*Yu lukim video long ples Balola? Seht ihr euch die Videos in Balola an?*«

»*Ya. Mi kros. Dispela generator bagarap. Ja, aber ich bin wütend. Der Generator ist kaputt.*«

Der einzige Generator der Insel erzeugte seinen Strom nur fürs Videogerät.

Pidgin sprach man auf Savo kaum, allenfalls mit Fremden. Die Sprache der Insel, Savosavo, gilt bei Linguisten als Papua-Sprache, die nicht zur austronesischen Sprachenfamilie gehört. Ataban stritt das ab, aber im Idiom der Insel gab es viele polynesisch klingende Wörter. Zum Beispiel ist das Savosavo-Wort für »Insel« *molumolu*, also zweifellos mit polynesischen Varianten verwandt (*motu* in Tahiti, *moku* auf Hawaii und so weiter).

»Woher stammen die Menschen auf Savo ursprünglich?« fragte ich Ataban.

Peter, der Eiergräber, kam Ataban zuvor: »Asien.«

»Ich denke, das stimmt nicht«, meinte Ataban. »Wir glauben, daß wir immer hier waren. Wir stammen von einem Vogel oder einer Schlange ab. Der Vogel – ein Fregattvogel vielleicht – hat ein Ei gelegt, und eine Frau ist rausgekommen. So wird es gewesen sein.«

»Und die Leute auf den anderen Inseln? Was ist denn mit den Leuten auf Ontong Java?« Auf diesem kleinen Atoll im Norden des Archipels lebten Polynesier.

»Vielleicht sind sie mit Booten dahingekommen«, sagte Ataban. »Aber wir stammen von Vögeln, Haien und Schlangen ab.«

Nach dem Tod, erklärte er, verwandelten sie sich in Haie zurück. Es war ein weitverbreiteter Glaube auf Savo, daß Haie die Geister von Toten waren. Deswegen sprach man auch zu ihnen und fütterte sie.

Auf den Salomonen kannte man keine Angst vor Haien, aber das war, wohin ich in Ozeanien auch kam, überall so. Was einen nicht zu sehr verwundern muß. Es ist statistisch erwiesen, daß nur fünfundzwanzig Menschen im Jahr von Haien getötet werden. Viel mehr Todesfälle gehen auf das Konto von Schweinen.

Während meiner Paddelausflüge um Savo trug ich die meiste Zeit über Kopfhörer und hörte mir dieselbe Kassette – ich hatte zu der Zeit nur die eine – auf dem Walkman an: Arien von Puccini und Verdi, gesungen von Kiri Te Kanawa: »Vissi d'arte« aus *Tosca*, »O mio babbino caro« aus *Gianni Schicchi*, »Un bel di, vedremo« aus *Butterfly*, »Ah, fors'è lui« aus *La Traviata* und andere. Sie ist fast nicht zu beschreiben, diese eigentümliche Wehmut, die sich einstellt, wenn man einer kleinen, lieblichen Insel nahe ist, vorbeifährt an hohen, von schlanken Palmen gekrönten Klippen, an seltsam buckligen Hügeln und erst in jüngerer Zeit aufgebrochenen Kratern (der Entdecker Mendaña beobachtete noch 1568 einen Vulkanausbruch auf Savo), an von der Brandung weißumspülten Felsenküsten und Kindern mit sonnengebleichten Haaren, die zwischen Bambushütten und den Wellen spielten. Alles – die Menschen, ihre Hütten und Kanus, die kleinen Gärten und die Frauen, die von ihrer Wäsche zu mir herübersahen – wirkte zwergenhaft vor dem tätigen Vulkan direkt hinter ihnen. Ich hörte die volle Sopranstimme, die mit durchdringender Süße »*Quel'amor*« sang, und paddelte voran.

Oder passender: »*Se come voi*«, die Arie der hübschen Blumen, denn mein Weg war von ihnen gesäumt. Wenn ich so hübsch und winzig wäre wie sie, könnte ich immer in der Nähe meiner Liebsten sein und sagen: »Vergiß mein nicht.«

> »*Se come voi piccina io fossi,*
> *O vaghi fior, sempre, sempre*
> *Vicina potrei stare al mio amor* . . .«

Im bläulichen Rosa des frühen Abendlichts, in einem Boot auf einem Meer in der Farbe von Rosenwasser, während die Kakadus von Baum zu Baum blitzten und die Fregattvögel in den Himmel stiegen, war ich glücklich. Ich hatte diese Insel durch Zufall gefunden und glaubte, daß sie unzerstört bleiben würde und die Menschen auf ihr sehr gut allein zurecht kämen, wenn sich keine Touristen oder Bürokraten einmischten. Ich verzagte, wenn ich an die Dauerhaftigkeit dieses seltsam einfachen Lebens dachte, und doch, es mußte ein befriedigendes Leben sein, sonst wären die Menschen nicht so großzügig und vertrauensvoll gewesen.

Wenn mir dieser Ort traurig vorkam – manchmal tat er das –, während ich den Arien lauschte und diese grüne Insel an meinem Boot vorüberziehen sah, begriff ich, daß die Traurigkeit

meine eigene war. Ich hatte sie mitgebracht. Sie gehörte zu
meiner Stimmung in jenen Tagen. Sie drang in meine Träume:
das graue, chaotische London, steile Treppen, die zu dicken,
verschlossenen Türen führten (hier gab es keine Türen, keine
Schlösser, ja nicht einmal Treppen), Träume vom Zuspätkom-
men, von verpaßten Verabredungen, fast hätte ich meine Frau
getroffen und wurde von einer plötzlichen Orgie von nackten
Menschen an einer Straßenecke oder einer verriegelten Hintertür aus dem Konzept gebracht, Träume vom Ankommen und
kleinlautem »Zu spät«, und schließlich wachte ich schweißge-
badet auf und hörte die rollende Brandung und erinnerte
mich, daß ich auf Savo war, auf den Salomonen, allein in einem
Zelt am Strand.

Ich paddelte, weil ich dabei allein sein konnte und weil ich
gern Musik hörte. Ich paddelte, weil das Wasser zu schmutzig
zum Schwimmen war und um meinem Tag eine Struktur zu
geben: Normalerweise schrieb ich morgens und bewegte mich
am Nachmittag – zwischen zwölf und fünfzehn Kilometer,
nicht mehr, in Äquatornähe brannte die Sonne aus einem wolkenlosen Himmel. Und natürlich paddelte ich auch, weil es oft
die einzige Möglichkeit war, von einem Ort zum anderen zu
gelangen.

Wenn Mapo bei Sonnenuntergang nicht bei mir war, kam
Ataban (der ihn nicht ausstehen konnte) auf einen Schwatz
vorbei. Einmal fragte er mich, ob es mir komisch vorkomme,
daß er seinen Bruder als Feind ansehe. Ich sagte, ich hielte es
für viel verständlicher, wenn er seinen Bruder ablehnte oder
bemitleidete, als wenn er derartige Gefühle einem entfernten
Bekannten entgegenbrächte.

»Hassen kann man eigentlich nur Mitglieder der eigenen Familie oder jemanden, den man sehr gut kennt«, sagte ich. »Ich
persönlich glaube, Mapo ist ein anständiger Kerl.«

»Das sagst du, weil du ihn nicht kennst«, antwortete Ataban.
»Ha!«

Seine übliche Begrüßung lautete: »Gut *gepandelt*, heute?«

»Sehr gut gepaddelt.«

»Du *pandelst*«, sagte er, »und ich bin so fleißig!«

»Du meinst, du hast fleißig unter einem Baum geschlafen und
gewartet, daß die Leute dir deine Megapodeneier bringen?«

Er konnte solche Scherze gut vertragen, schien sie sogar als freundschaftliche Geste zu verstehen. »Nein, ich bin ein armer Melanesier. Ich muß arbeiten. Ich bin nicht so faul wie ihr Amerikaner. Ich muß meine Schweinchen füttern.«

Dann setzte er sich zu mir und redete, bis es dunkel war. Oft lag ich ihm in den Ohren, mir den verbotenen Hain zu zeigen, in dem man die Megapoden-Vögel verehrte, aber er sagte immer, der sei zu *tambu*, und es wäre überhaupt nicht gut, wenn ich dorthin ginge. Nach einer Woche fragte ich nicht mehr.

»Morgen zeige ich dir den Ort, wo wir den Megapoden-Vögeln Opfer bringen«, sagte er schließlich eines Abends. »Und ich erzähle dir die Geschichte vom Vogel und vom Teufel.«

»Erzähl sie mir jetzt, Ataban.«

Er verzog das Gesicht. »Ist zu lang. Und meine Schweinchen warten.«

»Yu go we tude?« fragte Mapo am nächsten Tag. *»Yu wokabout Kwila? Yu laik samting, yu laik kaikai? Du gehst heute weg? Du gehst spazieren nach Kwila? Willst du was, willst du essen?«*

Es war ein Versteckspiel, aber um den Bruderzwist nicht zu verschärfen, sagte ich, ich wolle nur spazierengehen und bräuchte nichts zu essen.

Ich traf Ataban am Dorfrand. Er stellte mir einen alten Mann vor – er sei vierundsiebzig –, der ihm ein paar Eier gebracht hatte. Wann immer ich jemanden kennenlernte, der so alt war, fragte ich ihn nach dem Krieg. Der Mann hatte sein ganzes Leben auf Savo verbracht. Er sagte, daß sich hier nie was geändert habe, die einzige Unterbrechung sei tatsächlich der Krieg gewesen. Ataban übersetzte.

»Die Japaner sind gekommen. Ein Japaner hat gesagt: ›Wir sind stark, und wir bleiben hier – in Tulaghi. Wir werden nie abziehen. Geht auf eure Felder. Pflückt Kokosnüsse, macht Kopra, zieht Bananen. Baut Gemüse an. Geht fischen. Wir kaufen alles, was ihr zu verkaufen habt.‹«

»Haben sie die Amerikaner erwähnt?«

»Sie haben gesagt: ›Die Amerikaner sind sehr stark. Sie werden kommen und versuchen zu kämpfen. Aber wir werden sie schlagen.‹ Wir hatten Angst.«

»Aber warum?« fragte ich. »Die Japaner sind kleine, O-beinige Leute, die ohne Brille nichts sehen können. Sie sind kleiner als ihr. Warum hattet ihr Angst?«

Der alte Mann lachte und sagte wieder etwas. Ataban übersetzte: »Stimmt. Wir fanden sie komisch. Aber manche waren groß. Und sie hatten Waffen. Bald sind dann die Amerikaner gekommen, und alles war anders. Es gab Krieg. Viele Tote. Ich hatte Angst, und ich muß immer noch daran denken.«

»Aber es ist lange her.«

»Nein! Es ist nur eine kleine Weile her. Ich war schon verheiratet und hatte Kinder«, sagte der alte Mann.

Als der Alte gegangen war, änderte Ataban seine Meinung: Es sei doch nicht so eine gute Idee, wenn er mich zur Opferstätte mitnähme. Der Ort sei einfach zu *tambu*. Ich drängte aber, und als er immer noch zögerte, fragte ich ihn nach dem Grund.

»Weil ich an die *kastom* glaube. Ich bin kein Christ. Der Ort ist *tambu*.«

»Ich werde ihn nicht betreten. Ich fasse nichts an. Ich gehe nicht mal nahe ran. Ich will ihn nur einmal sehen.«

»Ist gut«, sagte er. »Sieh's dir von weitem an.«

Wir begannen den Aufstieg auf einem überwucherten Pfad und sahen als erstes eine braune Schlange – ein Ding von mindestens einszwanzig. Meinem Handbuch *Reptilien auf den Salomon-Inseln* zufolge handelte es sich vermutlich um eine giftige Landschlange der Gattung *Salomonelaps* – wenn sie gereizt wird, macht sie sich flach, zischt und vollführt Kaubewegungen: »Die Wirkung ihres Giftes ist nicht bekannt, könnte aber möglicherweise für Menschen gefährlich werden . . .«

Ein Stück weiter war ein lautes, plumpes Krachen im Gebüsch zu hören. Ich erhaschte einen kurzen Blick auf ein Wesen, das aussah wie ein Hund.

»Eine Eidechse«, sagte Ataban.

Eine Eidechse im Format eines Cockerspaniels? Das Reptilienhandbuch schlug einen Waran vor.

Wie anders war es hier, nur ein paar hundert Meter weg von der Küste mit ihrer kühlenden Brise – still, heiß und modrig, die Luft stank nach nassen, fauligen Blättern. Auf jedem Ast saß eine Spinne, und selbst am Tag schwärmten die Moskitos in Massen. Man brauchte nur mit dem Ellbogen einen Baumstamm zu streifen, und schon hatte man einen Haufen beißender Ameisen am Arm. Wir waren noch keine fünfzig Meter weit gegangen, und die Ameisen hatten sich schon bis zu meinem Hals vorgearbeitet.

Der fette Ataban ging voran und schlug sich auf die Arme.

Wir kamen zu einem Rechteck aus Steinen.

»Das ist das Grab des Mannes, der als erster einen Vogel auf Savo willkommen hieß«, sagte Ataban. »Er war auf dem Hügel. Der Vogel kam und wollte bleiben. Aber der Teufel, die Schlange, erlaubte es ihm nicht. Und dann legte der Vogel ein Ei. Der Mann aß das Ei und sagte: ›Das ist gut.‹ Also durfte der Vogel bleiben, solange er versprach, regelmäßig Eier zu legen.«

Wir gingen weiter, während Ataban die ganze Zeit jammerte: »Das ist *tambu*«, und mit den Armen ruderte.

»Man darf hier keine Bäume fällen«, erklärte er. »Und Seile ...«, er meinte Lianen, »... dürfen auch nicht abgeschnitten werden.«

Und weil niemand den Urwald rodete oder auch nur betrat, war er üppig, grün und düster, sehr hoch und dicht. Die Megapoden gackerten wie Hühner in den Zweigen. Das hier waren ihre Jagdgründe.

Eine große schwarze Spinne hing nicht weit vor dem Hain in ihrem Netz. Ihr Körper war so groß wie ein Silberdollar, jedes Bein bestimmt acht Zentimeter lang. Ataban stieß mit der Faust in das Gewebe.

»Hast du die Spinne gesehen?«

»Ja. Die tut dir nichts.«

Wir drangen nicht sehr viel weiter vor, da es keinen Pfad gab. Der ganze Platz war zugewuchert, und überall standen mächtige Bäume – die Stämme hatten einen Durchmesser von mindestens sechzig Zentimetern. Alte Bäume waren auf derart kleinen Inseln selten: Normalerweise hätte man sie als Brennholz oder Baumaterial gefällt. Die Bambussträucher, die ringsum in dichten Gruppen wuchsen, waren dunkelgrün, fett und dick wie Abflußrohre.

Ataban war nervös. »Da drüben ist es. Aber ich sage dir, der Ort ist sehr *tambu*. Du kannst ihn dir ansehen, aber geh nicht näher ran.«

Ich sah einen Haufen großer Steine.

»Da werden die *feegs* in der Opferzeremonie zu Asche verbrannt.«

»Ich kann nicht viel erkennen. Hier sind zu viele Bäume.«

»Wir glauben, daß jeder, der hier einen Baum fällt, krank
wird. Wahrscheinlich muß er sterben.«

Das Wort *tambu* – Tabu – hatte an diesem unheimlichen Ort
eine besondere Bedeutung. Die Sonne drang kaum zu uns
durch, es gab keinen Weg, wir mußten uns durch den Bambus
zwängen. Die Luft war voller Insektengesumm und hallte wider vom »*Kuk, kuk, kuk*« der Megapoden. Ein Schwein tram-
pelte plötzlich aus der heiligen Stätte heraus, Ataban trat nach
dem aufgeschreckten Tier und schrie: »*Yu gettim bek!*«, als ob
man mit Schweinen am besten auf pidgin konferierte.

Wir schlugen uns ein bißchen weiter durchs Gebüsch, Ataban
zeigte mir noch einen heiligen Hügel, und ich fragte: »Warum
werden heute eigentlich keine Zeremonien mehr abgehalten?«

»Wenn jemand ein Opfer darbringt und ein Schwein verbrennt, kann er nicht in die Kirche gehen. Ich könnte es allerdings tun, weil ich an die *kastom* glaube.«

Ich beschwor ihn, den Megapoden doch wieder mehr Respekt entgegenzubringen, weil sie sonst vielleicht für immer
davonfliegen könnten. Da erzählte er, daß einmal im Jahr noch
eine alte Frau käme und den Vögeln ein Schwein opferte.

Als wir nach zwei insektenverpesteten Stunden in diesem
Gewirr von Spinnennetzen und Lianen den Weg wieder erreichten – wir waren beide klatschnaß von den triefenden Blättern und der Hitze –, deklamierte Ataban: »Eins will ich dir
sagen: Die Megapodenfelder hab ich schon vielen Leuten gezeigt, aber ich hab noch nie jemanden zu dem *tambu*-Ort mitgenommen. Du bist der allererste.«

Ich bedankte mich für die viele Mühe, die er sich mit mir
gemacht hatte.

»Und jetzt gehst du zurück zu deinem Lager und schreibst
alles in dein Notizbuch.«

»Woher weißt du das?«

»Ich sehe dich immer dasitzen und schreiben.«

Ich hatte gedacht, daß ich am Strand allein war, aber ich
hätte es besser wissen müssen. In einem Dorf gibt es kein Pri-
vatleben.

»Quatsch, Ataban. Ich kann Geheimnisse für mich behalten.
Natürlich schreibe ich das nicht auf.«
Aber kaum war er außer Sichtweite, war es genau das, was
ich tat.

Ich blieb länger als geplant auf Savo, und als meine Vorräte
verbraucht waren, aß ich Yams und Megapodeneier – größere
Dotter hatte ich noch nie gesehen. An einem Tag kam James
mit seinem Motorboot. Nach einigen Verhandlungen – er bekam meinen Fischspeer und einen vollen Tank Benzin – fuhr er
mich die fünfundzwanzig Kilometer über den »Slot« nach
Nggela, damit ich Tulaghi sehen konnte. Der Ort war im Januar 1942 von den Japanern besetzt und im August von den
Amerikanern zurückerobert worden, die ihn wegen seines tiefen Hafens zur Flottenbasis für die Invasion von Guadalcanal
machten. Der Hafeneingang wurde von steilen Felswänden
gesäumt. Früher waren sie, auf Anordnung Admiral »Bull«
Halseys, mit amerikanischen Schlachtrufen bemalt gewesen.
»... wir liefen in den Hafen von Tulaghi ein«, erinnerte sich
einst ein amerikanischer Marinesoldat an seinen ersten Eindruck von diesem Ort im Jahr 1944. »Da waren riesengroße
Steilwände, wie Palisaden ragten sie zu beiden Seiten des Ha-
feneingangs aus dem Meer, und auf dem nackten Felsen stand,
in Lettern, die vielleicht fünfzig Meter hoch waren, eine Nachricht. Die erste Zeile lautete: KILL ... KILL ... KILL. Die zweite:
KILL MORE JAPS, und die dritte trug die Unterschrift: HAL-
SEY. Wir jubelten, denn schließlich waren wir ausgebildete Kil-
ler, Teile einer mächtigen Tötungsmaschinerie. Aber später
dachte ich anders über die Art, wie wir damals unsere Mei-
nungsverschiedenheiten mit den Japanern lösten.«
Jetzt war die Stadt Tulaghi noch verlassener und verkomme-
ner als im Krieg: überall Bierdosen, Papierfetzen, zerbrochene
Flaschen und leere Häuser.
Wir sahen uns um, und James erzählte mir von seiner Zeit
auf einem japanischen Thunfischtrawler, auf dem er vierzig
Dollar im Monat verdient hatte. Das Schiff brachte den Fisch
direkt nach Japan. In Yokohama hatte James amerikanische
Schwarze kennengelernt, die ihn fragten, ob er aus den Staaten
käme. »Sie haben nicht gewußt, wo die Salomon-Inseln sind.

Aber sie haben mich in Kneipen mitgenommen und zum Bier eingeladen.« Er fand Japan teuer. Bei Barkeepern hatte er Thunfisch gegen Whisky eingetauscht. Japan erschreckte ihn. »Alles Japaner. Es war keiner da, der aussah wie ich.«

Schließlich belud ich mein Boot aber doch wieder und sagte den Menschen von Balola auf Wiedersehen. Den Männern schenkte ich Angelhaken und den Frauen seidene Tücher. Es war ein knapper Abschied. Nur die Kinder kamen zum Strand, und als ich Rebecca herankommen sah, grüßte ich, aber sie sah mich nicht an, kippte einen Korb voll Müll ins Wasser und ging weg.

Von Honiara aus besuchte ich Bloody Ridge, wo 1942 mehrere tausend Soldaten umgekommen waren. Ich paddelte fast zehn Kilometer den graugrünen Lungga River hinauf, aber er war eine noch schlimmere Dreckbrühe als das Meer, weil er ausgesprochen langsam floß. Wo ich hinsah, schwammen Müll, Exkremente oder tote Tiere. Die Menschen sahen wild aus, waren aber immer höflich, und wenn ich grüßte, taten sie es auch.

Bloody Ridge war entsetzlich, und ich wollte gleich wieder weg – aber nicht von den Salomonen. Wenn ich daran dachte, wie ich in meinem Boot um den grünen Vulkan gefahren war und Puccini gehört hatte, wäre ich am liebsten nach Savo zurückgekehrt.

An meinem letzten Abend auf Guadalcanal kam ich mit einem Salomoner namens Kipply ins Gespräch, dem ich erzählte, daß ich nach Vanuatu fahren wollte.

»Das wird Ihnen gefallen. Die sind wie wir«, sagte er, und schon ging es mir besser.

10. Kapitel

VANUATU: KANNIBALEN UND MISSIONARE

Bald fand ich mich in White Grass Village auf der Insel Tanna im Archipel Vanuatu (den ehemaligen Neuen Hebriden) in einer aus drei Zimmern bestehenden Bambushütte, die ich mit vier stämmigen, bärtigen Neuseeländern teilte. Sie murmelten die ganze Nacht unverständliche Dinge vor sich hin, und manchmal juchzten sie, als sei ihnen gerade etwas Tolles eingefallen.

Als Glen, der den größten Vogel zu haben schien, mir anvertraute, daß es sich bei dem drohenden Golfkrieg womöglich um Armageddon handelte und daß gerade weltweit allen Menschen Mikrochips unter die Haut gepflanzt würden – »das Malzeichen des Satans, verstehste, wie in der Offenbarung des Johannes« –, vermutete ich, daß sie wiedergeborene Christen und hergekommen waren, um Tanna zu erretten, das eine an Kannibalismus reiche Vergangenheit hatte. Ich hatte recht. Im Schein einer Petroleumlampe (wir hatten keinen Strom) lasen sie ihre Bibel, und wenn es regnete, lief Wasser durchs Dach. Aber ich hatte keine andere Bleibe.

Die Fundamentalisten fanden den Regen toll und betrachteten die dunklen Wolken mit blöde zustimmendem Grinsen.

»Siehe!« freute sich Douglas an einem besonders verregneten Morgen. Douglas war fast genauso plemplem wie Glen. An einem Bein hatte er eine eiternde Wunde, die er täglich im Meerwasser wusch, wobei er sich trotz meiner Mahnungen nicht klarzumachen schien, daß dadurch die Infektion nur noch schlimmer wurde. »Er legt uns Steine in den Weg!«

Die anderen standen mit ihm vor der Bambushütte, wurden klatschnaß und pflichteten ihm wie verrückt bei.

»Wer legt Steine?«

»Der Teufel«, sagte Douglas.

»Und warum tut der Teufel euch das heute an?«

»Weil wir nach Nord-Tanna wollen, um zu predigen«, antwortete Douglas. »Es ist eine Tagesreise. Dichter Urwald. Er will nicht, daß wir predigen.« Später am Vormittag stürzte Glen in die Bambushütte zurück. Er triefte nur so, sein Gesicht war voller Schlamm, die Haare klebten ihm am Schädel, und seine Hände waren ölverschmiert. Entzückt berichtete er mir, daß ihr Jeep auf dem Weg zusammengebrochen war.

»Steine!« schrie er.

Der Regen, die Panne, die feindlichen Insulaner und meine Gleichgültigkeit – alles Hindernisse des Teufels – schienen die Heiligkeit ihrer Mission nur zu bestätigen. Und ich war sicher, daß Tannas lange Geschichte der Anthropophagie, der Menschenfresserei, ebenfalls eine besondere Rolle spielte: Gerüchte über Kannibalismus wirken auf Missionare wie Katzenminze, nichts macht sie seliger, als Wilden das Wort zu bringen. Missionare und Kannibalen passen prima zusammen.

Ein kurzer Blick auf den Büchereibestand zum Thema Neue Hebriden mußte jeden Jünger davon überzeugen, daß diese glücklichen Insulaner dringend der christlichen Lehre bedurften. Ich liste nur unvollständig ein paar Titel in chronologischer Reihenfolge auf: *Als Missionar bei den Kannibalen* (1882), *Die Kannibaleninsel* (1917), *Der Sieg über den Kannibalismus* (1900), *Zwei kannibalische Inselgruppen* (1900 – hier kommen die Salomonen mit dazu), *Kannibalen für Christus gewonnen* (1920), *Kannibalen-Land* (1922), *L'Archipel de Tabous* (1926), *Leben unter Menschenfressern* (1930), *Die Hinterzimmer des Empire* (1931), *Am Ende der wilden Südsee* (1930), *Die Eroberung der Kannibaleninsel Tanna* (1934), *Die Zivilisierung der Wilden* (1936) ... und dazu noch Patons *Dreißig Jahre bei den Kannibalen in der Südsee* und Evelyn Cheesmans *Campingabenteuer auf den Kannibaleninseln*.

Ich hatte schlagende Beweise für den Kannibalismus gefunden, nicht zuletzt die Vorliebe, die man in Vanuatu (und auf den Salomonen) für Spam hatte. Nach meiner ganz persönlichen Theorie tun sich die ehemaligen Kannibalen Ozeaniens heute an Spam gütlich, weil Spam dem schweinernen Geschmack von menschlichem Fleisch noch am nächsten kommt. Ein gekochter Mensch heißt in weiten Teilen Melanesiens *long pig, langes Schwein*. Es ist eine Tatsache, daß die Menschenfresser des Pazifikraums sich alle zu Spam-Essern entwickelt haben oder dazu degeneriert sind. Und wenn es kein Spam gibt, essen sie eben Corned beef, das auch ganz schön nach Leiche schmeckt.

Aber der Kannibalismus interessierte mich weit weniger als die Cargo-Kulte. Ich war vor allem deswegen nach Tanna gekommen, weil ich gehört hatte, daß auf der Insel einer dieser Kulte blühte – die Jon-Frum-Bewegung. Die Dörfler, die dem Kult anhängen, verehren einen obskuren, womöglich rein mythischen Amerikaner namens Jon Frum, der in den dreißiger Jahren auf Tanna gewesen sein soll. Er erschien aus dem Nichts und versprach den Leuten ein irdisches Paradies. Dafür hätten sie nichts weiter zu tun, als die christlichen Missionare rauszuwerfen und sich wieder ihren alten Bräuchen zuzuwenden. Die Insulaner waren begeistert und jagten die Missionare zum Teufel. Jon Frum ist bis heute nicht zurückgekommen, auch wenn die Jon-Frum-Dörfer ihn – und seine Fracht von Geschenken – mit einem hölzernen roten Kreuz auf die Insel zurückzulocken versuchen. Die Ikonographie dieses Kreuzes ist nicht christlich, sondern stammt eher aus dem Krieg, aus der Zeit der Lebensmittelpakete und Rotkreuzfahrzeuge.

Die Gläubigen saßen in heißen kleinen, schachtelähnlichen Gebilden und beteten zu Jon Frum. Manche hatten Visionen des seltsamen Amerikaners. Man sang Jon-Frum-Choräle im örtlichen Pidgin, dem Bislama.

Ich erzählte Gottes Nervensägen aus Neuseeland von ihnen. »Steine!« schrien sie.

Ich war aus Port Vila auf der Insel Efate gekommen, weil mir Port Vila zu zahm und zu touristisch war. Eine hübsche Stadt an einem Hügel, mit einem tiefen Naturhafen. Kreuzfahrtschiffe aus Australien gingen hier vor Anker, bevor sie nach Nouméa und anderen sonnigen Inseln weiterreisten, auf denen man Körbe, T-Shirts, glitzernde Muschelhalsketten und winzige Perrierflaschen für fünf Dollar das Stück kaufen konnte. Die Regale in den Geschäften von Port Vila waren voll, der Ort war sauber und ordentlich und verfügte über mindestens ein Dutzend komfortabler Hotels, zwei oder drei davon in der Luxuskategorie. Man veranstaltete Spanferkelessen. Die Gäste schnorchelten in der Lagune, und abends brachten ihnen die Insulaner Ständchen, griffen in die Ukulelesaiten und sangen *Goodnight, Irene* auf bislama.

Vom hohen Zivilisationsgrad des Ortes war ich schließlich restlos überzeugt, als ich Stapel meiner eigenen Bücher im Schaufenster der öffentlichen Bücherei von Port Vila sah. Und natürlich waren die Insulaner freundlich und keineswegs räuberisch.

Trinkgelder waren in Vila ebenso verpönt wie im übrigen Vanuatu – und auch sonst in fast allen Ländern, die hauptsächlich von Touristen aus Meganesien, Neuseeländern und Australiern, besucht wurden. Ihr Leben fern von Europa hat diese Menschen Selbstgenügsamkeit gelehrt. In Meganesien sind Trinkgelder unüblich. Man hat Sparsamkeit gelernt und will sie auch anderen beibringen.

»Da hast du aber Schwein, daß du hier bist, Paul«, sagte ein Soldat aus Vanuatu namens Vanua Bani. »Hier bist du vor dem Golfkrieg in Sicherheit.«

»Das stimmt«, sagte ich. Wir unterhielten uns über die sich zuspitzende Situation.

»Ich glaube, daß es keinen Krieg geben sollte«, sagte er, »weil zu viele Leute sterben würden.«

»Würden Sie mitkämpfen, wenn Vanuatu zu den multinationalen Truppen gehörte?«

Zuerst wich er aus, und schließlich sagte er: »Ich würde für mein eigenes Land kämpfen, aber ich würde mich nicht für ein anderes Land umbringen lassen.«

Er war nicht in Uniform, sondern trug ein T-Shirt mit der Aufschrift: *Vanuatu – Ten Years of Peace and Prosperity* 1980–1990.

»Haben Sie gegen die Engländer gekämpft?«

»O nein«, sagte er. »Das würden wir nicht tun. Wir mögen die Engländer.«

Es waren verschlungene Wege gewesen, die zur Unabhängigkeit führten. Nachdem im neunzehnten Jahrhundert Franzosen und Engländer in einer Art Selbstbedienungssystem Land an sich gerafft hatten, einigten sich schließlich beide Länder auf eine gemeinsame Verantwortung für den Archipel und gaben den Inseln den Status eines britisch-französischen Kondo-

miniums, das hiesige Spaßvögel als »Pandämonium« titulier-
ten. Es funktionierte nur deswegen schlecht und recht, weil
»diese armen Bettler mehr Manieren und Tugenden haben als
ihre Herren«, wie es ein englischer Siedler namens Fletcher
ausdrückte.

Die Herrschaftsstruktur von Siedlern und Missionaren
wurde durch den Zweiten Weltkrieg aufgebrochen, als die
Neuen Hebriden zum Truppenstützpunkt der Amerikaner
wurden, die auf den Salomonen und anderswo in der Coral
Sea kämpften. Nach dem Krieg obsiegte jedoch die alte Nor-
malität wieder, und die Inseln wandten sich erneut dem Fischfang, Holzeinschlag und Manganerzabbau zu. In den späten
Sechzigern und frühen Siebzigern begannen lange Verhandlungen über die Unabhängigkeit des Archipels, aber die beteiligten Parteien (Engländer, Franzosen und Insulaner) hatten
nur ihre eigenen Interessen im Auge und fanden keinen gemeinsamen Nenner.

Später in den Siebzigern dann tauchten zwei Führerfiguren
auf: Jimmy Stevens, eine charismatische Gestalt mit wuchern-
dem Vollbart und alttestamentarischem Gebaren, der sich Moses nannte, und Father Walter Lini, ein Presbyterianer – ein
durchtriebenes, englischsprechendes, konservatives Missions-
produkt. Linis Anhänger hatten eine breite Basis. Stevens' Ge-
folgschaft saß zum größten Teil auf seiner Heimatinsel Espiritu
Santo und bestand aus französischen Plantagenbesitzern,
Opportunisten, Leuten aus dem Busch, Aufsteigern und eifri-
gen Sezessionisten. Auch eine rechtsgerichtete amerikanische
Organisation namens The Phoenix Foundation, die sich der
Ausrottung des Kommunismus verschrieben hatte, mischte
mit, indem sie Stevens unterstützte. Stevens' Drohungen,
Espiritu Santo im Alleingang in die Unabhängigkeit zu führen,
erregten Besorgnis bei den Wählern auf den anderen Inseln.
Bei den landesweiten Wahlen wurde Lini nach sieben Wahl-
gängen zum Premier gewählt. Am Unabhängigkeitstag zettelte
Stevens einen erfolglosen bewaffneten Aufstand an, der 1980
für ein paar Tage als »Kokosnußkrieg« Schlagzeilen machte
und mit der Inhaftierung des Bärtigen endete.

Zehn Jahre später war Lini immer noch Premier, und Jimmy
Stevens saß nach wie vor im Gefängnis.

Vanua Bani versicherte mir, daß Father Walter, wie er ihn
nannte, sehr beliebt und populär sei. Und er bestätigte, daß die
Jon-Frum-Bewegung noch immer auf Tanna blühte, und
meinte, ich solle auf jeden Fall Chief Tom Namake aufsuchen,
wenn ich dort sei, weil der mir mehr dazu sagen könne.

Also hatte ich mein Boot verpackt und sie alle hinter mir gelas-
sen: Gloria und Bunt, die Touristen aus Adelaide – »die
Schwarzen hier sind süß, ganz anders als unsere« –, mit ihren
Söhnen Darrell und Shane, die Schnorchler und die »Women's
Conference on Nuclear Policy in the Pacific« (aus Neuguinea
hierherverlegt, weil man in Port Moresby nicht für die Sicher-
heit der Frauen garantieren konnte). Ich nahm ein kleines
Flugzeug nach Tanna.

Chief Tom weilte zufällig anderswo auf der Insel, und während ich auf ihn wartete, hatte ich die wiedergeborenen Christen aus Neuseeland am Hals. Zufällig war Camping in diesem
Teil der Insel verboten, und die Bambushütte war das Beste
gewesen, was ich finden konnte.

Wenn sie nicht gerade eine Gebetsversammlung hatten oder
in einem der Dörfer predigten, lauerten mir die Wiedergeborenen auf, um mich wie aus dem Hinterhalt zu überfallen.
Schwer war es nicht, denn wegen des Dauerregens kam ich
nicht sehr weit. Zunächst ergab ich mich ihnen mehr oder weniger willenlos und ließ sie predigen, aber dann zog ich mich
mit der Bibel in eine Ecke zurück und suchte mir Stellen aus,
die sie für mich auslegen sollten. Zum Beispiel Matthäus 10,
Vers 35, in dem Jesus kämpferisch sagt: »Denn ich bin gekommen, den Menschen zu erregen wider seinen Vater und die
Tochter wider ihre Mutter . . .«

Ich brauche den Glauben, sagten sie. Ich müsse wiedergeboren
werden, und dann blätterten sie sich heftig bis Johannes 3, Vers 3
durch: »Es sei denn, daß jemand von neuem geboren werde . . .«

Mir fiel auf, daß sie leidenschaftliche, wahllose Fleischfresser
waren. Zum Frühstück machten sie sich fettige Specksandwiches, zum Lunch brieten sie sich Würste, und manchmal löffelten sie zwischendurch Thunfisch direkt aus der Dose. Bei all
dem erwiesen sich meine Erfahrungen mit den Sieben-Tage-
Adventisten auf den Trobrianden als äußerst hilfreich.

»In der Bibel steht, daß ihr dieses Fleisch nicht essen sollt«, mahnte ich.

Sie schenkten mir ein stumpfes, herablassendes Lächeln und mampften unverdrossen weiter.

Glen sagte zu den anderen: »Paul hat Geist. Aber er braucht den Heiligen Geist. Er braucht Jesus.«

»Drittes Buch Mose. Kapitel elf. Und fünftes Buch Mose. Alles ist verboten: Schweinefleisch, Fische ohne Schuppen und Flossen, alles.«

»Dazu gibt es Regelungen«, sagte Douglas vage.

»Er braucht den Namen des Herrn«, betonte Glen.

Ich ließ nicht locker: »Ihr habt mir gesagt, daß ihr dem Buchstaben der Bibel folgt. Wie war das mit der Flut, von der ihr mir erzählt habt?«

Am Vorabend hatte Douglas behauptet, daß die Sintflut einst die Erde bedeckt habe. Zum Beispiel in Australien habe man Beweise dafür gefunden. Er glaubte an Adam und Eva und an die Arche Noah. Er glaubte, daß Lots Weib in eine Salzsäule verwandelt wurde. Warum glaubte er also nicht an die Verbote im dritten Buch Mose?

Ich triezte sie ein bißchen, weil es regnete und ich nichts Besseres zu tun hatte. Ein paar Stunden später las ich ihnen ein Stück aus dem Buch Daniel vor, in dem sich die wunderbarsten Argumente für den Vegetarismus finden ließen: Wie Daniel Nebukadnezars fleischhaltiges Festessen ablehnt und auf seiner Diät aus Gemüse besteht, die ihm eine rosige Haut verleiht und ihn zu einem gesunden Propheten heranwachsen läßt.

»Meinen Sie nicht, Glen, daß Sie daraus etwas lernen könnten?«

»Du brauchst Jesus«, antwortete Glen und stopfte sich ein Stück Speck in den Rachen.

»In der Bibel gibt es keinen Hinweis darauf, daß Jesus Fleisch aß«, sagte ich in der Hoffnung, daß das auch stimmte. Sie stellten es nicht in Zweifel. Ich fand es schön, mit ihnen über den Vegetarismus zu sprechen, während sie den Mund voller Specksandwiches hatten.

»Sei doch nicht so intellektuell«, meinte Brian.

Brian beunruhigte mich. Er verfügte über ein lautes, brüllendes Lachen, das wie eine Warnung klang. Außerdem war er schnell beleidigt. Brian war der haarigste, der bärtigste, er war der Anführer. Ich hütete mich besonders deswegen vor ihm, weil er alle seine Berichte, wie er Jesus gefunden habe, mit Geschichten darüber garnierte, was für ein böser und gewalttätiger Sünder er gewesen sei. »Ich habe schreckliche Dinge getan«, sagte er und warf mir einen Blick zu, den ich nur so verstehen konnte, daß er mir auch schreckliche Dinge antun würde, wenn ich ihm nicht zuhörte. Mich befiel die leise Ahnung, daß mit Mrs. Brian drüben in Auckland schreckliche Dinge passiert waren. »Ich habe den Namen Jesu besudelt ... Ich könnte dir nicht mal die Hälfte von den Sachen erzählen, die ich getan habe. Ich war furchtbar.«

Und er sah immer noch furchtbar aus, wenn wir, seine riesige Bibel zwischen uns, um den wackligen Tisch herumsaßen. An den Seitenrändern hatte er mit Kugelschreiber Anmerkungen gemacht. Handschriften – schon ihre Umrisse – können brutal wirken. Ich fand seine blaue Krakelei erschreckend debil und bedrohlich.

Es regnete immer noch.

Brian behauptete beharrlich (und die anderen stimmten ihm wie ein Mann zu), daß es nichts auf der Welt gebe, das älter als viertausend Jahre sei. Keine Dinosaurier, Trilobiten oder chinesische Grabstätten.

»Die Ergebnisse der Karbondatierungen sind völlig widerlegt.«

»Wollen Sie damit sagen, daß der Tyrannosaurus Rex vor weniger als viertausend Jahren hier herumlief?«

»Es kann nicht mehr als viertausend Jahre her sein, weil da die Welt noch gar nicht erschaffen war«, behauptete Brian. Er setzte ein triumphierendes Lächeln auf, aber seinen Augen und Zähnen war anzusehen, daß er lieber zugebissen hätte.

Nun fing Glen von den Mikrochips an.

»Und das Zeichen Gottes wird auf den Stirnen all derer erscheinen, die errettet sind«, tönte Douglas.

»Auf meiner also bestimmt nicht, das wollten Sie damit doch sagen?«

Ich wollte es mit diesen Paranoikern nicht allzu bunt treiben. Das Problem mit solchen Christen liegt nicht in ihrem Glauben an Gott, sondern in ihrem herzhaften, teuflischen Glauben an den Widersacher. Ich fand allmählich, daß es ein fataler Fehler sein könnte, zu heftig mit ihnen zu diskutieren. In dieser Bambushütte gab es keine Türen. Ich konnte die Männer nachts murmeln hören: »Ich habe schreckliche Dinge getan.« Sie waren felsenfest davon überzeugt, daß der leibhaftige Teufel hier in White Grass Village sein schändliches Unwesen trieb, sie vielleicht gar in ihrer eigenen Hütte versuchen wollte – und würden womöglich auf die Idee kommen, daß der Antichrist in meine Gestalt gefahren war, und mir einen Bambusspeer durchs Herz bohren.

Sie waren »Gottprotze« – von jenem Charaktertypus, den Elias Canetti in seinem seltsamen Buch *Der Ohrenzeuge* beschreibt: »Der Gottprotz muß sich nie fragen, was richtig ist, er schlägt es nach im Buch der Bücher. Da findet er alles, was er braucht ... Was immer er unternehmen will, Gott unterschreibt es.«

Wegen der Gewitter, die jede Nacht tobten, blieben unsere nächtlichen Dispute den Dörflern erspart. Bei starkem Sturm und Regen rannten die Dorfbewohner in eine spezielle Hütte – sie war rund und sehr dicht gewebt –, in der man eng zusammengequetscht das Ende des Unwetters abwartete. In diesem Notquartier war kein Platz für die brüllenden, betenden Neuseeländer.

Die Melanesier von Tanna sind kleine, finstere, kürbisköpfige Schwarze mit kurzen Beinen und großen, staubigen Füßen. Manche von ihnen waren nackter als alle, die ich bisher im gesamten Pazifik gesehen hatte: Die Frauen trugen abgenutzte Baströckchen, die Männer und Jungen »Penisschoner« (so drückte sich ein Mann auf Tanna aus). Diese kleinen Schambüschel aus Gras hatten etwa die Form und Größe eines Schneebesens und wurden über dem alten Adam getragen. Das Grasbüschel, das mit einer Liane, einem Gürtel oder einem Stück Schnur befestigt war, stellte die gesamte Garderobe des Mannes dar. Das Bislama-Wort für diesen Gegenstand hieß *namba*, wortwörtlich »Nummer«. In Vanuatu war eine Gruppe von Menschen als die *Big Nambas*, eine andere als die *Small Nambas* bekannt.

Das bastberockte und *namba*tragende Völkchen der Melanesier von Tanna bestand größtenteils aus fröhlichen Heiden, die im schlammigen Inselinneren in *kastom*-Dörfern lebten. Es blieb festzustellen, ob sie dem Kult der Jon-Frum-Bewegung frönten oder nicht, also fuhr ich mit einem Jeep in eines der *kastom*-Dörfer, um es herauszufinden.

Es regnete in Yakel Village und sah so aus, als hätte es das schon seit etwa zweitausend Jahren getan. Die Hütten waren aufgeweicht, die Strohdächer schlabbrig, der Himmel schwarz, die Luft kalt, der Boden eine einzige Pampe und die nackten Menschen kauerten unter den Bäumen, die Männer unter einem, die Frauen unter einem anderen, und umarmten sich, um sich gegenseitig warmzuhalten. Der Regen lief ihnen den Rücken herunter und tropfte von ihren Hinterteilen. Die Frauen hatten sich die Baströckchen um die Hälse gelegt und trugen sie wie Umhänge gegen die Kälte, die Männer hockten so tief am Boden, daß ihre *nambas* in die Pfützen hingen. Ein Dorf voller Triefnasen. In diesem Dauerregen bot das Ganze einen düsteren kleinen Blick in die Prähistorie, schlammverschmierte Hinterteile inklusive.

Die Männer rauchten bitter riechenden Tabak und reichten Kokosnußschalen voll Kava herum. Wenn sie mich anlächelten – was sie oft taten, sie waren überaus freundlich –, zeigten sie ihre schwarzen Zahnstümpfe.

»*Yu savvy Jon Frum here? Kennt ihr Jon Frum?*«

Sie grinsten verneinend: »*No Jon Frum.*«

Ein *kastom*-Dorf im strengen Sinn: keine Christen, keine Politik, kein Jon Frum. Es gab viele solche Dörfer auf der Insel, aber dieses war das einzige, in dem der Kontakt zu Fremden erlaubt war. Die anderen *kastom*-Dörfer weiter im Zentrum galten als bösartig und fremdenfeindlich, und, so mein Eindruck, nackter, obwohl man mit einem *namba* wohl fast den höchsten Grad von Nacktheit erreichte. *Kawhirr* nannte man das *namba* auf Nahwal, der Sprache von Yakel. Diese Sprache ist nie schriftlich fixiert worden und wohl eines der wenigen Idiome auf unserer Welt, in das die Bibel nicht übersetzt worden ist.

In der Mitte der zusammengekauerten Gruppe hockte der Chief, ein winziges, mageres Männchen mit einem buschigen Kräuselbart und gelblichweißem Haarflaum über den Ohren. Er war vollkommen zahnlos. Ich schätzte sein Alter auf etwa siebzig. Auf pidgin erkundigte ich mich, wie viele Weihnachten er schon erlebt hätte – die Standardformulierung, mit der man jemanden nach seinem Alter fragt –, aber er sagte, er habe keine Ahnung, und außerdem sei sein Pidgin nicht allzu gut.

Er hieß Chief Johnson Kahuwya. Woher das »Johnson« in seinem Namen kam, wußte er nicht. Er war Sprecher und Führer, leitete die Tanzveranstaltungen, gab Anweisungen, wie die Gärten zu bepflanzen waren, und auch sonstige Ratschläge. Er war der Vater des Dorfes.

Durch einen Mann aus einem Nachbardorf, den ich als Dolmetscher hinzugezogen hatte, fragte ich den Chief, seit wann er Fremden gestattete, ins Dorf zu kommen.

»Seit 1983. Da haben wir hier zum erstenmal Weiße gesehen.«

»Wie haben sie Ihnen gefallen?«

»Wir beschlossen, sie nicht zu verjagen«, sagte der Chief.

»Die Melanesier kannten keine Organisationsform, die größer war als ein Dorf, und hatten keinen Begriff von sich selbst als Bestandteil einer höheren Rasse«, schreibt Austin Coates in *Islands of the South*, einem Buch über die Vorstellungswelt und Wanderbewegungen der Völker im Pazifik. »Wenn ein Melanesier jemanden traf, der nicht zu seiner unmittelbaren Gruppe gehörte, stellte er vielleicht eine Ähnlichkeit fest, dachte aber dennoch nicht: ›Das ist ein Mensch.‹ Das Wort ›Mensch‹ bezog sich einzig auf seine eigene Gruppe oder seinen eigenen Stamm, den er von anderen in gleicher Weise unterschied wie Schweine von Vögeln oder Fischen; der Unterschied schien ihm ebenso groß wie zwischen ihm selbst und jedem dieser Tiere. Die Vorstellung von einer einheitlichen Gattung Mensch existierte nicht.«

So erklärte sich auch, warum die Trobriander sich selbst für Menschen hielten, *dim-dims* jedoch nicht. Ein Fremder war ein anderes Wesen.

»Wie steht es mit Missionaren?«

»Wir haben hier keine.«

»Sind hier denn schon einmal christliche Missionare gewesen?«

»Ja. Vor langer Zeit. Sie sind gekommen . . .« Er zog an seiner Zigarette: Tabak, in ein welkes Blatt gerollt. Durch den Regen ging sie immer wieder aus. »Sie haben einen Gottesdienst abgehalten. Wir haben zugesehen. Sie haben geredet und gesungen.«

»Hat Sie das beeindruckt? Hatten Sie Lust, so was auch mal zu tun?«

»Nein. Wir haben ihnen zugesehen. Das war alles.«

»Was haben sie Ihnen erzählt?«

Der Chief lachte bei der Erinnerung daran, dann ahmte er die Sprechweise der Missionare nach: »›Wenn wir weg sind, werdet auch ihr tun, was wir hier getan haben.‹«

»Haben Sie es nachgemacht?«

»Nein.«

Jetzt lachten die anderen Männer ebenfalls und schlugen sich auf die nassen, verfrorenen Arme.

»Warum nicht?«

»Wir sind keine Christen«, sagte der Chief.

Moslems, Hindus, Buddhisten oder Juden waren sie auch nicht. Sie waren traditionsbewußte Heiden, wollten es bleiben und hatten nicht das geringste Interesse daran, ihren Lebensstil zu ändern. Ich hatte noch nie in meinem Leben so überzeugte Animisten getroffen, weder in Afrika noch in Südamerika oder Asien, und fand das Ganze herzerfrischend, mitsamt den schlammverschmierten Hinterteilen.

»Wir sind *kastom*-Leute«, fuhr der Chief fort.

»Vielleicht kommen die Missionare ja bald wieder.« Ich dachte an die vier Neuseeländer drüben in White Grass.

»Die können anbeten, wen sie wollen«, sagte der Chief. »Wir haben andere Sitten. Wir leben nach unserer *kastom*.«

»Beten Sie manchmal?«

»Ja. Um Essen.«

»Wie geht das vor sich?«

»Wir singen für die Ernte.«

Um uns herum kicherten und tuschelten die rotznasigen Jungen miteinander, die triefenden Männer reichten mit leisem Gemurmel die Kava-Schale weiter, und ich kauerte da und machte mir Notizen. Ich war nasser als sie und hatte es unbequemer, da ich völlig durchnäßte Kleider trug. Ihre Nacktheit war absolut sinnvoll.

»Woher sind Ihre Vorfahren einstmals gekommen?« fragte ich. »Von einer anderen Insel?«

»Nein. Sie kamen von dieser Insel.«

»Stammen Sie vielleicht von Vögeln und Schlangen ab?« Ich

dachte an das, was die Salomoner mir von sich erzählt hatten.

»Nein. Wir sind Menschen. Das waren wir schon immer.«

In Melanesien beziehen sich die verschiedenen Schöpfungsgeschichten immer auf sehr kleine geographische Räume. Der Stammesname bedeutet normalerweise »Mensch«. Die Angehörigen eines Stammes waren entweder schon immer da oder führen sich auf örtliche Kreaturen zurück, auf Tiere oder Bäume. Die Melanesier, die ich traf, sagten nie etwas über eine Ankunft von anderen Inseln, und in ihren Entstehungsgeschichten kamen auch keine Boote oder Seereisen vor.

Der Regen drang mit knallerbsengroßen Tropfen durch die gewaltigen Bäume und den dichten Busch und schoß in Bächen zwischen den patschnassen Hügeln hindurch. Die Strohhütten waren von der Nässe so schwer und schief, daß sie aussahen, als würden sie gleich in sich zusammenfallen.

»Sie leben weit vom Meer entfernt. Gehen Sie trotzdem zum Fischen?«

»Ja. Am Meer gibt es ebenfalls *kastom*-Dörfer. Sie lassen uns fischen.«

»Wie revanchieren Sie sich dafür? Geben Sie ihnen etwas vom Fang ab?«

»Nein. Wir geben ihnen Bäume zum Abholzen, und manchmal bauen wir Kanus für sie.«

»Besuchen Sie auch andere *kastom*-Dörfer im Busch?«

»Das tun wir«, sagte der Chief. Er nuckelte immer noch an seiner Zigarette. »Zu Hochzeiten und Beschneidungen.«

Eine Hochzeit sei ein großes Fest, sagte er, eine Beschneidung eine kompliziertere Angelegenheit. Sie werde vorgenommen, wenn ein Junge vier oder fünf Jahre alt sei, und fange zunächst als großes Fest an, für das viele Schweine geschlachtet würden. Im allgemeinen kamen, wie er weiter erklärte, etwa ein Dutzend Jungen zusammen. Nach dem Schnitt – man nahm dazu ein scharfes Messer – wurden die Jungen für zwei Monate in den Busch geschickt. Keine Frau durfte in ihre Nähe kommen, und sie durften mit ihren Händen kein Essen berühren – sie löffelten es mit einem bestimmten, eigens präparierten Blatt. Es war ihnen nicht gestattet, ihr Haar zu berühren oder sich zu entlausen: Wenn sie sich am Kopf kratzen wollten, mußten sie einen Zweig dafür nehmen. Eigens damit beauftragte Männer kochten für sie. Nach Ablauf der zwei Monate, wenn die Wunde verheilt war, kehrten sie ins Dorf zurück, bekleidet mit einem *namba*, das sie sich angefertigt hatten.

Ich fragte den Chief: »Was essen Sie normalerweise?«

»Taro. Yams. Blätter. Schweine.«

»Wenn Sie Geld haben, was kaufen Sie dann im Laden?«

»Messer, eine Axt. Oder Reis. Oder Corned beef.«

»Wie viele Frauen dürfen Sie haben?«

»Früher zwei oder drei. Jetzt haben die meisten nur eine.«

»Sind Sie jemals woanders gewesen als auf dieser Insel?«

»Ja. Im Krieg. Ich habe geholfen, den Landeplatz in Vila zu bauen.«

Heute trug das Flugfeld den Namen »Bauer Field«, nach dem tapferen Lieutenant Colonel Harold Bauer, einem Kampfflieger des U.S. Marine Corps, der 1942 gegen eine große Übermacht gekämpft und elf japanische Flugzeuge abgeschossen hatte, bevor er dann in Guadalcanal ums Leben kam. Bauer hatte posthum die Medal of Honour erhalten, und eine Messingtafel am Flughafengebäude erinnerte an seinen Mut und seine Taten. Eine Firmengemeinschaft aus Vanuatu und Japan arbeitete gerade an der Erweiterung des Bauer Field, um Landemöglichkeiten für japanische Urlauberflugzeuge zu schaffen. Ich war gespannt, was das japanische Bauunternehmen mit der Tafel anstellen würde, wenn der Flughafen fertig wäre. Würde man sie verstecken, verlieren oder etwa im neuen Terminal aufhängen, um künftige Generationen – und japanische Besucher – über Bauers Kriegstaten aufzuklären? Die Zeit würde es an den Tag bringen.

»Haben Sie ein *namba* getragen, als Sie den Flughafen bauten?«

»Nein. Ein *kaliko*.«

»Warum kein *namba*?«

»Das wollte ich zuerst. Aber der Amerikaner hat gesagt: ›Das Ding kannst du nicht anziehen.‹«

Obwohl der Regen noch nicht nachgelassen hatte, führten sie mich – der Chief voneweg – auf einem Rundgang durchs Dorf, das sich an einem Hügelabhang in schulterhohes Gras duckte. Finster dreinblickende Männer hockten unter schlapp herabhängenden Dachtraufen, nackte Frauen knieten in verräucherten Hütten. Die Kinder kreischten bei meinem Anblick, die Gesichter rotzverschmiert. Alle im Dorf hatten dreckige, schlammverkleisterte Beine. Sie zeigten mir die große Rundhütte, in die sie sich bei sehr schlechtem Wetter flüchteten: In der Nacht zuvor hatten sich alle hineingedrängt – fast achtzig Leute.

Später vollführten sie unter einem triefenden Banyan-Baum einen lauten, stampfenden Tanz, sie stießen ihre großen Plattfüße fest in den Matsch, erst langsam, dann mit schnelleren Schritten. Jedes Aufstampfen wurde von lautem Geschrei begleitet, und ihre *nambas* wippten auf und nieder. Der Schlamm auf ihren Hinterteilen trocknete zu hellen Streifen und verzierte sie wie eine Art perverse Kriegsbemalung. Sie hopsten heiser schreiend im Kreis herum – angefeuert von ihrem Chief – und klatschten und stampften wieder, so heftig, daß es den Wald zum Zittern brachte und kleine Tropfen von den Bäumen schüttelte.

Die Menschen auf Tanna waren nicht viel größer, aber schwärzer und nackter als Pygmäen, und sie hatten fürchterliche Gebisse, mit zu Reißzähnen abgebrochenen Eckzähnen und Stummeln. Sie sahen aus wie Kannibalen, und das waren sie früher auch, allerdings war auf Tanna die Menschenfresserei ein Privileg, das üblicherweise Chiefs, Adligen und sonstigen Würdenträgern vorbehalten blieb.

In den Auktionsräumen von Christie's in London hatte ich einmal ein schreckliches, riesiges Gemälde mit dem Titel *Cannibal Feast on the Island of Tanna, New Hebrides* von Charles Gordon Frazer gesehen, einem weitgereisten englischen Landschaftsmaler. Das Bild war 1891 nach einer Urwaldszene entstanden, die er im Jahrzehnt zuvor auf Tanna zufällig beobachtet und skizziert hatte. Es wurde behauptet, daß Frazer der einzige Weiße war, der einer Kannibalenzeremonie beigewohnt hat. In seinem berühmten Bild gibt er das Geschehen getreulich wieder: Es zeigt zwei Opfer, die an Pfählen auf eine schattige Urwaldlichtung – genau wie die, die ich gerade vor mir sah – transportiert werden, und dazu die schadenfroh grinsenden Dörfler (auf dem riesenhaften Bild sind ungefähr hundert Figuren zu sehen), die muskulösen Krieger mit ihren Haarschöpfen und die Frauen, die die Küchenfeuer vorbereiten.

»Die Körper der beiden gefesselten Opfer sind meisterhaft dargestellt«, schrieb ein englischer Kunstkritiker, als das Bild zum erstenmal ausgestellt wurde. »Der eine ist offensichtlich tot, der andere ohnmächtig und dem Tode mit seiner fort-schreitenden Erschlaffung der Muskeln nahe.« Ein austra-lischer Kritiker beschrieb Frazers Gemälde schlicht als »walk-about bei einem Haufen verrückter Nigger«.

Frazer fühlte sich zu einer Rechtfertigung herausgefordert, als erregte Galeriebesucher an dem Bild Anstoß nahmen, und erklärte in einem Essay, warum er das Kannibalenfest gemalt hatte. »Nicht aus Sensationslust«, schrieb er, »sondern allein aus dem Grund, daß ich durch Zufall Augenzeuge dieses ural-ten, abergläubischen Zeremoniells geworden bin, eines Brauchs, der durch den Vormarsch der Zivilisation auf der ganzen Welt sicher bald ausgerottet sein wird, so daß ich es für meine Pflicht hielt, diese düstere und schreckliche Phase in der Geschichte der Menschheit zu illustrieren . . .«

Ich erkannte, daß Frazer tatsächlich hier auf Tanna gewesen sein und im düsteren Licht dieses dichten Urwaldes gezeich-net haben mußte. Allerdings lag Frazers Urwaldlichtung wohl etwas weiter östlich bei Yanekahi, in der Nähe des Vulkans von Tanna – und in der Nähe von Port Resolution, wo Captain Cook 1774 an Land ging.

Frazer schrieb weiter: »Abgesehen von ihren abergläubi-schen Ritualen (damit meinte er den Kannibalismus), sind diese Schwarzen nicht grausamer als Weiße. Wenn ein Schiff kommt, dessen Besatzung die Eingeborenen brutal behandelt, ist es nur natürlich, daß man sich am nächsten weißen Mann rächt, der an Land geht.« Und er fuhr fort: »Es gibt vieles an diesen schwarzen Wilden, das schön ist . . .«

Ich verließ Yakel und ging etwa hundert Jahre quer über die Insel nach White Grass. Chief Tom Namake war von seiner Reise in den Urwald zurückgekehrt. Er hatte ein fettes, ver-schwitztes Gesicht und einen großen Bauch. Er redete schnell – so schnell, daß es irgendwie nach Ausflüchten klang. Er trug ein dreckiges T-Shirt mit der Aufschrift *Holy Commando* über der Abbildung eines Bogenschützen und einem Motto aus Jesaja 49, Vers 2: »*He made me into a polished arrow. Er hat mich zum glatten Pfeil gemacht.*«

Er sei nicht nur Christ, sagte er, sondern glaube auch an die Welt der Geister, an Jon Frum, an die *kastom*, an magische Steine und Tänze. Er glaube, daß alle Menschen auf Tanna von den Zweigen zweier verzauberter Bäume abstammten, und am allermeisten glaube er an die überlieferte Magie. Dennoch schien sein T-Shirt in der Gesellschaft der Neuseeländer das passendste Kleidungsstück. »Jeder soll das tun dürfen, was er für richtig hält, sogar die da«, kommentierte er die Kiwis, die gerade in der Gegend predigten und ein paar spätabendliche Gebetsversammlungen im Dorf vorbereiteten. Plötzlich fiel mir auf, daß sie sich für ihre Gottesdienste merkwürdige Tageszeiten aussuchten und etwas für die Nacht übrigzuhaben schienen.

»Ich komme gerade aus Yakel«, sagte ich.

»Und was denkst du?«

Ich zögerte etwas, dann fragte ich: »Waren die Leute da früher mal Kannibalen?«

»O ja«, antwortete Chief Tom, offenbar erfreut, mir das mitteilen zu können. »Viele Leute hier waren Kannibalen. Aber seit jetzt ungefähr hundert Jahren gibt es auf Tanna keinen Kannibalismus mehr. Meistens haben sie sich wegen Grenzstreitigkeiten gegenseitig umgebracht und aufgegessen. Die *Big Nambas* waren die letzten Menschenfresser.«

»Wie steht es mit *kastom*-Menschen wie denen in Yakel. Gibt es solche Leute auch anderswo in Vanuatu?«

»Auf Santo und Malekula. Wenn sie dich sehen, werden sie dich verfolgen. Was schreibst du da?«

»Nichts«, sagte ich. Aber ich hatte gerade in eines meiner winzigen Notizbücher geschrieben: »*Big Nambas* verfolgen dich.« Ich steckte es in die Tasche.

»Wenn du mir versprichst, daß du es nicht aufschreibst, erzähle ich dir was«, kündigte Chief Tom an.

»Sehen Sie, ich habe nicht mal einen Stift in der Hand!«

Chief Tom blickte sich um, dann sah er mich aus blutunterlaufenen, großen Augen an: »Ich glaube, daß einige von diesen *kastom*-Leuten immer noch Kannibalen sind, aber sie würden es nie zugeben.«

Chief Toms Sohn Peter las das Magazin des *Australian*, auf dessen düsterem Titelblatt eine grinsende junge Frau im Bikini zu sehen war. Sie hatte Sommersprossen auf den Schultern und sah ausgesprochen unzuverlässig aus.

Peter klappte ein scharfes Taschenmesser auseinander, säbelte eine Seite heraus und stopfte sie sich in die Tasche.

Später fragte ich ihn, warum er die Seite aus der Illustrierten geschnitten hatte; schüchtern zeigte er sie mir. Es handelte sich um eine ganzseitige Anzeige:

»BODYWISE, der Frauenmagnet, der neun von zehn Männern für Frauen attraktiver macht. Mit Bodywise-Spray können auch Sie unwiderstehlich werden!! Testen Sie selbst: Sie werden verblüfft sein!! Nur $ 39,95!!

Aus Zuschriften zufriedener Kunden: ›Ihr Produkt wirkt tatsächlich!‹ C. G., NSW – ›Eine wesentlich jüngere, schöne Dame, die bei einem offiziellen Abendessen neben mir saß, flüsterte mir plötzlich zu, daß sie mich begehrte!‹ M. F., Pomonia – ›Als Limousinen-Chauffeur stelle ich fest, daß sich mein Kundenstamm vergrößert hat!‹ B. C., NSW.«

Peter nahm die rausgerissene Seite wieder an sich, faltete sie und steckte sie ein. Er lächelte. Dann flüsterte er ganz leise: »Ich will das.«

Am folgenden Tag sagte Chief Tom in anklägerischem Ton: »Ich habe gesehen, daß du geschrieben hast.«

»Nur einen Brief an meine Mutter«, log ich.

»Dann ist es gut«, sagte er. »Wenn du versprichst, daß du es nicht aufschreibst, erzähle ich dir eine wahre Kannibalengeschichte.«

»Und warum darf ich sie nicht aufschreiben?«

»Du machst meinen Zauber kaputt, wenn du es tust! Mit solchen Dingen scherzt man nicht! Ach, ich glaube, ich erzähl es dir doch nicht.«

»Bitte«, bettelte ich. »Sehen Sie: kein Stift, kein Papier.«

Sein Gesichtsausdruck blieb mißtrauisch. Wir saßen auf einer Klippe über der kabbeligen, windbewegten See. Die Küste hier war felsig, anstelle eines Strandes fielen schroffe Felsgesimse ins Meer ab. Ich fand nirgends einen Platz, an dem ich mein Kajak hätte zu Wasser lassen oder wieder herausziehen können, aber ich gab die Hoffnung nicht auf.

Chief Tom blinzelte in den Wind und warf mir dann einen schrägen Blick zu, ganz so, als erwarte er, daß ich heimlich mein Notizbuch zückte. Meine Schreiberei machte ihn argwöhnisch, und aus purer Langeweile schrieb ich in White Grass ziemlich viel: Ich beschrieb die Neuseeländer, machte mir Anmerkungen für weitere Bibeldispute und schilderte die Unterhaltung, die ich in Yakel geführt hatte. Chief Tom betrachtete jede Art von Schreibtätigkeit mit Argusaugen, denn durch Schreiben konnte man jemandem seinen Zauber rauben. Ich verstand, was er meinte, und pflichtete ihm bei. Schließlich war es eine Tatsache und kein Aberglaube: Wenn er mir eine Geschichte erzählte und ich sie aufschrieb, wurde diese Geschichte mein Eigentum. Ich brachte es nicht fertig, Chief Tom zu erzählen, daß ich vom Schreiben lebte.

Er wischte sich die Hände an seinem *Holy-Commando*-Hemd ab und fing an: »Es war gleich hier in der Nähe, beim Dorf Imanaka, vor hundert Jahren. Ein europäischer Händler ist mit einem Schiff gekommen, weil er – was eigentlich? –, na, irgendwelche Sachen holen wollte, Essen, Wasser, irgend so was.

Die Leute von Tanna sehen ihn am Strand. Sie hören ihn an und sagen, sie können ihm helfen. Sie sagen, er soll mitkommen, und reden immer noch ganz freundlich mit ihm, und als sie mitten im Urwald sind, holen sie ihre Buschmesser raus und bringen ihn um. Dann stechen sie noch ihre Speere rein. Er ist tot.

Sie tragen ihn in ihr Dorf und machen das Feuer an und die Ofensteine fertig, damit sie ihn kochen können. Und sie ziehen ihn aus. Ein Mann fühlt an einem Arm rum und sagt: ›Das ist gut, das esse ich!‹, und der nächste sagt: ›Ich nehme dieses Bein‹. Und so geht es weiter, bis sie den ganzen Körper aufgeteilt haben, nur die Füße noch nicht. Der letzte Mann sagt: ›Ich will die hier‹ – er meint die Füße.«

Chief Tom grinste, machte Schmatzgeräusche und bohrte seinen dicken, schwarzen Zeigefinger in meinen Brustkorb.

»Der tote Mann hat Turnschuhe an!« rief er. »Sie haben noch nie Turnschuhe gesehen! Sie ziehen die Schuhe runter und sagen: ›He, das muß das allerbeste Stück sein!‹ Also werfen sie die Leiche weg und behalten die Schuhe. Sie kochen sie eine Weile und versuchen, die Turnschuhe zu essen!«

»Und warum haben sie den Körper weggeworfen?«

»Weil der ihnen nichts wert scheint, aber Füße, die man abmachen kann – das ist was Besonderes.«

»Füße, die man abmachen kann, sind die Schuhe, oder?«

»Sie haben so was noch nie vorher gesehen«, fuhr Chief Tom fort. »Deswegen kochen sie die Füße. Dann nehmen sie sie aus dem Topf und kauen und kauen. Aber sie können nicht mal was davon abbeißen. Sie versuchen, sie mit den Zähnen zu zerreißen. Geht auch nicht.

Jeder kaut ein bißchen drauf rum. Was? Man kann diese Füße nicht essen? Sie nehmen die Schuhe mit in ein anderes Dorf, und da versuchen auch alle, die Schuhe zu essen, aber es geht nicht.

Also graben sie ein großes Loch und werfen die Turnschuhe rein und tun Erde drauf. Dann pflanzen sie einen Kokosnußbaum obendrüber. Der Baum wurde sehr groß – und als siebenundachtzig der Sturm kam, hat er ihn umgeblasen, und da haben sie einen neuen Baum hingepflanzt. Er wächst noch da. Morgen zeige ich ihn dir.«

11. Kapitel

DIE SELTSAMSTE INSEL VON VANUATU

Während ich an einem späten heißen Nachmittag nach der Kannibalenpalme und dem Grab der Turnschuhe suchte, machte ich eine wunderbare Entdeckung: Imanaka war ein Jon-Frum-Dorf. Da stand das rote Kreuz, aus Holz, inmitten der windschiefen Strohhütten. In ihnen blühte ein Cargo-Kult.

Imanaka, umkränzt vom Rauch der Feuerstellen, lag tief im Wald auf einem steinigen Hügel, hinter einem kaputten Zaun, am Ende eines verschlammten Weges. Es war einleuchtend, daß sich ein solches Hungerleiderdorf mit der Vorstellung der Erlösung anfreunden und den Glauben an die Idee entwickeln konnte, daß eines Tages, mit besten Empfehlungen von Jon Frum, eine Riesenmenge materieller Güter vor seinen Toren abgeladen würde – wenn man nur an diesen Jon Frum glaubte, ihm zu Ehren tanzte und Loblieder anstimmte. Aber es gehörte auch zu den Glaubensregeln, daß Jon-Frum-Dörfler ihre Gärten vernachlässigen und ihr Geld aus dem Fenster werfen mußten: Wenn Jon Frum wiederkam, würde er für alles sorgen.

Ich hatte keine Ahnung, wie man mich in diesem Dorf empfangen würde. Eine Gruppe staubiger Frauen beobachtete mich aus einiger Entfernung, und die ersten Männer, die ich traf, sprachen weder Englisch noch Bislama, die hiesige Version des Pidgin (das Wort ist eine Verballhornung von *bêche de mer*: Bislama wurde ursprünglich von Händlern benutzt).

Mir ging durch den Kopf, daß sich mein Besuch als fataler Irrtum erweisen könnte. Ich war allein. Das Dorf litt offensichtlich unter Armut. Hungrige Menschen können unberechenbar sein. Wer weiß, vielleicht würden sie mich umbringen, um meine Schuhe zu essen. Rauch wirbelte umher, und allein dieser Qualm, der in dünnen Fahnen hierhin und dorthin wehte, ließ das Dorf zutiefst verkommen aussehen.

Männer kamen näher und starrten mich an. Einer war offensichtlich geistesgestört. Er kicherte verschreckt. Ein anderer hatte sich einen Lumpen um den Kopf gebunden. Noch sechs andere kamen. Sie trugen Buschmesser und Knüppel. Hinter ihnen waren die Frauen. Alle waren völlig verdreckt. Ich fragte mich immer noch, ob ich einen Fehler gemacht hatte.

»*Yupela savvy tok Bishlama? Sprecht ihr Bislama?*« erkundigte ich mich, und als sie grinsend die Köpfe schüttelten: »*Yupela savvy toktok? Chief bilong yupela i stap we? Welche Sprachen könnt ihr denn? Wo ist euer Chief?*«

Ein Junge trat vor und sagte: »*Parlez-vous français, monsieur?*«

»*Je parle un peu*«, antwortete ich. Ein französischsprechendes Dorf? »*Les gens de ce village parlent français?*«

Nicht alle, sagte der Junge. Der Chief zum Beispiel könne es nicht. Er werde gleich kommen, und ob ich vielleicht solange auf diesem Baumstamm im Schatten Platz nehmen wolle?

Das tat ich, und während wir warteten, fragte mich der Junge nach Neuigkeiten über den Golfkrieg. Radebrechend erklärte ich, was ich an diesem Morgen gehört hatte: Unterhändler flögen in der Hoffnung hin und her, den Krieg noch verhindern zu können.

Der Chief, er hieß Yobas, schlurfte heran. Er war alt und gebrechlich und trug einen Stock, der ganz glattgeschliffen war, wo er ihn umklammert hielt. Bekleidet war Yobas mit einem zerrissenen Unterhemd und einem wie ein Sarong geknoteten Tuch. Sein Gesicht zeigte den bedrückten und verkniffenen Ausdruck eines Häuptlings, dem jeder, auch sein eigener Clan, das Elend des Kaffs vorwirft, für das er verantwortlich ist.

»*Yu savvy tok Inglis?*«

Er nickte tatsächlich: Ja, Englisch könne er.

Ich begrüßte ihn mit einer unaufrichtigen Ansprache über die Schönheit des Dorfes und mein großes Glück, mich darin aufhalten zu dürfen – in der Hoffnung, damit jeden umzustimmen, der mich womöglich ermorden wollte.

»Ist das hier eigentlich ein Jon-Frum-Dorf?«

»*Yiss. All dis. Jon Frum.*« Er machte eine ausholende Geste mit seinem Stock.

»Wird im Dorf für Jon Frum getanzt?«

»Wir tanzen hier . . .«, das wandlose Gebäude, in dem wir
saßen, war offenbar der dörfliche Tanzboden, ». . . für Jon
Frum. Auch *sing-sing*. Für Jon Frum.«

»Sehen Sie Jon Frum manchmal?«

»*Nuh*. Aber alte Männer. Die sehen.«

»Wie sieht Jon Frum aus? Ist er schwarz oder weiß?«

»Weiß, wie du. Aus Amerika. Ein sehr großer Mann. Sehr
fett! Sehr stark!«

»Was hat er an?«

»Er hat Kleider an. Hat alles an. Hut an.«

Ich hatte eine Baseballkappe auf dem Kopf. »So was wie das
hier?« fragte ich.

»*Nuh*. Großer Hut. Wie Missionar.«

Ich zog mein Notizbuch heraus und zeichnete einen breit-
krempigen Hut. Ja, so, genau, meinte er. Die anderen Männer
und die Kinder drängelten sich um mich, weil sie die Seite im
Buch sehen wollten.

Später, nachdem ich mit weiteren Jon-Frum-Anhängern gesprochen hatte, kam mir der Gedanke, daß ich den Chief womöglich verwirrt hatte, denn offenbar beschrieb er einen Abge-
sandten von Jon Frum, der unter dem Namen »Tom Navy«
bekannt war. Dieser Angehörige eines Pionierbataillons der
amerikanischen Marine stammte aus Florida und war 1945 auf
Tanna gelandet, das ihm für eine Weile zu Füßen lag. Ein anderer Jon Frum war 1943 erschienen, der sich selbst zum »König
von Amerika und Tanna« ernannte – und im Norden der Insel
wurde ein ganzes Waldstück abgeholzt, damit seine Fracht-
flugzeuge dereinst auch ja würden landen können.

Ich wollte mehr über die Gebetshäuser wissen, in denen Jon-
Frum-Propheten, sogenannte »Sendboten«, auf den Knien lagen und Visionen ihres Wohltäters hatten. Ich fragte den Chief
danach.

»Alter Mann redet mit ihm. Ich nicht.«

Der wichtigste Punkt, jedenfalls war er das für die Regierung
von Vanuatu, war das Ausmaß, in dem die Jon-Frum-Bewegung sich amerikanischer Staatssymbole bediente: Dörfer, die
die amerikanische Flagge hißten, waren den Volksvertretern
von Vanuatu ein besonderer Dorn im Auge. Hinter dem Ganzen stand die Vorstellung, daß Jon Frum aus Amerika gekom-

men war und die »Fracht« also ebenfalls von dort kommen mußte. Zu den Attributen des Kults um den mysteriösen, verschwundenen Amerikaner gehörten neben dem roten Kreuz auch die Stars und Stripes. Manche Dörfer hißten die amerikanische Flagge regelmäßig, andere nur im Februar, und oft genug verlor die Regierung die Geduld mit den Jon-Frum-Leuten: Dann wurden sie verfolgt, ins Gefängnis gesteckt, und sämtliche amerikanischen Requisiten wurden konfisziert.

Ich versuchte es mit einer direkten Frage: »Haben Sie eine amerikanische Flagge?«

Chief Yobas zögerte zunächst, machte dann eine einfältige Grimasse und nickte. Ich fragte ihn, wozu die Flagge nötig sei.

»Im Krieg er wiedergekommen und hat Flagge altem Mann gegeben.«

»Hissen Sie die Fahne an einem Fahnenmast?«

Das war zuviel für ihn: »Geh nach Sulphur Bay. Geh zu Chief Mellis. Isaac One. Er dir sagt.«

Ich lächelte die Männer an, die mit ihren Messern und Knüppeln um mich herumlungerten. Es war ungefähr fünf Uhr nachmittags. Die Strahlen der tiefstehenden Sonne schnitten schräg durchs dünne Geäst, und es kam mir viel heißer vor als noch zur Mittagszeit. Ein solches Dorf konnte so trostlos wirken, und dieses hier – so staubig, verdreckt und arm, mit nichts als seinem Glauben an Jon Frum – gehörte sicher zu den traurigsten, die ich je gesehen hatte. Abgesehen von Hühnergegacker und schütterem Hahnengekrächz herrschte Stille.

Ich deutete auf das Strohdachgebäude, in dem wir saßen: »Veranstalten Sie Ihr *sing-sing* hier?«

»Ja. Hier *sing-sing*.«

»Bitte, machen Sie *sing-sing* für mich.«

Nach kurzem Zögern beugte sich der alte Chief vor und erhob eine Stimme, die wie Seidenpapier raschelte und zischte.

> *»Jon Frum,*
> *He mus come*
> *Look at old fellas.*
> *Give us some big presents,*
> *Give us some good tok-tok.*

Jon Frum,
Er muß kommen
Alte Männer besuchen.
Gib uns paar große Geschenke,
Halt uns gute Reden.«

Sein Atem raspelte und pfiff, er klang wie der ächzende Blues-
sänger, an den er mich sowieso so sehr erinnerte – John Lee
Hooker kam mir in den Sinn.

»Jon Frum,
He mus come,
Mus stap long kastom,
Mus keep kastom.

John Frum,
Er muß kommen,
Muß bei unsrer Sitte bleiben,
Muß unsre Sitte bewahren.«

Er sah mich an, wiegte den Kopf hin und her und flüsterte
noch einmal: *»Jon Frum, He mus come . . .«*
  Als er geendet hatte, kramte ich meine Geschenketüte aus
dem Rucksack, einen Plastikbeutel mit Angelhaken und Speerspitzen, Schnickschnack und Seidentüchern – Dingen, die ich
immer dann verschenkte, wenn man irgendwo Gastfreundschaft bewiesen hatte. Ich hatte mir auf dieser Reise verschiedene Regeln gesetzt. Die eine besagte, daß ich keine Tiere töten
oder essen würde. Die andere, nie jemandem Geld zu geben,
wenn er mir einen Gefallen getan hatte.
  Mit langen Fingern griff Chief Yobas sich ein leicht ge-
brauchtes, aber immer noch leuchtendbunt schillerndes Her-
mès-Tuch. Er schmiegte sein Gesicht hinein.
  »Taschentuch«, sagte er.

»Sie haben dich angelogen«, sagte Chief Tom am Abend. »Jon
Frum war nicht fett. Er war klein und sehr schlank. Ein kleiner
Mann. Das ist die Wahrheit. Aber wenn du das aufschreibst,
erzähle ich dir nichts. Er konnte alle Sprachen. Er hat einen Mann

gesehen und konnte gleich seine Sprache. Er hat einen anderen Mann gesehen und redete auch in seiner Sprache. Und immer so weiter.«

»Woher wissen Sie das?«

»Du versprichst, es nicht aufzuschreiben? Du versprichst, meinen Zauber nicht zu stehlen?«

»Ich könnte Ihnen nie Ihren Zauber stehlen, Chief.«

»Mein Großvater hat ihn getroffen und ihm die Hand geschüttelt. Das war der Vater von meiner Mutter – er war sehr bedeutend in der Jon-Frum-Bewegung. Der Vater von meinem Vater war presbyterianischer Pfarrer.«

Wir waren allein. Die nächtlichen Bibeldiskussionen mit den Neuseeländern fanden nicht mehr statt. Sie hatten ihr Hauptquartier mittlerweile bei irgendwelchen hartnäckigen Heiden im Norden der Insel aufgeschlagen. Die große Anzahl Steine, die ihnen in den Weg gelegt worden war, hatte sie vollends von den Sabotageabsichten des Teufels überzeugt, also waren sie, um es dem Fürsten der Finsternis zu zeigen, mit qualmenden Socken nach Nord-Tanna gehastet.

»Wie ist Jon Frum nach Tanna gekommen?«

»Mit dem Flugzeug. Es gab kein Flugfeld. Er ist mit seinem Flugzeug in den Baumwipfeln gelandet.«

»Wo war das?«

»Bei Green Point.«

Laut Karte konnte ich nach Green Point paddeln, wenn mich jemand hinter den felsigen Teil der Küste brachte, an der das Riff keinen Durchlaß hatte.

Am nächsten Tag schon hatte ich Erfolg. Peter, Chief Toms Sohn, nahm mich unter der Bedingung in seinem Jeep mit, daß ich ihm, sobald ich nach Vila kam, alle Informationen über Bodywise zukommen ließ, das Wundermittel, das einem magnetische Anziehungskräfte auf Frauen verlieh.

»Hör mal, Peter, hast du etwa Schwierigkeiten, Frauen kennenzulernen?«

»Nix schwierig«, sagte er. »Aber ich will das.«

Er schien das Zeug als eine Art Zaubertrank zu betrachten, mit dem er jede Frau verhexen könnte. Ich versprach, mein Bestes zu tun.

Der Wind blies mit entmutigender Heftigkeit, und auf dem

Wasser war nicht ein Kanu zu sehen, ein untrügliches Zeichen dafür, daß heute kein guter Tag für kleine Boote war: Nicht einmal die hiesigen Fischer wagten sich hinaus. Langsam arbeitete ich mich an den schwarzen Steilwänden der Insel entlang, vorbei an den *blowholes,* den Wasserlöchern im Gestein, und fand einen dunklen, kiesigen Strand in der Nähe von Green Point, wo ich an Land ging und die Bananen aß, die ich mir zum Mittagessen mitgebracht hatte.

Mir schoß mit einemmal der absurde Gedanke durch den Kopf, daß ein Insulaner mich sehen und für Jon Frum halten könnte. Ich schwankte zwischen Angst und Hoffnung, daß meine Ankunft an diesem beziehungsreichen Ort tatsächlich so endete.

Aber dann wollten bloß ein paar angelnde Kinder meinen Walkman haben. Ich hatte gerade Chuck Berry gehört – mit Rock and Roll war das Paddeln hier genauso vergnüglich wie auf den Salomonen mit Opernmusik. Nein, sagte ich, den Walkman könnten sie nicht haben, den bräuchte ich selber noch – also kümmerten sie sich nicht mehr um mich und angelten weiter.

Ich wollte gerade wieder los (ich hatte noch gezögert, weil eine so lange Strecke vor mir lag), als plötzlich ein Mann auftauchte. Er stellte die üblichen Fragen über mein Boot. Woher kam es? Wie teuer? Wie hatte ich es hierher gebracht?

Der Mann hieß Esrick, jedenfalls hörte es sich so an. Er war Lehrer an einer hiesigen Schule. Im Moment allerdings hatte er Ferien. In bezug auf Jon Frum sei er weder gläubig noch ungläubig, sagte er.

»Ich glaube, er war einer von unseren alten Geistern, der als weißer Amerikaner hier erschienen ist.«

»Warum ist denn einer Ihrer alten Geister zurückgekommen, um Sie zu besuchen?«

»Weil damals die Presbyterianer sehr stark waren. Er kam, weil die fremden Missionare Kava, magische Steine und das Tanzen verboten hatten. Jon Frum hat gesagt: ›Macht kaputt, was die Missionare euch gegeben haben. Ich werde euch statt dessen sehr viel geben.‹«

Welche Fügung, daß der Besuch gerade zu dieser Zeit stattfand. Just in dem Moment, als der Protestantismus die Insula-

MELANESIEN

ner in den Griff bekam und die Missionare begonnen hatten, ihre Memoiren zu schreiben *(Der Sieg über den Kannibalismus* und *Kannibalen für Christus)*, war der seltsame kleine Mann mit dem bohrenden Blick hier am Green Point aufgetaucht und hatte gesagt: »Werft alle Bibeln weg.« Und er hatte den Leuten empfohlen, ihre alten Traditionen wieder aufleben zu lassen: Kavatrinken, Tanzen und Partnertausch. Etwa drei Jahre nach Jon Frums erstem Erscheinen im Jahr 1938 hatte die Hälfte der Insel das Christentum wieder aufgegeben.

»Sie haben dem Christentum entsagt«, erklärte Esrick, »weil Jon Frum versprochen hat, mit vielen Waren und Geschenken zurückzukommen, wenn sie nur wieder nach den alten Sitten lebten.«

»Und wann rechnen Sie mit seiner Rückkehr?«

»Ist ja schon passiert! Im Geist! Jon Frums Geist ist überall. In jedem Dorf.« Er lachte.

»Aber Sie haben doch eben gesagt, daß Sie nicht an ihn glauben.«

Er warf mir vor, alles viel zu wörtlich zu nehmen, drückte sich allerdings nicht so aus.

»Hör mal zu«, erklärte mir Esrick in einem Ton, als hätte er einen Irren oder eines seiner Schulkinder vor sich, »er ist zurückgekommen. Als Fortschritt und Entwicklung: Jetzt haben wir Waren. Geh mal in die Läden, geh nach Vila. Da wirst du sehen, daß wir haben, was wir brauchen. Wir haben Kava. Wir tanzen. Er ist im Geist zurückgekehrt. Er weiß, daß er gewonnen hat!«

War es denkbar, daß es sich bei Jon Frum um einen freundlichen amerikanischen Piloten handelte, der Vorräte hergebracht und verteilt hatte? Vielleicht hatte er gesagt: »*I am Jon from America*«, und dann hatte der Krieg Tannas Insulaner vom Reichtum Amerikas überzeugt.

Es spielte eigentlich keine Rolle mehr. Nach der Lehre der Bewegung war Jon Frum eine Art Johannes der Täufer, die Vorhut des Retters – und der Erlöser selbst folgte in Form von Fracht, die aus allen nur möglichen schönen und nützlichen Dingen bestand. Ein wichtiges Moment dabei war, daß der Segen direkt und ohne die Vermittlung von Missionaren oder Dolmetschern auf der Insel niederging, das Ganze weder mit

Kosten noch Frondiensten verbunden war und es keine zehn Gebote, keinen Himmel und keine Hölle gab. Keine Priester, keine Form von Imperialismus. Es war eine Parusie, eine messianische Wiederkunft, und sie ermöglichte es den Insulanern, sich von den Missionaren zu befreien und ihr früheres Leben wieder aufzunehmen. Meiner Meinung nach ein wundervoller Trick, um wieder nach eigener Fasson selig werden zu können.

Mit Rückenwind trat ich den Heimweg entlang der Küste an. Ich hörte immer noch Chuck Berry.

> *»Get a house*
> *Get married*
> *Settle down*
> *Write a book!*
> *Too much monkey business!«*

Ich ritt auf der Dünung und rutschte mit angehaltenem Atem auf den Wellenrücken vorwärts: Pech für mich, wenn ich zwischen diesen Brechern, die an die felsige Steilküste donnerten, kentern würde. Meine Anspannung ließ nicht nach, bis ich das schlimmste Stück hinter mir hatte, und dann passierte etwas genauso Schlimmes.

Ich spürte heftige Messerstiche an meinen Fingern, scharf wie zehn Bienenstacheln auf einmal, und dann sah ich eine glibbrige, speichelartige Substanz, die sich um meine Hand geschlungen hatte und wie Rotz vom Paddelschaft heruntertroff. Wäßrige Klumpen trafen meinen Arm, blieben an meinem Ellbogen kleben und stachen mich auch dort. Als ich versuchte, sie wegzuwischen, zerschmolzen sie zu zähen Bläschen und schmerzten noch mehr.

Ich brauchte nicht lange, um zu begreifen, daß es sich um Quallententakel handelte – die Dinger waren so unförmig und lang, daß ich nicht sagen konnte, wie viele. Ich mußte sie mit dem Paddelblatt aus dem Wasser gezogen haben, und sie waren den Schaft entlanggeglitten, über meine rechte Hand, den Unterarm und den Ellbogen gerutscht und sandten jetzt stechende Schmerzen aus: ein Neurotoxin, wie es bei Meeresbiologen heißt. Wenn sich ein Schwimmer in einem solchen Tier verfängt, holt er sich mit Sicherheit schwere Vergiftungen, wenn nicht den Tod.

Wahrscheinlich eine »Portugiesische Galeere« – wie gut sich das doch traf, hier im starken Wind und den hohen Wellen vor der felsigen Küste einer Menschenfresserinsel. Mein Arm brannte vor Schmerz, und meine Finger wurden steif. Das Hausmittel in so einem Fall ist Urin. Ich rupfte mir die Kopfhörer runter, pinkelte in meine linke Hand und rieb die brennenden Stellen ein. Eine kurze Erleichterung ergab das schon, aber der Schmerz kam bald zurück.

Mein Glück, daß der Wind von hinten kam und ich das Boot mit nur einem Arm steuern konnte. Nach einer Stunde oder mehr sah ich die Landzunge, von der ich abgelegt hatte, und sobald ich an Land war, suchte ich nach einem Papayabaum, dem Hausmittel Nummer zwei gegen Quallengift. Papayasaft gilt als gute Medizin gegen alle möglichen Beschwerden, die man in den Tropen bekommen kann: Das Fruchtfleisch und die Samen helfen gegen Durchfall, und die Blätter enthalten ein Enzym, das Fleisch zart machen kann. Der Saft des Stammes soll die Schmerzen bei giftigen Bissen lindern. Ich fand einen Baum, quetschte mir Saft auf den Arm und spürte erneut, wie der Schmerz etwas nachließ, aber dann kam er zurück, brannte noch ganze drei Stunden lang und verging schließlich.

Ich hatte gehört, daß die Kiwi-Nervensägen wieder in White Grass Village waren, und beschloß, auf dem südöstlichen Teil der Insel zu bleiben, wo ich einen verrückten Iren kennenlernte, Breffny McGeough, einen Skipper, der hier mit seiner Freundin an Land gegangen war, um eine Ferienanlage mit kleinen Bungalows zu errichten, den traurigen Überresten einer Unternehmung, die ein Mann namens Bungalow Bill begonnen hatte.

Eines Tages hatte es stark geregnet, und Bungalow Bill hatte ein seltsames Geräusch gehört. Er hatte seine Frau in ihrem Bett liegenlassen und war aus seinem Bungalow gestürzt. Das Geräusch war immer näher gekommen, ein Rumpeln wie von einer wilden, trampelnden Schweineherde im Wald, und alsbald hatte sich der Lärm als Flutwelle erwiesen, die durch ein

Bachbett auf sein Haus zutoste. Bill konnte gerade noch beiseite springen und zusehen, wie das Wasser seinen Bungalow
traf, ihn von den Fundamenten riß und ins Meer schwemmte,
wo er mitsamt Mrs. Bill und all seiner Habe versank.

»Beschissene Art, aus dem Leben zu gehen«, meinte Breffny.
»Im Bett, in einem Ferienhäuschen, in einem verdammten
Sturm. Das arme alte Mädchen hat wohl gar nicht mitgekriegt,
was eigentlich los war.«

Breffny hatte vor kurzem das Rauchen und Trinken aufgegeben, aber wenn die Sucht wieder über ihn kam, trank er Kava
(was nicht das gleiche war wie Bier, eher das Gegenteil) und
rauchte das hiesige Kraut, das ich auch bei den kleinen nackten *namba*-Leuten in Yakel gesehen hatte.

Breffny durfte sich mit meinem Boot austoben, und gegen
eine kleine Gebühr überließ er mir ein bis auf tote Fliegen leeres Haus, das auf einer Hügelkuppe in der Nähe stand. Tagsüber stammte das einzige Geräusch von einem Vogel, der wie
ein Mikrowellentimer piepte, und in der Nacht waren es bellende Hunde im Busch und das merkwürdige, unverkennbare
Hopsen und Rascheln von Flughunden in den buschigen
Zweigen ringsum.

»Wir essen sie«, erzählte ein Insulaner namens Carlo. »Wir
kochen sie oder werfen sie aufs Feuer. Schmecken ein bißchen
wie Vögel.«

»Kava aus Tanna ist das beste Getränk der Welt«, verkündete Breffny ein paar Tage später. »Da gibt es einmal das Zwei-
Tage-Kava, das dich für vierundzwanzig Stunden außer Ge-
fecht setzt – du wirst total lahm davon. Geht nichts drüber.
Und dann gibt es noch das Zeug aus dem Dorf. Da gehn wir
mal hin, was? Genehmigen uns ein paar Schälchen, was?«

Und er zwinkerte sehr irisch.

»Schon den Vulkan gesehen?« fragte er. »Der ist große
Klasse. Wirklich.«

Eines Tages, es war kurz vor Sonnenuntergang, arrangierte
er eine Inselfahrt mit einem Mädchen namens Pauline für
mich, das aus einem Dorf in der Nähe des Vulkans stammte.
Yasur hieß der Vulkan in Paulines Sprache (auf dieser kleinen
Insel wurden neunundzwanzig verschiedene Sprachen gesprochen), das bedeutete »Gott«. Die kurvenreiche, holprige

Straße führte bald in eine seltsame, giftig aussehende Gegend
mit glatten, kahlen Hügeln – sie lagen auf der Leeseite des Kraters, und der normalerweise vorherrschende Wind wehte die
heiße, schweflige Asche herüber, die alles Leben vernichtete.
Aus der Ferne konnte ich den Vulkan rumpeln und rülpsen
hören, überlaute Magengeräusche, und polternde Rumpler,
die sich anhörten wie Wind im Gedärm, begleiteten den Ver-
dauungsvorgang. Der Ausdruck »Bauch der Erde« sagte alles.

Wir ließen das Auto auf einem Lavafeld auf der Luvseite des
Vulkans stehen und gingen zu Fuß zum Kraterrand. Das Fur-
zen und Rülpsen wurde so laut wie Kanonendonner. Das war
ganz etwas anderes als der dampfende Kegel auf Savo, in dem
grinsende Dörfler ganz harmlos ihre Megapodeneier gebraten
hatten.

Der Krater von Yasur, dem Göttlichen, hatte einen Durchmesser von über anderthalb Kilometern, war achthundert Meter tief und bot zuweilen eine Vision der Hölle. Er war voll
Rauch und Dampf, und aus dem Kraterboden starrte ein feuri-
ges, bösartig gurgelndes Paar Löcher, das große Klumpen flüs-
siger Lava in die Luft schleuderte.

Unter mir, etwa in der Mitte der steilen Innenwand des Kraters, lag unter einem Felsvorsprung ein weiteres Loch, das
man allerdings nur schlecht sehen konnte. Etwa alle fünf Minuten gab es in ihm eine donnernde Explosion, deren Echo
von den Kraterwänden zurückgeworfen wurde, und der
mächtige Riß spie einen Schauer orangerot glühender, wir-
belnder Lavabrocken aus, die den Krater in helles Licht tauchten, schließlich abstürzten und kälter und schwärzer wurden.
Die Eruptionen nährten die Aschewolke, die dem Vulkan ständig entstieg, irgendwo niederging und immer größere Teile der
Insel verkohlte.

Später hörte ich von einer Theorie, nach der Jon Frum mit
einem Heer von fünftausend Soldaten im Rachen des Vulkans
leben sollte.

Hier oben waren keine anderen Insulaner zu sehen. Ich
fragte Pauline danach.

»Die Einheimischen kommen nicht her«, antwortete Pauline.
Sie mußte es wissen, ihr Heimatdorf, eines dieser finsteren
Kaffs, die mich so an Afrika erinnerten, lag nur fünf Kilometer

weit weg. »Sie haben Angst. Wenn man stirbt, kommt man her und muß für immer hierbleiben, sagen sie.«

Also war der Berg Gott, Himmel und Hölle auf einmal, wie die Insel Tuma in den Trobrianden: der letzte Hafen, aus dem niemand mehr wiederkehrte.

»Gibt es Geschichten darüber, wie dieser Vulkan entstanden ist?«

»Ja. Sie sagen, daß zwei Frauen, sie hießen Sapai und Munga, eines Tages *lap-laps* machten (mit dem neuguineischen Pidgin-Wort für einen Sarong bezeichnete man im hiesigen Pidgin Gemüse, das in Palmblätter gewickelt wurde), und dann kam eine alte Dame und sprach mit ihnen. Ihr sei sehr kalt, sagte sie. Ob sie sich ans Feuer setzen dürfe. Sapai und Munga hatten Mitleid und erlaubten es ihr. Die alte Dame setzte sich, und nach einer Weile fing sie an, Geräusche von sich zu geben und zu wachsen. Sie wurde größer und größer, begrub schließlich die beiden anderen unter sich und verwandelte sich in den Vulkan.«

»Wie hieß die alte Dame?«

»Das wissen wir nicht«, sagte Pauline.

Während wir redeten, füllte sich der Krater mit Kanonendonner und Höllenfeuer, was Pauline (vielleicht ganz unbewußt) auf die Frage brachte, ob ich etwas über die Situation im Persischen Golf wüßte: Glaubte ich an einen Krieg?

Die Küste bot einige Schwierigkeiten, unter anderem einen starken Wind, der meist mit rund fünfundzwanzig Knoten blies und das Wasser aufrauhte. Tanna war nur ein kleiner Felsen mitten im westlichen Pazifik, aber ich hatte das Boot nun mal mitgebracht, also wollte ich es auch benutzen.

Ein Vorteil des Paddelns war, daß ich Musik hören konnte, während das Ufer an mir vorüberzog. Die Stellen, an denen Lava ins Meer geflossen war, waren voller *blowholes*: Ankommende Wellen drückten sich unter den Lavaschichten durch und schossen anschließend als sechs Meter hohe Fontänen durch die Löcher im Gestein nach oben. Ein anderer Vorteil bestand darin, daß ich in meinem Boot nicht auf Fliegenjagd gehen mußte. Tanna war genauso verpestet wie Australiens Woop-Woop und die Salomonen. Stechfliegen waren der

Fluch der Dörfer, und da auch Insektenschutzmittel keinerlei Wirkung zeigten, war es eine Erleichterung, daß ich zumindest im Boot von den winzigen Biestern in Ruhe gelassen wurde.

Ich war ziemlich entmutigt, als ich draußen auf dem Meer keine Fischerkanus sehen konnte – sie lagen alle kieloben auf den schwarzen, porösen Klippen. Nur ein paar Jungen paddelten mit kleinen Kanus in einer Bucht herum, und ich fragte sie, wie weit sie hinausführen. Nie sehr weit, meinten sie.

»Wer hat diese Kanus gebaut?«

»Mein Vater«, sagte ein Junge in klarem Englisch. »Er fährt weit raus.«

»Wie weit denn?«

»Manchmal bis da draußen«, und er deutete auf die andere Seite des Riffs, das offene Meer und das Wasser, das dort einen anderen Namen hat.

Normalerweise arbeitete ich mich zuerst gegen den Wind vor: Sollte ich müde werden oder andere Schwierigkeiten bekommen, würde mich der Wind auch wieder zurückbringen. Oft genug kam ich bis zu meinem Ziel, nur um dann dort feststellen zu müssen, daß ich wegen der heftigen, krachenden Brecher nicht an Land gehen konnte. An zwei aufeinanderfolgenden Tagen versuchte ich, zu einem Ort namens Imlao zu gelangen, kam aber beide Male nur bis zum Strand davor und mußte umkehren, weil ich es nicht riskieren wollte, in der Brandung zu landen. Die Wellen waren haushoch. Und wenn ich mich verschätzte, würde das Boot zertrümmert werden. Da ich aber sowieso nichts anderes vorhatte, als an Land zu essen und dann wieder abzuziehen, verpflegte ich mich in meinem Boot und machte mich anschließend wieder auf den Rückweg. Captain Cook war auf seiner ersten Pazifikreise hier gelandet. Die Insulaner von Tanna hatten eine deutliche Sprache mit ihm gesprochen: »Ein Bursche zeigte uns auf so unmißverständliche Weise seine Kehrseite, daß es keines Dolmetschers bedurfte, um zu erklären, was er meinte.«

An einem anderen Tag sah ich etwa anderthalb Kilometer vor der Küste einen Mann in einem Auslegerkanu auf der Dünung reiten. Er ließ sich vom Wind treiben und angelte mit einer Leine.

Ich hielt auf ihn zu, er sah auf, und ich winkte. Als ich näher bei seinem Boot war, begrüßte ich ihn und bot ihm etwas von meinem Wasser an.

»Ich selber Wasser«, sagte er und zeigte mir die verkorkte Flasche, die in seinem Einbaum lag. Aber als ich trank, nahm er dann doch einen Schluck an.

»Woher kommen Sie?«

»*Me stap long Tanna. Ich bin aus Tanna.*« Er zögerte etwas. »Zu Hause Futuna.«

Futuna ist eine Insel östlich von Tanna, ein kleiner Felsen, auf dessen dreizehn Quadratkilometern etwa dreihundert Menschen leben. Und doch ist es ein besonderer Ort, denn die Bewohner dieses winzigen Flecks mitten in Melanesien sprechen polynesisch, genau wie die Menschen auf dem Atoll Ontong Java in den Salomonen. In seinem Werk über die Wanderbewegungen im Pazifik, *Island of the South*, schreibt Austin Coates, daß die seefahrenden Austronesier große, bergige Inseln mieden und kleine, isolierte Atolle vorzogen.

»Das Ansehen dieser Leute war so groß, daß die kleinen Punkte auf der Seekarte mehr Bedeutung erlangten als die großen Inseln, selbst Neuguinea, das sie wie eine Kette ferner Wachtposten umrahmen. In der ozeanischen Zivilisation stellten diese Punkte die Zentren dar, gebirgige Inseln die Peripherie.«

Sie ließen sich auf den kleinen, wilden Inseln nieder, die bei den Melanesiern (die die Inseln natürlich kannten) als unbewohnbar galten. Sie hielten ihre Familienbeziehungen über große Distanzen aufrecht und arrangierten Hochzeiten zwischen Bewohnern von Inseln, die manchmal tausend Seemeilen weit auseinander lagen – von Futuna nach Ocean Island, von Ontong Java zu den Gilbert-Inseln. Daß sie sich auf diesen einsamen Felsen und Atollen nicht fürchteten, hatte einen triftigen Grund: Sie waren glänzende Seefahrer und geschickte Kanubauer.

»Weder vor noch nach ihnen gab es eine Epoche, in der Menschen sich ähnlich ungezwungen über das Meer bewegten.«

Ich wollte mich mit dem Fischer aus Futuna unterhalten und machte an seinem Ausleger fest. Es störte ihn nicht: Mein Boot behinderte ihn nicht beim Angeln, und was hätte man an die-

sem windigen Tag auf dem Meer auch schon tun sollen, außer
sich treiben lassen und miteinander reden?

Der Mann hieß Lishi. Zwar hatte er melanesische Züge, doch
waren sie weniger ausgeprägt als bei den Bewohnern von
Tanna. Nach längerer Überlegung wäre ich vielleicht zu dem
Schluß gekommen, daß er wohl einige polynesische Vorfahren
hatte, aber der physische Aspekt spielte eine geringere Rolle
als die Sprache.

»Sagen Sie dazu *moana?*« Ich schlug mit dem Paddel aufs
Wasser.

»Das *tai*«, sagte er. Er deutete auf das offene Meer hinter
dem Riff: »Das ist *moana.*«

»Und was ist das?« fragte ich und zeigte auf mein Kajak.

»*Wakha*«, antwortete er. Eine Variante des Aboriginal-Wortes, das ich in Australien, auf den Trobrianden und anderswo
gehört hatte.

»Sind Sie Polynesier?«

»Ja.«

»Woher stammen Ihre Leute auf Futuna?«

»Samoa, glaub ich. Kann sein Tonga.«

Das war nun eine ganz andere Antwort als die der Insulaner
von Tanna, die gesagt hatten: »Wir stammen von zwei verzauberten Stöcken ab«, oder als die der Salomoner, die angeblich
auf Haie und Schlangen zurückgingen.

»Ist Futuna schön?«

»Klein. Nicht viele Menschen.«

»Was ist gut in Futuna?«

»Gut *kaikai*. Gut Fisch. Gut Wind.«

Ich angelte Notizbuch und Stift aus dem wasserdichten Beutel, und während wir Seite an Seite über die gebogenen blauen
Bäuche der Dünung und manchmal auch über schäumende
Wellenkämme getrieben wurden, ließ ich ihn bestimmte Wörter in seine Sprache übersetzen. Viele davon waren mit ihren
Äquivalenten in den Sprachen von Tahiti und Hawaii identisch oder zumindest verwandt.

Schien Ozeanien auch ein wahres Universum einsamer Inseln zu sein, so rückte es bei Gelegenheiten wie dieser, da Mr.
Lishi mir seine Sprache übersetzte, doch zu einem überschaubaren Gebiet mit einer einheitlichen Sprache zusammen.

Das offene Meer hieß also *moana* und die Lagune *tai*. Groß war *nui*, Wasser *vai*, und die Hand hieß *rima*, das gleiche Wort wie das für »fünf«. Fisch hieß *ika* und ein Haus *fare*. Ein Samoaner, ein Maori, sogar ein Insulaner von der Osterinsel, die elftausend Kilometer weit weg über offenes Meer lag, hätte sich hier im westlichen Melanesien mit Mr. Lishi unterhalten können. »Danke« hieß *fafatai*, genau das gleiche Wort wie auf Samoa. Ich schrieb noch mehr auf, und sehr viel klang vertraut: Die Sonne hieß *ra*, der Mond *mrama*, die Zahlen von eins bis fünf lauteten *dasi, rua, toru, fa, rima*. Ein Einbaum war ein *porogu*, vielleicht kam das von »Piroge«, und »hallo« hieß *rokomai*. Der Himmel hieß *rangi* wie auf Tahiti (*lani* auf Hawaii), »Frau« *finay*, was wohl verwandt war mit dem tahitianischen *vahine*.

Ich schrieb und bestaunte die linguistischen Übereinstimmungen, wir dümpelten dahin, und Mr. Lishi fing Fische, meistens allerdings nur knapp handlange Stichlinge.

Mr. Lishi trug einen verbeulten Strohhut und zerschlissene Shorts. Sein Gesicht war voller Falten, und sein Auslegerboot wirkte keineswegs seetüchtig. Er war ein kleiner futunesischer Fischer, und wir beide trieben im ozeanischen Weltall, an diesem blendend blauen Tag vor der Küste von Tanna, der seltsamsten Insel im zeitfernen Archipel von Vanuatu.

Das war die Situation. Das war die Stimmung. Ich erwähne es wegen der Frage, die Mr. Lishi nun an mich richtete.

»*Yu savvy war long Iraq, long Gulf?*« fragte er.

Die Frage verblüffte mich so, daß ich erst Luft holen mußte: »Bis jetzt kein Krieg.«

Aber ich hatte mich getäuscht. Als ich wieder an Land war, schaltete ich das Radio an und hörte die Pidgin-Nachrichten von Radio Vanuatu auf bislama. Es war der siebzehnte Januar, etwa zwölf Uhr Mittags Tanna-Zeit, Morgen im Irak. Der erste Angriff hatte in den frühen Morgenstunden stattgefunden, etwa zu der Zeit, als Mr. Lishi, der futunesische Fischer in seinem Auslegerkanu, mir seine Frage gestellt hatte. Er hatte keine telepathischen Fähigkeiten – die Krise beschäftigte jeden.

»*Fait blong Persian Gulf we i brokaot finis*«, begann die Sendung. Der Sprecher brabbelte schnell. »*Mo plante pipol oli stap*

*ting se bae hemi savvy lid i go long wan wor bekegen sapos ol bigfela
kaontri . . .«*

Die Supermächte.

*». . . oli no stopem quik taem, hemi holem, wan bigfela kwesten mak
i stap se bae who nao i winim fait ia . . .«*

Es gab Befürchtungen, daß sich der Konflikt zu einem Weltkrieg ausweiten würde, der die Supermächte mit einschloß.

Ich stellte meinen Kurzwellenempfänger auf Radio Australia ein, das tagsüber sehr deutlich zu empfangen war, und
hörte, daß die USA zuerst angegriffen und vierhundert Ein-
sätze gegen sechzig irakische Ziele geflogen hatten. Die Mel-
dung erwähnte die euphorische Stimmung in diesem Luftkrieg, und selbst ich, der auf eine diplomatische Lösung
gehofft hatte, verspürte die gleiche unheilige Kraft, das be-
stimmende Gefühl in Louis MacNeice's Gedicht über den
Blitzkrieg: *Brother Fire.*

> *»O delicate walker, babbler, dialectician Fire,*
> *O enemy and image of ourselves,*
> *Did we not on those mornings after the All Clear,*
> *When you were looting shops in elemental joy*
> *And singing as you swarmed up city block and spire,*
> *Echo your thoughts in ours? ›Destroy! Destroy!‹«*

> *»O feiner Wanderer, Schwätzer, Dialektiker: FEUER.*
> *O Feind und Bild unserer selbst.*
> *Haben wir nicht an jenen Morgen nach dem ALL CLEAR,*
> *Wenn ihr in tiefster Freude Läden plündertet*
> *Und singend Rumpf und Turm der Stadt umschwärmtet,*
> *Eure Gedanken in uns widerhallen hören?*
> *›DESTROY! DESTROY!‹«*

Fünf Männer am Strand sahen, daß ich Radio hörte. Sie hatten
ihre eigene Nachrichtensendung auf bislama mitbekommen
und wußten, was los war.

Einer fragte: *»Plante pipol heli kilim ded? Sind viele Leute getötet
worden?«*

Es gebe noch keine Angaben über Verluste, sagte ich. Es bestand ein Unterschied zwischen *kilim*, »getroffen«, und *kilim
ded*, was »getötet« bedeutet.

Sie waren sehr besorgt und gut über die Ereignisse und Gefahren informiert, die zum Krieg geführt hatten und mit ihm verbunden waren: die Invasion Kuwaits, die Aggression Saddam Husseins (dessen Namen sie kannten) und die Gefahr einer israelischen Intervention. Ich fand es beeindruckend, daß zerlumpte Fischer auf einer derart abgelegenen Südseeinsel so viel wußten und sich so betroffen zeigten – aber schon einmal war ein Krieg bis hierher gekommen, hatte sie mit einbezogen und ihr Leben erschüttert.

»Rambo hemi faet nao, Rambo stap long, long Gulf. Rambo greift jetzt ein, Rambo ist am Golf«, ergänzte ein anderer, wodurch meine Bewunderung für ihre Sachkunde etwas ins Wanken geriet.

»Woher haben Sie das?«

Der Mann schwor Stein und Bein, Radio Vanuatu habe berichtet, Rambo sei eilends zum Persischen Golf gebracht worden, um das Kriegsglück zu wenden.

»I strongpela tumas, ein sehr starker Mann«, erläuterte ein anderer.

»Wie wahr.«

Durch mich erfuhr auch Breffny McGeough vom Luftkrieg. Seine Reaktion war klar: »Ein Tröpfchen wär jetzt das Richtige.«

Auf seinem Motorrad fuhren wir zu einem *nagamiel* oder auch *yimwayim*, einer Dorflichtung etwa acht Kilometer weit im Urwald. Elefantenartige Banyanbäume faßten sie ein.

»Das iss mein Kumpel, der Chief.« Breffny begrüßte einen zahnlosen, verwahrlosten alten Mann, der mit vier anderen Männern auf dem feuchten Boden hockte. Drei weitere standen kauend daneben.

Breffny ließ sich vom Chief und den anderen wie ein alter Freund begrüßen. Mir versprach er etwas ganz Besonderes: Jetzt käme nämlich der wahre Jakob, ein paar Schälchen Tanna-Kava, das beste Gebräu im ganzen Pazifik. Jedenfalls sei es das Beste, was er je probiert hätte, und er sei schließlich in ganz Ozeanien herumgekommen. Kava auf Fidschi oder Tonga sei im Vergleich dazu schlichte Kinderpisse.

Ich hatte mein kleines Transistorgerät mitgebracht, um über *Brother Fire* auf dem laufenden zu bleiben, und hörte Nachrich-

ten, während das Kava gebraut wurde. Ich konnte den ganzen
Vorgang beobachten.

».. . Raketenbasen sind angegriffen und zerstört worden. Irakische Landeplätze sind nach zahlreichen Angriffsflügen der
Bomber vom Typ B52 schwer beschädigt . . .«

Ein Mann zerteilte den Kavapfefferstrauch, *piper methysti-
cum*, ein staubiges kleines Bündel aus trockenen Zweigen und
dürren Wurzeln, hackte mit seinem Buschmesser die Wurzeln
ab und legte sie auf einen Stapel, ein anderer schabte und
schälte die Stücke, und ein dritter rieb mit einer Kokosnußschale auf den halbgeschälten Dingern herum, um sie, mehr
oder weniger, vom roten Erdstaub zu säubern.

Der Kokosnußrubbler reichte sein Stück an die stehenden
Männer weiter. Die sperrten den Mund auf, ließen schwarze
Zähne und verkleisterte, belegte Zungen sehen, stopften sich
die holzigen Kavawurzeln in den Schlund und fingen an zu
kauen. Es knirschte wie bei Hühnerknochen.

Die Männer – einer hatte eine »Kreissäge« mit Hutband auf
dem Kopf, ein anderer trug ein T-Shirt mit der Aufschrift
Alaska – The Last Frontier, der dritte einen sensationell verdreckten Sarong – wanderten konzentriert, mit vollen Backen kauend, im Kreis herum. Ich hörte: »Augenzeugenberichten zufolge ist auch der Präsidentenpalast von Bagdad bombardiert
worden.«

In diesem Moment beugte sich einer der Männer nach vorn
und spuckte ein großes, nasses Knäuel zerkautes Holz in der
Größe einer Kugel Speiseeis auf ein Blatt, das man offenbar zu
diesem Zweck auf den Boden gelegt hatte.

»Auch auf den Flughafen von Bagdad sind Bomben gefallen,
etliche Rollbahnen sind schwer beschädigt . . .«

Platsch. Kava und Spucke fielen auf das Blatt, als der Mann
mit dem T-Shirt seinen Körper wie ein Taschenmesser zusam-
menklappen ließ und den nächsten Klumpen von sich gab.

Platsch. Noch mehr Pampe traf das Blatt: Als ob ein Baby
sein Essen ausspuckte. Die Masse hatte die Konsistenz eines
Kuhfladens aus Gerbers Babybrei.

»Große Klasse, das Zeug.« Breffny nuckelte an einer stinken-
den Zigarette. »Was Neues, Paul?«

Ich hielt das Radio nah ans Ohr. »Bomben.«

Platsch. Wieder ein Knödel vom Wiedergekäuten. Es war blaß und saftig, schon beim bloßen Anblick drehte sich mir der Magen um.

Jetzt lagen also drei Häuflein zerkaute Kavawurzel auf dem Blatt, und der Chief machte sich ans Werk. Mit seinen staubigen Fingern hob er die Klumpen auf eine kleine, dichtgewebte Matte, die er über eine angeschlagene Emailschüssel hielt, und während einer seiner Helfer ein paar Schalen Wasser darübergoß, begann der Chief die Masse in dem Gewebe zu wringen und zu kneten, diese Mixtur aus zermatschter Kavawurzel, Speichel, Wasser und Dreck, und produzierte so ein kleines Rinnsal, das in die Schüssel tröpfelte.

»Kava aus Tanna«, grinste Breffny voller Vorfreude.

Der Chief füllte eine halbe Kokosnußschale für ihn. Der fröhliche Ire nahm sie und trank mit glücklichem Seufzen.

Er wischte sich den Mund ab und erklärte: »Auf Fidschi zerstampfen sie die Wurzeln und kochen sie. Aber das hier . . . das Kauen bringt's, verstehst du.«

Ich lauschte immer noch dem Radio, und die Männer kauten und spuckten schwungvoll weiter.

»Bist du sicher, daß du kein Schälchen willst?«

Er flüsterte. Es gehörte zum Kava-Ritual auf Tanna, daß die Trinkenden nicht laut redeten.

Ein Gefühl wie von Novokain: Sein ganzer Körper werde taub, behauptete er, als wir im Zwielicht des Abends zurückfuhren, hinein in einen explosiven Sonnenuntergang, der eines ersten Kriegstages würdig war.

Am nächsten Tag fuhr ich wieder mit meinem Boot hinaus. Das Radio und die Kopfhörer hatte ich dabei. Israel hatte acht Treffer abbekommen. Zwei Personen waren mit Herzattacken ins Krankenhaus eingeliefert worden, andere mußten wegen Schock behandelt werden. Die Küche einer israelischen Hausfrau war in Trümmer gegangen. Ein Sturm der Entrüstung folgte: Den Stimmen war die allgemeine Empörung anzuhören. Inzwischen starben im Irak und an den Grenzen von Kuwait die ersten von einhundertfünfzigtausend Menschen – der namenlose, gesichtslose Feind.

Als ich wieder zurückpaddelte, stand ein Pärchen am

Strand. Sie liefen mir in der Brandung entgegen, nahmen
meine Bugleine und halfen mir, das Boot auf den Strand zu
ziehen.

Sie seien aus Neuseeland. Komischer Ort, dieses Tanna,
was? Das fand ich auch. Wir unterhielten uns über die *kastom*-
Dörfer, den Vulkan, den Jon-Frum-Cargo-Kult, die Gerüchte
von Kannibalen und die hemmungslosen Missionare. Aber die
Salomonen, erklärte ich, seien genauso interessant.

»Sie kommen viel rum«, meinte die Frau. »Schreiben Sie
auch über Ihre Reisen?«

Ja, sagte ich, das täte ich. Artikel, Bücher, was auch immer.

»Sie schreiben wohl Reisebücher wie Paul Theroux«, meinte
sie.

Genau, antwortete ich und erzählte ihr, warum.

Schließlich fuhr ich zurück nach Efate, auch eine glückliche
Insel. Ich paddelte hinaus nach Pele Island und Nguna. Die
Gewässer auf der Leeseite der Insel waren ruhig, nicht zu ver-
gleichen mit den Stürmen von Tanna. Jenseits von Nguna sah
ich Epi Island und die Inseln der Shepherd Group. Ich träumte
davon zu bleiben, herumzupaddeln und auf diesen glücklichen Inseln zu zelten – zuzusehen, wie die Männer Kopra
machten und die Frauen ihre Wäsche an den Flüssen wuschen.

Ich paddelte zu einer Insel namens Kukula, die in etwa zwei
Kilometer Entfernung am Ende der Lagune lag. Ein idyllischer
Ort, aber es gab dort kein Trinkwasser. Und als ich an Land
gehen wollte und ins Wasser trat, sah ich eine weißliche
Schlange mit schwarzen Bändern, die knapp über dem sandigen Untergrund schwebte. Ich stupste sie mit meinem Paddel
an, sie zuckte zusammen und biß erst mal ins Paddelblatt, bevor sie sich davonmachte.

Ein paar der kleineren Inseln waren unbewohnt, der Rest
relativ dicht besiedelt. Die Leute, die ich traf, waren fröhlich
und freundlich, Diebstahl war unbekannt. Die Dörfer wirkten
ziemlich leer. Das Wetter war schön. Die Geschäfte gingen lau-
sig, sagten die meisten, aber es schien niemandem etwas auszumachen.

Oft hatte ich von den Nachrichten die Nase voll, ließ das
Radio an Land und hörte Musik aus dem Walkman. Aber

Chuck Berry war nun doch zu fröhlich. Zum hundertsten Mal paddelte ich zwischen den schönen Inseln hindurch und hörte eine Puccini-Arie über die Hoffnung: Wie eines schönen Tages ein weißes Schiff als ferner Rauchfaden auf dem Meer erscheinen, näher kommen und elegant in den Hafen einfahren würde – und dann war alles gut.

> *»Un bel di, vedremo*
> *Levarsi un fil di fumo sull'estremo*
> *Confin del mare.*
> *E poi la nave appare*
> *Poi la nave bianca*
> *Entra nel porto . . .«*

Ich aß Kokosnußkrebse, die örtliche Spezialität. Abends, wenn der Empfang am besten war, lauschte ich den Nachrichten. Was ich in Erfahrung bringen konnte, teilte ich auch den Insulanern mit, die immer von Rambo redeten. Viele glaubten, daß nach dem Ende dieses Krieges amerikanische Soldaten nach Tanna kommen und alle Menschen im Namen von Jon Frum befreien würden.

Als ich das hörte, dachte ich wieder an Tanna und daran, wie wenig ich vor meiner Ankunft gewußt hatte und was für eine seltsame, angenehme Insel das doch gewesen war. Ich hoffte, noch eine ähnliche zu finden, aber in der Nacht hatte ich einen traurigen Traum. Eines meiner Kinder schrieb eine Geschichte, die so begann: »Noch lange nach seinem Tod – Wochen, Monate danach – bekamen wir Postkarten von Dad, weil er eine so weite Reise unternommen und sich an so kleinen, unbedeutenden Orten aufgehalten hatte.«

12. Kapitel

FIDSCHI: DIE GETEILTE INSEL
VON VITI LEVU

Direkt an der Grenze der Schwarzen Inseln und am Rande
Melanesiens liegt Fidschi. Ein paar seiner winzigen Inseln,
Rotuma und die Lau Group zum Beispiel, reichen bis nach Polynesien hinein, und die Bewohner dieser weitverstreuten
Landpünktchen im Südosten gelten bereits als Polynesier. In
der Lau-Kultur ist ein starker tongaischer Einfluß spürbar. Die
Menschen dort bauen Kanus und segeln. Sie tragen knirschende Matten um die Hüften, ganz nach der Art von Tonga.
Sie paddeln, fischen und tanzen. Sie halten die Erinnerung an
ihre großen Seereisen wach. In einem Dorf auf der Insel La-
keba in der Lau-Gruppe wird alljährlich eine Zeremonie zu Ehren der Haie abgehalten: Ein »Hairufer« steht bis zum Hals im
Wasser der Lagune, mitten in einem Schwarm der Raubtiere,
die er mit seinem Singsang angelockt hat.

Auf den Lau-Inseln trifft man Mormonen. Ihr Auftreten ist
das sicherste Anzeichen dafür, daß man sich auf einer polynesischen Insel befindet: Nach Ansicht der Mormonen sind die
Mikronesier Söhne Kains und die Melanesier dunkle, schmutzige Nachfahren von Noahs Sohn Ham.

Die amerikanischen Mormonen, die auf den Inseln das
Evangelium verkünden, können etwa so finster und lästig erscheinen wie die übelste Sorte von Versicherungsvertretern:
mit schwarzer Krawatte, weißem Hemd, dunklen Hosen und
Namensschildchen an der Brusttasche (*Elder Udall*), die Ant-
worten ebenso parat wie das Buch, das der Engel Moroni im
Jahre 1827 Herrn Joseph Smith in Form goldener Tafeln über-
reicht hat. Smith setzte sich seine Wunderbrille auf, zog eine
Decke über den Kopf und diktierte Emma, der ersten seiner
fünfzig Ehefrauen, die Übersetzung der goldenen Tafeln in die
Feder. »Wenn ich eine schöne Frau sehe, muß ich beten«, hat
Smith einmal gesagt.

Die prophetischen Bücher im *Buch Mormon* sagten nicht nur
– wenn auch etwas verspätet – die Entdeckung Amerikas
durch Kolumbus voraus, sondern berichteten auch, daß amerikanische Indianer, Abkömmlinge der Verlorenen Völker Israels, es sich in den Kopf gesetzt hatten, den Pazifik zu überqueren und die polynesischen Inseln zu besiedeln. Die Frage war
also nicht, ob die Polynesier vielleicht Mormonen werden wollten – sie waren es, laut dem *Book of Mormon*, schon immer gewesen. Man mußte sie bloß daran erinnern.

Aber die Lau-Gruppe ist nur eines der hübschen kleinen
Sternbilder im Universum von Ozeanien. Das melanesische
Fidschi ist etwas anderes. Fidschi ist wie die Welt, die ich
hoffte, hinter mir gelassen zu haben: voller politischer Perver-
sionen, ethnischer Zwistigkeiten, wirtschaftlicher Sorgen und
australischer Touristen auf der Jagd nach billigen Salatschüsseln (wie allerdings jemand auf die Idee kommen konnte, daß
ein auf seine Menschenfresservergangenheit stolzes Volk mel-
villescher Queequegs sich in der Herstellung von Salatschüsseln hervortun sollte, ist nicht nur ein kulturelles Rätsel, sondern beweist, daß Touristen fast alles glauben, wenn es ihnen
nur gut geht). Die Hälfte der Bevölkerung ist indischer Abstammung: Moslems, Parsen und Buddhisten mit Turbanen
und Käppis, Hindus mit großen, starrenden roten Punkten auf
den Stirnen. Sie betreiben Läden, in denen überteuerte Duty-
free-Artikel und Volkskunst feilgeboten werden: Speere, Ser-
viettenringe, besagte Salatschüsseln und andere namenlose
Gegenstände aus Kleinholz.

»Wozu ist diese hölzerne Spindel?« fragte ich einen indischen Ladenbesitzer.

»Gannibalenwergzeug, Sah.«

»Sagten Sie ›Kannibalen‹?«

»Und Gannibalengeule.« Er zeigte mir ein glänzendes Gerät
zum Schädeleinschlagen, mit dem man früher dem Feind das
Gehirn aus dem Kopf gehauen hatte (um es dann zu essen,
damit man so intelligent wurde wie er).

Er zeigte mir die Kannibalenwerkzeuge im Katalog vom
Suva-Museum. Die Gegenstände hatten tatsächlich eine gewisse Ähnlichkeit mit seinem Touristenkram. Außerdem bezeugten sie den Wahrheitsgehalt des Seemannsgarns über die

Menschenfresser von Fidschi, so auch die farbige Schilderung des großspurigen Iren Peter Dillon, der um 1820 mit knapper Not einem Kannibalenfest entkam, nicht ohne vorher mit ansehen zu müssen, wie zwei seiner Mannschaftskameraden im Ofen geschmort und dann verputzt wurden. Die normalerweise zuverlässige elfte Ausgabe der *Encyclopedia Britannica* von 1911 enthält eine düstere Darstellung der kannibalischen Praktiken auf Fidschi: »Die Fidschi-Insulaner frönten früher bekanntermaßen dem Kannibalismus, der möglicherweise religiöse Ursprünge hatte, aber lange vor dem Auftreten der ersten Europäer in reine Gefräßigkeit umgeschlagen war. Die größte Delikatesse auf dem Tisch des Fidschi-Insulaners war Menschenfleisch, das er beschönigend ›Langes Schwein‹ nannte. Um seine Gier danach zu befriedigen, opferte er selbst Freunde und Verwandte. Darüber hinaus waren die Fidschianer von ausgesprochen wildem und erbarmungslosem Wesen. Menschenopfer kamen täglich vor.«

Ach, wirklich? möchte man sagen. Der gleiche Artikel bezeichnet viele Fidschianer als rassische Mischung aus Polynesiern und Melanesiern mit »der raschen Auffassungsgabe der Hellhäutigen sowie der Wildheit und dem Mißtrauen der Dunklen«. Derart absurde Vorurteile prägten das Bild vom Pazifik, und so wurde er denn von allen geplündert, von Missionaren, Händlern und Pflanzern. Ihre unheilige Dreifaltigkeit trat häufig genug in ein und derselben Person auf, als anschauliches Beispiel für eines der zentralen Rätsel der Religion, die sie diesen Kannibalen in den Rachen stopfte.

Wenn ich Fidschianer nach dem Kannibalismus fragte, bestritt keiner die Bräuche seiner Vorfahren, ganz im Gegenteil, sie sprachen mit derselben genüßlichen Begeisterung darüber, mit der sich Australier über ihre Altvorderen auslassen, die noch Sträflinge waren.

»Früher diese Insel alles wilde Gannibalen, Sah«, flüsterte der Inder mit einem verstohlenen Seitenblick. »Volk von Fidschi, Sah.«

Sein nervöses Geflüster hatte aber einen anderen Grund. Das Volk von Fidschi, jedenfalls die meisten davon und die Regierung, die nur aus einer Person bestand, nämlich Lieutenant Colonel Sitiveni Rabuka, besser bekannt als »Steve«, wollten die Inder alle dahin zurückschicken, woher ihre Großeltern oder gar Urgroßeltern stammten, auf den indischen Subkontinent. (Die ersten Inder waren vor mehr als einem Jahrhundert als Kontraktarbeiter auf die fidschianischen Zuckerrohrplantagen gekommen.) In einer anderen Epoche hätten sie die Inder vielleicht gefressen, aber jetzt wollten sie sie zurückschicken – wie ein Restaurantbesucher, der sein Essen in die Küche zurückgehen läßt, wenn es ihm nicht schmeckt.

Dennoch war es ein Fehler, die Fidschianer für zornig zu halten.

»Nur weil wir nicht so intelligent sind wie die Inder«, so ein berühmter Ausspruch von Steve, »brauchen wir uns noch lange nicht von ihnen ausnutzen zu lassen.«

Ein anderer Leitsatz, diesmal direkt an die Adresse der Inder: »Wir haben das Land – ihr habt den Grips. Warum solltet ihr reicher sein, bloß weil ihr ein bißchen mehr Grips habt?«

In seinem Buch zum Thema, *No Other Way*, ist Steve auch nicht viel subtiler. Er nennt die Inder eine »eingewanderte Rasse«, die »die Regierungsgewalt an sich reißen« wolle. Ein Staatsstreich sei schlichtweg der einzige Ausweg, um »das Überleben der fidschianischen Rasse« zu gewährleisten.

Ob denn dieser Staatsstreich nicht rassistisch sei, wurde er in einer neuseeländischen Nachrichtensendung gefragt. Mit Sicherheit sei er das, meinte Steve fröhlich: »Rassistisch, weil er einer Rasse Vorteile bringt.«

Die Inder waren zahlenmäßig genauso stark wie die Fidschianer, die erst vor kurzem auf die Idee gekommen waren, daß sie unterdrückt wurden. Aber es schien ihnen nicht die Laune zu verderben. Sie lachten, betäubten sich sechs Tage lang mit Kava (das sie *yanggona* nannten), verbrachten den siebten Tag in einer der Methodistenkirchen, die es in jedem Dorf gab, sangen kummervolle Choräle und verdammten das verabscheuungswürdige Betragen der heidnischen Moslems, Hindus, Buddhisten und Anhänger Zarathustras, die, wie sie sagten, ihr Land überrumpelt hatten, indem sie sich weit stärker vermehrten und die Melanesier aus den Ämtern wählten.

Dann aber sprach Gott zum Fidschianer, der seine gottesfürchtigen Mannen um sich scharte, sie maskiert ins Parlament von Fidschi führte und den neugewählten Premierminister samt Kabinett mit Waffengewalt aus dem Saal scheuchte. Nach diesem Militärputsch, der Colonel Rabuka 1987 an die Macht brachte (der Anlaß war eine Wahl, welche die – seiner Ansicht nach – alptraumhafte Aussicht auf eine gemischtrassige Regierung gebracht hatte), verfügte er umgehend, daß der Sonntag zu heiligen sei: kein Handel, keine Reisen und keine Busse mehr, keine Zuckerrohrernte, keine Spiele, nichts als Erhabenheit und methodistische Kirchenlieder.

Später übernahm er die Hauptrolle in einem Propagandavideo zum Thema Staatsstreich. Er spielte sich selbst. Eine der Anfangsszenen lief etwa so ab:

Interieur/Haushalt Rabuka/Morgen.

Zimmer im fidschianischen Haushalt von »Steve« Rabuka. Mrs. Rabuka und der kleine »Skip« Rabuka sitzen am Frühstückstisch und verzehren ein typisch fidschianisches Frühstück, bestehend aus Tee und Porridge. Auftritt Steve Rabuka in Uniform.

Skip Rabuka: »Wohin gehst du, Papi?«

Steve Rabuka: »Ich gehe im Auftrag des Herrn.«

Mrs. Rabuka: »Was meinst du damit, mein lieber Mann?«

Steve Rabuka: »Gott hat mir befohlen, die Regierung zu stürzen.«

Das war die Rache an den Anbetern von Allah und Hanuman, dem Affengott, von goldenen Kälbern und Ganapati, dem Elefantenartigen mit seiner Schnauze und seinem Grinsen. Und für eine Weile verlieh der Erlaß dem Tag des Herrn in den Dörfern und Städten von Fidschi die gleiche Atmosphäre von Verlassenheit, die man mit Cholera-Epidemien, dem Super-GAU oder walisischen Sonntagen verbindet.

»Fidschi ist ein christliches Land«, wiederholte Rabuka unermüdlich und berief sich auf Fidschis ehrwürdige Traditionen und strikte Moral, was eigentlich ganz lustig war, wenn man sich überlegte, daß er durch Waffengewalt und Verhängung des Kriegsrechts gegen eine gewählte Regierung an die Macht gekommen war.

Ethnische Fidschianer zeigten den Indern, was Sache war, indem sie sie mit Chorälen volldröhnten: Überwältigend fette fidschianische Frauen in wallenden Rüschenkleidern, berockte Männer mit Afrolook und Bibeln im Pflastersteinformat stellten sich hin und grölten aus Leibeskräften *Come to Jesus* in a-Moll. Natürlich versetzte das die Inder in Angst und Schrecken.

Ich lud Boot und Campingausrüstung in einen Leihwagen, mit dem ich um die Insel Viti Levu *(Big Fiji)* fahren und einen guten Platz zum Paddeln suchen wollte.

»Verkaufen Sie Landkarten?« fragte ich den Fidschianer bei der Autoverleihfirma in Nandi (Theroux benutzt nur die phonetische Schreibung des Ortes, die offiziell »Nadi« heißt – *der Übers.*). Ich hatte See-, aber keine Straßenkarten.

»Warum Sie brauchen eine Karte?«

»Damit ich die richtige Straße finde.«

»Sie brauchen keine Karte. Es gibt nur eine Straße.«

Das stimmte nicht ganz, und daß ich sie womöglich noch für andere Zwecke gebrauchen könnte, fiel ihm auch nicht ein.

»Sind Sie Amerikaner?« Und dann verbreitete er sich schadenfroh über die Gewalt im Golfkrieg, der jetzt, in seiner zweiten Woche, mehr und mehr wie ein vernichtender Rachefeldzug wirkte. Hatte man auf den Salomonen und in Vanuatu befürchtet, daß sich der Krieg bis dorthin ausweiten würde, hätten die Fidschianer sich über einen solchen Gedanken lediglich lustig gemacht. Sie hatten keine wirkliche politische Meinung, nur ein kindliches Vergnügen an dem ganzen Spektakel – Feuerwerk, abhebende Flugzeuge, fallende Bomben, heulende Sirenen und blutende Menschen, die auf Bahren durch Rauch und Flammen getragen wurden. Die Nachrichtensendungen glichen Rambo-Videos und schienen allen Fidschianern großen Spaß zu machen.

Ich hatte ein kleines Problem: Ich hatte mir in Vanuatu eine Pilzinfektion geholt – wie ich vermutete, von ungewaschenen Bettlaken. Etwas anderes konnte es kaum sein. Ich war fast immer ein Muster an Tugendhaftigkeit. Ozeanien hing voller Aids-Poster, und ein Poster auf Pidgin sprach eine deutliche Sprache.

»Können Sie mir einen Arzt nennen?« erkundigte ich mich in meinem Hotel, dem Regent in Nandi.

»Was haben Sie denn?« fragte das Fräulein an der Rezeption, etwas indiskret, wie ich fand.

»Eine Pilzinfektion«, sagte ich. »Nichts Schlimmes. Am Fuß.«

Das war natürlich gelogen. Aber ich hätte mich kaum dazu durchringen können, einer methodistischen Fidschianerin ins Gesicht zu sagen: »Ich hab's an meinem Schniedel.«

»Fußpilz. In der Drogerie kriegen Sie ein Puder dagegen.«

Der nächste Tag war ein Sonntag. »Nichts ist stiller als ein Sonntag im Stillen Ozean«, notierte ich mir später. Ich hatte gleich geahnt, daß die Fidschianer ihn listigerweise nur deshalb eingeführt hatten, damit alle Nichtchristen sich ordentlich als Fremde und Heiden fühlten. Die Devise schien zu lauten: »Haltet den Mund und lasset uns beten«, wenn die kompromißlosen Fidschianer den Nichtfidschianern ihre Bibeln um die Ohren schlugen.

Nandi war voller Arztpraxen, aber keine war offen. Übrigens hing an jeder Tür ein Schild mit einem indischen Namen.

Der zersiedelte Charakter von Viti Levu kam durch die Felder mit Zuckerrohr, der schlabbrigsten und struppigsten Wirtschaftspflanze, die man sich vorstellen kann, einem Zeug, das bei der Reifung immer schlabbriger wird. Zur Erntezeit ist das Rohr zottig, schält sich und ergibt schließlich ungeheure Abfallhaufen. An der gesamten Küste der Insel war der Wald abgeholzt worden, um Platz für die Pflanzungen zu schaffen, die Hänge waren entweder kahl oder mit kümmerlichen Kiefern und mickrigem Buschwerk bepflanzt. Auch die Straßen verkamen und verfielen. Ich war aus West-Melanesien an Regenwald und Unterentwicklung gewöhnt. Aber Fidschi war dicht besiedelt, wohlhabend und benötigte dringend Touristen. Die ganze Landschaft schien zu leiden: Viele der Hügel sahen wie ausgezogen aus und entblößten unter der dünnen Grasdecke die nackten Muskeln.

In der Queen's Road, der Hauptstraße von Nandi, gab es reihenweise indische Läden mit Schildern wie: »Radikal reduzierte Preise!«, »Alles muß raus!« oder »Schlußverkauf!«. Und es handelte sich tatsächlich nicht um zynisch übertriebene Werbesprüche. Die indischen Händler wollten ihr Inventar loswerden und auswandern: nach Kanada, Australien, Neuseeland, überall dorthin, wo sie Land kaufen und von vorne anfangen konnten. Die meisten der Schilder zeugten von Panik.

Zwar gaben sich manche Ladenbesitzer optimistisch, aber niemand klingt so verzweifelt wie ein Inder, der sagt, die Zeiten seien rosig.

Die frisch umgeschriebene, allerdings noch nicht ratifizierte Verfassung von Fidschi garantierte den ethnischen Fidschianern nicht nur die ewige absolute Mehrheit im Parlament, sondern auch eine Umverteilung des Grundbesitzes zu ihren Gunsten: Kein Angehöriger einer anderen Rasse sollte Land besitzen dürfen. Selbst alte Pachtverträge wurden aufgelöst, und ein Inder mit einem Vertrag über hundert Jahre sollte mit einem für zwanzig Jahre und einem fidschianischen Teilhaber abgespeist werden. Ob der Inder die fidschianische Staatsbürgerschaft hatte, spielte keine Rolle.

Das Ganze schien lächerlich, aber den Fidschianern war es bitter ernst damit.

»Wir sehen doch, was mit unseren Brüdern passiert ist, den Maori in Neuseeland und den Polynesiern in Hawaii«, las ich in einem Leserbrief in der *Fiji Times*. »Sie sind Bürger zweiter Klasse auf ihren eigenen Inseln.«

»Die Inder scheinen es im Moment nicht leicht zu haben«, sagte ich zu Vishnu Prasad, einem Geschäftsinhaber aus Nandi, der gerade seinen Wachhund ausführte.

Vishnu wurde still, und als ich nicht lockerließ, kicherte er verängstigt: »Ich nix wissen von Politik. Hihi!«

1987, zur Zeit des Militärputsches, waren wütende Banden von Fidschianern durch die Straßen von Nandi und Suva gezogen, hatten ihren Zorn an indischen Geschäften ausgelassen, geplündert und gebrandschatzt. Eine Interimsregierung wurde eingesetzt, Steve verlor die Geduld und inszenierte ein paar Monate später einen zweiten Putsch.

Ein indischer *yanggona*-Verkäufer meinte: »Vor dem Putsch war das hier ein gutes und glückliches Land, aber sie haben es ruiniert.«

»Das Geld ist entwertet worden, der Wirtschaft geht es miserabel, und die Zukunft sieht düster aus. Also müssen sich die Fidschianer doch wohl Sorgen machen, oder?«

»Nein. Sie blicken nur zurück. Es geht um die Rückkehr zum alten Chief-System.«

»Wer will das denn?«

»Die Chiefs.«

An diesem toten Sonntag fuhr ich von Nandi aus nach Singatoka. Es war eine hauptsächlich indische Stadt, in der ich, so hatte es geheißen, vielleicht eine offene Arztpraxis würde finden können. Ich fand keine, aber als ich mich nach einem vegetarischen Restaurant erkundigte – immer eine Attraktion hinduistischer Städte –, dirigierte man mich zum »Go Kool Hot Snax«, wo ich Subash kennenlernte, der sich eine Curryteigtasche einverleibte und mir dabei mitteilte, daß er Fidschianer nicht leiden könne.

Er kam gerade aus der Kirche. Ja, an einem Sonntag. Er war indischer Christ.

»Ich gehe in Kirche von Christus«, sagte er.

Er erzählte, daß er Junggeselle sei, also fragte ich ihn, ob er lieber eine Hinduistin oder eine Christin heiraten würde.

»Wenn ich heirate, dann eine Inderin oder eine Europäerin – keine Fidschianerin.«

»Warum nicht?«

»Weil sie keine Moral haben«, sagte er. Er platzte schier vor Entrüstung und hielt mir umgehend eine Ansprache im typischen Brustton des monologisierenden Frömmlers: »Schon die Schulmädchen benehmen sich wie Prostituierte, nehmen Männer mit an den Strand und beklauen sie. Ha! Eine fidschianische Ehefrau würde mit anderen Männern Unzucht treiben, wenn man nicht zu Hause ist. Sie gehen mit jedem. Es ist ihnen egal. Obwohl sie Christinnen sind, benehmen sie sich noch wie Heiden. Von denen heirate ich keine. Nie!«

Die Inder allerdings sahen auch nicht gerade konservativ aus. Die Mädchen trugen Kleider und kurzgeschnittene Haare, hatten eine Art zu lachen, die nach befreiten Frauen klang, und starrten mich unverhohlen an. Frauen in Indien hätten das nie getan. Ehen zwischen Hindus und Moslems seien durchaus üblich, sagte man mir, aber Inder und Fidschianer heirateten kaum untereinander. Das war nichts Neues. Schon um die Jahrhundertwende hatte ein englischer Autor festgestellt: »Die Fidschianer zeigen keine Neigung zu Mischehen mit den indischen Kulis.«

Auf der Weiterfahrt von Singatoka las ich einen Tramper namens Akiwila auf. Er war Fidschianer, ein Methodist. Wie Subash war auch er gerade aus der Kirche gekommen. Er hielt seine Bibel noch in der Hand. Am Sonntag waren die Straßenränder voll von diesen Bibelträgern, die, wie ich mir vorstellen konnte, auf einen Ungläubigen ziemlich bedrohlich wirken mußten.

Akiwila war schwarz, und sein Kopf wurde von einem dikken, filzigen Haarbusch gekrönt. Er hatte eine Stupsnase und einen mächtigen Unterkiefer, die klassische Männermaske, die ein melanesisches Gesicht ausmacht. Er war wie viele andere Fidschianer, die ich traf: ein großer, forscher Strahlemann mit einem Schnurrbart, durch den er älter, seriöser und gleichzeitig etwas pompös wirkte. Aber er war freundlich, dabei eher respektvoll als schüchtern. Bekleidet war er mit dem Gabardinerock, der *sulu* heißt, einem weißen Hemd und einer Krawatte – auf Fidschi ist man nur mit einem solchen Rock und einem Schlips korrekt gekleidet.

Akiwila war unterwegs zu seinem Bruder, bei dem er – vor dem nächsten Gottesdienst – essen würde. Nein, meinte er, kochen dürften sie sonntags nicht. Das Essen sei gestern bereits zubereitet worden. Ich versuchte mir, leider ohne Erfolg, eine beleidigte Gottheit auszumalen, die Anstoß daran nahm, daß jemand etwas kochte. Aber der Methodismus im Pazifik befolgte noch die Gesetze des neunzehnten Jahrhunderts, erlassen von fetten, verbiesterten Heuchlern aus England und Amerika: kein Kochen, kein Tanzen, keine Spiele und zwei Gottesdienste am Sonntag.

Nach einer Weile fragte ich: »Akiwila, was halten Sie von dem Militärputsch?«

»Er war sehr gut«, sagte er und strich über den Ledereinband seiner Bibel.

»Aber er richtete sich doch gegen die Inder, nicht wahr?«

»Ja«, lächelte er. »Die stellen inzwischen die Hälfte der Bevölkerung.«

»Man muß die Inder in ihre Schranken verweisen, meinen Sie das?«

»Ja, ganz genau.«

Er hörte nicht auf zu lächeln und mit dem Kopf zu nicken und züchtig seinen *sulu* über die Knie zu zupfen.

Ich setzte ihn ab und fuhr weiter. Meine nächsten Mitfahrer waren wieder Fidschianer, Joe und Helen, Angestellte eines

hiesigen Hotels, die gerade nach Hause wollten. Die beiden
waren so nett, daß ich von völlig untypischer Zurückhaltung
ergriffen wurde, mich nicht nach ihrem Gehalt erkundigte und
statt dessen fragte, welche Gäste sie am widerlichsten fänden:
Amerikaner, Neuseeländer oder Australier?

»Sie sind alle nett«, lächelte Joe sanft, und beim Aussteigen
bot Helen mir einen Dollar fürs Mitnehmen an. Zwei Kilometer
weiter winkten mich ein paar halbwüchsige Jungs heran, die
ebenfalls gerade auf dem Heimweg vom Gottesdienst waren,
Moses, Yakobi und Kamwela (»Samuel« auf fidschianisch).
Alle drei meinten, daß sonntags alles geschlossen bleiben
müsse, besonders indische Geschäfte.

»Der Sonntag ist für die Kirche«, sagte Moses.

Dieses frömmlerische Beharren auf der Desäkularisation des
Sonntags wurde mit größter Freundlichkeit vorgetragen. Die
Fidschianer waren ruhig und bejahend, während die Inder
entweder fälschlich behaupteten, sich keine Sorgen zu machen, oder aber ihre Hysterie offen zur Schau trugen. Beide
Seiten waren anscheinend gleich bigott, beide zeigten sie die
gleiche Ahnungslosigkeit von der Kultur des jeweils anderen.

Die gründlichste Verleumdung der Inder auf Fidschi findet
sich in James Micheners Buch *Return to Paradise*. Dieser zweite
Aufguß der *Tales of the South Pacific* ist oberflächlich, überholt
und schlecht geschrieben, allerdings hat seine Attacke gegen
die Inder (sie stammt aus dem Jahr 1951) einen gewissen Ab-
schreckungswert.

»Man kann die Inder von Fidschi einfach nicht mögen. Sie
sind mißtrauische, rachsüchtige, winselnde, unangepaßte, pro-
vokante Fremde in einem Land geblieben, in dem sie seit mehr
als siebzig Jahren leben. Sie haben alles: schwarze Eingeborene, weiße Engländer, braune Polynesier und freundliche
Amerikaner. Sie wollen keine Fidschianer heiraten, weil sie sie
verachten. Sie gehen den Engländern aus dem Weg, deren Sitten sie verabscheuen. Man kann sich nicht auf sie verlassen,
wenn es darum geht, notwendige politische Maßnahmen
durchzuführen. Und vor allem sind sie sauertöpfisch und unangenehm. Es ist durchaus denkbar, daß der Reisende während einer ganzen Woche in Fidschi kein einziges indisches
Lächeln zu sehen bekommt.«

Und nun stelle man diesem abgrundtiefen Abscheu seine joviale Zuneigung zu den Fidschianern gegenüber: »Es ist kaum möglich, daß irgend jemand außer den Indern die Fidschianer nicht gern hat. Sie sind riesige Neger, modifiziert durch polynesisches Blut, und ihre Haare stehen steif vom Kopf ab... Sie sind eins der glücklichsten Völker der Erde und lachen immer.«

Solche Urteile sind so dumm, daß man gar nicht erst darüber reden muß. Michener ist nur ein Glied in der langen Kette der Entdecker, Reisenden und Touristen, die es für nötig hielten, den Pazifik als Paradies neu zu erfinden. Das Ganze ist sehr irreführend. Schon der Name »Pazifik« ist falsch. Aber gerade, weil so vieles von dem nicht stimmt, was über den Pazifik geschrieben wurde – das meiste ist tatsächlich völliger Mist –, wird eine Reise durch diesen Teil der Welt um so schöner und überraschender.

Mein Arztbesuch wurde allmählich dringend (die antimykotische Salbe war aufgebraucht), und ich eilte zurück nach Singatoka, wo ich mir aufs Geratewohl eine Praxis aussuchte: Dr. S. K. Naidoo, am Marktplatz. Ein heißer, staubiger Büroraum, an der Wand ein Kalender mit dem Konterfei von Hanuman, dem Affengott, und die Werbung für ein indisches Elektrogeschäft in Suva.

Das Fräulein an der Anmeldung war Fidschianerin. Sie unterbrach eine angeregte Unterhaltung mit einem neben ihr sitzenden Mädchen und fragte mich, welche Beschwerden mich zum Doktor führten.

»Eine Infektion«, sagte ich. »Am Fuß.«

Sie beugte sich vor und betrachtete meine Füße.

»An welchem?«

»Am rechten«, sagte ich und wedelte damit.

Ich nahm Platz, griff nach einer eselsohrigen Uraltausgabe des australischen *Cosmopolitan* und vertiefte mich in ein Quiz mit der Überschrift »Wie gut ist Ihr Sexualleben?«. Die Einleitung erklärte: »Wenn Sie den vierteiligen Fragebogen ausgefüllt haben, wissen Sie viel mehr über sich selbst«, aber mit fortschreitender Lektüre gewann ich den Eindruck, daß ich nur mehr über die Leute erfuhr, die sich all die kitzligen Quizfragen ausdachten. Eine Frage in Teil eins lautete: »Finden Sie Sex langweilig?« In Teil zwei (»Wie schätzen Sie Ihren Partner ein?«) mußte ich die Fähigkeit meines Partners, »die komische Seite an den Dingen zu sehen und darüber zu lachen« nach einer Skala von eins bis fünf benoten, und ich überlegte: die komische Seite wovon? Teil drei fragte mich, ob ich mir »irgendwelche Sorgen bezüglich der Größe oder Form eines bestimmten Körperteils« machte, und da es nicht genauer beschrieben war, dachte ich an meine Nase. Teil vier war sehr direkt: »Gehen Sie manchmal zu Sexorgien?«, »Stehen Sie Modell für Sexphotos?«, und: »Machen Sie Liebe, wenn andere Leute zusehen?«

Ha! Ich konnte mir vorstellen, wie so etwas auf die puritanischen Fidschianer wirken mußte und wie sie im gleichen Ton über das zügellose Sexualleben der Australier tuschelten, während die Australier sich über das zügellose Eßverhalten fidschianischer Kannibalen austauschten.

»Der nächste, bitte.«

Ich betrat das Sprechzimmer, schob einen schmierigen Vorhang beiseite und fand mich Auge in Auge mit Dr. Naidoo, einer kleinen und ziemlich jungen Hindufrau im Sari, die ein Klemmbrett in der Hand hielt.

»Sie haben ein Problem mit Ihrem Fuß, Mr. Thorax?«

»Ein kleines Problem.« Ich versuchte, wieder etwas Spucke in den Mund zu bekommen: »Mein Hauptproblem ist aber eine Pilzinfektion an meinem, äh, meinen Genitalien.«

Dr. Naidoo zuckte nicht mit der Wimper.

»Ich habe mir das in Vanuatu geholt ... also da wurde ich infiziert. Irgendwas mit der Bettwäsche, nehme ich an. Von sexuellem Kontakt kommt es nicht.«

»Obwohl es auf diese Weise übertragen werden kann«, sagte Frau Doktor etwas zu pedantisch. Hatte ich ihr nicht gerade gesagt, wie ich mich angesteckt hatte?

»Ich muß es mir ansehen«, sagte sie. »Bitte treten Sie hinter den Vorhang.«

Das tat ich. Sie schloß sich an. Mit zitternden Fingern entblößte ich mein weinendes Glied, sie ging in die Hocke und warf einen scharfen Blick darauf. Obwohl – oder weil – sie sich vollkommen professionell damit befaßte, schienen wir für einen Sekundenbruchteil in der exhibitionistischen Position fünfundvierzig (»Bewunderung des Lingam«) aus dem *Kamasutra* zu verharren.

Um das Schweigen auszufüllen, während sie mir auf ihrem Block ein Rezept ausstellte, fragte ich sie, wo sie Medizin studiert habe. Ich war nervös und muß ziemlich skeptisch geklungen haben, denn ihre Antwort kam wie eine Rechtfertigung: »In Suva. Eine sehr angesehene medizinische Fakultät.«

Zehn Dollar für sie, zwei für die Salbe. Anschließend kaufte ich mir eine Kassette für meinen Walkman, die Filmmusik von *The Big Chill*, die mir ein eilfertiger Inder im Plattenladen von einem Originalband kopierte. Solche Urheberrechtsverletzungen machten in Fidschi niemandem großes Kopfzerbrechen (mit Videokassetten ging man genauso um). Musik war einfach noch etwas, das es hier zum Dumpingpreis gab.

Rezession, Geldentwertung, niedrige Preise für Kopra und Zucker, die Sorgen der Inder und die Ängste der Touristen hatten im Verein dafür gesorgt, daß Fidschi ziemlich leer und angenehm war. In den nächsten Tagen wurde mir das besonders deutlich, während ich den südlichen Inselteil zwischen Singatoka und Suva erforschte. Die Geschäfte gingen schlecht. Durch den starken Konkurrenzkampf war das Reisen relativ billig, und Fidschi war gut auf Reisende eingestellt. Nandi hatte den effizientesten Flughafen. Den betriebsamsten Hafen, angeblich war es der beste im ganzen Pazifikraum, hatte Suva. Dazwischen wurde beträchtlich gebaut. Was ich bisher von Viti Levu gesehen hatte, war nicht besonders aufregend gewesen – schlammige Strände, struppige Felder, zu viele Hotels, zu viele Duty-free-Shops, häßliche Dörfer mit Hütten, die aussahen wie genormte Hühnerställe. Aber dennoch konnte ich nicht klagen: Die Menschen waren freundlich, die Insel billig und sicher. Ich rumpelte die schlechten Straßen entlang und suchte vergeblich nach einem Zeltplatz an einem schönen Strand. Die Strände waren undramatisch, die Lagunen zu flach, die Brandung an den Riffen zu hoch für ein Kajak. Außerdem gab es überall Siedlungen.

Daran, daß alles Land verteilt war, gab es theoretisch nichts auszusetzen, nur konnte man zwischen Suva und Nandi eben

nicht zelten. Allerdings hätte ich sowieso wenig Lust gehabt,
mein Zelt in Sichtweite des Golden Sands Motels oder des Coral Coast Christian Camps aufzuschlagen. Auf jedem Kilometer der Südküste stand ein Haus, ein Dorf oder ein Hotel, alles
war dicht besiedelt und zusätzlich mit Touristen bevölkert,
meist Aussies und Neuseeländer mit Sonnenbrand auf den
Nasen, einer gewissen Enttäuschung über die Zahmheit dieses
Teils von Fidschi in den Gesichtern und T-Shirts mit Sprüchen
wie: »*It's Not Beer, Mate, This Is Just a Fat Shirt. Das ist kein Bier-
bauch, Kumpel – mein Hemd ist so fett.*«

In der Nähe von Nasavu fand ich dann aber doch einen
Platz, an dem ich mein Boot ins Wasser lassen konnte, baute es
zusammen und nahm mir vor, den acht Kilometer breiten Kanal zu überqueren, der Viti Levu von einer relativ großen Insel
mit den Umrissen einer Auster trennt, die Mbengga hieß. Dort
sollte es Feuerwandler geben.

Kaum hatte ich das Riff hinter mir, tobte ein heftiger Ostwind gegen mich an. Ich brauchte fast meine ganze Kraft, um
mich aufrecht zu halten – der Wind kam von der Seite –, gab
nach knapp drei Kilometern auf und paddelte mit großer
Mühe (ich war nach Westen abgetrieben worden) zurück an
meinen Strand.

Ich fand es schade, daß ich die Feuerläufer nicht gesehen
hatte und der Ausflug im Kajak nichts als Wind und Schaum-
schlägerei gewesen war. Abends allerdings traf ich dann einen
Mann, der behauptete, die Kunst des Feuerwandelns zu beherrschen. Ich könne es ebenfalls lernen. Er würde mir beibringen, wie man auf heißen Kohlen geht.

Wir saßen bei South-Pacific-Bier in der häßlichen Halle eines
der aufgedonnerten Hotels an der Strecke nach Suva. Norman,
ein Amerikaner, stammte ursprünglich aus Kalifornien, war
aber von zu Hause weggegangen, um im Pazifik herumzurei-
sen. Wie ich war er in den Sechzigern im Peace Corps gewesen. Das war zunächst auch unser Thema, und dann erwähnte
ich meinen mißglückten Versuch, die Feuerwandler zu sehen.
»Vergiß es«, meinte er. »Feuerlaufen ist ganz einfach.«

»Was ist der Trick dabei? Der Sieg des Geistes über die Mate-
rie oder so was?«

»Nein, nein, nein.« Norman schnappte vor Ungeduld fast

ein. »Schlichte Physik. Du gehst einfach über die heißen Kohlen. Sie sind schlechte Wärmeleiter. Du brauchst nicht mal dicke Fußsohlen, du gehst einfach los.«

»Und wirst gegrillt.«

»Quatsch«, sagte Norman. »Du kannst die Hitze bis zu fünf Sekunden lang aushalten. Stell dir vor, du hast eine dreieinhalb Meter lange Feuergrube vor dir. Du läufst einfach drüber, nicht mal besonders schnell. Das kannst du auch – du verbrennst dich garantiert nicht.«

»Hast du es schon probiert?«

»Ja, oft.«

»Über heiße Kohlen?«

»Heiße Kohlen!« sagte Norman. »Was denn sonst?«

»Hast du es auch in letzter Zeit noch gemacht?«

»Ja, in . . .« Er nannte einen Ortsnamen, den ich nicht ganz mitbekam. »Die Typen da haben sich fast in die Hosen geschissen, als sie mich gesehen haben.«

»Und du hast dich nicht verbrannt?«

Norman starrte mich an, als sei das die dümmste Frage, die er je gehört hatte.

»Aber Holzkohlefeuer sind heiß«, sagte ich. »Selbst wenn man daneben steht, verbrennt man sich.«

»Das ist ja das Komische«, erklärte Norman. »Kohlefeuer sind viel heißer, wenn man daneben steht, als wenn man mit nackten Füßen drüberläuft.«

»Und wie bist du darauf gekommen?«

»Ein Zeitungsartikel, *Die Physik des Feuerwandelns* oder so ähnlich.« Er kam meinem Gesicht ganz nahe: »Das kann jeder«, und dann zischte er: »Du kannst es auch.«

»Mit nackten Füßen über glühende Kohlen rennen?«

»Meine Güte, was habe ich denn eben gesagt?«

Ich habe es zwar nicht getan, bekam aber nach dieser Unterhaltung zumindest Lust, es zu probieren.

»Suva erinnert mich an eine meiner Tanten, die zuviel trank«, beschrieb es eine in Suva lebende Kanadierin. »Sie war reizend, aber labil. Ihre Kleider waren ständig leicht verrutscht, und immer guckte irgendwo ein Stück von ihrer Unterwäsche raus.«

Das schmuddlige, freundliche Suva, die Stadt vor den nassen, grünen Bergen, die sich mit ihren krummen Gassen voller
Läden zum Meer hinwindet, ist sicher die bewohnbarste und
umtriebigste Hafenstadt im ganzen Südpazifik (Honolulu liegt
im Nordpazifik). Dieser Ort mit seiner gesetzten, bequemen
Monotonie ist ideal zum Wohnen, nicht zum Besichtigen. Suva
ist kein Touristenziel – Touristen kommen selten hierher, weil
es so oft regnet, Suva mehr als drei Autostunden von Nandi
entfernt auf der anderen Seite der Insel liegt und keine nennenswerten Strände oder Hotels hat. Der nächste Ferienort,
Pacific Harbor, ist fast fünfzig Kilometer weit weg. So oder so,
Urlauber verirren sich selten nach Suva. Das Fidschi-Erlebnis
der Touristen besteht eher aus ein, zwei Wochen in einem
Ferienort im trockeneren Teil der Insel bei Nandi, wo sie hinter
Hecken bleiben, Drinks schlürfen und Tennis spielen. Wenn
sie überhaupt mit Melanesiern zu tun bekommen, dann im
Austausch mit dunklen, lächelnden Zimmermädchen und
Kellnern.

»Mir gefällt Fidschi, weil es einer der wenigen Orte auf der
ganzen Welt ist, an dem die Schwarzen mich nicht hassen«,
sagte eine Frau aus Los Angeles in einem Ferienhotel von
Nandi – eine der dümmsten Bemerkungen über Fidschi, die
ich je gehört habe.

Suva ist eine indische Stadt, nicht nur wegen seiner Bevölkerung, auch seiner Anlage nach: Es gibt Innenhöfe, Mietwohnungen und kleine Gassen, in denen die hektische Atmosphäre eines Bazars herrscht. Suvas Vorzug liegt darin, eine
Stadt der Ladenbesitzer und eingesessenen Familien zu sein,
jeder Bewohner ein Hiesiger, so urban wie es in Ozeanien eben
möglich ist. Touristen fühlen sich leicht einsam und unbehaglich an Orten, deren Bewohner so mit ihrem eigenen Leben
beschäftigt sind, mit Arbeit, Schule, Rechnungen und Freunden. Suva gehört zu der Sorte von Städten, in denen man eine
Teekanne, einen Schraubenzieher oder eine Rolle Isolierband
kaufen, aber nie Kleider oder ein Paar Schuhe finden könnte,
die einem zusagen würden. Suvaner essen in Restaurants, die
nicht teuer sind und anständige, einfache Speisen bieten. Das
war etwas anderes als die Pseudo-Hula-Hotels mit ihren ungenießbaren Versuchen in der Nouvelle Cuisine wie »Carpaccio

vom großmäuligen Seeteufel« (siebenunddreißig Dollar und
fünfzig Cents) oder »Scheibchen von Babyeulenschenkeln an
warmem Salat« (fünfundvierzig Dollar, je nach Saison).

Suva ist um den Hafen in seiner großen Bucht herumge-
wachsen und durch die Schiffahrt bereits zu Wohlstand gekommen, als Nandi noch ein Dorf war. Und Nandi war auch
jetzt immer noch nicht viel mehr als eine schlampige Kleinstadt: eine Hauptstraße und ein Marktplatz.

Der Markt von Suva brodelte vor Betriebsamkeit, war riesig,
laut und quoll über von Gemüse, Fisch, Früchten und Muscheln.

»Ich kann Ihnen einen sehr guten Preis für ein paar Muscheln machen«, zwinkerte mir ein Inder verzweifelt zu. Das
Geschäft mit Andenken und Muschelschmuck lief schlecht,
aber es war interessant zu sehen, wie die Inder, die nie Kava
tranken, den Markt dafür fest in der Hand hatten. Sie machten
flotte Geschäfte mit *yanggona*, indem sie ganze Wurzeln oder
Beutel mit erstklassigem Wurzelpulver an Fidschianer verkauften, die kaum etwas anderes taten, als um eine Schüssel zu
hocken und Kava zu schlabbern. Ich kaufte vier Pfund von
dem Zeug, in Wurzel- und Pulverform, weil ich gehört hatte,
daß es ganz nützlich sein könnte, wenn ich mich in einem fidschianischen Dorf einschmeicheln wollte. »Ich geb euch *yanggona*, ihr laßt mich hier zelten.«

Wie schon in Nandi waren auch in Suva alle Läden in indischer Hand. Überall klebten die panischen, handgemalten
Schilder: »Ausverkauf!«, »Totaler Preissturz!«, und obwohl die
Stadt durch ihr Aussehen und Lebensgefühl auf den ersten
Blick einem Provinznest in Indien glich, zeigte sich bei genaue-
rem Hinsehen, wie polyglott sie eigentlich war. Ein für die meisten großen Provinzen des Subkontinents repräsentativer
Querschnitt aus Moslems und Hindus lebte hier, daneben gab
es eine chinesische Gemeinde, australische Niederlassungen
und einen Bodensatz britischer Handelstätigkeit.

Die Bürgersteige waren voller Käufer und Flaneure, die meisten davon Inder, dazwischen ein paar Fidschianer. Die Auslagen der Geschäfte schienen ein langes Ladenhüterdasein hinter sich zu haben, und selbst die zollfreien Waren, für die Fidschi so berühmt ist, wirkten irgendwie überholt, altmodisch

und überschätzt. Warum soll man auch eine Schiffsladung mit neuen Modellen bestellen, wenn man sowieso seinen Pachtvertrag verliert und der Jüngste Tag vor der Tür steht? Die Preise waren so unterschiedlich, daß ich nichts kaufte außer einer Karte von Ovalau, einer nahen Insel, zu der ich hinpaddeln wollte. Ich fuhr immer wieder zum Natovi Landing, um mein Boot ins Wasser zu bringen, bekam aber jedesmal den beißenden Ostwind zu spüren. Also beschloß ich, mit dem Paddeln zu warten, bis ich auf die Leeseite der Insel oder auf die größere Insel im Norden, nach Vanua Levu, käme.

In den dampfenden, feuchten Intervallen zwischen den kalten Nieselschauern sah Suva erbärmlich und freundlich zugleich aus. Mir gefielen die vegetarischen Restaurants – wo sonst im fleischfressenden Ozeanien würde ich welche finden? Man konnte sich aufs angenehmste informieren, wenn man im Hare-Krishna-Restaurant auf der Pratt Street bei einem gesunden Essen den Indern zuhörte, wie sie sich über die Fidschianer beklagten. Ich sagte nichts dazu, ich fand, daß sie einander brauchten.

Ein rein indisches Fidschi wäre reizlos und überhitzt, eine Brutstätte für zänkische, verfeindete Sekten, die sich gegenseitig an die Gurgeln gingen. Mit einer homogenen fidschianischen Bevölkerung gliche es sicher den verschlafenen Salomonen: gastfreundlich, aber nicht gerade lebenstüchtig. Als vielrassischer Staat jedoch (Inder in den Städten, Fidschianer in den Dörfern) schien es zu funktionieren. Mich wunderte bloß, daß die Inder überhaupt hier leben wollten. Sie hatten keine politische Zukunft, waren verhaßt, mußten Lippenbekenntnisse für die Militärregierung abgeben und mit kleinsten Gewinnspannen auskommen.

»Die Wirtschaft stagniert«, stöhnte ein Inder namens Kishore, bevor er mir eine überteuerte Armbanduhr aufzuschwatzen versuchte.

Die brodelnde Hektik in den überfüllten Straßen der engen, schlammigen Stadt bot möglicherweise die Erklärung. Für die Inder war Suva offenbar ein Ort, an dem es sich leicht leben ließ – er war indisch geprägt, überschaubar und auf eine spezifische Art lebendig. In ganz Fidschi, ja in ganz Ozeanien gab es so eine Stadt nicht noch einmal. Man konnte sich vorstellen,

daß jemand hier ankam und beim Anblick der vielen Menschen, der soliden Häuser und geschäftigen Kaianlagen
dachte: Hier läßt sich Geld verdienen.

Die Fidschianer waren in Suva in der Minderheit, und die
wenigen, die man in der Stadt beim Einkaufen oder Essen sah,
blieben unter sich. Sie schienen chinesisches Essen mit viel
Schweinefleisch lieber zu mögen als indische Curries, und so
gab es außer den Buden am Markt keine fidschianischen Restaurants. Während meiner Zeit in Suva – ich wartete auf besseres Wetter, aber es schien nur nieseln und stürmen zu wollen –
stellte ich fest, daß Fidschianer sich mit fettem Fleisch, Braten-
soße und Reis oder Taro vollschlugen, wenn sie zum Essen
ausgingen. Wie alle anderen ehemaligen Bewohner von Kannibaleninseln (die Missionare bezeichneten sie als »reformierte
Kannibalen«) schätzten auch sie ihr Spam und Corned beef.

Allein ihre Gelüste auf Fleisch mochten Grund genug für
ihre Unstimmigkeiten mit den Indern bieten. Fidschianer und
Inder hatten im Grunde keinerlei kulturelle Gemeinsamkeiten,
und obwohl jede rassische Gruppierung in Fidschi ihren gemäßigten Flügel hatte (eine Koalition aus Gemäßigten hatte gerade die Wahlen gewonnen), waren die lautesten Schreihälse
diejenigen, die auf den Konflikten herumritten und übereifrig
alle Unterschiede heraushoben: Die Inder brüsteten sich mit
ihrer alten Kultur, ihren komplexen Familienstrukturen und
ihren Rechenkünsten, während die Fidschianer lächelnd daran
erinnerten, daß sie zuerst auf diesem engen kleinen Archipel
von Kannibalen und Christen gewesen waren.

Da ich gerade von wilden, aber homogenen Inseln kam, die
dem Druck von Kolonialisten und Fremden widerstanden hatten und keine Rassenprobleme kannten, waren die Reibereien
von Fidschi für mich neu und ermüdend. Und sie stellten auch
die Geduld aller aufrechten Neuseeländer auf eine harte Probe,
die sich immer so selbstgerecht gegen Apartheid aussprachen
und die Menschenrechte in Südafrika hochhielten, dabei jedoch keine Ahnung hatten, wie sie auf die hiesigen Probleme
reagieren sollten. Nach hundert Jahren fanden die Inder in Fidschi – immerhin die Hälfte aller Einwohner – sich als politisch
unterdrücktes und in Bälde wohl entrechtetes Volk. Aber zumindest waren sie nicht arm.

»*Go home*«, sagten die Fidschianer zu den Indern, die keine andere Heimat als Fidschi kannten.

Andere Ausländer in Fidschi umgingen die Patsche, in die die Inder geraten waren, indem sie gleich ganze Inseln kauften. Als das Banaban-Volk von Ocean Island zu Geld gekommen und die eigene Insel (ein kaum mehr als fünf Kilometer breiter Klumpen von Korallen und Phosphat in der Gilbert und Ellice Group) durch den Bergbau unbewohnbar geworden war, erwarb man die Insel Rambi vor der Ostküste von Vanua Levu und zog nach Fidschi um. Eine ganze Reihe anderer Inseln befinden sich ebenfalls in Privatbesitz. Aus einer Laune heraus hatte sich zum Beispiel Malcolm Forbes die Insel Lauthala vor Tavenui gekauft, und mindestens sechs komplette Inseln in der Northern Lau Group waren ebenfalls in ausländischer Hand: Eine gehörte einer japanischen Hotelkette, eine andere einer australischen Exportfirma, eine einem amerikanischen Messias namens Jones, der die Insel mit seinen Akoluthen besiedelte und sich dann Baba Da Free John nannte. Etliche andere der immerhin dreihundert Inseln und Atolle im Archipel von Fidschi gehören obskuren Millionären. Wenn ich vor der Nordküste von Viti Levu paddelte, landete ich immer wieder auf kleinen hübschen Inseln, nur um ein Schild vorzufinden: »Privatbesitz. Betreten verboten.« Privatinseln in Fidschi wechseln für einen Preis ab anderthalb Millionen Dollar den Besitzer.

Hier einige Angebote: »Ganze Inseln. Volle Eigentumsrechte/schnelle Abwicklung« aus einer neuen (1991) Immobilienbroschüre namens *South Pacific Opportunities*:

»TIVI ISLAND, nördl. Labasa, Vanua Levu: ca. 830 000 qm, weiße Sandstrände: 1,5 Mio. US-Dollar.«

»ADAVACI ISLAND: ca. 420 000 qm, traumhafter Strand + Ankerplatz, geeignet für kleine, exklusive Ferienanlage oder privat: 1,5 Mio. US-Dollar.«

»SAVASI ISLAND: ca. 210 430 qm Plantage, 2 Villen und Nebengeb., hinreiß. Wohnmöglichk. oder größere Hotelanlage: 2 Mio. US-Dollar.«

»KANACEA ISLAND, Näh. Vanua Balavu: bewirtsch. Kopra-Plantage, etwa 12 Quadratkilometer, geeign. für größere Hotel-anlage: 4,5 Mio. US-Dollar.«

Ich hatte von einer privaten Insel gehört, die Mana hieß, in der Mamanuca-Group lag und angeblich Japanern gehörte. Wenn ich es richtig einfädelte, konnte ich hinfahren. »Es richtig einfädeln« hieß dabei nichts anderes, als einem reizbaren Fidschianer, der ein kleines Schnellboot besaß, eine große Summe hinzublättern. Ich hätte nicht im Traum daran gedacht, die fast dreißig tückischen Kilometer in starkem Wind und zwei Meter hohen Wellen mit meinem Paddelboot zu überqueren, aber Mike, der Fidschianer, hockte auch dann noch völlig ungerührt in seinem Boot, als wir beinahe abgesoffen wären.

Er ließ das Boot geradewegs in die steilen Wellenwände knallen – eine rauhe See sei das noch nicht, meinte er.

»Was ist denn rauh?«

»Über zwei Meter hohe Wellen!« schrie er. »Die hier sind höchstens einsachtzig!«

Wir schlingerten in den Wellentälern oder schossen mit solcher Kraft nach vorn, daß die Armaturen runterfielen – das Kompaßgehäuse knallte aufs Deck, traf dann die Bodenplatte und schließlich die Bolzen einer Bank. Anderthalb Stunden lang pflügte Mike durch den Gegenwind, kämpfte gegen die Brecher, überwand Riffe und Untiefen. Bis auf die Haut durchnäßt, kamen wir schließlich auf Mana Island an.

Ich hatte mit einem Außenposten Nippons gerechnet, mit kleinen photographierenden japanischen Urlaubern in Urlauberhütchen, doch statt dessen sah ich weit und breit nur sonnengebräunte Australier, die sich am Strand vom Lunch erholten und mit ihren angeschmort aussehenden Kindern spielten.

»Sie hätten heute früh kommen sollen«, meinte Geoffrey, der Hoteldirektor. »Da waren noch jede Menge Japaner da. Morgen kommt die nächste Ladung.«

Es gebe, erzählte er, einmal die Woche eine Flugverbindung von Tokio nach Nandi, dann würden die Leute per Schiff hierher verfrachtet und auf hundert ordentliche kleine Bungalows verteilt werden. Die Insel hatte drei oder vier Strände, ein paar Restaurants – eins davon japanisch – und verschiedene Sportmöglichkeiten zu bieten. Etliche der Japaner waren Paare in den Flitterwochen. Frischgetraute Japanerinnen, die es vor dem Eheleben grauste, stürzten sich regelmäßig aus den Fenstern der Hotels von Honolulu, aber Geoffrey meinte, er habe

keine Probleme mit seinen Flitterwöchnern – denen ohnehin
nicht viel passieren konnte, wenn sie von den Fensterbrettern
seiner Bungalows sprangen.

»Gibt es Sprachprobleme?«

»Kaum. Ich begrüße es allerdings, wenn meine fidschianischen
Mitarbeiter Japanisch lernen«, versicherte er. Alle paar Monate
schickte er ein gutes Dutzend seiner Angestellten auf einen japanischen Sprachkurs. In den Aufenthaltsräumen für die Mitarbeiter auf Mana hingen ebenso wie in den Ausgabeschuppen für
Sport- und Tauchgeräte in den anderen Ferienorten von Fidschi
Schiefertafeln mit japanischen Sätzen und der entsprechenden
Übersetzung ins Englische (nicht ins Fidschianische): »*Kon-
nichiwa – Hello. Arrigato – Thank You.*« Und so weiter.

Die Anlage von Mana gehörte der japanischen Gesellschaft
Nichiman. Sie hatte mit den Fidschianern von Aro Village, die
am Ostufer der Insel lebten, einen Pachtvertrag über neunund-
neunzig Jahre ausgehandelt. Das einheimische Dorf bestand
aus Bruchbuden, aber sie waren auch nicht schlimmer als die
Fertigbaracken in jeder anderen schlaftrunkenen fidschianischen Ortschaft. Eine Klausel des Pachtvertrages sah vor, daß
freie Stellen immer zuerst den Dörflern von Aro angeboten
werden mußten.

Es gab keine Gärten auf Mana Island, kein Trinkwasser und
keine Fischerei. Die Fidschianer im Dorf lebten vom Geld ihrer
japanischen Pächter und angelten ein bißchen, aber mehr zum
Spaß.

»Sammeln Sie Regenwasser in Zisternen?«

»Nein, wir lassen es per Schiff kommen«, sagte Geoffrey.

Zweimal pro Woche fuhr ein Tankschiff mit Wasser die über
dreißig Kilometer von Lautokau, dem westlichen Hafen von
Viti Levu, nach Mana, wo das Wasser in große, häßliche Tanks
gepumpt wurde.

Solarenergie wurde nicht genutzt. Statt dessen gab es einen
Generator, der mit ebenfalls aus Lautokau angeliefertem Diesel
lief. Alles kam per Schiff: Lebensmittel, Wasser, Treibstoff, Gäste, Ausrüstung und die Mehrzahl der Angestellten, da die
Leute aus Aro sich weigerten, im Hotel zu arbeiten.

Eine eigenartige, künstliche Art von Inseldasein, in völliger
Abhängigkeit von Frachtschiffen, Booten und dem einen oder

anderen Wasserflugzeug. Nichts wurde auf örtlichem Grund und Boden hergestellt, und schon die Kokospalmen betrachtete man als Beeinträchtigung des Wohlbefindens. »Einem unserer Gäste ist eine Kokosnuß auf den Kopf gefallen«, sagte Geoffrey. »Er war schwer verletzt. Wir haben ihn nach Nandi zum Röntgen fliegen müssen. Gott sei Dank war es dann doch nicht allzu schlimm. Diese Kokosnüsse können tödlich sein.«

Eines Tages fragte mich ein entfernter Bekannter: »Haben Sie Lust, den Regierungschef kennenzulernen?«
Er meinte den neuseeländischen, aber ich sagte trotzdem zu. Die Nächte in Fidschi konnten sehr lang und still sein.
Es war ein kurioser Aspekt meiner Reisen in Ozeanien, daß die meisten Menschen so zugänglich waren – ich konnte treffen, wen ich kennenlernen wollte. In Neuseeland hatte ich mit dem Generalgouverneur sprechen wollen, mit Dame Cath Tizard, die als erste Frau dieses Amt bekleidete. Sie stand in dem Ruf, außerordentlich schrill und gutherzig zu sein, und war dafür berühmt, einen ihren politischen Gegenspieler mit »*fuckwit*« (etwa – aber stärker als – »Scheißkopf«) tituliert zu haben. Als sie um eine Erklärung dafür gebeten wurde, lehnte sie jede Entschuldigung mit der Bemerkung ab, der Mann sei nun einmal nachweislich ein »*fuckwit*«. Ich hatte Neuseeland verlassen, ohne einen Termin mit ihr ausmachen zu können, und nun tauchte sie in Fidschi auf, während auch ich gerade dort war: Sie kam eben von einem USA-Trip zurück, den ihr eine Firma für teure Diätkost spendiert hatte. (»Bei euch Amis heißt so eine Dienstreise wohl ›*freebie*‹.«)
Wir trafen uns zum Abendessen in einem Restaurant in der Nähe von Nandi: Dame Cath, mein Freund Andrew und Jock und Helen, ein Ehepaar, das ein paar Jahre zuvor aus Schottland geflohen war, um in Auckland ein Fitneßprogramm auf die Beine zu stellen. Über Jocks Engagement in Sachen Gesundheit wunderte ich mich etwas, denn er war Kettenraucher und hatte den Löwenanteil einer Flasche Wein bereits intus, als wir uns noch kaum hingesetzt hatten.
»Und Sie halten sich also für eine Autorität in Gesundheitsfragen?«

Seine Zigarette hüpfte in seinem Mundwinkel auf und ab, während er antwortete: »Was soll's denn, wenn man mit sechzig abkratzt. Hauptsache, man tut's mit einem Lächeln.«

»Ich möchte im Alter von einhundertzwanzig mit einem Lächeln sterben«, sagte ich.

»Diese verfluchten Amis! Total fixiert darauf, das eigene Leben zu verlängern!«

Ich hörte trotzdem nicht auf, ihm wegen seiner Raucherei auf die Nerven zu fallen, weil es in einem derartigen Widerspruch zu seinem geradezu heuchlerischen Gerede über Gesundheit stand. Zunächst stritt er ab, daß Rauchen ihm schaden könne. Der Streß sei viel größer, wenn er nicht rauche. Dann legte er das Gesicht in kummervolle Falten und sagte pathetisch: »Ich *muß* rauchen. Ich bin süchtig. Ich kann nicht aufhören. Ich hab schon alles versucht.«

»Die Amerikaner stellen sich wegen der Raucher immer so an«, meinte Dame Cath. »Aber haben Sie gesehen, wie dick sie sind? Manche sind unglaublich fett.«

»Übergewicht ist genauso schlecht wie Rauchen«, ergänzte Jock leicht gereizt.

Das Thema schien nicht ganz glücklich gewählt, weil sowohl Jock als auch Dame Cath gut gepolsterte Figuren hatten, was ihnen aber offenbar ebensowenig auffiel wie die Tatsache, daß es sicher nicht ganz logisch war, wenn man riesige Ladungen Abendessen in sich hineinschob und gleichzeitig über die fetten Amerikaner herzog. Dame Cath beachtete Jock kaum. Wenn sie sprach, dann in der schottisch-schnarrenden Variante des neuseeländischen Englisch, die manche Kiwis pflegen.

Dame Cath hatte eine merkwürdige, ungehobelte Eßmethode. Sie kratzte das Essen auf ihre Gabel, doch bevor sie sie zum Mund hob, schob sie mit dem Daumen noch ein bißchen mehr drauf. Wenn sie die Gabelladung schließlich im Mund hatte, leckte sie sich den Daumen ab. Einmal schien sie mich anzulächeln, allerdings versuchte sie bloß, einen Essensrest zwischen ihren Zähnen hervorzupolken. Zähnebleckend sprach sie immer weiter auf mich ein und begann sich dann auch noch, mit den Fingern im Gebiß herumzubohren. Das endlich befreite Speisestück wurde betrachtet und anschließend wieder in den Mund gesteckt.

»Man hat mir immer gesagt«, erzählte sie, »daß ich mal Generalgouverneur werden würde, aber ich hab's nicht geglaubt, also hab ich gar nicht erst drüber nachgedacht.«

»Wie wird man denn gewählt?«

»Will, thet's jest ut. Nun, das ist es ja gerade. Die Queen wählt einfach jemanden aus.«

Ihr Finger suchte nach wie vor ihren Mund nach verklemmten Lammfleischfasern ab.

»Dann hab ich die Nachricht gekriegt – da war effektiv die Queen und hat mich gebeten, Generalgouverneur zu werden.«

Sie lutschte sich das Essen vom Finger und fuhr fort, ihren Teller nach der sparwütigen Methode kriegsleidgeprüfter Kiwis leerzukratzen.

Jock hob sein Glas auf das Wohl der Königin von Großbritannien, Nordirland, der Overseas Territories und Commonwealth-Staaten – wie zum Beispiel Neuseeland.

»Tja«, sagte ich. »Wenn die Königin mich darum bäte, Generalgouverneur zu werden, würde ich sagen: ›Wie Ihre Hoheit befehlen.‹«

»So einfach war es nicht«, beteuerte Dame Cath, die offenbar noch eine ergreifende Darstellung ihrer Seelenpein nach dem Erhalt des königlichen Auftrags zum besten geben mußte. »Ich habe zwei Wochen lang darüber nachgedacht.«

»Ich würde ungefähr zwei Sekunden lang darüber nachdenken«, meinte Jock.

»Meine Tochter hat gesagt: ›Sei nicht so verdammt bescheuert, Mami, mach's doch!‹«

Sie lächelte und genoß es sichtlich, sich über das Ereignis ihrer Erhebung in den Adelsstand verbreiten zu können, während ich merkte, daß mir ihr eitles Politikergehabe und ihre langatmige Art, diese einfache Geschichte zu erzählen, mißfielen. Jetzt polkte sie sich schon wieder zwischen den Zähnen herum und fletschte sie in meine Richtung.

»Ich war Oberbürgermeisterin von Auckland«, sagte sie mit leichtem Trotz.

»In Auckland leben mehr Polynesier als in jeder anderen Stadt der Welt«, warf ich ein.

»Und leider auch ein paar traurige Inder aus Fidschi«, sagte sie. »Es kommen ziemlich viele zu uns. Aber sie machen keine

Probleme. Ich hatte andere Sorgen.« Eine dieser Sorgen hatte
Schlagzeilen gemacht: Die Rufe nach ihrem Rücktritt hatten
sich gehäuft, nachdem sich eine Regierungskommission mit
einem Projekt für ein Freizeitzentrum in Auckland befaßt
hatte, das mit ihrer Beteiligung gebaut worden war und dessen
Kosten sich von fünfundzwanzig Millionen Dollar auf einhun-
dertsechs Millionen vervierfacht hatten. In einem stark ver-
schuldeten Land mit viel zu hohen Steuern war so etwas mehr
als extravagant, es war dreist und dumm. Die Opposition und
alle übrigen Kritiker, darunter viele ihrer ehemaligen Anhänger, bemühten sich, ihr einen Dämpfer zu verpassen, und
dann hatte sie den Posten des Generalgouverneurs angetreten.

»Und was hat Sie schließlich dazu bewogen anzunehmen?«
Ich hoffte, ihre Erzählung durch die Frage etwas abzukürzen.

»Nach sechs Jahren als Oberbürgermeisterin war ich den
Ärger leid«, sagte sie. »Als Generalgouverneurin habe ich
Anspruch auf Ruhegeld.«

Ein ziemlicher profaner Gedanke, daß jemand ein solches
Amt übernahm, nur um später eine staatliche Pension kassie-
ren zu können, aber die Neuseeländer sind ein praktisches
Volk.

In diesem Augenblick sagte Jock unvermittelt und ziemlich
angesäuselt, er liebe Neuseeland wegen des Rugby.

»Ich hasse Rugby«, tönte Dame Cath. »Ich finde, es ist brutal
und erzeugt immer noch mehr Brutalität. Das Spiel ist einer
der Gründe, warum in Neuseeland so viele Gewalttaten passieren. Ich bin überzeugt, daß Rugby«, fuhr sie fort (und ich
konnte ihrer Logik nicht ganz folgen), »auch die Ursache für
viele Vergewaltigungen ist.«

»Ich komm aus Glasgow«, sagte Jock (er sprach es »Glesgie«
aus). »Wissen Sie, was man da mit Vergewaltigern macht?
Häh, da war mal ein Bursche, der hat 'n Mädchen vergewaltigt.
Den haben sie sich gegriffen und ihm die Kniescheiben zertrümmert. Haben ihm fuffzehn Zentimeter lange Nägel durch
die Knie gehämmert.«

Er wartete auf eine Reaktion. Ich hatte meine Gabel wegge-
legt. Niemand sagte etwas.

»Jetzt vergreift der sich an keiner mehr, da könn Sie Gift
drauf nehmen«, fuhr Jock fort. »Der sitzt im Rollstuhl.«

»Wie sich die Männer wohl gefühlt haben, nachdem sie ihm das angetan hatten?« fragte sich Dame Cath, die offensichtlich dachte: Diese Männer waren zwar verroht, aber zumindest reumütig!

»Verdammt gut, nehm ich an«, sagte Jock.

Ich fragte: »Finden Sie, daß man diese Vergeltungsmethoden auch in Neuseeland einführen sollte?«

»Eine zertrümmerte Kniescheibe ist für solche Triebverbrecher noch viel zu wenig«, antwortete Jock.

Mrs. Jock sagte nichts dazu.

Von Notzucht kam man über Rugby auf Südafrika zu sprechen, das wegen der Zusammensetzung seiner Mannschaft von Neuseeland boykottiert worden war. Aber Neuseeland spiele doch gegen Fidschi, sagte ich, und hier gebe es schließlich auch eine undemokratische Regierung? Sie zuckten zusammen, als hätte ich mitten in einer Kirche gefurzt – eine Antwort auf meine simple politische Entgleisung hatte niemand.

»Die Anti-Apartheid-Typen behaupten immer, sie sind für die Freiheit«, klagte Jock. »Ich will mein Rugby sehen, aber ich darf nicht. Was ist denn mit meiner Freiheit?«

»Es geht nicht um Freiheit«, erklärte Dame Cath. »Es geht um Gerechtigkeit. Apartheid ist ungerecht.«

»Wie finden Sie die Verfassung von Fidschi?«

»Es ist ja erst ein Entwurf«, sagte sie. »Wer weiß, was da noch kommt? Sie sind Schriftsteller, haben Sie gesagt? Was für Bücher schreiben Sie eigentlich?«

»Alle möglichen«, fing ich an, aber sie schien sich bereits zu langweilen.

»Ich lese grade ein wunderbares Buch«, erklärte sie. »Über John F. Kennedy. Ganz schön unanständig – der hat es ja faustdick hinter den Ohren gehabt. Und dann auch noch mit Marylin Monroe!«

»Ich kann solche Bücher nicht ausstehen«, sagte ich.

»Ich glaube, es hat historischen Wert«, meinte sie.

Aber klar, daß du das glaubst, dachte ich. Es regte mich auf, daß diese Neuseeländerin, obendrein noch eine Politikerin, sich an einem derart sensationslüsternen Buch weidete.

»Sie werden doch wohl zugeben, daß Sie an diesem Buch ein völlig vulgäres Interesse haben«, sagte ich. »Da liegt doch der

MELANESIEN

Spaß daran, nicht? Man kann sich so schön aufregen, darum geht's doch?«

Sie begann ein scheinheiliges Klagelied über Politiker, die nicht über das Gesetz erhaben seien, und so weiter.

»Aber Sie sind selbst Politikerin«, sagte ich. »Und bevor Sie es wurden, waren Sie ein einfaches menschliches Wesen.«

Sie stierte mich an und sagte, die Politik sei ihr Leben – jedenfalls sei sie das gewesen, bis man sie zur Generalgouverneurin ernannt habe. Es war schon grandios, wie sie den ganzen Tisch beherrschte, das Gespräch stets an sich riß und immer recht hatte.

»Wenn Sie also dieses Buch über Kennedy ganz in Ordnung finden«, fragte ich, »wie wär's denn, wenn jemand so etwas über einen neuseeländischen Politiker schreiben würde? Würden Sie etwa so ein Buch verfassen?«

»Die neuseeländischen Politiker sind doch stinklangweilig. Die steigen mit niemandem ins Bett.«

»Ist Ihr Mann nicht auch Politiker?«

»Ich hab ihn verlassen.«

»Ich habe irgendwo gelesen, daß David Lange vor kurzem mit seiner Ghostwriterin durchgebrannt ist. Was wäre denn, wenn jemand etwas über seine Libido veröffentlichen würde?«

Dame Cath erwiderte: »Was soll das denn heißen: ›Libido‹? Meinen Sie rumvögeln?«

»Sozusagen. Ich meine, Sie sagen doch, daß Ihnen solche Bücher gefallen, oder? Als historisches Dokument, oder? Na, und ich denke mir, daß Sie sicher alle möglichen Schmuddelgeschichten über neuseeländische Politiker kennen. Würden Sie also ein indiskretes Buch darüber schreiben wollen?«

»Ich kann nicht schreiben«, wehrte sie ab.

»Nur rein theoretisch.« Ich wollte sie festnageln. »Sie sind im Bilde. Kennen alle möglichen Geheimnisse. Sie lesen gern Bücher mit skandalösen Enthüllungen. Ich will nur eins wissen: Wären Sie bereit, ein bißchen aus dem Nähkästchen zu plaudern und den gleichen Schund zu schreiben, den Sie so gern lesen?«

Das war zuviel für sie. Sie rutschte auf dem Stuhl hin und her und murmelte etwas, schließlich brachte sie heraus: »Wenn ich das Gefühl hätte, daß es etwas nützen könnte ...«, bla, bla, bla.

»Und wenn nun jemand eine fiese kleine Reportage über Sie schreiben würde?«

»Sollen sie doch«, meinte sie.

Alles in allem fand ich sie ziemlich albern, seicht und phantasielos, aber auch herrisch, aufgeblasen und hinterhältig, eine rechthaberische, selbstzufriedene Prinzipienreiterin, eine waschechte Neuseeländerin eben, die einen Ehrenplatz in der Ordensliste der Königin verdiente.

Während einer Gesprächspause nach dem Essen gab sie sich einen Ruck, erhob ihre Generalgouverneursstimme und wärmte einen ihrer alten politischen Triumphe wieder auf: »Ich hab mal *fuckwit* zu einem Mann gesagt. Ich hab mich natürlich nicht entschuldigt. Der Mann *war* nämlich einer.«

13. Kapitel

FIDSCHI: VANUA LEVU UND DIE KANALINSELCHEN VON BLIGH WATER

Auf Viti Levu konnte man den Touristen nicht entkommen. Ich hoffte immer noch auf etwas Wilderes, Entlegeneres, eine Gegend möglichst ohne Menschen und ganz ohne Golfer. Nun, es gab zwar da und dort in einem unzugänglicheren Teil der Insel ein Tal mit tiefem, grünem Urwald, aber was für ein Urwald war das schon, wenn man nach ein paar Stunden Fußmarsch auf eine indische Familie beim Picknick stieß? Sie waren, achtzehn Mann hoch, im Auto hergefahren und ließen leere Limonadeflaschen, Keksschachteln und Apfelsinenschalen zurück – und den einen oder anderen Hühnerknochen. Manche Hindus, besonders in Fidschi, versteckten sich irgendwo zum Fleischessen, was sie so verstohlen taten wie amerikanische Teenager, die verbotene Zigaretten pafften.

Ich hörte von einer Fähre, die von der Nordküste Viti Levus über den zweiunddreißig Kilometer breiten Kanal namens Bligh Water nach Vanua Levu fuhr, einer wesentlich dünner besiedelten und dem Vernehmen nach recht merkwürdigen Insel.

»Auf Vanua Levu gibt es keine Touristen«, erzählte ein Inder in Nandi. »Es ist zu weit weg und zu primitiv.«

Sehr gut. An einem der lähmenden fidschianischen Sonntage packte ich das Faltboot und meine Siebensachen, hielt in Lautoka an, um ein Curry zu essen, und besuchte aus reiner Neugier einen methodistischen Gottesdienst im Städtchen Mba, das im Nordosten der Insel liegt. Die Kirche war voll, es gab viele Huster und Zappler in der Gemeinde, und während der langen, einschüchternden Predigt – in fidschianischer Sprache – nickten etliche Zuhörer ein. Ein lächelnder Fidschianer im traditionellen *sulu*-Rock kümmerte sich um sie. Er wanderte den Gang auf und ab, stieß die Schläfer mit einem langen Stock an und weckte sie wieder auf.

In Rakiraki am Nordende der Insel besuchte ich das Grab eines Mannes, der im neunzehnten Jahrhundert Chief der Gegend (der Provinz Ra) gewesen war: Ratu Udre Udre hatte sich dadurch einen Namen gemacht, daß er achthundert Menschen aufgegessen hatte. In einem nahegelegenen Hotel behauptete ein betrunkener Australier beim Anblick meines Bootes, ich sei Agent der CIA. Ich hielt die Schlußfolgerung für ganz vernünftig und bestritt nichts. Am Abend war der Mann noch betrunkener und sang in der Hotelbar fürchterlich schief vor sich hin, während ihn ein paar Fidschianer von der Veranda aus verstohlen kichernd durchs Fenster beäugten. Das Dorf war voller aggressiver, hysterischer Hunde, die sich die ganze Nacht über bekriegten und mit ihrem Gebell die Hähne aufweckten.

Am Morgen fand ich den Fähranleger. Ellington Pier war eine bröckelige Plattform neben einer Zuckerfabrik. In blauer Ferne lag Vanua Levu. Ein Fabrikarbeiter erklärte mir, ich müsse meinen Fahrschein in Vaileka, dem nächsten Ort, kaufen. Laut Auskunft des Fahrscheinverkäufers kam die Fähre um zwölf am Pier an, und mein Mietauto könne ich mitnehmen.

Vaileka bestand aus nicht viel mehr als einer Ladenzeile an einer schmalen Hauptstraße, von der der Staub in der Hitze wie Rauch hochwirbelte. In den Geschäften und auf dem Markt (zwanzig Obstverkäufer, die unter einem großen Feigenbaum hockten) kaufte ich Proviant für eine Woche. Der Ort war nicht direkt unangenehm, aber winzig und abweisend, mit der schläfrigen Atmosphäre eines Vorpostens. Es war still, nichts regte sich. Nichts konnte weiter hinter dem Mond liegen als diese kleine Stadt. Die Welt war jedenfalls ganz woanders.

Scheinbar. Vor meiner Abreise aus London hatte ich mit Salman Rushdie in Kontakt gestanden – ich schrieb ihm, er rief an – und ihm mein Mitgefühl ausgedrückt. Ich betrachtete ihn als Freund und fand seine Gefangenschaft, diesen Hausarrest, qualvoll. Ich hatte ihm vorgeschlagen, sich in eine Stadt irgendwo in Mexiko, Südamerika, Australien oder im Pazifik zurückzuziehen, ja, und gerade auch Fidschi war mir in den Sinn gekommen. An einem solchen Ort könnte er in Sicherheit leben, frei sein, schreiben.

»Wissen Sie, wer Salman Rushdie ist?« fragte ich zwei Moslems in diesem entlegenen Kaff.

»Ja«, sagte einer. »Er muß sterben.«

Und der andere ergänzte: »Rushdie ist ein Teufel.«

Auch Mormonen gab es in Vaileka. Die Stadt war also doch nicht so melanesisch, wie ich zuerst gedacht hatte.

Zurück am Pier, wartete ich auf die Fähre. Eidechsen flitzten auf den Pfählen herum, Raubvögel kamen und flogen wieder weg. Fische sprangen. Um zwölf war keine Fähre in Sicht. Ich hörte auf meinem Kurzwellenradio die Nachrichten über den Golfkrieg: mehr Luftangriffe, keine Invasion, große Befürchtungen über den möglichen Einsatz von Nervengas.

Ein Inder angelte am Pier.

»Wo bleibt die Fähre?« fragte ich ihn.

»Schon weg. Zehn Uhr.«

Verdammt. Aber als ich weiterfragte, stellte ich fest, daß er offenbar kein Englisch verstand. Außerdem fing er an, zwischen den verfaulten Pfählen des Stegs herumzuklettern und vor sich hinzusummen, vielleicht war er schwachsinnig.

Ein anderer, von der Sonne schwarzverbrannter Inder schlenderte heran, laut durch eine Zahnlücke pfeifend. Ich fragte ihn nach der Fähre, die um zwölf hätte dasein sollen. Es war jetzt fast zwei.

»*Fiji time*«, meinte er.

Das bekam man in Fidschi häufig zu hören – es war nicht böse gemeint und wurde auch nicht so aufgefaßt. Die meisten Leute lachten über Verspätungen oder unregelmäßige Stundenpläne. Die Antwort hieß einfach: warten.

Und dann sah ich einen schwarzen Fleck am Horizont, der allmählich zur Gestalt einer kopflastigen Fähre anschwoll, der weiße Rumpf voller triefender, rostiger Schlieren. Eine typische Südseefähre, von den klapprigen Aufbauten bis zu den schmierigen Decks und dem hübschen Namen, den man über chinesische Schriftzeichen gepinselt hatte. Pazifikfähren kamen immer aus zweiter Hand, stammten aus Hongkong oder Taiwan, wo es irgend jemand geschafft hatte, sie, statt an einen Schrotthändler, an eine Bananenrepublik zu verhökern.

Das Schiff hieß *Princess Ashika*. Es machte fest, und sechs vollbeladene Holztransporter rumpelten heraus und bogen auf

die Schotterstraße, die vom Pier wegführte. Ich fuhr aufs
Schiff. Ich war der einzige Passagier. Fünfzehn Minuten später
waren wir auf See – hier wurde keine Zeit vertan.

Bald rollte die *Princess Ashika* bei strahlender Sonne und
einem frischen Gegenwind von zwanzig Knoten durch Bligh
Water. Bei diesem stetigen Passatwind, der von Osten her über
den südlichen Pazifik hinwehte, war es kein Wunder, daß Captain Bligh auf seiner berühmten, vierundachtzig Tage langen
Fahrt in einem Beiboot, die er zusammen mit achtzehn seiner
Männer nach der Meuterei auf der *Bounty* unternehmen
mußte, so flott vorangekommen war. Fletcher Christian hatte
sie vor Tonga ins offene Meer treiben lassen, und sie waren
zwischen diesen Inseln, Viti Levu und Vanua Levu, hindurch-
gesegelt. Captain Bligh war der erste Europäer, der von diesem
Teil Viti Levus eine Karte angelegt hatte. Dann war er weiter-
gereist, durch die Coral Sea, an der Küste von Queensland entlang bis Cape York, hatte sich durch die Torres Strait gequetscht und bei Kupang in Timor endgültig Land gesichtet.
Es war eine Reise von etwa sechseinhalbtausend Kilometern,
während der sich die Männer fast ständig fürchteten, meist vor
Kannibalen, und das mit Recht. Als sie mit ihrem offenen Kahn
hier entlangsegelten, nahmen etliche mit angriffslustigen Fidschianern bemannte Kanus die Verfolgung auf und blieben ihnen so lange auf der Spur, bis Bligh die etwa dreißig Kilometer
weiter westlich gelegenen Ysawas passiert hatte.

Unterwegs beschrieb Bligh seine Eindrücke von der Landschaft
dieser Inseln in seinem Logbuch, besonders die »wie Hahnen-
kämme geformten Berge« waren ihm aufgefallen. Eine exakte Beschreibung. Die Berge waren hoch und grün, ihre Gipfel in sanften
Bögen gerundet. Um die Spitzen der alten Vulkane im Inland sammelten sich Wolken, aber an der Küste war es klar. Selbst hier an
der Nordküste von Viti Levu, dem wohl ruhigsten Teil der ganzen
Insel, konnte man sehen, daß *Big Fiji* schon versprochen war. Die
Insel war zwar nicht übervölkert, aber besiedelt, beackert und
abgeholzt. Mit einem Wort: Sie wurde besessen.

In Vanua Levu hoffte ich auf Besseres. Zielhafen der Fähre
war ein Anleger bei Nabouwalu an der Südwestspitze der Insel. Niemand, mit dem ich gesprochen hatte, wußte etwas über
den Ort, und so war ich ganz zuversichtlich.

Da ich der einzige Passagier war (das Schiff diente hauptsächlich dem Holztransport nach Viti Levu), gab es für die
Mannschaft unterwegs nicht viel zu tun. Fast alle saßen auf
einer kaputten Bank in einem Salon auf dem Oberdeck und
guckten sich ein Video an. Die Handlung des Films, vorder-
gründig ein Kostümstreifen über eine Piratenbande auf Schatz-
suche in den West Indies, war kaum mehr als ein Deckmäntel-
chen für Sex und Gewalt: zwei Vergewaltigungen, eine verprü-
gelte Frau, viel Busen, ein simulierter Akt von Sodomie (ein
Pirat und eine vollbusige, keuchende Frau in einem hochge-
rutschten Ballkleid) sowie etliche Auspeitschungen. Kerker
und Ratten kamen in mehreren Szenen vor. Die fidschianischen Matrosen lachten entzückt über die Vergewaltigungen
und waren von den Auspeitschungen so gefesselt, daß sie fast
das Landemanöver verpaßt hätten und vom Kapitän an die Arbeit gerufen werden mußten.

Als wir in Nabouwalu festmachten, ging hinter dem Coco-
nut Point die Sonne unter. Der Ort war mit einem Blick zu
erfassen, die Pier, zwei Läden, ein paar verstreute Hütten und
eine steinige Straße. Kein Wunder, daß niemand etwas darüber
gesagt hatte. Was denn auch? Weil es nicht ratsam gewesen
wäre, nachts auf so einer schlechten Piste mit dem Auto her-
umzufahren, fragte ich einen Fidschianer, wo ich hier zelten
könne. Er empfahl mir das Rest House. Diese aus einem Bungalow bestehende Unterkunft war mit drei oder vier Fidschianern allerdings voll belegt. Einer von ihnen, ein strammer, be-
rockter Bursche namens Jone Kindia, meinte, der einzig wirklich sichere Platz zum Zelten sei seine Arbeitersiedlung, und er
brachte mich hin. Unterwegs erklärte er mir, daß Fidschianer,
was ihren Grund und Boden anging, ziemlich heikel seien und
mißtrauisch gegenüber Fremden, die ohne Empfehlung auftauchten und zelten wollten.

»Sie fragen sich, wie lange sich einer hier aufhalten will«,
sagte Jone. »Vielleicht jahrelang. Das macht ihnen Sorgen.«

»Ich will nur ein paar Tage bleiben«, sagte ich.

»Aber woher sollen sie das wissen?«

»Stimmt.«

Die Arbeitersiedlung war eine Rodung auf einem Hügel
außerhalb von Nabouwalu – ein paar wacklige Hütten, ein höl-

zerner Bungalow, der als Büro diente, und ein unfertiges Gebäude, in dem die einheimischen Fidschianer Tag und Nacht um eine Schüssel mit Kava hockten, den jedoch weder Kava noch *yanggona* nannten, sondern »Grog«.

»Wo ist Masi?« fragte Kindia eine Frau auf einem Feld.

Sie murmelte eine Antwort.

»Trinkt Grog«, übersetzte Kindia.

Mit einem Mann namens Yoakini saß er vor der Schale, beide hatten das stumpfe, leicht erstaunte Lächeln von Kavatrinkern. Kavatrinker waren nie aggressiv, sondern eher taub, wie Opfer von Unterkühlungen oder Patienten, die sich gerade aus der Zahnarztpraxis schleppen, sie waren schwach und willenlos, flüsterten und schwankten beim Aufstehen. Kava ist wie Chloroform. Der Satz: »Er spürt keinen Schmerz«, trifft auf einen Kavatrinker viel mehr zu als auf einen Alkoholiker. Und da Kava die Lippen und die Zunge lähmt, hörte man von solchen Männern kaum ein böses Wort.

»Du wohnst in meinem *bure*«, sagte Yoakini.

»Vielen Dank. Ich habe ein Zelt.«

Masi zeigte ein benebeltes Grinsen. Unter schweren Augenlidern warf er mir einen Blick zu: »Geh nicht an den Strand.«

Kindia murmelte ungeduldig vor sich hin.

»Geh nie an den Strand«, wiederholte Masi. Er war schwankend aufgestanden.

»Warum nicht?«

»Da ist Alfred Hitchcock.« Masi hörte auf zu lächeln.

»Haben Sie gesagt: ›Alfred Hitchcock‹?«

Masi starrte mich nur an.

In einiger Entfernung von den Kokospalmen stellte ich mein Zelt auf und aß schnell mein Abendessen. Es war eine sternklare, mondlose Nacht. Als ich gerade ins Zelt wollte, kam Masi heran. Er wankte eine Weile hin und her, dann sagte er etwas.

»Denk dran. Alfred ist am Strand.« Dann stolperte er in die Dunkelheit.

Yoakini, der sich für »etwa achtundzwanzig« hielt, war »Sapeur«, also Pionier in der fidschianischen Armee. Seine besondere Spezialität waren Schreinerarbeiten. Er war sehr schwarz,

hatte dickes Haar, einen grimmigen Schnurrbart und eine massive Figur: ein Körper wie ein Bollwerk. In seiner Freizeit, sagte
er, trinke er jede Nacht Grog. Er zeigte mir, wo ich Trinkwasser
holen, duschen und aufs Klo gehen konnte.

Yoakini war scheu, aber nicht ängstlich, machte nicht viele
Worte und beantwortete doch meine neugierigen Fragen. Als
er erzählte, daß er 1987 während des Putsches und der darauffolgenden Unruhen in Suva gewesen sei, fragte ich ihn, ob er
es aufregend gefunden habe, sich auf seiner eigenen Insel (er
kam aus einem Dorf auf Viti Levu) mitten im Schlachtgetümmel zu finden, während die Fidschianer die indischen Läden
stürmten, plünderten und anzündeten.

»Ja, das war aufregend«, sagte er. »Sehr aufregend.«

»Sind Sie schon einmal im Ausland gewesen?«

»Ich war zweimal im Libanon.«

»Im Libanon?«

»In der Friedenstruppe. 1982 und 1984«, sagte er. »Ich war in
Kairo, Beirut und im Südlibanon. In Israel war ich auch mal.
Da war es schön.«

»Hatten Sie keine Angst an einem Ort, wo soviel gekämpft
wurde?«

»Nein. Das Wetter war das schlimmste. Tagsüber sehr heiß,
nachts sehr kalt.«

»Hatten Sie keinen Grog?«

»Manchmal haben sie uns per Flugzeug welchen geliefert –
die Wurzeln. Die haben wir dann zerstoßen und in unseren
Zelten getrunken. Ein bißchen was haben wir für Weihnachten
aufgehoben. Es war ein ganz schönes Fest da im Libanon.«

»Und die politische Lage dort?«

»Ein Schlamassel. Ich weiß keine Antwort. Als wir auf dem
Sinai eingesetzt wurden, wollten die Araber was zu essen von
uns, und die Israelis haben gefragt, woher wir sind. Und dann
haben sie gesagt: ›Wo liegt Fidschi?‹«

Bei der Erinnerung lachte Yoakini – diese Unwissenheit der
Israelis, dieser verbitterten und verwirrten Zivilisten am Rande
der Wüste.

»In Fidschi lernen wir Geographie. Wir wissen, wo alle Länder sind. Wir wissen, wo Israel liegt.«

»Haben Sie auf dem Sinai als Schreiner gearbeitet?«

»Nein. Da haben sie mir eine Waffe gegeben.«

»Aber ist es denn nicht lächerlich, daß ein Insulaner aus Fidschi in den Mittleren Osten geschickt wird und in einem Konflikt zwischen den Leuten dort sein Leben riskiert?«

»Kann sein. Aber man verdient gut«, sagte er. Er sagte mir, wieviel er bekommen hatte – ich kam auf einen monatlichen Sold von ungefähr neunzig Dollar.

»Sind Sie wirklich bereit, für eine solche Summe Ihr Leben aufs Spiel zu setzen?«

»Ich weiß nicht«, antwortete er. »Dreißig Fidschianer sind dabei ums Leben gekommen, durch Kugeln, Unfälle, Krankheiten. Es ist ein Schlamassel.«

Was er nicht sagte – ich erfuhr es erst später – war, daß Lieutenant Colonel Rabuka zweimal mit der fidschianischen Armee im Mittleren Osten gewesen war, an genau den Orten, an denen auch Yoakini stationiert war, im Libanon und auf dem Sinai.

Ich fragte Yoakini, ob er im Golfkrieg kämpfen würde. Das hinge davon ab, meinte er, ob die fidschianische Armee sich beteiligte, und wenn es um freiwilliges Melden ginge, dann müßte der Sold schon ziemlich hoch sein – allerdings lag seine Vorstellung von »hoch« bei nicht mal neunzig Dollar. Der Kampfgeist der fidschianischen Truppen im Zweiten Weltkrieg war legendär: Sie hatten alle entscheidenden militärischen Tugenden, ein Erbteil der britischen Kolonialherrschaft, waren angriffslustig, loyal, politisch desinteressiert, wetterfest und aßen so gut wie alles. Sie kämpften, wenn man es ihnen befahl. Sie waren Profis. Sie arbeiteten als Soldaten, weil sie Geld dafür bekamen, waren die perfekten Söldner, keine Eliteeinheiten und Janitscharen, sondern kriegerische Arbeitstiere.

Ich schenkte Yoakini ein paar von den mitgebrachten *yanggona*-Wurzeln, und er lud mich zum Grog ein. Weil es als unhöflich galt, die Einladung auszuschlagen, setzte ich mich am Abend zu ihm an die Kavaschale, die *tanoa*, die etwa die doppelte Größe einer Salatschüssel hatte und wunderschön geschnitzt war. Derartige Schüsseln waren die einzigen kunstvollen Schnitzarbeiten, die ich in Fidschi zu Gesicht bekam.

Während meine Lippen taub wurden und meine Zunge anschwoll, sagte ich, daß ich eigentlich am liebsten paddeln wollte.

»Aber wo wollen Sie übernachten?«

»Ich frage einfach jemanden im nächsten Dorf.«

»Es ist besser, wenn Sie hierbleiben.«

Ich erklärte, daß mein Boot faltbar sei und ich es jederzeit hierher zurücktransportieren könne. Schließlich nannte Yoakini mir eine gute Stelle, östlich vom Ort hinter dem Solevu Point. In Ufernähe war das Wasser flach und trübe, aber draußen am Riff konnte ich mich austoben. Genau das hatte ich auf Viti Levu vermißt. Die Urlaubsorte in Fidschi sind angenehm, aber eingezäunt, man kann sich wochenlang in ihnen aufhalten und Fidschi doch nie kennenlernen. Selbst Menschen, die schon lange Zeit in Fidschi gelebt hatten, sagten, daß sie noch nie auf Vanua Levu gewesen seien. Hier auf der Westseite gebe es keine Übernachtungsmöglichkeiten, hatte es geheißen. Keine Restaurants, nichts als Urwald und verstreute Dörfer. Die Strände seien sumpfig und voller Mangroven, die Menschen einfältig und mißtrauisch und die Straßen in einem grauenhaften Zustand.

Musik in meinen Ohren – und alle Aussagen über die Insel erwiesen sich als richtig. Und ich hatte ein Zelt und einen Kocher, Lebensmittel und ein Boot. Ich hatte sogar ein Auto, mit dem ich das ganze Zeug herumkutschieren konnte. Tagsüber erkundete ich die große Bucht und die kleinen Fjorde westlich von Nabouwalu, abends kehrte ich zu meinem Zelt in Kindias Siedlung zurück.

Lange nach Anbruch der Dunkelheit, oftmals bis spät in die Nacht, konnte ich hören, wie die Dörfler in ihren großen, hölzernen Mörsern *yanggona*-Wurzeln zerstampften. Ein regelmäßiges Wummern wie von einer Handpumpe. Es war immer eine Frau, die den Stößel in der Hand hielt. Die fidschianische Herstellungsmethode war anders als die in Vanuatu, hier wurde die zerstampfte Wurzel in ein Stück Stoff gelegt und dann in die Kavaschüssel geseiht.

»Wir kauen sie nicht«, sagte Masi.

Ich wußte mittlerweile, daß durch die Reaktion von menschlichem Speichel mit dem Wurzelsaft ein stärkeres Gebräu entstand – Tannas »Zweitagekava«. Ein paar Schälchen genügten, und man war für zwei Tage lahmgelegt.

In früheren Zeiten hatten fidschianische Dorfmädchen die

Wurzeln gekaut und ausgespuckt, und es schien mir bei weitem angenehmer, ein liebreizendes fidschianisches Mädchen lächelnd an meiner Seite kauen zu sehen als einen mampfenden, sabbernden Schmuddelmann mit schwarzen Zahnstummeln. Aber Masi hatte gesagt: »Wir kauen sie nicht.« Nichtkauende Pazifikinseln waren immer die, auf denen die Missionare mit der festesten Hand regiert hatten. Da es einem Europäer ganz besonders widerlich vorkommt, den Speichel von jemand anderem trinken zu sollen, hatten Missionare den Gebrauch von Mörsern und Stößeln gefördert.

Meist schlief ich abends zu den rhythmischen Klängen des *yanggona*-Stampfens ein. In einer solchen Nacht in meinem Zelt träumte ich davon, nach Hause zu kommen. Dieses Zuhause war ein Traumbild, nicht mein wirkliches Haus. Es war eine Villa in einem Park, die von außen sehr heiter wirkte, aber als ich näher kam und dann drinnen, hinter der überladenen Eingangstür, war sie chaotisch und überfüllt, und ich traf auf mehrere Frauen. Alle waren irgendwann einmal mit mir verheiratet gewesen. Und viele Kinder waren da, alles meine eigenen. Mir dämmerte, daß ich sehr lange fortgewesen war und sich diese Frauen und Kinder in meiner Abwesenheit vermehrt hatten. Alle waren sehr vergnügt, und dennoch herrschte irgendwie ein großes Durcheinander. Ich ging in den Garten zum Swimmingpool, auf dem große, blaue Eisstücke schwammen.

Jone Kindia war der *Roko,* der Leiter der Behörde für fidschianische Angelegenheiten des »Fijian Affairs Board«. So der hehre Name für ein Amt, das die meiste Zeit nichts anderes tat, als örtliche Zwistigkeiten beizulegen. Die gesamte Last lag auf den Schultern von Jone, der die Schlichtungsstelle verkörperte. Jeden Morgen begab er sich mit gestärktem Hemd, Gabardine-Wickelrock und frischpolierten Sandalen zu seiner Arbeitsstätte. Meist wartete schon ein Dutzend Menschen auf der Veranda des Holzbungalows, in dem sich sein Büro befand. Jone hörte sich die Klagen der Reihe nach an. An den Wänden seines Büros hingen Lithographien von britischen Krönungszeremonien, darunter eine große von George V. und weitere Porträts von George V. und VI. Sie stammten aus der Zeit vor der Unabhängigkeit, als noch ein Engländer in diesem Büro gesessen hatte. Jone wollte die Bilder nicht abhängen. Er fand sie hübsch und meinte, sie lenkten ihn ein wenig von seinem ermüdenden Job ab. Manchmal verbrachte er Tage oder gar Wochen mit einem einzigen Streitfall.

»Was für Auseinandersetzungen sind das dann?«

»Grundbesitzfragen. Das sind die schlimmsten.« Er glättete sich seinen Schnurrbart. »Die sind furchtbar langwierig und schwer zu lösen.«

Die Fidschianer klebten an der Scholle, aber natürlich hingen alle Insulaner im Pazifik an ihrem Land. Es war ihr Erbe und ihr Reichtum, in Melanesien gar der Ursprung ihrer Schöpfung, aus ihrem Boden waren sie entsprungen. »Wir kommen aus den Höhlen von Kaibola«, wie es auf den Trobrianden geheißen hatte. Sie konnten über jeden Quadratzentimeter Rechenschaft ablegen, und weil sich das Land in den Händen einzelner Familien befand, war es immer wieder unterteilt worden und letztlich unverkäuflich. Wie hätte man auch mit all den einzelnen Besitzern Verträge abschließen können? Wer den Fehler machte, ohne Erlaubnis auf einer unbewohnten fidschianischen Insel zu zelten, forderte sein Schicksal heraus: Die Insel gehörte jemandem, und wer auf ihr kampierte, schien Besitzrechte anmelden zu wollen. Der Hauptgrund für die Animositäten zwischen Fidschianern und Indern war das Revierverhalten der Fidschianer. Es machte ihnen wenig aus, wenn die Inder ihnen zahlenmäßig überlegen waren (das war seit 1946 immer wieder vorgekommen), aber es paßte ihnen nicht, wenn sie ihr Land an diese heidnischen Fremdlinge abtreten sollten.

»Dieser Strand gehört mir«, hörte ich an der Küste bei Nasavu von einem Fidschianer. »Du gehst zwei *chains* weiter, dann bist du auf dem Land von Tumasi. Nach drei *chains* fängt das von Alesi an.«

Sie maßen häufig noch mit diesem alten englischen Längenmaß. Ein *chain* entspricht 100 Fuß, also 30,48 Metern. Zehn *square chains* sind ein *acre* oder 4 046,8 Quadratmeter.

Joni, Masi und Yoakini machten sich auf eine Weise zu meinen Beschützern, die mich verwirrte und irritierte. Es war mir klar, daß sie letztlich nur Mißverständnisse vermeiden wollten, aber ich fand, daß ich eigentlich ganz gut auf mich selbst aufpassen konnte. In Vanuatu und auf den Salomonen, die als viel wildere Gegenden galten, war ich schließlich auch zurechtgekommen.

Sie wollten immer ganz genau wissen, wohin ich wollte, und ich suchte auf der Karte einen Ort und sagte beispielsweise: »Ich fahre nach Wailiki.«

Jone oder ein anderer aus der Siedlung fragte dann: »Und wo willst du übernachten?«

»Im Zelt. Ich werde um Erlaubnis fragen.«

Sie wurden entweder still oder tuschelten miteinander.

»Es ist besser, wenn du hierbleibst.«

»Ich will aber nach Wailiki.«

Woraufhin sie kicherten, was bedeuten sollte, daß eine Fahrt nach Wailiki schwierig werden könnte. Lautes Gelächter war die fidschianische Ausdrucksform für die unangenehme Mitteilung, daß etwas absolut nicht ging.

»Es kann ja jemand mitfahren.«

»Ich will allein hin. Warum soll denn jemand mitkommen?«

»Um dich vorzustellen.«

»Kann ich mich nicht selbst vorstellen? Ich gebe den Leuten *yanggona*.« Ich hatte immer noch drei staubige Bündel von dem gräßlichen Zeug.

»Ja?« sagten sie dann, und meinten: »Nein«.

Sie machten keine Witze, und mit der Zeit begriff ich, daß ihre Ängste begründet waren. In drei Dörfern stellte man mir die gleiche beleidigende Frage: »Sie Geschäftsmann?«

Man war davon überzeugt, daß ich gekommen war, um ihnen ihr Land abzuschwatzen, auch wenn ich sagte, daß ich nichts weiter wollte als zelten und Boot fahren.

Ich paddelte die Küste entlang. In Sawani, Solewu und anderen Küstenorten präsentierte ich mich dem *Yaganga ni Koro*, dem »Herrn des Dorfes«, einer Art Chief oder Häuptling (mit dem Wort *Yaganga* bezeichneten sie auch Gott): Ich hätte eine Nachricht vom *Roko*. Das machte wenig Eindruck. Man war nicht an Reisende gewöhnt, man hatte lediglich von ihnen gehört.

Sie zuckten vor mir zurück. Sie lächelten mich an – ein Ausdruck der Ablehnung – und sagten: »Es ist nicht schön hier. Es ist auch nicht sauber. Das ist ein armes Dorf. Es ist besser, wenn du dich verziehst und woanders hinfährst.«

»Darf ich mein Zelt hier nicht aufstellen?«

Sie schienen bestürzt und fragen zu wollen: Aber warum willst du das denn überhaupt?

Wenn ich irgendwo zeltete, blieb ich nie länger als eine Nacht, denn das Mißtrauen und die Ängste der Leute machten mich unsicher – obwohl es eigentlich angenehme Menschen waren, sanft, ungefährlich und voller Hilfsbereitschaft untereinander.

Dennoch konnte jede Begegnung für eine Überraschung gut sein. An einem Tag war ich ein paar Kilometer gepaddelt, ging an Land und sah einen Mann mit abstehenden Haaren und eine Frau. Die Frau hielt einen Hund wie einen Säugling im Arm. Der Mann trug ein dreckiges T-Shirt, auf dem in großen Lettern der Spruch *Nibble Nobby's Nuts, Knabbert Nobbys Nüsse*, prangte. Er hatte ein gemein aussehendes Buschmesser bei sich, ein scharfes, mindestens sechzig Zentimeter langes Ding, war sehr schmutzig und offenbar ziemlich auf der Hut.

»Wo ist Nakawakawa Village?« Ich hatte das Dorf auf der Karte gefunden, aber bis jetzt keine Hütten gesehen.

»Hier«, sagte der Mann.

»Komme ich hin, wenn ich den Weg da gehe?«

»Sie wollen da hin?«

»Ja.«

»Ja?«

»Wenn es erlaubt ist.« Ein Mann mit einem solchen Messer in der Hand konnte mich ziemlich vorsichtig machen. »Wenn nicht, paddele ich eben weiter.«

Seinem »Ja« entnahm ich: Das würde ich dir auch dringend raten.

Und dann – das war ebenfalls typisch – fragte der Mann mich auf einmal, ob er mein Brieffreund werden könnte.

Weiter oben an der Küste paddelte ich in eine kleine Bucht. Am Ufer stand eine kathedralenartige Kirche aus Holz und grauem Putz. Im Kirchhof graste ein Pferd, dahinter sah ich Schulgebäude. Menschen waren nicht zu sehen. Ich ging leise in die Kirche. Im großen, staubigen Kirchenschiff gab es keine Bänke, es war mit Matten ausgelegt, und über dem Altar hingen Gesangbuchverse in fidschianischer Sprache.

In einem hölzernen Gebäude neben der Kirche fand ich zwei

Fidschianer, die auf dem Boden hockten. In dem Raum, er sah aus wie ein Büro, gab es Stühle, aber die Männer waren beim Kavatrinken. Kava konnte auf keinen Fall von einem Stuhl aus genossen werden. Man mußte mit untergeschlagenen Beinen um die Schale herumsitzen.

»Was tun Sie gerade?«

»Wir trinken Grog.«

Sie mußten schon früh damit angefangen haben. Es war erst halb zehn am Morgen, und die beiden hatten bereits den leicht anästhesierten Gesichtsausdruck von Kavatrinkern, die schon ein paar Schälchen intus haben.

»Wo ist der Pfarrer?«

»Auf 'ner Priesterkonferenz in Savusavu.«

Wir befanden uns offenbar im Büro des Herrn Pfarrers. Da waren sein Schreibtisch, seine Papiere und sein Kruzifix. Ein gutes, stilles Plätzchen, absolut geeignet zum Kavatrinken.

»Sieht gut aus«, sagte ich zum größeren der beiden Männer, der mit einer Kokosnußschale die trübe, schlammige Brühe in der Schüssel umrührte. Die Spülwasserfarbe war ganz normal, nicht besser und nicht schlechter als das, was ich bisher gesehen hatte.

Der Mann füllte die Nußschale und reichte sie mir.

Inzwischen kannte ich das Ritual. Ich setzte mich hin und klatschte leicht in die Hände, bevor er mir die Schale gab, trank sie in einem Zug leer, gab sie zurück und klatschte noch einmal. Das eklige Gebräu war lauwarm und hatte den leicht medizinischen Geschmack von Mundwasser mit Schlammzusatz. Alkoholisch schmeckte es nicht, eher nach einem Hauch von Lakritz, und es brannte ein bißchen in der Kehle.

Nach der ersten Schale wurden meine Lippen taub und meine Zunge pelzig. Die zweite Schale brachte meine Zunge zum Absterben und tötete auch meine Gesichtsnerven ab. Weitere Schalen paralysierten meine Beine, von den Zehen aufwärts bis über die Schienbeine.

»Es ist ein gutes, harmloses Getränk«, hatte ein Inder in Nabouwalu gemeint. Allerdings rührten die Inder das Zeug selbst nicht an. »Die Leute werden nur ganz schläfrig und müde davon. Sie werden langsam. Nie gewalttätig. Sie sind viel zu schwach dazu.«

Nach einem Besäufnis mit *yanggona* drehte niemand durch und verdrosch seine Frau. Niemand torkelte nach Hause, um seine Kinder zu verprügeln, beleidigte seinen Chef, ließ sich tätowieren oder schändete Frauen. Nach einer kurzen Kicherphase kam bloß noch Taprigkeit und dann die völlige Lähmung.

Die Männer im Raum waren gerade in der albernen Phase. Sie beantworteten ein paar einfache Fragen, die ich zur Kirche hatte – sie hieß Kirche zur Unbefleckten Empfängnis, war von französischen Priestern gegründet worden und, wie sie meinten, hundertzwanzig Jahre alt, was mir unwahrscheinlich vorkam. Dann lächelten sie wieder und reichten die Schale herum.

Eigentlich war Kavatrinken das letzte, was ich hatte tun wollen. Das Gebräu entzog mir die Energie, die ich zum Paddeln brauchte. Aber ich wollte nicht unhöflich sein, blieb noch ein wenig sitzen und fragte sie über ihr Getränk aus. Sie erzählten von den Mädchen, die früher die Wurzeln gekaut hätten, und sagten, daß an manchen Orten immer noch gekaut werde. Viel hatten sie nicht mitzuteilen. Derlei Runden verleiteten nicht gerade zu geistigen Höhenflügen. Meist saßen die Männer um die Schüssel herum und murmelten sich etwas in den Bart. Ursprünglich hatte die Kavazeremonie einen Anlaß zum Schwatz geboten, aber je mehr die Leute tranken, desto wirrer wurden sie.

Die Männer sagten, daß sie wohl auch für den Rest des Tages hierbleiben würden. Sie hatten nichts anderes zu tun. Als ich sie fragte, wieviel Kava sie trinken könnten, meinten sie: »Zwei Kilo« – zerstampfte Wurzeln –, also etliche Liter von der trüben Brühe.

Es war hart, anschließend weiterzupaddeln, aber ich hatte keine andere Wahl. Ich hatte mir vorgenommen, bis ans andere Ufer der Bucht zu fahren, wo laut Karte eine kleine Ortschaft liegen sollte. Die Wirkung des Kava ließ erst am späten Nachmittag nach, danach kam ich besser voran und erreichte die Ortschaft kurz vor Sonnenuntergang. Aber der Name auf der Landkarte war irreführend, was man mit so vielen Karten von Pazifikinseln erlebt. Der Ort war nichts weiter als eine Straßenkreuzung und ein kleiner Laden, der einem kleinen grauen Inder namens Munshi gehörte.

Munshi erlaubte mir, auf seinem Land zu zelten. Es war eine kleine Rodung direkt hinter dem Mangrovengürtel am Strand. Er sei der rechtmäßige Besitzer, sagte er. Sein Großvater habe das Grundstück gekauft – er sei um 1890 nach Fidschi gekommen, als Kontraktarbeiter auf einer Zuckerrohrplantage. Munshi war im selben Haus geboren worden, in dem schon sein Vater zur Welt gekommen war. Es lag auf der anderen Seite der Insel, in Votua.

Er sah zu, wie ich mein Zelt aufstellte, und nur, um etwas zu sagen, fragte ich ihn, wie er so zurechtkomme.

»Es ist kein gutes Land mehr«, sagte Munshi. »Es ist kein Land für Inder. Wir leiden.«

Ich fand das alles deprimierend – den unterschwelligen Haß, die Dummheit der Touristen und die Tatsache, daß kein Mensch auf der Welt sich auch nur im geringsten darum scherte. Es war ein hoffnungsloser Fall: die kavatrinkenden Methodisten auf der einen, die verklickten puritanischen Asiaten auf der anderen Seite. Ihre einzige Gemeinsamkeit war die Begeisterung für Videokassetten, an *Rambo, Die Hard* und *Predator II* ergötzten sich alle. Darüber hinaus gab es keine Sympathie und schon gar keine Eheschließungen zwischen den Angehörigen der verschiedenen Volksgruppen. Hier und da – manchmal in den wildesten, ödesten Gegenden von Vanua Levu – fand sich ein chinesischer Laden, dessen Besitzer wie ein Marsmensch hinter der Theke stand: Ihn berührte das alles nicht.

Am nächsten Tag, der Morgen war heiß und feucht, verkaufte Munshi mir etwas »Shell-Lite« für meinen Kerosinkocher und erzählte mir von seiner mißlichen Lage. Ich hatte ihn gefragt, was er denn vorhätte.

»Ich will weg. Irgendwohin.«

»Sind Sie schon mal woanders gewesen?«

»Nein«, sagte Munshi. »Aber mein Vater war mal in Indien. Er hat die *Haj*-Pilgerfahrt gemacht. Das möchte ich auch gern tun.«

Er war barfuß und schmutzig. Seine Frau, die überhaupt nie sprach, schob mit einem Reisigbesen Kehricht von einer Hofseite auf die andere, und seine Kinder quakten auf der Veranda, auf deren Stufen zwei fidschianische Jungen beim Früh-

stück saßen und verständnislos zuhörten: Einer hatte einen
Brotlaib in der Hand, der andere eine Büchse Corned beef.
Munshi fragte mich: »Woher kommen Sie?«
»Aus Amerika.«
»Ich würde gern nach Amerika gehen.«
Munshi gab mir meinen Sprit und schraubte seinen Kanister
wieder zu.
»Das hier ist kein gutes Land.« Er zupfte sich das speckige
Käppi vom Kopf und kratzte sich den Schädel. »Warum Sie
sind hergekommen?«
»Ich will mich nur umsehen.«
»Gefällt es Ihnen?«
»Es ist sehr schön.«
Er schüttelte den Kopf.
»Nein«, sagte er.
Die fidschianischen Jungen auf der Treppe machten sich an
ihr Frühstück. Sie säbelten die Corned-beef-Dose mit dem
Messer auf, rissen den Brotlaib in Stücke und kratzten dann
abwechselnd mit den Brotbrocken das Büchsenfleisch aus der
Dose, bis von Brot und Fleisch kein Krümel mehr übrig war.
Auf der Insel gab es kaum frischen Fisch. Die Leute aßen Fisch
aus der Dose, wie in Neuguinea und auf den Trobrianden
auch: Sardinen, Makrelen und »Thunfischflocken«.
Das Brot hatte Munshi gebacken. Er buk es jeden Tag frisch,
aus Mehl, das er per Lastwagen von der Fähre holte. Sein Geschäft war die einzige Quelle für frisches Brot auf diesem Teil
der Insel, im Umkreis von etwa achtzig Kilometern. Alle Fidschianer aßen es, aber kein anderer Laden, weder die anderen
Inder noch der Chinese, hatten frisches Brot.
Ich war sicher, daß er weggehen würde. Sein Land stand
zum Verkauf, der Laden auch. Wenn er nicht nach Kanada
oder Amerika auswandern könne, dann nach Neuseeland,
sagte er. Dann würde es kein Brot mehr geben. Ich konnte mir
vorstellen, daß man zwar nicht ihn, aber sein Brot vermissen
würde, doch die Fidschianer würden sich schon daran gewöhnen, auch ohne auszukommen. Sie würden eben Kräcker essen. In Fidschi und auf den anderen Inseln gab es eine traditionelle Ernährungsweise, aber daneben existierte auch eine andere: das Seemannsessen, das auf vielen Pazifikinseln inzwi-

schen zum Standard geworden ist und mit Vergnügen gegessen wird. Es besteht aus Schiffszwieback, Corned beef, Spam, Dosenfisch und als Dessert Marmelade aus dem Glas oder Rosinenpudding aus der Dose.

Weder auf Viti Levu noch auf der schlichteren, traditionsbewußteren Insel Vanua Levu baute oder benutzte man Kanus zum Fischfang. Jenseits des Riffs sah ich nie jemanden beim Fischen. Innerhalb der Lagune wateten die Insulaner bis zu den Oberschenkeln ins Wasser und warfen kleine Netze aus oder stachen mit Minispeeren nach winzigen Fischen. Im Inneren von Vanua Levu sah ich ein paar strohgedeckte Hütten, ansonsten waren die Dächer meist aus Wellblech, die Dörfer baufällig. Keine Spur von Flechtwerk, Schnitzerei oder kunstvoll verschnürten Eckpfosten. Es war die Apotheose missionarischen Eifers, ein großer Bekehrungserfolg: Sämtliche Insulaner gingen zur Kirche, aber ihre überlieferten Fertigkeiten hatten sie dabei verloren. Selbst ihre Gärten waren nichts Besonderes. Sie erzeugten gerade genug für den eigenen Bedarf und kauften ansonsten immer noch beim Inder. Sie brauchten Munshi mehr, als sie glaubten.

Bei Ebbe – das Meer zog sich an der Küste bei Bua weit zurück – sah der Ort noch abgelegener und verlassener aus, ein fernes, schlammiges Gestade. Er wickele nur noch alles ab, sagte Munshi. Er warte auf die Gelegenheit zum Weggehen.

Ich war ihm dankbar, daß er mich auf seinem Land zelten ließ. Er erwartete nichts dafür, und als ich ihm *yanggona* anbot, lachte er mich aus. Wir saßen auf seiner Veranda. Wieder sagte er, wie gräßlich dieser Ort sei. Was er denn machen solle? Wohin konnte er gehen?

»Ich bin wie ein Gefangener«, sagte Munshi.

Da fiel mir wieder etwas ein: »Wissen Sie, wer Salman Rushdie ist?«

»Ich hab von ihm gehört.«

»Was hat er getan?«

»Böse Dinge.«

»Ist er ein böser Mensch?«

»Ich glaube schon«, sagte Munshi.

»Der Ayatollah will ihn umbringen lassen«, sagte ich.

»Ja«, lächelte Munshi. Es machte ein knirschendes Ge-

räusch, wenn er mit seinen mageren Fingern an seinem Bärt-
chen zwirbelte.

»Wollen Sie ihn umbringen?«

»Ich vielleicht nicht. Aber ist besser, wenn er stirbt.«

Ich paddelte zurück nach Nabouwalu, schlug meine Zelte
wieder bei Yoakini auf und trank Grog in der Kavarunde. Als
Masi allmählich steif geworden war, warnte er mich erneut vor
Alfred Hitchcock. Ich überlegte, ob ich mein Boot einpacken
und mit dem Auto die etwa hundertdreißig Kilometer in Richtung Norden nach Labasa fahren sollte, wo es angeblich eine
Stadt mit einer Zuckerfabrik und ein paar vorgelagerte Inseln
gab. Ich fragte sie, wie es dort sei.

»Genau wie hier«, antworteten sie.

Ich ging mit einem Gefühl zu Bett, als käme ich gerade vom
Zahnarzt, mit einem Mund voll Novokain.

Wieder ein heißer Tag in Nabouwalu. Ich saß im Auto, meine
Sachen waren gepackt, das Boot zerlegt, das Zelt zusammen-
gefaltet. Ich fuhr durch die Stadt und nahm halb wahr, daß die
Fähre am Kai lag. Ein riesiger Holztransporter wartete auf
seine Verladung, ein zweiter rumpelte gerade die steinige
Straße zum Pier hinunter.

Wind kam auf, und ein überwältigender Gestank verfaulender Vegetation erhob sich vom Ufer und wehte an mir vorüber
nach Westen. Er trug verschlammte Strände, verpestete Man-
grovensümpfe und verkommene Blechhüttendörfer mit sich.
Sogar einen kurzen Blick auf den großen, stehhaarigen Mann
mit dem gemeinen Schlachtermesser und dem T-Shirt, auf
dem *Nibble Nobby's Nuts* gestanden hatte. Ich sah auf, betrachtete die holprige Straße und überlegte, wie schlimm sie wohl
nach sechzig, siebzig Kilometern aussehen würde: Staub,
Schlaglöcher und Haarnadelkurven über der morastigen Lagune. »Genau wie hier.«

Einer plötzlichen Eingebung folgend, machte ich kehrt und
schoß rumpelnd auf den Pier zu, ein Fidschianer sprang beiseite und winkte mich an Bord. Minuten später waren wir weg.
Vanua Levu lag hinter uns, nichts weiter als eine fidschianische Insel, verhüllt von Rauch und Dunst.

Bei einer meiner Paddeltouren zwischen den Riffen, Inselchen und entlegenen Weilern im Bligh Water vor Viti Levu lernte ich Ken MacDonald kennen, der auf der Insel Nananu-i-Ra eine Hotelanlage für Sporttaucher errichtete. Er wies mich darauf hin, daß Camping auf der Insel zu Mißverständnissen führen könne, und bot mir an, in seinem Bungalow zu wohnen, solange ich die Inseln erkundete – dabei würde ich dann schon was finden, wo ich zelten könne.

MacDonald, der so schottisch aussah wie sein Name, überraschte mich damit, daß er halb Tongaer, halb Samoaner sei. Diese Herkunft, sagte er, sei ziemlich hinderlich. Zwar hatte sich niemand direkt dazu geäußert, aber er glaubte, daß er deswegen neun Jahre lang vergeblich um die Tochter des fidschianischen Adligen Ratu Sir Kamisese Mara geworben hatte. Wäre er zur Hälfte Fidschianer gewesen, reinrassiger Schotte oder Engländer, hätte man ihn vielleicht nicht abgewiesen, meinte er. Ein Einblick ins melanesische Sozialsystem: Hinter Fidschis Fassade von Religion, Tourismus und Zuckerrohr, hinter der dünnen Tünche von Modernität steckte immer noch die uralte, rigide Machtstruktur der Chiefs, der *ratus*, in der Kaste und Geblüt zählten.

Ich fragte mich, was Ken meinte, als er mich davor warnte, daß er launisch und reizbar sein, plötzliche Ausfälle, seltsame Stimmungen oder eigenartige Ansichten haben könne. Ich fand ihn sympathisch, wenn auch etwas still. Und mir war auch ganz recht, daß er etwas entrückt schien und hauptsächlich mit seinem Hotel beschäftigt war. Ich war nur sehr ungern irgendwo zu Gast. Ich mochte es nicht, wenn ich herumgeführt, bekocht und bemuttert wurde. Für mich war es ein Vorteil, daß Ken keine Zeit für so etwas hatte, und ich konnte sehen, daß sich sein Sporthotel Mokusiga (das Wort bedeutet »Blaumachen«), in das er seine gesamten Ersparnisse und seine ganze Kraft investierte, sehr unaufdringlich in die Landschaft dieser hübschen Insel einfügen würde.

Sein Haus war vollgestopft mit Büchern und Kassetten, und auf den Küchenregalen stapelten sich Dosen mit Makrelen, die gleiche Sorte, die ich selbst immer mitnahm, wenn ich zeltete.

»Sie essen das Zeug also auch«, sagte ich.

»Nein, das geb ich den Katzen«, antwortete Ken.

Er erzählte, daß es nur noch sehr wenige Leute gebe, die in größerem Stil Fischfang betrieben. Heutzutage gebe es nichts als Gemüse, Corned beef und Limonade, eine ziemlich erbärmliche Kost.

»Vor fünfzehn Jahren sah man noch Auslegerkanus«, erzählte Ken. »Die Männer fuhren zum Fischen aufs offene Meer hinter dem Riff. Jetzt sieht man vielleicht mal ein paar Leute mit Netzen, sonst nichts.«

Wenn ich abends vom Paddeln zurückkam, saßen wir manchmal in der Dunkelheit unter seinen Bäumen, erschlugen Moskitos und tranken Bier. Er erklärte, das Ganze sehe nur so aus wie eine schlichte Konfrontation zwischen Indern und Fidschianern, tatsächlich sei die Sache aber weit komplizierter. Es gab alle möglichen politischen Schattierungen, stark rechtsgerichtete Fidschianer und extrem nationalistische Parteien wie die Taukai, die während des zweiten Putsches in Erscheinung getreten war (bezeichnenderweise heißt das fidschianische Wort *taukai* »Grundbesitzer«) und Zulauf von ethnischen Fidschianern aus allen Schichten bekommen hatte.

»Die Leute von der Taukai haben Geschäfte angezündet und Inder verprügelt«, erzählte Ken. »Manche von den Indern sind allerdings auch militant. In einigen indischen Gegenden hat man Waffen gefunden, alle möglichen Arten von Schußwaffen und Munition. Eine ganze Schiffsladung mit Waffen für die Inder sollte hier durch den Kanal geschmuggelt werden, aber auf den Hügeln standen Soldaten. Sie haben das Schiff gesehen und aufgehalten.«

»Glauben Sie, daß die Inder das Land verlassen werden?«

»Viele sind schon weg, und die, die noch da sind, werden nicht verfolgt. Sie werden nur geschnitten«, erklärte Ken. So hatte ich es auch empfunden. »Außerdem haben sie sowieso nie viel Vertrauen zu den Fidschianern gehabt.«

»Das geht den Fidschianern wohl genauso«, sagte ich. »Was wird denn, wenn die Inder hier ebenso aus dem Land vertrieben werden wie in Uganda? Für Uganda war es eine wirtschaftliche Katastrophe. Wenn in Fidschi das gleiche passiert, wird es kaum noch Läden geben, und die Versorgungslage wird sich verschlechtern, Konsumgüter und Dienstleistungen dürften ebenso knapp werden wie qualifizierte Arbeitskräfte.

Lehrer und Ärzte, zum Beispiel. Das wird Fidschi nicht guttun. Es wird ein Geisterstaat werden.«

»Schon möglich.«

Ken war ganz realistisch, hielt aber die Probleme nicht für dermaßen drängend. Mit dieser Haltung stand er nicht allein. Die meisten Fidschianer und die im Lande lebenden Ausländer waren allgemein der Ansicht, daß die Inder so lange bleiben würden, wie sie noch Geschäfte machen und Geld verdienen konnten – der Gedanke an Profit überwog jede politische Überlegung.

Ich konnte dem nicht ganz zustimmen. Mir schien, daß Fidschi eine ungewisse Zukunft hatte und daß es sehr viel Bitterkeit und Ressentiments gab. Solange keine demokratische Verfassung verabschiedet wurde, war der Ärger vorprogrammiert. Wenn die Inder blieben, würden sie verbittern und vergrämen, wenn sie gingen, brach die Wirtschaft zusammen.

Einige von Kens Nachbarn waren ehemalige Soldaten, fidschianische Mischlinge, die während des Zweiten Weltkriegs im Westpazifik gedient und am Kampf um Bougainville in den Nördlichen Salomonen teilgenommen hatten. Abends kamen sie zu Ken herüber und ließen sich auf ein Bier und ein Schwätzchen in der Dunkelheit unter den Bäumen nieder. Ich erkundigte mich nach ihren Kriegserlebnissen.

»Ihr Amerikaner hattet einen kleinen, knapp zehn Kilometer breiten Brückenkopf auf Bougainville«, erzählte ein Mann namens George. »Den Rest hatten die Japse. Wir haben versucht, sie rauszukriegen. Ich will nicht angeben, aber ich kann sagen, daß wir gut ausgebildet waren und im Dschungel gut klarkamen. Wir wußten, daß man besser keine Helme trägt und wie man sich sehr still verhält.«

Er lachte, vielleicht weil er nicht sicher war, wie ich auf das nächste reagieren würde.

»Tut mir leid, aber eure amerikanischen Soldaten waren nicht an den Dschungel gewöhnt. Und dann dieses Negerbataillion. Alle schwarz. Furchterregend.«

Aus dem Mund eines fidschianischen Soldaten klang das seltsam. »Hatten Sie etwa Angst vor schwarzen Soldaten?«

»Nein. Nur vor denen, die bei jedem Geräusch gleich losgeballert haben. Ein Amerikaner hat mir mal gesagt: ›Wir haben sie eingefangen und ihnen Schuhe angezogen, und dann haben wir sie hergeschickt.‹ Sie haben auf Vögel geschossen, aufeinander, aber getroffen haben sie nie was! Und jeden Morgen haben sie *heebie-jeebies* gemacht. Hüpften hier rum! Rauf und runter!«

Er erhob sich aus seinem Segeltuchsessel und amüsierte seine Freunde damit, daß er wie ein geschminkter Varieténeger auf und ab stolzierte.

»Ein amerikanischer Colonel hat gesehen, wie wir in den Dschungel gegangen sind. Er hat gesagt: ›Diese Männer werden euch auf dem Weg beschützen.‹ Ich hab gesagt: ›Nein, Sir! Dann gehe ich woandershin! Ich will nicht von diesen Männern beschützt werden!‹

Wir waren auf Patrouille. Ich und meine Leute, wir waren ungefähr zu sechst. Natürlich haben wir kein Sterbenswörtchen miteinander geredet. Am Mittag machten wir Rast und lagen mucksmäuschenstill da, und plötzlich höre ich ein lautes Klicken, von einem Helm, der an einen Stein gestoßen war. Wir hatten nie Helme auf. Wenn Sie auf Bildern vom Krieg auf den Salomonen Soldaten sehen, die Helme tragen, können Sie davon ausgehen, daß sie gestellt sind.

Ich hörte also dieses Klicken, stand langsam auf und sah ins Gebüsch. Kaum fünf Meter von uns entfernt waren Japse, die machten da Rast, genau wie wir.«

George saß immer noch nicht, sondern demonstrierte uns gestikulierend und heiser flüsternd, wie er sich damals über die Urwaldlichtung bewegt hatte.

»Ich hab meinen Männern Signal zum Aufteilen in zwei Flügel gegeben. Nur Handzeichen, keine gesprochenen Kommandos. Dann gab ich Signal zum ... Wissen Sie, was *Enfilieren* ist? Das ganze Gelände unter Beschuß nehmen? Das haben wir gemacht, haben sie sozusagen ins Kreuzfeuer genommen. Sechs haben wir erledigt, verwundet haben wir noch ein paar mehr. Wir sind den Blutspuren hinterher, aber die Japse sind uns trotzdem entwischt.«

»Wie haben Sie sich am Ende dieses Tages gefühlt?« fragte ich.

»Glücklich. Und müde. Wir haben die Toten verbrannt. Wir waren schließlich keine Wilden. Jeder, den wir erschossen haben, hat ein anständiges Begräbnis gekriegt.«

Allgemein galten die fidschianischen Soldaten als harte Burschen und standen wegen ihrer Wildheit in einem so schlechten Ruf, daß die Japaner sich auf dem Rückzug weit lieber freiwillig den amerikanischen Marines ergaben, als sich der brutalen Behandlung der Fidschianer auszusetzen.

Rings um Nananu-i-Ra lagen noch sechs oder acht große und kleine Inseln. Eine davon, sie hieß Dolphin Island, war in Privatbesitz und gerade für ein paar Millionen auf dem Markt. Eine andere Privatinsel bestand aus einer Kokosnußplantage. Ich ging auf den fünfundzwanzig Kilometer langen Rundkurs um Nananu-i-Ra. Mein Zelt und etwas Proviant lagen im Boot, für den Fall, daß ich in schlechtes Wetter und nicht weiterkam, aber es klarte auf, die Wolken verschwanden, der Wind ließ nach, und ich paddelte auf einem strahlenden Spiegel dahin, beobachtete die plumpsenden Seeschwalben, die geduldigen Reiher und den Drachenflug der Fregattvögel.

Obwohl ich mit Hemd, Hut und Sonnenbrille gut geschützt war, trieb mich das blendende Licht um die Mittagszeit an den Strand einer Bucht, wo ich mir einen schattigen Platz zum Ausruhen suchte, bevor ich die Umfahrung der Insel fortsetzte.

Am Strand saßen noch zwei weitere Menschen. Ich begrüßte sie. Sie waren im Riff beim Schnorcheln gewesen und wie ich vor der glühenden Sonne in den Schatten geflohen.

Die beiden waren verheiratet, hießen Garstang, stammten ursprünglich aus Südafrika und lebten jetzt in Virginia. Michael war Meteorologe, einer der ersten, die sich mit den weltweiten Klimaveränderungen und dem möglichen Treibhauseffekt beschäftigt hatten. Er kam gerade von einer Lehrverpflichtung in Neuseeland und bereitete sich auf eine Wetterbeobachtungsreise nach Borneo vor.

Michael sagte: »Beim Thema Ozonschicht denkt jeder zuerst an Brasilien und den Regenwald. In Wirklichkeit gibt es drei heiße Punkte auf der Erde, die das Klima bestimmen: Brasilien, Borneo und Kongo-Zaire, die Mitte Afrikas. Sie erzeugen die Hitze und die Kraft . . .«, er hob die Faust gen Himmel, ». . . die El Niño antreibt.«

»Liegt der eine Brennpunkt allein auf Borneo?«

»Nein. Auch in Neuguinea, in der ganzen Region. Sie haben

wahrscheinlich gemerkt, wie warm das Wasser dort war. Das
ist auch ein Faktor.«
»Stört es Sie, daß sich plötzlich alle Welt zu Experten für die
Erwärmung des Erdballs aufschwingt?«
Er lächelte: »Nicht sehr. Aber es ist sehr schwierig, an ge-
naue Daten zu kommen. Zum Beispiel kann man eine Berech-
nung der Erwärmung anstellen, und schon beim leisesten An-
flug von Bewölkung sieht alles wieder ganz anders aus. Eigent-
lich weiß da niemand die Antwort.«
»Michael beschäftigt sich schon seit Jahren damit«, sagte
Mrs. Garstang.
»Wußten Sie«, fragte Michael, »daß es im Südatlantik einen
Ozonüberschuß gibt?«
»Ich habe immer gedacht, es sei ein Ozonmangel – das
Ozonloch«, sagte ich.
»Über der Antarktis, ja. Aber ich rede vom Südatlantik. Dieser Überschuß ist gerade erst entdeckt worden und wird erst
seit kurzem untersucht.«
Wir standen bis zu den Knien im Wasser der Lagune und
unterhielten uns, zuerst über das Wetter auf der Welt, dann
über die Veränderungen auf Fidschi. Michael war vor Jahren
zum erstenmal hiergewesen und fand, daß das Land eine negative Entwicklung durchgemacht habe. Mir fiel auf, daß
Leute, die Fidschi besonders gut kannten, sich so weit wie
möglich von Nandi und Suva entfernt hielten. Der erste amerikanische Ort, an dem die Garstangs gelebt hatten, war Woods
Hole gewesen, wo Michael eine Stelle am Ozeanographischen
Institut gehabt hatte, und so plauderten wir über Cape Cod
und die Plätze, die wir dort kannten und mochten. Wir vertief-
ten uns an diesem sonnigen Tag so sehr in dieses Thema, daß
es fast schien, als wären wir dort, beim Plausch in einer kleinen
Bucht am Cape.
Irgendwann sagte Michael: »Die neunziger Jahre werden
eine ganz heiße Dekade.« Er dachte offenbar an Erdaktivitäten,
Vulkanausbrüche, Erdbeben, Stürme.
In Neuseeland hatte ich bemerkt, wie sehr das Reisen mein
Gedächtnis stimulierte – wahrscheinlich geht es vielen Men-
schen so – und wie sehr mich entlegene Orte zu intensivsten
Tagträumen über zu Hause anregen konnten. Bei diesem klei-

nen Schwatz am Ufer der Lagune ging es mir ebenso. Ich paddelte weiter, verloren an Cape Cod, und erst der Anblick nackter, nasser fidschianischer Jungen, in deren Haaren Wassertröpfchen glitzerten und die auf den Felsen herumkletterten und sich mit Kokosfaserklumpen bewarfen, brachte mich zurück in die Wirklichkeit.

Bald war ich im offenen Wasser, getrieben vom gleichen stetigen Wind, der auch Captain Bligh vorangeschoben hatte. An der Westspitze der Insel fand ich einen leeren Strand und aß zu Mittag: Katzenfutter, wie ich die japanischen Makrelen mittlerweile selbst nannte, und Obst. Im Schatten eines Baumes schlief ich ein bißchen und ging später schnorcheln. Etwa sechzig Meter vom Ufer entfernt war eine Korallenbank, dahinter tiefes, schwarzes, kaltes Wasser. Papageienfische und winzige andere, leuchtendgelb und blau wie Juwelen schimmernde Fischchen umschwärmten das Riff aus Korallen und Dornensternen, flitzten tausendfach hin und her.

Ich ließ mich treiben und beobachtete die Fische, aber zu lange hielt ich mich nicht auf. Mittlerweile kannte ich Ozeanien gut genug, um geeignete Lebensräume für Haie erkennen zu können. Beim Schnorcheln sah ich mich sowieso ständig nach Haien um, und an diesem Tag war ich besonders vorsichtig. Ich wollte mein Schicksal nicht herausfordern. Ziemlich bald schwamm ich zu meinem Lagerplatz am Strand zurück, und als es kühler wurde, fuhr ich weiter um die Insel herum.

Bei Sonnenuntergang, in einer wunderschönen orangerosafarbenen Lagune vor der letzten Landzunge der Insel, schlugen kleine Wellen an schwarze Felsen. Ich trödelte noch ein bißchen, bevor ich die letzte Etappe meiner Inselumfahrung anging, freute mich am Spiel von Licht und Schatten, am glühenden Wasser – und stellte fest, daß zwei von den Wellen Haie waren, Haie mit Flecken auf den Rückenflossen: Epaulettenhaie, gefleckte, elegante Tiere, die harmlos im Wasser zu spielen schienen.

Ich griff nach dem Speer, der bei meinen Fahrten immer auf dem Deck des Kajaks festgezurrt war. Die Haie waren beide etwa anderthalb Meter lang und schwammen nebeneinander im flachen Wasser. Ich konnte sie gar nicht verfehlen und sah mich schon in die Bucht zurückpaddeln. Ken unter seinem

Baum würde vom Bier aufstehen und Stielaugen machen,
wenn ich mit zwei fetten Haien ankam. Die Fidschianer würden beim Anblick meiner Harpunierkunst und Kühnheit wie
vom Donner gerührt sein. Und ich würde sagen: »Ich hab auf
den Trobrianden gelernt, wie man mit Haien umspringt.«

Mit aller Kraft warf ich den Speer nach dem Hai, der mir am
nächsten war. Er traf den langen Körper an seiner dicksten
Stelle, direkt hinter dem Kopf. Beide Haie peitschten mit den
Schwanzflossen und waren weg, passiert war ihnen nichts: In
der Eile hatte ich den Ballen Kokosfaser vergessen, den ich auf
die Speerspitze gesteckt hatte, um die Außenhaut meines Bootes vor dem scharfen Dreizack zu schützen. Vielleicht hatte ich
dem einen Hai einen üblen Kratzer beigebracht, mehr aber
sicher nicht. Und eigentlich war ich froh darüber. Die Haie hatten mich nicht bedroht, nicht einmal belästigt. Sie waren offensichtlich sehr vergnügt gewesen, und als ich versuchte, sie
umzubringen – aus einem Impuls von Machtgier und Herrsch-
sucht –, benahm ich mich genauso heimtückisch, wie wir es
immer von den Haien behaupten.

Eine bestimmte Insel dieser vor der Nordküste gelegenen
Gruppe ging mir nicht aus dem Kopf, denn man sah sie auch
nachts, weil sie ständig brannte. Sie hieß Malake. Während des
Tages qualmte sie, grauer und schwarzer Rauch waberte von
den steilen Flanken ihrer Hügel, und bei Nacht leuchtete sie im
Flammenschein ringförmiger Feuerstellen, die sich bis zu den
Gipfeln hochfraßen. Nach meiner Karte war die Insel kaum
mehr als sechzehnhundert Meter lang und vielleicht achthundert Meter breit. Die Teile, die nicht in Flammen standen, waren schwarz.

»Dauernd brennen« die ihre blöde Insel ab«, sagte ein Altein-
gesessener zu mir. »Sie haben nichts zu tun, also legen sie
Feuer.«

Ich wollte die Brandstifter von Malake besuchen. Eine
Strecke von sechzehn Kilometern vor dem Wind, zu weit, um
an einem einzigen dieser glühendheißen Tage hin- und zu-
rückzufahren. Also beschloß ich, den Ausflug zu einer Expedition zu machen und Wasser, Proviant und mein Zelt nebst
einem Bündel *yanggona* mitzunehmen. Ich fuhr am frühen

Morgen los, kam durch den Wind schnell voran und hörte die alten Rock-and-Roll-Songs auf meinem Band vom *Big Chill*. Die seltsame Insel hatte – wohl wegen der Feuer – unbewohnt gewirkt, aber aus der Nähe konnte ich die kleine Siedlung sehen, in der die Brandstifter lebten. Außerdem hatte sie ein markantes Riff. Es war Ebbe, und die Korallen traten so dicht unter der Oberfläche hervor, daß mein Boot immer wieder über sie schrammte. Aus noch geringerer Entfernung sah ich Anzeichen von Landwirtschaft: Tarofelder, Papayabäume, Cassavapflanzen. Aber sie waren klein und lagen in den unzugänglicheren Bereichen der Insel. Der Rest war abgebrannt. Ich sah das schwarze Gras, die Erosion, verkohlte Bäume und abgestorbene Fichten mit orangegelben Nadeln.

Die Siedlung lag der Nordseite von Viti Levu gegenüber, aber was zuerst wie ein lebendiges Dorf mit Hütten ausgesehen hatte, erwies sich bald schon als ein Haufen von Wellblechbuden an einem Strand voller Müll. Ich paddelte zur Rückseite der Insel, zum Nordhang des Berges mit seinen vorgelagerten Hügeln, die von den Buschfeuern geschwärzt waren.

Um den scharfkantigen Korallen auszuweichen, die mein Boot hätten aufreißen können, fuhr ich aufs Meer hinaus, und plötzlich begann ich mich schwach zu fühlen. Bis dahin war es mir gutgegangen, aber ich hatte mir irgendwo eine Erkältung geholt – entweder beim Zelten in Vanua Levu oder von dem verdammten Kava, das wir alle aus derselben Kokosnußschale getrunken hatten. Ich hatte Kopfschmerzen, meine Augen taten weh, mein Hals war rauh, meine Nase verstopft, und meine Muskeln schmerzten. Ich hielt es für das beste, an Land zu gehen, das Zelt aufzuschlagen, im Schatten zu bleiben und einfach abzuwarten. Ich hatte genug Wasser und Proviant für drei Tage.

Während ich über der Korallenbank nach einer Fahrrinne suchte, hörte ich vom Ufer krachende Geräusche, als würde jemand Holz hacken, also paddelte ich zurück und ging weiter unten an der Küste in einer kleinen Bucht an Land. Ich machte gerade das Boot an einer Mangrovenwurzel fest, als fünf Männer aus den Büschen auftauchten und mit Macheten herumfuchtelten, die aussahen wie Entermesser. Das also waren die Brandstifter von Malake. Sie kamen aus dem Nichts.

Ich wollte schon wieder ins Boot klettern und davonpad-
deln, aber sie kreisten mich ein. Ich kam mir dumm vor. Einen
Fluchtversuch hätten sie leicht vereiteln können: Das Wasser
war flach, und wegen der Korallen hätte ich vorsichtig paddeln
müssen. Im übrigen hätte ein einziger Messerschnitt gereicht,
um mein Boot zu versenken. Also trat ich die Flucht nach vorn
an, sagte »hallo« und lächelte.

Es waren zerlumpte Fidschianer mit den spitzen Kanniba-
lenzähnen, den fliehenden Stirnen, den winzigen Augen und
rabenschwarzen Schnurrbärten der Landbevölkerung. Sie trugen zerfetzte Shorts und T-Shirts.

»Wo kommst du her?«

»Nananu-i-Ra, von da drüben.«

»Nein. Welches Land?«

»Amerika.«

»Amerika sehr reich.«

Ich war unrasiert und krank. Ich hatte ein faltbares Boot,
platschte mit triefenden Gummigaloschen herum und trug
eine Baseballkappe.

»Glaubt ihr, daß ich reich bin?«

Sie starrten mich an. Sie gehörten zu den ärmsten Fidschianern, die ich je gesehen hatte. Sie waren schmutzig, ihre Kleider waren Lumpen, und ein paar von ihnen hatten Zahnlük-
ken, was ebensosehr auf Armut wie auf Gewalt schließen ließ.
Die größte Sorge aber machten mir ihre rostigen Buschmesser.

»Guckt mich an«, sagte ich. »Ich bin nicht reich. Kein Geld.«

Sie betasteten mein Boot, bohrten mit den Fingern ins Segel-
tuchdeck und in den Gummirumpf. Sie hätten es (und mich) in
ein paar Sekunden in Stücke hacken können.

»Was macht ihr mit diesen Messern?«

Sie antworteten nicht.

»Bäume fällen?«

Sie lächelten verneinend.

»Kokosnüsse ernten?«

Der stämmigste und dreckigste von ihnen hatte bis jetzt als
einziger mit mir geredet, und ich nahm an, daß nur er Englisch
konnte. Pidgin sprach man hier nicht.

Dieser verwahrloste kleine Mensch fragte: »Du Kokosnüsse?«

Ich nickte.

»Du kommst.«

Zwei gingen vor mir, drei hinter mir. Kaum daß wir den Strand verlassen hatten und durch den trockenen, gelben Busch wanderten, waren wir von der Brise abgeschnitten. Ohne sie war es heiß und voller Insekten. Es gab keinen Weg, nur eine Art Trampelpfad, bedeckt von Baumrinden, toten Ästen und Laubhaufen.

Ich hatte nicht mitgehen wollen, aber doch irgendwie eingewilligt, weil ich glaubte, daß es unfreundlich oder feige gewirkt hätte, wenn ich mich weigerte. Außerdem war ich neugierig, an solchen Orten packt mich immer ein fataler Forschertrieb. In gewissem Sinn war das hier das eigentliche Fidschi, eine Insel vor einer Insel, auf der nichts wuchs außer Gemüse. Kein Zuckerrohr, keine Touristen, keine Autos, keine Straßen, kein Strom. Nichts als ein Haufen schwarzverbrannter Grashügel, die ständig in Flammen standen, weil die Bewohner nichts Besseres zu tun hatten. Wie die Trobriander nannten sie die große Insel, die sie sehen konnten, »das Festland«.

Meine seltsamen, stummen, verlotterten Begleiter hatten eine irritierende Angewohnheit. Sobald wir an einem besonders schön gewachsenen Strauch vorbeikamen, hackten sie ihn in Stücke. Schon am Strand war einer wutschnaubend auf eine Mangrove losgegangen, hatte mit seinem Entermesser auf die zarten Zweige eingehauen, den Stamm, die Blätter und schließlich den ganzen Baum kurz und klein geschlagen. Die weißen, zerhackten Stücke ließ er im Matsch liegen.

Er hatte den Baum aus schlichter Zerstörungslust zerschlagen, einfach so, genauso mutwillig, wie sich ein Jugendlicher in der Großstadt ein frischgepflanztes Alleebäumchen vornimmt.

Ich fand es erschreckend, wie so ein schmuddliger Typ mit seinem rostigen Messer vor einem Baum den starken Mann markierte. Es war Gehässigkeit, eine Demonstration von Stärke und bösem Willen. Sie schlugen keinen Pfad frei oder dergleichen, sondern ließen schlicht die Sau raus. Ich mußte an den Moment in Melvilles Geschichte *Benito Cereno* denken, in dem die Meuterer lächelnd ihre Messer wetzen – diese Männer hätten überhaupt gut zu jener meuternden Schiffsbesatzung gepaßt. Bösartig genug sahen sie jedenfalls aus.

Mir war ganz schwindlig von der Hitze, und ich fühlte mich mit diesen fünf anderen Menschen schon deswegen nicht wohl, weil ich sonst immer allein war. Rundum roch es durchdringend nach Rauch, und ich konnte die verbrannten Hügel sehen: Aus der Nähe sahen die verkohlten Stellen viel schlimmer aus. Die Landschaft war übel zugerichtet. Die Bewohner schienen ihre Insel vernichten zu wollen.

»Warum brennt ihr die Bäume ab?«

»Ja. Wir brennen ab. Wir brennen. Wir brennen.« Der kleine Mann gestikulierte mit seinem Messer.

Wir waren schon fast im Zentrum der Insel und überquerten ein paar flachere Hänge. Ich überlegte mir, wie ich umkehren, eine Ausrede erfinden und verschwinden könnte. Da sah ich die Palmen.

»Da sind die Kokosnüsse«, sagte ich.

Es schien sie zu verwirren. Als hätten sie vergessen, warum wir hergekommen waren.

»Wer klettert hoch?« fragte ich.

Gemurmel.

»Der Junge da.«

Aber der Junge schlug gerade den dünnen Stamm eines verkrüppelten Baums in Stücke. Er drehte sich um, sah auf und murmelte etwas, das sich ausgesprochen mürrisch anhörte.

Ich klettere für überhaupt niemanden da rauf!

Der stämmige kleine Mann sagte wieder etwas, und der Junge murmelte und hackte weiter mit seinem Entermesser auf den Baum ein.

Wenn der weiße Mann eine Kokosnuß will, dann kann er selber auf die Palme klettern.

Der Witz war, daß ich wirklich eine Kokosnuß wollte, weil ich Durst hatte und mich immer noch ziemlich schwach fühlte. Wir standen schweigend in der Hitze herum. Ich wollte Luft holen, merkte aber, daß meine Lunge wie verstopft war. Wahrscheinlich hatte ich eine verschleppte Bronchitis. Keuchend setzte ich mich hin. So ein Mist. Ich mußte an die Zeit auf den Trobrianden denken, als ich eine Nagelbettentzündung gehabt hatte und zweimal täglich meinen Daumen abkochen mußte, um die Infektion in Schach zu halten. Die kleinen Kinder hatten sich immer um mich versammelt und zugesehen, wie ich

Druck in meinen Kocher pumpte, den Topf mit Wasser füllte und meinen Daumen sautierte.

Ich legte den Kopf in die Hände.

»Nein. Wir gehen.«

Diesmal war es ein anderer, der englisch sprach, ein fetter, zahnlückiger Kerl, der mit seinem Messer durch die Luft schnitt.

»Ich kann nicht mitkommen«, sagte ich.

»Ja«, forderte er.

»Nein. Weil . . .«, ich überlegte angestrengt, ». . . ich euch *yanggona* geben will.«

Das Wort erkannten sie. Sie grinsten.

»Und mein *yanggona* ist in meinem Boot. In meinem *waga*, versteht ihr?«

Ich deutete durch die gelben Büsche in Richtung Strand.

»Du gibst uns?«

»Ja. Ich gebe es euch. Aber erst . . .«, ich grinste vor Angst wie eine Geisel, die ihr Lösegeld verspricht, ». . . muß ich es holen.«

Ich redete, versprach, grinste ununterbrochen und versuchte, glaubwürdig zu klingen – irgendwie hatte ich die Vorstellung, daß sie mich nicht umbringen würden, solange ich redete. Es schien mir unsportlich und unhöflich, jemanden zu erstechen, während er noch mit einem sprach. Mir war nach wie vor sehr unbehaglich in der Gesellschaft dieser Männer, die jetzt sämtlich hinter mir hergingen. Außerdem droschen diese Idioten immer noch auf unschuldige Bäume ein.

Ich überreichte ihnen ein Bündel in die *Fiji Times* gewickeltes *yanggona*, und während sie das Päckchen auseinanderrissen, machte ich das Kajak los. Einer schrie: »Komm zurück!«

»Bin gleich wieder da!« sagte ich und kletterte ins Boot.

Na klar, dachte ich. Aber ich fühlte mich immer noch hundeelend. Also paddelte ich nicht direkt von der Insel weg, sondern steuerte ihre Westspitze an. Dort gab es eine felsige Landzunge. In der Nähe des Ufers hörte ich Gemurmel. Es richtete sich nicht an mich, sondern war ein jammernder Monolog, ein brabbelndes, sinnloses Selbstgespräch. Ich paddelte weiter, bis ich an einer unzugänglichen, von Felsen eingeschlossenen Uferstelle einen geschützten Schlupfwinkel fand, der so aus-

sah, als benutzten ihn auch Angler. Etwas Heißes würde gegen
die Erkältung helfen, dachte ich, also kochte ich Wasser auf
und machte mir grünen Tee und Suppe. Danach fing ich an zu
schwitzen. Ich legte mich hin und war so müde, daß ich ein-
schlief.

Als ich wieder aufwachte, war es für die Rückfahrt schon zu
spät. Vorsichtig machte ich einen Rundgang über den kleinen
Strand. Ich horchte auf jedes Geräusch und sah mich nach
Fremden um. Niemand da, und nachts würde sicher niemand
kommen, das wußte ich. Keiner wanderte hier in der Dunkelheit herum.

Ich wartete bis zum letzten Moment, saß lauschend da und
stellte erst kurz vor Anbruch der Dunkelheit und dem Aus-
schwärmen der Moskitos mein Zelt auf, kroch hinein und
schlief neun Stunden bis kurz vor Sonnenaufgang. Der Brand-
geruch erinnerte mich daran, wo ich war: auf Malake, der
Brandstifterinsel. Durch den Schlaf schien ich wiederhergestellt. Ich brühte mir meinen grünen Tee auf, aß zum Frühstück Brot mit Bohnen und machte mich auf den Weg auf die
andere Seite der Insel, auf der Malake Village liegt.

Ich paddelte an das Dorf heran, aber beim Anblick der zerlumpten Menschen, die mich zu sich ans Ufer winkten, der
alten Männer und kleinen Kinder mit ihren vom Rotz glänzenden Gesichtern, wendete ich, um die Strömung zu erwischen,
die mich nach Osten bringen würde, weg von hier.

Weiter draußen auf dem Wasser erlebte ich etwas, das ich
schon auf den Trobrianden, den Salomonen, in Vanuatu und
immer wieder vor den Inseln von Fidschi bemerkt hatte. Während ich dahinpaddelte, schreckte der Klang des Paddels oder
das Platschen des Bootsrumpfs die Fische auf, und sie sprangen aus dem Wasser und hüpften über die Wellen, hotteten
sozusagen aufrecht herum und balancierten auf ihren
Schwanzflossen. Es waren manchmal zehn, zwölf Fische, die
sich vor meinem Bug im Jazztanz übten, während ich auf eine
der glücklichen Inseln zufuhr. Ich war immer ganz hingerissen
von diesem komischen, überraschenden Spektakel. Es sah aus,
als seien die Fische verzaubert und zu ihrem unfischartigen
Betragen, diesem aufrechten Gang übers Wasser, verhext
worden.

Meine Vermutungen über meinen Gesundheitszustand bestätigten sich. Bald hatte ich fast vierzig Grad Fieber, und der Arzt stellte Lungenentzündung fest.

»Verdammte Inder, was wissen die denn schon?« meinte ein Fidschianer dazu.

Ich litt ein paar Tage lang, dann nahm ich Antibiotika und fühlte mich bloß noch klapprig und einsam, aber nach ein paar Wochen konnte ich wieder frei atmen. Ozeanien war wunderbar, solange man sich gesund fühlte, und der schlimmste Ort der Welt, um krank zu sein.

III. TEIL

POLYNESIEN

14. Kapitel

TONGA: DIE KÖNIGLICHE INSEL
TONGATAPU

Ein großer, breitschädeliger tongaischer Beamter in einem blauen, über die knubbligen Knie reichenden Rock stellte mir die üblichen Fragen zu meinen Bootssäcken und sagte dann: »Sie müssen Löschgebühr zahlen.«

Löschgebühr? Er mußte es ein paarmal wiederholen, bis ich ihn akustisch verstand. Und selbst dann konnte ich nicht ganz folgen. Löschgebühren wurden entrichtet, wenn man mit einem Schiff die Löscheinrichtungen eines Hafenkais nutzte, aber mein Schiff steckte in zwei Leinensäcken, und wo war der Kai?

Wir standen in einem Holzschuppen auf dem Gelände des Fua'amotu Airport auf der Insel Tongatapu, in Gesellschaft anderer feister, drängelnder Tongaer, von denen sich etliche zur Feier ihrer Heimkehr große knirschende Matten um die Hüften geschlungen hatten. Einige hatten sich in Fidschi Videos von der *Operation Wüstensturm* – dem Kriegsgeschehen bis zu diesem Zeitpunkt – besorgt, Mitschnitte der Nachrichtensendungen von CNN, die tüchtige Inder dort herstellten und für sechzig Fidschi-Dollar pro Stück verscherbelten.

Ich erklärte dem Mann, daß es sich um ein ziemlich kleines Faltboot handele, und wollte schon zu einer genaueren Beschreibung ansetzen, aber er beachtete mich überhaupt nicht und fing an, ein Formular mit der Kopfzeile »Königreich Tonga« auszufüllen. Unter »Beschreibung der Ware« schrieb er »ein Boot«, unter »Löschgebühr« krakelte er »zwei pa'anga, vierzig Cents«. Zwei Dollar. Wie beruhigend. Ich bezahlte mit Fidschi-Dollars, der Währung, die ich am schnellsten griffbereit hatte.

Dann erklärte ich auf dem vorgedruckten Blatt, daß ich keine »geistigen Getränke ... Früchte oder Mikroorganismen ... gebrauchte Fahrräder ... obszöne Literatur ... anstößige Fotografien ... Feuerwerkskörper ... giftiges, betäubendes oder Tränengas« bei mir hätte.

Es war auffällig, wie stabil die Tongaer aussahen und was für eine dreckige, klapprige Bude dieser Flughafen war. Ein Gegensatz, der mir auch weiterhin Rätsel aufgabe: die physische Kraft der Tongaer – ihre großen, soliden Körper – und daneben die Hinfälligkeit ihrer wackligen Häuser und sonstigen Einrichtungen.

»Was wollen Sie in Tonga?«

»Ein bißchen herumreisen, ein bißchen paddeln.«

Ich will zum König, hätte ich beinahe gesagt. Ich hatte vor, irgendwann zu einem im Norden gelegenen Archipel namens Vava'u weiterzufahren und auf einer der dortigen unbewohnten Inseln zu zelten. Aber hier auf Tongatapu wollte ich Seine Majestät treffen, Taufa'ahau Tupou IV., den König von Tonga.

Salesi, Afu Veikune und Mrs. Vahine, ihre Freundin, würden mir bei der Vermittlung meiner königlichen Audienz behilflich sein. Wie viele Tonganer hatte Afu einige Jahre als Hausangestellte bei einer Familie in Honolulu zugebracht, Salesi war Fahrer bei Budget/Rent-a-Car gewesen: »*Your Courteous Driver is Salesi Veikune. Ihr freundlicher Fahrer heißt Salesi Veikune.*« Mrs. Vahu hatte bei Budget in San Francisco gearbeitet.

Lakaien und Chauffeure, denkt man. In Amerika vielleicht. In Tonga hatten sie Verbindungen zum Königshaus. Die mäßig begnadete Köchin Afu, die in Honolulu Spam und Eier in die Pfanne gehauen hatte, war bei der berühmten und vielgeliebten Königin Salote von Tonga, der Mutter des jetzigen Königs, Kammerzofe gewesen. Afus Vater war ein *Tui*, ein Chief und Großgrundbesitzer, ihr Sohn hatte eine königliche Cousine geheiratet, und der König war zur Hochzeit gekommen. Zu ihren Freunden gehörten Prinzen und Prinzessinnen, und die derzeitige Königin kam oft zu ihnen zu Besuch. Ganz gleich, ob der eine auf Hawaii einen Bus chauffiert und die andere Hausarbeiten verrichtet hatte: In Tonga waren sie sehr angesehen, besaßen Land, Macht und mehr schwarze Schweine, als ich je auf einem Haufen grunzen und quieken gehört hatte.

»Vielleicht reden Sie mal mit Mister Mo'ungaloa«, sagte Afu. Meist führte sie die Unterhaltung. Auch nach vielen Jahren in Amerika sprach Salesi nur stockend englisch, vielleicht eine

Folge seiner Arbeitsplatzbeschreibung: »Es ist untersagt, sich
während der Fahrt mit dem Fahrer zu unterhalten«, hatte eines
seiner Schilder gelautet.
»Wer ist Mister Mo'ungaloa?«
»Der Sekretär des Königs.«
»Aber der arbeitet jetzt nix«, sagte Mrs. Vahu. »Der macht
Lunch.«
Wir eilten mit fünfzehn Stundenkilometern die Taufa'ahau
Road entlang, die Hauptstraße von Nuku'alofa (»Hort der
Liebe«). Zwischen Flughafen und Hauptstadt passierten wir
siebenundzwanzig Mormonenkirchen, in manchen Dörfern
standen gleich zwei. Wir waren in Polynesien, kein Zweifel.
Die Piste hatte Löcher wie ein Sieb, also fuhren wir langsam. In
Tonga raste niemand. Die Straßen waren grauenhaft. Die Gebäude auch. Jeder, der diese königliche Hauptstadt sah, mußte
angesichts ihres gepeinigten Aussehens an schwere Versor-
gungsengpässe denken.
    Aber es lag nicht daran. Der Ort wurde einfach weder ge-
pflegt noch beachtet, er schien es niemandem wert. Die Insulaner von Tongatapu selbst waren sauber und adrett, wenn auch
von etwas mürrischer Wesensart, lebten aber in einem Zustand andauernder Unordnung. Nuku'alofa war baufälliger als
jede andere Inselhauptstadt, die ich seit Honiara auf den Salomonen gesehen hatte. Noch vor zehn, zwanzig Jahren, vielleicht zur Zeit der Krönung von König Tupou im Jahre 1967,
war die Stadt mit ihren bröckligen, stuckverzierten Kirchen,
ihren hölzernen Läden und ebenso hölzernem Königspalast –
dem einzigen Holzpalast der Welt – womöglich ganz charmant
gewesen. Aber dieser Charme war restlos dahin. Sie wirkte
vernachlässigt, allerdings besaß sie, wie viele andere vernachlässigte Hinterhöfe der Welt auch, den großen Vorzug gerin-
gen Autoverkehrs.
    Nuku'alofa hatte keine sichtbare Industrie, und das einzigar-
tige Palastgebäude sah im Grunde wie eine christliche Kirche
aus, hölzern, weiß, mit einem stämmigen Turm und Meeres-
blick – tatsächlich war das Christentum erst mit dem Segen der
Monarchie zu voller Blüte gelangt. In Nuku'alofa gab es kein
einheimisches Produkt zu kaufen außer Briefmarken. Die Stadt
bekam ihr Geld ausschließlich durch Überweisungen von Ton-

gaern, die in Meganesien, besonders in Auckland, oder in Amerika lebten, vor allem auf Hawaii, wo sie als Hauspersonal, Gärtner, Autowäscher und Baumpfleger angestellt waren. Hübsche Briefmarken und Überweisungen aus dem Ausland sind auch die Stütze anderer armer Länder Ozeaniens (wie etwa der Philippinen und Samoas), die hauptsächlich Immigranten produzieren.

Eine andere Einkommensquelle für Tonga – eine recht bizarre – ist bis heute der Handel mit Pässen. Ausgedacht hat sich das ein Hongkong-Chinese, ein gewisser Mr. George Chen, den der tongaische König als staatlichen Finanzberater engagiert hatte. »Verkaufen Sie Pässe«, hatte Mr. Chen gesagt. Er wußte, welcher Bedarf bei den Bewohnern Hongkongs zu erwarten war, die der 1997 anstehenden Übernahme der Kronkolonie durch die Volksrepublik voller Schrecken entgegenzitterten. Für 10 000 US-Dollar konnte ein ansonsten Staatenloser zur »Tongan Protected Person« (TPP) werden und einen tongaischen Paß vorzeigen, der ihm die Freiheit gab, alle Länder der Welt zu bereisen – außer Tonga selbst, wo ein TPP sich nicht niederlassen durfte.

Einige Länder erkannten diese Pässe aber nicht an, der König wurde unterrichtet, und ein neues Paßmodell kam auf den Markt, das zwanzigtausend oder, für eine vierköpfige Familie, fünfunddreißigtausend US-Dollar kostete. Dieser Paß verlieh dem Inhaber die tongaische Staatsbürgerschaft und damit auch das Niederlassungsrecht. Südafrikaner, Libyer und Hunderte von Hongkong-Chinesen rissen sich um diese Pässe. Selbst Imelda Marcos kaufte sich einen und wurde so zur Bürgerin von Tonga. In den letzten sieben Jahren kam Tonga auf diese Weise zu dreißig Millionen Dollar und einer Verfassungskrise. Verärgerte Tongaer demonstrierten ihre ablehnende Haltung gegenüber einem solchen nationalen Ausverkauf, riefen nach einer Beschneidung der Machtbefugnisse des Königs (da Seine Königliche Hoheit die Sache angestiftet hatte) und wollten wissen, was mit dem Geld passiert war.

Eine weitere Geldquelle sind die heimkehrenden Tongaer wie Afu und Salesi, die in Übersee ein paar Dollar verdient haben und zurückkommen, um sich unter eigenen Bäumen zur Ruhe zu setzen und Schweine zu züchten.

»Das ist das Grab von Königin Salote.« Afu deutete über einen unkrautbewachsenen Acker hinweg auf etwas, das aussah wie ein Kriegerdenkmal. Ein großes Eisengitter umgab es. Queen Salote (tongaisch für »Charlotte«) hatte Queen Elizabeth bei deren Krönung im Jahr 1953 fast die Schau gestohlen. An jenem Tag regnete es heftig. Nach tongaischer Etikette muß man Demut zeigen, um jemandem seine Ehrerbietung zu demonstrieren, auf keinen Fall darf man die geehrte Person nachahmen. Bei den ersten Regentropfen zogen die Lakaien der englischen Königin das Verdeck über ihre Equipage, die auf Westminster Abbey zurollte. Und auch über die anderen Kutschen der Prozession wurden die Verdecke geklappt – über alle bis auf eine, die der Königin von Tonga. Sie blieb sitzen, riesig, naß und majestätisch, mit triefendem Haar, in einer vollgelaufenen Karosse. So gewann sie die Herzen der Briten.

Nur einer machte sich über die Königin der einstigen Kannibaleninseln lustig: Noël Coward. Queen Salote teilte die Karosse mit einem winzig kleinen Höfling. »Wer ist der Mann da neben der Königin von Tonga?« fragte jemand, und Coward witzelte: »Ihr Lunch.«

»Aber was soll ich Mr. Mo'ungaloa sagen?«

»Sagen Sie ihm, wer Sie sind«, meinte Afu. »Er wünscht, Ihren Hintergrund zu überprüfen.«

»Was will er denn in meinem Hintergrund finden?«

»Schöne Sachen«, erklärte Mrs. Vahu.

Beim Gedanken daran kicherte Salesi prustend. Wußte er etwas? Er war fett, groß und langsam, und wenn er einmal etwas sagte, sprach er sehr leise. Salesi war achtundfünfzig, und während wir durch die Löcher in der Straße schlingerten, hopste das Auto auf und nieder, und die Matte um seine Hüften knirschte wie eine Kuh, wenn sie Heu mampft. Ich fand das Geknirsche dieser Hüftmatte seltsam befriedigend. Manchmal klang es, als würden Kekse zerbröselt.

Wir erreichten ein kleines Haus mit einem roten Dach in einem weiteren unkrautbewachsenen Acker. Es befand sich vor der hohen Umzäunung des Königspalastes und beherbergte das Büro des Sekretärs. Wir betraten das Gebäude, und meine Begleiter benahmen sich wie Eltern am ersten Schultag. Drinnen war ein offener Raum mit ein paar Schreibtischen und vielleicht zehn fetten Männern in langen Röcken, die dort saßen und auf tongaisch miteinander herumflachsten. Der gesellschaftliche Rang eines Menschen ließ sich fast allein an seiner Beleibtheit ablesen – die stämmigen Herren waren Adlige. Um ihre Mitte trugen sie alle mehrere Schichten ausgefranster Matten.

Obwohl sie mich kaum kannten, bezeugten Afu, Salesi und Mrs. Vahu energisch meinen edlen Charakter, und schließlich willigte Mr. Mo'ungaloa ein, mich zu sehen.

»Bitte?«

Mr. Mo'ungaloa war ein kleiner, bebrillter Mann in einem engen Nebengelaß. Kein besonders anziehendes Kämmerlein für den Sekretär des Königs, aber auch nicht weniger merkwürdig als das Vorzimmer mit den witzelnden Fettwänsten.

»Sie wünschen den König zu sprechen?«

»Sehr«, sagte ich. Und dann erzählte ich, daß ich vor etwa fünfzehn Jahren in London die Bekanntschaft des Kronprinzen Tupou'toa gemacht habe. Er war etwa so alt wie ich, hatte die Militärakademie in Sandhurst besucht und spielte Klavier. Er hatte seine eigene Jazzband gegründet: The Straight Bananas.

»Prinz Tupou'toa ist jetzt Außenminister«, sagte Mr. Mo'ungaloa. Bei meiner unschuldigen Bemerkung über »Die geraden Bananen« war er etwas zusammengezuckt.

Der Prinz war unverheiratet und angeblich oft in den Nachtklubs von Nuku'alofa zu finden. Ihn zu treffen, schien also nicht weiter schwierig, da es bloß zwei Nachtklubs gab. Seine Familie lag ihm immer noch wegen eines Stammhalters in den Ohren.

Ein Foto des Prinzen zeigte ihn in einer wesentlich größeren Uniform, als er sie in seinen Londoner Tagen getragen hatte. Auch Fotos von Königin Salote hingen an den Wänden, von alten tongaischen Königen, unter anderem vom ersten christlichen Monarchen, George Tupou I. (getauft 1831), und von der englischen Königsfamilie. Ein gerahmter Brief des Präsidenten des »All-Japan Karate-Do« bezeugte in englischer und japanischer Sprache, daß König Taufa'ahau Tupou IV. zum »7. Dan ehrenhalber« im Karate ernannt worden war. Es gab noch andere devote Schreiben und daneben einen freundlichen Brief an die Adresse Seiner Majestät: Von Betty, der englischen Königin höchstpersönlich, in dem sie als Königin des Reiches und Wahrerin des Glaubens firmierte.

»*Sendeth Greeting! Our Good Friend!*« begann er, eine Grußformel, die mein Interesse weckte: So schrieb man sich also unter einander wohlgesinnten Monarchen. In ihrem Brief stellte die Königin den britischen Hochkommissar vor, pries seine Vorzüge und wünschte ihm alles Gute. Unterschrieben war der Brief mit der Feststellung, man schreibe »1970, das 18. Jahr Unserer Regentschaft«, und schließlich: »*Your Good Friend, Elizabeth R.*«

Warum war dieser Brief eingerahmt und nicht all die anderen, die sie geschickt haben mußte? Aber ich fragte Mr. Mo'ungaloa nicht danach. Ich war eifrig damit beschäftigt, ihn mit meiner Seriosität zu beeindrucken.

Ich schriebe Bücher, sagte ich. Ich bereiste den Pazifik. Ob er nicht zufällig einmal eine Ausgabe der Zeitschrift *National Geographic* in der Hand gehabt habe? Manchmal stehe da was von mir drin. Ich interessierte mich sehr für die Völker Ozeaniens, für ihre Reisen (Mr. Mo'ungaloa unterdrückte ein Gähnen) und ihr Kunsthandwerk. Ich sei auch schon Universitätsprofessor gewesen. Mr. Mo'ungaloas Blick verschleierte sich. Ich käme gerade aus Fidschi, sagte ich, und davor sei ich auf den Salomonen gewesen.

»An welcher Universität unterrichten Sie?«

»Ich habe unterrichtet«, sagte ich. »An mehreren.«

»Und zur Zeit arbeiten Sie für . . .?«

»Ich bin im Moment nicht angestellt«, antwortete ich. »Also, ich schreibe, aber eine feste Anstellung habe ich nicht. Ich bekomme kein festes Gehalt, will ich sagen. Das klingt jetzt aber viel schlimmer, als es ist.«

Ich überlegte: Ein arbeitsloser, etwa fünfzigjähriger Ausländer in einem verschossenen Hemd kommt hier unangemeldet reingeschneit, behauptet, Schriftsteller zu sein, und will den König sprechen. Wenn ich der Sekretär gewesen wäre, hätte ich mich weggeschickt.

Kaum zu glauben, aber er sagte, daß der König mich empfangen werde. Was ich denn mit Seiner Majestät zu besprechen wünsche.

»Die Atompolitik im Pazifik? Polynesische Wanderbewegungen? Die Zukunft des Tourismus?«

Mr. Mo'ungaloa schien zufrieden.

»Der König wird frei sprechen«, sagte er zuversichtlich, und wir einigten uns auf Datum und Uhrzeit für meine königliche Audienz.

Nachdem sie so kurzentschlossen für mich gebürgt und erzählt hatten, wie gut sie mich kannten und was für ein großartiger Mensch ich sei, schien es nur angebracht, wenn wir dieser Fiktion etwas Realität hinzufügten. Ich gab mir Mühe, die Veikunes und Mrs. Vahu besser kennenzulernen. Sie erklärten, daß sie während all der vielen Jahre in den USA nie etwas anderes vorgehabt hätten, als nach Tonga zurückzukehren.

»Wir sind zurückgekommen, weil Tonga unsere Heimat ist«, sagte Afu.

Sie zeigten mir ein Photo von einem Eskimo. Er war dunkelhäutig, seine Wangen glänzten, und er blinzelte aus einer Pelzkapuze hervor. Er trug einen dicken Parka, und der Zaunpfahl direkt hinter ihm war mit Schnee und Eis überkrustet. War das Jerry Amlaqachapuk, ein Inuit? Nein, war er nicht.

»Das ist unser Sohn. Er lebt in Alaska«, sagte Afu. »In Ketchikan.«

Salesi flüsterte: »Ist sehr kalt da. Mir nicht gefällt.«

Mrs. Vahu, die erst Mitte Dreißig, rundlich und sehr fröhlich war, hatte sechs Kinder im Alter zwischen drei und vierzehn. Sämtliche Kinder waren in den USA geboren worden und hatten amerikanische Pässe, und dennoch hatte Mrs. Vahu sich entschieden, in Richtung Heimat aufzubrechen.

»Ich bin wiedergekommen, weil ich möchte, daß meine Kinder *faka tonga*, die tongaische Lebensweise, kennenlernen. Es ist teuer, es gibt sehr wenig Arbeit. Aber es ist besser für sie.«

Daß sie zurückgekommen waren, war nichts Ungewöhnliches. Es ist erwiesen, daß es die Tongaer von allen Südseeinsulanern am schwierigsten finden, sich an andere Kulturen zu gewöhnen – an die Arbeit, den Streß und den Termindruck, an Stimmungen und Lebensart –, und daß ein sehr hoher Prozentsatz nach Tonga zurückkehrt. Ihren Verwandten, die so vernünftig waren, zu Hause zu bleiben, erzählen sie dann die schlimmsten Schauergeschichten über Neuseeland, Australien und Amerika. Tonga bleibt Tonga. Das Königreich ist nie kolonisiert oder erobert worden, außer im zutiefst zweifelhaften Sinn der Missionare, die gegen das Böse und die Nacktheit predigten und die Insulaner mit heiligem Ernst davon überzeugten, daß sie Sünder und ihre Körper schändlich seien, und ganz allgemein die intensive und recht fröhliche Heuchelei förderten, die sich bei allen gottesfürchtigen Menschen findet.

Tongaer kannten die Welt nicht, und die Welt kannte sie nicht. Selbst ihr König, einer der letzten absoluten Herrscher der Erde, war nur als sehr dicker Mann bekannt – wann immer sein Name genannt wurde, erwähnte man auch sein Gewicht. Nach der gleichen Logik hätte man auch die geringe Körpergröße der englischen Königin für erwähnenswert halten müssen: »Die einssiebenundfünfzig große Königin Elizabeth ...« Auf Tonga gab es wenige Einwanderer und kaum Touristen. Wer doch kam, sah enttäuscht, daß die königliche Hauptstadt Nuku'alofa nichts weiter war als ein rückständiges kleines Kaff, und war sichtlich deprimiert. Selten habe ich mich in einem Hotel weniger willkommen gefühlt als beim Einzug in das als erstes Haus am Platz geltende »International Dateline«. (Die kleineren, schäbigeren Absteigen waren voll.) Ich durfte meine Koffer und meine Bootssäcke selber schleppen, obwohl es in der Lobby von durchaus kräftigen Angestellten nur so wimmelte. Als ich darum bat, daß mich jemand zu meinem Zimmer brachte, deutete der Hotelportier höhnisch schnaubend in eine unbestimmte Richtung und raunzte: »*Up dey! Toooh-tree! Turd flo! Da rauf! Zwei-null-drei! Dritter Stock!*«, als hätte er einen Geisteskranken vor sich. Als ich später Leuten davon erzählte, die sich in Tonga auskannten, erfuhr ich, daß die Tongaer so wenig hilfsbereit waren, solange man ihnen fremd war – hatten sie einen aber erst einmal kennengelernt, wurde man gleich in den Schoß der Familie aufgenommen. Allerdings wollte ich mich gar nicht in den Schoß einer Familie begeben, hier nicht und auch sonstwo nicht.

Für die Außenwelt hatte man weder Verständnis noch Interesse, außer für die schlimmsten Seiten ihrer Alltagskultur wie Rockmusik und Gewaltvideos (es gab noch kein Fernsehen in Tonga). Die Tongaer betrachteten alle Nicht-Tongaer mit einer Mischung aus Mitleid und Verachtung, als Sünder und arme

Schlucker, die dumm genug waren, sich kaputtzuschuften. Die Tongaer hatten einen Ruf als Langfinger, der den der diebischen Samoaner noch übertraf, und tatsächlich wurde mir nur in Tonga ernsthaft etwas gestohlen: ein schöner Füllhalter, mein Walkman und mein Dreihundert-Dollar-Cowboygürtel mit Silberschnalle. Untereinander schienen die Tongaer eine komplexere Haltung einzunehmen, die ich so noch nicht erlebt hatte. Gleich zu Anfang meines Aufenthalts stellte ich fest, daß sich die Tongaer mit einem gewissen Maß an Neid und Mißtrauen begegneten. Diese Inseln waren die einzigen in ganz Ozeanien, auf denen ich so etwas wie Arroganz bemerkte.

»Honolulu war schön«, sagte Afu. »Schöne Arbeit, gutes Geld. Viele Tongaer.«

Das schien folgerichtig: Tongaer konnten an einem Ort, an dem es keine anderen Tongaer gab, weder leben noch arbeiten.

»Aber Kalifornien«, seufzte Mrs. Vahu.

»Hat es Ihnen nicht gefallen?« fragte ich.

»Tut mir leid, aber Los Angeles ist voll von Farbigen«, sagte Mrs. Vahu. »Nur Rumsitzen. Nur die Leute anglotzen. He, man kriegt direkt Schiß vor denen! Stehen da einfach so rum. So viele Farbige!«

Ich erklärte mir diesen Snobismus, die ethnische Verwirrung und den Argwohn der Tongaer durch das tongaische Klassensystem, in dem es ganz oben den König und eine Schicht von Herren und Adligen gab und ganz unten die besitzlosen Bauern. Afu berichtete dann auch von einem strengen Klassensystem, in dem jede Kaste ihre eigene Sprache habe. Selbst die königliche Familie hatte ihr besonderes Idiom, und wenn ein Tongaer das Glück hatte, mit dem König sprechen zu dürfen, mußte er sich einer archaischen Sprache befleißigen, die völlig anders war als die des gemeinen Volkes. Dazwischen gab es noch das Idiom der Adligen, das wiederum ohne Ähnlichkeit mit den beiden anderen war.

»Können Sie einen Adligen gleich erkennen, wenn Sie ihn sehen?«

»Wir kennen sie«, sagte Afu. »Und wir kennen auch ihre Kinder. Und wenn sie Freundinnen haben und die schwanger werden, wissen wir, wer die Kinder sind.«

Tonga sei voller adliger – und manchmal auch königlicher –

Bastarde, erklärte Afu. Einige tongaische Könige hatten Mä-
tressen gehabt, die ihnen Kinder schenkten, und so gab es,
ganz ähnlich wie in Europa, illegitime Blutslinien, aber anders
als dort wurden diese heimlichen Aristokraten in Tonga gelegentlich nützlich. Wenn ein Aristokrat als einziges Kind eine
Tochter hatte, die sich als hoffnungslose Ehekandidatin ent-
puppte und die Familie durch ihre Kinderlosigkeit auszuster-
ben drohte, zog man einen der königlichen Bastarde aus der
Versenkung. Jeder wußte ja, daß zwar seine Mutter eine Bür-
gerliche, das Kind selbst aber von königlicher Herkunft war,
und so arrangierte man eine Heirat. Die Kinder würden den
Titel seines adligen Schwiegervaters erben, denn das Blut des
Bastards war blau genug, und das wußte jeder. Schließlich
lebte man auf einer kleinen Inselgruppe mit einer Gesamtbe-
völkerung von weniger als einhunderttausend Menschen. Es
konnte sehr nützlich sein, wenn man Aristokrat war. Unter anderem hatte man dadurch Anspruch auf einen Sitz in der
Gesetzgebenden Versammlung des Königs. Die Hälfte aller
Mitglieder dieses scheindemokratischen Klubs waren keine
Volksvertreter, sondern Adlige, die von anderen Adligen ernannt wurden.

Die einfachen Bürger dagegen wanderten entweder aus oder
wurden Mormonen, was manchmal auf das gleiche hinauslief.

»Sie glauben, daß sie nach Amerika kommen, wenn sie Mormonen werden«, erklärte mir ein Tongaer.

Und tatsächlich wurden viele nach Salt Lake City geschickt,
um tiefer in das Allerheiligste des Mormonentums einzudrin-
gen. Aber auch in Tonga hüteten die Mormonen ihre Schäflein,
flickten Löcher im sozialen Netz, bauten Krankenhäuser, Schulen und ihre ewigen Kirchen von den Heiligen der Letzten
Tage, die alle aussahen wie Niederlassungen der Großmolkerei
Dairy Queen.

Die Audienz beim König sollte erst in einer Woche stattfinden,
also versuchte ich, aus meinem Aufenthalt in Nuku'alofa bis
dahin das Beste zu machen. Es war der schläfrigste, staubigste,
langsamste und vielleicht auch ärmste aller Häfen im Pazifik.
Honiara war häßlicher, Port Moresby weit gefährlicher, Papeete ordinärer, Apia schlampiger und baufälliger, aber die

tongaische Lethargie hatte etwas Außergewöhnliches und Unerschütterliches – sie war fürstlich und faul zugleich. Manche Tongaer waren freundlich, wenige kooperativ, was jede Art von Vorausplanung auf irritierende Weise vereitelte. Telephone funktionierten nicht, Büros waren während der Öffnungszeiten leer oder abgeschlossen, und nicht selten wurde ich einfach mit einer Geste weggescheucht – zuviel Mühe. Eine Gesellschaft, die den Umgang mit Strandläufern gewöhnt war, Menschen mit unendlich viel Zeit.

Ich versuchte, eine Reise nach Vava'u zu organisieren, in einen großen, zweihundertsiebzig Kilometer nördlich von Tongatapu gelegenen Archipel. Die Vava'u-Gruppe besteht aus fünfzig Inseln, von denen viele, so hatte man mir versichert, unbewohnt waren. Einmal in der Woche fuhr ein Schiff von Nuku'alofa nach Vava'u.

»Ist besser, Sie nehmen Flugzeug«, sagte Salesi.

»Ich möchte aber mit dem Schiff fahren.«

»Flugzeug besser.«

»Ich nehme lieber ein Schiff.«

»Schiffe machen seekrank«, sagte Salesi.

»Das finde ich nicht.«

»Ich jedesmal krank.«

Das alte Lied: In Polynesien traf ich kaum jemanden, der nicht behauptete, auf Seereisen, wie kurz sie auch sein mochten, furchtbar krank zu werden. Selbst auf den kurzen Überfahrten zwischen einzelnen Inseln spuckte sich diese Rasse von alten Seebären die Seele aus dem Leib.

Wirklich überrascht war ich von der Physis der Tongaer. Die Mädchen und Frauen waren die hübschesten, die ich bis jetzt gesehen hatte – nicht nur liebreizend und willfährig, wie es die barbusigen Melanesierinnen mit ihrem kreischenden Gelächter und ihren platten Füßen gewesen waren, die einem nach jedem Scherz den Finger zwischen die Rippen bohrten oder einen mit harten, kräftigen Händen begrapschten. Die Tongaer und Tongaerinnen waren elegant – in ihrer Haltung, ihren Zügen, und manche sahen wirklich edel aus, hier ein Prinz, da eine Prinzessin. Ihre Mattigkeit (ein schönes Wort für Faulheit) hatte etwas Laszives.

Natürlich waren viele einfach fett und fröhlich, die großen, weichen Frauen, die voluminösen, flossenfüßigen Männer, und jeder einzelne fette Tongaer enthielt jede Menge Corned beef der Marke »Pacific Brand«, Salz, Fett, naturidentische Aromastoffe und Nitrit.

Männer und Frauen, alte wie junge, alle gingen langsam und sehr aufrecht. Und alle liefen mit einer um die Leibesmitte gebundenen Matte herum. Manche dieser Matten waren nicht breiter als ein Kummerbund, andere waren riesige, zerfranste, zerknitterte, ungeschickt um den Leib einer dadurch noch fetter wirkenden Person gewickelte Teppiche. Wieder andere schleiften und schleppten fransig über den Boden.

Während dieser vorbereitenden Tage in Nuku'alofa konnte ich mich jedenfalls nicht erinnern, jemals ein Volk gesehen zu haben, das so wenig Tatkraft, eine so langsame Sprechweise, ähnlich lässige Manieren und eine derartige Gleichgültigkeit gegenüber Terminplänen besessen hätte. Sie waren unachtsam, tolpatschig und ungeschickt mit ihren Händen. Sie ließen Dinge fallen, waren vergeßlich und hielten keine Versprechen. Und sie fuhren langsam – wer tat das sonst noch auf der Welt?

Salesi hatte einen Freund namens Alipate, dem er einen Gefallen getan hatte – es ging um etwas mit Landbesitz. Um sich bei Salesi zu revanchieren, kümmerte sich Alipate eine Zeitlang um mich. Alipate, ein windiger Vogel, schien jedoch ziemlich unwillig. Manchmal waren wir verabredet, weil ich eine Mitfahrgelegenheit brauchte – die er mir angeboten hatte –, und er tauchte nicht auf. Die Vorstellung, daß man sein Gesicht zu wahren hatte, war in Tonga fast ebenso verbreitet wie in China. Ich konnte nicht sagen, daß er mich versetzt hatte, sondern mußte so tun, als sei ich ihm und Salesi für seinen nicht erwiesenen Dienst auch noch dankbar. Weil er nicht gekommen war, hatte ich mir ein Taxi nehmen müssen, keine einfache Sache an einem Ort, wo die Telefone nur selten funktionieren. Ich besichtigte die heiligen fliegenden Füchse von Kolovai (fedrige Casuarina-Bäume mit einem Behang aus großen, scheißenden Flughunden) auch ohne Alipates versprochene Hilfe.

»Wir kommen zu spät«, sagte ich bei einer Gelegenheit zu Alipate.

Wir waren unterwegs zum Büro der Fluggesellschaft. Da das

Schiff nach Vava'u in dieser Woche nicht verkehrte, würde ich
tatsächlich fliegen müssen.

»Ja, aber die im Büro sind auch zu spät da«, sagte Alipate.

Faka tonga, der tongaische Lebensstil.

In einem verzweifelten Versuch, mich sinnvoll zu betätigen,
begann ich mich für tongaische Gräber zu interessieren. Sie
hatten keine Ähnlichkeit mit den uralten Pyramiden, Terrassen
und stattlichen Hügeln, die ich anderswo im Pazifik gesehen
hatte, sondern waren ziemlich kleine Erdhaufen mit einer Ein-
friedung aus in den Dreck gerammten Bierflaschen. Grannys
Grab, Moms Grab, das Grab von Little Taviti. Manche waren
eingezäunt und von großen Tuchbaldachinen überdacht, be-
stickte Gobelins flatterten im Wind: Jesus, das Abendmahl,
Kreuze. Am Boden reihenweise Bierdosen der Marke »Foster's«
in symmetrischen Arrangements. Oder rote Banner und Wim-
pel. Lametta – Christbaumschmuck war für Gräber sehr beliebt,
auch wenn Weihnachten noch in weiter Ferne lag. Die Gräber
fanden sich überall: am Straßenrand, auf Friedhöfen voller
großer, flatternder Fahnen und Beerdigungsbierflaschen und in
den Hinterhöfen winziger Hütten, wo das Grab wie ein Appen-
dix am Haus klebte. Manche waren mit Troddeln behängt, mit
Plastikblumen oder Büscheln aus gelben Bändern, auf anderen
bimmelten Windspiele. Chinesische Grabstätten konnten gelegentlich so aussehen, aber dort waren die Bänder nach wenigen
Tagen verschwunden und die Banner entfernt. In Tonga
schmückte man die Gräber für die Ewigkeit.

Hier und da war auf einem Stück Rasen ein winziges Häuschen mit Fenstern zu sehen, ein kleines Heim, das man leicht
mit einer Hundehütte hätte verwechseln können. Aber nein, es
war ein Mausoleum, und drinnen fand sich ein Grab.

Während ich auf Grab-Besichtigungstour war, stahl mir jemand meine Schlafanzughose. Ich hatte inzwischen das Hotel
gewechselt, aber man wurde offenbar immer beklaut, egal, wohin man ging. (Und ist nicht ein Hoteldiebstahl der schlimmste
von allen? Der Dieb sieht einen aus dem Zimmer gehen und
hat jede Menge Zeit, sich auszusuchen, was er will.) Ich hing
an dieser Pyjamahose. Das Großartige am Camping auf Inseln
bestand schließlich darin, daß man den ganzen Tag in diesem
Kleidungsstück herumlaufen konnte.

Bei drei verschiedenen Schneidereien in Nuku'alofa fragte ich an, ob man mir ein paar Pyjamahosen machen könne. Die Frauen in den Werkstätten lehnten untätig an den Nähmaschinen. »Haben zuviel zu tun«, hieß es in einem Laden. In einem anderen: »Wir machen nur Schuluniformen.« Im dritten: »Kommen Sie in vier Wochen wieder.«

Aber ich gab nicht auf und fand schließlich eine hilfswillige Frau mit einem Assistenten, einem Jungen, der nach tongaischer Sitte als Mädchen erzogen worden war (wenn es in einer Familie keine Mädchen gab, aber eines gebraucht wurde, erzog man einen Knaben als *fakaleiti: »like a lady«*). Er war hilfsbereit, aufmerksam und kompetent, besprach sich mit seiner Chefin, die kein Englisch konnte, und meinte dann, sie könnten mir innerhalb von wenigen Tagen zwei Hosen machen. Kostenpunkt: zwanzig Dollar.

Ich beschloß, mir mein Urteil über Tonga erst einmal aufzusparen, da ich meine Eindrücke von Nuku'alofa nicht auf den Rest übertragen wollte. Also notierte ich: »Tonga bleibt sich treu.« Das Land hatte weder Investoren noch Einwanderer und auch keine Kolonialherrschaft erlebt. Es verspürte kein Bedürfnis, sich mit Ausländern abzugeben. Wer sich länger im Land aufhalten wollte, wurde aktiv daran gehindert. Nicht einmal indische Fidschianer bekamen Touristenvisen (Fidschi liegt nur eine Jumbo-Jet-Stunde entfernt), da man befürchtete, daß sie dableiben und das christliche Königreich mit ihrem Islam besudeln könnten. Ich fragte mich, ob es irgendwo im Pazifik noch eine andere Inselgruppe gab, die sich tatsächlich so treu geblieben war: ein Volk, eine Sprache, ein Sittenkodex. Alles eingleisig.

Oder änderte sich doch etwas? Viliami Ongosia, der außerhalb von Nuku'alofa in einer windschiefen Hütte lebte, war früher Methodist gewesen. Aber vor kurzem hatte er seine Seele der *Assembly of God* anbefohlen. Ich fragte ihn nach dem Grund.

»Weil sie mehr Geist hat. Die Methodisten trinken, und sie handeln nicht so, wie sie reden.« Heuchler, wollte er sagen, ohne das Wort zu nennen. Jubelsekten gewannen an Boden, und selbst die Geistlichen des Fernsehpredigers Jimmy Swaggart hatten in Ozeanien, auf der Insel Efate in

Vanuatu, bereits Anhänger gefunden. Sie verscherbelten Swaggart-Videos, auf denen sich der alte Hurenbock höchstpersönlich den Mund fusselig predigte, und machten natürlich Gelder locker.

Genau wie Salesi litt Viliami so unter Seekrankheit, daß er nie nach Vava'u fuhr, obwohl seine Mutter und die meisten seiner Verwandten dort lebten – das Schiff kam nicht in Frage, und ein Flugticket konnte er sich nicht leisten. Nur einmal hatte er die Schiffsreise auf sich genommen: »Ich war so seekrank, ich hab geglaubt, ich sterbe. Ich konnte nicht mal meinen Kopf mehr hochkriegen. Es war grauenhaft.«

Ich hörte mir gerne Geschichten über seekranke Polynesier an. Es war, als entpuppten sich Menschen, die man immer für Kannibalen gehalten hatte, plötzlich als Vegetarier.

Tatsächlich waren die Tongaer früher einmal Menschenfresser gewesen wie die Fidschianer, die gern in Erinnerungen an ihre Vergangenheit schwelgten. Die Tongaer taten das nicht und schienen es auch nicht zu mögen, wenn man darüber sprach.

Viliami war einmal in Fidschi gewesen, um sich Arbeit zu suchen. Die hatte er zwar nicht gefunden, dennoch war er gut mit den Fidschianern ausgekommen.

»Aber die Fidschianer sind Melanesier, und Sie sind ein edler Polynesier«, sagte ich.

Er bemerkte den Sarkasmus und lächelte: »Ich mag sie. Sind gute Leute.«

»Und die Inder da drüben?«

»Mit denen rede ich nicht. Die gucken mich bloß an, und ich gucke sie an. Sie wissen, wie man Geld spart.«

»Wie denn?«

»Sie nehmen ihr Essen zur Arbeit mit. Nur kleines Curry. Gehen nie in Restaurants, geben nichts aus.«

»Die Tongaer gehen natürlich ständig zum Essen aus«, sagte ich und beobachtete ihn genau. »Nuku'alofa ist voll der schönsten Restaurants, und das Essen ist einfach köstlich.«

Er hob die Schultern. »Wir tragen unser Essen nicht in einer Tüte herum. Wir zu faul zum Kochen«, erklärte er. »Wir denken nicht an Sparen. Aber die Inder, die essen kein Fleisch: kein Schwein, kein Kuh, kein Pferd.«

Der Vegetarismus diente dazu, Geld zu sparen. Nicht nur

die Tongaer waren dieser Ansicht. Das hatte ich auch schon von Fidschianern gehört. Gemüse war billig. Das größte Loch in den Haushaltskassen entstand durch Fleisch, durch den hohen Preis für aus Neuseeland importiertes Corned beef. Aber wenn Geld da war, schlugen die Tongaer ihre Zähne am liebsten in ein Stück gebratenes Schwein.

»Und Hunde essen die Inder auch nicht«, sagte ich.

»Ja, kein Hund.«

»Und keine Flughunde.«

»Ja, kein Flughund.« Er grinste: »Sie mögen Flughund?«

»Habe ich nie gegessen, Viliami.«

»Schmeckt.«

»Das glaub ich gerne«, sagte ich. »Tun Sie die in eine Suppe?«

»Nein. *Umu.*« Die Bezeichnung für den Erdofen war im gesamten Südseeraum fast die gleiche.

»Und Hunde? Kommen die in die Pfanne oder in den *umu?*«

»Immer *umu.* Ich mag Hund, aber ich guck nicht gern zu, wenn sie es machen. Will ich nicht sehen. Aber im Ofen ist es in Ordnung. Und ich esse das Fleisch gerne.«

Wir saßen auf einer Bank am Meer und beobachteten ein paar Mädchen beim Schwimmen. Eine Gruppe von Jungs sah auch zu. Wir waren in Tonga, also planschten und schwammen die Mädchen vollständig bekleidet im Wasser herum. Es wäre undenkbar – weil sündig – gewesen, daß ein Mädchen einen Badeanzug getragen hätte. Und weil nasse Sachen so enthüllend sein konnten, trugen die Mädchen gleich mehrere Schichten übereinander: zwei Hemden, zwei patschnasse Röcke und dazu noch Hosen. Sie kreischten, stürzten sich in gemimter Selbstmordabsicht vom Pier, strampelten zurück und kletterten wieder hinauf, wobei das Wasser aus ihren zahlreichen Kleidungsstücken troff und sie über die ganzen großen, runden, einfältigen Gesichter grinsten. Es war ein Wunder, daß sie nicht ertranken.

Dann äußerte Viliami, der einen starken tongaischen Akzent hatte, etwas mir zunächst Unverständliches.

»*Tocks putt not gets.*«

Sollte das Tongaisch sein? Nein, der Satz bedeutete: »*Hunde, aber keine Katzen.*«

»Gibt es denn in Tonga Menschen, die Katzen essen?«

»Viele Leute im Busch essen Katzen. Nicht in Nuku'alofa, da nicht essen«, deutete er die ungeheure Raffinesse an, die sich in der Ablehnung von Katzengulasch äußerte, »aber im Busch, da essen sie doch welche, und sie sagen: ›Wir Gatzen essen!‹« Die Tongaer verbrachten sehr viel Zeit mit Unterhaltungen übers Essen. An einem Abend stellte ich mich auf dem Weg zu meinem Hotel (wegen des grauenhaften Service hatte ich mir geschworen, dort niemals zu essen) in einem Hausflur unter, weil es so heftig regnete. Auch ein Tongaer hatte hier Schutz gesucht, er hieß Koli und war ungefähr dreißig.

Nach einer Weile sagte er: »*Boll*, magst du Tonga-Mädchen?«

»Ja«, sagte ich. »Mögen Sie amerikanische Mädchen?«

Er überlegte ein bißchen, dann sagte er: »Nein, mag ich nicht.«

Der Regen stürzte herab. Die Straße war überschwemmt. Man konnte nicht gehen: Die Schlaglöcher waren randvoll, der Abflußkanal für den Monsunregen verstopft. Der Regen hatte Dunkelheit nach Nuku'alofa gebracht.

»*Boll*?«

»Ja?«

»Magst du Tonga-Essen?«

»Meinen Sie Hunde und Katzen, Pferde und Flughunde?«

»Alles.«

»Davon hab ich noch nicht viel probiert.«

»*Boll*. Du kommst zu meinem Haus. Du ißt Tonga-Essen. Meine Frau kocht.«

»Irgendwann mal, vielleicht«, sagte ich, und dachte: Vielleicht habe ich ein falsches Bild von ihnen. Vielleicht sind sie ja nett, warmherzig und gastfreundlich. Widerwärtig hatte ich sie eigentlich nie gefunden – das war auch nicht das Problem: Sie waren nur so schwer einzuschätzen.

Der tongaische Sonntag war noch toter als der fidschianische. Er fing samstags um Mitternacht an, wenn alles bis Montag früh dichtgemacht wurde. Um fünf Uhr morgens läuteten die Kirchenglocken, und bald darauf ertönte ein vielstimmiger Klagegesang aus jeder Methodistenkirche und jedem Gotteshaus der Wesleyanischen Gemeinschaft. Und um zweiundzwanzig Uhr desselben Tages waren die Stimmen immer noch zum Gesang erhoben, zum Lobe des Herrn. Die Tongaer gingen sonntags dreimal zur Kirche und verdammten schlichtweg jeden, der es nicht tat. Wenn man zum Schwimmen oder Schnorcheln gehen wollte, tat man es am besten auf einer Insel vor der Küste.

»Der Sabbat«, war auf einem offiziellen, von der Regierung herausgegebenen Handzettel zu lesen, »der von null Uhr am Samstag bis vierundzwanzig Uhr am Sonntag dauert, ist in Tonga ein Ruhetag. Nach dem Gesetz ist er ›zu heiligen‹, und niemand soll am Sabbat seinem Handwerk oder Beruf nachgehen oder irgendeine kommerzielle Handlung vornehmen‹. Jede an einem Sabbat getroffene Vereinbarung, jedes an diesem Tag beglaubigte Schreiben gilt als null und nichtig und hat keine Rechtswirksamkeit. Bitte versehen Sie Ihre Schecks nicht mit dem Datum eines Sonntags ...«

An einem tongaischen Sonntag bekommen Flugzeuge keine Lande- und Starterlaubnis. Niemand darf Spiele spielen oder schwimmen, und für die Übertretung eines Gesetzes werden Tongaer mit Geldstrafen belegt oder für drei Monate hinter Gitter gebracht.

»Ist es in Ordnung, wenn ich heute joggen gehe?« fragte ein Amerikaner im Hotel, sehr feinfühlig, wie ich fand.

Die Antwort hieß: Nein, das ist ein Sakrileg. Wenn irgendwer dabei erwischt wurde, wie er sich sonntags amüsierte, war die Hölle los. Dennoch sah ich weder in Tonga noch sonstwo irgendwelche Anzeichen dafür, daß die sonntägliche Anstrengung von drei Gottesdiensten, unzähligen Chorälen und all den Gebeten die Menschen für den Rest der Woche läuterte. Sie blieben unpünktlich, entschuldigten sich nie, waren neidisch, schroff, faul, spöttisch, streitsüchtig und auf eigenartige Weise sadistisch zu ihren Kindern. Wenn es auf einer kleinen Insel zwei Konfessionen gab, bekämpften sich deren Mitglieder.

Angeblich achteten sie auf Sitte und Anstand. So war es in Tonga beispielsweise undenkbar – und ungesetzlich –, sich an öffentlichen Plätzen ohne Hemd zu zeigen. Die knirschenden Taillenmatten waren immer ordentlich zugebunden, und ständig betonten die Leute ihre Treue zur *faka tonga*, dem tongaischen Lebensstil. Aber sie spuckten, fluchten und brüllten, schikanierten Außenseiter, knallten mir in ihren Läden das Wechselgeld vor die Nase und schienen es für unter ihrer Würde zu halten, irgend etwas für mich zu tragen, schon gar nicht meine schweren Koffer.

»Sie lassen mir immer wieder die Luft aus den Reifen«, erzählte der Kapitän eines Segelbootes. Er war Neuseeländer, der sich kurz in Nuku'alofa aufgehalten hatte und jetzt davon lebte, daß er sonntags Leute zu den vorgelagerten Inseln brachte und von dort auch wieder abholte. Auf diesen Inseln konnte man ungestört zum Baden gehen. Dafür allerdings mußte er büßen: Wenn er zu seinem Kleinbus zurückkam, fand er ihn oft mit platten Reifen vor. Wer hatte das getan?

»Kirchenmitglieder«, sagte er.

Das tongaische Äquivalent der *mutawwaain,* der Glaubenspolizisten im fanatischen Arabien, die unverschleierte Frauen mit Farbe überschütten und einmal meinen Bruder Peter zum Gebet in eine Moschee stießen, weil gottlose Horoskope (»das böse Werk von irregeleiteten Gottlosen«) in der Zeitung erschienen waren, für die er in Riad gearbeitet hatte.

Da ich immer noch auf den Tag meiner Audienz beim König wartete, beteiligte ich mich an einem dieser Sonntagsausflüge mit Big Jim, Skinny Dick und ihren Ehefrauen. Sie kamen aus San Diego in Kalifornien. Wir unterhielten uns über die Dürre in ihrer Heimat. Ich fände es komisch, sagte ich, daß die Regierung die Haushalte nicht mit Wasser beliefere. »Das ist Sozialismus!« meinte Jim.

Warum reisten eigentlich immer nur Republikaner in der Welt herum und brüllten ihre Ansichten in die Gegend, und warum kam es so selten vor, daß man einmal einen amerikanischen Landsmann hörte, wie er sich zum Beispiel gegen die Todesstrafe aussprach? Dick war vernünftiger. Wir redeten über den Golfkrieg und Tontaubenschießen.

Und die Ehefrauen? »Die sind ganz wild aufs Muschelsammeln. Wenn sie Muscheln sammeln können, sind sie selig«, sagte Jim.

Bei Luxusurlaubern war Muschelsammeln sehr beliebt.

Jim gab sich gern derb, wenn nicht gar grob. Er war eher dumm und ziemlich stolz auf seine vulgäre Art. Als ich später allein beim Essen saß, kam er zu mir herüber, schlug mir so fest auf den Rücken, daß mein Teller auf meinem Schoß landete, und fragte: »Na, wie finden Sie den Saustall hier?«

Die einzigen anderen Teilnehmer an diesem Sonntagsausflug waren Steve und Anne. Wir unterhielten uns über japanische Hochzeitsreisende auf Hawaii, wo die beiden gerade gewesen waren, und Anne meinte: »Genau wie wir.«

Sie trugen die gleichen Baseballmützen mit der Aufschrift *Oregon*, obwohl sie selbst aus Burbank in Kalifornien stammten. »Die hat uns ein Freund geschenkt«, erklärte Steve. Beide waren eher klein und wirkten ein bißchen befangen: Sie mußten sich erst noch kennenlernen. Anne war die Gesprächige, Steve, wie er selbst eingestand, ein eher introvertierter Mensch. Sie hatten sich im Gemeindechor kennengelernt – beide waren Sänger. Das war am 30. Oktober 1989 gewesen, und an Weihnachten dachte Steve schon ans Heiraten. Anne brauchte für ihre Entscheidung etwas länger, aber im März des darauffolgenden Jahres stand dann mehr oder weniger fest, daß sie heiraten würden. Sie waren ungefähr ein Jahr miteinander gegangen, wie es so schön hieß, und vor zwei Wochen hatten sie geheiratet – gleich zweimal: zunächst samstags im Rahmen einer kleinen Trauungszeremonie in einer russisch-orthodoxen Kirche (Anne: »Ich bin konvertiert. Früher war ich Methodistin«) und dann sonntags, mit einer Riesenfeier und über hundertfünfzig Gästen in Steves Episkopalkirche. Der Gemeindechor hatte beim Gottesdienst gesungen. Am nächsten Tag war es in aller Frühe nach Honolulu gegangen, zwei Nächte im New Otani Hotel in der Nähe von Waikiki und – möglicherweise ein Fehler, fand Steve – ein polynesisches Festmahl bei »Germaine's«.

»Die Busfahrt hat anderthalb Stunden gedauert«, erklärte er auf seine sanfte Art – er hatte eine hohe Stimme, war ein kleiner, sanftmütiger Mann, »und wurde so ziemlich von den anderen Leuten beherrscht.«

»Was für Leuten?«

»Einer australischen Rugbymannschaft«, sagte er. »Sie waren betrunken.«

»O Gott«, sagte ich. Er lächelte, wobei er sich womöglich an die erlittenen Qualen erinnerte, und ich fragte weiter: »Was machen Sie beruflich, Steve?«

Er räusperte sich, rückte seine etwas zu große Baseballmütze zurecht und sagte: »Ich bin Kern- und Astrophysiker.«

So stand es denn auch auf seiner Visitenkarte: »Stephen E. Kellog – Nuclear Astrophysicist«, gefolgt von einer Adresse in Pasadena, einer in Caltech (seinem Labor) und einem kleinen Walt-Whitman-Zitat: »Ich glaube, ein Grashalm ist nicht weniger bedeutsam als die großen Reisen der Sterne.«

»Ist das eine Art Motto für Sie?«

»Ja.«

Ich sagte: »›Sieh eine Welt in einem Sandkorn,/und einen Himmel in einer wilden Blume,/halte die Unendlichkeit in deiner Hand/und die Ewigkeit in einer Stunde.‹ William Blake. Etwas in der Art?«

»Daran glaube ich auch.«

»Ich kann Französisch«, sagte Anne. »In Frankreich haben sie mich glatt für eine Französin gehalten. Ich hab wohl ein gutes Ohr für Sprachen.«

Jim aus San Diego meinte: »Ich kann nicht mal richtig Englisch!«

»Was für eine Richtung der Kernforschung oder Astrophysik vertreten Sie denn?« wollte ich von Steve wissen. »Arbeiten Sie an einer allgemeinen Theorie des Universums im Sinne von Stephen Hawking? Ach, übrigens, haben Sie gehört, daß Hawkings' Frau ihn gerade verlassen hat? Erstaunlich. Der Mann ist ein Genie, verkümmert langsam in seinem Rollstuhl, und sie steht auf und geht.«

»Sind Sie verheiratet?« fragte Anne.

»Nein. Ich bin auch aufgestanden und gegangen«, sagte ich. »Etwas in der Art.«

»Hawkings interessiert sich für die großen Fragen«, sagte Steve. »Ich befasse mich mit Partikeln. Mit Kernen. Aber auch die sind in dem enthalten, was das menschliche Leben darstellt: Helium, Sauerstoff . . .«

»Das hat er mir bei unserem ersten Rendezvous erzählt«, sagte Anne.

»Sind Sie in der Forschung?« fragte ich.

»Ja.« Er runzelte die Stirn. Sein Hut saß ein bißchen schief, und das Hemd hing ihm aus der Hose. »Ich beschäftige mich vor allem mit der synthetischen Herstellung des Tantal-180-Isotops.«

Ich dürfte einen etwas langsamen Eindruck gemacht haben, zumindest fiel mir dazu nicht sofort etwas ein.

»Es ist ein Metall, das seltenste unter den stabilen Isotopen«, sagte er.

»Natürlich.«

»Wir wollen herausfinden, wie es gemacht wird.« Er lächelte ein Wissenschaftlerlächeln. »Wie es nicht gemacht wird, wissen wir bereits.«

»Tantal-180?« fragte ich.

»Genau.«

Jim sagte: »Sieht nach Regen aus, Dick.«

Auf der Insel, sie hieß Atata und lag etwa zwölf Kilometer vor der Küste, gingen wir zum Schnorcheln. Wir aßen zu Mittag. Es regnete. Wir sahen uns im Souvenirladen um. Postkarten, T-Shirts: *Tonga – Paradise in the Pacific*.

»Steve, haben Sie eine Krawatte, die Sie mir leihen könnten?« fragte ich auf dem Rückweg. »Ich muß zum König.«

»Und Sie brauchen auch einen Anzug, wenn Sie zum König gehen«, sagte Afu am Vorabend meiner Audienz. Von Steve Kellogs dunklem Binder im Mormonenstil zeigte sie sich wenig beeindruckt. Salesi habe schönere, meinte sie.

»Ich habe keinen Anzug.«

Der große Vorzug des Reisens in der Südsee ist, daß Anzug und Krawatte nie notwendig sind. Es stimmt, daß in manchen Restaurants eine Krawatte verlangt wird, aber man kann immer davon ausgehen, daß das Essen in derlei Betrieben (es wird stets bei Kerzenschein serviert) prätentiös, überkandidelt, zu teuer und ausschließlich Hochzeitsreisenden vorbehalten ist.

»Aber Sie haben doch irgendein Jackett?«

»Ich habe überhaupt kein Jackett«, sagte ich. In Tonga herrschten oft zweiunddreißig Grad im Schatten.

»Sie ziehen das von Salesi an«, sagte Afu.

Salesi war ein kleiner, stämmiger Mann. Ich bin kein kleiner, stämmiger Mann. Mit der glänzenden, schlechtsitzenden Jacke sah ich aus wie ein Penner. Kam die Krawatte noch dazu, wurde ich zum geistig behinderten Penner.

Ich ließ mich von Afu begutachten. Sie war unzufrieden, aber resigniert. Ich starrte mein Spiegelbild an.

»Mehr können wir wohl nicht tun«, meinte sie.

»Ich sehe aus wie ein Mormone«, sagte ich.

Sie hatten mich zum Abendessen in ihr Haus – ihre »Farm« – eingeladen, aber ich konnte nirgends etwas zu essen entdekken. Wir saßen über eine Stunde lang herum, tranken Kool-Aid und betrachteten die Hochzeitsfotos ihres Sohnes, alle sieben Alben. Offenbar war es eine große Angelegenheit gewesen: dicke Rollen feingewebter Matten, und überall tote Schweine. Ich machte eine Bemerkung über die Schweine.

»Wollen Sie welche sehen?« fragte Salesi.

Wir gingen nach draußen. Die Schweine waren quicklebendig. Ich zählte dreiunddreißig große und kleine Borstenviecher unter einem Baum. Manche sahen aus wie die wilden Exemplare, die ich im Hope-Vale-Aboriginal-Reservat an der Küste von Queensland gesehen hatte, haarige Rüsseltiere mit eng zusammenstehenden Ohren.

»Es ist mit dem Wildschwein verwandt«, sagte Salesi.

»Was Sie hier haben, ist also wirklich eine Art Schweinefarm.«

Die Schweine kreischten und schnüffelten, trotteten von einem Stückchen Gras zum anderen, schlabberten schmutziges Wasser aus den Pfützen, drängelten in den Schuppen unter dem Baum und trampelten wieder heraus.

»Ja. Das kann man sagen. Ich esse sie. Ich verkaufe sie.«

»Schlachten Sie sie selbst?«

»Ja«, sagte Salesi traurig. »Aber nicht gerne. Ein Schwein kann dein Freund sein.«

Afu gesellte sich zu uns.

»Sie schlafen in dem Schuppen?«

»Manchmal«, sagte Salesi.

»Das war unser erstes Haus«, sagte Afu.

Es war eine winzige Bretterbude. Sie behielten sie, sagten sie, um die vergangenen harten Zeiten nicht zu vergessen. Sie hatten gegen den Willen ihrer Eltern geheiratet, und der Anfang ihrer Ehe war durch diese Mißbilligung nicht leicht gewesen.

»Wie haben Sie sich kennengelernt?«

»Im Palast«, antwortete Afu.

Salesi sagte: »Ich schleich rein und will mit ihr reden.«

Afu war damals achtzehn Jahre alt gewesen, die Kammerzofe von Königin Salote.

»Die Königin war sehr böse, als ich Salesi heiratete. Sie wußte nicht, daß er mich immer besucht hat. Ich habe nur gesagt: ›Ich heirate.‹ Aber sie hatte einen anderen Mann für mich ausgesucht, einen mit Bildung. Und sie hatte ein Mädchen für Salesi ausgesucht, auch eins mit Bildung ...«

Ich stellte mir Königin Salote als neugierige Kupplerin und Drahtzieherin vor – was Afu mir bestätigte. Schließlich war sie eine absolute Monarchin gewesen. Sie hatte Wert darauf gelegt, Afu einfache Hausarbeiten beizubringen: Wie man ein Zimmer richtig putzte und Regale abstaubte, wie man nähte und Kleider anfertigte.

»Sie hat gedacht, ich würde nicht glücklich«, strahlte Afu. »Ich würde mir wünschen, daß sie uns jetzt sehen könnte. Ich wünschte mir, daß sie sehen könnte, wie glücklich wir die ganze Zeit gewesen sind.«

Afu erzählte mir die Geschichte von der Krönung, wie Königin Salote sich hervorgetan hatte, indem sie Queen Elizabeth ihren Respekt bezeugte.

»Wenn jemand einen Schirm hat, bleibst du im Regen stehen, um deinen Respekt zu zeigen«, erklärte Afu. »Wenn jemand auf einem Stuhl sitzt, setzt du dich auf den Boden.« Dann erzählte sie mir eine Einzelheit, die bisher noch niemand erwähnt hatte: In der Kutsche Ihrer Majestät hatte offenbar noch ein weiterer ausländischer Würdenträger gesessen – nicht ihr »Lunch«, sondern ein anderes Staatsoberhaupt.

»Er kam aus irgendeinem Land«, sagte Afu. »Er konnte Englisch nicht gut. Er sagte: ›Rauf! Rauf!‹ Aber Königin Salote sagte nein. Er war ganz wütend!«

Endlich, ziemlich spät, gab es Abendessen: Huhn, Taro und Cassava und eine Schüssel mit köstlichem, suppigem Gemüse, in Kokosmilch gekochten Taroblättern, einer samoanischen Spezialität, die *palusami* hieß. Das Huhn kam aus Amerika. Die meisten Hühner, die im Pazifik gegessen werden, stammen aus den USA, von »Tyson's Chicken Farm« in Arkansas, um genau zu sein. Selbst auf den fernen Inseln der Marquesas, die wohl zu den entlegensten Eilanden der Erde gehören, waren sie billiger als einheimisches Geflügel.

Afu erzählte noch immer von ihren Jahren bei Königin Salote, von den Reisen, die sie mit ihr gemacht, und ihren Lau-
nen, die sie so gut gekannt hatte (»manchmal hat sie so getan,
als wäre sie wütend, damit wir Angst kriegten«). In Neuseeland hatten die Leute die Königin auf der Straße erkannt und
ihr zugewinkt. Afu war ganz nervös geworden. »Wink den
Leuten zu, Afu!« hatte die Königin in scharfem Ton gesagt.

»Also winke ich.« Afu setzte eine dumme Kleinmädchen-
miene auf und bewegte ihre Hand wie einen lahmen Flügel:
»Hallo! Hallo!«

Kurz bevor ich aufbrach, überlegte Afu immer noch, wie
traurig sie war, daß Königin Salote ihre glückliche Ehe nicht
hatte miterleben können. Aber Königin Salote war nicht gesund gewesen. Sie hatte Diabetes gehabt. »Sie konnte keine
Schweine essen.« Trotzdem hatte sie ihre Familien geachtet.
Afus alte Mutter hustete und spuckte in einem Raum neben
dem Eßzimmer, in dem wir aßen. Und Salesis Vater, sagte Afu,
war ein mächtiger Mann.

»Er ist Chief. Er besitzt Land«, erzählte Afu. »Er gibt anderen
Leuten Land, und dann tut er nichts mehr. Er findet einen
Baum, legt sich darunter und schläft.«

»Die Leute bringen ihm Essen«, sagte Salesi. »Er tut nichts.«

»Ist das gut?« fragte ich.

»Das will ich auch«, sagte Salesi.

Ich wurde immer wieder damit konfrontiert, mit dem traditionellen Klassensystem aus Adligen und Bürgerlichen, Grundbe-
sitzern und Pächtern. Die ersten Europäer, die nach Tonga vorgedrungen waren, hatten schon von dieser Schichtung berichtet und von der Art, wie die Bürgerlichen versuchten, dem Adel
zu gefallen, was meist mißlang. Der Adel beachtete sie kaum.
Warum auch? Es würde sich niemals etwas ändern. Selbst ein
Engländer von bescheidener Herkunft wie Captain Cook, der
mit den Artigkeiten und Gemeinheiten des englischen Klassen-
systems vertraut war, zeigte sich erstaunt über die Servilität der
Tongaer. Er beschrieb, wie die Bürgerlichen sich verbeugten,
um ihre Ehrerbietung zu zeigen, und die Fußsohlen eines Chiefs
berührten, wenn so ein großer Mann vorüberschritt.

Und jetzt war ich bald an der Reihe.

Am Tag meiner Audienz ging ich frühmorgens zum Palast hinüber, nur um mir die Flagge anzusehen. Die königliche Standarte wehte nicht am Fahnenmast, also war auch der König nicht im Palast. Ich überlegte mir schon, daß die Audienz vielleicht nicht stattfinden würde.

Ein paar Soldaten mit Gewehrattrappen exerzierten neben den Kanonen des Palastes. Die tongaische Armee gehörte zu den primitivsten Haufen im ganzen Pazifik und war kaum mehr als zweihundert Mann stark.

Im Vergleich dazu war Fidschi eine Supermacht – und in der UN-Friedenstruppe, die zwischen den Israelis und den Palästinensern postiert gewesen war, hatten sich die Fidschianer tatsächlich als mutige und einfallsreiche Soldaten hervorgetan. Es war völlig undenkbar, daß die tongaische Armee zu solchen Leistungen auch nur annähernd imstande gewesen wäre.

Ich fragte einen Unteroffizier nach der Flagge des Königs. Er sagte: »Der König kommt nur geschäftlich in den Palast. Er wohnt in Fua'amotu, in der Nähe vom Flugplatz.«

Bis ich mich mit Salesis Jacke und Steves Mormonenkrawatte bekleidet hatte und zum Palast zurückgegangen war, war auch die Fahne oben. Sie wehte allerdings nicht, in der windstillen, klebrigen Hitze hing sie schlapp und schwer nach unten.

Schwitzend betrat ich das Büro des königlichen Sekretärs und sah meinen Namen in Kreide auf einer Tafel verzeichnet. Hinter dem Namen stand: »Schriftsteller, ehemaliger Universitätsprofessor.« Ich wurde in ein Wartezimmer geleitet. Es war vollgestellt mit roten Plüschsesseln und staubigen Glasvitrinen, die mit Schildchen versehene Gegenstände und absonderliche Erinnerungsstücke enthielten: einen alten Sextanten und einen in Kunststoff eingeschlossenen Nashornkäfer, einen Rohrstock – »Der Spazierstock des Königs Taufa'ahau I. (1797–1893)« –, fünf Federn, die in einem bröckligen Korallenklumpen steckten – »getragen von Königin Salote anläßlich der Krönung von Elisabeth II.« –, eine versilberte Schaufel und eine schwarze Kriegskeule, die durch ihr Schildchen als »Kriegsstock« ausgewiesen wurde. Dazu Fotografien von verschreckt dreinblickenden königlichen Persönlichkeiten und

ein unordentlicher Scherbenhaufen: »Tonstücke, entdeckt
beim Bau des Krankenhauses in Haveluloto, 1969.«

Die Vitrine war nicht abgeschlossen. Als ich es merkte, ergriff mich der dringende Wunsch, eines dieser Kunstwerke –
irgendeines – zu stehlen, sozusagen als Wiedergutmachung
für die Dinge, die man mir in Tonga bereits gestohlen hatte. Ich
schob gerade vorsichtig die Tür zur Seite, immer noch wild
entschlossen, etwas mitgehen zu lassen, da hörte ich Schritte –
schwere Absätze.

»Mr. Paul?«

Ein Armeeoffizier.

»Ich bin der Adjutant des Königs. Sie können Joe zu mir sagen. Wie spricht sich Ihr Name aus?«

Ich sagte es ihm.

»Weil ich Sie ankündigen muß«, erklärte er.

Wir durchschritten das dichte Gras und die Unkräuter vor
dem hohen Zaun um den Garten des Palastes, quetschten uns
dann zwischen zwei angelehnten Torflügeln durch und durchquerten noch mehr hohes Gras, das noch naß vom Morgentau
war.

Der neue Mercedes des Königs stand in der Säulenhalle vor
dem Eingang. Joe führte mich daran vorbei in einen Raum, der
rechts im Erdgeschoß lag und unter anderem mit einem Büfett
und einem schweren Refektoriumstisch möbliert war – der
Raum sah aus wie ein ehemaliges Eßzimmer. Der Saal war mit
Geschenken übersät: eine Bowlenschale aus Bleikristall, ein gerahmter Schlüssel und ein thailändischer Spielzeugtempel, ein
versilbertes Teleskop, eine Lampe mit einem Schild darauf und
ein Prunkdolch, ein Samuraischwert und ein großes, gerahm-
tes Photo der vielen tongaischen Inseln, aufgenommen aus
dem Weltall, mit einer umständlichen Bildlegende und dem
Namenszug von Ronald Reagan in wackliger, unwissender
Handschrift. An der Stirnseite des Tisches stand ein thronarti-
ger Stuhl. Joe führte mich zu einem Stuhl, der gleich daneben
stand. Es überraschte mich, daß der Thron genauso hoch war
wie mein Stuhl, da man mir gesagt hatte, daß man mich wegen
des nötigen Respekts vor dem König niedriger plazieren
würde. Ich setzte mich und übte schon mal Kauern und demütig Aussehen.

Plötzlich ertönte vom Gang her ein Keuchen und ein Schlur-
fen. Es war ein bißchen wie in einer gut eingerichteten Pension. Es sah so aus, und es roch auch so: die Wandtäfelung, die
polierten Treppengeländer, die Stufen und die Sessel mit den
Schondeckchen.

Mit seinem schwarzen Bombasin-Rock und den Stöcken, mit
denen er angepoltert kam, erinnerte auch der König an eine
Pensionswirtin: Es war die gleiche Art herrischer Autorität und
der gleiche exzentrische Aufzug. Seine Majestät trug ein kittel-
artiges, bis zum Hals zugeknöpftes Hemd und eine geflochtene Masse von Schnüren um den Bauch. In den Fäusten hielt
er je einen Stock aus Aluminium, in beiden Brusttaschen
steckte eine Brille, und an beiden Handgelenken hing eine goldene Armbanduhr – alles doppelt. Doch die Größe des Königs
überschattete sämtliche Einzelheiten seiner Erscheinung.

An einem Tag in Suva, einer Ansiedlung, die er »die Stadt
der weißen Menschen« nannte, kam Mark Twain zu dem
Schluß, daß »in Fidschi wie auch auf den Sandwich Islands
(Hawaii) die eingeborenen Könige und Chiefs von wesentlich
größerer Statur sind als das einfache Volk.« Er hätte hinzufügen können, daß das auch für Tonga galt – und noch gilt.

Wann immer Tonga erwähnt wurde, kam auch das Gewicht
des Königs zur Sprache. Reiseführer nannten es: »König Taufa'ahau Tupou IV. ist wohl der mächtigste (und gewichtigste!)
derzeit regierende Monarch . . .« Oder: »Der König ist wegen
seiner Leibesfülle weltberühmt . . .« (aus dem *Lonely Planet
Guide to Tonga*). Oder: »Der heutige König ist ein Gigant von
einsneunzig und einem Gewicht von 140 Kilo . . .« (*South Pacific
Handbook*). Auch in Reisebeschreibungen wird das Gewicht des
Königs hervorgehoben, wenn das Thema Tonga zur Sprache
kommt, so zum Beispiel in *Cruising in the Friendly Isles:* »Der
König von Tonga wiegt 170 Kilo . . .«, und ausländische Zeitungen schrieben darüber: »Der König, der einstmals 210 Kilo auf
die Waage brachte . . .« (*South China Morning Post* vom 31. März
1991).

Sein tatsächliches Gewicht (das offenbar niemand wirklich
kannte) spielte für mich keine Rolle. Er war ausladend, und er
war langsam, ein riesenhafter, schlurfender Mann. Seine
schweren Augenlider und das gewaltige Kinn verliehen seinen

Zügen den froschartigen Ausdruck, den manche Gesichter auf alten, geschnitzten polynesischen Tikis haben. Ein Tiki ist eine Statue, aber Tiki ist auch der Name eines Gottes – des bedeutendsten Gottes in Polynesien. Den Herrscher von Tonga umgibt, wie auch die englische Monarchin, ein Hauch von Göttlichkeit. Tonga war ein Königreich von großen Männern, und dieser Mann war der größte von allen – er mußte einfach der König sein, das sah man gleich. Er hatte Präsenz. Zwar ließ ihn seine Fülle auf den ersten Blick zu so etwas wie einer komischen Figur werden, zu einer Art pazifischer Version von Jabba the Hutt aus *Das Imperium schlägt zurück*, aber seine Körpergröße gab ihm auch eine mythische Qualität. Ich hatte noch nie jemanden gesehen, der politisch so mächtig und zugleich physisch so überwältigend war.

Die Tongaer kamen einem oft wie merkwürdig unbewegliche Geschöpfe vor, die auf Fragen im allgemeinen nur mit einem Grinsen reagierten, der König jedoch besaß eine monumentale Heiterkeit, außerdem war er auf eine Weise wach, intelligent und sensibel, die ich bisher an noch keinem Tongaer festgestellt hatte. Das tongaische Schweigen war wie die Ruhe einer Eidechse: warten, bis man sich das Insekt schnappen kann. Das Schweigen des Königs dagegen zeugte von keiner lauernden Raublust. Es war die allerhöchste Indifferenz, als sei er ein titanischer Zuschauer – unbewegt, vielleicht auch weise. Es lag etwas Orientalisches in seiner Reserviertheit und der Abgehobenheit seiner Gegenwart. Während unserer Unterredung erinnerte er mich manchmal an einen Sultan, einen Kaiser, einen östlichen Potentaten. Nicht an den schwächlichen, überzüchteten europäischen Monarchentyp, sondern an eine größere, rauhere Version, den König der Kannibalen und Kokosnüsse, königlich in einem spürbar körperhaften Sinn.

Er legte seine große, warme Hand in meine, und als er »Setzen« sagte, gehorchte ich, obwohl der Klang des Wortes durch sein Kinn oder seinen Sprachdefekt entstellt wurde – er blieb ihm im Mund stecken.

»Er ist für seine langen Gesprächspausen bekannt«, hatte ein australischer Einwanderer mich am Vortag noch gewarnt.

Ich saß nah genug bei ihm, um sehen zu können, daß seine beiden Armbanduhren die gleiche Uhrzeit zeigten.

Zum Beweis meiner Seriosität hatte ich dem König ein von mir verfaßtes Buch mitgebracht. Ich legte es vor ihn hin und erklärte, um was es sich handelte. Der König hob es auf. Seine Hände waren groß und plump wie Baseballhandschuhe, die Finger dick, mit stumpfen Fingerspitzen, zu stumpf, um ihm beim Umwenden von Seiten nützlich zu sein. Das Buch sah in seinen Händen hilflos aus, und der König konnte es nicht durchblättern. Eine zu delikate Aufgabe für die fetten Königsfinger.

Ich hielt eine kurze Ansprache, in der ich meiner Dankbarkeit für den freundlichen Empfang in seinem Königreich Ausdruck gab.

Vielleicht war es eine falsche Andeutung von Monotonie in seinen Froschaugen, aber er schien durch meine Rede gelangweilt. Minuten waren verstrichen, und das einzige Wort, das ich bisher vom König vernommen hatte, war »Setzen«.

»In den achtziger Jahren des vorigen Jahrhunderts«, fuhr ich fort, »hatte der hawaiianische König Kalakaua den Gedanken, den Pazifikraum zu einer großen Föderation einzelner Inselstaaten zu vereinen, zu einer Gemeinschaft gleichgesinnter Völker. Es ist nicht dazu gekommen. Könnten Sie sich für eine solche Idee nicht interessieren, Majestät?«

Sofort überlegte ich, ob ich nicht »Eure Hoheit« hätte sagen müssen.

»Das tue ich schon«, sagte er, »allerdings betrifft es nicht den ganzen Pazifik, sondern nur Polynesien.«

Ich hatte mich wegen des Sprachfehlers nicht geirrt – seine »S« und alle Arten von Konsonantengruppen kamen etwas matschig heraus. Er öffnete kaum die Lippen. Seine Worte hallten in seinem Mund wider, und manche blieben ihm gleich auf der Zunge kleben. Er hatte eine dumpfe Grollstimme, die klang, als wollte sich jemand beschweren, während er Kartoffelbrei herunterschluckte. Vielleicht hatte er einen deformierten Gaumen? Jedenfalls lag wenig Bemühen in dieser Stimme, die einzelnen Worte hüpften gewissermaßen herum, und ganze Sätze kamen ihm durch die Nase. Wenn er etwas gesagt hatte, mußte ich mir seine Worte jedesmal mühsam übersetzen. Das größte Problem seiner Sprechweise war sicher der Mangel an Emotion. Emotionen waren für eine königliche Rede sowieso überflüssig. Er kannte nur den Luxus, niemanden überzeugen zu müssen: Er sprach, man gehorchte – er war der König.

»Der Vorsitzende war ein Minister von den Cook-Inseln«, sagte der König. (»Minister« war nun eine echte Stampfkartoffel gewesen.) »Aber bei der letzten Wahl ist dieser Mann überstimmt worden, also kümmere ich mich jetzt darum.«

»Was sind die Ziele Ihrer polynesischen Gruppe? Sind es politische Ziele, Eure Hoheit?«

»Nein, es sind keine politischen Ziele. Wie auch? Die Cook-Inseln sind eine Republik. Hawaii ist ein Bundesstaat. Französisch-Polynesien ist eine Kolonie. Tonga ist eine Monarchie. Es gibt zu viele Unterschiede. Nein, wir beschäftigen uns mit der Kultur und Gesellschaft. Mit der Sprache und den Künsten.« Er holte tief Luft. »Wir werden eine Zeitschrift herausgeben.«

»Und Melanesien ist nicht beteiligt, Majestät?«

Er schwieg. Endlich, ohne den Mund zu öffnen, erzeugte er das Wort »Nein«, das dann im Innern seines Körpers weiterrumorte.

»Aber die Bevölkerung von Ontong Java auf den Salomonen und die von Futuna in Vanuatu ist polynesisch«, sagte ich.

»Wir werden ihnen einige Seiten in der Zeitschrift überlassen.«

Der König schien nun vollends gelangweilt, und für einen Moment dachte ich, daß er mich wegschicken würde.

»Majestät«, sagte ich, »werden Sie sich auch mit solchen Fragen wie Atombombentests befassen?«

»Das ist eine politische Angelegenheit . . .«

Nicht nur sein Mund blieb starr, er bewegte weder den Kopf noch den Körper. Er saß einfach nur da, riesig und reglos wie ein großes, klumpiges Orakel oder ein Zauberer in einem Kinderbuch: der weise alte Riese der Kannibaleninseln.

». . . aber Atombombentests im Pazifik sind eine schlimme Sache . . .«

Jetzt sagte er gar nichts mehr. Es ist ein bekannter Trick bei Fernsehinterviews, daß man schweigt, nachdem eine Frage beantwortet ist. Häufig plappert der Befragte dann los, um die Stille auszufüllen – und verrät dabei oft eine Menge. Ich beschloß zu warten.

»Ich war auf Mururoa«, sagte der König nach einer Weile. »Ich habe die Löcher im Riff gesehen. Sie haben sie hineinge-

bohrt, die Bombe hineingelegt und das Loch mit Beton aufge-
füllt. Sie hatten schon so viele Löcher gebohrt, daß sie im Riff
kaum noch Platz hatten. Also haben sie angefangen, auf dem
Grund der Lagune weiterzumachen, und das ist natürlich sehr
gefährlich.«

Im Gesicht des Königs zeigte sich so etwas wie ein Lächeln,
eine Art von Frohsinn angesichts tiefster Dummheit.

»Haben Sie Ihre Meinung dazu publik gemacht, Majestät?«

»Damals hatte ich keine Meinung«, sagte der König.

»Und wie ist heute Ihre Meinung dazu, Sir?«

»Die Atombombentests im Pazifik müssen aufhören«, sagte
der König ohne jedes Gefühl, und mit der gleichen Monotonie
fuhr er fort: »Die Franzosen sollen gehen. Sie importieren alles
aus Frankreich. Es ist lächerlich. Obwohl es für die Menschen
auf diesen Inseln finanziell hart wird – sie müssen Französisch-
Polynesien aus dem Status einer Kolonie befreien.«

»Meinen Sie bald oder mit der Zeit?«

»Bald«, sagte der König. »Bald.«

Er starrte mich an.

»Die Atombomben können auch anderswo getestet werden.
Tests sind notwendig. Und Bomben sind notwendig, um Leute
wie Hussein aufzuhalten. Um ihm Angst einzujagen. Er ist wie
Hitler.«

»Wollen Sie damit sagen, Majestät, daß man eine Atom-
bombe auf Saddam Hussein werfen sollte?«

»Man sollte eine Bombe unter ihn legen«, sagte der König.

»Und Sie trauen es den Franzosen zu, daß sie ihre Atom-
waffentests anderswo durchführen?«

»Ich traue den Franzosen überhaupt nicht!« sagte er, und
plötzlich brüllte er vor Lachen. Es kam so unerwartet, daß ich
vor Überraschung zusammenzuckte.

Ich wollte diesen plötzlichen Gefühlsausbruch nutzen und
sagte schnell: »Die Franzosen haben normalerweise nur ihre
eigenen Interessen im Auge, und deshalb sind sie, jedenfalls
auf außenpolitischem Gebiet, unaufrichtig, prinzipienlos und
unzuverlässig.«

»Völlig unzuverlässig!« röhrte er und lachte wieder. »Ich
habe die Geschichte des Deutsch-Französischen Krieges von
1870/71 gelesen. Wissen Sie, wie dieser Krieg angefangen hat?«

Eine rhetorische Frage, denn er trug gleich eine Zusammenfassung der Ereignisse vor, die damals zum Ausbruch des Krieges geführt hatten, und erwähnte besonders die sogenannte Emser Depesche von Reichskanzler Otto von Bismarck an die preußischen Gesandtschaften. Bismarck hat darin die (nur ihm gegenüber geäußerten) Ansichten des preußischen Königs Wilhelm I. über Frankreich durch Streichungen bewußt verschärft, um die französische Regierung zu provozieren. Die Franzosen erklärten daraufhin den von den Deutschen (und Frankreichs Napoleon III., der seiner sinkenden Popularität aufhelfen wollte) gewünschten Krieg, der mit einem demütigenden Sieg der Deutschen über die Franzosen endete.

Das und noch viel mehr erzählte mir der König von Tonga.

»Und so haben die Franzosen wegen dieser Kleinigkeit, dieser einen Depesche einen Krieg angefangen und verloren«, erzählte der König.

»Die Franzosen erheben jede Kleinigkeit zum Prinzip«, sagte ich, »aber genauso sind sie imstande, ein Prinzip oder einen Mordfall zur Kleinigkeit zu machen. Nehmen sie nur den Untergang der *Rainbow Warrior* und den von französischen Saboteuren in Neuseeland umgebrachten Bordfotografen. Die französische Regierung hat die Sache heruntergespielt, man fand sie nicht wichtig. Aber wenn den Franzosen das gleiche passiert wäre, hätten sie es als Vorwand für einen Krieg betrachtet.«

»Neuseeland kann mit Frankreich keinen Krieg anfangen«, sagte der König. »Neuseeland konnte nichts tun.«

»Für Neuseeland hätte sich allerdings wohl auch niemand ein Bein ausgerissen«, sagte ich. »Die Briten beispielsweise haben ein etwas ambivalentes Verhältnis zu den Franzosen. Sie mögen das Essen, aber von den Leuten selbst fühlen sie sich etwas eingeschüchtert.«

»Die Engländer sehen den Franzosen gern ihre Schwächen nach«, sagte der König, »und eure Leute in den USA tun das gleiche.«

»Da wir uns nun schon mit Verallgemeinerungen über nationale Charaktere beschäftigen, Hoheit: Wie steht es mit den Japanern?«

»Sie bauen gerade einen neuen Terminal für unseren Flughafen.«

»Sagen sie, daß sie Ihnen einzelne Inseln abkaufen wollen?«
»Wir werden unser Land nie weggeben«, sagte der König.
»Das ist das Problem in Hawaii – der Ausverkauf des Landes. Mittlerweile gehört es allen möglichen anderen Menschen, und die Hawaiianer haben kaum noch etwas übrig.«

Darauf folgte wieder Stille. Ich lauschte einfach ihrem Dröhnen.

»Die Japaner arbeiten sehr hart«, sagte der König. »Merkwürdig: Sie halten sich für rein, aber sie sind es in keiner Weise. Ihre Kultur kommt von den Chinesen. Ihre Sprache ist voller fremder Wörter.«

Er nannte mir den ausländischen Ursprung von *arrigato* und *tempura,* und ich antwortete mit *kasteru* und *pagoda.*

»Würden Sie es begrüßen, wenn sich Tonga zu einem wichtigen Ziel für den Tourismus entwickelte?«

»Wir empfangen schon jetzt viele Touristen . . .«

Zwanzigtausend pro Jahr – das war nichts.

». . . aber wenn der Terminal erst steht, werden es noch viel mehr sein.« Er legte die Hände zusammen: Ein großer Stoß fleischiger Finger lag auf dem Tisch. »Bald haben wir drei Fernsehsender. Und Erdöl. Wir haben Erdöl in Tonga.«

»Erdöl, Eure Hoheit?«

»Ja. Ich habe es selbst gesehen – es sprudelt aus dem Riff. Bald wird jemand anfangen zu bohren.«

Keinen Moment zu früh, Treibstoff war in Tonga sehr teuer und sehr knapp. Aber ernsthaft betrachtet konnte es sich um kaum mehr als die Austrittstelle einer Ölblase unter dem Riff handeln – ein Geschäft war damit sicher nicht zu machen.

Wir wandten uns wieder dem Thema Polynesien zu, und ich fragte den König, ob er eine Affinität zu anderen Polynesiern spüre.

»Das tue ich. Die Samoaner stehen uns nahe. Mein zweiter Sohn ist mit einer Samoanerin verheiratet. Und wir haben natürlich einen gemeinsamen Ursprung. An unserer Universität unterrichtet jemand, der aus Sumatra stammt, und er hat mir erzählt, daß es dort ein Dorf gibt, dessen Sprache große Ähnlichkeit mit dem Tongaischen hat.«

»Bei den Polynesiern«, sagte ich, »existiert die Vorstellung, daß sie von einem fernen Ort stammen. Bei den Fidschianern ist das Ganze etwas verworren. Die Melanesier, die ich kennengelernt habe, leiten sich von Haien, Schlangen und Vögeln her. Manche Leute sagen auch, daß sie aus dem Boden gekommen sind.«

»Wir haben die Vorstellung, daß unsere Vorfahren Reisende und Entdecker waren, das stimmt.«

»Und Sie, Hoheit, sind von allen Polynesiern der letzte absolute Monarch.«

Er lachte sein röhrendes Gelächter. »Ich bin kein absoluter Monarch.«

»Mit Verlaub, Hoheit, natürlich sind Sie einer. In welcher Beziehung denn nicht?«

»Ich habe ein . . .«, sagte er und produzierte ein weiteres Kartoffelbreiwort. Es blieb völlig in seinem Mund, hatte kein Echo und war nichts als ein schluckender Ton.

»Wie bitte, Sir?«

Er wiederholte das Wort dreimal. Es hieß »Parlament«. Aber natürlich war diese Versammlung nicht mehr als ein Jasager-Club. Die Hälfte seiner Mitglieder waren Abgeordnete, die durch königstreue Adlige in ihr Amt berufen worden waren.

Ich fragte den König, ob er Kommissionen eingesetzt habe, die sich mit Tourismus, Erdöl und Fernsehen beschäftigten.

»Ich bin die Kommission!« sagte er und lachte wieder sehr laut. »Wir haben immer eine Mehrheit!«

Erneut ein Lacher, in den ich unterwürfig einstimmte.

»Keine Abweichler!«

Er fragte mich – und es war die einzige Frage, die er mir stellte –, ob ich etwas Neues vom Golfkrieg wisse. Ich berichtete, was ich am Morgen auf BBC gehört hatte.

Der König antwortete: »Amerika sollte dies als Chance sehen, alle Ressentiments zu vergessen und sich mit den Iranern zu verbünden. Amerika braucht Verbündete in Nahost. Der Iran ist nicht mehr dasselbe Land, das Amerika in der Geiselaffäre gedemütigt hat. Es hat eine neue Regierung, eine gute, wie ich finde.«

»Es sind die Israelis, die im allgemeinen unsere Vorstellungen vom Nahen Osten beherrschen«, sagte ich.

»Amerika sollte objektiv bleiben. Und Israel hat die große Verantwortung, sich den Palästinensern gegenüber fair zu verhalten. Die Israelis sollten aus den besetzten Gebieten abziehen und aufhören, Palästinenser umzubringen. Israel ist stark, und die Palästinenser sind schwach. Sie sind ein Problem, weil Israel sie dazu gemacht hat.«

Wir plauderten noch ein wenig miteinander – über seine Kinder, seine Vorliebe für französisches Essen und über sein Körpertraining (er pflegte mit dem Fahrrad auf der Startbahn des Flughafens hin und her zu fahren, denn er wollte abnehmen). Dann senkte er seinen massiven Schädel und sagte: »Ich habe noch eine andere Verabredung.«

Ich rappelte mich auf die Füße und dankte ihm, dann wurde Joe herbeigerufen, um mich über den krautigen Rasen hinauszugeleiten.

Ein, zwei Tage später schlachteten und brieten Afu und Salesi mir zu Ehren ein Ferkel. Die verkohlte Kreatur wurde auseinandergehackt und an eine Reihe männlicher Tongaer verteilt, die unter einem Mangobaum hockten. Die Frauen saßen unter einem anderen, kleineren Baum.

Es gab kein Bier. Mit einem Mann namens Meti fuhr ich ins nächste Dorf und kaufte einen Kasten. Wir würden ihn uns teilen, sagte er, das sei so Sitte in Tonga. Aber er ließ das Bier in seinem Auto. Ich bekam drei Flaschen, er zwei, den anderen wurde nichts angeboten, und zum Schluß fuhr Meti mit neunzehn Flaschen von meinem Bier von dannen.

»Ich, ich trinke kein Bier«, hatte Alipate gesagt. Er stopfte sich gerade das muskulöse Hinterteil des Schweins in den Mund. »Ich bin Methodist.« Und fast im selben Atemzug sagte er: »Schon Tonga-Weiber probiert?«

Nein, sagte ich, hätte ich nicht.

»Ich mag *palangi*-Muschis«, sagte Alipate, während er sich mit dem fleischigen Handrücken das Schweinefett aus dem Schnurrbart strich.

»Was für ein feinsinniger Mensch du doch bist«, sagte ich. Es ärgerte mich, daß dieser Fettsack so mit mir redete. »Ich wette, daß die *palangi*-Frauen dir zu Füßen liegen.«

»Ich aufpasse! Habe Frau! Sie Messer im Hals! Sie Messer, Eier ab!«

Das Wort *palangi*, ein Euphemismus für einen weißen Menschen, ist interessant. Eigentlich heißt es »Himmelsbrecher«. Im siebzehnten Jahrhundert meinten die Samoaner und Tongaer, daß ihre Inseln in einem großen, unpassierbaren Ozean lägen. An die Geschichte einer langen Seereise glaubte man in Tonga, in Samoa dagegen nicht: Die dortige Schöpfungsgeschichte berichtete, daß die Samoaner aus einem Knäuel zukkender Würmer in der Erde ihrer Inseln hervorgegangen seien. Als also die ersten Europäer in diesem Teil des westlichen Polynesien auftauchten (Abel Tasman 1643, später Roggeveen und Cook), konnten sie nur aus der Luft gekommen sein, aus dem Himmel geplatzt.

Es ist ein Paradoxon der Sprache als Ausdruck lebendiger Kultur, daß ein ordinärer Mensch wie Alipate sich dieses poetischen, bildhaften Wortes bediente – es gab kein anderes Wort für Weiße als »Himmelsbrecher«. Alipate war Steinmetz. Immer wieder gab er mit dem Geld an, das er als Maurer auf Hawaii verdient hatte. Er fand es schön, sein Hemd hochzuziehen und seinen Bauch von der Nachtluft umfächeln zu lassen, während er vor sich hin schwadronierte, von all den Frauen, die er besessen, und all dem Geld, das er kassiert hatte.

»Was du reden mit dem König?« fragte er mich. Sein T-Shirt war hochgezogen. Sein brauner, haariger Bauch glänzte vor Schweiß.

»Er hat mir gesagt, daß es hier bald Fernsehen geben wird.«

»In seinen Träumen«, sagte Alipate. Er übersetzte meine Antwort ins Tongaische. Alle lachten. »Der König immer träumen.«

Für eine Weile zerrissen sich alle die Mäuler über den König. Sie waren wie ein völlig fremdartiges Menschengeschlecht. Gesellschaftlich waren sie eine andere Spezies. Vor wenig mehr als hundert Jahren, bis König George Tupou I. die Sklaverei in Tonga abgeschafft hatte, waren Männer wie Alipate noch Sklaven gewesen. Alipate sah, daß ich die Schweinerippchen auf meinem Teller nicht angerührt hatte, und langte wortlos herüber. Nachdem er zu Ende gekaut hatte, kühlte er wieder seinen Bauch und zog noch ein bißchen über den König her.

15. KAPITEL

TONGA: ALLEIN AUF DEN VERLASSENEN INSELN VON VAVA'U

Viele der Tongaer, die ich in Nuku'alofa getroffen hatte, zeigten sämtliche Charakterzüge, die träge und nachlässige Menschen so an sich haben: Sie waren chronisch verlogen und unzuverlässig, aber nie für ihr Tun verantwortlich. Manche waren schlichtweg Lügner – oder um es freundlicher auszudrücken: Sie meinten selten etwas von dem, was sie sagten. Im herrschenden heißen Klima konnte das ermüdend sein. Meine Lösung hieß, mein Boot in einen Teil Tongas zu verfrachten, in dem es keine Tongaer gab.

Ich nahm mir vor, mitten im Nirgendwo eine unbewohnte Insel zu finden und dort eine Zeitlang wie ein Strandläufer zu leben. Meine Idealinsel hatte einen Sandstrand und Kokosnüsse, Regenwald und keine Menschen. Ungefähr fünfzig ferne Eilande kamen dieser Beschreibung nahe, die sämtlich in Tongas nördlichem Archipel, der Vava'u-Gruppe, lagen. Und ich wußte irgendwie, daß es dort auch Flughunde geben würde. Auf allen tongaischen Inseln gab es welche. Angeblich gehörten die Inseln dort oben zu den schönsten im ganzen Pazifik, und viele davon waren leer, vollkommen unbewohnt und unverdorben: Trauminseln, und jede einzelne eine kleine Welt für sich.

»Das Problem ist bloß«, sagte ein Tongaer in dem kleinen Flugzeug auf dem Weg nach Vava'u, »daß Sie jemanden finden müssen, der Sie da rausfährt.«

Ich sagte ihm nichts von meinem Boot, daß ich es zusammensetzen und zu jeder gewünschten Insel paddeln konnte, nichts von meiner Seekarte und meiner Überlebensausrüstung.

Aleki, so hieß der Mann, hatte eine Videokassette vom Golfkrieg dabei, die vier Tage zuvor von einer neuseeländischen Nachrichtensendung mitgeschnitten worden war. Der Krieg war noch in vollem Gange, aber das tongaische Interesse an dieser Art Information unterschied sich kaum von dem an *Rambo*-Videos. Aleki gab mir seine Adresse, ich solle ihn doch, wenn ich Lust hätte, einmal in Neiafu, der Hauptstadt von Vava'u, besuchen und mir ansehen, wie amerikanische Flieger Bomben auf Kuwait und den Irak warfen. Sehr nett von ihm, aber ich ging auf das gastliche Angebot nicht ein.

An der Vava'u-Gruppe gefiel mir einfach alles: Die Inseln lagen nicht weit auseinander, es gab jede Menge Sandstrände, Neiafu hatte Geschäfte, in denen ich Lebensmittel kaufen konnte, und obwohl es windig war, konnte ich gefahrlos an der Leeseite der langen Inselkette entlangpaddeln. Und vor allem schienen die Tongaer auf der Hauptinsel Vava'u freundliche Menschen zu sein. Wenn sie Allüren hatten, dann andere als die, mit denen ich in Nuku'alofa hatte fertig werden müssen. Hier saßen keine Herren, Gutsbesitzer und Pächter, sondern schwer arbeitende Insulaner (offenbar eine einheitliche Schicht), die sich ihr Brot durch Ackerbau und Fischfang verdienten. Die meisten Tongaer, die ich in Vava'u sprach, hatten etwas gegen Nuku'alofa: »Das schnelle Leben, der Lärm, immer los, los«, faßte ein Mann namens Siole die Einwände gegen die königliche Hauptstadt zusammen. Obwohl mir die pulsierende Metropole in diesen Beschreibungen eher unbekannt vorkam – ich hatte sie bis dahin eher für ein (abgesehen von Gottesdiensten und der einen oder anderen Beerdigung) vollkommen ereignisloses Kaff gehalten –, sah ich doch ein, daß das halbtote Nuku'alofa im Vergleich zum geradezu fossilienartigen Neiafu tatsächlich etwas hektisch wirken mochte.

Siole (tongaisch für »Joel«) besaß ein Auto, ein wertvoller Besitz in Neiafu, wo man nie mehr als drei oder vier auf einmal zu Gesicht bekam: Die Menschen wanderten zu Fuß über die Schotterstraßen der Hauptinsel und konnten sicher sein, daß sie nicht überfahren wurden. Siole besaß auch Benzin, erstaunlicherweise, denn es hatte auf Vava'u seit fast einer Woche rein gar keinen Treibstoff mehr gegeben. Niemand wußte, wann die nächste Lieferung ankommen würde. Alle machten den Golfkrieg für die Verzögerung verantwortlich, aber wahrscheinlich lag da nicht der Grund, selbst wenn der Golfkrieg vermutlich den hohen Preis verursacht hatte: etwa einen Dollar sechzig pro Liter, mit steigender Tendenz.

Mit seinem alten Auto fuhr mich Siole zum Markt und zu den Geschäften, damit ich mir Vorräte kaufen konnte.

Ein riesiges Schwein war von der Straße aus zu sehen. Es war sehr fett, sicher mehrere hundert Pfund schwer.

»Was ist so ein Schwein wohl wert, Siole?«

»Sechs-, Siebenhundert.« Er meinte *pa'anga,* umgerechnet also etwa fünfhundert Dollar.

»Wann wird es geschlachtet?«

»Zu einer Feier. Vielleicht zu einer Beerdigung«, sagte Siole.

»Man ißt die Schweine nur, wenn jemand stirbt?«

»Wenn jemand, sagen wir mal, deine Mutter, schwer krank wird, gibst du deinem Schwein viel zu essen. Machst es fett.«

»Weil es vielleicht für die Beerdigung gebraucht wird?«

»Genau.«

Ich konnte mir gut vorstellen, wie todgeweiht sich ein kranker Tongaer fühlen mußte, wenn er aus dem Fenster seiner Hütte blickte und merkte, daß das Hausschwein zunahm.

»Das Pferd auch.«

»Für den Leichenzug?«

»Nein, dafür nicht. Für den Leichenschmaus. Wir essen Pferde.«

Er fuhr langsam über den Schotterbelag der Hauptstraße – langsam, um den Hund nicht zu überfahren, der in einem kleinen, von einem belaubten Zweig herabgeworfenen Schattenfleckchen schlief.

»Und was ist damit? Essen Sie auch Hunde?«

»Ja.«

»Und die ›fliegenden Füchse‹? Essen Sie auch Flughunde?«

»Ja.«

»Wie werden die zubereitet?«

»Schweine, Pferde und Hunde kommen in den *umu*-Ofen. Da wird das Fleisch schön zart. Aber Flughunde braucht man nur zu grillen.«

Offenbar gab es im gesamten Pazifik nur wenige oder gar keine tabuisierten Lebensmittel. Wenn ich irgendwohin kam, erkundigte ich mich immer nach dem Speiseplan, und außer den Sieben-Tage-Adventisten von Kaisiga auf den Trobrianden traf ich niemanden, der besonders heikel gewesen wäre. In Ozeanien aß man jedes Lebewesen, das zwischen menschliche Kiefer paßte.

Hunde sind im Pazifik gekocht und gegessen worden, seit es
dort Menschen gibt. Die Hunde waren in den Kanus der Reisenden aus Südostasien (wo man sie ebenfalls aß und auch heute
noch ißt) hergekommen. Es gab kein Wild auf den Südseeinseln,
also standen Hunde hoch im Kurs: wegen ihres Geschmacks,
ihres Nährwerts und ihrer Seltenheit (Schweine waren weitaus in
der Überzahl). Die Felle nutzte man für die Ausstattung der Häuser, aus den Häuten schneiderte man sich Kleidungsstücke. Die
Zähne wurden zu Halsketten und Schmuckstücken, die Knochen zu Werkzeugen, zu Haken und Nadeln, verarbeitet. Auf
etlichen Inseln, besonders auf Hawaii, fütterte man Hunde mit
Gemüse oder *poi* (daher auch der heute noch gebräuchliche
Ausdruck *poi-dog*), um ihr Fleisch süßer zu machen. Manche
Hunde wurden sogar von Frauen an der Brust ernährt.

Die meisten Katzen und Hunde, die ich während meiner pazifischen Reisen sah, balgten sich um Süßkartoffelschalen und
Gemüseabfälle oder stöberten im Gebüsch nach eßbaren Wurzeln – sie waren wohl ohnehin Vegetarier.

Alle frühen Entdecker Ozeaniens erwähnen den Verzehr
von Hunden. Diese Männer entstammten Gesellschaftssystemen, in denen Hunde den Status verständiger Kameraden mit
individuellen Namen genossen – nach Claude Lévi-Strauss
waren sie »metonymische Menschenwesen«. Nach einer Einladung zum Hundefleischessen auf Hawaii (den damaligen
Sandwichinseln) schrieb ein entsetzter Engländer im achtzehnten Jahrhundert: »Der Gedanke, ein so treues Tier wie den
Hund essen zu sollen, hinderte jeden daran, sich diesem Teil
des Festes anzuschließen.« Dann fügte er aber hinzu: »Obwohl
über das Fleisch noch zu sagen wäre, daß es in gebratenem
Zustand wirklich sehr ansprechend aussah.« Und manche probierten es: Georg Forster, der deutsche Wissenschaftler und
Chronist in der Expeditionsmannschaft von Captain Cook,
fand Hundefleisch ununterscheidbar von Hammel. Bei einer
Gelegenheit im letzten Jahrhundert setzten ein paar hawaiianische Scherzbolde amerikanischen Besuchern einen Hund vor,
dessen Haupt sie durch einen Schweinskopf ersetzt hatten –
die Gäste vertilgten das Tier mit Genuß. Zwar konnte auch im
Pazifik ein Hund durchaus zum Schoßhund werden, aber nie
zu einem Freund, den man nicht hätte essen dürfen.

In *Man and the Natural World* nennt der Oxforder Historiker Keith Thomas drei Merkmale, die im England des achtzehnten Jahrhunderts das Schoßtier (»die privilegierte Spezies«) von anderen Tieren unterschied: Sie waren in Häusern und Kirchen gern gesehen, hatten individuelle Namen, und sie wurden nicht gegessen. »Nicht aus kulinarischen Gründen ... es waren sowohl der soziale Status des Tieres als auch seine Ernährungsweise, die zu diesem Verbot führten.« Le Maire und Schouten, die ersten Holländer, die 1616 die Tuamotus erreichten und vorher Kap Hoorn seinen Namen gegeben hatten, nannten eine Insel Honden, weil es dort so viele Hunde gab. Es fiel ihnen auf, daß die Hunde Fische fingen und fraßen, selbst auf dem Speisezettel auftauchten und nicht bellten.

Keiner dieser frühen Hunde konnte bellen. Auch das erwähnten die europäischen Besucher. Offenbar bellen wilde Hunde tatsächlich nicht – sie heulen und winseln, wie es auch die australischen Dingos tun. Allein der domestizierte Hund fängt an zu kläffen.

Genau hier in Vava'u wurde ein junger englischer Schiffbrüchiger (bei seiner Ankunft war er fünfzehn Jahre alt) namens William Mariner von einem Chief der Haapai, 'Ulukalala I., an Sohnes Statt angenommen und zum Eingeborenen. Von 1806 bis 1810 lebte er in Tonga. Vieles von dem, was wir über das frühere Leben in Tonga wissen, stammt aus einem genauen Bericht über seine Abenteuer, die ein Londoner Arzt niedergeschrieben und 1820 veröffentlicht hat. In seinem Buch erwähnt er auch die Vorliebe seines Wohltäters für gekochtes Hundefleisch: »Aber er befahl, daß es ›Schwein‹ genannt wurde, weil Frauen und viele Männer einen gewissen Widerwillen vor solcher Nahrung zeigten. Die am meisten geschätzten Teile des Hundes sind der Hals und die Hinterviertel. Das Tier wird mit einem Schlag auf den Kopf getötet und auf die gleiche Weise gekocht wie ein Schwein.«

Mein neuer Freund Siole fand ebenfalls, daß Hundefleisch köstlich schmeckte. Er war ein freundlicher Mensch: locker, hilfsbereit und bescheiden. Ich brauchte Lebensmittel, einen Platz zum Übernachten und später einen, wo ich mein Boot zu Wasser lassen konnte. Wir hatten einen einfachen Handel gemacht – für zehn Dollar würde er mich durch die kleine, weiträumige Stadt kutschieren. Er brachte mich zu den »Ozeanischen Kolonialwarenhandlungen« (Burns Philip, Morris Hedstrom) und von da zum Markt, wo ich einen Korb kleiner Ananas erstand. Weil es im Ort kein Benzin gab, kaufte ich Kerosin für meinen Campingkocher. Das Ganze dauerte über eine Stunde, aber Siole beschwerte sich nicht, nicht einmal, als die unhöfliche Tongaerin im Hotel sagte: »Der Taxifahrer kann Ihre Koffer tragen.«

Das größte Problem bei der Ankunft an einem Ort, über den ich so wenige Vorinformationen hatte, bestand darin, daß ich seine Gefahren nicht kannte: Winde, Riffe, Untiefen, Gezeiten und Strömungen, feindliche Dörfer, schlechte Strände und zu meidende Tiere, wenn es welche gab. Manche Gefahren waren offensichtlich: die donnernde Brandung und die schaumige Dünung einer Meerenge, die aussah wie ein Fluß mit Hochwasser, andere zeigten sich vielleicht erst, wenn es schon zu spät war. Ich dachte immer an die gräßlichen Kerle auf den Trobrianden, die mit ihren Speeren herumgefuchtelt und »Hau ab, *dim-dim*!« geschrien hatten, oder auch an die Brandstifterinsel in Fidschi. Zwar legte ich großen Wert auf genaue Land- und Seekarten und hatte oft auch einen Reiseführer, aber für wirkliche Ortskenntnis gab es keinen Ersatz.

Also war es ein ausgesprochener Glücksfall, daß ich Leonati kennenlernte, einen kräftigen Tongaer, der unter anderem Taucher und Fischer war. Er beobachtete, wie ich am Steg unter dem Kalksteinfelsen, auf dem mein Hotel lag, das Boot zusammenbaute.

»Wieviel Tiefgang haben Sie?«

»Nur ein paar Zentimeter«, sagte ich und entrollte meine Seekarte.

»Warum versuchen Sie's dann nicht mal da?« Er zeigte mit dem Finger auf eine winzige Lücke zwischen zwei auf der Karte verzeichneten Inseln. Ohne seinen Hinweis hätte ich sie nicht gesehen.

»Ich habe überlegt, da entlang aus dem Hafen herauszufahren.« Ich zeigte ihm meine geplante Route durch den Port of Refuge (der diesen Namen 1781 von seinem spanischen Entdecker Don Francisco Mourelle erhalten hatte).

Leonati verzog das Gesicht und meinte: »Da sind lauter Dörfer.«

Er war der einzige Mensch, nicht nur in Tonga, sondern in ganz Ozeanien, den ich bisher etwas dergleichen hatte sagen hören.

»Diese Insel ist leer«, er beschrieb einen Kreis um eine kleine Insel. »Und die da auch. Keine Leute. Die ist klein, aber sehr schön. Und zu der da . . .«, er tippte auf eine andere, ». . . paddeln Sie hin, und der Wind bringt Sie zurück.«

Sonst hieß es immer: Halten Sie sich an die Dörfer. Leonati war der erste Einzelgänger der Insulaner, der mir bis jetzt begegnet war. Er erzählte, daß er manchmal auch mit dem Boot zu den Inseln fahre und dort zeltete.

»Wem gehören sie?«

Er zuckte die Achseln.

»Da stört Sie keiner«, sagte er.

Es war ein heißer, dampfender Morgen im Port of Refuge, das frühe, gelbe Licht schnitt sich durch den Dunst, der wie Rauch vom Wasser hochwaberte. Etwa dreißig Segelyachten lagen hier vor Anker, aber anstelle von Segeln baumelten nasse Wäschestücke über den Decks. Ich verstaute die Ausrüstung in meinem kleinen Boot und schlug nach den Moskitos, die von der feuchten Hitze munter geworden waren und mir um die Ohren tanzten.

In der Nacht hatte es kräftig geregnet, und als ich einen Amerikaner, der am Steg eine Leine aufrollte, darauf ansprach, meinte er nur: »Natürlich«, und schien überrascht, daß ich es überhaupt erwähnenswert fand. Schließlich befanden wir uns mitten in der Regenzeit mit ihren Wirbelstürmen – deswegen lagen ja auch all die Yachten im Hafen. Die meisten waren im November angekommen und würden bis April hier liegen bleiben, bis das Wetter sich beruhigte. Niemand segelte in dieser gefährlichen Zeit im Südpazifik.

»Ich hab mal in Cape Cod gearbeitet«, sagte der Mann, als ich ihm erzählte, woher ich kam. »Camp Seascape in Brewster. Ein Sommerlager für fette Mädchen. Ich war in der Lagerleitung.« Er wurde nachdenklich, als hätte er seit Jahren nicht mehr darüber nachgedacht. »Der durchschnittliche Gewichtsverlust lag bei etwa zwanzig Pfund.«

Er verzog sich, während ich mein Boot zu Ende belud. Mein

schwerster Ballast war das Wasser, da ich nicht wußte, ob es auf meiner unbewohnten Insel welches geben würde. Ich hatte es in Säcken zu siebeneinhalb und elfeinhalb Litern bei mir, Vorrat für eine Woche, den ich zusammen mit meinen wasserdichten Proviantsäcken, den trockenen Kleidungsstücken, dem Kocher, den Töpfen und dem Zelt im Rumpf verstaute. Ein Plastikkuvert oben enthielt eine Karte des ganzen Archipels, eine Wasserflasche und einen Kompaß. Auch die Leuchtmunition lag griffbereit.

Meine Schwimmweste hatte ich Meia, dem alten Kula-Mann auf den Trobrianden gegeben. Meinen Speer hatte ich auf den Salomonen eingetauscht, und das letzte Angelzeug in Vanuatu verschenkt. Mein Walkman war in Nuku'alofa gestohlen worden. Ich hatte mein Ersatzpaddel zerbrochen, und inzwischen war ich wegen des einen übriggebliebenen Paddels so besorgt, daß ich es am Bootsdeck anleinte. Diebstahl fürchtete ich weniger, als daß mir das Ding von einer kräftigen Bö aus der Hand geblasen werden könnte.

Unbemerkt glitt ich vom Ufer weg und paddelte in südlicher Richtung aus dem Hafen, der von hohen, mit nassen Bäumen gekrönten Felswänden eingerahmt wurde. Kleine Jungen gingen an diesem frühen Morgen schon schwimmen und sprangen von den schwarzen Steinen. Etwa anderthalb Kilometer weiter war die bewaldete Wand unterbrochen: ein enger Spalt aus Luft, vor dessen grünen Steilwänden krächzend Vögel herumsegelten. Das Wasser war so seicht, daß der Boden meines Bootes über die Felsen scheuerte. Das war also die Abkürzung, die Leonati vorgeschlagen hatte: die Ahanga-Passage.

Kaum hatte ich sie durchquert, war ich mitten in Wind und Wellen, sah das Riff, auf dem sich die Dünung brach, und in der Ferne eine Inselkette. Mit Hilfe meiner Karte hielt ich mich in den tieferen Wasserrinnen und paddelte so weit hinaus, daß ich die Inseln identifizieren konnte. Sie lagen überall – ganz in meiner Nähe und in verschiedenen Entfernungen am Horizont. Von Leonati wußte ich, daß die meisten unbewohnt waren. Um irgendeinen Kurs zu halten, steuerte ich eine an, die Tapana Island hieß.

Ich hatte sie ausgesucht, weil sie auf meiner Karte deutlich eingezeichnet war. Manche Landflecken waren überhaupt

nicht vermerkt. Fafini und Fanua Tapu, der Karte nach unbedeutende Riffe, entpuppten sich als zwei hohe, mächtige Inseln. Die Karte war »nach britischen Aufzeichnungen aus dem
Jahr 1898« angefertigt worden. Konnte es sein, daß in knapp
hundert Jahren neue Inseln aus dem Meer gewachsen waren?

Der Wind wehte mit zehn bis fünfzehn Knoten und war
frisch und stetig genug, um die Wellen zu Schaumkronen auf-
zupeitschen. Ich fürchtete um mein Paddel und band es noch
fester, außerdem legte ich die Expeditions-Spritzdecke an, unter der ich völlig wasserdicht eingepackt war. Gerade rechtzei-
tig, denn in der Ferne sah ich wogende Wolken und lange,
graue Regenvorhänge.

Der Regen kam näher und war bald schon über mir. Ich paddelte in einem heftigen Platzregen, und die Inseln wurden zu
schwachen Umrissen.

Leonati hatte gesagt: »Bis Dezember hatten wir Dürre, aber
seitdem hat es ständig geregnet ...«

Im Regen machte die Paddelei keinen Spaß, aber das
schlimmste war die Gefahr, vom Kurs abzukommen. Mittlerweile lösten sich die Inseln in einer dichten Wasserwand auf.
Es war, als paddelte ich unter einem Wasserfall durch, wie die
Maid of the Mist unter den Niagarafällen. Ich benutzte meinen
Kompaß, um nach Tapana zu kommen, folgte der Nadel, bis
die graue Insel tatsächlich vor mir auftauchte. Es gab dort jedoch keinen Schutz – keinen Strand, nur Klippen. Also
steuerte ich durch den prasselnden Regen eine Insel an, die ich
durch die peitschenden Tropfen hindurch gerade noch erkennen konnte. Sie hieß Lautala und war laut Leonati unbewohnt.
Wieder gab es keinen Strand, und ich konnte nicht an Land
gehen.

Sämtliche Inseln im Archipel von Vava'u sind Kalkblöcke,
von Wind und Wellen zu gefährlichen, unnahbaren Formatio-
nen gehämmert. Ihre Seiten sind gerade, drei Meter hohe, fast
durchgehende Wände aus scharfkantigem Gestein voller Fels-
nadeln und Klippen. Aber auf den leewärtigen Seiten einzelner
von ihnen hatte die Strömung Sand aufgespült – der Regen ließ
vorübergehend etwas nach, und in der Ferne konnte ich Sandstrände erkennen.

Ich fand eine kleine Felsspalte am Ufer von Lautala, wo ich

eine Pause machte: Das Wasser lief von meinem Hutrand herunter, und während ich dort saß und vor mich hin troff, näherten sich neugierige Vögel, braune Tölpel, die aussahen wie dunkle Reiher, und große, furchtlose Sturmtaucher.

Ich versuchte, ihrem Flug durchs Fernglas zu folgen, wandte mich um und sah durch den Regen hindurch zwei Kanus – in jedem saßen vier Männer –, die direkt auf mich zuhielten, vielleicht auch nur auf die Insel, ich würde es bald wissen.

Die Kanus waren über drei Meter lange Einbäume mit Auslegern, eher zum Paddeln als zum Segeln geeignet, von einem Typus, den Experten als »einziges verbliebenes Wasserfahrzeug tongaischen Ursprungs« bezeichneten. In der Regel fertigte ich Zeichnungen von den verschiedenen Einbäumen auf den diversen Inseln an und notierte mir, wo man keine Kanus mehr baute und benutzte. Diese tongaischen Kanus zeigten eine Besonderheit, die ich bisher noch nicht kannte: Die Auslegerbefestigung war U-förmig. Ich hatte so etwas noch nicht gesehen – alle anderen Kanubauer nahmen eine V-förmige Verbindung oder auch nur ein paar verschnürte Streben. Vielleicht war es nicht sehr bedeutend, aber nachdem ich so viele Kanus in fast völlig gleicher Bauweise gesehen hatte, erschien mir dieser kleine, ausgesprochen elegante Unterschied doch bemerkenswert. Dabei war Tonga ein Staat, in dem niemand besonders gut schnitzen konnte oder sich die Mühe machte, irgend etwas Solides nach überlieferter Handwerkstradition herzustellen.

Als die Männer in den Kanus dicht bei mir waren – auch sie suchten Schutz vor dem heftigen Sturm –, grüßte ich freundlich und zeigte auf das schöne, U-förmige Bauteil. Wie es denn heiße?

Die Männer lachten. Einer murmelte etwas – spöttisch, wie mir schien, »*fucking palangi*« oder etwas in der Art –, und die anderen Männer lachten wieder.

Der Regen rauschte herunter. Ich fragte, wie sie das Holz in diese U-Form gebogen hätten. Sie zuckten mit den Schultern und tuschelten. Mehr Gelächter.

Ich hätte denken können, sie verstünden kein Englisch, aber ich war mir sicher, daß sie es konnten – die meisten Leute in Tonga sprachen Englisch, und in Vava'u mit seinem Zustrom von *palangis* in Yachten war man mit Fremdsprachen noch vertrauter als auf der Hauptinsel. Und außer den Lehren von den Goldenen Tafeln brachten die Mormonen ihren bekehrten Schäflein auch Volleyball und Englisch bei.

»Sind Sie beim Fischen?« fragte ich direkt.

»Ja«, sagte einer und drehte mir den Rücken zu.

Diese Geste war nicht unbedingt feindselig, aber wenn man bedachte, daß wir gemeinsam vor einem heftigen Regenschauer Schutz suchten und uns am Ufer einer entlegenen, verlassenen Insel im fernen tongaischen Archipel Vava'u aufhielten – meilenweit von jeder anderen Menschenseele entfernt –, dann schien dieses Verhalten, zumindest für einen Bewohner der *Friendly Isles*, doch ein bißchen ungehobelt.

Sie hatten nicht das geringste Interesse an mir, erkundigten sich nicht (andere Insulaner taten das hin und wieder), ob alles in Ordnung sei, ob mein Boot ein Leck hätte oder wie ich mit den hohen Wellen zurechtkam. Sie waren desinteressiert und indifferent, und wahrscheinlich machten sie sich lustig – weil ich allein war, ein *palangi*, und keine Bedrohung für sie darstellte. Wäre ich groß, gefährlich oder einflußreich gewesen, hätten sie wahrscheinlich Bücklinge vor mir gemacht und demütig meiner Kehrseite zugejubelt. Statt dessen dümpelten wir im schweren Regen und schwiegen uns an, allerdings murmelten sie sich dann und wann etwas Unverständliches zu. Ich tröstete mich damit, daß ich für den Fall, daß sie mich bedrohten (die Tongaer hatten diesbezüglich einen schlechten Ruf), viel schneller vom Fleck käme als sie – mein leichtes Kajak war wesentlich wendiger als ihr plumpes Auslegerboot.

»Ihr könnt mich mal«, strahlte ich sie an, als der Regen nachließ, und paddelte davon.

Später erfuhr ich, daß Vava'u der einzige Ort im Pazifik war, an dem es diese schöne Auslegerverbindung gab, und daß sie *tukituki* genannt wurde.

Ich fuhr drei Kilometer weiter zu einer halbmondförmigen Insel. Tatsächlich waren es zwei einzelne, durch eine Sandbank verbundene Inselchen: Taunga, auf der es ein Dorf gab, und Ngau, die unbewohnt war. Nach meiner Karte lag dahinter eine weitere unbewohnte Insel namens Pau.

Als ich mich Pau näherte, flatterten zwei fette Flughunde

über mich hinweg auf die Insel zu. Mittlerweile konnte ich
durch den immer noch sanft fallenden Regen sehen, daß ihr
Ziel klein, unbewohnt und bewaldet war und auf der windgeschützten Seite einen schmalen Sandstrand hatte. Genau das,
was ich suchte. Obendrein gab es einen Hain aus Kokospalmen, die nur zwei, drei Meter hoch waren und große Büschel
grüner Nüsse trugen, jede einzelne voll mit dem besten Getränk der Welt.

Ich paddelte an den Strand und zog mein Boot bis über die
Flutlinie, doch bevor ich mir einen Zeltplatz suchen konnte,
wurde der Regen wieder stärker. Es goß in dicken, stechenden
Tropfen, die senkrecht und schwer herunterprasselten. Ich
fand ein großes, grünes Blatt, das ich mir auf den Kopf legte,
und dann stand ich da, triefnaß unter einem triefenden Baum,
betrachtete den schwarzen Himmel und die aufgewühlte See,
hörte mir das ohrenbetäubende Getrommel des Regens an und
fühlte mich miserabel.

Zwei zähe Stunden zogen sich dahin, und um meine unge-
mütliche Lage noch zu verschlimmern, tauchten Wolken von
Moskitos auf, denen die kühle, regennasse Luft offenbar sehr
gut gefiel und die sich daranmachten, mich völlig zu zerste-
chen. Ich hatte Insektenschutzmittel, aber es aufzusprühen
wäre in dem Regen absolut sinnlos gewesen.

Die nahegelegenen Inseln waren im Regen und Dunst verschwunden. Ich befand mich auf einer winzigen Ecke der Insel
Pau und konnte nirgends hin. Vor mir lag eine dichte, dornige
Wand aus Wald, hinter mir das Meer. Ich stand auf einem
schmalen Streifen Land, hatte das alberne Blatt auf dem Kopf
und fing an zu zittern.

Um meinen Kreislauf in Schwung zu bringen, nahm ich das
Paddel und schlug damit meine unmittelbare Umgebung von
Ästen, Treibgut und Spinnen frei. Ich wartete auf eine Regen-
pause, damit ich mein Boot entladen und mein Zelt aufbauen
konnte, ohne daß alles gleich naß wurde.

Als der Regen endlich nachließ, schlug ich schnell mein Lager auf, stopfte die Dinge, die trocken bleiben mußten (Kleidung, Schlafsack, Radio), ins Zelt und hängte den Wassersack
und den Proviantbeutel auf. Dann zog ich meine nasse Badehose und das durchweichte T-Shirt aus, kroch nackt ins Zelt

und wärmte mich im Schlafsack auf, bis die Regentropfen endgültig aufhörten, mir aufs Dach zu prasseln.

Mein Mittagessen war ausgefallen. Ich hatte im Boot essen
wollen, aber die unfreundlichen Fischer vor Lautala Island hatten mich davon abgehalten. Ich packte den Kocher aus und
wollte ihn anzünden, um Nudelwasser aufzusetzen. Aber
meine Streichhölzer waren naß, und das Feuerzeug gab keinen
Funken von sich. Ich fluchte lautstark vor mich hin, schließlich
war das hier meine Insel.

Ohne Streichhölzer konnte ich auf dieser Insel unmöglich
eine Woche oder länger bleiben. Mir fielen die Häuser wieder
ein, die ich auf Taunga gesehen hatte. Ich kletterte ins Boot
und paddelte die drei Kilometer zum Dorf hinüber, einem
schönen Ort mit vielleicht fünfzehn schlichten Häusern am
Steilufer einer hübschen Bucht. Zwei auf den Strand gezogene
Motorboote ließen das Ganze recht wohlhabend wirken, aber
es war niemand zu sehen.

Ich ging zum nächstgelegenen Haus. Direkt hinter der Tür
saß eine enorm fette Frau, die aus Streifen von Pandanuß-Blät-
tern eine Matte flocht. Ihr Rock war hochgerutscht, und ich
konnte die graue Orangenhaut ihrer ausladenden Oberschenkel sehen. Ihre Beine waren scheußlich zerstochen und von
offenen Wunden übersät, weil sie wohl an den Stichen herum-
gekratzt hatte. Die Frau war etwa sechzig Jahre alt und hieß
Sapeli.

»Gibt es einen Laden auf dieser Insel?« fragte ich im vollen
Bewußtsein, daß das kaum möglich war.

»Nix«, sagte sie.

»Haben Sie vielleicht Streichhölzer?«

Wortlos und ohne aufzustehen, griff sie in ein Regal direkt
neben sich, hob eine Streichholzschachtel auf, nahm die Hälfte
der Hölzchen heraus und reichte mir die Schachtel.

Dann rief sie laut: »Lini!«

Eine Gruppe von Kindern kam von dem Nachbarhaus herüber, angeführt von zwei hübschen Mädchen.

Das ältere Mädchen stellte sich als Lini Faletau vor.

»Faletau heißt irgendwas mit ›Haus‹«, sagte ich.

»Haus-Krieg«, sagte sie. »Leute, die im Haus kämpfen.«

»Ein wunderbarer Name.«

Nachdem ich den ganzen Weg hierhergepaddelt war, dachte ich, daß ich nun auch um Erlaubnis fragen könnte, auf Pau zu zelten: Da die Insel – für die Verhältnisse von Vava'u – so nahe lag, gehörte sie wahrscheinlich dem Dorf. Lini meinte, der Chief sei in Nuku'alofa, aber wir könnten auch jemand anderen fragen.

Wir stapften in den Regenwald – die Mädchen vorneweg, die anderen Kinder hinterdrein, ich in der Mitte –, und am Wegesrand stießen wir auf bellende Hunde, die sich jaulend an unsere Fersen hefteten und nach meinen nackten Beinen schnappten.

»Bitte eßt doch diese Hunde«, sagte ich.

Lini lachte. Sie war siebzehn. Ihre Schwester Deso war vierzehn, aber größer, hatte ein schmales, elegantes Gesicht und ein lautes, kehliges Lachen. Desos Aussehen erinnerte mich wieder daran, daß es in Tonga die schönsten Frauen gab, die ich bisher in diesem Teil der Welt gesehen hatte – die schönsten, aber auch die häßlichsten: fette, haarige Wesen mit schlechter Haut. Und auch viele Männer waren unförmig und unansehnlich.

Nach einem Fußweg von einer Viertelstunde durchs nasse Gras kamen wir zu einem Haus. Wie die anderen war es eine schlichte Schachtel mit einer Veranda und einem Flachdach. Auch hier saß eine Frau und wob eine Matte. Überall im Raum lagen trockene Palmblätter verstreut. Ich grüßte. Die Frau betrachtete mich zweifelnd.

»Frag sie, ob ich auf Pau Island übernachten darf.«

Die Bitte wurde vorgetragen.

»Sie sagt ja.«

»Wer ist diese Frau?«

»Sie meine Frau«, sagte Lini.

Deso gab einen ihrer tiefen, anziehenden Lacher von sich.

»Du meinst, deine Mutter?«

»Meine *Mudda*.«

»Sag ihr bitte meinen Dank, und sag ihr auch, daß ich ihr ein Geschenk aus den USA mitgebracht habe.«

Ich überreichte ihr ein Seidentuch. Sapeli hatte ich auch eins gegeben. Ich ging nie ohne Geschenke, meistens waren es diese Tücher, in ein Dorf, egal, wie groß es war und wie lange ich bleiben wollte.

Deso zankte mit einem der kleinen Kinder herum. Es war ein Junge, der anfing zu weinen. Tongaer konnten untereinander ziemlich grob werden, sie schrien und schimpften oft.

Auf dem Rückweg zum Strand begegnete uns ein deutlich femininer junger Mann, vielleicht ein *fakaleiti,* der einen Seidenschal von mir verlangte. Er fragte mich nach meinem Namen, ich erkundigte mich nach seinem.

»Ich heiße Russell Go-For-Broke.«

»Du lügst!« schrie Deso ihn an. »Du heißt Ofa.«

»Nein, ich heiße jetzt nicht mehr so. Wegen Cindy Lauper.«

Ich hatte keine Ahnung, wovon er redete. Er lispelte, scharwenzelte herum und bat mich, noch ein bißchen zu bleiben.

»Ich komme bestimmt wieder«, sagte ich. »Das hier ist ein schönes Dorf.«

Der Strand und die Grenze des Dorfes wurden von den gebleichten Schalen der tongaischen Riesenmuschel gesäumt.

»Die Königin von Tonga war am zweiten Dezember hier«, sagte er.

Das Königspaar hatte Weihnachten in seinem Haus in Neiafu verbracht, die Königin stammte aus Vava'u.

»Ist die Königin lange geblieben?«

»Zwei Tage«, sagte Lini.

Das überraschte mich. Sie zeigten mir das Haus, in dem sie übernachtet hatte. Es war ein einfaches Gebäude, und ich mußte daran denken, wie sich Marie-Antoinette als Schäferin verkleidet und mit den Bauern getanzt hatte.

»Was habt ihr für sie veranstaltet?«

»Wir haben gesungen. Wir haben getanzt.«

»Hat es ihr gefallen?«

»Ja. Sie ist schwimmen gegangen.«

Die siebzigjährige Herrscherin hatte in der kleinen Lagune gebadet.

»Habt ihr sie gesehen?«

»Wir sind mit ihr geschwommen!«

»Wie hat denn der Badeanzug der Königin ausgesehen?«

»Sie hatte ein tongaisches Tuch um sich rumgewickelt.«

»Die Königin von England würde nie mit einfachen Engländern am gleichen Strand zum Schwimmen gehen«, sagte ich.

»Die Königin von Tonga ist sehr gütig.«

Ich verteilte noch mehr Seidentücher, aber sie schienen sich nicht besonders dafür zu interessieren. Ein Mädchen knotete ihres einem kleinen Kind um den Kopf.

»Ich heiße Russell Go-For-Broke, weil ich immer *broke* bin, ständig pleite.«

»Er heißt Ofa.«

»Halt den Mund.« Als er sah, daß ich mein Boot ins Wasser schob, sagte er: »Bitte komm wieder. Wir geben dir ein Geschenk. Vielleicht eine Muschel.«

»*Bye for now*«, sagte Lini.

»*Goodbye* für jetzt, aber nicht für immer«, sagte Russell. Er wiederholte es, und dann meinte er: »Gehst du zurück, um für die Freiheit von Kuwait zu kämpfen?«

Die anderen fanden das irrsinnig komisch. Ihr Gelächter klang mir noch in den Ohren, als ich zu meiner Insel zurückfuhr und mir dort im letzten Tageslicht mein Abendessen machte. Aber bald kam wieder Regen, der mich ins Zelt trieb, und die ganze schwarze Nacht lang tropfte und stürmte es.

Der Regen hörte auch in den nächsten zwei, drei Tagen nicht auf, mal war er heftig, mal nieselte es bloß, und schon bevor wieder ein neuer Platzregen auf mich herunterschüttete, konnte ich hören, wie er lautstark auf die Bäume am Südostende der Insel trommelte und sich wie ein Waldungeheuer auf mich zubewegte. Dann war er über meinem Kopf und ergoß sich auf mich.

Bis jetzt hatte ich noch keine Sonne gesehen. Das war die Kehrseite des Insulanerdaseins in Vava'u, hinzu kamen die Moskitos, meine feuchten Sachen und die Unmöglichkeit, auf diesem dschungelartigen Fleckchen Erde irgendwo hinzulaufen. Die Pluspunkte: Die Insel gehörte mir, die Korallenbänke waren breit und fischreich, ich hatte reichlich zu essen und der Radioempfang war ausgezeichnet. Manchmal allerdings rauschte der Regen so heftig herunter, daß er das Radio schier ertränkte. Mit mir auf der Insel lebten Krebse, Reiher und ein Baum voller baumelnder, quiekender Flughunde.

Meine Mahlzeiten waren wegen des Regens unregelmäßig, was ich lästig fand, denn immer wenn ich allein war, versuchte ich, nach einem festen Plan zu leben, um dem Tag eine vernünftige Struktur zu geben. Jetzt ist es Zeit, den Zeltplatz aufzuräumen, konnte ich mir dann sagen. Jetzt ist Teezeit. In zwei Stunden fange ich an zu schreiben.

Ich paddelte höchst ungern im Regen, zu kochen war nicht einfach, und es machte auch keinen Spaß, im Regen zu schwimmen. Weil es nichts gab, wohin ich hätte gehen können, blieb ich während der Unwetter im Zelt und hörte die Nachrichen über den Golfkrieg, nachts lag ich da, schrieb in mein Notizbuch, fühlte mich im schwankenden Licht der Taschenlampe feucht und elend und hoffte auf einen sonnigen nächsten Tag, damit ich meine nassen Sachen trocknen konnte.

Ich war einsam und klamm, und in dieser Stimmung bedauerte ich es wieder, daß meine Ehe zerbrochen war – mir fehlte das trübe, berechenbare London, meine kleine Familie und die Gleichförmigkeit meines alten Tagesablaufs. In meiner Isolation sah ich, daß mein Leben in zwei Teile zerfallen war. Auf eine feuchte Seite schrieb ich: »Alleinreisen ist sowieso nicht leicht, aber es wird schwer, wenn niemand darauf wartet, daß man zurückkommt.«

Wenn ich einen solchen Gedanken in meiner Schrift schwarz auf weiß vor mir sah, klappte ich meist das Notizbuch zu und flehte einfach um Sonne. Aus schierer Einsamkeit fütterte ich morgens bläulich-graue, eingebildete Gespensterkrebse mit Schokoladenkeksen und Käsekrümeln.

Als nach drei Tagen endlich die Sonne herauskam, hob sich meine Stimmung. Hitze und Licht erweckten mich zu neuem Leben. Ich schlug ein paar Kokosnüsse mit dem Blatt meines langen Paddels vom Baum, bohrte Löcher hinein und trank das süße Wasser. Ich trocknete meine Kleider und die anderen Sachen, verstaute sie, nahm mir eine Kajaktour zu den anderen unbewohnten Inseln in der Vava'u-Gruppe vor und umfuhr Pau Island.

Pau war unbewohnt, aber still war es nicht. Fledermäuse lärmten, Vögel pfiffen und krächzten, die Bäume raschelten und flatterten und in ihren Ästen tobten die Flughunde herum. Der Riff-Reiher machte »*kark! kark!*«, das Wasser plätscherte ans Ufer, und von dem großen, freiliegenden Riff, das zwischen Pau und der Nachbarinsel Fuamotu lag, schallte das konstante Gebrüll der Brandung herüber. Von der Stelle aus, wo ich meine Nudeln schlürfte oder Fisch und Ananas aß, konnte ich acht Inseln sehen, aber keinen einzigen Menschen, kein Dorf, kein Schiff.

Nach einem sonnigen Tag regnete und drosch es nachts wieder auf das Zelt ein. Ich hatte in meiner Eile einen Kochtopf draußen gelassen. Am Morgen standen fast acht Zentimeter Wasser darin – dabei hatte der Topf unter einem Baum gestanden.

Ich wachte im allgemeinen früh auf, so gegen fünf Uhr, und hörte auf Radio Australia oder BBC die Nachrichten über den Golfkrieg. Die Kriegsbegeisterung der ersten Tage hatte sich abgenutzt, inzwischen sah es so aus, als würde das Ganze noch ziemlich lange dauern.

Leonati in Neiafu hatte das auch gesagt: »Sie sagen, daß der Krieg schnell vorbei ist. Aber ich glaube, daß er noch lange weitergehen wird. Sie sagen, daß sie in den ersten paar Tagen eine Menge Schaden angerichtet haben. Ich glaube nicht, daß viel kaputtgegangen ist.«

Weiter vom Nahen Osten entfernt als auf diesen Inseln konnte man kaum sein, und doch dachte jeder an den Krieg. Im Radio hörte ich, daß auf der Pazifikinsel Kiribati (eine Verballhornung ihres früheren Namens Gilbert) Gefangene in Streik getreten waren und sich geweigert hatten, den Gefängnishof zu betreten, weil sie fürchteten, von einer irakischen Scud-Rakete getroffen zu werden.

Es gab mehr Spekulationen als Nachrichten – wo waren eigentlich die Augenzeugen? –, und so kroch ich aus meinem Zelt in einen dunstigen Sonnenaufgang, fragte mich, was aus der Welt werden sollte, und genoß es ziemlich, daß ich so weit weg war und hier wie ein Strandläufer leben konnte. Die nächsten Tage waren warm, feucht, wolkig mit Aufheiterungen und einer leichten Brise.

An schönen Tagen, im blendenden Licht sonniger Vormittage, sah ich weit mehr Inseln als vorher – sie erstreckten sich wie Trittsteine in einer Furt nach Südwesten. Ich würde zu den meisten hinkommen, indem ich von einer zur anderen hüpfte. Keine von ihnen schien bewohnt, und alle hatten schöne Formen. Sie hatten Buckel aus mäßig hohen Hügeln, manche davon mit Felsgraten, andere mit Sattelrücken, und alle waren dicht mit altem Baumbestand und Kokospalmen bewachsen.

Die Gegend war fürs Kajakfahren ideal, vielleicht war es die beste im ganzen Pazifik. Die Inseln hatten deutliche Umrisse und waren aus ziemlicher Entfernung schon sichtbar. Nachmittags war der Wind heftig, aber man konnte ihm weitgehend ausweichen, wenn man früh genug losfuhr und auch früh zurückkam. Jede Insel hatte eine sichere Seite und eine Brandungsseite – im Windschatten lagen meistens die Sandstrände –, alle waren abgeschieden, und alle waren sie anziehend. Es gab keine Touristen, keine Hinweisschilder und keinen Müll – keine Anzeichen dafür, daß jemals ein menschliches Wesen einen Fuß auf diese Eilande gesetzt hatte. Man konnte es sicher für Wochen oder gar Monate in Vava'u aushalten, und nur ab und zu würde man nach Neiafu in die Stadt fahren, um Proviant zu beschaffen. Es war eine andere Welt, und Einsamkeit gab es hier wirklich, weil die Tongaer sich nicht sonderlich für Ausländer interessierten. Die Tongaer drückten einen nicht an ihr Herz wie die Melanesier und gaben sich nicht freundlicher, als sie waren.

Meine einzige Frage bezog sich auf die Strömungen. Ich hätte gern gewußt, wie stark sie zwischen den vorgelagerten Inseln waren. Konnte es zum Beispiel sein, daß ich zehn, fünfzehn Kilometer weit zu einer fernen Insel paddelte, nur um dann von einer Strömung mitgerissen zu werden?

Ich fuhr nach Taunga, um die Fischer dort zu fragen. Der Tag war wunderschön, und alle waren draußen, nur Lini war im Haus. Sie fragte die Frauen von Taunga. Keine kannte sich aus. Nicht besonders überraschend, denn tongaische Frauen segelten und paddelten nicht.

»Der Strand an der Spitze von eurer Insel ist sehr schön«, sagte ich.

»Ja, wir schwimmen da.«

»Kommen manchmal auch Touristen zu euch?«

»Manchmal. Mit Booten. Einmal war ein Kreuzfahrtschiff da. Viele Leute. Denen hat unser Dorf gefallen. Sie haben unsere Häuser bewundert und die Blumen, die wir gepflanzt haben.«

»Wie sah das Schiff aus?«

»Ich weiß nicht mehr«, sagte Lini. »Aber unser Strand hat ihnen auch gefallen.«

»Woher kamen die Leute? Aus welchem Land?«

»Weiß ich doch nicht«, sagte sie ungeduldig, als sei das eine alberne Frage.

Eine echte Tongaerin: Sie konnte sich nur an das erinnern, was die Fremden über ihr Dorf gesagt hatten. Für die Fremden selbst hatte sie sich nicht im geringsten interessiert.

»Heute schwimmt niemand am Strand«, sagte ich.

»Man muß so weit laufen . . .« Ein etwa zehnminütiger Fußweg. Lächelnd fügte sie hinzu: »Ein Mann aus Übersee hat zum König gesagt, daß er am Strand ein Hotel bauen wollte. Ein sehr großes Hotel, damit Touristen kommen.«

»Was hat der König dazu gesagt?«

»Er konnte dem Mann erst etwas sagen, nachdem er uns gefragt hatte.«

»Also hat der König im Dorf wegen des Hotels angefragt?«

»Ja.«

»Und was hat das Dorf gesagt?«

»Wir wollen es nicht.« Sie wandte sich um.

»Warum nicht?«

»Wir wollen diese Leute nicht.«

Fremde waren *diese Leute*.

Snobismus, Unhöflichkeit und hemmungsloser Ausländerhaß der Tongaer haben dafür gesorgt, daß der großartige Archipel von Vava'u eine der unverdorbensten Gegenden im ganzen Pazifikraum geblieben ist.

An diesem und dem folgenden Tag paddelte ich nach Westen, umrundete die unbewohnten Inseln und nahm mich vor den Strömungen in acht. Die vom Meer bearbeiteten Kalksteinfelsen ragten steil nach oben, Gestein von der gleichen Textur wie Klostermauern in England: die gleiche braungraue Farbe, das gleiche ehrwürdige Aussehen – als wären es gotische Ruinen und als bräuchte man nur ein bißchen zu graben, um auf eine Abtei, einen Kreuzgang oder die knöchernen Überreste mittelalterlicher Heiliger zu stoßen.

Die weißen Strände auf den windabgewandten Seiten der Inseln strahlten in der Sonne, waren heiß, schön und leer, und vor ihnen schimmerten bläulich-grüne Lagunen. Auf den meisten Inseln gab es Kokospalmen und Vögel. Die Inseln waren so hinreißend, daß es mir schwerfiel, allein zu sein – weniger, weil ich mich nach Gesellschaft sehnte, sondern eher, weil ich mir wünschte, daß noch jemand da wäre, um sie zu sehen. Ich wollte einen Zeugen, jemanden, mit dem ich das alles hätte teilen können. Wenn die Gegend scheußlich gewesen wäre, hätte mir mein Alleinsein nichts ausgemacht – während der Regentage war ich trotz aller Schwermut nicht wirklich einsam gewesen (»ich kann meine eigene Verzweiflung ertragen, aber nicht die Hoffnung eines anderen«). Durch das gute Wetter hatte sich meine Haltung verändert. Wenn ich unter sonnigem Himmel allein dastand, wollte sich das Glücksgefühl des Abenteurers nicht so recht einstellen, im Angesicht all der Pracht kam ich mir selbstsüchtig vor.

Wer in der Südsee segelt, kennt meistens auch Vava'u: Zahlreiche Yachten steuern Neiafu an, Port of Refuge, der »Hafen der Zuflucht«, gilt als einer der besten Ankerplätze während der Hurrikan-Saison zwischen November und April. Aber es gibt auch reichlich Riffe und Untiefen, und die meisten Inseln bleiben für Schiffe unerreichbar, die mehr Tiefgang haben als ein flaches Kajak.

Als ich an Eua'iki Island vorbeipaddelte, hörte ich ein Getöse von Vögeln, das sich anhörte wie ein Sängerwettstreit zwischen Kakadus, und ging an Land. Überall in der Gegend gab es eine Vielzahl von Reihern und Silberreihern, Tölpeln, Schwalben und Seeschwalben, aber dieses Geschrei war wirklich ohrenbetäubend.

Ich machte das Boot fest und kletterte auf die Klippen, um besser sehen zu können, und da waren sie: Hunderte von Flughunden an einem einzelnen hohen Baum, der auf einem Felsvorsprung stand. Sie baumelten und zwitscherten, stritten und spritzten ihren Harn in die Gegend. Einer löste sich, er sah aus wie ein maskierter Bruce Wayne, nur doppelt so häßlich. Er beschrieb flatternd einen großen Kreis, kehrte dann zu dem Baum zurück und hängte sich wieder hin, mit dem Kopf nach unten. Die anderen, die im Baum geblieben waren, streckten ihre Membranflügel und sahen aus wie eine Ansammlung schwarzer, windzerzauster Herrenschirme.

Auf meiner leeren Insel Pau mußte ich Pläne machen und den Tag strukturieren, sonst würde ich die Orientierung verlieren und ins Grübeln geraten. Ich nahm täglich drei Mahlzeiten zu mir. Ich hatte meine morgendlichen und nachmittäglichen

Paddelstunden. Ich wusch nach jedem Essen ab und hängte das Geschirr an meinen Baum. Ich hielt sorgsam meine Sachen trocken und genehmigte mir eine tägliche Ration Trinkwasser, obwohl ich wußte, daß es in Taunga welches gab. Nach dem Mittagessen schlief ich ein bißchen, dann ging ich in meiner Lagune zum Schnorcheln. Es gab Schwärme von fetten, hübschen Fischen, aber ich hatte meinen Fischspeer auf den Salomonen eingetauscht – auch gut, denn der Insulaner hatte so ein Ding gebrauchen können, um sich Nahrung zu beschaffen.

Ich bekam eine Ahnung davon, was es bedeutet, auf einer glücklichen, leeren Insel wie ein Strandläufer zu leben. Das meiste war reiner Müßiggang, dazu ein paar erfundene Dringlichkeiten, ein paar Aufgaben, die ich zu erledigen hatte. Irgendwann glaubte ich an die Fiktion, und der Tag war ausgefüllt. Dieses Leben bedeutete, allein und selbstgenügsam zu sein. Es bedeutete, daß ich viel Schlaf, womöglich zuviel Sonne und mehr Moskitostiche als in meinem ganzen bisherigen Leben abbekam. Es bedeutete, haushälterisch mit neuen Lebensmitteln umzugehen und so viele Kokosnüsse wie möglich zu essen. Und weil ich sehr wenig Wasser zum Waschen hatte, bedeutete es vor allem, permanent klebrig und salzverkrustet zu sein.

Als ich eines Tages gerade zu meinem Lager zurückkehrte, entdeckte ich eine Charteryacht, einen Zehn-Meter-Pott aus dem Hafen von Neiafu, die im Kanal zwischen meiner Insel und Ngau vor Anker lag. Bei Ebbe war der Kanal eine einzige Sandbank. Wußte der Skipper, daß er in einer knappen Stunde auf Grund liegen würde?

Ich paddelte hin und sah vier Erwachsene an Deck – zwei Paare, Amerikaner, dem Gruß nach.

»Sie sind hier in sehr flachem Wasser«, sagte ich.

Und ich fragte mich, ob ich meine Warnung auch deshalb aussprach, weil ich keine Lust hatte, am nächsten Morgen aufzuwachen und dieses Schiff zu sehen, wie es mutwillig in meine Lagune vorgedrungen war.

»Wir wollen gerade weg«, sagte der Mann am Ruder. »Ein schönes Fleckchen ist das hier. Sind Sie Amerikaner?«

»Ja. Aus Cape Cod.«

»Wir sind im Sommer immer in Osterville.«

»Die Welt ist klein.«

Die beiden Ehepaare hatten das Schiff eine Woche zuvor gemietet und kreuzten seitdem in der Vava'u-Gruppe. Sie machten jedes Jahr Ferien an interessanten Orten – in einem Jahr ging es zum Wandern nach Alaska, im nächsten zum Radfahren woandershin. Sie machten einen glücklichen und ausgefüllten Eindruck, waren in Georgia zu Hause, und ihre enge Freundschaft rührte mich.

Sie baten mich an Bord, aber ich sagte, daß ich noch zu tun hätte. Das hatte ich zwar nicht, aber ich war mir bewußt, wie unrasiert und schlampig ich aussah. Im Gegensatz zu ihnen, die in ihrem schmucken Schiff tipp-topp gepflegt wirkten.

Wir plauderten ein bißchen über Tonga und seine Wesensart.

Eine der Frauen meinte: »Wir gehen die Straße runter, und niemand sieht uns. Die Tongaer schauen einfach nicht hin. Überall sonst wird man angeguckt.«

»Haben Sie keine Angst, wenn Sie allein sind?« wollte einer der Männer wissen, nachdem ich erzählt hatte, daß ich auf einer unbewohnten Insel zeltete.

»Mir geht's gut.«

Wir stellten uns vor, und mein Name schien ihnen etwas zu sagen. Mehr als etwas: Eines der Paare hatte in Harvard einen meiner älteren Brüder kennengelernt.

»Er hatte irgendeine unglückliche Frauengeschichte«, sagte eine der Frauen, und dann schilderte sie, offenbar aus sehr vertraulicher Kenntnis, meinen Bruder.

Sie tat ihr Bestes, aber trotzdem, so war er nicht. Wann immer jemand, der nicht zur Familie gehörte, meinen Bruder beschrieb – ganz gleich, wie gut er ihn kennen mochte, ganz gleich, ob er ihn loben oder tadeln wollte –, ich erkannte niemals Mycroft in der beschriebenen Person. Mein Bruder wurde immer falsch dargestellt. Kennt jemand deine Familie besser als du selbst?

»Was treibt er denn jetzt?«

»Er lebt allein mit einer Katze namens Ratte auf dem Cape und züchtet Truthähne«, sagte ich. »Ab und zu stellt er sie aus. Und er widmet ihr Bücher.«

Bis ich wieder zurückgepaddelt und mein Boot sicher unter
den Bäumen verstaut war, begann es zu dämmern. Ich hütete
mich vor fremden Blicken: Mein Zelt war hinter Büschen verborgen, mein Boot versteckt. Die Sorgfalt, mit der ich mich
einigelte, erinnerte mich an Tony, den Beachcomber, und sein
abgeschiedenes Lager an der Küste von Nord-Queensland, zu
dem er keinen Weg bahnen wollte, um die, wie er sie genannt
hatte, »Be-ördenwelt« nicht auf sich aufmerksam zu machen.
Mein eigenes Strandläuferdasein machte mich ähnlich verstohlen.

Wenn ich nicht in der Dunkelheit herumtappen wollte,
mußte ich kochen und essen, bevor die Nacht kam. Außerdem
wurden dann die Moskitos wach. Die Insel wäre ohne Insektenschutzmittel und Fliegennetz am Zelt unerträglich gewesen, jeden Morgen und Abend kamen die Viecher in wahren
Massen – in den vom Regen randvollen Tümpeln vermehrten
sie sich ungeheuer schnell.

Ich saß auf einem Stück Treibholz und schrieb, während
zwei Reiher im flachen Wasser auf die Ebbe warteten, bei der
sie leichter Beute machen konnten. Überall am Strand gruben
Krebse ihre Löcher und schaufelten Sand mit den Scheren. Das
Wasser ging zurück, das anderthalb Kilometer entfernt liegende Riff wurde freigelegt, und die Wellen tosten lauter, klangen wie das Rauschen des Verkehrs auf einem Highway.

Wegen der Moskitos und des nächtlichen Regens verbrachte
ich fast alle Stunden der Dunkelheit im Zelt, schrieb und trank
grünen Tee oder lag einfach da und hörte mir die alptraumhaften Nachrichten an. »Haben Sie keine Angst, wenn Sie allein
sind?« hatte der Skipper gefragt. Nein. Ich fühlte mich vollkommen sicher.

Und ich war verliebt in die Sterne, große, leuchtende Planeten und kleine Stecknadelköpfe, fette zwinkernde Himmels-
körper, Massen, ja glitzernde Wolken von kleinen Pünktchen –
das ganze Himmelsgewölbe wie ein Lichtgewitter über meiner
Insel.

»Eines Tages, als ich gegen Mittag wieder nach dem Boot hinging, begab es sich, daß ich zu meiner größten Überraschung
im feuchten Sande des Ufers den deutlichen Abdruck eines

nackten menschlichen Fußes wahrnahm«, sagte Robinson Crusoe.

Ich erlebte genau das gleiche, allerdings im Dunkeln. Den Nachmittag über hatte Ebbe geherrscht, ich sah von meinem Essen hoch und erblickte überall Fußspuren. Sie führten den Strand hinunter und in den Wald, die Klippen hinauf, am Ufer entlang, über die Dünen und rings um mein Lager herum: verzweifelte, kleine, einsame Spuren.

Es waren Hunderte, vielleicht Tausende einzelne Abdrücke, als seien ganze Horden von fremden Leuten ziellos auf meiner Insel umhergewandert. Was mich erschreckte – und letztlich dazu brachte, meine Zelte abzubrechen und mich zur nächsten bewohnten Insel zu verfügen, auf der ich mit einem freundlichen Empfang rechnen konnte. Und was mir einen besonderen Schauer den Rücken hinunterjagte, war der Gedanke, daß jeder einzelne Fußabdruck, jede geschäftige kleine Spur von mir selbst stammte.

Nach diesem Anfall von Inselkoller verließ ich also mein kleines Eiland, und zum erstenmal auf der ganzen Reise war niemand da, dem ich auf Wiedersehen hätte sagen können. Ich verließ meinen versteckten Platz in aller Stille – diese kleine, stumme Insel im Dunst, das Jagdrevier pinkelnder Fledermäuse und wachsamer Reiher. Ich glitt einfach davon, überquerte das Riff und fuhr im Uhrzeigersinn die Inseln ab, an Euakafa vorbei zur großen Insel Kapa. Im Kanal lag ein breites Riff, auf das die Wellen krachten, also hielt ich mich nahe beim Ufer.

Fünf Kilometer weiter sah ich eine gemauerte Bootsrampe und einen Mann, der sich mit einem Netz abquälte, während ein anderer versuchte, in einem Dingi die Balance zu halten.

Das Netz war noch im Wasser und schien sehr schwer zu sein. Der Mann konnte es nicht hochziehen.

»Haben Sie was gefangen?« fragte ich.

Die Fischer bejahten meine Frage keuchend, stöhnten und hievten.

Ich paddelte näher heran und sah zu. Die Männer wirkten sehr ungeschickt, der eine brachte fast sein Boot zum Kentern, und der andere verhedderte sich in seinem Netz. Schließlich kippte der Mann mit dem Netz den Fang doch noch ins Dingi:

eine Masse von sardinengroßen Fischen. Sie winkten mich zu
sich herüber und boten mir einen Eimer voll an. Das war das
erste Mal, daß mir jemand in Tonga etwas schenken wollte. Als
ich höflich ablehnte, verloren die Männer das Interesse an mir.

Es gab noch mehr Fischer unter den Klippen von Kapa, sie
angelten mit Handleinen nach größeren Fischen. Sie erwiderten zwar meinen Gruß, bewegten aber die Köpfe kaum und
zeigten keinerlei Ausdruck, mehr als ein lahmes »Hm« war
nicht zu hören.

Um mich von den Yachten fernzuhalten – ein verstreutes
halbes Dutzend hing ringsum an seinen Ankerketten –, beschloß ich, durch eine Lagune zu paddeln, die für größere
Schiffe zu flach war. Direkt westlich von der Lagune lag die
Insel Utungake, auf der ich mein Lager aufschlagen wollte. An
ihrem Ufer standen Frauen – fünfzig oder sechzig vielleicht –
bis zur Taille im Wasser, hatten Eimer bei sich und sammelten . . . Was?

Eine Frau rief mich heran. Wie die anderen auch war sie vollständig angezogen und völlig durchnäßt. Zusammen mit vier
anderen Frauen saß sie im Wasser, das ihr bis zu den Achsel-
höhlen reichte, und nahm Meerestiere aus, Aale oder Schnek-
ken.

»Wo ist deine Frau?« begrüßte sie mich.

»Nicht hier«, sagte ich. »Wo ist dein Mann?«

»*I no gat none. Ich hab keinen.*« Die Frau hieß Enna und war
sehr fett, ihr Haar hing in die Lagune, und ihre Finger waren
mit Fischgekröse verschmiert und hatten die Farbe von Kara-
melbonbons.

»Warum nehmen Sie sich keinen Mann?«

»*You can hee-hee be hee-hee my husbeen! Du kannst, haha, mein
Mann sein!*«

Eine andere, die Melly hieß, fragte: »Wie heißt du?«

»Paul«

»So?« Sie formte mit ihren fetten Händen eine Kugel. »*Ball?*«

»Nicht *Ball*«, sagte ich, aber sie kicherte schon – wie die anderen auch, »sondern Paul. Wie der heilige Paulus.«

»Danke, *Meestah Ball.*«

»Was tun Sie da?«

»Die hier aufschneiden«, sagte Enna. »*Lemas.*«

Jetzt konnte ich erkennen, daß die Dinger Seegurken waren, aber sie waren schlaffer als die, die ich bisher gesehen hatte. Sie hatten die Farbe und Form von aufgeblähten Kondomen. Die Frauen sammelten sie vom Grund der Lagune – offenbar lebten Tausende von diesen Geschöpfen hier im Schlamm –, schlitzten sie auf und zogen ein langes, orangefarbiges Organ heraus, das sie, klebrig und triefend, wie es war, in den Plastikeimer warfen.

»*You like?*« fragte Enna.

»Bei uns in Amerika gibt es keine *lemas*.«

»Du ißt.«

»Ich esse es nicht«, sagte ich.

Enna wickelte sich das rohe, schleimige Ding um den Finger, zuzelte es sich wie eine Nudel in den Mund und machte: »Hmm!«

Melly tat das gleiche. Dann spießte sie mit dem Messer einen glibbrigen Aal aus dem Lagunenschlamm und hielt mir das tropfende Ding unter die Nase.

»Du Angst vor das?«

»Nein«, sagte ich.

»Dann du ißt.«

So etwas taten boshafte Pennäler mit Muttersöhnchen und neuen Schülern. Melly hielt das lange, schlaffe Tier mit der Klinge ihres scharfen Messers, ich saß in meinem Kajak und lächelte sie an.

»Tu es weg, Melly«, sagte ich.

»Du Angst.« Sie stieß mit dem Messer in meine Richtung.

Ich versuchte, nicht mit der Wimper zu zucken.

»Warum nix das essen?«

»Weil ich keinen Hunger habe.«

Fette Kuh, dachte ich.

Ich paddelte weiter in die Lagune hinein. Die meisten Dörfler von Utungake kamen mir unglaublich dumm und langsam vor, und ihr Interesse an ihren Mitmenschen schien sich allein auf Grausamkeiten zu beschränken. Alle gruben nach Seegurken. Niemand sah mich an. Eine Frau trug einen großen Wasserkrug durch die Lagune. Wie alle anderen war auch sie vollständig bekleidet. Sie schwammen in Kleidern, Röcken und Blusen wie die viktorianischen Engländer. Die Jungen hatten Hemden und

Hosen an. Aber alle waren trotz der Korallen und Seeigel barfuß. Ich ging an der Spitze der Lagune selbst baden, und am
späten Nachmittag holte ich mir in einem nahen Dorf die
Genehmigung zum Zelten auf dem verlassenen Strand, verteilte ein paar Seidentücher und richtete mich für die Nacht
ein, die erfüllt war von Laternenschein, von Gelächter und
Hundegebell.

Am nächsten Morgen paddelte ich in die Zivilisation zurück.

»Und doch ist die See ein schrecklicher Ort«, schrieb Robert
Louis Stevenson 1888 an einen Freund in London. Mit der
Casco, einem gemieteten Schoner, bereiste er die Südsee, um
die glückliche Insel zu finden, auf der er die letzten sechs Jahre
seines Lebens zubringen würde. Er mochte Inseln, aber er
haßte das Meer. Auf dem Meer zu segeln, war »Betäubung für
den Geist und Gift für das Gemüt; das Meer, die Bewegung,
die Enge, die grausame Öffentlichkeit, das üble, konservierte
Essen, die Matrosen, der Kapitän, die Passagiere – aber man
wird reichlich entlohnt, wenn man eine Insel sichtet und in
einer neuen Welt vor Anker geht«.

Ich teilte seine Gefühle: Hochseesegeln war eine lähmende
Folge von Flauten, unterbrochen von windigen Perioden voller
alptraumartiger Schrecknisse. Keine Wüste war tödlicher oder
langweiliger als ein Ozean. Dann, nach Wochen oder Monaten, in denen man dachte, das Leben sei eine endlose Strecke,
ändert man den Kurs ein wenig – und hat Land in Sicht.

Ich hatte bisher noch kein Boot so gemocht, daß ich es ein
Jahr lang darin ausgehalten hätte, aber wahre Skipper lieben
ihre Schiffe – jedes Schapp und jedes Schott. Skipper sind
außerdem heikel, ordentlich, konservativ und dennoch autori-
tätsfeindlich, sie sind unabhängig, kundige Bastler und Schiffs-
handwerker und können übellaunig sein – der Weltuntergang
gehört zu ihren Lieblingsthemen. Mit Landratten verbindet sie
wenig – sind sie deswegen zur See gegangen? Und waren sie
immer schon so ordentlich, oder hat das Leben auf einem Boot
mit seinem begrenzten Platz sie zur Pingeligkeit erzogen?

Wie auch immer, ich traf sie überall in Ozeanien, und sie
schienen mir eine ganz besondere Rasse. Sie waren nicht aufdringlich. »Leben und leben lassen«, hieß die Devise. Das

Bootsleben erforderte bestimmte Anstandsregeln. Wenn du ihnen nicht auf die Nerven fielst, nahmen sie sich dir gegenüber auch nichts heraus. Sie wollten vor allem in Ruhe gelassen werden und blieben jahrelang auf ihren Schiffen. Sie hatten Häuser und Firmen und Autos verkauft, Jobs aufgegeben und ihre gesamten Ersparnisse in dieses Abenteuer gesteckt, in die alles aufzehrende Aufgabe, ein Fliegender Holländer zu sein.

In Vava'us Port of Refuge lagen vierunddreißig Yachten, die an ihren Liegeplätzen vor sich hin dümpelten und auf das Ende der Regenzeit warteten. Die meisten waren seit drei oder vier Monaten da, einige schon jahrelang. An schönen Tagen wagten sich die Skipper raus und ankerten schon mal über Nacht vor irgendeiner Insel, aber im allgemeinen blieben sie hier, gingen gelegentlich an Land, um am Dock Wasser oder in den Läden von Neiafu Lebensmittel zu besorgen – allerdings meckerten sie über die Geschäfte, weil sie ihnen zu teuer waren. (Skipper warfen ihr Geld nicht zum Fenster raus, teils aus Sparsamkeit, aber hauptsächlich, weil sie anonym bleiben wollten: Verschwender fielen auf.) Sie kauften Bananen und Kokosnüsse auf dem Markt, Brot in der Bäckerei, und bei der Post oder beim Hafenmeister schauten sie vorbei, um zu sehen, ob Briefe von zu Hause für sie angekommen waren.

Untereinander benutzten sie selten ihre eigenen Namen, häufiger die der Schiffe.

»*Windrift* ist Installateur«, erzählte ein Skipper und deutete auf das betreffende Schiff. »*Southern Cross* ist Baumeister, *Sourdough* Arzt, aber man merkt es ihm nicht an, ein richtig netter Typ. *Gungha* war mal Rechtsanwalt, jetzt ist er während der Saison Lachsfischer in Alaska, da kann man echtes Geld verdienen. Es gibt hier alle möglichen Leute, ein richtiger Querschnitt. Natürlich kommen noch welche dazu, die in der Saison herfliegen, um ihre Yachten zu übernehmen. ›Bring den Pott nach Tonga, wir treffen dich da.‹ Sie schippern ein bißchen rum, dann fliegen sie wieder nach Hause: ›Bring den Pott nach Fidschi ...‹«

Wir führten unsere Unterhaltung am Dock von Neiafu. Ich war mit einem eine Woche alten Bart in einem salzverkrusteten Kajak hier aufgekreuzt, und eine Gruppe von Yachtbesitzern hatte das interessant gefunden: Mein Wasserfahrzeug war eindeutig seetüchtig, auch wenn es nur knapp fünf Meter maß. Skipper bewundern alles, was funktionell, gut gemacht und kompakt aussieht, denn ein guter Skipper ist stets auch ein erklärter Feind allen Überflusses.

Sundog erzählte: »Wir versuchen immer, ein Jahr lang an jedem Ort zu bleiben.« Und er fügte hinzu, daß er mit seiner Familie (zwei kleinen Mädchen) schon seit sieben Jahren im Pazifik herumreiste.

»Auf Tahiti war es toll, nicht in Papeete, sondern auf Moorea und Tahiti-Iti, der kleinen Insel direkt an Tahiti. Das ist eine andere Welt. Sehr sinnlich. Und dann kommt man hierher, und jeder rennt in die Kirche.«

»Wir sind seit achtundsechzig unterwegs«, sagte *Glory*. »In Tonga sind wir jetzt zum zweitenmal, und ich kann Ihnen sagen, hier geht's den Bach runter. Das hier war mal der sauberste Hafen im ganzen Pazifik.«

»Ich habe polynesische Geschichte studiert und mich mit polynesischer Seefahrt befaßt«, erzählte *Dancer*. »Und als ich herkam, stellte ich fest, daß kein Mensch auch nur einen blassen Schimmer davon hatte.«

Sundog sprach noch immer von Tahiti: »Die normalen Polynesier haben nicht solche Probleme mit der Nacktheit wie die Leute hier. Sie sind sehr gastfreundlich, man sieht soviel lächelnde Gesichter.«

»Da bin ich aber anderer Ansicht«, sagte *Glory*. »Wir haben zum Beispiel Nadeln und Angelhaken mit zu den Marquesas genommen. Wir geben uns immer Mühe, einen Ort ein bißchen besser zu verlassen, als wir ihn vorgefunden haben, das ist so unsere Art. Aber sie hatten kein Interesse. War ihnen egal. Sie wollten unsere Nadeln und Angelhaken nicht.«

»Es ist doch so . . .«, das war jetzt *Dancer*, ». . . daß man einen Ort immer danach beurteilt, wo man gerade gewesen ist. Zuletzt waren wir in Neuseeland. Jeder redet da mit einem. Starke Typen. Starke Segler. Da pustet es mit Windstärke zehn, und du hörst im Radio einen Kiwi, wie er ganz gelassen sagt: ›Alles paletti. Ich bin hier draußen mit meiner Alten, und die beschissene Tasmansee ist die reine Hölle.‹«

Ich kam auf die Tongaer zu sprechen, weil ich mich gefragt hatte, ob ich mir ihre Xenophobie und ihr übles Temperament bloß eingebildet hatte. Es passiert einem schließlich auf Reisen leicht, daß man seine eigene Stimmung auf den Ort projiziert, an dem man gerade ist: Man ist isoliert, wird ängstlich und findet einen Ort widerwärtig – und dabei ist es vielleicht der Garten Eden!

»Die Tongaer? Muffige Gestalten«, sagte *Sundog*. »Helfen einem nie. Sind mißgünstig. Denen bin ich völlig wurscht.«

»Die tun doch immer so, als würden sie einen nicht sehen, einen nicht mal angucken, stimmt's?« fragte *Dancer*. »Dabei werfen sie einem ständig schräge Blicke zu. Die sehen alles.«

»Ich glaube, die Kirche ist daran schuld«, meinte *Glory*. »Besonders die Wesleyanische Gemeinschaft – ständig sammeln die Geld. Die kriegen Tausende aus den Leuten raus, und was haben die denn schon? Sie zahlen wie verrückt ihren Zehnten und stehen auch noch bei der Kirche in der Kreide.«

»Die Tongaer sind verstockt.« *Sundog* wurde laut. »Die wollen einfach nichts lernen. Sind langsam und faul, und die meisten sind Besserwisser.«

»Und der Fidschianer, der hat eigentlich Geld«, sagte *Dancer*, »aber wenn du in Fidschi Geschäfte machen willst, hast du es immer mit einem unterdrückten Inder zu tun.«

»Ich will nach Samoa weiter«, sagte ich.

Glorys Kommentar dazu: »Also ich wünschte mir echt, daß ich Ihnen irgendwas Positives über die Samoaner sagen könnte. Aber damit kann ich leider nicht dienen.« *Glory* grinste schadenfroh. »Meinetwegen, der Westsamoaner muß sich 'n bißchen mehr nach der Decke strecken, also arbeitet er vielleicht auch. Aber ich war zwei Jahre lang in Pago und fand die Leute furchtbar – sie klauen, sie lügen, sind faul, und sie hassen dich. Sie können nur nehmen. Wir geben ihnen fünfundsiebzig Millionen, und was kriegen wir dafür?« Er grinste schon wieder. »Brutal sind sie auch noch.«

»Aber es gibt doch Leute, die sich da niederlassen«, sagte *Dancer*.

»Na, ein ganzer Haufen von diesen sogenannten freiwilligen Exilanten sind keine besonderen Leuchten«, meinte *Glory*. »Aber an Orten wie dem scheinen sie eben ein bißchen heller.«

»An Orten wie diesem auch«, sagte *Gungha*. Er war gerade aufs Dock gestiegen und vertäute sein Beiboot.

»Die Leute in Tuamotu sind wunderbar«, erklärte *Sundog.*
»Sie stecken ihren Hund oder ein Schwein in den *umu* und
laden dich herzlich ein.«

So ging unsere Diskussion auf dem Dock vor sich. Auf neu-
tralem Boden führten sie oft derartig vertrauliche Gespräche.
Aber sie statteten sich auch Besuche ab, ruderten in ihren Beibooten zwischen den Yachten hin und her oder brüllten sich
von einer Reling zur anderen etwas zu. Jedes Schiff lag in seinem privaten Hoheitsgewässer. Unmittelbare Nachbarn gab es
nicht. Wenn es windig wurde, machten sie die Schotten dicht.

»Komisch«, sagte Mike von der *Gungha.* »An einem Ort wie
diesem hier kannst du auf genau die Probleme stoßen, die du
eigentlich zu Hause lassen wolltest: Umweltverschmutzung,
Bürokratie – der ganze Kram.«

Glory berichtete mir voll Stolz, wie gut er sich selbst versorgen konnte. Etwa ein Jahr zuvor hatte er mit Vorräten im Wert
von viertausend Dollar Honolulu verlassen – er stellte seine
Fleisch- und Fischkonserven selber her und machte sein eigenes Chutney.

»Meine Frau backt ein-, zweimal die Woche Brot. Phantasti-
sches Brot. Wir verschenken es«, sagte er. »Was wir aber am
allermeisten haben, ist Zeit.«

Wer konnte das in der Welt sagen, die sie hinter sich gelassen hatten?

Bücher lasen sie auch, und *Glory,* der besessenste, rechtha-
berischste und herrschsüchtigste Skipper des ganzen Hafens
erzählte mir, wie sehr ihm mein Roman *Moskitoküste* mißfallen
habe.

»Ich konnte den Kerl nicht ausstehen, der da drin vorkommt. Ich hab ihn richtig gehaßt. Das Buch haben Sie geschrieben? Nein, ich fand das überhaupt nicht gut.«

»Wahrscheinlich würde mir das Brot von Ihrer Frau auch
nicht schmecken«, sagte ich.

»Meine Kinder denken, daß ich genauso bin wie der Mann
in dem Buch«, sagte Verne King von der *Orion.* »Also ist es ein
Meisterwerk.«

Damit endete die Unterhaltung. Bald saßen die Skipper wieder in ihren Beibooten und ruderten nach Hause; alle außer
Verne.

»Mir gefällt das Buch, weil es wahr ist«, sagte Verne. »Es gibt Menschen, die so was tun. Man trifft hier andauernd solche Leute.«

Er war der Prototyp des Südseewanderers, vom Schnurrbart bis zur Schrulligkeit, war fast immer barfuß und trug ein Stirnband um den Kopf, rauchte viel – etliche Skipper waren starke Raucher, hatte ich festgestellt – und hörte auf seinem Schiff die Rolling Stones. Er kreuzte seit Jahren in Ozeanien herum, war Anfang bis Mitte Fünfzig, witzig, freundlich und verschroben. »Das Leben ist ein zweischneidiges Schwert«, pflegte er zu sagen. Seine *Orion* war ein ramponierter Trimaran, mit dem er Chartertouren veranstaltete. Er fuhr Touristen für einen Tag zum Schnorcheln raus oder ging für eine Woche mit ihnen auf Kreuzfahrt. Aber das Schiff war auch sein Heim. Er hatte es von Samoa hergesegelt, und es enthielt alles, was er besaß, als größten Schatz seine Bibliothek. Ständig zitierte er jemanden – Margaret Mead, Captain Cook, William Mariner, diverse Historiker und mich. Freuds *Totem und Tabu* gehörte zu seinen Lieblingswerken. Er zeigte mir sein intensiv unterstrichenes und mit Anmerkungen versehenes Exemplar.

»Die Geschäfte gehen ziemlich mies, aber der Ort ist schön«, sagte Verne. »Es stimmt schon, ich hab ein paar Feinde – *palangis* natürlich. Machiavelli sagt, man soll einen Menschen nach seinen Feinden beurteilen. Von mir aus gerne. Meine Feinde sind Korinthenkacker.«

Er hatte fünf Jahre in Samoa zugebracht und war bis jetzt der einzige, der für die Menschen dort ein gutes Wort einlegte.

»Ich mochte sie«, sagte Verne. »Das amerikanische Drum und Dran ist nur Tünche. Sie sind lustig, und sie haben mich in Ruhe gelassen. Ich hab so getan, als wäre ich verrückt. Vielleicht bin ich es ja auch ein bißchen. Wenn die Leute denken, du hast nicht alle Tassen im Schrank, halten sie Distanz.«

»Aber es heißt doch, daß die Samoaner gewalttätig sind«, sagte ich.

»Das sind sie allerdings. Aber mich hat's nicht gestört. Ich hatte da drüben einen ganz guten Job.«

»Wieviel haben Sie verdient?«

»Fünf Dollar die Stunde, 'n Appel und 'n Ei. Aber ich hab auf meinem Boot gewohnt. Hatte keine Ausgaben.«

Verne sagte, daß er »aus Gründen, die zu kompliziert sind, um sie jetzt darzulegen« – er drückte sich oft so aus, wenn von seinen Heldentaten die Rede war, wobei mir das »jetzt« am meisten Spaß machte –, als Ingenieur für die Behörden in Pago Pago gearbeitet habe.

Verne bestätigte, daß Vava'u ein bekanntes Ziel für Hochseesegler sei. Sie segelten von Hawaii über Pago hierher oder kamen von Fidschi oder Neuseeland. Wohin sie allerdings von hier aus weiterfahren sollten, war vom navigatorischen Standpunkt aus schwer zu entscheiden. Wenn sie weiter nach Westen in Richtung Vanuatu und Australien fuhren, mußten sie anschließend nach Norden segeln, nach Mikronesien hinein, und schließlich noch weiter nördlich in kalte Gewässer, um die Westwinde zu erwischen, die sie nach Hawaii zurückbringen würden. Die andere Möglichkeit war, östlich aus Tonga herauszufahren, bis hinter die Tuamotus in Richtung Osterinsel, um da den Südostpassat für den Schlag nach Hawaii zu erreichen.

Für mich klang das alles wie die Hölle. Und für die meisten Skipper im Port of Refuge war der Gedanke, Vava'u zu verlassen, das letzte, was ihnen auf ihren Seemannsseelen lag. Verne hielt sich bereits seit zwei Jahren im Hafen auf und hatte sich mehr oder weniger auf Dauer hier eingerichtet, wie er sagte. Auf die Frage, wie er sich diese Aussicht vorstellte, antwortete er, das Leben sei ein zweischneidiges Schwert.

Ich sagte ihm, daß die Nähte eines meiner Segeltuch-Bootssäcke aufgeplatzt waren – eine Folge der Behandlung bei der Gepäckabfertigung auf den Flughäfen. In Größe und Material glich der Beutel einem Postsack, und ich hatte ihn mit Schichten von Isolierband geflickt.

»Ich kenne genau den richtigen Mann, der so was reparieren kann«, meinte Verne.

»Das wird nur mit einer Industrienähmaschine gehen«, sagte ich.

»Andy auf der *Jakaranda* hat eine.«

Die *Jakaranda* war ein schlanker, grüner Schoner, der in einiger Entfernung vom Dock lag. Andy und seine Gefährtin Sandy waren seit Mitte der achtziger Jahre immer wieder nach Tonga gekommen. Andy erzählte, daß sie von den Virgin Islands inzwischen einigermaßen enttäuscht seien, überall nur selbstsüchtige, habgierige Einheimische und zu viele Yachten. Der Lebensrhythmus von Vava'u gefiel ihnen und die Menschen auch.

»Wo ist Ihr Heimathafen?« wollte ich wissen.

Andy antwortete: »Hier. Die *Jakaranda* ist unsere Heimat. Wir leben seit zwölf Jahren auf diesem Schiff.«

Es war ein schönes Schiff, vor zwanzig Jahren in Holland gebaut. Es lag tief im Wasser, wegen des, wie Andy sagte, ganzen Krams, der sich bei ihnen angesammelt hatte: Kunsthandwerk aus allen Teilen der Welt, besagte Nähmaschine und ein großes *tiki* von den Marquesas. Trotzdem konnte man sich noch rühren.

»Ich habe mir gerade eine tongaische Arbeitserlaubnis geholt«, sagte Andy. Er wollte als Segelmacher arbeiten, Segel reparieren und andere Näharbeiten übernehmen. »In der Saison ist der Hafen hier voller Boote.«

Ich zeigte ihm meinen Packsack.

»Den kriege ich wieder hin«, meinte er.

Er zog alle alten Nähte auf und nähte den Sack innerhalb einer Viertelstunde wieder zusammen. Eine perfekte, saubere Arbeit. Seine Hilfsbereitschaft und sein Können machten den Freundschaftsdienst noch wertvoller.

Wir tranken Kaffee und aßen Schokoladenkekse, die Sandys Mutter aus Pennsylvania nach Tonga geschickt hatte. Sandy war sanftmütig, angenehm, gutgelaunt und wie viele andere Skipper ungezwungen, da sie sich auf ihrem eigenen Boot aufhielt. Auch das ist typisch für Skipper. Man lebt jahrelang bei jedem Wetter auf engstem Raum, und entweder wird man damit fertig und entwickelt eine heitere, positive Lebenseinstellung, oder man gibt auf und fährt nach Hause. Andy und Sandy schienen die Tongaer wirklich zu mögen und wiederholten, was auch andere Skipper schon gesagt hatten: Unmittelbare Pläne hätten sie nicht.

»Auf eine Art ist das hier schon der beste Ort, an dem man sein kann«, meinte Sandy. »Wegen des Krieges, meine ich. Im schlimmsten Fall können wir uns immer noch hier niederlassen und Taro pflanzen.«

Für jemanden mit meinen Raumbedürfnissen schien ihre Fähigkeit, in dieser Enge zu leben, erstaunlich. Ehen und Freundschaften, die derartige Bedingungen überdauern, sind so stabil, wie es eine zwischenmenschliche Beziehung nur sein kann, das völlige Aufeinander-angewiesen-Sein.

Ich sprach mit Sandy darüber, und sie sagte: »So will ich leben.«

»Es kann traumatisch sein, von einem fremden Hotelzimmer zum anderen zu ziehen«, erklärte Andy. »Aber mit diesem Schiff können wir überall hin und haben trotzdem immer unser eigenes Bett, unser eigenes Essen.« Nach einer Pause: »Und unser eigenes Klo.«

Aber es bedeutete auch Jahre auf dem Wasser, endlose Überfahrten und lange Zeiten in gräßlichen Häfen. Nächte in einer schmalen Koje, in der man sich den Kopf anschlug, und ein Leben außerhalb der Welt. Für ein solches Dasein brauchte man einen Gefährten, der praktisch war, gesund und optimistisch, der nicht seekrank wurde und bereit war, sein oder ihr Land zu verlassen. Dann konnte man gehen, wohin der Wind einen trieb.

Das Leben in Inselhäfen wie Port of Refuge folgte gewissen Verhaltensregeln. Die Skipper konnten sich nicht allzu intensiv auf das Leben der Einheimischen einlassen, ohne ihre Existenz in Frage zu stellen. Deswegen waren sie so vorsichtig. Deswegen hatten sie erst mit mir geredet, nachdem ich mich schon über eine Woche in der Gegend aufgehalten hatte. Sie dümpelten vor der Küste und wagten nur gelegentliche Vorstöße in die Stadt. Wer hatte in der Geschichte der Seefahrt, in der Geschichte ozeanischer Entdeckungsreisen jemals so gelebt? Entweder ging man an Land und besiegte, nahm die Insel in Besitz und fuhr wieder von dannen, oder man blieb, anthropologisierte, botanisierte, christianisierte und ging den Insulanern auf die Nerven, die man zu verderben wünschte.

Die Skipper an ihren Ankerplätzen waren das Gegenstück zu einem Zigeunerlager vor den Toren einer Stadt, waren ein bißchen exotisch und schmuggelten sich nur gelegentlich unters einheimische Volk.

»Die Touristen machen, was sie wollen, laufen in Bikinis herum, aber nach ein paar Tagen sind sie auch wieder weg«, hatte einer der Skipper mir erzählt. »Wir müssen uns an die Spielregeln halten, weil wir dableiben.«

Sie mußten sich der Tatsache stellen, daß sie allein wegen der Gastfreundschaft der Tongaer für Monate oder Jahre hier existieren konnten. Sie mißbrauchten diese Gastfreundschaft nicht, warfen keinen Müll in die Gegend, kleideten sich anständig, wenn sie in die Stadt gingen, und ertrugen den tongaischen Sabbat. Die allgemein einfühlsame Haltung der Skipper warf ein neues Licht auf meine eigenen Ansichten über die Tongaer.

Ich sprach mit Verne darüber: Daß ich mir ein bißchen schuldbewußt vorkäme, weil ich ihnen mißtraute, daß ich bislang aber wenig Gastfreundschaft erfahren hätte. Ob mein Urteil über die Leute denn zu hart sei?

»Die Insulaner sind vielleicht nicht gerade nett, aber sie lassen dich in Ruhe«, sagte Verne. »Es ist ein zweischneidiges Schwert.«

Wir saßen am Hafenkai des Port of Refuge, inmitten der vollkommenen Inselchen von Vava'u, jede einzelne ein perfekt gerundetes Fleckchen Erde, manche bloß Teigtropfen auf einem heißen Waffeleisen, die Sorte, die schnell gar wird – einfache, kleine Orte ohne Menschen, das war ihr Reiz und ihre Unschuld. Jeder, der ein kleines Boot wie meines hatte, konnte hier Robinson Crusoe spielen. Jeder kleine Fels im Meer war genau das, was man sich unter einer tropischen Insel vorstellte – Palmen, Wald, Meeresrauschen am leuchtenden Strand, klare grüne Lagunen. Ich war froh, daß ich hergekommen war, eine nahezu unbekannte Insel entdeckt und herausgefunden hatte, wie man dort lebte. Mein Südseetraum war in Erfüllung gegangen – und auch seine Mängel hatten sich gezeigt. Der Regen oder die Moskitos waren es nicht gewesen, ich hatte mir lediglich gewünscht, daß jemand diesen Fingerhut voll Paradies mit mir geteilt hätte. Eine Frau.

Verne sprach inzwischen vom Weltuntergang, weil ich ihn danach gefragt hatte.

»Diese Weltuntergangsgeschichte spukt vielen Seglern im Kopf herum«, sagte Verne. »Hört man andauernd. ›So kann es doch nicht weitergehen.‹ ›Das hier war mal ein tolles Land.‹ ›Dieser Ort ist schrecklich.‹ ›Das Ende naht.‹ Also kaufen sie sich ein Boot und schippern los. Und dann kommen sie her und reden darüber.«

Er schwieg einen Moment, dann sah er auf und blickte über den hinreißenden Hafen hinweg auf die grüne Wand von Pangaimotu.

»Wenn man schon rumsitzen und sich über das Ende der Welt unterhalten will, dann ist das hier ein fabelhafter Platz dafür.«

16. KAPITEL

IM HINTERHOF VON WESTSAMOA

Apia, die verkommene Hafenstadt von Westsamoa (verkommen war sie auch schon hundert Jahre vorher gewesen, zu Lebzeiten ihres berühmtesten Bürgers: Robert Louis Stevenson), präsentierte sich mir in bejammernswertem Zustand: zerstörte Straßen, verblichene, abblätternde Farbe an den zusammengewürfelten Holzhäusern und ungezogene, diebische Samoaner mit Bibelzitaten auf den Lippen, die Finger in den Taschen ihrer Mitmenschen. Nennenswerte Strände gab es hier ebenfalls nicht. Aber ganz gleich, wie verunstaltet und heruntergekommen eine Insel in Ozeanien auch sein mochte, ihr Himmel war immer voller Sterne.

Wenn es nachts nicht regnete, sprühte ich mich mit Insektenschutzmittel ein, ging an den Strand und betrachtete das Firmament.

Nicht einmal in Afrika hatte ich eine solch verschwenderische Fülle von Sternen gesehen wie in den klaren Südseenächten, nicht nur große, leuchtende Planeten und kleine Stecknadelköpfe (Scharen von fetten, zwinkernden Himmelskörpern und Massen von blinkenden Pünktchen), sondern gleich ganze glitzernde Wolken. Am ganzen Himmelsgewölbe zeigten und überlagerten sich deutliche Sternbilder in einer brillanten Dichte wie Lichtgewitter über einem schwarzen, tiefelosen Meer, hell erleuchtet durch wirbelnde Aureolen aus winzigen Sternenkörnchen – Lichtpünktchen von einer Feinheit und Zahl, daß sie einen leuchtenden Nebel bildeten. Der Himmel war voller Schleier aus Licht, wie ein blendender Rauch. Selbst in mondlosen Nächten konnte man im Schein der Sterne noch lesen oder schreiben. Sie machten die Nacht der Südsee zum großen, dramatischen Tag.

Mit den Sternen waren die Menschen vom tongaischen Vava'u, dem kulturellen Nachbarland, nach Samoa ausgewan-

dert. Die alten polynesischen Seefahrer führten komplexe Aufzeichnungen der Himmelsbilder als Navigationshilfe mit sich,
wenn sie in ihren Kanus auf lange Reisen gingen. Das geschah
tausend Jahre bevor die Europäer – die Portugiesen in diesem
Fall – sich auf den Weg machten und die eintausendfünfhundert Kilometer vor dem Festland im Atlantik liegenden Azoren
entdeckten. Die Polynesier hätten derlei Zaghaftigkeit mit
dröhnendem Gelächter quittiert, auch wenn sie heute ein Volk
sind, das schnell seekrank wird.

Mit dem Tageslicht verblaßte der Sternenzauber über Apia,
und alles sah wieder verrostet und vernachlässigt aus. Noch
schlimmer und nackter war es am Sonntag, dem Tag, der in
Samoa ebenso fanatisch beachtet wurde wie in Tonga – sonntags war die Stadt menschenleer. In den übrigen Orten Upolus
trugen braune, breitnasige, querschädelige, mit weißen Hemden respektive Kleidern feingemachte Samoaner ihre Bibeln
zur Kirche. Wie schon in anderen polynesischen Gegenden ha-
derte ich stumm mit den Missionaren und suchte mir Heiden.
Pazifische Christen waren weder pazifisch noch christlich, und
besonders tugendhaft waren sie durch all die Bibelsprüche
auch nicht geworden. Die Religion steigerte nur ihre Besser-
wisserei und Heuchelei, wobei die Mehrzahl der Geistlichen
auf Samoa sich zu überlegen schien, wie man den Leuten noch
mehr Geld aus der Tasche ziehen konnte.

Ich war an einem Sonntag angekommen – dem Tag der
Mühsal. Es war unmöglich, an einem samoanischen Sonntag
ein Auto zu mieten oder sonst irgend etwas zu tun, der Sabbat
mußte geheiligt werden. Seltsamerweise konnten Taxis diese
Einschränkung umgehen, Busse aber nicht.

So nahm ich mir denn ein Taxi und sah mich auf der Insel
nach einem Strand zum Paddeln um. Ich wollte dringend auf
eine kleinere Insel, selbst ein Dorf hätte mir besser gepaßt. Allerdings konnte ich Apia nicht für seine Scheußlichkeit verantwortlich machen, Apia war leider typisch. Außer dem blanken
kleinen Port Vila in Vanuatu gab es in ganz Ozeanien keinen
schönen Ort, keine schöne Stadt. Die Insulaner sind kein urba-
ner Menschenschlag, und in allem, was größer wird als ein
Dorf, verlieren sie ihre Wurzeln und kommen aus dem Takt.
Da ihnen dort die Grundlagen für ein Leben als Selbstversor-

ger fehlen, ruinieren sie ihre Städte. Sie sind daran gewöhnt, von den eigenen Obstbäumen zu ernten, ihre Strände als Toilette zu benutzen und ihren Müll ins seichte Wasser der Lagune zu werfen. Unordentliche Städte sind keine Überraschung. Außer in Meganesien, wo man eingewanderte Insulaner als Last und soziales Problem ansieht, ist keine Insel Ozeaniens industrialisiert, und abgesehen von Hotels, gibt es auf den pazifischen Inseln nur wenige Gebäude mit mehr als drei Stockwerken.

Traditionsgebundene Südseeinsulaner, zu denen auch die Samoaner gehören, funktionieren am besten in ihren Familien. Zu ihrem Gedeihen brauchen sie einen kleinen Gemüsegarten und eine Hütte oder einen Bungalow am Meer. Samoanische Städte sind wohl die schlimmsten im ganzen Pazifik. Carson, ein Vorort von Los Angeles, ist ebenfalls eine samoanische Stadt. Dort leben mehr Samoaner als im ganzen samoanischen Archipel, unter anderem widerliche Rotten der gewalttätigen Straßengang »S.O.S.«, der »Sons of Samoa«. (Ableger davon gibt es auch in Neuseeland.) Die Körpergröße der Samoaner kommt ihnen beim Football sehr zupaß (fast jedes der National Football League angeschlossene Profiteam hatte seine samoanischen Stürmer), und manch ein Zweizentnermann wurde bereits als *ozeki*, als Sumoringer, berühmt oder hat als Musiker Karriere gemacht. Mit einer Rapper-Imitation hatte der »Boo-Ya-Tribe«, ein Quintett kahlköpfiger samoanischer Fettwänste, in Los Angeles ein Vermögen verdient. Im ganzen Pazifik raunt man über die Samoaner, sie seien groß, stark wie Ochsen und, wenn auch von Natur aus friedfertig, zu extremen Gewaltakten fähig.

Samoanergeschichten kursieren wirklich überall: vom Samoaner, der ganz locker jemandem den Arm in zwei Teile brach, vom Mann, der einem anderen das Ohr abriß, und denen, die vor einem Haus saßen und dessen Bewohnern die nackten Arschbacken zeigten, nachdem die ihnen gesagt hatten, sie sollten abhauen. Wieder andere hatten in der Disko durchgedreht und einer Friseuse den Schädel eingeschlagen (»weil sie mein Plastikspielzeug angefaßt hat«, rechtfertigte sich der Täter vor Gericht). In der Kategorie »große dicke Samoaner« schließlich gibt es eine Flut von Geschichten über

Fluggesellschaften, die Sitze oder Armlehnen abschrauben lassen mußten, um Platz für Samoaner zu schaffen – zu groß und fett für Telefonzellen, Türen, Barhocker, Fahrräder und Klobrillen. Ein glaubwürdiger Freund von mir, der mit Hawaiian Airways von Pago Pago abgeflogen war, wurde Zeuge des wachsenden Entsetzens der Crew, als ein Samoaner, der ein dringendes Bedürfnis verspürte, nicht durch die Toilettentür paßte. Die verzweifelten Flugbegleiter behalfen sich mit Dekken, die sie als eine Art Paravent um den Mann herumhielten. Er blieb vor dem Türrahmen stehen und pinkelte in hohem Bogen durch die offene Tür in den Lokus.

Der einfühlsame Robert Louis Stevenson schätzte die Samoaner als unprätentiöse Menschen mit einem ausgeprägten Familiensinn und wurde gut mit ihnen fertig, indem er sich bei den Chiefs einschmeichelte und seine gedungenen Helfer herablassend behandelte. Den Insulanern gefiel es, von diesem moribunden *palangi* ernst genommen zu werden, der gesagt hatte: »Unter den Weißen sind viele so runtergekommen, daß es jeder Beschreibung spottet«, aber es ist klar, daß Stevenson den Abstand wahrte.

»Er sagt, daß die Tahitianer wesentlich feinere Menschen seien als die Samoaner«, schrieb der dünkelhafte Neuengländer Henry Adams 1891 nach seinem Besuch bei Stevenson in Apia, »und daß er die Samoaner für keine besonders angenehme Rasse oder die dortigen Inseln für ausnehmend schön hält.«

Und doch hat Stevenson mehr getan, als Samoa einen Platz auf der Landkarte zu verschaffen. Er war einer der Zauberer seiner Zunft und gehörte zu den Autoren, die einem Ort eine bestimmte Magie verleihen, indem sie ihn zum Schauplatz seiner Erzählungen machen.

Ein Ort, den ein solcher Autor in einem Roman detailliert beschreibt, verliert seine Zauberkraft nie wieder, selbst wenn die Realität das Bild verändert. Nicht nur Samoa, auch andere Inseln und eigentlich die ganze Südsee sind von den unterschiedlichsten Autoren als effektvolle Szenarien genutzt und auf diese Weise transformiert worden: von Melville, Stevenson, Somerset Maugham, Rupert Brooke, Mark Twain, Jack London, Pierre Loti, Michener und sogar von Gauguin in *Noa*

Noa, seinem einzigen Buch. Bücher haben die Macht, einen ganz gewöhnlichen Ort mit der Aura des Besonderen zu umgeben. Die bloße Nennung seines Namens kann den Ort bereits zu etwas Einzigartigem machen – ganz gleich, wie er wirklich aussieht.

Weil mich jedesmal ein solches Gefühl von Befreiung und Glück überkam, wenn ich bei strahlender Sonne mein Boot durch eine Lagune paddelte, glaubte ich manchmal, daß auch ich, trotz meiner angeborenen Skepsis, Teil dieses Prozesses der Verschönerung und Transformation werden würde. Wenn ich später darüber schreiben würde, wie ich in meiner Not nach Ozeanien gereist war, um den Trost blauer Lagunen zu suchen, würde die Erleichterung, die ich schließlich fand, womöglich selbst die häßlichsten, verschlafensten Felsen im Meer zur Insel der Seligen erheben.

Robert Louis Stevenson hätte sich jeden Ort der Welt aussuchen können. Er war durch England und Europa gezogen, hatte sich in Amerika herumgetrieben und war im ganzen Pazifik herumgesegelt, von Kalifornien nach Australien und zurück. Kalakaua, der König von Hawaii, hatte ihn persönlich gebeten, sich auf Oahu niederzulassen. Aber Stevenson charterte einen Schoner und segelte zu Dutzenden von Inseln, auf der Suche nach dem vollkommenen Ort, den er lange vorher als junger Mann, noch in Edinburgh, in einem Vers beschrieben hatte:

> *»Aufstehen sollte ich und schweifen,*
> *Wo die gold'nen Äpfel reifen*
> *Und wo unter fremden Himmeln*
> *Papageieninseln ankern.«*

Es gab weder goldene Äpfel noch Papageien in Samoa, bloß zänkische Insulaner und betrunkene *palangis.* Stevenson traf mit seiner Familie während der Regenzeit hier ein, in der Apia sich von seiner düstersten Seite zeigt, heiß, klebrig, feucht und schlammig liegt es unter einem grauen Himmel. Trotzdem ließ sich Stevenson hier nieder, und er wußte, daß er nur noch wenige Jahre zu leben hatte – vier sollten es schließlich werden. Was war also das Anziehende an Samoa?

Nichts weiter als der Postservice. Es gab schönere Inseln: die hohen, felsigen Marquesas überwältigten Stevenson mit ihrer Schönheit, und das Fakarava-Atoll in den Tuamotus bezauberte ihn – die Familie mietete am Ufer der Lagune ein Häuschen. Aber auf diesen Inseln konnte es Monate dauern, bis das nächste Postschiff eintraf. In Samoa kam die Post regelmäßig, mindestens einmal im Monat, entweder aus Neuseeland oder von Schiffen, die die Route San Francisco–Sydney befuhren. Stevenson war ein eifriger Briefschreiber, und für den Romancier, der davon lebte, daß Zeitschriften seine Bücher als Serien vorabdruckten, war ein zuverlässiger Postdienst lebensnotwendig. Das hatte den Ausschlag gegeben: Die Post war Stevensons Nabelschnur zur Welt.

Später fand er sich sogar so gut in Samoa zurecht, daß er zur einflußreichen Person wurde. Die samoanische Sozialstruktur mit ihren Clan-Chiefs, mit ihren Drohnen und Mitläufern, Bauern und Familienoberhäuptern war einem Schotten aus dem Bürgertum durchaus vertraut. Teils durch Schmeichelei, teils gegen Bares wurde Stevenson ein wichtiges Mitglied der samoanischen Gesellschaft. So konnte er das Leben eines schottischen *Laird* unter ergebenen *chieftains* führen – eine Rolle, in der er sich bestens gefiel. Er war kein Snob, obwohl er die schottische Vorliebe für übertriebene Etikette und obskure Umgangsformen teilte, besonders den Hang zur zeremoniellen Verkleidung. Sämtliche Bedienstete im Haus Vailima, seiner Residenz, trugen *lavalavas* im Tartan-Karo »Royal Stuart« – die ozeanische Version eines Kilts.

Stevenson kamen Macht und Würde eines *Laird* gut zustatten, und er nutzte seine vier Jahre auf Samoa. Die späten achtziger und frühen neunziger Jahre des vorigen Jahrhunderts waren unruhige Zeiten auf den Inseln (Briten und Deutsche rangen mit den Amerikanern um die Vorherrschaft auf dem Archipel), und Stevenson, der sich als Partisan auf samoanischer Seite betätigte, verarbeitete das Erlebte zu seinem Werk *A Footnote to History*. Die Samoaner waren Meister der Manipulation, sie hatten die hohe Kunst entwickelt, Außenstehende als Familienmitglieder in die Pflicht zu nehmen, bis aufs Hemd auszuplündern und den armen Idioten auch noch das Gefühl zu geben, sie seien furchtbar wichtig. Stevenson vermischte

die samoanische Lebensart mit der des schottischen Hoch-
lands, drehte den Spieß um und täuschte den Leuten vor, sie
seien Teil seines großen Familienclans – seine alte, verwitwete
Mutter hatte sich ihnen angeschlossen, die beiden Kinder aus
der ersten Ehe seiner Frau, der trunksüchtige Ehemann seiner
Stieftochter, und Stevenson selbst war der *fa'a Samoa,* der große
Vater. Er war der Chief des Herrenhauses und zugleich ihr Historiker und *tusitala,* ihr Geschichtenschreiber. Die Geschichte
Stevensons in Samoa ist eine Erfolgsstory, ein planerisches Ka-
binettstück, und jeder profitierte von seiner geschickten Wahl
der richtigen Insel: seine Familie, seine Leser, die Samoaner
und natürlich er selbst. Er hatte, wie Byron in Griechenland,
den perfekten Ort zum Sterben gefunden.

Ich ließ in Vailima bei Stevensons Villa anhalten, wurde aber
von einem offiziell aussehenden Wächter abgewiesen, der mir
mitteilte, daß hier der Paramount Chief residiere – das Haus sei
der Öffentlichkeit nicht zugänglich.

»Sie können sein Grab besichtigen«, sagte der Mann.

»Von Grabsteinen bekomme ich Depressionen«, antwortete
ich. Gräber waren etwas für Pilger und Hagiographen.

Ich wollte etwas von Stevensons Geist spüren. Es war das
Haus, das er erbaut und in dem er gelebt hatte, das ich sehen
wollte und in dem sich, wie in allen Häusern, etwas von seinem früheren Bewohner würde erahnen lassen. Warum sollte
ich den ganzen Vormittag damit zubringen, auf den Mount
Vaea zu klettern, um den kleinen Fleck Erde zu sehen, in dem
seine Knochen moderten?

Nach einer Tour an die Nordküste setzte mich der Taxifahrer
wieder an der Beach Road, der leeren Hauptstraße von Apia,
ab und verlangte mehr Geld.

»Weil ich gewartet habe.«

Er hatte auf mich gewartet, während ich zwanzig Meter zu
Fuß gegangen war, um einen Strand auf seine Tauglichkeit für
mein Boot zu untersuchen.

»Reden Sie keinen Unsinn«, sagte ich und gab ihm den aus-
gemachten Fahrpreis.

»Sie nicht zahlen«, murmelte er drohend, »ich zu Polizei.«

»Und was wollen Sie bei der Polizei machen?«

»Ihnen sagen, ich habe gewartet.«

»Wie lange haben Sie denn gewartet?«

»Lange«, sagte er und sah weg. Schließlich kam: »Viertel-stunde.«

»Wie heißen Sie?«

»Simi.«

»Ist eine Viertelstunde in Apia eine lange Zeit, Simi? Ich finde fünfzehn Minuten nicht lang.«

Simi schwieg.

»Wieviel mehr wollen Sie denn?«

»Zwei *tala**.«

Ich gab ihm das Geld.

Am folgenden Tag fuhr ich zum Mulifanua Wharf, dem Fähranleger an der Nordwestspitze der Insel, aber an diesem Morgen gab es kein Schiff nach Savaii, und niemand wußte, wann überhaupt eines ging. Ich fuhr weiter nach Westen, und in der Nähe einer kleinen Bucht stürzten sich fünf grimmige Wachhunde auf mich, deutsche Schäferhunde von der Sorte, die als Grillfleisch vom Spieß sicher einen Höhepunkt tongai-scher Tafelfreuden dargestellt hätten. Ein Deutscher mit Safari-hut kam und pfiff sie zurück.

Er hieß Stefan. Er arbeitete für eine Firma, die die Landzunge gepachtet hatte. Das Grundstück gehörte dem auf Lebenszeit gewählten Staatsoberhaupt, Malietoa Tanumafili II., der jetzt in Stevensons Herrenhaus wohnte. Zehn Hütten im Inselstil, so-genannte *fales*, wurden hier unter Stefans Aufsicht errichtet.

»Ich habe den Strand gestern von der Straße aus gesehen«, sagte ich, »als alle in der Kirche waren. Hier wird ziemlich viel gebetet, was?«

»Wer viel klaut, muß auch viel beten«, meinte Stefan.

Er bestätigte meinen Eindruck, daß es auf Upolu nicht viele Strände gab. Auf Savaii würde ich mehr finden. Ich erzählte, daß ich vorhätte, über die Apolima Strait hinzupaddeln.

»Das ist sehr gefährlich«, meinte er.

Auf den Pazifikinseln schien es üblich zu sein, daß man et-was für gefährlich erklärte, wenn man nicht viel darüber wußte. Trotzdem wollte ich einen hiesigen Fischer fragen.

---

* Die Bezeichnung ist ein Relikt aus der deutschen Kolonialzeit: Westsamoa war von 1899 bis 1914 deutsche Kolonie. Der Übers.

Stefan zeigte mir die strohgedeckten Hütten am Strand der Lagune. Sie seien noch nicht fertig, aber ich könnte gerne hier wohnen, wenn ich eine Gebühr zahlte. Der Himmel war verhangen, die Lagune dunkel und schlammig, aber der Ort war trotzdem ganz schön – ruhig, weit weg von Apia – und ein guter Ausgangspunkt für Paddeltouren, und so machte ich ihn für eine Weile zu meiner Basis.

Ich zog ein, baute mein Boot zusammen und blieb erst einmal dort.

Mein erstes Ziel war die Insel Manono, fünf Kilometer entfernt. Auf Manono gab es eintausendfünfhundert Menschen, aber keine Hunde, keine Straßen, keine Fahrzeuge und keinen Strom. Ich stellte mir vor, daß es hundert Jahre von der Küste entfernt lag. Um Manono rankte sich die Legende, daß es überhaupt keine festverankerte Insel sei, sondern ein schwimmendes Stück Land, eine Art treibende Festung, die Chief Lautala aus Fidschi gehörte. In grauer Vorzeit war der Chief damit nach Samoa gefahren, um die Samoaner zu unterwerfen. Es wurde eine blutige Schlacht, und obwohl Lautala sie verlor, gab es auf samoanischer Seite so große Verluste, daß dieses schwimmende Fleckchen Erde von da an nach den vielen Toten benannt wurde: *Manono* bedeutet »zahlreich«.

Am Abend trank ich ein Bier in meiner Hütte und hörte mir über Kurzwelle an, was sich als Zusammenbruch der irakischen Verteidigung in Kuwait herausstellen sollte: der ungeordnete Rückzug eines schlampigen, unterernährten und demoralisierten Haufens von Feiglingen und Fanatikern.

Es war windig, als ich am nächsten Morgen ins Boot stieg und mich auf Manono vorbereitete. Stefan wiederholte, daß mir die Strömung in der Mitte des Kanals zwischen den Inseln Schwierigkeiten machen würde, bei Flut könnte ich auf das südöstlich liegende Riff geworfen werden.

Bei solchen Gelegenheiten dachte ich immer daran, wie ich im Sommer auf Cape Cod von Falmouth nach Martha's Vineyard gepaddelt war, eine längere Strecke mit stärkerem Wind, einer noch weniger berechenbaren Strömung und überaus reizbaren und ungastlichen Eingeborenen.

Mit diesem Gedanken fuhr ich los und paddelte etwa eine

Stunde lang zügig, bis ich ungefähr achthundert Meter vor Manono war. Ich hatte eine starke, aber doch nicht zu üble Strömung durchquert. Im Hintergrund sah ich den schiefen Vulkankegel von Apolima Island. Weiter weg, etwa fünfzehn Kilometer entfernt, lag Savaii – noch eine gute Paddeltour zu einem Ort, den ich mir ansehen wollte.

Alles, was ich zunächst vom Boot aus auf Manono erkennen konnte, war eine Ansammlung von Schuppen auf gemauerten Rampen, manche hingen über dem Meer, andere weiter oben am Strand. Die Dinger hatten viele Namen: *fale ki'o* – Scheißhaus, *fale sami* – Strandhaus, *fale laititi* – kleines Haus, *fale uila* – Blitzhaus.

Die samoanischen Wohnhäuser, die etwas später in Sicht kamen, waren wie die von Upolu im symmetrischen, traditionellen Stil mit den offenen Wänden erbaut, aber die ganze Konstruktion hatte die Form und Kontur der Kopfbedeckung eines spanischen Konquistadoren. Tagsüber fächelte eine Brise durch die Hütte, nachts wurden geflochtene Matten heruntergerollt, die als Wände dienten. Die Hütten von West-Samoa waren reizvolle, bequeme Gebäude, wesentlich solider als alle anderen Hütten, die ich im Pazifik zu Gesicht bekam. Margaret Mead beispielsweise berichtet, daß die samoanische Großfamilie, die *aiga*, eine festverknüpfte Lebens- und Arbeitsgemeinschaft bildet. Ich überlegte mir, daß dieser praktische und schöne Haustyp dabei sicher eine Rolle spielte. Er war geräumig genug für eine große Zahl von Menschen, und durch die offenen Seiten konnte man die drinnen spielenden Kinder beobachten, die Frauen bei der Webarbeit und plaudernde oder schlafende Familienmitglieder sehen, eine Atmosphäre der Geschäftigkeit und Ruhe, die manchmal geradezu idyllisch schien.

Ich hörte Hähne krähen und Kinder kreischen, aber, untypisch für eine Pazifikinsel, keine Hunde bellen. Acht oder zehn Kinder liefen mir am Felsstrand entgegen, als ich heranpaddelte und vor dem Dorf Faleu an Land ging. Sie skandierten: »*Palangi! Palangi!*«, und balgten miteinander herum, halfen mir aber, mein Boot auf das dorfeigene Kanugestell zu hieven.

»Fremde, die mit dem Fahrrad, Motorrad oder zu Fuß durch [samoanische] Dörfer kommen, werden von den Dorfkindern häufig als bewegliche Zielscheiben betrachtet, und schon fliegen die Steine«, warnte ein aktueller Reiseführer. »Neckend und fordernd umringen sie den Fremden, verlangen Geld oder Süßigkeiten und machen sich einen Spaß daraus, ihn zu ärgern.«

Diese grundlose Feindseligkeit sollte mir auf jeder samoanischen Insel begegnen, die ich besuchte. Die Samoaner konnten mit Fremden erbarmungslos umgehen. Für einen Mann war das schon schlimm genug, für Frauen noch weit schlimmer. Ein Fremder wurde verfolgt, weil er – oder sie – ein Fremder war: Er war allein und schutzlos, konnte die Sprache nicht, verstand nichts, war leicht zu verwirren, gehörte keiner Familie an, hatte keine Beziehungen, war schwach, ein Außenseiter und damit das perfekte Opfer.

Man wurde ausgelacht, wenn man sich über die Verfolger (die immer in der Überzahl waren) aufregte, und wenn man sich versöhnlich zeigte, deuteten sie das als Zeichen von Schwäche und führten sich noch schlimmer auf. Dieses böse Spiel war nicht zu gewinnen.

Die Kinder drangsalierten mich von dem Moment an, da ich meinen Fuß auf den Strand von Manono gesetzt hatte, und ich hielt es für weiser, ihnen nicht zu verbieten, mein Boot zu stehlen oder kaputtzumachen, weil ich sie gar nicht erst auf die Idee bringen wollte. Wenn sie erst einmal raushatten, daß ich mir deswegen Sorgen machte, würden sie es vermutlich umgehend tun.

Ich umrundete die Insel gegen den Uhrzeigersinn, in westlicher Richtung, beachtete die kreischenden Kinder nicht und bemühte mich, mit älteren Leuten ins Gespräch zu kommen. Die halbwüchsigen Jungen fuhren mit ihrer monotonen Frotzelei fort, aber ich ging einfach an diesen Christenmenschen vorbei.

Trotz ihrer schlechten Charakterzüge schienen diese Insulaner traditionsgebunden zu sein – und sehr wahrscheinlich gab es auch an ihren schlechten Eigenschaften etwas, das zur Tradition gehörte. Alle Entdeckungsreisenden im Pazifik, angefangen bei Abel Tasman im Jahr 1642, hatten sich mit Diebstählen, Albernheiten, Aggressivität, Gier und Habsucht herumzuschlagen. Der samoanische Spott war für mich nichts Neues, aber es war ziemlich öde, ihm erst ausgesetzt gewesen zu sein

und sich dann anhören zu dürfen, wie irgendein Reiseschriftsteller oder jemand im samoanischen Fremdenverkehrsbüro
von der hiesigen Gastfreundschaft schwärmte. Von allen Ländern, die ich in meinem Leben bereist hatte, war Samoa das
einzige, in dem man ein Empfehlungsschreiben oder einheimische Bürgen brauchte. Wer keins von beidem hatte, blieb auf
ewig ein Fremder.

Aber Entfremdung war mein natürlicher Zustand, und ihre
Feindseligkeit ... Ich ging einfach weiter und paßte auf, was
sich hinter meinem Rücken abspielte.

»Wir sind sehr traditionsbewußt hier auf Manono«, erzählte
ein Mann, den ich gebeten hatte, die Insel zu charakterisieren.
»Wir erzählen uns die Geschichten von unseren Vorfahren.«

Das klang ja ganz schön, aber als ich ihn bat, mir auch ein
paar davon zu erzählen, starrte er stumm vor sich hin – wahrscheinlich hatte er Familiengeschichten gemeint, keine allgemein auf der Insel tradierten Legenden.

Ein anderer behauptete: »Manono ist ein guter Ort, weil wir
keine Luftverschmutzung haben.«

Wir sahen nach Upolu hinüber. »Gibt es auf Upolu denn
Luftverschmutzung?« fragte ich.

»Nein.«

Die nächste verschmutzte Luft war in vielleicht achttausend
Kilometern Entfernung zu atmen, in Los Angeles.

»Und wir haben keine Busse.«

»Ist das gut oder schlecht?«

»Gut. Busse haben Abgase. Machen Staub.«

Auf einer Insel ohne Straßen wäre ein Bus eine Art Geisterer-
scheinung gewesen. Der Pfad, der um die Insel führte, erreichte an seiner breitesten Stelle vielleicht dreißig Zentimeter.

Ein Mann, den ich auf meiner Rundwanderung traf, stellte
sich als Priester vor. Aber auf seiner Krawatte – dem obligatori-
schen Kleidungsstück für den Klerus – stand *Malua Theological
College*. Er gab zu, noch zu studieren. Er sei nach Manono gekommen, um seine Fähigkeiten als Prediger zu üben.

Während fast alle jüngeren Leute immer wieder das gleiche
hören ließen – »*Palangi! Palangi!*« –, waren die älteren korrekt,
weder freundlich noch distanziert. Es gibt in Samoa komplexe
Regeln über Begrüßungsformen, einen umfänglichen Kodex,

der etliche Verbote mit einschließt. Ein Fremder, der mit den samoanischen Sitten nicht vertraut ist, begibt sich schnell in die Schußlinie. Waren Familienmitglieder allgemein in Ruhe zu lassen, wurden Fremde ganz offensichtlich als Freiwild betrachtet.

Immer mehr Kinder hefteten sich an meine Fersen, und wieder und wieder hörte ich das Wort *palangi*. Ich drehte mich um und sah sie an.

»Ja. Ich bin ein *palangi*. Habt ihr sonst noch Sorgen?«

Herausfordernd johlte einer: »Woher kommst du?«

»Ich glaube, Japan«, sagte ein anderer.

Das fanden sie furchtbar lustig.

»Sehe ich aus wie ein Japaner?«

»Ja! Er Japaner!«

Am Rand eines Dorfes kam eine Frau heran und fragte: »Was deine Religion? Bist du *cafflick, katholisch?*«

»In gewisser Weise ja.«

»Komm mit.« Sie führte mich zu ihrem Haus und zeigte mir kleine Herrgottswinkel und etliche Heiligenbildchen, die sie zwischen die Dachbalken ihres *fale* geklemmt hatte. Die verstohlene Art, mit der sie mir diese Schätze vorführte, hatte etwas vom frühen Christentum an sich.

»Ich die einzige Katholikin in Salua«, sagte sie. »Bitte bleib hier.«

Mir schien das etwas heikel, aber sie sagte, ihr Mann sei schon auf dem Heimweg und würde sich freuen, mich zu sehen. Sie hieß Rosa, war fünfundzwanzig Jahre alt und hatte fünf Kinder. Kurz darauf kam ihr Mann, und obwohl ich halbwegs damit rechnete, daß er wütend werden würde, wenn er mich allein mit seiner Frau antraf (in den meisten Gesellschaftssystemen wird das gar nicht gern gesehen), schien er es nicht falsch zu verstehen. Er wiederholte die Einladung, noch dazubleiben.

Ich hätte leider etwas anderes vor, entschuldigte ich mich, und als er erzählte, daß er gerade vom Fischen käme, fragte ich ihn, ob er jemals zur Insel Apolima hinüberführe, die drei oder vier Kilometer von Manono entfernt hinter dem Riff lag.

»Wir fischen nicht bei Apolima. Zu tiefes Wasser.«

Sie stakten ihre Kanus durch das flache Wasser der Lagune

und wagten sich nie in Gewässer, die so tief waren, daß sie mit ihren Stangen den Grund nicht mehr erreichen konnten.

Während meines Rundgangs wurde ich ein halbes Dutzend Mal angesprochen und gefragt: »Hast du eine Frau?«, »Wie heißt sie?«, »Wo ist sie?«, Fragen, mit denen ich immer noch Schwierigkeiten hatte.

Aber ich konnte auch die angenehme Seite der Insel sehen. Sie war ein Stück Vergangenheit: mit ihren Kokospalmen und Mangobäumen, ihren gepflegten Gärten und ordentlichen Hütten, die auf sauber gearbeiteten Fundamenten aus schwarzem Stein standen, auf Mauerwerk, wie es überall in Polynesien Tradition ist. Die polynesische Schnitzkunst interessierte mich nicht, die Musik fand ich schwach – auch wenn die Trommeln manchmal anziehend klangen, besonders wenn der Takt stark und synkopisch geschlagen wurde. Der Kannibalismus war nichts weiter als ein Gruselmärchen, das einen das Fürchten lehren sollte. Es gab nur selten glaubhafte Zeugen dafür, und wenig war tatsächlich dokumentiert. Besonders zwei Aspekte der polynesischen Kultur hatten mich schon immer beeindruckt: die navigatorischen Künste der Seefahrer (wie der Kanu-Bau überhaupt) und die großartigen Steinmetzarbeiten – die Altäre, Tanzböden, Hausfundamente, Tempelplattformen und Statuen. (In Samoa gibt es allerdings keine Statuen und hat es dort auch nie gegeben.) Aber beide Fertigkeiten sind in Samoa verlorengegangen: Es gibt heute keine Seefahrer und Steinmetze mehr. Die Quader stammen aus einer früheren Zeit.

Nach zwei Stunden Inselrundgang setzte ich mich auf einen Fels am Ufer und fing gerade an, mir Notizen zu machen, als eine Frau auf mich zukam – ich schätzte sie auf etwa Mitte Zwanzig. Sie war sehr freundlich. Wir unterhielten uns ein wenig über Manono. Dann sagte sie, ihr *fale* sei ganz in der Nähe – ob ich es sehen wolle?

Ich erfand Ausreden, bis sie sagte: »Ich will dir etwas ganz Wichtiges zeigen.«

»Dann führen Sie mich hin«, sagte ich.

Sie hieß Teresa, und trotz ihrer siebenundzwanzig Jahre war sie unverheiratet. Die Kinder, die um ihre Hütte herumalberten, waren ihre Brüder, Schwestern und weitläufigere Verwandte.

Ob ich Hunger hätte? Durst? Ob ich müde sei? Teresa brachte den Haushalt auf Trab. Ich bekam eine Tasse Tee, und als ich bemerkte, daß mir *palusami*, ein tongaisches Gericht, gut schmeckte, wurde mir die, wie sie sagte, einzig richtige, samoanische Variante vorgesetzt: Taro-Blätter, mit Kokoscreme vermischt und in Bananen- und Brotfruchtblättern gedämpft. Dazu gab es eine harte graue Scheibe Taro.

»In Tonga wird das mit Corned beef gefüllt«, sagte ich. »Aber so finde ich es besser.«

»Manchmal machen wir mit *pisupo*«, sagte Teresa. *Pisupo* ist der samoanische Ausdruck für Corned beef, eine Verballhornung von *pea soup*, Erbsensuppe, die ebenfalls per Schiff und in Dosen zu den Inseln kommt.

Während ich aß, hatte Teresa sich umgezogen. Statt ihres Kleides trug sie nun ein T-Shirt und Shorts. Langsam wurde es dämmrig – es war auf jeden Fall zu spät, um noch nach Upolu zurückzupaddeln –, sanfter Regen fiel flüsternd auf die dreieckigen Blätter der Taropflanzen, und sie nickten unter dem Gewicht der Tropfen.

Bis jetzt war das Ding, das sie mir zeigen wollte, nicht mehr erwähnt worden. Aber dann zog Teresa es aus der Tasche ihrer Shorts: Es war ein American-Express-Reisescheck über hundert Dollar – ziemlich viel Geld in Manono Tai.

»Teresa, woher haben Sie den?«

»Von einem Mann. Aber die Bank will ihn nicht einlösen.«

Natürlich nicht. Auf dem Scheck fehlte die notwendige zweite Unterschrift. Und die erste – selbst, als ich den Scheck dicht an die Lampe hielt, konnte ich den Namen nicht entziffern.

»Wer war der Mann?«

»Er war hier. Eine Woche lang.«

»Ein *palangi*?«

»Ja. Aus Deutschland.«

Wir sprachen über den Scheck. Ich erklärte ihr die kleinen Haken bei Reiseschecks – daß sie zweimal unterschrieben werden müssen zum Beispiel –, und daß sie den Scheck am besten an den Mann zurückschicken sollte, damit er eingelöst werden konnte.

»Er hat gesagt, er will mich heiraten«, sagte Teresa in vorwurfsvollem Ton.

»Vielleicht hat er Ihnen deswegen das Geld gegeben.«

»Nein. Er war über eine Woche lang hier. Er hat uns überhaupt nichts gegeben«, sagte Teresa.

»Und dieser Scheck? Was ist mit dem?«

»Ja, aber ich wollte ihn nicht heiraten«, knurrte sie.

Auch das war typisch für Samoaner: gereizt geäußerte Ausflüchte.

»Warum nicht?«

»Er war zu alt. 1946 geboren oder so.«

Weiter weg von der Lampe war es mittlerweile sehr dunkel, und in dieser Dunkelheit saßen Kinder und Erwachsene und betrachteten mich mit glänzenden Augen.

»Wie alt ist zu alt?«

Teresa nagte an ihrer Oberlippe, dann sagte sie: »Er war zu alt für Spiele.«

»Was für Spiele?« fragte ich. Obwohl ich es wußte.

Die Lampe zischte und versprühte Licht.

»Nachtspiele«, sagte sie leise, mit einer Stimme, die nur um einen Hauch lauter war als das Geräusch der Lampe.

Immer und immer wieder mußte ich später daran denken, wie sie den Kopf gesenkt hatte, mich aber immer noch genau ansah und irgendwo tief in ihrer Kehle dieses Wort aussprach.

Ich fragte sie nach dem Mann. Kurt hatte er geheißen. Er war Lehrer und unterrichtete in verschiedenen Ländern. (Sie sprach das Wort *teacher* wie *cheechah* aus. Der samoanische Akzent war etwas gewöhnungsbedürftig.) Er habe sie geliebt, sagte sie, aber sie habe ihn nicht gemocht.

»Vielleicht ist er für eine Art von Spielen zu alt, aber nicht für eine andere«, sagte ich.

Diese Bemerkung interessierte sie sehr.

»Was für andere meinst du?«

An diesem Punkt unterbrach mich ihr Vater und fragte, wo mein Boot sei.

In Faleu, sagte ich.

»Die Kinder machen es sicher kaputt«, sagte er ohne besondere Besorgnis.

»Warum sollten sie das tun?«

»Weil du keine Familie hast.«

Eine Erklärung, die ich in Samoa immer wieder hörte: Man

mußte Mitglied einer hiesigen Familie sein, dann hatte man einen Status und genoß Protektion. Die Samoaner akzeptieren Fremde ziemlich schnell und nehmen sie in den Schoß ihrer Familie auf. Dazu muß man weder dunkel noch plattfüßig oder dickwanstig sein – *palangis* sind durchaus genehm, solange sie sich spendabel zeigten. Wenn man jedoch wie ich allein unterwegs war und niemanden kannte, wurde man schnell zum Opfer.

»Und weil die Leute in dem Dorf dumm sind«, fuhr der Vater fort.

Es ist eine samoanische Sitte, sich gegenseitig runterzumachen. Ich war nicht davon überzeugt, daß meinem Boot ernstlich Gefahr drohte, und im übrigen war es sowieso zu dunkel, um noch danach zu sehen. Das würde bis zum Morgen warten müssen.

»Hier alles so teuer«, sagte Teresa unvermittelt – vielleicht dachte sie auch an den Scheck.

Sie betrachtete die Laterne.

»Petroleum. So teuer.«

»Es gibt«, sagte ich, »ein chinesisches Sprichwort: ›Es hat keinen Sinn, zu Bett zu gehen, nur um Kerzen zu sparen. Denn dann gibt es nur noch mehr Kinder.‹ Verstehen Sie?«

Als die anderen sich allmählich zurückgezogen hatten, fragte sie mich noch einmal nach den anderen Spielen, die Männer spielen oder nicht spielen konnten.

Schließlich löste sich die Schlafplatzfrage dann aber ganz züchtig. Ich schlief neben dem kleinen Jungen Sefulu, dessen Name »Zehn« bedeutete, und die ganze Nacht über vibrierte das *fale* vom Schnarchen der Großfamilie.

Am folgenden Tag kam ich hinter die Sache: Dieser Kurt war für eine Woche oder zehn Tage hiergewesen. Er flehte Teresa an, ihn zu heiraten, obwohl er mit leeren Händen gekommen war und für seinen Aufenthalt nichts bezahlt hatte. Irgendwann hatte Teresa sich selbst bedient und den Reisescheck aus seinem Rucksack gefischt – aber es hatte ihr nichts eingebracht: Die Bank wollte ihn ohne die zweite Unterschrift nicht einlösen. Jetzt wußte sie also, daß er noch einmal unterschrieben werden mußte. Wollte sie, daß ich das tat?

Aber zunächst machte ich mir mehr Sorgen um mein Boot, also spurtete ich bei Sonnenaufgang nach Faleu zurück, um zu sehen, wie es damit stand. Kinder spielten in der Nähe, und man konnte den Eindruck bekommen, daß sie bereits ein Auge darauf geworfen hatten, aber bis jetzt hatten sie es in Ruhe gelassen.

Beim Frühstück – wieder Taro, diesmal als Püree – zog Teresa erneut den Scheck heraus und prüfte ihn stirnrunzelnd.

»Wollen Sie, daß ich ihn unterschreibe?« fragte ich.

»Wenn's geht.«

Es stand kein Datum darauf, und die Unterschrift des Mannes war nicht mehr als ein Kringel.

Was sollte ich machen? Sie waren nett zu mir gewesen, wenn auch nicht aus schierer Selbstlosigkeit. Und obwohl der Scheck gestohlen war, schuldete der knausrige *palangi*, der hier gewohnt hatte, ihnen das Geld in gewissem Sinn. Auch ich hatte ihre Gastfreundschaft in Anspruch genommen. War ich ihnen nicht auch etwas schuldig? Eine gefälschte Unterschrift schien eine Bagatelle, aber trotzdem. Ohne Signatur war der Scheck nichts wert. Außerdem war es durchaus möglich, daß die Fälschung auffallen und Teresa Schwierigkeiten bekommen würde, aber war das mein Problem?

Ich konnte ein selbstloser Fälscher sein, ein philantropischer Betrüger. So saß ich also auf der Treppe vor dem *fale* und übte die kringelige Unterschrift in meinem Notizbuch, dann legte ich mir den Scheck auf den Schoß und unterzeichnete ihn unter den prüfenden Blicken der Familie und sämtlicher Nachbarskinder – sehr gut, wie ich fand.

»Perfekt«, sagte ich.

»Nahe dran.« Teresa musterte mein Werk mit zusammengekniffenen Augen.

Die anderen wollten auch etwas sehen und rückten näher.

»Schreib ein Datum«, sagte Teresa.

Ich schrieb das Datum so hin, wie Kurt es wohl getan hätte.

»Kann er schimmlig werden?«

»Haben Sie ›schimmlig‹ gesagt?«

Ja, das habe sie. Also erklärte ich ihr, daß Reiseschecks nicht ablaufen können und daß sie ruhig ein bißchen warten solle, bevor sie ihn einlöste – jedenfalls so lange, dachte ich, bis ich sicher und spurlos auf einer anderen Insel verschwunden war.

Die Fischer hatten von einer starken Strömung in der Apolima Strait, der Wasserstraße zwischen Upolu und Savaii, den beiden größten Inseln von Westsamoa, gesprochen. Wenn ich nicht allein gewesen wäre, hätte ich die Überfahrt riskiert. Die Hälfte der Strecke hatte ich bereits einmal hinter mich gebracht, als ich bis zur Nordwestseite von Manono gepaddelt war – ich sah eigentlich kein Problem. Die Fischer überquerten die Wasserstraße ohnehin nie, und doch warnten sie mich davor. Wußten sie tatsächlich Bescheid? Ich hörte schließlich auf sie und nahm mitsamt Boot und Gepäck schweren Herzens die rostige Fähre hinüber nach Savaii.

»Die schlimmsten Samoaner und auch die schlimmsten *palangis* kommen nach Apia«, erzählte ein Lehrer namens Palola auf dem Schiff. »Alle Versager auf einmal. Aber sie wollen nichts miteinander zu tun haben.«

Nach dieser Beschreibung klang der Ort interessanter, als er war. Als einzige Stadt im ganzen Pazifik war Apia so gottverlassen wie ein Ort der Dritten Welt, wodurch sie auch so unansehnlich, vernachlässigt und mißhandelt wirkte. In Apia versteckte sich sogar das Meer. Das Riff lag weit weg von der Hafeneinfahrt, wo das Wasser matt ans Ufer plätscherte, die Lagune war trübe, und ihr Wasser hatte die geisterhafte Farbe toter Korallen.

»In Pago ist es noch schlimmer«, sagte Palola, ein angenehmer und redegewandter Mensch. Er war unterwegs zu seiner Familie, die in Papalaulelei lebte.

Kaum hatte ich innerlich beschlossen, daß die Samoaner ausnahmslos Rohlinge waren, schon traf ich jemanden, der anständig und zurückhaltend, höflich und hilfsbereit war und der zu den aufgeschlossensten Menschen gehörte, die ich je getroffen hatte.

»Die Lebenseinstellung der Menschen ist grundverschieden.« Ich hatte ihn nach dem Unterschied zwischen der unabhängigen Republik Westsamoa und dem US-amerikanischen Territorium Amerikanisch Samoa gefragt. »Zum Beispiel die Einstellung zum Geld. Wenn wir Geld haben, geben wir es für die Familie aus, für unsere Häuser, für Nahrungsmittel und lebensnotwendige Dinge. In Amerikanisch Samoa kaufen sie sich Autos davon oder verpulvern es beim Ausgehen. Sie geben ihr Geld für sich selbst aus. Die Familie ist ihnen längst nicht so wichtig.«

»Warum ist Ihnen denn die Familie so wichtig?« fragte ich nach.

»Weil sie dir hilft – sie kümmert sich um dich. Sie ist dein Leben.«

»Ist das Haus auch ein Teil dieses Lebens?«

»Ja. Wenn man nach Pago kommt und dort ein schönes Haus sieht, stellt sich meist heraus, daß die Besitzer aus Westsamoa stammen. Wir leben noch nach unseren alten Sitten.«

»Und warum ist Apia so heruntergekommen? Und der Rest der Insel ist auch nicht viel besser.«

»Es wird immer schlimmer. Letztes Jahr Februar hatten wir einen Hurrikan . . .«

Der Wirbelsturm, der drei Tage lang gewütet, Häuser zertrümmert, Bäume entwurzelt und Straßen durch Überschwemmungen zerstört hatte, war nach wie vor in aller Munde. Aber mittlerweile war mehr als ein Jahr ins Land gegangen, und die Trümmer lagen immer noch herum.

». . . wir haben die Stadt nicht wieder aufgebaut«, sagte Palola. »Wir haben kein Geld. Und die Regierung ist auch mitverantwortlich.«

Die Familie kümmerte sich um die eigenen Belange, aber nicht um die Nöte anderer. Ob die Nachbarhäuser zusammengekracht waren und umgestürzte Bäume auf der Straße lagen, interessierte sie wenig. Die Zersplitterung der Großfamilie in Amerikanisch Samoa (die Hauptinsel Tutuila lag nur fünfundsechzig Kilometer weiter östlich) gilt allgemein als Grund für die dortigen Zwistigkeiten und Probleme. Meine verschiedenen Gesprächspartner behaupteten entweder, alle Samoaner seien ein Volk, oder aber, sie seien grundsätzlich verschieden. »Wir haben eine ganz andere Sprache!« betonte einer. »*Sapelu* bedeutet in Westsamoa ›Buschmesser‹ und in Amerikanisch Samoa ›Schaufel‹. Ein *ogaumu* ist bei uns ein Ofen, bei denen ein Topf. Wir haben sogar verschiedene Ausdrücke für Ost und West!« Und immer wurde sehr betont, daß Geld in Amerikanisch Samoa eine größere Rolle spiele als in Westsamoa, bei den ärmeren Vettern.

Ich hatte eine Standardfrage, die ich, so ich es nicht vergaß, auf jeder Insel stellte: Warum sind Inseln anders als das Festland?

Palola antwortete: »Weil du auf einer Insel frei bist und dein Schicksal selbst in der Hand hast.«

Er erzählte weiter, daß er einmal seinen Bruder in Auckland besucht und nicht gewagt habe, mit dessen Auto zu fahren. »Alles war so schnell.« Der Verkehr, die Menschenmengen auf den Bürgersteigen, ihre Art zu sprechen und zu arbeiten. Er hatte es unerträglich gefunden.

Niemand auf der Fähre wurde seekrank. Da die Passagiere Polynesier waren, hatte ich angenommen, daß sie sich – auch auf dieser nur halbstündigen Überfahrt – alle die Seele aus dem Leibe spucken würden. Allzugut schien es ihnen aber dennoch nicht zu gehen, und der für diese übergewichtigen Menschen so typische Entengang wirkte etwas unsicher, als sie an Land watschelten.

Den Samoanern gefällt Fettleibigkeit, und um der eigenen Gestalt mehr physisches Gewicht zu verleihen, verdrückt man riesige Mengen von Bananen, Taro, Brotfrucht und Snacks von der Sorte, wie sie in den Imbißbuden von Apia angeboten werden. Ein *Toasted Spaghetti Sandwich* war mir besonders denkwürdig vorgekommen (es gibt so einiges, für das man die Neuseeländer mit ihrem Einfluß zur Rede stellen sollte). Die Samoaner essen die fettesten Teile vom Hammel, Fleisch, das Kiwis und Aussies nicht wollen, unverkäufliche Teile toter Tiere: Hühnerrücken, Entenbürzel, Schweinsfüße, Widerrist, was auch immer – das Zeug wird eingefroren und nach Samoa verschifft. Ein Fetzen Fleisch an einem Klumpen Fett, der an einem großen Knochen hängt, läßt Samoanern das Wasser im Mund zusammenlaufen. Auch das importierte Corned beef, das sie *pisupo* nennen, besteht zu neunzig Prozent aus Fett. Es ist nicht die feste Fleischmasse, die man anderswo mit dem Messer in Scheiben schneidet, das pazifische Corned beef enthält so viel Fett, daß es wie Pudding aussehen und mit dem Löffel gegessen werden kann. Außer mit Rindertalg werden manche Marken noch mit Nilpferdfett angereichert.

Herzkrankheiten sind weitverbreitet, und die Leute sterben früh. Aber auf der Insel Savaii gab es (für eine Bevölkerung von sechsundvierzigtausend Menschen) nur zwei Ärzte – der eine war Italiener, der andere stammte aus Burma.

Den italienischen Doktor, Peter Caffarelli, lernte ich auf Umwegen kennen. Er wohnte gleich vor dem Dorf Tuasivi, in dem mein jüngerer Bruder Joseph als Freiwilliger des Peace Corps gewesen war. Tuasivi besteht aus einer Gruppe von *fales* an der Küstenstraße, das College, an dem mein Bruder unterrichtet hatte, liegt auf einer Landzunge in der Nähe. Die Siedlung – ein großes Dorf – machte nicht den heruntergekommenen Eindruck, den vergleichbare Orte auf Upolu auf mich gemacht hatten. Die *fales* waren schön und solide, und das Dorf hatte eine Atmosphäre von Geschäftigkeit. Die Menschen arbeiteten in den Gärten oder fütterten ihre Hühner, *lavalavas* flatterten an den Wäscheleinen. Der Hurrikan vom letzten Jahr hatte seine Zerstörung weiter unten an der Küste angerichtet, umgestürzte Bäume, geborstene Abwasserkanäle, weggespülte Straßen.

Tavita Tuilagi, einer von Joes ehemaligen Kollegen, baute gerade ein neues *fale*, nicht nur im traditionellen Stil, sondern auch mit den traditionellen Methoden: Die Männer, die sich am Hausbau beteiligten, wurden nicht bezahlt. Sie waren Verwandte, Mitglieder der Großfamilie, Freunde. Theoretisch war das Ganze ein Liebesdienst, in der Praxis konnte es jedoch teuer werden, da Tavita (»David« auf samoanisch) verpflichtet war, die Männer während der Bauarbeiten mit Speis und Trank zu versorgen – je besser das Essen, desto größer der Eifer. Sollte es nichts mehr zu essen und zu trinken geben, konnten die Männer beschließen, woanders zu arbeiten.

»Dieser Tavita hat gerade einen Titel gekriegt«, sagte der Samoaner, der mir den Weg nach Tuasivi gezeigt hatte. »Er ist jetzt *oloipola*.«

»Das sagt gar nichts«, sagte Tavita und klang dabei äußerst bescheiden – mit seinem *L.A.-Lakers*-T-Shirt sah er auch nicht besonders betitelt und häuptlingshaft aus.

Aber er untertrieb nicht. Was er sagte, entsprach der Wahrheit. Der Titel, er bedeutete soviel wie *matai chief,* »Familienoberhaupt«, hatte früher einmal Macht verheißen, mittlerweile jedoch waren die Häuptlinge im Umgang damit ziemlich großzügig geworden, um selbst wieder in Machtpositionen gewählt zu werden.

»Sio war ein guter Junge.« Tavita benutzte Joes samoanischen Namen. »Ein guter Lehrer war er auch. Ich wünschte, er käme wieder.«

»Warum schreiben Sie ihm nicht einfach und bitten ihn darum?« Ich fand eine leere Seite in meinem Notizbuch und gab ihm einen Stift. »Sie laden ihn ein, zurückzukommen, und ich sorge dafür, daß er den Brief bekommt.«

»Eine gute Idee«, sagte Tavita und fing an zu kritzeln.

»Ob ich wohl einmal erfahre, was Sie ihm geschrieben haben?« fragte ich, als er fertig war. Ich steckte das Notizbuch ein und ging die Straße hinauf.

Der Brief lautete: »Lieber Joe Theroux, Ich bin sehr glücklich, deinen Vater [durchgestrichen] Bruder hier zu treffen. Denke in all den Jahren immer an dich, seit du hier warst. Ich baue ein neues Haus. Wenn du mir eine Spende durch Finanzen geben könntest, würde ich sie gerne nehmen. Gott möge dich segnen. Danke. Tavita Tulagi.«

Als ich wieder zurück ins Dorf ging, gab ich Tavita dreißig samoanische *tala*, die er ohne Umstände akzeptierte.

Caffarelli, der italienische Doktor, wohnte ganz in der Nähe am Strand, in einem ausufernden Dorf hinter Tuasivi. Er war mager, sonnengebräunt und trug einen *lavalava* mit rotem Blumenmuster. Ich schätzte ihn auf Ende Sechzig. Seine Frau war Samoanerin, und um sein ganzes Haus herum wuselten Kinder. Wir waren draußen, gingen über struppiges Gras unter hochaufgeschossenen Paw-Paw-Bäumen. Das Haus war voller Stockflecken, in europäischem Stil erbaut und stand (wie er erzählte) auf einem der wenigen pachtfreien Grundstücke in ganz Samoa. Ein Chief hatte sich davon getrennt, wobei er sich offenbar ausgerechnet hatte, daß der Doktor sich um die Gesundheit des Spenders kümmern würde, solange er auf dem Land lebte.

Direkte Fragen zu seiner Person beantwortete der Doktor ausweichend und mit vagen Angaben, selbst zur Zahl seiner Kinder.

»Zehn«, sagte er erst in etwas ungewissem Ton, dann: »Elf.« Fragen zum samoanischen Leben beantwortete er mit mehr Sicherheit.

»Die Familie spielt hier eine wichtige Rolle, das stimmt«, erzählte er. »Aber wenn wir von ›Familie‹ sprechen, dann ist damit eine große Anzahl von Menschen gemeint. Die Zeiten haben sich geändert, und heute ist alles ein bißchen komplizierter. Es gibt Verpflichtungen, aber in einer Gesellschaft ohne Geldwirtschaft ist das nicht weiter schlimm. Wenn jemand seine Arbeitskraft anbietet oder einem Früchte schenkt, gibt man ihm dafür irgendwann etwas zu essen.«

»Das ist mir auch schon aufgefallen. Hier sind immer Geschenke im Umlauf«, sagte ich.

»Aber wenn Geld aufs Tapet kommt ...«, der Doktor hob und senkte seine Hände wie Waagschalen, die italienische Geste, die auf Unheil hindeutet, »... dann kann's teuer werden. Geld für dies, Geld für das. Und die Regel ist, niemanden zurückzuweisen.«

»Heißt das, daß Sie jedesmal etwas geben, wenn Sie darum gebeten werden?«

»Man paßt zum Beispiel auf Kinder auf«, sagte der Doktor. »Aber wie weit ist man dazu verpflichtet, wenn der Vater dieser Kinder sich in Apia mit Bardamen herumtreibt? Stellt man sich dann blind und taub und redet sich ein, daß der Mann nur seine Pflicht tut?«

»Kommt so etwas oft vor?«

»Ständig«, sagte der Doktor. »Und eine moralische Komponente gibt es außerdem.Warum sollte ich jemandem Geld geben, wenn er bloß vorhat, es mit Prostituierten durchzubringen? Die Regel ist, daß man gibt, wenn man darum gebeten wird, aber manchmal wirft das doch moralische Fragen auf.«

Ich erkundigte mich nach der Gefahr von Diebstählen, weil andere Reisende mir davon erzählt hatten und weil in allen Reiseführern davor gewarnt wird. Mir war bis jetzt nichts abhanden gekommen, aber ich war ja auch schon in Tonga so gründlich beklaut worden, daß es bei mir kaum noch was zu holen gab.

»Als das hiesige ökonomische System noch völlig ohne Geld funktionierte, teilte man alles«, erklärte der Doktor. »Mein Buschmesser gehörte auch allen anderen. Also kam irgend jemand und nahm es sich. Die Vorstellung von privatem Eigentum existierte nicht. Vielleicht machte es demjenigen, der etwas nahm, auch Spaß. Nichts gehörte einem allein, persönlicher Besitz war unbekannt.«

Dieses traditionelle Arrangement sei durch Geld ins Wanken geraten – wenn die Samoaner Probleme hatten, lag es angeblich immer am Geld: Geldmangel, Geldgier, die mächtigen Reichen.

»Heutzutage wird ständig gestohlen«, sagte der Doktor. »Ja, letztlich sind es die alten Gewohnheiten, aber es ist Diebstahl. Und er wird nicht geächtet. Gaunereien werden sogar bewundert.«

»Und was passiert, wenn man seinerseits auch *sie* bestiehlt?«

»Theoretisch wird das von einem erwartet. Aber so tolerant sind sie dann doch nicht, oder? Wenn es ihnen paßt, haben sie viel Gemeinsinn, aber es kommt genauso oft vor, daß jemand etwas hat und es mit niemandem teilt.«

Das Problem, sagte ich, seien ja wohl weniger die Diebstähle selbst als die Heuchelei und Inkonsequenz, mit der sie begangen würden.

»Richtig, und ich kann Ihnen dafür auch ein Beispiel nennen«, sagte er. »Ein Mann, den ich kenne, hatte einen sehr großen Mangobaum, und er stellte fest, daß sich jeder daran bediente, sobald die Mangos reif waren. Der Mann war übrigens Australier, aber er hatte schon seit einigen Jahren hier gelebt. Er sagte nichts zu den Leuten, aber dachte, so ist das hier wohl üblich, und fing an, sich Bananen von den Bäumen dieser Leute zu pflücken. Aber das paßte ihnen nun nicht!«

»Was haben sie gemacht?«

»Es hat einen furchtbaren Aufstand gegeben.«

»Wie weit ging der?«

Er hob die Schultern und verzog die Mundwinkel zu einem Fischmund, der wohl signalisieren sollte, daß hier eine Paradoxie vorliege.

»Sie wollten ihn umbringen.«

Wir sprachen über die Geburtenrate. Sie war sehr hoch, und obwohl sechzig Prozent aller Neugeborenen aus illegitimen Verbindungen stammten, wurden die Kinder gut versorgt und in die Großfamilie integriert. Dennoch machte sich die Regierung für Geburtenkontrolle stark – für das Medikament Lepo-Provera.

»Ist das Mittel nicht gefährlich?«

»Das ist es allerdings, aber wer ist hier schon sentimental? Man kann davon für immer unfruchtbar werden, man kann daran sterben – aber ist das denn nicht das Motiv der Leute,

die Kontrazeptiva auf den Markt bringen? Sie wollen die Geburtenrate runterkriegen, koste es, was es wolle. Sentimental
sind die nicht.« Und dann sagte er: »Ich habe mit Kontrazeptiva nichts zu tun.«

Er begleitete mich zur Straße. Sein *lavalava* flatterte im Wind,
und seine zahlreichen Kinder tollten um uns herum.

»Es gefällt Ihnen hier sicher, wo Sie schon so lange hier
leben.« Er war seit fünfundzwanzig Jahren in Samoa.

»Ein Arzt gilt hier überhaupt nichts«, sagte er lächelnd. »Ein
Geistlicher ist da ganz etwas anderes. Die Leute geben ihm
Geld und Lebensmittel. Er ist angesehen und kann reich werden. Mich dagegen finden sie lächerlich, weil ich Arzt bin. Als
mein Praxisgebäude im Hurrikan durch die Luft flog und völlig
zertrümmert wurde, standen sie alle herum und haben gelacht. ›Guck mal! Das Haus vom Doktor ist umgefallen!‹ Die
Leute fanden das furchtbar komisch.«

Auf Samoa gibt es nicht viele wildlebende Tiere, und die
meisten davon halten sich in Straßennähe auf. So konnte ich
fast alle sehen, während ich zu Fuß nach Hause ging – die
schwarzen Ratten und die gefährdeten Fledermäuse, die
Schweine, Rallen und die Salanganenvögel, die Riff-Reiher
und verwirrte, humpelnde Hunde.

Ich wohnte in einem *fale* in Lalomalava. Am frühen Morgen,
gegen drei oder vier Uhr, regnete es oft. Ein kräftiger Guß
trommelte dann auf das Stroh- und Blechdach, ein wunderbarer Ton, halb Gebrüll und halb Geflüster, und es klatschte auf
die breiten Blätter direkt vor den Jalousien. Schließlich brach
die Morgendämmerung an, der graue Himmel wurde hell, und
wenn gegen sechs Uhr der Rand der Sonne hinter den Palmen
sichtbar wurde, hörte der Regen mit sanftem Tröpfeln auf.

Ich lebte inmitten einer bunten Mischung ältlicher Auswanderer und jüngerer Samoaner. Irgendwo in der Nähe wurde
immer lauthals und spöttisch gelacht – Kinder. Für mich war
dieses plötzliche, explosive Lachen unbeschreiblich mißtönend
und demoralisierend, aber es schien nur mir auf die Nerven zu
gehen, den anderen nicht. Die Zuwanderer hatten sich alle
mehr oder weniger darauf eingerichtet, daß sie eines Tages
auch auf der Insel begraben werden würden, nur die Samoa-

ner sagten, daß sie Heimweh nach Auckland oder San Francisco hätten. Zum Beispiel Loimata.

»*Mata* heißt ›Auge‹ auf malaiisch«, sagte ich.

»Auf samoanisch auch«, sagte sie. »Und *Loimata* heißt ›Tränen‹.«

Sie hatte Verwandte in Hawaii, Los Angeles, San Francisco, Neuseeland und Australien. Einige davon hatte sie bereits besucht, hatte Arbeit gefunden und sich länger bei ihnen aufgehalten. Eine Zeitlang hatte sie in der samoanischen Enklave Wahiawa außerhalb von Honolulu gewohnt. Ihre Mutter war nachgekommen, wollte dann aber nach Samoa zurück, also waren Mutter und brave Tochter nach Savaii heimgekehrt.

»Die Arbeit fehlt mir«, sagte sie.

Eine Freundin zog sie auf: »Die Arbeit fehlt dir überhaupt nicht. Dir fehlt nur das Geld.«

»Stimmt. Mir fehlt das Geld.«

Warren Jopling, Neuseeländer, etwa Mitte Sechzig, war nach Samoa gekommen und dann so in seine neuerworbene samoanische Familie verstrickt worden, daß er dageblieben war. Ihm gefalle Samoa, sagte er. Und natürlich hatte die Familie ihn adoptiert – aber an zwei oder drei Samoanern hingen immer noch zwanzig andere, und schließlich hatten sie ihn völlig vereinnahmt, zogen allesamt in sein Haus in Apia ein und belegten es so mit Beschlag, daß er auszog und hierher nach Savaii kam.

Ich hatte mir vorgenommen, den Pulemelei zu besichtigen, einen uralten Steinhügel: eine große, terrassierte Pyramidenkonstruktion und der größte derartige Hügel in ganz Polynesien. Ich erkundigte mich bei etlichen Samoanern. Die meisten wußten nichts von der Existenz des Bauwerks. Zwei hatten zwar davon gehört, es aber nie gesehen. Ich fragte Warren – und natürlich wußte der *palangi*, der Außenseiter, Bescheid, er war schon oft dortgewesen und kannte die obskure Ruine im Regenwald sehr gut.

Niemand weiß, welchem Zweck das gigantische Bauwerk ursprünglich einmal gedient hat – ob es sich um ein Grab handelt, eine Festung oder einen sogenannten Vogel-Fallen-Hügel. Aber gerade das macht den Pulemelei so reizvoll – seine Größe und das Rätsel, das ihn umgibt. Der Hügel liegt mitten

im samoanischen Regenwald hinter dem Dorf Vailoa und wird
so selten besucht, daß es keine Wege zu ihm gibt. Selbst Warren Jopling, der sich so gut auskannte, zeigte sich auf dem Hinweg durch den Busch doch etwas verwirrt.

Der Pulemelei steht am Hang eines kleines Berges, ist von
Lianen und Büschen überwuchert, und doch sind die Umrisse
seiner Architektur, zwei große Stufen, deutlich zu sehen: Seiner Form nach, die an einen riesenhaften Hochzeitskuchen
erinnert, sieht er aus wie ein Tempelhügel, bietet aber eine
wunderbare Aussicht übers Meer. In früherer Zeit, bevor die
Palmen gepflanzt wurden, muß er so grandios gewesen sein
wie die große Maya-Pyramide in Chichén Itzá, das sogenannte
Castillo, ein Bauwerk, das dem Pulemelei in Größe und Aufbau
in gewisser Weise ähnelt. Manche Archäologen mutmaßen,
daß auf seinem Gipfel ein großes Gebäude gestanden haben
könnte, womit der Pulemelei wie eine Burg ausgesehen haben
muß. Der Hügel ist zwölf Meter hoch, etwa fünfzig Meter breit
und über sechzig Meter lang, hat Zinnen, Brüstungen und steinerne Treppenaufgänge.

»Wissen Sie, was das merkwürdigste an diesem Ding ist?«
sagte Warren. »Diese Insel hat einen ziemlichen Legendenreich-
tum. Es gibt Geschichten über die *blowholes,* die Wasserfälle und
die Höhlen. Die Samoaner erzählen sich Geschichten über
Dinge, die es noch nicht einmal gibt. Riesen, Zwerge, Geister und
Gespenster. Wie dieser Vulkan aus dem Wasser stieg und woher
jene Insel kam. Aber über diesen Hügel erzählen sie sich nichts,
nicht einmal Phantasiegeschichten. Ist das nicht sonderbar?«

Er zeigte mir noch weitere Steinhügel: Gräber, Fundamente
von Häusern, Altäre, alles zugewuchert, begraben unter Farnen und Lianen, alles unbekannt, nichts wieder ausgegraben.

»Hier hat einst eine große Kultur gelebt«, sagte er. »Es muß
genau hier gewesen sein, weil hier große Mengen Trinkwasser
zur Verfügung stehen: aus zwei Flüssen, den einzigen auf Savaii, die das ganze Jahr über Wasser führen.«

Die vulkanische Struktur des Bodens bringe es mit sich, daß
das Wasser sehr schnell versickere, erklärte Warren – in seinem früheren Leben war er Geologe gewesen. Der Regen fiel
und verschwand. Es gab ein paar Tümpel, aber keine Seen.
Doch genau hier fanden sich Quellen und Flüsse.

Einer dieser Flüsse, der Faleala, strömte über einen hohe Steinstufe tiefer in den Urwald und verwandelte sich dann in die Olemoe-Wasserfälle. Warren hatte für den Fall, daß wir in eine Notsituation gerieten – eine Reifenpanne, ein Unfall, was auch immer – zwei samoanische Jungen mitgenommen, die dann wohl ganz nützlich gewesen wären. Sie waren munter und willig, der eine hieß Afasene (»Half a Cent«), der andere Siaki (Jack). Wir saßen am Teich, sie flochten Farnkronen und setzten mir eine auf den Kopf. Ich kam mir damit vor wie der unerträgliche Bassington aus dem Roman von Saki.

Und dann planschten und tauchten sie.

»Guck mich an, Paul!«

»Ich hol einen Stein vom Grund!«

»Ich springe jetzt!«

»Guck nicht den an – mich, mich!«

Sprangen rein in den Wasserfall, ließen sich mitreißen, tauchten rückwärts, alberten herum und hatten ihren Spaß. Vierzehn und sechzehn waren sie, wirkten aber viel jünger.

Das war es also. Man kam her und spielte mit braunen Jungen herum, schlief mit ihren Schwestern, bezahlte die Eltern und lebte und starb. Man schlief, aß und lachte.

Für einen Paddler war Savaii ein höchst frustrierender Ort. Es gab entweder nur meerumtoste Felsen und keine Stelle, von der man ablegen konnte, oder eine Lagune, die so seicht war, daß mein Paddelblatt bei jedem Schlag auf Grund stieß. Die Samoaner waren keine Seefahrer mehr, und nur die Ältesten konnten sich noch daran erinnern, daß man einmal mit einem Kanu oder einem Auslegerboot zwischen den Inseln herumgepaddelt oder -gesegelt war. Die Fähigkeit, mit Booten umzugehen, nach der ich die Pazifikinseln unter anderem zu beurteilen pflegte, war in Samoa verlorengegangen.

Die blowholes von Taga lagen nicht weit vom mysteriösen Pulemelei entfernt. Diese blowholes, hier nannte man sie pupu, waren vulkanische Spalten in den schwarzen Lavaklippen, die diesen Küstenstrich von Savaii so gefährlich machten. Wenn die Wogen der ansteigenden Flut gegen die Klippen drückten, wurde Wasser durch die Hohlräume im Gestein gepreßt und schoß aus kaminartigen Durchbrüchen geysirartig nach oben, in Fontänen, die fünfundzwanzig Meter emporsteigen konnten.

Wir standen neben einem solchen *blowhole* – an dieser Stelle
gab es etwa ein Dutzend davon – und warfen Kokosnüsse in
das Loch, wenn eine neue Welle auf die Klippen traf. Innerhalb
von Sekunden wurden die Nüsse wie Kanonenkugeln in die
Luft katapultiert. Die Kinder taten das gleiche mit Palmwedeln
und sahen zu, wie sie nach oben geschleudert wurden und auf
der Fontäne herumwirbelten.

Der Ort war vollkommen verlassen. Wir standen vor einem
der großen Naturwunder des Pazifik, über uns das sonnige
Himmelszelt mit seinen Schäfchenwolken, unter uns das blaue
Meer, die Jungen alberten herum, Kokosnüsse flogen gen Himmel, und ich dachte: Mein Gott, ist das blöde.

Aber mein Protest war matt. Inzwischen hatte eine Art fauler
Langeweile von meiner Seele Besitz ergriffen, die Ozeanische
Krankheit. Nie sah ich jemanden etwas Anspruchsvolleres lesen als ein Comic-Heft. Nie hörte ich einen Jugendlichen Interesse an Kunst oder gar Wissenschaft bekunden. Nicht einmal
über Politik wurde geredet. Alles war Müßiggang, und wann
immer ich jemandem eine Frage stellte, wie einfach sie auch
sein, wie gut der Befragte auch Englisch sprechen mochte, es
gab immer erst einmal eine lange Pause, bevor ich eine Antwort bekam. Ich fand diese pazifischen Pausen nervtötend.

Gekichert wurde zwar viel, aber es gab weder Humor noch
Witz. Alles nur Blödelei. Die *palangis* waren auch nicht besser.
Warren hatte ein Picknick organisiert, mit John, der im Mittle-
ren Westen der USA eine eigene Farm aufgemacht hatte, und
Friedrich, der mir erklärte: »Ich studiere den Geruch von Rin-
derbraten.« Damit meinte er folgendes: In seinem Münchner
Labor briet er jeden Tag ein Stück Rindfleisch, destillierte seine
Essenz und versuchte, deren Geruch in ihre chemischen
Komponenten zu zerlegen. »Das läßt sich für alles mögliche
brauchen«, behauptete er. Die weiteren Teilnehmer der Veran-
staltung bestanden aus dem üblichen Kontingent kletternder,
kichernder samoanischer Halbwüchsiger.

Wir saßen unter den Palmen von Asuisui, und als Warren
die Sandwiches verteilte, sagte ich: »Spam kann ich nicht essen. Ach, dabei fällt mir was ein. Hat schon mal jemand Descartes gelesen? René Descartes?«

John schwieg, Friedrich schwieg, Warren schwieg, die Samoaner kicherten. Schließlich räusperte sich John: »Ich hab ihn gelesen«, sagte er, »aber das ist ewig her, und ich hab kein besonders gutes Gedächtnis.«

»Ich wollte bloß einen Witz machen.«

Sie starrten mich an.

»Descartes war der, der gesagt hat: ›*I'm pink, therefore I'm Spam*‹.« (Ich denke – *I think* –, also bin ich – *therefore I am*. Der Übers.)

Ein wachsamer Ausdruck legte sich über ihre Gesichter, und erst Manu unterbrach die Stille.

»*What you tink?*«

»Was denke ich über was?«

»*Da wedda.*«

Also unterhielten wir uns über den Wind und die Wolken.

Später im Auto sagte Manu: »Ich habe Frau.«

Wir waren unterwegs in Richtung Lalomalava. Manus Auto war eine alte Kiste mit einem teuren Kassettendeck, Reggae-Musik dröhnte aus den Stereolautsprechern, die sich mit ein paar Plüschtieren die hintere Ablage teilten.

»Kinder?«

»Ich hab Kind da drin.« Er pochte aufs Handschuhfach. Es ging erst auf, als er heftig draufschlug. »Kind – muß hier irgendwo sein.«

Schließlich zog er ein zerknittertes Photo von einem runden, braunen, in eine saubere blaue Decke gewickelten Baby heraus. Das Bild war nicht in Samoa aufgenommen worden.

»Mein Sohn«, sagte Manu stolz.

»Wie heißt er?«

»Weiß ich nicht.«

»Wo ist das Bild denn gemacht worden?«

»Auckland.«

»Wollen Sie nach Auckland?«

»Nein«, sagte Manu, warf das Bild wieder ins Handschuhfach und schloß die Klappe mit einem hämmernden Faustschlag.

Was war nun die Geschichte dahinter?

Ich fuhr weiter in den Nordwesten von Savaii, um in der Asau Bay zu paddeln. Dort traf ich Fat Frank, der vor kurzem aus

Kalifornien hergekommen war und die Insel erkundete. Er war Alkoholiker und hatte sich in einem Motel in Vaisala eingemietet. Außer Frank gab es nur noch einen anderen Gast hier, einen Finnen von einem Frachter in Apia, der sich bitter über ihn beklagte. Frank stand üblicherweise um elf auf, trank zum Frühstück eine Flasche Bier aus Vailima, goß eine halbe Flasche Tequila hinterher und grapschte dann so lange nach den samoanischen Serviermädchen, bis er das Bewußtsein verlor. Er war Kettenraucher, und ein riesiger Schwabbelbauch quoll über seinen Gürtel. Frank saß vornübergebeugt da und atmete schwer. Ich lernte ihn am späten Nachmittag kennen, nach seinem zweiten Nickerchen, als er kurzatmig beim Whisky saß.

Frank litt unter der Hitze und jammerte über seine geschwollenen Füße. Er schlafe schlecht, sagte er. Er gehörte zu den fetten Menschen, die in der Horizontalen sofort anfangen, unregelmäßig zu atmen und dann die ganze Nacht lang schnarchen, als würden sie gewürgt und müßten jeden Moment ersticken.

»Ich bleib wohl so sechs Wochen hier«, sagte er.

»Für so eine kleine Insel ist das aber ziemlich lang.«

»Ich such mir nämlich grad 'n neuen Standort.«

»Sie wollen nach Samoa umziehen?«

»Genau, Mann. 'n neues Leben anfangen. Brauch ja nich zu warten, bis ich Rentner bin, oder? Kann ich doch jetzt schon, oder?«

Er war erst um die dreißig, wirkte durch seine aufgedunsene Gestalt aber älter. Er sah aus wie ein fettes altes Baby.

»Waren Sie früher schon mal hier?«

»Nee, aber ich könnt mich hier einleben. Die Leute hier sind nette Typen, sehr warmherzig. Nich wie in Pago. Das iss das letzte. Da wollt ich eigentlich 'ne Woche lang bleiben, hab's aber nur eine Nacht ausgehalten. Die Leute hier nehmen dich in ihre Familie auf.«

»Ich glaube aber, daß sie etwas dafür erwarten. Man ist ihnen dann doch verpflichtet, meine ich.«

»Das kriegen wir schon hin. Ich guck mich mal um. Such mir 'n Haus. Such mir 'n Dorf. Dann treff ich mich mit dem Chief und bequatsch das mit dem.«

Er suchte nach einem neuen Leben, und es klang ganz einfach. Ein Mensch wie aus einem Roman von Somerset Maugham. Das sagt sich schnell, aber leibhaftige Somerset-Maugham-Figuren können eben auch Fettwänste und Langweiler sein.

»Vielleicht mach ich auch 'n paar Geschäfte.«

Er hatte eine merkwürdig heimliche Art, hinter vorgehaltener Hand eine Zigarette anzuzünden, um dann heftig daran zu saugen und schließlich den Rauch wieder auszuspucken. Er kam aus Mile City, irgendwo nördlich von San Francisco.

»Wenn du in dieser Gegend Geschäfte machen willst, haste natürlich ein Problem. In 'nem Land, wo die Leute selber kein Geld haben, kannste auch keins verdienen.«

Nachdem er diese Weisheit geäußert hatte, nahm er einen tiefen Zug aus seiner Flasche Fusel.

»Aber ich könnt mir vorstellen, daß 'n Laden mit Taucherklamotten das Richtige wär. Irgendwann werden die Japse schon kommen.«

»Was sollen sie denn hier? Japaner wollen Golf, Strände, Luxus. Läden mit Micky-Maus-Sachen. Sie gehen gern einkaufen. Meine Güte, hier kann man ja nicht mal schwimmen. Ich komme nur deshalb zurecht, weil ich mein eigenes Kajak dabeihabe.«

»Ich werd's schon hinkriegen.«

»Vielleicht werden Sie sich doch ein kleines bißchen langweilen.«

»Zurückfahren ...« Er hörte mich gar nicht, er sprach langsam und keuchend und hatte den Satz schon lange vorher angefangen. »... meine Spielsachen holen. Motorrad, Stereoanlage, Taucheranzug, Taucherausrüstung.«

Viele schwergewichtige Menschen sind Hobbytaucher. Ob es das Gefühl der Schwerelosigkeit ist, das ihnen so gefällt, das Erlebnis, sich leicht und flott zu fühlen, während sie sich wie fette Karpfen zwischen Korallen und flitzenden Fischen herumbewegen?

»Was machst du denn so?« Er wischte sich den Mund ab.

»Ich schreibe ein bißchen.«

»Deswegen haste soviel zu fragen!«

Er blickte sich um und fing an zu lachen. Er lachte die glü-

hende Sonne aus, die Palmen, den verwüsteten Strand – an
dieser Stelle hatte der Hurrikan besonders getobt. Das Lachen
brachte die Fettrollen über seinen Eingeweiden zum Beben.

»Wußt ich doch, daß ich hier 'n Schriftsteller treff. Kaum hab
ich diesen versauten Ort hier gesehen, da hab ich mir gesagt:
Jetzt treff ich sicher 'n Schriftsteller. Und 'n Maler. Ja, wo isser
denn? Hier muß doch 'n Maler sein.«

Also wollte er die Weite Nordkaliforniens und seine freundliche kleine Stadt aufgeben, sich in eine verworrene samoanische Familie begeben und in einem *fale* hausen, zwischen all
den Christen eines samoanischen Dorfes. Ich malte ihm diese
Zukunft aus.

»Iss 'n schlechter Deal, was?«

Er wollte ein neues Leben, wollte die Freuden des Ruhestan-
des schon jetzt, nicht erst, wenn er krank und verkalkt war.
Das war einzusehen: Wenn er so weitermachte, würde er sowieso nicht lange leben – fett, versoffen und verräuchert wie er
war.

»Ich hab die Antwort. Jemandem, den sie mögen, kaufen die
Leute alles ab.«

»Sie meinen, Ihnen?«

»Genau. Wie mir. Ich bin 'n Original.« Er stützte die Flasche
auf seinem Bauch ab. »'n interessanter Kerl.«

Und auf einmal begriff ich und sah ihn in Amerika auf seiner
Harley-Davidson. Er war einer von diesen furchterregenden,
fetten Kerlen mit ihrem Nazi-Sturzhelm, die man den Highway
entlangdonnern sieht, einer, der hinter seinem enormen Bauch
sitzt und plötzlich vor der Stoßstange nüchterner Autofahrer
auftaucht.

»Jetzt guck dir den an, Doris. Fährt, als wär er allein auf der
Straße!«

»Reiz den bloß nicht«, sagt Doris. »Bitte hup jetzt nicht.«

Und man läßt es.

Fat Frank suchte nach einer willfährigen Familie, und es war
durchaus möglich, daß er eine finden würde. Ich machte mir
keine Sorgen darüber, daß Frank sie ausnutzen könnte: Zu guter Letzt nämlich würden sie ihn ausnehmen wie eine Weih-
nachtsgans. Es war eine paradoxe Gesellschaft. Außerhalb der
Familie schien es keinerlei Antriebskräfte und keine Loyalitä-

ten zu geben, und die Abhängigkeit untereinander, die rein auf die Familie bezogen blieb, ließ diese weniger wie eine wirkliche Gemeinschaft, sondern eher wie einen simplen Organismus erscheinen, wie eine Qualle, die auf der Meeresoberfläche schwankt, das Hydrozoon, das nichts weiter ist als eine Ansammlung von Tentakeln – ein paar fürs Stechen, ein paar für die Nahrungsaufnahme.

Ganz egal, was ich in Samoa tun wollte – ein Ticket kaufen, ein Auto mieten, eine Information erfragen –, der Samoaner, an den ich mich dazu wandte, wirkte lediglich überrascht und alles andere als hilfsbereit. In ihrem eigenen Leben kommen die Samoaner mit ein bißchen Landwirtschaft und jeder Menge Überweisungen aus dem Ausland zurecht. Es ist die geschlossenste Gesellschaft, die ich im Pazifik erlebt habe, und die am wenigsten individualistische, vielleicht ist es auch die konservativste in ganz Polynesien. Aber abgesehen vom minimalen Familienunterhalt wurde nichts erwirtschaftet, nichts erreicht – wo waren die Ärzte, die Zahnärzte, die Piloten, Ingenieure, Architekten und Facharbeiter? Etliche samoanische Lehrer flüchteten sich in besser bezahlte Jobs im Ausland, und die freien Stellen wurden von Freiwilligen des *Peace Corps* übernommen. Selbst die schäbigsten Straßenbauinspektoren und Baufahrzeugfahrer – sie fuhren Bulldozer und bohrten Löcher für Stromleitungen – kamen aus Neuseeland und Australien.

Oder nahm ich das Ganze etwa zu ernst? Vielleicht war das alles nur eine Komödie. Und wer diese Art von Schmierentheater nicht lustig finden konnte, der war hier eben fehl am Platz.

»Ich mach Tonga nich«, sagte ein Samoaner zu mir.

»Warum nicht?«

»Weil es viel zu sandig iss.«

»Zu sandig?«

»Ja. Und sie mögen Leute von Samoa nich.«

»Wie schade.«

»Weil ein Samoamann Kopf abgeschnitten hat von ein Tongamann.«

»Sonst nichts?«

»Und Bein abschneiden.«

»Ich verstehe. Der Samoaner hat ihm den Kopf und das Bein abgeschnitten.«

Eine alte, sagenumwobene Fehde? Nein. Es sei in Auckland passiert, sagte er, erst vor wenigen Monaten.

Diese wilden, kannibalisch aussehenden Halbstarken waren manchmal richtig süß. Manche, meistens die, die auf den ersten Blick besonders finster aussahen, konnten in einer Minute trotzig sein und in der nächsten plötzlich sehr hilfsbereit. Die Polizisten waren ineffizient, sahen mit ihren weißen Helmen und Epauletten aber zumindest malerisch aus. Lag es etwa daran, daß ich mich im rückständigen Hinterland von Samoa befand? Aber ganz Samoa war Hinterland. Und in den Augenblicken größter Verzweiflung sah ich manchmal auf und bemerkte die seltsamsten Dinge – einen Mann mit einem Schwein auf dem Schoß, einen Mann, der bis zum Hals im Wasser der Lagune stand und eine Zigarette paffte –, und dann brach ich in das hirnlose samoanische Gelächter aus und dachte: Wer das hier ernst nimmt, kann sich gleich begraben lassen.

17. KAPITEL

AMERIKANISCH SAMOA: DIE SCHMUTZIGE
LAGUNE

I m ganzen Pazifik gibt es niemanden, der ein gutes Wort für Amerikanisch Samoa übrig hat. Schon deshalb war ich bereit, diese Inseln zu mögen, sie einladend und angenehm zu finden und für genau den sorgenfreien Archipel zu halten, auf den ich mich stürzen wollte, um dort fortan glücklich zu werden wie eine Südseemuschel.

Der Staat war allgemein unbeliebt, aber warum eigentlich? Sechs kleine Inseln und eine größere, Tutuila, siebenunddreißigtausend Einwohner – Amerikanisch Samoa hatte nur halb so viele Bewohner wie meine Heimatstadt Medford in Massachusetts, die ich immer für unerträglich klein gehalten hatte. Und jedes Jahr flossen etwa fünfundsiebzig Millionen Dollar aus der Staatskasse der USA ins Land. Sorgenfreier und wohltätiger geht es wohl kaum, wenn es im politischen Sinne auch eine Kleptokratie sein mag.

Oberflächlich betrachtet, gab es keinen Grund, warum diese Inseln nicht das Paradies sein sollten, und sie sind auch eins, jedenfalls auf ihre dickwanstige Weise. Die Insulaner sind hochzufrieden. Das Leben in Amerikanisch Samoa ist ein einziger Yankee-Schlendrian, und die Leute sind so vollgefressen, daß ihnen der Gedanke, mit ihren Brüdern und Schwestern aus Westsamoa eine unabhängige politische Einheit zu bilden, ziemlich gegen den Strich geht. Eine solche Wiedervereinigung könnte ihnen schließlich den Geldhahn zudrehen. Das durchschnittliche Jahreseinkommen eines Westsamoaners lag bei fünfhundertachtzig US-Dollar, ein Amerikanisch-Samoaner verdiente fast das Zehnfache. Aber es war Spielgeld, Bares vom intravenösen Tropf, wie es in Australien geheißen hatte, und das meiste kam als Finanzhilfe aus dem Ausland. Neuseeland unterstützte nach wie vor seine ehemalige Kolonie Westsamoa, und Amerika kratzte immer noch Geld für seine be-

dürftigen Inseln zusammen, die politisch den gleichen Status
wie Puerto Rico hatten.

Soviel zu dem Unsinn über den großartigen Familienzusammenhalt beider Teile Samoas. »Korrumpiert« ist das beste, was
sich dazu sagen läßt, obwohl sich ein Amerikanisch-Samoaner
blitzschnell vom fetten Typ im *Bart-Simpson*-T-Shirt, der mit
einer Cola in der Hand vor der Glotze hockt und Football
guckt, in einen großen schwarzen, feuerspeienden Insulaner
zurückverwandeln kann, der einen mit obskuren Gesängen
und unergründlichen Gebräuchen verwirrt. Ein Samoaner, der
mit dem Rücken zur Wand steht, zieht sich einen *lavalava* an
und spielt Insulaner. Ansonsten, so schien es mir jedenfalls,
waren sie fett, fröhlich, hatten Geld und ihren Spaß.

Das letzte, was ich vom Leben auf Westsamoa gesehen
hatte, waren ein paar Frauen an der Küste von Savaii gewesen,
die sich und ihre Wäsche im frühen Morgenlicht am Ufer des
Faleala River gewaschen hatten – Seifenschaum wie Brandung
auf den schwarzen Felsen. So ungefähr das erste, was ich in
Amerikanisch Samoa zu Gesicht bekam, waren vier enorm
fette Frauen in Dany's Waschsalon in Pago Pago. Sie sahen zu,
wie ihre Sachen in den Waschmaschinen herumgewirbelt wurden, und meckerten über die hohen Lebenshaltungskosten.
Sie hatten außergewöhnliche Ausmaße, schlürften Cola, glänzten vor Schweiß und hielten die schwabbligen Knie beim Sitzen auf samoanische Art weit von einander entfernt.

Die Häuser von Westsamoa sind echte *fales*, mit Formen als
hätte der bucklige Helm von Hernando de Soto Modell für sie
gestanden. Sie sind mit Matten, Jalousien und Strohdächern
ausgestattet. In Amerikanisch Samoa sind die sogenannten *fales* kleine schachtelartige Bungalows, Fertigbaracken *made in
California*: Flachdach, glatte Wände, Estrich. Die Armut hat die
Westsamoaner dazu gezwungen, ihre Hütten in traditioneller
Bauweise zu errichten, weil das billiger ist. Außerdem sind die
fales dort wesentlich besser für das Klima geeignet als die Gasbeton-Bungalows von Tutuila, in denen man es ohne die rostigen, heulenden in die Fenster geklemmten Klimaanlagen überhaupt nicht aushalten könnte. Wegen ihrer tristen Modernität
sind nicht einmal die Kirchen von Amerikanisch Samoa eindrucksvoll.

Aber in beiden Samoas liegen tote Ahnen in farbenfrohen Sarkophagen in den Vorgärten oder neben den Häusern begraben. Die Samoaner haben alle möglichen Erklärungen für diese Grabstätten im Rasen vor der Hibiskushecke – Trauer, Anhänglichkeit, Tradition, Verehrung der Toten, den Hang zu einer anständigen eigenen Nekropolis, den Wunsch nach Nähe zu Tante Ida und so weiter. Mir schien die ehrliche Antwort auf der Hand zu liegen. Auf einer Insel, auf der Grunderwerb immer Sache zäher Verhandlungen ist, ist das doch eine Möglichkeit, sich Land zu sichern? Man konnte jeden aus einem Haus herausklagen, aber wie sollte man ein Dutzend tote Verwandte loswerden, die tief unter der Erde in ihren Särgen ruhten?

»'ne verrückte Gegend«, hatte Verne in Tonga gesagt. »Aber ich bin auch ein bißchen verrückt, also hat es mir da gefallen.«

Die Fähre von Apia nach Pago Pago war ausgebucht gewesen (»wir verkaufen dreihunderteinundzwanzig Tickets, weil wir dreihunderteinundzwanzig Schwimmwesten haben«, hatte der Mann im Büro erklärt), also hatte ich das kurze Stück mit dem Flugzeug hinter mich gebracht.

»Sie haben Übergewicht«, sagte der Dreizentnermann am Check-in-Schalter.

Nichts Persönliches – nur mein Boot und die Koffer waren zu schwer. Aber der Dicke vom Bodenpersonal fand es viel zu mühsam, den Aufpreis von mir zu verlangen, und winkte mich durch.

Das Wort »hübsch« wird Tutuila nicht gerecht. Es sieht fabelhaft aus mit seinen grünen, steilen Bergen, den schwarzen Gipfeln (dunkle, zerklüftete uralte Vulkane) und tiefen Tälern, die auf Meeresklippen und felsige Landzungen zustürzen. Es ist eine hohe, steile Insel, mit einer weiten Lagune, vielen schönen Buchten und dem tief eingeschnittenen Naturhafen von Pago Pago, ein reizvoller Ort, schwindelerregender und dramatischer, feuchter und üppiger als die Schwesterinseln im Westen. Hübsch war sie nicht, sondern heiß, schwül, hinreißend und gefährlich anziehend wie jemand, der auf dem Trottoir an dir vorbeigeht – was ist es nur, was diese glücklichen Menschen an sich haben? – und dich aufgeregt, atemlos und verwirrt zurückläßt. In Tutuila könnte man sich auf den ersten Blick verlieben.

Aber im nächsten Moment, beim zweiten Blick, erholst du dich und beschließt, dein Leben doch nicht gleich zu verschenken. Der Hafen von Pago ist schlammig – die Flut spült ihn nicht richtig aus – und stinkt nach den Thunfischfabriken im Osten, nach den Firmen Starkist und Van Camp's. Der Müll an den Stränden, der überall hingeworfen und selten aufgesammelt wird, ist schlimmer als irgendwo sonst im Pazifik und würde jede Art von Strandleben zu einer deprimierenden Angelegenheit machen, die Lagune ist zu flach zum Schwimmen, die Korallen sind tot und zerbrochen, und im Wasser liegt eine solch sensationelle Ansammlung von alten Limonadendosen, daß am Strand ohnehin nicht viel los ist.

Wenn ein Amerikanisch-Samoaner eine Dose, eine Schachtel oder eine Tüte geleert hat, schmeißt er oder sie den Behälter weg. Früher waren die Dinge, die man wegwarf, Palmwedel, Kokosfasern und Bananenschalen, Biomüll, der wieder verging. Heutzutage sammelt sich der Unrat einfach an. Tutuila ist laut, vandalisch zerstört und kommt einem irgendwie bekannt vor: Es ist nicht die schäbige, elende Armut von Apia, wo es kein Geld gibt und nichts zu funktionieren scheint, sondern die fette Überflußgesellschaft amerikanischer Prägung, und ihr Wahrzeichen sind die viel zu großen, viel zu teuren, rostigen Autos. Gierig, verschwendungssüchtig, liederlich und besitzergreifend, wie sie sind, leben Amerikanisch Samoas Insulaner von großzügigen Zuwendungen und schieben ständig ihre mit Packungen und Konserven beladenen Supermarktkarren vor sich her: Junk food, Fertigfutter für polynesische Fettwänste. Ein schäbiger Wohlstand.

Die beiden Samoas liegen nah beieinander, aber während sich Westsamoa an Neuseeland und Australien orientiert, schielt Amerikanisch Samoa nach Hawaii und zum amerikanischen Festland hinüber. Die Neuseeländer haben den Westsamoanern haushälterische Genügsamkeit beigebracht, und die Straßenränder und Lagunen der dortigen Inseln sind trist, aber erheblich ordentlicher. Was Amerika auf seinen samoanischen Inseln erreicht hat, zeigt sich gleich auf den ersten Blick: Mit der Einführung der Geldwirtschaft hat es den Inseln ihre kulturellen Grundlagen entzogen. Das schlimmste Resultat ist der selbstsüchtige Konkurrenzkampf, der die Familien zersplittert hat. Die Mehrzahl meiner Gesprächspartner in Amerikanisch Samoa bedauerte die Auflösung der familiären Bindungen, mit denen auch die traditionellen Umgangs- und Höflichkeitsformen verschwunden und einer manchmal groben und verletzenden Lässigkeit gewichen sind.

Ich beurteilte die Südseeinsulaner unter anderem nach ihrer Beziehung zum Meer. Schwammen sie? Fingen sie Fische mit Netzen oder Speeren? Bauten sie Boote, paddelten, segelten sie? Waren sie imstande, mit ihren Booten selbständig von einer Insel zur anderen zu gelangen? Früher war das alles keine Frage gewesen, aber heute? Ich fragte mich, ob sie Angst vor dem Meer hatten, ob sie etwas davon verstanden, ob es sie interessierte. Kannten sie die Richtungen, aus denen der Wind wehte, konnten sie das Wetter vorhersagen, wenn sie die Formen der Wolken und die Farbe des Himmels beobachteten?

Für die Bewohner mancher Pazifikinseln war das Meer immer noch Teil des täglichen Lebens. Die Westsamoaner betrieben in kleinem Umfang Fischerei, befuhren das Meer und blieben ihren Traditionen auf ihre christlich-sture Art treu. In den langweiligen Bungalows von Amerikanisch Samoa mochten zwar noch irgendwelche subtilen und obskuren Gebräuche gepflegt werden, aber das Meer schien den Menschen gleichgültig geworden zu sein. Niemand ging zum Segeln. Niemand paddelte. Sie sprangen ins Wasser und planschten ein bißchen herum, aber sie schwammen nicht einmal. Hin und wieder sah man ein fettes Kind auf Jet-Skiern. Der Rest versteckte sich vor der Sonne und blieb der Lagune fern. Der Fisch kam aus Dosen. Es war Jahre her, daß irgend jemand ein Auslegerboot gebaut hatte. Als litte die gesamte Bevölkerung (und das war im Pazifik nun doch seltsam) unter einer extremen Form von Hydrophobie.

Nach der Überlieferung landeten die ersten Samoaner – die ersten wahren Polynesier –, die aus Tonga und Fidschi stammten, um 600 vor Christus an der Ostspitze von Tutuila in der Nähe des heutigen Dorfes Tula. Unwichtig, daß es sich dabei heute um ein reizloses Kaff mit wackligen Bungalows und

müllübersäten Straßen voller streunender Hunde handelt, es
ist der historische Landeplatz der Kanus. Ich nahm mir vor,
hinzupaddeln und dann die vor der Südostküste gelegene Insel Aunu'u anzupeilen, die einzige andere Insel des Archipels,
die ich mit dem Kajak erreichen konnte.

»Das schaffen Sie nie«, sagte ein Samoaner.

Die typische Ansicht einer Landratte: Die Insel lag nur ein
paar Kilometer weit entfernt. Selbst bei einer reißenden Strömung würde ich es schaffen können.

Später sah ich mich in Alofau um, das ich über die Küstenstraße erreicht hatte. In einem vergleichbaren Ort in Westsamoa wären die Menschen vorsichtig und wachsam gewesen.
Hier waren sie redselig und aufdringlich.

Kenny, ein großer brauner Mensch, sprach mich an: »Sie
sind neu hier.«

Eine Feststellung. Also fragte ich, was er meinte: hier im
Dorf oder auf der Insel.

»Auf der Insel. In Samoa.«

»Woran sehen Sie das?«

»An Ihrem Gesicht.«

»Sie meinen, ich sehe aus, als sei ich neu auf der Insel?«

»Wir kennen alle Gesichter. Ihres hab ich noch nicht gesehen«, sagte Kenny. »Ich glaube, Sie sind grade erst angekommen.«

»Stimmt. Aber es überrascht mich, daß Sie das wissen.«

»Wir wissen das, weil wir jeden auf der Insel genau kennen«, sagte er.

Anderswo in Ozeanien, zumindest in Westsamoa, wäre
diese Unterhaltung im Grunde freundlich gewesen, aber in
Amerikanisch Samoa schien sie aufdringlich und verdächtig.
Mit seiner intensiven Fragerei wollte der Mann mich offensichtlich aushorchen. Jede harmlose Bemerkung machte mich
inzwischen mißtrauisch.

Ich fuhr um die Insel. Ich besichtigte Tula und sah nach
Aunu'u hinüber. Abends kehrte ich in mein Hotel in Pago zurück. Ein geistloses, gutartiges Städtchen, wie ich inzwischen
fand. Wie die meisten anderen Besucher machte ich mir Gedanken über Somerset Maughams *Rain*. Maugham gehört
ebenfalls zu den Autoren, die einen Ort dadurch geadelt ha-

ben, daß sie ihn als Schauplatz benutzten: Er hat diesen Inseln einen großen Gefallen getan, sie exotisch und interessant gemacht.

Zelten kam auf Tutuila absolut nicht in Frage. Jedes Fleckchen Grund hatte einen Besitzer, war vermessen, berechnet und gut gegen Eindringlinge gesichert. Ein Camper galt als eine Art illegaler Siedler, der womöglich nur schwer wieder loszuwerden war. (Tatsächlich machten manche Samoaner mit solchen Methoden ihre Besitzansprüche geltend.) Bemerkenswert ist sicher, daß kein Quadratmeter Grund in Amerikanisch Samoa von Nicht-Samoanern erworben werden kann. Die Samoaner sind dafür bekannt, daß sie mit den Rechten anderer nicht gerade zimperlich umgehen, ihre eigenen aber glühend verteidigen. Diese selbstsüchtige Infantilität scheint zu ihrer tolpatschigen Korpulenz zu passen, sie sind wie Kinder, die auf ihren Sachen hocken und kreischen:»Meins!«

Eines Tages baute ich an einem Strand mein Boot zusammen, ein etwas sinnloses Unterfangen, denn die Lagune war nur ein paar Zentimeter tief und voller rostiger Dosen, es gab keinen Durchlaß im Riff, und die Brandung davor war hoch und undurchdringlich. Trotzdem machte ich tapfer weiter, einfach um zu sehen, wie es weitergehen würde. Dabei merkte ich, daß ich eine Kleinigkeit in meinem Leihwagen liegengelassen hatte (die Stöpsel für die aufblasbaren, umlaufenden Luftschläuche, ohne die ich das Boot nicht fertig aufbauen konnte). Ich hatte mich gerade mit zwei Männern unterhalten. Jegliche Art von Aktivität schien das Interesse der Leute zu wecken. Niemand auf der Insel bot mir seine Hilfe an – aber es verweigerte sie auch keiner, wenn ich ihn darum bat.

Ich hatte das Auto versteckt geparkt, um es vor Diebstahl zu schützen (auf der Insel kursierten die wildesten Geschichten über aufgebrochene Autos), und war nun etwas unschlüssig, ob ich hingehen sollte, um die Sachen zu holen. Ich entschied mich für einen Winkelzug.

»Ich muß mal eben in den Laden, etwas besorgen«, sagte ich.

Ich ging die Straße entlang zum Laden, kaufte etwas zu trinken, verließ das Geschäft durch die Hintertür, tippelte auf Zehenspitzen hinter ein paar dicken Baumstämmen vorbei, duckte mich, öffnete die Autotür, holte die Stöpsel heraus, kroch zur Rückseite des Gebäudes zurück und verließ es wieder durch den Vordereingang, immer noch mit meiner Fantadose in der Hand.

»Ist das Ihr Auto?« fragte einer der Männer, als ich zum Strand zurückkam.

Wie hatten sie mich sehen können? Und natürlich beunruhigte mich die Frage, weil er genau wußte, daß ich aufs Wasser wollte, wo ich gut zu sehen sein würde. Sie würden also das Auto in aller Ruhe aufknacken können.

»Wo wollen Sie mit dem Boot hin?« fragte der andere.

»Nur ein bißchen paddeln.«

»Wie lange wollen Sie denn da draußen bleiben?«

Was sollte das nun wieder? Ihre Neugier verriet sie. In Westsamoa hätten sie mich nur beobachtet. Hier war man aufdringlich und gleichzeitig zu naiv, die Absicht hinter der neugierigen Fragerei zu verbergen.

Schließlich erwies die Lagune sich tatsächlich als viel zu flach für mein Boot. An diesem Tag nahm ich mir vor, vom historischen Tula zur vorgelagerten Insel Aunu'u hinüberzupaddeln.

Ich machte mir ständig Sorgen um meine Sachen. Jeder, sogar die Samoaner selbst, sprach von der hiesigen Vorliebe für Eigentumsdelikte, und jeder hatte eine Erklärung dafür anzubieten, von: »Es ist eine alte samoanische Sitte«, bis zu: »Kleptomanie liegt ihnen einfach im Blut.« Man ging grundsätzlich davon aus, daß alles, was irgendwo unbeaufsichtigt herumlag, sofort geklaut wurde, und zwar nicht unbedingt mit subtilen Methoden. Wenn jemand sich dein Hemd unter den Nagel gerissen hatte, ging er wahrscheinlich am nächsten Tag damit spazieren. Wer einen Hammer oder ein Messer eingesackt hatte, konnte schon bald mit seiner Neuerwerbung in der Hand beobachtet werden. »Und wenn du sagst: ›Das gehört mir!‹, dann lachen sie dich bloß aus«, erzählte man mir.

Ich sah mich vor, aber jeder Reisende ist verwundbar. In Tonga hatten sie mein Hotelzimmer ausgeplündert, während ich weg war. In Samoa wurde mir am Ende aber dann doch nichts gestohlen.

Ich paddelte von Tula zum Wellenbrecher vor dem kleinen Weiler Au'asi, nur um mich davon zu überzeugen, daß dort wirklich Motorboote lagen, die für einen Dollar pro Fahrt zwischen Aunu'u und der Hauptinsel verkehrten. Ich wollte mich bei einem der Motorbootbesitzer nach den Wasserverhältnissen zwischen den Inseln erkundigen.

Ein Bootsführer hockte breit auf dem Pier, und ich fragte ihn: »Gibt es da draußen eine starke Strömung?«

Es wirkte ziemlich ruhig, aber auf sämtlichen Riffen und Sandbänken draußen brachen sich Wellen. Die Dünung war etwa einen Meter hoch, es sah nicht schlecht aus, aber das Meer ist rätselhaft.

»*The sea is move*«, sagte der Mann.

»Meinen Sie *moving*, also eine Strömung?« Ich machte die entsprechenden Handbewegungen.

»*The sea is move*«, sagte der Mann gleichmütig.

Ich sagte mir den Satz leise vor.

»Das Meer ist *smooth*. Meinen Sie das? Glatt?«

»*Yeh. Is move.*«

Es war an diesem Tag schon zu spät, um noch rauszufahren, also kam ich am folgenden Tag wieder und baute mein Boot zusammen. Sieben junge Kerle – feiste Teenager, die wohl gerade aus der Schule gekommen waren – hockten unter den Palmen von Au'asi und sahen zu, wie ich mich mit den Einzelteilen meines Bootes abmühte. Die Szene hätte die reine Idylle sein können: gesunde Jugendliche im Schatten von Kokospalmen, ein sonniger Tag am Strand von Samoa. Aber das struppige Gras war mit Papierfetzen übersät, der Zaun demoliert, der Strand glitzerte von Glasscherben, und im flachen Wasser lagen Flaschen, Dosen und halbversunkene Knäuel aufgeweichtes Papier. Hunde bellten, überladene Busse schnauften vorbei (die Straße führt überall direkt an der Küste entlang), und aus jedem Bus ertönte Reggae- oder Rap-Musik.

Die Jungen trugen T-Shirts mit Aufdrucken – eins zeigte einen schwarzen Bart Simpson, der eine obszöne Geste machte, und dazu die Bildunterschrift »*Fucking Bart*«, auf einem anderen prangte eine wütende Ente mit den Lettern: »*I got an Attitude!*« Auf einem anderen stand »*Hawaii*«, auf einem weiteren, dem absurdesten: »*Samoa: People of the Sea*«, die übrigen waren bloß bunte, mit Zahlen bedruckte Sportlerhemden.

»Was 'n das, ein Zelt?« fragte einer.

Ich faltete gerade den Segeltuch-Rumpf auseinander. Bevor ich antworten konnte, sagte ein anderer: »Iss 'n kroses Boot. Iss 'n Schiff.«

»Es ist ein Boot«, sagte ich.

Ich versuchte, es schnell zusammenzusetzen und zu machen, daß ich hier wegkam.

»Was denn für 'n Boot? Kannste uns mitnehmen?«

»Es ist nur für eine Person«, sagte ich.

»Er will dich nich mitnehmen, du Arschgesicht.«

Sie kamen näher.

»Kommt ihr gerade aus der Schule?« fragte ich.

»Wir kommen krade vom Ficken. Von dem da seiner Freundin.«

»Halt die Fresse, du Arsch.«

Ich fand ihre Frechheit bemerkenswert, besonders angesichts des Faltblatts, das man mir bei meiner Ankunft in Pago Pago ausgehändigt hatte. Nicht weniger als ein Dutzend Verhaltensvorschriften für Amerikanisch Samoa waren darauf aufgeführt, und in einer war es um das Verhalten allgemein gegangen: »Man erwartet von Ihnen, daß Sie sicherstellen, daß keine Ihrer Handlungen als Unzufriedenheit mit Ihren Gastgebern ausgelegt werden kann.« Der Grund war auch gleich angegeben: »Das samoanische Volk ist seiner Veranlagung und Kultur nach sehr bemüht, seine Gäste zufriedenzustellen.«

»Woher kommst du, Mister?« fragte *People of the Sea*.

»Aus den Staaten. Und ihr?«

Was würden sie sagen? Amerikanisch Samoa, Samoa, Tutuila oder was sonst?

»Ich bin aus Compton«, nannte einer eine schwarze Gegend von Los Angeles. Der Name kam häufig in den gewaltverherrlichenden Rap-Songs einer Gruppe namens N.W.A., »Niggers with Attitude«, vor. Es bedarf wohl keiner besonderen Erwähnung, daß diese Gruppe in Amerikanisch Samoa ungeheuer populär war.

»Bist du wirklich aus Compton?« fragte ich.

»Der lügt doch.«

»Ich bin aus Waipahu.«

»Liegt das nicht in Hawaii?«

»Der war überhaupt noch nie in Hawaii!«

»Ich, Mann, ich bin aus Kalifornien.«

»So 'ne Lüge!«

Und so kicherten und krakeelten sie weiter: Keiner sagte, woher sie wirklich kamen, nämlich von der vorgelagerten Insel Aunu'u.

»Ich glaube, ihr wartet auf das Boot nach Aunu'u«, sagte ich.

»Was macht ihr, wenn ihr da drüben seid?«

»Wir murksen Leute ab!« sagte der mit dem *Fucking-Bart*-T-Shirt.

»Yeah, genau, das machen wir.«

Ihr langweiligen kleinen Scheißer, dachte ich, sagte aber: »Ihr nehmt euch ziemlich was raus. Findet ihr das eigentlich lustig?«

Sie waren für einen Moment still, dann zeigte einer mit dem Finger auf einen anderen: »Der da schon.«

Es war die alte samoanische Geschichte: Fremde wurden nun mal schikaniert. Wer keine Familie hatte, war auch hier vogelfrei. Vielleicht hatten sie deshalb so wenig vollbracht. Sie waren die kläglichsten Konformisten und deshalb auch die größten Tyrannen im ganzen Pazifik. Ich war für sie bloß ein ältlicher, komischer Heini am Strand, der versuchte, einen Gegenstand zusammenzubauen, den sie nicht mal als Boot erkannten. Sie spielten sich auf, weil ich nicht dazugehörte, gaben an, weil sie in der Überzahl waren. Keiner hätte den Mumm gehabt, sich mir allein entgegenzustellen, es sei denn in einem Anfall gräßlicher samoanischer Raserei, die unter *musu* firmierte. Einem Samoaner mit *musu* ging man am besten aus dem Weg.

Als schließlich das Faltboot aufgebaut dalag, stand einer der Jungen auf und forderte: »Du nimmst mich mit.«

»Ich glaube nicht«, sagte ich.

»Wo fährste hin?« fragte ein anderer.

»Ich möchte da rüber.«

»Zur Insel willste?«

»Vielleicht. Wohnt ihr da?«

»Nee. Ich wohn in Hawaii. Haha.«

»Ihr seid ja wahnsinnig komisch.« Ich wandte mich ab.

Ein paar Erwachsene, vielleicht acht oder neun, saßen in der

Nähe herum und warteten ebenfalls auf das Boot nach
Aunu'u. Fette Frauen, fette Männer. Sie bekamen den Wort-
wechsel durchaus mit, interessierten sich aber nicht dafür, sahen verschwitzt aus, gelangweilt und reizbar. Sie trugen Lebensmittelpakete, und wenn sie ans Wasser gingen, um nach
dem Boot Ausschau zu halten, knirschten die alten Limodosen
unter ihren Füßen.

Ich schwor mir, den Strand nicht vor den Jungen zu verlassen, weil ich annahm, daß diese mißratenen Früchtchen mein
Auto finden und knacken würden. Die Fähre kam und fuhr
wieder ab. Die Jungen blieben. Ich überlegte, was ich tun
sollte. Währenddessen rieb ich mich mit Sonnencreme ein.

»Was 'n das?«

»Gegen Sonnenbrand«, sagte ich. Ich wußte, daß ich alles
nur noch schlimmer machen würde, wenn ich ihre albernen
Fragen überhörte. Damit hätte ich meinen Ärger gezeigt, was
sie als Sieg verbucht hätten.

»Sieht aus wie Sperma«, sagte einer.

»Der schmiert sich mit Sperma ein.«

»Ist das lustig?« fragte ich.

»Du hast Sperma im Gesicht.«

Ruhig, als wollte ich nur eine Frage beantwortet haben,
fragte ich den Burschen: »Warum sagt ihr so was zu mir?«

Er lachte mich aus, aber ich ließ nicht locker und fragte ihn
schließlich: »Wie heißt du?«

»M. C. Hammer.«

Noch eine Unverschämtheit, wieder ein Name aus dem Rap-
per-Walhall.

Das Ganze war lächerlich, aber man darf nicht glauben, daß
es auch irgendwoanders in Ozeanien hätte passieren können.
Ich war inzwischen lange genug in der Region herumgereist,
um zu begreifen, daß man so was nur in Samoa erleben
konnte. Die Jungs waren Quälgeister, dumm, faul und frech.
Ob sie sich ändern würden, wenn sie heranwuchsen? Schwer
zu sagen. Vielleicht warteten auch sie bloß auf die Gelegenheit,
nach Honolulu oder Los Angeles zu entkommen, wie schon
hunderttausend andere kulturell degenerierte Samoaner vor
ihnen.

Irgendwann stiegen sie dann doch in ihr Motorboot und verschwanden mitsamt ihrem blöden Grinsen. Die Lümmel, die ich in Westsamoa getroffen hatte, erschienen mir inzwischen als reine Unschuldsengel. Während ich zur Insel Aunu'u hinüberpaddelte, dachte ich wieder an das Merkblatt mit den Verhaltensmaßregeln, das ich bekommen hatte:

»Wenn Sie sich im Haus eines Samoaners befinden, sprechen Sie nicht im Stehen.

Strecken Sie beim Sitzen nicht die Beine aus.

Tragen Sie keinen Regenschirm an einem Haus vorbei.

Fahren Sie nicht mit dem Auto durch ein Dorf, wenn sich dort die Häuptlinge versammeln.

Essen Sie nicht, während Sie durch ein Dorf gehen.«

Ich hatte das Gefühl, daß die Samoaner überhaupt keine andere Art der Nahrungsaufnahme kannten, meist mampften sie unterwegs gewaltige Marmeladen-Donuts.

»Die Samoaner sind tief religiös – beten und singen Sie gemeinsam mit ihnen.

Tragen Sie in der Kirche keine Blumen.

Wenn Sie Kava trinken, halten Sie die Schale vor sich hin und sagen Sie: ›Manuia.‹«

Wenn Sie Cola trinken, hätte eher gepaßt, denn das schien ein fester Bestandteil der Kultur zu sein.

»Bikinis und Shorts gelten in samoanischen Städten und Dörfern als unpassende Bekleidung.

Fragen Sie um Erlaubnis, bevor sie Fotos machen oder Blumen pflücken.

Verhalten Sie sich an Sonntagen besonders leise.«

Es gab noch mehr solcher Regeln. Wie seltsam, daß diese fröhliche Ferkelgesellschaft sich so obsessiv mit dem Benehmen ihrer Besucher beschäftigte und offenbar so schnell beleidigt war.

Nein, sagte ich mir, das hier ist eine Komödie.

Ich paddelte weiter zu dem kleinen, flachen Krater im Meer. Auf Strecken über offenes Wasser oder Meerengen war ich immer in Sorge, daß mich eine Strömung mitreißen könnte, hinaus ins blaue *moana*. Ich hatte die sichere, flache Lagune verlassen, eine Öffnung im Riff durchquert und befand mich mittlerweile mitten zwischen der großen, hohen Insel und dem kleinen, grünen Inselchen.

Es war ein schöner Tag. An einem solchen Tag konnte ich mich immer damit beruhigen, daß ich im Falle eines Falles immer noch genügend Zeit haben würde, um mich in Sicherheit zu bringen, indem ich entweder zügig an Land paddelte oder meine Leuchtmunition abschoß. Aber bis jetzt verlief der Ausflug nach Aunu'u problemlos, und als ich auf dem Rücken der Dünung auf die Insel zuglitt, beglückwünschte ich mich zu dem guten Ziel, das ich in dieser degenerierten, provisorischen Gegend gefunden hatte.

Wo wäre ich wohl ohne mein Boot gewesen? Auf Gedeih und Verderb spöttischen Ausländerhassern ausgeliefert, nein, schlimmer, Menschen, die Boote nicht ausstehen konnten. Eine erstaunlich große Zahl der Einheimischen von Amerikanisch Samoa schien das Wasser zu hassen oder zumindest zu meiden. Komisch für Insulaner, die außerdem noch auf einer so kleinen Insel wohnten.

Ich richtete meinen Kompaß nach einem flachen, weißen Gebäude aus, und als ich näher kam, konnte ich darunter zwei parallele Buhnen erkennen. Dazwischen legte gerade ein Motorboot ab, also war ich richtig. Nach weiteren zwanzig Minuten war ich am Ziel, und während ich in den engen Hafen hineinpaddelte, beobachtete ich acht oder neun Jungen, die von der kleinen gemauerten Bootsrampe aus ins Wasser sprangen, tauchten und herumschwammen. Drei von ihnen hielten auf mich zu und versuchten, mein Boot zum Kentern zu bringen.

»Das samoanische Volk ist seiner Veranlagung und Kultur nach sehr bemüht, seine Gäste zufriedenzustellen«, hatte in dem Merkblatt gestanden. Mag sein, daß das auf manche Dörfer, Häuptlinge oder Dorfälteste sogar zutraf. Ich jedenfalls kam in Amerikanisch Samoa nicht in den Genuß dieser Gastfreundschaft. Mir begegneten nur Albernheit und grundlose Feindseligkeit.

»Laßt das«, sagte ich. »Laßt das Boot los.«

Braune Hände fummelten und griffelten an meinen Bootsleinen herum.

»Haut ab!« brüllte ich.

Das half. Sie strampelten zur Pier zurück. Aber ich hatte noch ein Problem. Die Kaimauer war so hoch, daß ich nicht direkt an Land gehen konnte. Ich hätte zwar festmachen können, dann aber eine Leiter hinaufklettern und mein Boot der frenetischen Aufmerksamkeit dieser hopsenden, kreischenden Kinder und einiger lauernder Erwachsener überlassen müssen.

Aus einem andern Boot wurden Kokosnüsse ausgeladen. Ich fragte einen Mann, wozu man sie hier verwendete.

»Für *palusami*«, antwortete er.

Daß hier immer noch das althergebrachte Gericht aus gedämpften Taroblättern und Kokoscreme gegessen wurde, schien altmodisch, gesittet – und für mich beruhigend. Außerdem machte es mich neugierig und ermutigte mich, andernorts einen Landeplatz zu suchen.

Ich hatte eine gute Seekarte der gesamten Küstenlinie Amerikanisch Samoas, auf der alle Ecken und Kanten dieser kleinen Insel verzeichnet waren. Ich ließ die Buhnen hinter mir und paddelte im Gegenuhrzeigersinn weiter, vorbei an einem Schiffswrack, einem Strand und einem Riff. Der Strand war zu steil zum Landen – aufgeworfene Bänke aus bleichen, zerbröselten Korallen, auf die die Wellen krachten. Ich brauchte einen flacheren Strand.

Am Ostufer der Insel war eine kleine Bucht, Ma'ama'a Cove, in der ich gerne an Land gegangen wäre, aber dann sah ich die rollende Brandung, die auf die Felsen donnerte. Also paddelte ich weiter.

Nahe der Nordwestküste sollte es einen See aus Quicksand geben, hatte ich gehört. Ich steuerte also diesen Teil der Insel an, immer noch auf der Suche nach einem Landeplatz. Mittlerweile fuhr ich auf ein weiteres Riff und starke Brandung zu, fand. aber eine Möglichkeit, mich durchzuquetschen. Ich machte einen Satz vom Strand weg und wich schnellstens den Wellen aus, bevor sie über meinem Boot zusammenschlagen konnten.

Schon merkwürdig, gräßliche Teenager, Junk food, Mißtrauen und jetzt diese schwierige See. Aber das war wohl das Paradoxe an Samoa: schlechtes amerikanisches Essen und miese Popkultur auf einer lieblichen Vulkaninsel in stürmischer See.

Die kleine Insel Aunu'u war ein schöner Ort und bot eine

gute Aussicht auf Tutuila und dessen Ostspitze, Cape Matatula. Wahrscheinlich war die Insel sowieso einer der besten Teile von Amerikanisch Samoa, da es auf ihr keine Autos gab, keine Spielhallen, kein Fast food, keine Waschsalons und Schnellrestaurants. Es gab ein Dorf und in diesem Dorf einen Laden. Wie andere winzige, vorgelagerte Inseln, die ich gesehen hatte, war auch Aunu'u ein stilles Reservat, das zum Teil noch immer in der Vergangenheit lebte. In einem Staat wie Amerikanisch Samoa war das erstaunlich.

Ich zog mein Kajak auf den Strand, versteckte es und ging dann zu Fuß zum Pala Lake, um mir den Quicksand anzusehen. Er war leicht zu finden, rutschiger roter Sand, der die gesamte Oberfläche des Sees bedeckte und in der Sonne schimmerte. Aber woher sollte ich wissen, daß es wirklich Quicksand war? Ich hatte irgendwo gelesen, daß Männer auf Entenjagd im Quicksand schwammen, indem sie sich vollkommen flach darauf ausstreckten. Ich war allein und beschloß, es lieber nicht auszuprobieren. Geschichten über Quicksand waren die ersten gewesen, die meine Phantasie angeregt hatten, als ich ungefähr zehn Jahre alt war und davon träumte, in ferne Länder zu reisen – die Vorstellung, abgrundtiefer Sand in der Konsistenz von kaltem Haferbrei würde mich verschlukken und unter sich begraben.

Eigentlich sollten Fremde, die hier zelten wollten, um Erlaubnis fragen, aber ich dachte nicht daran, mich anzumelden. Ich wollte allein bleiben. Wenn ich fragte, würde ich mich entweder mit einer inquisitorischen Familie in einem *fale* einsperren lassen müssen, oder der Platz wurde allgemein bekannt und dann mein Zelt vielleicht ausgeraubt.

Ich wanderte ein bißchen herum, um mir einen Platz für mein Zelt auszusuchen. Kurz vor Sonnenuntergang fand ich eine geschützte Stelle in einem Wäldchen und baute schnell alles auf. Ich setzte den Kocher gar nicht erst in Gang und machte mir nicht die Mühe, Tee aufzubrühen. Die Laterne benutzte ich auch nicht, aß Sardinen mit Brot und hörte BBC. Als es vollkommen dunkel war, krabbelte ich ins Zelt und wachte dann nachts andauernd auf, weil ich mich fragte, ob man mich finden oder mein Kajak stehlen würde. Und was war wohl mit dem Auto auf Tutuila? Das schlimme an Amerikanisch Samoa war, daß ich nie genau wußte, ob ich mich nun in Samoa befand oder in Amerika.

In der Morgendämmerung kroch ich aus dem Zelt und sah nach dem Boot. Es war noch in seinem Versteck, aber eine Frau, die den Strand entlangging, sah mich. Sie sagte »hallo«, und ich grüßte zurück.

»Wie sind Sie hergekommen?« fragte sie.

»Mit einem Boot«, antwortete ich bewußt mehrdeutig. Um das Thema zu wechseln, fragte ich, was der Name der Insel bedeute.

»Keine Ahnung«, lachte sie und ging weiter.

Nachdem ich meine Sachen verpackt und diebessicher versteckt hatte, machte ich einen Rundweg zu einem Sumpf und zurück zu der Bucht, in der ich die donnernde Brandung gesehen hatte. Vom Land aus wirkte sie noch viel übler als von den Wellenrücken her.

Ich vertrödelte den Vormittag mit Schwimmen, ging dann zum Dorf und hoffte, dort nicht auf die Jungen zu treffen, die mir tags zuvor so auf die Nerven gegangen waren. Die älteren Leute waren höflich, aber die Kinder nach wie vor eine Pest, aufgeputzt und widerborstig. Es war schön, an einem Ort ohne Autos zu sein, aber die meisten älteren Leute und sämtliche Schulkinder fuhren täglich nach Tutuila hinüber. Und als ich am Nachmittag selbst dorthin zurückpaddelte, war ich einerseits hingerissen von den großartigen Ausblicken auf die Südküste und andererseits niedergeschlagen von der schäbigen Modernität dieser offenbar völlig verdorbenen Gesellschaft.

Am nächsten Tag fuhr ich nach Leone, in die zweitgrößte Stadt auf Tutuila – eine moderne Ladenzeile, eine Schule, Supermärkte –, und sprach dort mit einer Frau, die gerade bei ihrer Familie zu Besuch war. Sonst lebte sie in Las Vegas. Sie war Halb-Samoanerin, wirkte erschöpft, sah aber nicht alt aus. »Ich liebe Las Vegas«, sagte sie. Eine Insulanerin in der Wüste.

Am selben Tag ließ ich mir die Haare schneiden und fragte den Friseur, woher er stammte.

»Aus Westsamoa«, sagte er. »Aber meine Frau ist von hier.«

Seine beiden Kinder hatten amerikanische Pässe. Sie würden wohl irgendwann in die USA ziehen, meinte er, aber er werde wahrscheinlich in sein Heimatdorf auf Savaii zurückge-

hen. Amerikanisch Samoa war offenbar eine Art bequemes
Schiff, in das man nach Belieben zustieg, damit es einen ans
gewünschte Ziel brachte.

»Ich möchte nicht, daß sie hierbleiben«, sagte er. Er war sehr
höflich und sprach wohl nur nicht aus, was er meinte: Daß es
in Westsamoa keine Zukunft für sie gab.

Der Samoa-Reisende fürchtet sich besonders vor *musu*, der
Raserei, die die Samoaner zu wilden Tieren machen kann. Man
kann es ihnen angeblich an den Augen ablesen: Wenn ein Samoaner sich aufführt wie ein Bär mit Kopfschuß, dann hat er
einen Anfall von *musu*. Meine Vorahnungen hatten mich über-
vorsichtig gemacht, und kurz vor der Abreise setzte ich mich
hin und ließ meine samoanischen Erlebnisse noch einmal Re-
vue passieren. Und ich mußte zugeben, daß mich die meisten
Samoaner, auf welcher Insel auch immer, gut behandelt hatten. Sie waren großzügig, gutgelaunt und hilfsbereit gewesen.
Ich hatte eigentlich nichts zu nörgeln, aber war es auch falsch,
soviel Aufhebens von ihren physischen Ausmaßen zu machen? Die Samoaner waren eine Rasse von Riesen, hatten
große, flossenartige Füße, und wenn sie gingen, rieben ihre
Schenkel mit einem scheuernden Geräusch aneinander, das
man in drei Metern Entfernung noch hören konnte. Wenn sie
gut waren, waren die Samoaner sehr gut, wenn sie schlecht
waren, waren sie grauenhaft. Aber meist waren sie weder das
eine noch das andere.

Es war während meiner Zeit in Samoa, daß die amerikanischen Truppen die restlichen Irakis aus den Vororten fegten
und im Triumphzug durch die Stadt Kuwait marschierten. Es
stand in den samoanischen Zeitungen. Ein Gesprächsthema
war es nicht. Hier herrschten weder Siegesstimmung, noch
zeigte jemand besonderes Interesse am Geschehen. Keine
fähnchenschwenkenden Menschen – aber war das so überraschend?

Amerikanisch Samoa ist keine politische Einheit. Es ist ein
soziales Phänomen: ein Findelkind, eine fette, kraftlose Waise,
die wir adoptiert haben. Ein Arrangement, das sich bestens mit
fa'a Samoa vereinbaren läßt, mit dem samoanischen Lebensstil
und der hiesigen Idealvorstellung von einer Familie, die sich
um jeden kümmert. Wenn man keine hat, findet man eine. Ich

habe etliche Ausländer getroffen, die sich samoanischen Familien angeschlossen und überhaupt nichts dagegen haben, für alle zu zahlen. Die Samoaner sind gastfreundlich, wenn jemand anderer für die Kosten aufkommt. Sie sitzen an ihrer schmutzigen Lagune, kühlen sich die Bäuche und essen.

Samoa gehört zur amerikanischen Familie und ist's zufrieden. Die Samoaner sind nicht besonders begeisterungsfähig, aber sie beschweren sich auch nicht, und so wird das Verhältnis zum Großen Weißen Bruder sich nicht ändern, solange Amerika für Brot und Spiele bezahlt.

18. Kapitel

TAHITI: DIE LIEBESINSEL UNTER DEM WIND

Eines schönen Tages im Jahre 1768 kletterte, begehrlich be-
gafft von vierhundert Matrosen, die sechs Monate lang
keine Frau gesehen hatten, ein barbusiges Mädchen aus seinem Kanu auf ein französisches Schiff. Das Mädchen schritt
zum Achterdeck, hielt an einem Lukendeckel inne, streifte sich
den dünnen Stoff-*pareu* von den Hüften und blieb nackt und
lächelnd vor den Männern stehen. Runter ging der Anker, und
der Mythos vom romantischen Tahiti war geboren, vom obst-
baumbestandenen Paradies brauner Titten und williger Kinder. Wie die nackte Venus war sie den Wellen entstiegen – so
beschrieb es Louis Antoine de Bougainville, der Kapitän des
Schiffes. Er war der erste Franzose auf Tahiti und meinte, er
habe den Himmel auf Erden entdeckt (»Ich glaubte mich in
den Garten Eden versetzt«), den Geburtsort der Venus, die Insel der Liebe.

Mir stand ein ähnliches Erlebnis bevor. Es hatte mit völliger
Nacktheit, der Lagune, gierigen Blicken und einem Auslegerkanu zu tun, war aber in seiner Plötzlichkeit und Färbung
wesentlich zeitgemäßer und verriet auch weit mehr über das
heutige Tahiti. Und der im Kanu war ich.

Nach ein, zwei in den Straßen der Hauptstadt Papeete vertrödelten Tagen mietete ich mir von einem Franzosen ein Auslegerkanu (seine *petite pirogue*) und machte damit eine Tages-
tour nach Tahiti-Iti, nach »Klein-Tahiti«, einem Vulkanbuckel,
mit dem sich die große Insel im Osten fortsetzt. Die alte Bezeichnung der Tahitis ist *Tahiti-nui-i-te-vai-uri-rau*, »Großes Tahiti der vielfarbigen Gewässer«.

Der Name paßt. Die Lagune unter Tahitis grünen, erlosche-
nen Vulkanen ist von einem leuchtenden, wechselnden Blau,
keine Meerwasserfarbe, sondern voll schimmernder, opalisie-
render Tiefe. Dann wieder gibt es flache Korallenbänke, knö-

chern und fahl, die von Fischen nur so wimmeln, und überall ist das Wasser so klar und ungeheuer leuchtend wie bonbonfarbener Fruchtlikör, Schnäpse, die in ihren eckigen Glasflaschen in einer Bar so hübsch aussehen, daß ihr bloßer Anblick schon kühl und erfrischend wirkt. Sterne aus Sonnenlicht glitzerten auf der Wasseroberfläche. Ein, zwei Kilometer vor dem Ufer lag das Riff, die Brandung prallte mit einem Getöse wie von fernem Kanonendonner darauf und bildete einen Ring aus weißblitzendem Schaum um die ganze Insel.

Tahiti hat seine Schattenseiten – es ist teuer, erstickt an seinem dichten Verkehr, ist laut, korrupt und französiert –, aber das schmälert seine natürliche Schönheit nicht, und trotz der Abgase liegt fast immer der betäubende Duft – das *noana* – von Blumen in der Luft, besonders der Geruch der *tiare,* einer winzigen weißen Gardenie, Tahitis Nationalpflanze. Dennoch finden alle Besucher etwas, worüber sie sich beschweren können. Erst an diesem Vormittag war ich in etwas, das *le truck* heißt (diese Kreuzung zwischen einem westafrikanischen Personenlaster und einem Schulbus ist das einzige, was auf Tahiti billig ist) mit einem Mann aus Maryland ins Gespräch gekommen. Er hieß Don Kattwinkel, trug ein Namensschildchen vom Reiseveranstalter und war offenbar, jedenfalls nach seiner Kriegskeule und einem Brieföffner zu urteilen, Schnitzereifetischist. Er befand sich auf Sechs-Tages-Tour und war gerade erst in Faa'a angekommen, heute Tahiti, morgen Neuseeland, fühlte sich aber bemüßigt, mir Tahiti zu erklären.

»Niemand lacht hier«, sagte er. »Und das Wasser kann man nicht trinken.«

Ich versuchte, ihm vorsichtig beizubringen, daß beides nur zur Hälfte stimmte. Die Einheimischen lächelten uns zwar nicht an, einander aber schon, und sie kochten auch ihr Wasser ab, bevor sie es tranken.

Don antwortete nicht darauf, sondern sagte bloß: »Sie hören sich an wie 'n Australier.«

Ich hätte ihm gern gesagt, daß schon so mancher wegen derart verunglimpfender Äußerungen sein Leben lassen mußte.

»Sie sind jedenfalls nicht aus Massachusetts«, dröhnte er weiter. »Den Dialekt kenn ich.«

Ich mußte über diesen aufgeblasenen Irren noch nachdenken, als ich bereits in meinem Kanu dahinpaddelte – es geht doch nichts über eine flüchtige Begegnung, wenn man sich ablenken will. Gerade lief eine Kampagne vom Polynesian Tourist Board mit der Parole: »*Put on a Smile*.« Damit sollten die Polynesier aufgefordert werden, Touristen zuzulächeln, vor allem Japanern, die selber nie lächelten. Gibt es ein japanisches Lächeln, das nicht wie eine schmerzverzerrte Grimasse aussieht?

Am späten Nachmittag hatte ich etwa die Hälfte dieses Teils der Insel umrundet und näherte mich dem Dorf Atimaono. Kein besonderer Ort, aber hier spielt eines der Meisterwerke von Jack London, seine Geschichte *The Chinago*, in der ein paar chinesische Kontraktarbeiter – »Chinagos« – unter Mordanklage stehen. Obwohl keiner von ihnen das Verbrechen begangen hat, werden alle vom französischen Magistrat für schuldig befunden, und einer, Ah Chow, zum Tode verurteilt. Ein anderer, Ah Cho, bekommt zwanzig Jahre Strafkolonie, wird aber eines Morgens nach Atimaono gebracht, wo man ihm mitteilt, daß er enthauptet werden soll. Er legt bei den verschiedenen Gendarmen Beschwerde ein – es handelt sich, wegen der Ähnlichkeit der Namen, um eine Verwechslung –, fleht um sein Leben und beweist, daß er nicht der Verurteilte ist. Man glaubt ihm. Die französischen Beamten beraten. Sie sind den ganzen Weg aus Papeete hergekommen, die Guillotine steht bereit, und fünfhundert Arbeiter sind als Zuschauer zusammengezogen worden. Wenn man die Exekution verschieben würde, bis der Schuldige gefunden wäre, müßte man sich von den französischen Bürokraten wegen Ineffizienz und Zeitverschwendung beschimpfen lassen. Außerdem ist es heiß, und sie sind ungeduldig.

Die ganze Zeit über hört und sieht Ah Cho zu.

Schließlich, im vollen Bewußtsein, daß sie den Falschen haben, sagt ein französischer Polizist: »Laßt uns anfangen. Sie können uns nichts vorwerfen. Ein Chinago sieht schließlich aus wie der andere, und wir können sagen, daß wir mit dem Mann, den man uns übergeben hat, nur unsere Instruktionen befolgt haben . . .«

Und dann, Entschuldigungen murmelnd, schnallen die

Franzosen den unschuldigen Chinesen fest und schlagen ihm den Kopf ab.

»Die Franzosen sind ohne jeden Instinkt für Kolonialpolitik«, schreibt Jack London an einer Stelle. Genau darum geht es in der grimmigen Geschichte.

Eine Stunde hinter Atimaono liegt der Hafen von Port Phaeton. In einem herrlichen Garten am Meer befindet sich das Gauguin-Museum, das aber trotz seines Namens keine Gemälde von Gauguin enthielt, sondern nur ein gespenstisches, grimassierendes Tiki. Das Dorf Papeari, ein Stückchen weiter, ist angeblich die erste Siedlung der seefahrenden Völker, die ursprünglich auf Tahiti gelandet sind, und liegt gleich bei dem Isthmus, der die Inselteile Groß-Tahiti und Klein-Tahiti wie eine geschnürte Taille miteinander verbindet. Das alles wirkte ungeheuer vorstädtisch.

Es ist Teil der Merkwürdigkeiten von Tahiti, daß es auf der Insel genaugenommen nur wenige benutzbare Strände gibt – die öffentlichen sind schrecklich und voller Müll, und die übrigen gehören tahitianischen Dörfern, die ihr Eigentum eifersüchtig verteidigen. Vom Wasser der Lagune aus konnte ich sehen, daß das ganze Ufer aus einem ununterbrochenen Streifen von Villen und Bungalows bestand, ein einziger, schmalbrüstiger Vorort zog sich wie ein Ring um die ganze Insel. Unter dem aufweichenden Einfluß französischer Hilfsprogramme und dem Druck französischer Baufirmen haben die Polynesier es aufgegeben, ihre Häuser nach den alten Methoden zu bauen. Was ich da sah, war extrem unansehnlich, dicht an dicht reihten sich die Häuser die Küste entlang, umgeben von Maschendraht, Mauern und hohen Hecken. Vor den meisten tahitianischen Bungalows hingen Tafeln mit der Aufschrift »Tabu«, die keiner Übersetzung bedurfte. Die französischen Häuser hatten Alarmanlagen und Schilder, die vor Hunden warnten: »*Attention! Chien Méchant!*«

Kurz zuvor, in der Nähe von Punaauia, war ich an zwei traditionellen Hütten vorbeigepaddelt, *fares*, wie es sie in ganz Französisch-Polynesien kaum noch gab. Sie interessierten mich so sehr, daß ich an Land ging, wo ich erfuhr, daß sie dem Schweden Bengt Danielsson gehörten, der etwa vierzig Jahre zuvor mit dem Floß Kon Tiki in Polynesien hängengeblieben war. In dem Buch, das über das Abenteuer berichtet, schreibt Thor Heyerdahl: »Bengt hatte recht, es war der Himmel auf Erden.« Und Bengt blieb in Polynesien.

»Monsieur Danielsson ist auf Urlaub in Schweden«, erklärte mir eine Tahitianerin im Vorgarten. Ich fand es schade, daß ich ihn nicht antraf, denn Danielsson und seine französische Frau Marie-Thérèse haben mit mutigen Äußerungen gegen die französischen Atomversuche im Pazifik angekämpft und sind in dieser kleinen, politisch inzestuösen französischen Kolonie bedroht, behindert und geächtet worden. Trotzdem machten sie unbeirrt weiter in aller Welt publik, daß die Franzosen nach wie vor Atomsprengköpfe zündeten – bis heute sind es einhundertsechzig –, und das in einem der empfindlichsten Ökosysteme der Welt, einem Korallenatoll. Sie sprengten es in Stücke, töteten die Fische und verseuchten die Umgebung.

Aber vielleicht war es auch ganz gut, daß ich mich nicht mit Danielsson über das Thema französische Kolonialherrschaft unterhalten konnte, denn schon ein kurzer Besuch in irgendeinem französischen Territorium im Pazifik genügt, um auch den flüchtigsten Betrachter davon zu überzeugen, daß die Franzosen eine der selbstgerechtesten, oberflächlichsten, widerlichsten, zynischsten und korruptesten Nationen auf diesem Planeten sind.

»Das müssen gerade Sie sagen!« mag ein Franzose darauf vielleicht antworten.

Es ist wahr, daß Amerika seine eigene Kolonie in Samoa überrumpelt und zu einem Fall für die Wohlfahrt gemacht hat, aber etliche Samoaner sind mit Sack und Pack aufs amerikanische Festland ausgewandert und haben dort ihr Glück gefunden oder sind, je nach ihren Fähigkeiten, gescheitert. Samoa bringt uns nichts ein. Polynesien dagegen ist für die Franzosen nichts als Profit, sie benutzen das Land und seine Entfernung vom Mutterland, um sich einträgliche Langstreckenrouten für die französischen Fluglinien zu sichern, sie brauchen Polynesien als Militärstützpunkt, und – am profitabelsten von allem – ihre Atomwaffenindustrie brauchte Testgebiete. Alle altmodischen Kolonialgedanken sind der reine Betrug. Mit Idealismus hat die französische Präsenz aber auch gar nichts zu tun.

Nur eine verschwindend kleine Zahl von Polynesiern schafft es jemals bis ins großstädtische Frankreich, um sich dort zu Ärzten oder Führungskräften ausbilden zu lassen – die Show lassen sich die Franzosen nicht stehlen. Dennoch hat der herablassende Rassismus der französischen Kolonialpolitik nicht den gewünschten demoralisierenden Effekt. Sie haben sich auf den Inseln eingenistet, diskriminieren die Polynesier und weigern sich, deren Sprache zu erlernen – noch in den sechziger Jahren wurde in Französisch Polynesien ein Gesetz erlassen, das die Polynesier und Chinesen zwang, sich (leichter aussprechbare) französische Namen zuzulegen. Mit solchen Methoden haben die Franzosen die Mehrzahl dieser fröhlichen Menschen zu mißmutigen Gegnern und eine Minderheit zu Schoßhündchen gemacht. Aber obwohl die Tahitianer die meisten ihrer überlieferten Fertigkeiten wie Weberei, Baukunst, Fischfang und Seefahrertum verloren haben, ist ihnen doch zumindest ihre mündliche Kultur erhalten geblieben, zum Glück, denn niemand braucht seine Kultur mehr als ein kolonisiertes Volk. Was bleibt ihm denn sonst noch?

Die Polynesier heuchelten Ergebenheit, bis die Franzosen ernsthaft glaubten, sie unterworfen zu haben. Tatsächlich aber ging die Entwicklung in eine andere Richtung. Indem sie die Insulaner dazu ermunterten, sich nur ja recht »farbig« zu verhalten, vergrößerten sie lediglich die Kluft, die sie als Europäer von ihnen trennte. Die Franzosen haben sich immer schon als besonders bourgeois und sentimental offenbart, wenn sie es mit Leuten zu tun haben, die sie für Wilde halten, aber gerade bei chauvinistischen Machos ist diese Art Sentimentalität offenbar besonders verbreitet.

Wenn man von Tahiti spricht, müßte man sich aufrichtigerweise darüber unterhalten, was einhundertfünfzig Jahre französischer Kolonialherrschaft tatsächlich in ganz Französisch Polynesien angerichtet haben. Wobei nicht weiter interessieren dürfte, ob nun die Strände schön oder die Hotels angenehm sind, ob das Essen gut schmeckt oder einem die Musik paßt. Allein schon die Tatsache, daß Politik als solche hier in der Südsee eine derartige Rolle spielt, scheint befremdlich – auf den anderen Inseln schert sich kaum jemand darum –, Französisch Polynesien ist der einzige Staat im Pazifik, der so etwas

wie eine politische Situation hat. Aber Kolonien funktionieren
nun einmal offenbar nur dann, wenn sie politisch manipuliert
oder wirkungslos gemacht werden.

Ein leidiges Thema. Mir gefielen die Insulaner Ozeaniens
wegen ihres lauten Gelächters über die Politiker, ich bewunderte ihren Familiensinn, ihre praktische Art und ihre Gleichgültigkeit gegenüber dem Weltgeschehen. Sie lebten weit weg
von allem, auf der anderen Seite des Erdballs, der helleren,
glücklicheren Seite. Den Besitzern von Fernsehapparaten hatte
die »Operation Wüstensturm« letztlich doch nicht viel mehr
bedeutet als jedes andere abendliche Unterhaltungsvideo.
Diese Haltung erwuchs aus einer gesunden Mischung aus
Weisheit, Vulgarität und Sensationslust – und die Pantoffel-
kino-Konsumenten im Rest der Welt sind da auch nicht anders.

Bei den Polynesiern war man immer mit unterschiedlichen
Zügen konfrontiert: Sie hießen einen willkommen und dann
beklauten sie einen. Wenn man sich darüber beschwerte, antworteten sie, es sei ja nicht persönlich gemeint, und wenn man
es sich nicht leisten konnte, wieso war man dann überhaupt
hier, so weit weg von zu Hause? Und die Kolonialpolitik
machte die Sache nicht einfacher. Die Franzosen bauten Ver-
waltungsgebäude und Schulen, aber die französischen Kolonialherren brauchten diese Institutionen viel nötiger als die Tahitianer. Ich wünschte mir bloß immer, daß die Franzosen ein
bißchen angenehmer, großzügiger und nicht so scharf darauf
wären, alles zu zerbomben, was ihnen unter die Finger kam.
Sie behaupteten, damit dem Weltfrieden einen notwendigen
Dienst zu erweisen, aber das war *merde*. Die französische Rü-
stungsindustrie (immerhin die drittgrößte der Welt) und
Frankreich als Exportnation von Nukleartechnologie waren auf
intensive Atombombentests angewiesen.

Ich ließ Bengt Danielssons strohgedeckte *fares* hinter mir.

Da der Passat mich kräftig durchschüttelte – in Polynesien
läßt der Wind nie nach –, blieb ich innerhalb des Riffgürtels
und berauschte mich am Anblick der anmutigen Insel Moorea
mit ihren dunklen, stachligen Bergen. Nach einer örtlichen Legende waren sie die Rückenflossen eines gigantischen Fisches,
aber ich fand, daß die Insel eher einem schwimmenden Dra-

chen ähnelte, der gerade das sogenannte Mondmeer zwischen den Inseln durchquerte.

Im grellen Gegenlicht des wolkenlosen Südseenachmittags kniff ich die Augen zusammen, und plötzlich sah ich ein kleines, floßähnliches Schlauchboot, das gefährlich nahe am Riff trieb. Darauf waren reglose Flecken zu erkennen, Menschen wahrscheinlich. Es war wirklich der idiotischste Ort, an dem sich ein solches Boot überhaupt nur befinden konnte. Wenn es weiter so vor sich hin trieb, würde es von der Brandung zerschmettert werden. Es hatte weder Mast noch Segel, niemand paddelte. Ich überlegte, daß es sich vielleicht von einem Schiff losgerissen hatte und irgendwie durch eine Öffnung im Riff getrieben war. Vom Ufer aus war das flache, aufblasbare Floß keinesfalls zu sehen. Ich hatte es lediglich entdeckt, weil ich in einem seetüchtigen Auslegerkanu saß und am Rand des Riffs entlangpaddelte.

Es gibt Horrorgeschichten über das, was die Leute auf solchen Schlauchbooten mitgemacht haben: Wie ihre teure Yacht von einem Killerwal versenkt wurde und die zerstrittenen Schiffbrüchigen sich tage- und wochenlang an ihr Floß klammern und um Erlösung beten, bis das ramponierte Ding dann eines schönen Morgens vor einem tropischen Strand voller fröhlich ballspielender Urlauberfamilien antreibt und aussieht, als käme es direkt aus Poes *Narrative of Arthur Gordon Pym* dahergeschwommen, und wie dann sofort und entsetzlich klar wird, daß die Überlebenden es nur geschafft haben, weil sie ausgesprochen barbarisch miteinander umgesprungen sind – menschliche Knochen, Fleischfetzen, Spuren von Kannibalismus. »Daddy, was ist denn mit diesen Leuten?« So eine Art Schlauchboot.

Ich paddelte schneller, kam allmählich näher heran und konnte jetzt sehen, daß nur zwei Gestalten an Bord waren. Ich fand den Gedanken sehr aufregend, daß ich vielleicht der erste und einzige Zeuge der Ankunft dieses unglückseligen Gefährtes auf Tahiti werden würde. Ich allein würde seine schreckliche Geschichte erfahren. Ein ausgesprochener Glücksfall für jemanden wie mich, der vorhatte, über diese ansonsten eher ereignislosen Inseln zu schreiben.

Inzwischen sah ich, daß die beiden Gestalten flach auf dem

Floß dalagen, als hätte die Sonne sie so hingestreckt. Die Einsamkeit ihrer Situation war geradezu tragisch, innerhalb des Riffs und doch so weit vom Ufer entfernt. Selbst an einem bezaubernd schönen Ort wie diesem konnte man ertrinken, verhungern, verdursten oder an Hitzschlag sterben.

Ich hatte eine Wasserflasche und die Reste meines Mittagessens im Boot, es würde reichen, um sie erst einmal wieder zu beleben. Ich war in ihrem Windschatten, sie konnten also nicht hören, wie mein Kanu auf die Wellen schlug, aber bald war ich nahe genug bei ihnen, um etwas Merkwürdiges festzustellen. Das Floß trieb gar nicht, es war an einer Boje vertäut, und außer den beiden Menschen lag nichts auf ihm, kein irgendwie gearteter Gegenstand, keine Fahne, keine Fetzen, keine Knochen, kein Eimer, nichts – auch keine Kleider.

Auf dem Floß befanden sich zwei magere Frauen. Sie waren nackt. Als ich näher heranzog – inzwischen war ich nur noch zehn Meter weit weg –, muß irgendeine warnende Vibration meiner Männlichkeit die Luft erfüllt haben: Plötzlich setzten sich die beiden kerzengerade auf. Oder hatten sie doch meine Paddelschläge gehört? Sie waren jung, um die zwanzig, ziemlich hübsch und dem Verhalten nach Französinnen. Ihre Haut war dunkler als bei jedem Tahitianer, den ich bis jetzt gesehen hatte, die glänzende Bräune eidechsenhafter Sonnenanbeter. Man dachte sofort an Leder. Als sie mich sahen, arrangierten sie ihre Körper zu schamhaften kleinen Paketen, falteten sich mit erfindungsreicher Sparsamkeit zusammen, zogen die Knie unters Kinn, klemmten die Füße aneinander und schlangen die Arme um sich wie Affen, die im Regen hocken.

Weil ich ihr Schamgefühl nicht verletzen wollte, paddelte ich nicht näher heran, war aber doch nah genug, um ihre Nacktheit und den exotischen Anblick zu bestaunen: zwei Nymphen auf einem schwankenden Floß in der Lagune vor Tahiti.

»Hallo«, rief ich mit bemühter Nonchalance, um sie nicht zu erschrecken. Aber es klang doch hohl, und ich begriff, daß jeder Frauenschänder oder Voyeur genauso heiter grüßen würde, damit sich sein Opfer in Sicherheit wähnte.

Sie kniffen die Augen zusammen und wichen meinem Blick aus. Ihre angespannte, demonstrativ gleichgültige Körperhaltung (für mich zeigte sie nichts als Angst) sollte mich wohl beschämen. Sie wollten, daß ich verschwand, das war klar. Und jetzt sah ich einen tahitianischen Fischer, der von einem kleinen Motorboot aus seine Netze auslegte. Er sah auf und warf lüsterne Blicke auf die kauernden Sonnenanbeterinnen. Auch vor ihm zuckten sie zurück.

Es ärgerte mich, daß sie offenbar glaubten, wir hätten kein Recht, an ihnen vorbeizufahren – daß sie sich einzig, weil sie ihre Kleider ausgezogen hatten, so unberührbar vorkamen und diesen Teil der Lagune (der allen gehörte) als ihr Privateigentum betrachteten. Deshalb ließ ich mir Zeit, bevor ich nach Papeete zurückpaddelte. Dort hörte ich, daß so etwas ziemlich üblich sei, eine französische Mode, sich nackt in die Sonne zu legen, um »nahtlos« braun zu werden. Ein Schnellboot brachte sie zu dem Floß, holte sie nach zwei oder drei Stunden wieder ab und brachte sie ins Hotel zurück.

Es war dumm und gefährlich, sich völlig unbekleidet in die brennende Südseesonne zu legen, kein einziger Polynesier würde so etwas wagen. Und abgesehen davon, daß es der Haut nicht bekam, sie vorzeitig altern ließ oder gar krebskrank machte, war es schlicht und einfach schamlos.

Es war einmal, daß die Tahitianer sich ihrer Nacktheit nicht schämten, europäische Seeleute verführten und von ihren ernsten Aufgaben an Bord abhielten. (»Als man uns ausgesetzt hatte, ließen die Meuterer immer wieder ›Hurra, auf nach *Otaheiti*!‹ hören«, schrieb Captain Bligh erbittert, nachdem er hatte mit ansehen müssen, wie seine *Bounty* beidrehte und Kurs auf Papeete und die Insulanerinnen nahm.) Aber heute laufen nur noch die Urlauber hüllenlos herum, und wenn hier jemand seine nackten Brüste zeigt, sind es Touristinnen. Die Tahitianer bedecken sich züchtig. Das Rad der Geschichte hat sich gedreht und die Phantasien auf den Kopf gestellt: Jetzt sind es die Tahitianer, die glotzen, und die Nackedeis sind heidnische Franzosen.

Kaum hatte das namenlose tahitianische Mädchen an Bord von Bougainvilles Schiff vor den Augen der für so etwas sehr empfänglichen Seeleute ihr dünnes Tuch abgeworfen, war Tahitis Schicksal besiegelt und der Mythos von der Südseeromantik geboren. Wenn der Franzose weibliche Geschlechtsorgane an-

starren darf, fühlt er sich ohnehin wie vorm Schlüsselloch zum
Paradies, aber für die aufgeheizten, phantasiebegabten Seeleute damals war das hier noch besser: Die Frau war eine
dunkle Maid und entsprach genau dem Typ des edlen, para-
diesisch nackten Wilden, den Rousseau erst fünfzehn Jahre zuvor beschrieben hatte.

Captain Bougainville war aufgewühlt. Er machte den Frauen
von Tahiti sein größtes Kompliment: »Mit ihren angenehmen
Zügen sind sie den meisten europäischen Frauen keineswegs
unterlegen, und was die Schönheit des Körpers angeht, so
können sie es durchaus mit allen aufnehmen.« Er schrieb, daß
sich das nackte Mädchen an Bord »den Augen aller Betrachter
darbot wie Venus sich dem phrygischen Schäfer zeigte, denn
sie hatte in der Tat die himmlische Gestalt der Göttin«.

Von diesem Zeitpunkt an – besonders Bougainville trug
dazu bei – wurde Tahiti als das Neue Kythera bekannt, als Geburtsort der Venus. Venus Aphrodite, die Schaumgeborene,
war, so dichtet Hesiod, bei der Insel Kythera dem Ionischen
Meer entstiegen. Die nackte Tahitianerin war die fleischgewor-
dene Venus, eine Göttin der Liebe und der Schönheit, die Verkörperung der Lebenskraft schlechthin. Aber da war noch
mehr. Jedes Detail an Tahiti schien Bougainville aufregend,
und in seinem abschließenden Reisebericht verglich er diese
Insel mit der Welt vor dem Sündenfall. Um diesen unverdorbe-
nen Ort zu schildern, bediente er sich des Rousseauschen Aus-
drucks vom »Goldenen Zeitalter«, Polynesien sei eines »jener
Länder, in denen das Goldene Zeitalter noch herrscht«. Selbst
die mit der mythologischen Göttin verbundenen Tiere fanden
sich auf Tahiti. Der Delphin, die Schildkröte und die sanftesten
Vögel waren der Venus geweiht, und nun hatte der Kapitän sie
an eben der Stelle angetroffen, an dem ihm die dunkelhäutige
Version der Göttin ihr Lächeln geschenkt hatte.

Mehr als das, noch erregender als die schamlose Nacktheit
waren die sexuellen Praktiken, die Bougainville und seinen
Männern in höchstem Maße befremdlich vorkamen. Tahiti war
offenbar eine Insel von Exhibitionisten. Offiziere und Matrosen
wurden in die Häuser der Insulaner eingeladen, dort verkö-
stigt, und nachher »bot man ihnen junge Mädchen an«. Die
Nachbarn strömten herbei, man machte Musik, der Boden

wurde mit Blättern und Blumen bestreut und die Europäer wurden aufgefordert, ihre Kleider abzulegen und sich an Ort und Stelle, vor den wohlwollenden Augen der Insulaner, dem Liebesspiel mit den Mädchen hinzugeben. »Hier ist Venus die Göttin der Gastfreundschaft. Sie zu verehren, erlaubt keine Geheimnisse, jedes Opfer für sie ist ein Fest für die ganze Nation.« Kurz gesagt: öffentliche Kopulation, Gruppensex, Obstbäume und Freiheit.

Die Inseln waren fruchtbar und anmutig, und was sie von allen anderen glücklichen Inseln der Welt unterschied, war ihre Neigung zur freien, heiteren und unsentimentalen Sexualität. Schockiert von dem, was er auf Tahiti erlebte, schrieb Captain Cook: »Dieses Volk ist in einem Maße zügellos sinnlich, das jeder anderen Nation, deren Sitten vom Anfang der Welt bis zum heutigen Tage aufgezeichnet wurden, völlig unbekannt ist und von dem keine Vorstellungskraft sich einen Begriff machen kann.« Anläßlich einer Vorführung, die die Insulaner zur Unterhaltung der Fremden organisiert hatten, beobachteten Cook und einige seiner Begleiter einen großgewachsenen Tahitianer beim Geschlechtsakt mit einem vierzehnjährigen Mädchen. Cook fiel auf, daß keiner der beiden das peinlich zu finden schien, das junge Mädchen habe sich sogar sehr geschickt angestellt.

Durch Bougainvilles außerordentlich gut geschriebene *Description d'un voyage autour du monde* (1771) wurde Tahiti zum Synonym für alles Schöne. Bald erschien eine Übersetzung des Buches in England, die die Leser entzückte, inspirierte und stimulierte. Nur wenige Jahre nach Erscheinen des Buches verspürte James Boswell Fernweh nach Tahiti, und er erzählte Dr. Johnson davon. Dieser riet ihm, sich die Mühe zu sparen, denn »ein Haufen von Wilden ist wie der andere«.

»Ich bin nicht der Ansicht, daß man das Volk von Otaheite zu den Wilden rechnen kann«, sagte Boswell.

»Winseln Sie nicht um Gnade für Wilde«, entgegnete Johnson.

»Sie beherrschen die Kunst des Navigierens«, sagte Boswell.

»Hunde und Katzen können auch schwimmen«, erwiderte Johnson.

Boswell beharrte: »Sie schnitzen sehr kunstfertig.«

»Jede Katze kann rumkratzen, und ein Kind mit einem Nagel auch«, sagte Johnson.

Aber Boswell hatte recht und wünschte sich immer noch sehnlichst, nach Tahiti zu reisen, um »mich zu überzeugen, was die reine Natur mit der Menschheit vollbringen kann.«

Die Tahitianer waren alles andere als primitiv. Sie gehörten zu den besten Navigatoren, die die Welt je gesehen hatte. Sie waren glänzende Bildhauer und Steinmetze. In Papara hatten sie eine große, elfstufige Pyramide, das Marae von Mahaiatea, errichtet, weitere Kultstätten und Altäre standen in Paea und auf der Insel Moorea. Die Menschen, die Wallis, Bougainville und Captain Cook (im Abstand von jeweils drei Jahren besuchten diese Kapitäne Tahiti) hier antrafen, waren geschickte Krieger, Bootsbauer und Seefahrer. Für ihre Ernährung waren sie keineswegs allein auf die Obstbäume der Insel angewiesen, sondern sie betrieben regelrechte, organisierte Landwirtschaft. Sie bauten Yams, Süßkartoffel, Kürbis und Zuckerrohr an, züchteten Schweine, Hühner und Hunde – letztere schmeckten ihnen besser als Schweine. Zum Thema der ersten Europäer in Polynesien schrieb Fernand Braudel (in *Les structures du quotidien*): »Aber waren die Wilden, die sie beschrieben, wirklich Primitive? Weit gefehlt.« Die wenigsten Besucher schienen sich allerdings für die hochentwickelte Kultur der Tahitianer zu interessieren.

Da es in dem Ruf stand, daß es hier unschuldigen Sex und schöne Menschen an einem schönen Ort gebe, wurde Tahiti zu einer der inspirierendsten Gegenden der Weltgeographie. Selbst Schriftsteller, die sie nie gesehen hatten, rühmten die Insel: Lord Byron widmete ihr ein Gedicht *(The Island)*, und der Philosoph Diderot (der sich bei Bougainville bediente) machte sie zum Schauplatz eines Romans. Melville begründete seinen Ruhm mit den Erzählungen *Typee* und *Omoo*, die hier spielten, und auch Robert Louis Stevenson zog sie Samoa bei weitem vor. Die meisten Autoren, die später über Tahiti schrieben, schilderten die Insel in ähnlichen Farben wie Bougainville. Pierre Loti gab sich mehr Mühe und lieferte eine ausgesprochen blumige Darstellung seiner Ehe mit einer Tahitianerin; nach Lektüre dieses Buches hißte Paul Gauguin die Segel. Natürlich waren diese Schriftsteller ausnahmslos Männer, und es wäre interessant zu wissen, ob Autorinnen wie Edith Wharton oder Simone de Beauvoir ähnliche Ergüsse über Tahiti von sich gegeben hätten.

Selbst dem in sexueller Hinsicht vieldeutigen Somerset Maugham gefiel Papeete, allerdings hatte er auch allen Grund zur Freude. Er war über Samoa, das ihm nicht besonders gefallen hatte, nach Tahiti gefahren, um für seinen Roman *The Moon and Sixpence* Material über Gauguin zu sammeln. Im Jahr 1917 kam er an, seit Gauguins Tod waren erst dreizehn Jahre vergangen, und die Erinnerungen an ihn waren noch lebendig. Eine alte Frau wußte sogar, daß der gräßliche Franzose die Glasscheiben der Haustür eines baufälligen Hauses in einem Dorf bemalt hatte. Maugham ging sofort zu dem Haus, in dessen Türstock die Tür nach wie vor ihren Dienst versah, und kaufte dem ahnungslosen Besitzer das Kunstwerk für zweihundert Francs ab (später veräußerte er es wieder für 37 400 Dollar). Jahre später wurde Gauguins Sohn Emil, ein beleibter Spaßvogel, zum schillernden tahitianischen Original. Emil hing in den Bars von Papeete herum, ließ sich von Besuchern freihalten, über seinen Vater (den er nie gekannt hatte) ausquetschen und für zehn Francs fotografieren.

Aus literarischen Gründen sah Maugham in Tahiti einen Ort der Verführung. (Gauguin war es offensichtlich nicht so gegangen, deshalb verließ er die Insel und zog auf die Marquesas.) Es ist fraglich, ob alle Tahitianer jemals sexuell so attraktiv waren, wie Bougainville sie beschrieben hat – er lag nur für ein paar Tage vor Hitiaa vor Anker –, der große Einfluß seines Buches aber zeigt sich darin, daß Tahiti im besonderen und die Inseln Polynesiens im allgemeinen immer noch als aphrodisisch gelten. Sie sind es nicht. Angenehm und leichtfertig, das ja, aber das Paradies? Nein.

Bougainvilles Schilderung lockte zwei unvereinbar gegensätzliche Sorten von Menschen an: auf der einen Seite die Abenteurer, die sich gern mit den angeblich willfährigen Mädchen verlustieren wollten, und auf der anderen die Missionare, wild entschlossen, die Insulaner zu bekleiden und zum Christentum zu bekehren. Nach nunmehr zweihundert Jahren streiten diese beiden Gruppen immer noch um die Seelen der Polynesier. Und auf jeden Melville, Gauguin oder Don Katt-

winkel auf organisierter Sechs-Tage-Südsee-Tour (»Blumen-
leis im Preis inbegriffen«) wie auch auf jeden anderen, der hier
eine Circe sucht, kommen immer zehn glutäugige Sektierer,
die es sich zur Lebensaufgabe gemacht haben, den Einheimischen den Begriff der Erbsünde nahezubringen. Kein Buch
eines Abenteurers kommt ohne Seitenhieb auf die Missionare
aus (Melville verachtete und verspottete sie wegen ihrer Sub-
versivität und Heuchelei), kein Memoirenwerk eines Missio-
nars spart sich den Hinweis auf die Zügellosigkeit und den
Opportunismus unter Strandläufern und Müßiggängern. Einer
sieht den anderen als Verderber.

Es ist wohl ein ungeschriebenes Gesetz, daß ein Ort zum
Teufel geht, wenn er erst einmal als Paradies gilt. Ich fand Tahiti atemberaubend schön, aber da sich seine gesamte Bevölkerung an den Rändern der steilen und unzugänglichen Berghänge drängelte, wirkte es klein und überfüllt. Es war voller
französischer Soldaten und Bürokraten, die sich hier ein schönes Leben machen, weil sie auf ihren überseeischen Posten
doppelt so hohe Bezüge kassieren wie in Frankreich, aber
keine Einkommensteuer zahlen müssen. Die Geschäftsleute
machten ständig finstere Mienen, denn die Wirtschaftslage
war schlecht. Die Hotelbesitzer und Reiseveranstalter klagten
über zwanzig- bis dreißigprozentige Buchungsrückgänge.
Selbst in seinen besten Tagen hat Tahiti eher von französischen Finanzhilfen als vom Fremdenverkehr gelebt, und wenn
es jemals unabhängig werden sollte, wird es den Gürtel erheblich enger schnallen müssen. Die achtziger Jahre haben Tahiti
in geändertem Licht erscheinen lassen, merklich ärmer und
sorgengeplagt, mit überbezahlten Bürokraten und zuwenig
eigenem Kapital. Unter den Einheimischen fand sich mehr und
mehr von jener Ziellosigkeit und den vagen Ressentiments, die
für die meisten kolonialisierten Völker so typisch sind. Man
behandle die Menschen nur lange genug wie Kinder, und sie
werden infantil und verzogen. Die offizielle *Put on a Smile/
Lächle mal wieder*-Kampagne sprach da Bände.

Eine andere Aktion – das Tourist Board war nicht sehr ein-
fallsreich, aber verzweifelt bemüht – bestand in einem Wettbe-
werb um den »gastfreundlichsten Tahitianer«, dem der *Mauruuru*-, der *Vielen-herzlichen-Dank*-Preis verliehen werden sollte.

Die Urlauber in Französisch Polynesien sollten an die *Tahiti Sun Press* schreiben und Personen nennen, die sie besonders beeindruckt hatten. Ich fand die Briefe eher komisch, aber es war doch nett, wenn darin ein besonders hilfsbereiter Zimmerjunge, Bademeister oder Taxifahrer gepriesen wurde. Eines Tages las ich zufällig eine Lobeshymne aus der Feder zweier Amerikaner, Mr. and Mrs. Albert Crisp aus Los Angeles, die eine Urlaubswoche auf Moorea verbracht hatten.

»Während unseres Aufenthalts im Hotel Bali Hai auf Moorea war es uns eine besondere Freude, Helene (›Mimi‹) Theroux kennenzulernen, ein reizendes Mädchen, das an der Bar bedient. Mimi Theroux ist ausgesprochen freundlich und hilfsbereit. Unserer Dankbarkeit würden wir gern dadurch Ausdruck geben, daß wir sie für den Mauruuru-Preis vorschlagen. Sie arbeitet sehr hart, und wir wollen ihr zeigen, wie sehr wir das zu schätzen wissen.«

Seinen eigenen, seltsamen, schwer zu buchstabierenden Namen völlig korrekt in einer tahitianischen Zeitung abgedruckt zu finden, kann einem das starke Gefühl vermitteln, daß man dazugehört. In meiner Familie glaubt man, daß jeder Mensch mit diesem Namen mit uns verwandt ist, ein Nachfahr von Peter Theroux (1839–1915) aus Yamaska im kanadischen Quebec, der neun fruchtbare Söhne hatte: Henri, Louis, Ovide, Leon, Dorel, Joseph, Peter, Alexandre und Eugene, meinen Großvater. Ich rief sofort im Hotel Bali Hai an und fragte nach meiner Cousine.

»Mimi Theroux arbeitet nicht mehr hier«, sagte der Manager.

Er nahm an, daß ich sie irgendwo auf Moorea finden würde, war sich aber nicht sicher. Er wollte sich für mich um die Adresse bemühen.

Ich hatte vor, demnächst um Moorea zu paddeln und schwor mir, Mademoiselle (oder vielleicht Madame?) Theroux aufzuspüren, wenn ich auf die Insel kam.

Auf Tahiti hielten mich zunächst zwei Dinge: die Vorbereitungen für eine Frachterpassage zu den fernen Marquesas und die Aussicht auf die Parade am 14. Juli. Außerdem spielte ich mit dem Gedanken, mich tätowieren zu lassen, schließlich war ich im Heimatland der Tätowierungen. Das Wort kommt aus dem Polynesischen, *tatu* heißt »Stich«. Durch eine harmlose

kleine Tätowierung am Fußgelenk hätte ich gern meine Neu-
gier befriedigt, aber beim Anblick des einzigen Tätowierers von
Papeete, eines erregbaren Belgiers in einem blutbefleckten
Zimmer, überlegte ich es mir dann doch anders.

Papeete ist eine ziemlich häßliche, ausgeplündert wirkende
Stadt. Schmuddelige, dünnwandige, planlos zusammengewürfelte Gebäude überziehen die unteren Hänge der erlosche-
nen Vulkane Aorai und Orohena, die sich dahinter bis auf etwa
zweitausend Meter erheben. Die einzige, schmale Straße Tahitis führt rund um die Insel und wird natürlich als Schnellstraße
genutzt. Sie gilt als besonders schlecht und gefährlich. Und um
dieses unromantische Bild noch zu vervollständigen: Ich fand
Tahiti so teuer wie kaum einen andern Ort, an dem ich je gewesen war. Eine Packung Zigaretten kostete fünf Dollar, ein
Liter Benzin genausoviel, ein simples Baumwollhemd fünfzig
Dollar und ein Essen in einem Restaurant war nahezu uner-
schwinglich – aber die Frage blieb ohnehin theoretisch, da es
kaum gute Restaurants gibt. Wer sich daher für eine Pizza ent-
scheidet, gibt dafür etwa doppelt soviel aus wie in einer »Pizza
Hut« in Boston. Französisch Polynesien kennt keine Einkommensteuer, aber die direkt erhobenen Steuern sind nicht weniger brutal. Man kann schon froh sein, wenn man nicht raucht
und keinen Alkohol trinkt, aber auch der mäßigste Vegetarier
dürfte einen Schreck bekommen, wenn er die aus Kalifornien
importierten tahitianischen Kohlköpfe auf dem Zentralmarkt
von Papeete zum Preis von acht Dollar kaufen soll.

Für die Tahitianer selbst ist so was tatsächlich reine Theorie.
Die Insulaner, die immer ordentlich und sauber aussehen, was
besonders beeindruckend ist, angesichts der schlechten Süß-
wasserversorgung, können überleben, und das beinahe gut,
indem sie kleine Gemüsegärten bebauen, Sozialhilfe beantra-
gen und die Großfamilie einsetzen. Sie sind eine kräftige Rasse,
und ihre Korpulenz hat womöglich etwas mit Selbstbehaup-
tung zu tun. Sie unterscheiden sich in Form und Gestalt ganz
offenbar sehr gern von ihren Kolonialherren oder -herrinnen.
Abgesehen von begeisterungsfähigen Teenagern, die zur
Nachahmung neigen, imitiert kaum ein Tahitianer französisches Aussehen oder französischen Lebensstil. Es gibt keine

Jogger, keine Modepüppchen, keine Snobs und Schickimickis, und nur wenige Tahitianer rauchen.

Das auffälligste Laster der Tahitianer besteht im gnadenlosen Konsum von Snacks. Ununterbrochen knabbern und befingern sie »Planters Cocktail Nuts«, Kartoffelstäbchen, Schweinekrusten *(Porc Frites)*, »Rashus« *(Frites au bacon)*, »Kelloggs Corn Pops«, »Figolu Fig Newtons«, »Champagne Crispy Sponge Fingers«, »Cadbury's Crunchies«, »Pinkys«, »Moros«, »Double Fudge Chocolate Bisquits«, »Toscas«, »Millefeuilles«, »Tiki *crousti-legers*« und »Cheez Balls« zu fünf Dollar die Hundertfünfzig-Gramm-Dose. Sie geben ihre Schecks von der Sozialhilfe dafür aus oder verdingen sich im Service für die schwindende Zahl von Touristen, die allerdings nur selten mit Geld um sich werfen. Aber selbst der ärmste Schnorrer bemüht sich ohnehin nicht um Trinkgeld und empfindet es als beleidigende ausländische Angewohnheit.

Typisch für Tahiti wie für alle anderen Orte in Ozeanien ist die Sparsamkeit, mit der die dort ansässigen Ausländer leben – daß sie so auf ihrem Geld sitzen, scheint eine Art Vorsichtsmaßnahme. Exponiert, wie sie sind, geben sich die meisten große Mühe, nicht allzu wohlhabend zu erscheinen, denn ausgeraubt werden kann man schnell. Es gibt etliche Pensionäre, aber sie fallen nicht auf, sondern verstecken sich in ihren Bungalows in den tiefen Tälern von Tahiti und Moorea. Im Hafen von Papeete liegen immer Yachten, doch Skipper sind in der ganzen Welt für ihren vorsichtigen Umgang mit Geld bekannt. Ihre Lebensweise zwingt sie zur Genügsamkeit.

An anderen Stellen der Insel waren die Dörfer eingezäunt und schienen sich selbst genug. Abgesehen von japanischen Touristen und französischen Soldaten, fielen in Papeete vor allem die Abenteurer und die Missionare auf, die Trinker und die Sektierer. Jeden Tag konnte man in Papeete einen frömmelnden Geistlichen an einer Bar vorbeigehen sehen, in der ein abgewrackter Franzose dumpf über einer Flasche Hinano-Bier brütete. Man konnte auf Tahiti immer noch Schiffbruch erleiden, immer noch gab es Franzosen, die halbwüchsige Tahitianerinnen geheiratet, ihnen sechs Kinder gemacht und die Mütter in zwanzigjährige alte Schachteln verwandelt hatten. So blieb der Mythos von der Südsee lebendig.

Ich hatte mich auf den 14. Juli in Tahiti gefreut und war extra länger geblieben, um die Parade sehen zu können. Auf ziemlich durchsichtige Art und Weise hatten die lokalen französischen Behörden diesen Tag in ein Fest namens *Heiva Tahiti* umgemünzt, in ein Tahiti-Festival. Sie trauten sich wohl nicht, ihren eigenen Unabhängigkeitstag ganz offen vor Leuten zu begehen, die ihre Freiheit erst noch erobern mußten. Ich richtete mich auf ein wunderbares Spektakel kolonialistischer Albernheit und Heuchelei ein – es war »*Sponsored by Toyota*«.

Um das Ganze noch verwirrender zu machen, kündigten die Plakate das »109. Tahiti-Sommer-Festival« an. Um dahinterzukommen, mußte man einen Blick in ein Geschichtsbuch werfen: Im Jahre 1880 wurde Ariane (Pomare V.), der Sohn der unerschütterlichen Königin Pomare IV., zur Abdankung und zur Abtretung sämtlicher Hoheitsrechte an Frankreich gedrängt, das die Insel zur französischen Kolonie erklärte. Mit einem verblüffenden Mangel an Sensibilität hatten die Franzosen die Daten zusammengelegt und die Tahitianer dazu auch noch überredet, den Jahrestag ihrer Unterwerfung am selben Tag zu begehen, an dem die Franzosen ihre eigene Befreiung feierten.

Am Tag der Erstürmung der Bastille dann mischte ich mich um acht Uhr morgens unter die Menge der unbewegten Tahitianer und zappeligen Franzosen auf dem Boulevard Pomare und harrte der Dinge, die da kommen würden. Eine Viertelstunde später hörte ich die ersten fernen Takte Festmusik: Eine französische Armeekapelle spielte ein Lied aus dem Ersten Weltkrieg: »*Auprès de ma Blonde (ist es schön bla-bla . . .)*«, was fast in jedem Zusammenhang unpassend gewesen wäre, aber auf einer Insel mit dunkelhäutigen, schwarzhaarigen Bewohnern war es besonders bizarr.

Darauf folgte ein Regiment aus Marine-Füsilieren mit einer französischen Flagge, auf der die Aufschrift »*Honneur et Patrie*« zu lesen war, und etwa fünfzig Mann aus den Spezialeinheiten mit High-Tech-Waffen. Der Trupp aus dem »Regiment du Tonkin« mochte noch ganz harmlos sein, aber die darauffolgenden Ränge wurden immer martialischer: drei Legionärseinheiten mit aufgepflanzten Bajonetten, eines mit in den Gewehrläufen steckenden französischen Flaggen, ein Regiment *Berets Noirs* mit Hunden auf Armeelastern, noch mehr Infanterie und

schließlich Fremdenlegionäre, alle mit Bärten, weißen Leder-
schürzen und weißen Gamaschen, die als Symbol ihrer Sa-
peur-Einheit eine bedrohliche Axt mit sich trugen.

Das Wort *Camerone* stand auf der Fahne zur Erinnerung an
eine Schlacht, die 1863 in Mexiko stattgefunden hatte. Ein Son-
derkommando von fünfundsechzig Legionären hatte mit dem
Rücken zur Wand einer Armee von zweitausend Mexikanern
Widerstand geleistet und war vom bewundernden, aber un-
nachsichtigen Feind ausgelöscht worden. In jener Schlacht
hatte der berühmte Captain Danjou nicht nur sein Leben, sondern auch seine hölzerne Hand verloren. (Die Hand wurde
später gefunden und zu einer Art Reliquie der Fremdenlegion.)
»Das Leben – aber nicht der Mut – verließ diese französischen
Soldaten«, hieß die offizielle Darstellung. Das Ereignis fand als
Redewendung Eingang in die Sprache: *faire Camerone* heißt, bis
zum endgültigen Aus zu kämpfen.

Es kam mir so vor, als seien diese paradierenden Regimenter
eigens ausgesucht worden, weil sie besonders bedrohlich waren. Wer sie sah, überlegte es sich sicher zweimal, ob er eine
Revolte oder einen Aufstand anzetteln wollte, und so diente
die Parade zum sogenannten Tahiti-Festival – zumindest in
diesem Teil – eindeutig der Einschüchterung der Polynesier,
die völlig stumm zusahen, während die Ehefrauen und Kinder
der französischen Soldaten applaudierten.

Die französischen Fremdenlegionäre sind ein fester Bestandteil Polynesiens. Ihre Zähigkeit und Unnachgiebigkeit wird an
einem solch sensiblen Ort gebraucht, und die romantische
Pose paßt zu ihrem säbelrasselnden Image. Ich hörte, daß sich
die Männer oft tahitianische Geliebte nahmen. Wegen ihrer etwas wahllosen Ernährung und ihrer Vorliebe für Knabberzeug
und zuckerhaltige Getränke haben viele Tahitianer schlechte
Gebisse. Als erstes oder vielleicht zweites Unterpfand ihrer
Liebe kaufen die Legionäre ihren Freundinnen einen Satz falscher Zähne. Man sieht die Mädchen manchmal im Bus, wie
sie dasitzen und strahlendweiß lächeln.

Wenn der Legionär nach Frankreich zurückkehrt (zum Beispiel, um seine dort zurückgelassene Frau und die Kinder wie-
derzusehen), nimmt er die falschen Zähne mit, damit die
Freundin keinem anderen gefällt.

»Manchmal will das Mädchen die Zähne nicht wieder hergeben«, erzählte mir ein Legionär in Papeete. »Dann stellen wir
sie auf den Kopf und schütteln die Dinger raus.«

Der zweite Teil der Parade war weit heiterer und sah weniger todbringend aus. Zunächst kamen Feuerwehrwagen und
Schulmusikgruppen, dann Majoretten, Kinder mit Cowboyhü-
ten und schließlich Miss Tahiti in einem von sechs muskulösen
Männern getragenen Auslegerkanu.

»Lächeln, Mädchen!« rief der vor mir stehende Insulaner
Miss Tahiti zu.

Achtundzwanzig Frauen in weißen, zwölf in lilafarbenen
muumus, Trommler, Tänzerinnen mit Federbuschen auf den
Köpfen und Büstenhaltern aus Kokosnußschalen, Radfahr-
künstler, fette, böse Männer auf Motorrädern hinter einem To-
tenkopf-Banner mit der Aufschrift *»Le Club Harley-Davidson du
Tahiti«*, einheimische Kinder, die auf Skateboards Handstand
machten – und jetzt jubelten die Tahitianer, applaudierten von
den Balkonen herunter und kletterten auf die Alleebäume am
Boulevard. Unwillkürlich stellte ich mir ein Gemälde vor, erleuchtet von ozeanischen Farben und tropischem Licht, prall
gefüllt mit wohlgenährten Insulanern, Kindern und großen, lachenden Familien, dazu streng und autoritär aussehende französische Soldaten, betitelt: »14. Juli in Papeete«. Eine Illustra-
tion der paradoxen französischen Kolonialpolitik.

Der fröhlichere zweite Teil des Festzuges hob meine Laune,
und ich folgte einer kichernden Gruppe von Tahitianern durch
die Seitenstraßen in den eingezäunten Garten des französischen Hochkommissariats, wo unter einem riesigen polynesischen Baum eine Gartenparty im Gang war. Die Hälfte von uns
war nicht eingeladen, und die übrigen – die VIPs, die fleischge-
sichtigen *faranis* und die *colons* in den engen Anzügen und die
abgetakelten, mit Orden und Bändern behängten alten Soldaten, einer davon mit dem Zeichen der Ehrenlegion – waren zu
blau, um Notiz von uns zu nehmen. »Dieses *France Libre* ist mir
von General de Gaulle verliehen worden«, erklärte mir ein
älterer Herr, andere Veteranen, darunter Afrikaner und Viet-
namesen, hatten am Indochinakrieg in den fünfziger Jahren
teilgenommen. Besonders die Tahitianer genossen die Veran-
staltung in vollen Zügen: Ohne auf die Serviererinnen mit den

Getränketabletts zu achten, standen sie für die Hors d'œuvres an, denen sie sich mit erstaunlicher Fingerfertigkeit widmeten. Sie griffen sich gleich drei oder vier auf einmal, quetschten sie zwischen zwei Fingern zusammen und stopften sie sich in den Mund.

Eine französische Armeekapelle baute sich im Schatten des Baumes auf, schwitzte und spielte aufrüttelnde Lieder: »*Sang et Or*«, »*Tenth Festival*«, »*Adios Amigos*« und den erregenden »*Marche des Mousquetaires Noirs*«, während ihr Kapellmeister sie ohne Taktstock dirigierte. Seine Hände klatschten in der Luft herum, als wollte er eine Sandburg festklopfen.

Für die Zuschauer beim Festumzug und die Teilnehmer dieses Gartenfestes war der 14. Juli ein willkommener Anlaß zum Feiern und zum Besuch auf dem Jahrmarkt im Park, wo man Luftballons kaufte und seinen Kindern eine Freude machte. Aber auf dem Rückweg, die Rue General de Gaulle entlang zum Hafen, sah ich eine Wand, auf der sich mit Nachdruck der Wunsch nach Unabhängigkeit Luft machte: »*INDÉPEN-DENCE*«.

Am folgenden Tag fuhr ich nach Moorea, um Mimi Theroux zu suchen. Die Fähre legte von einem Dock im Hafen von Papeete ab, und als sie in das »Mondmeer« einfuhr, blickte ich zurück auf die großen schwarzgrünen Gipfel der Vulkane von Tahiti. Sie waren nicht gerundet, weich und gewellt, sondern sahen aus wie eine verhungerte Sierra, wie Leichname mit knöchern hervorstehenden Graten, harten, scharfen Schultern und Flanken, engen Tälern mit eingefallenen Seiten, Knoten und Ecken an steilen Böschungen. Sie waren so schroff, als hätten sie in den längstvergangenen Tagen vulkanischer Aktivität ihr ganzes Leben ausgespien und sich darin erschöpft.

Die Hänge und Gipfel von Tahiti – und der meisten anderen Vulkaninseln in Ozeanien – sind so steil und düster und sehen so gefährlich aus, daß die Küsten schon durch den Kontrast sanft und ihre blassen, hübschen Lagunen unsagbar lieblich wirken. Immer hängt irgendwo ein Nebelfetzen an den Gipfeln, manchmal auch eine große, zerrissene, schwarzdrohende Wolkendecke. Die Rauheit ihrer Höhenlagen ist diesen Inseln ebenso anzusehen wie das milde Klima ihrer Küsten. »Von der

See her ist der Anblick großartig«, beschrieb Melville diesen Ausblick auf Tahiti. Seine Worte treffen auch heute noch zu. »Ein solcher Zauber liegt über dem Ganzen, daß es einem wie eine Feenwelt vorkommt, alles frisch und blühend wie aus der Hand des Schöpfers.«

Die einstündige Überfahrt kostete sieben Dollar (einfach), kein Aufschlag für mein Faltboot. Die meisten Passagiere waren Polynesier, entweder reinrassig oder französischstämmige Mischlinge, die man hier *demi orafa* nennt. Auch Chinesen waren dabei und ein paar *faranis*, Franzosen, die sich auf den Inseln angesiedelt hatten. Die Polynesier kamen in zwei verschiedenen Typen vor: Entweder waren sie schlank und gewandt (Kinder und Teenager) oder (alle über zwanzig) fett und ziemlich unförmig. Jungen und Mädchen waren in gleicher Weise reizend anzusehen, und die erwachsenen Männer und Frauen glichen sich im Körperbau so sehr, daß sie kaum voneinander zu unterscheiden waren.

Es wäre wohl auch möglich gewesen, von Papeete nach Moorea zu paddeln, aber der Wind hatte mich davon abgehalten. Zwischen den Inseln verlief eine starke Strömung, und abgesehen vom Fähranleger in Vaiare, gab es nur einen Durchlaß im Riff, die Avarapa Passe auf der Nordwestseite der Insel. Die Riffe dieser Inseln waren ein starkes Hindernis für jede Art von Bootssport, und da ich vorhatte, eine Woche später zu den Marquesas aufzubrechen, konnte ich die Art von Expedition, die mich schon um die Vava'u-Gruppe geführt hatte, nicht noch einmal arrangieren. Ich wollte auf Moorea zelten, innerhalb seines Riffgürtels paddeln und Mimi Theroux suchen.

In der Nähe des Fähranlegers gibt es keine Stadt, kaum ein nennenswertes Dorf, und nachdem der letzte Bus mit Fährpassagieren abgefahren war, wirkte Vaiare wie ausgestorben.

»Ich suche einen Platz am Strand, wo ich zelten kann«, sagte ich zu einem Einheimischen am Straßenrand.

»Unmöglich«, meinte er durchaus mitfühlend.

Der Grund und Boden war verteilt. Ich wollte mich nicht herumstreiten, mietete ein Motorrad und machte mich auf die Suche nach einem Strandhotel. Ich fand mühelos eins. Auf Moorea gab es etliche Hotels, und die Saison lief so schlecht, daß ich freie Auswahl hatte. Nachdem für meine Unterbringung gesorgt war, fuhr ich noch einmal zum Motorradverleih und holte mein Boot ab. Das Motorrad behielt ich.

Ich fuhr zum Hotel Bali Hai und sprach mit dem Manager dort, einem Amerikaner offenbar. Ja, sagte er, Mimi Theroux habe vor nicht allzu langer Zeit in seinem Haus gearbeitet, dann aber gekündigt.

»Sie lebt bei ihrer Mutter in Paopao.«

Also an der Baie de Cook, nicht weit entfernt.

»Ist sie verheiratet?«

»Ich habe keinen Ehemann gesehen«, sagte der Mann und beschrieb mir den Weg zu Mimis Haus.

Es war ein weißes Gebäude, nicht direkt ein Haus: groß und viereckig, zweistöckig, mit Veranden oben und einem Restaurant im Erdgeschoß, hatte ein Flachdach und die geometrische Form eines Zweckbaus. Es war gepflegt, frisch gestrichen, glänzte in der Sonne und blickte direkt auf die Bucht.

Ich ließ das Motorrad stehen und ging um das Gebäude herum. Ein Tahitianer bastelte irgend etwas im Hof. Jetzt, um die Mittagszeit, war es sehr heiß und niemand sonst zu sehen.

»Mimi Theroux?« fragte ich den Mann.

Er deutete auf eine mit Wäsche behangene Veranda im oberen Stock. Ich klopfte an die Tür am Fuß der Treppe, bekam aber keine Antwort. Ich klopfte noch einmal und versetzte damit einen Hund im Nachbarhof in Aufregung, rief, und oben an der Treppe erschien eine junge Frau.

Mimi. Sie war Chinesin. Ich stellte mich vor, und sie bat mich die Treppe herauf. Oben spielte ein kleines, dunkles Kind mit einem älteren Mädchen.

»Das ist Moea.« Mimi hob das kleine Kind hoch.

»Ihre Tochter?«

»Das wird sie bald sein.« Mimis Englisch hatte einen leicht amerikanischen Akzent.

Wir gingen durch das kühle Innere des oberen Stockwerks. Am gegenüberliegenden Ende, auf der Frontseite des Gebäudes, sah ich das grelle Licht des Meeres und den leuchtenden Himmel über der Baie de Cook, einer der herrlichsten Buchten in ganz Ozeanien, dramatisch schön, abgeschlossen und ziemlich leer. Aber sie gehörte zu Französisch Polynesien. Weil der Platz so geschützt lag, vernachlässigte man ihn. Der Strand selbst taugte nichts, am Ufer lag Müll, und anders als mit einem Motorrad konnte man ihn kaum erreichen.

Mimi sah aus, als hätte sie polynesisches Blut in den Adern, fand ich. Sie hielt es für durchaus möglich, sie erinnere sich dunkel an eine ältere tahitianische Verwandte, wisse aber nicht genau, ob sie eine Blutsverwandte gewesen sei. Sie gefiel mir, weil sie sich nicht sicher war und weil es ihr nicht viel zu bedeuten schien.

»Es tut mir leid, daß ich hier einfach so hereinplatze«, sagte ich.

»Ist schon in Ordnung. Jim hat mir von Ihnen erzählt.«

Ihr Mann war James Theroux, einer meiner entfernten Vettern. Da er jahrelang auf den verschiedensten Routen mit seinem Boot den Pazifik bereist hatte, von Samoa nach Fidschi, von Tonga nach Port Vila und Australien, war er eine bekannte Figur in Ozeanien. Er war ein erstklassiger Surfer, ein erfahrener Segler und Navigator. Ich hatte von ihm gehört und wurde manchmal, wenn ich mich einem Skipper vorstellte, mit ihm verwechselt. Man kannte sein Boot etwa so gut wie meine Bücher: Namen, die einem etwas sagen.

»Im Moment ist er in Australien, in den Whitsundays, und macht Charterfahrten«, sagte Mimi. »Ich hab ihn vor sieben Monaten das letzte Mal gesehen. Vielleicht sehe ich ihn in ein paar Monaten wieder. Er ist wie Sie . . . immer unterwegs.«

»Sieht er mir ähnlich?«

»Nein, er sieht besser aus«, sagte Mimi und ging Moea einfangen, die gerade Spielsachen gegen die Wand warf.

Mimi war entspannt und offenbar tüchtig, sie war schlank, barfuß und trug einen *pareu* um die Hüften, eine energische Chinesin, die sich über eine sieben Monate lange Trennung nicht allzusehr aufregte. Sie war zierlich, lebhaft und attraktiv. Nach dem, was sie mir über ihr bisheriges Leben erzählte, mußte sie vierunddreißig sein.

Sie hatte Jim kennengelernt, als sie einundzwanzig war und noch aufs Mädchencollege von Puunuaia auf Tahiti ging. Ihr Mädchenname war Chan-lo.

»Jim hat gesagt: ›Komm mit‹, und ich bin mitgegangen. O ja, es war sehr romantisch,« erzählte Mimi. »Er hatte ein Boot, und ich war noch nie auf so einem Boot gewesen. Zuerst fuhren wir nach Pago, und ich wurde krank, vom Meer. Dann ging es weiter nach Fidschi, Vava'u, Vila und Australien. In Vila sind wir zwei Jahre geblieben, aber dann kam die Unabhängigkeit, und es gab Schwierigkeiten . . .«, der Aufstand unter Jimmy Stevens, ». . . und wir sind abgefahren. In Vava'u haben uns die Tongaer die Wäsche von der Leine geklaut, aber es hat uns trotzdem gefallen. Jim ist nachts immer mit den Einheimischen zum Fischen gegangen.«

»Werden Sie heute noch seekrank?«

»Nein. Mittlerweile bin ich eine gute Seglerin. Schließlich hab ich über zehn Jahre so gelebt.«

Jede Phase ihres Lebens war anders gewesen, aber sie gehörte offenbar zu den Menschen, deren Selbstvertrauen und Kraft mit jedem Wechsel wachsen. Chinesische Zähigkeit, doch hier in Polynesien, in der Schönheit von Paopao, hatte sie nichts Verbissenes. Sie war von Moorea nach Tahiti gegangen, und von da war sie losgezogen, um diesen impulsiven Amerikaner zu heiraten und die Weltmeere zu besegeln. In Australien hatte Jim sein Boot verkauft, und als sie hörten, daß Alan Bonds Zwölf-Meter-Yacht *Southern Cross* zu haben war, flogen beide nach Perth und kauften das Schiff. Es war ein wunderbares Boot, aber leer. Sie takelten es auf und segelten damit um die Nordspitze Australiens, durch die Torres Strait und um Cape York nach Cairns. Sie brauchten dafür ein Jahr, weil sie ihr ganzes Geld in das Boot gesteckt hatten.

»Wir sind an vielen Orten geblieben, um zu arbeiten und Geld zu verdienen. Es waren interessante Plätze«, sagte Mimi. »In Darwin waren wir monatelang. Ich habe als Kellnerin gearbeitet und Jim als Gärtner. Es war uns egal. Es war ein Abenteuer.«

Moea und ihre kleine Freundin sausten immer noch durchs Zimmer. Der Raum war groß und luftig, eingerichtet mit schlichten Möbeln, wenigen Bildern (auf einem war Jims Yacht) und ein paar Kalendern. Er war sauber und gerade wegen seiner Kargheit schön.

»Moea ist sehr hübsch«, sagte ich.

»Bald ist sie eine Theroux.«

Es machte mir Freude, das Koboldgesicht dieser kleinen Insulanerin zu sehen und dabei meinen Namen zu hören.

»Ihre Mutter ist von den Marquesas«, erzählte Mimi. »Meine Schwester hat sie während der Schwangerschaft kennengelernt und wußte, daß ich selber keine Kinder haben kann und eins adoptieren wollte. Die Frau hatte schon zwei Kinder und keinen Ehemann. Sie wissen ja, wie das hier ist. Jedenfalls hat sie mir das Kind gleich nach der Geburt gegeben. Sie sagt, der Vater ist Franzose, aber schauen Sie sie an: Wenn das Baby keine Marquesanerin ist, mit den pechschwarzen Haaren, den dunklen Augen und der dunklen Haut.«

Mimi drehte sich bewundernd zu dem Kind um. Moea war eine sehr süße, sehr kräftige und stramme Zweijährige, und heiter war sie auch. Der Raum war erfüllt von ihrem Lachen.

»Hinterher ist der Vater zu der Frau gegangen und wollte wissen, wo das Kind ist«, fuhr Mimi fort. »Aber die Frau hat zu ihm gesagt: ›Du bist die ganze Zeit nicht aufgetaucht, als ich schwanger war. Ich habe das Baby weggegeben.‹«

»Wo war der Mann gewesen?«

»Er hatte sie wegen eines jungen Mädchens verlassen, als das Baby im Bauch war«, sagte Mimi. »Das ist jetzt zwei Jahre her. Ich war glücklich. Aber seit einiger Zeit mache ich mir Sorgen. In den letzten Wochen hat die Mutter mich oft angerufen. Ich weiß, daß sie mir Moea wegnimmt, wenn sie sie sieht. Die Adoptionsurkunde hat sie zwar unterschrieben, aber sie wird erst in zwei Monaten rechtskräftig. Ich muß mich verstecken. Die Frau weiß nicht, wo ich wohne, aber sie hat die Telefonnummer herausbekommen. Ich würde Moea nie mehr hergeben. Als sie klein war, hat sie schrecklich viel Mühe gemacht, aber sie ist sehr intelligent und versteht alles, was ich sage.«

Wir saßen an einem Tisch mit dem Blick auf Paopao und die Bucht.

»Es ist so schön hier«, sagte ich.

»Eine Bilderbuchaussicht«, sagte Mimi. »Sie hätten gestern den Sonnenuntergang sehen sollen. Der ganze Himmel war rosa. Keine Sonne, nur Wolken und Himmel. Ich habe hier mit Moea gesessen und zugesehen.«

Es rührte mich, daß sie nach zwölfeinhalbtausend Sonnenuntergängen im Pazifik immer noch über diesen einen staunen konnte.

Plötzlich fragte sie: »Wie haben Sie mich gefunden?«

»Ich habe im Bali Hai nach Ihnen gefragt. Wissen Sie, daß man Sie für den *Mauruuru*-Preis vorgeschlagen hat?«

»Nein«, sagte sie ohne besonderes Interesse. Dann rief sie ihrer Mutter etwas zu.

Ihre alte Mutter, Madame Madeleine Chan-lo, saß still auf dem Balkon und sah aufs Meer. Mimi wußte nicht, wie alt ihre Mutter war. Es sei unhöflich, sie zu fragen, meinte sie. Madame Chan-lo hatte neun Kinder zur Welt gebracht, Mimi war das jüngste (»ich bin der Zwerg«). Auch die anderen Kinder waren verheiratet, mit Franzosen, Amerikanern, Tahitianern, Chinesen, und lebten überall in der Welt verstreut.

Die alte Dame lächelte mich an, dann wandte sie sich an ihre Tochter und sagte etwas in südchinesischer Sprache.

»›Gib dem Mann etwas zu essen‹, hat sie gesagt.«

Mimi ging in die Küche und kam mit einem Teller Gemüseeintopf zurück: Karotten aus Neuseeland, Kartoffeln aus Frankreich, Reis aus China. Zum Überleben brauche man einen Garten, sagte Mimi. Arbeit gebe es keine, aber viele Leute kämen mit Brotfrucht, Taro und Mangos aus. Über das Thema Essen kamen wir auf die hohen Lebenshaltungskosten zu sprechen.

»Wir haben den teuersten Strom der Welt«, sagte Mimi. »Jeden Monat kriege ich wieder einen Schreck. Ich zahle fünfzehntausend Francs pro Monat, bloß für einen Fernseher, ein Tiefkühlgerät, einen Kühlschrank und Licht.«

Das waren einhundertsechzig Dollar.

»Jetzt wollen sie auch noch die Einkommensteuer einführen, aber es wird doch schon alles besteuert! Deswegen kostet das Leben hier ja soviel.«

Löhne und Einkommen wurden nicht besteuert, dafür aber alles andere. Die Alkoholsteuer war gesenkt worden, um den Tourismus anzukurbeln, was aber nicht funktioniert hatte.

»Vor drei Wochen haben sie in Tahiti eine Straßenblockade veranstaltet, weil die Mineralölsteuer um zehn Cents für Benzin und zwanzig Cents für Diesel raufgegangen ist.«

Das war einige Tage vor meiner Ankunft gewesen, aber man sprach noch immer davon und staunte, wie effektvoll dadurch alles lahmgelegt worden war. Die Straßensperre aus Bulldozern und Lastwagen war an der Straße zum Flughafen kurz

hinter Papeete errichtet worden, also hatte jeder, der zum
Flughafen wollte, einen einhundertsiebzehn Kilometer langen
Umweg um die Insel machen müssen. Verhaftet wurde niemand. Es gab Verhandlungen, die schließlich damit endeten,
daß die Regierung den Preis zurücknahm. Natürlich hat sich
dadurch in den meisten Köpfen festgesetzt, daß Straßensper-
ren ein geeignetes Protestmittel sind, wenn so etwas noch einmal passiert, wenn die Regierung wieder mal eine unpopuläre
Maßnahme durchzusetzen versucht. Allerdings ist die Admini-
stration in der Vergangenheit (zuletzt 1987) auch schon mit
Polizeigewalt gegen Demonstranten vorgegangen.

»Und die Franzosen?« fragte ich. »Glauben Sie, daß die auf
ewig hierbleiben?«

»Eine gute Frage«, sagte Mimi. »Irgendwann werden wir sicher mal unabhängig, nehme ich an.«

Voller Bewunderung für ihre Stärke und die Achtung, die sie
ihrer Mutter entgegenzubringen schien, verabschiedete ich
mich von Mimi, stieg auf mein Motorrad und fuhr auch die
restliche Strecke um die Insel. Der Monat war bis jetzt stürmisch gewesen, drei- oder viermal war ich entweder im Boot
oder auf dem Motorrad in einen Platzregen geraten – also bedauerte ich es nicht allzusehr, daß ich nirgends zelten konnte.
Die Regentropfen prasselten so heftig herunter, daß sie auf der
Haut weh taten. Aber nach jedem Regenguß stieg das anziehende Aroma von *tiare* und Oleander auf, und riesige, vollstän-
dige Regenbögen, sämtliche Farben in einem himmlischen Tor-
bogen, standen in der Luft.

An einem Tag paddelte ich nach Maatea. Melville hat 1842
eine Zeitlang dort gelebt, er erwähnt den Ort mehrmals in seiner Erzählung *Omoo:* »Schön dämmerte über den Bergen von
Martair der lustige Morgen . . .« Für mich war es ein langer
Ausflug, weil ich auf einer kleinen Insel namens Motu Ahi Station machte. Und als ich auf dem Rückweg erneut vom Regen
überrascht wurde, suchte ich in einer kleinen Bucht Schutz, wo
ich – er hatte sich unter denselben Baum untergestellt – einen
Radfahrer traf: Dominic Taemu war etwa zwanzig und umrundete die Insel per Drahtesel.

Wir unterhielten uns über den 14. Juli und das *Heiva-Tahiti-*
Festival. Er lachte.

»Der Tag der Bastille. Es ist ein französisches Fest, ein geschichtliches Ereignis. Unser Tag ist das nicht.«

»Wünschen Sie sich für Polynesien die Unabhängigkeit?«

»Wie sollen wir denn unabhängig sein? Wir haben keine Ressourcen«, sagte er. »Die Japaner haben unsere großen Fische abgefischt, sie kommen mit ihren großen Schiffen und benutzen Treibnetze. Früher hatten wir viel Fisch, aber was jetzt noch übrig ist, sind nur mehr ein paar kleine Dinger. Kokosnüsse und Kopra sind nichts wert. Wir haben nichts.«

»Und was ist mit anderer Arbeit?«

»Es gibt keine Arbeit, weil zuwenig Touristen herkommen«, meinte er. Er dachte eine Weile nach. »Und anderswo ist es billiger. Für uns ist das ein großes Problem. Wir wissen nicht, was wir machen sollen.«

Es war die Furcht vor der Mittellosigkeit, die Angst, die Protektion und finanzielle Hilfe der Franzosen zu verlieren. Vielleicht war es wie bei einer Frau, die sich vor der Scheidung fürchtet, weil sie meint, danach allein und ohne Unterstützung dazustehen – obwohl der Ehemann ein Ausbeuter und Opportunist ist.

»Die Unabhängigkeit, ja, es gibt Leute, die sie wollen. Es kann sein, daß sie kommt. Aber was tun wir dann?« Die Paradoxie von Französisch Polynesien hätte kaum besser illustriert werden können als durch Taemu, den Einwohner eines Landes, das als das schönste der Welt gilt. Er sagte: »Wir haben nichts, wovon wir leben könnten.«

19. KAPITEL

EINE REISE ZU DEN MARQUESAS

Es wäre mir schwergefallen, an Bord eines Schiffes zu gehen, das zu den Marquesas fuhr (auf denen Paul Gauguin begraben liegt), ohne mir mit einem Seitenblick auf meine Mitreisenden den Titel seines geheimnisvollen Gemäldes in den Sinn zu rufen: »*Woher kommen wir? Was sind wir? Wohin gehen wir?*«

Vielleicht war es zu früh, sie in Kategorien einzuteilen, aber ich fing trotzdem an zu sortieren: die Raucher, die Trinker, die Angeber, die Fanatiker und die Deutschen. Die da sahen aus wie ein Pärchen in den Flitterwochen, der da drüben war von irgendwoher geflohen, und warum trug der magere alte Mann – Gandhi, vom Scheitel bis zur Sohle – ein derart knappes Badehöschen und sonst nichts? Die beiden Mannweiber mit den eisernen Hosen und den Tätowierungen sahen ziemlich furchterregend aus. Die Mutter und der vielleicht fünfzigjährige Sohn wirkten ganz rührend, wie sie da an der Reling standen und eine Zigarette teilten. Die großen, fleischigen Australier mit den Blumen hinter den Ohren dagegen waren auf jeden Fall beunruhigend. Die Nervöseren unter uns verfielen in alte Gewohnheiten, nationale Eigenschaften traten holzschnittartig zutage: Die Franzosen schubsten, die Deutschen rafften, die Australier tranken, die Amerikaner wollten Freundschaft schließen, und das Pärchen aus Venezuela hielt Händchen.

Aber wie sehr ich mich doch in den meisten getäuscht hatte: Das »Pärchen in den Flitterwochen« war seit drei Jahren verheiratet, der »Flüchtling« war schlicht ein Zahnarzt, »Gandhi« ein ergrauter Frischluftfanatiker, bei den »Mannweibern« handelte es sich um Mutter und Tochter, bei »Mutter und Sohn« um ein amerikanisches Ehepaar, und die Kerle aus Melbourne beschämten mich mit ihrer liebenswürdigen Toleranz. Wenn ich irgend etwas Negatives über einen anderen Passagier sagte, ließen sie mich erst einmal ausreden, um dann zu antworten: »Wir finden sie *fabelhaft!*«

Aber das kam später. Zunächst richteten wir uns auf eine längere, achtzehntägige Kreuzfahrt durch die Marquesas-Gruppe ein. Herman Melville war nur etwa zehn Tage länger auf den Inseln, und er schrieb gleich ein ganzes Buch darüber, sein erstes und weitaus erfolgreichstes: *Typee*.

Benannt nach einem Tal auf der Insel Nuku Hiva, in dem Melville länger gewohnt haben will (der Untertitel des Buches übertreibt: »... ein vier Monate langer Aufenthalt ...«), wurde *Typee* gleich nach seinem Erscheinen im Jahre 1846 ein Riesenerfolg. Es war alles drin: Sex, nackte Körper, frische Früchte, Krieg und Kannibalismus. Es war das endgültige Südsee-Abenteuerbuch und bekräftigte wieder einmal Polynesiens Ruhm als Paradies. Melville, leicht hinter dem Erzähler Tommo zu erkennen, flieht vor einem grausamen Kapitän, indem er in der Nähe von Nuku Hiva von Bord springt. Zunächst bleibt er bei dem friedfertigen Volk der Happar, gerät aber bald an die menschenfressenden Typees, von denen er verfolgt wird. Das Buch verbindet Anthropologie, Reisebericht und Abenteuer und ist nicht nur gut zu lesen, sondern auch heute noch informativ. Melville selbst verfuhr beim Schreiben des Buches einigermaßen kannibalisch: Im blutigen Rohzustand setzte er seinem Publikum Begebenheiten und Passagen vor, die er aus den Augenzeugenberichten anderer Autoren herausgesäbelt hatte.

Für die meisten Leser lag der große Reiz darin, daß das Buch auch eine Liebesgeschichte enthielt, nämlich Melvilles Passion für die dunkelhäutige, köstliche Fayaway. Das Buch war, besonders in der unbereinigten ersten Ausgabe[*], ziemlich freizügig: Tommo scherzt und schwimmt mit Insulanermädchen, raucht und ißt gemeinsam mit Fayaway, die zwar manchmal ein Stück Rindenstoff anhat, im allgemeinen aber im »Gewand aus Eden« herumläuft, also nackt. Was die Gemüter der meisten Leser in Wallung brachte, war die Szene, in der Tommo

---

[*] Im folgenden wird zitiert aus der vollständigen deutschen Ausgabe: »Typee«, in: Herman Melville, *Typee/Omoo/Weißjacke*. Aus dem Amerikanischen von Richard Mummendey, München 1970. Der Übers.

mit Fayaway eine idyllische Kanufahrt auf einem See im Ty-
pee-Tal unternimmt. Kokett stellt Fayaway sich aufrecht ins
Kanu, knotet ihr Kleid aus Rindenbast auf und breitet es aus,
bis es sich im Wind bläht und zum Segel wird. Und da steht sie
also, dieses nackte Naturkind, der bloße Körper wie ein »kleiner Mast«, hält das Segel mit hocherhobenen Armen, läßt das
Kanu dahingleiten, und »Fayaways lange braune Haarsträhnen wehten in der Luft«.

Viel mehr als das wußte ich nicht über die Marquesas, außer
vielleicht, daß Gauguin sich Hiva Oa, eine andere Insel der
Gruppe, mehr oder weniger als Sterbeort ausgesucht hatte.

Die Marquesas – wenige, abgelegene Eilande. Sie liegen weit
hinter der Tuamotu-Kette und drei Tagesreisen mit dem Schiff
von Tahiti entfernt. Ein Dutzend hohe Inseln, von denen sechs
bewohnt sind, mit insgesamt siebentausend Einwohnern.
Diese Daten ergeben noch kein Bild, aber ich hatte ausreichend
Argumente für meine Reise dorthin. Mit größerem Recht als
Tahiti und Moorea, so hieß es, gelten die Marquesas als die
schönsten Inseln der Welt. Wegen der steilen Klippen, schlechten Ankerplätze und wenigen guten Häfen kam nur eine
Handvoll Yachten bis zu ihnen. Die Inseln waren voll von den
sogenannten »Tabu-Hainen«, die Melville beschreibt, und da
auf den Marquesas noch keine Ausgrabungen stattgefunden
hatten, waren sie voller ungehobener archäologischer Schätze.
Dennoch, abgelegen und unwegsam, wie sie waren, besichtigte kaum jemand die Marquesas, und das gab den Ausschlag.
Es gibt kaum eine bessere Begründung für die Reise zu einem
bestimmten Ziel als die, daß sonst kaum jemand hinfährt.

Die *Aranui* war eins von mehreren Schiffen, die die Strecke
zwischen den Inseln befuhren. Außer zwei weiteren Frachtern,
die Passagiere mitnahmen, gab es noch eine Luxusyacht, die
Wind Song, sehr schick, sehr teuer, mit netten Boutiquen und
ohne weitere Zuladung. Die *Aranui* hatte den Bauch voller
Fracht, etwa vierzig Passagiere in den Kabinen mittschiffs und
eine unbestimmte Zahl – sie variierte je nach der Route –, die
auf Matten auf den Achterdecks schliefen und sich ein Eck-
chen vorne im Bug teilten. In Französisch Polynesien ist nichts
billig: Die Burschen aus Melbourne zahlten fast eintausend-
vierhundert Dollar pro Nase für ihre Plätze auf dem Brücken-

deck. Volle Verpflegung war zwar inbegriffen, aber ihre Nächte waren erfüllt vom Lärm brummender Ventilatoren, des Windes in den Wanten und der klatschenden See. »Ohne Ohrenstopfen ist man aufgeschmissen«, sagte einer der beiden. Für etwa zweitausend Dollar teilte ich selbst mir eine winzige Kabine an der Lademarke mit Señor Pillitz, einem jungen Mann aus Argentinien. An rauhen Tagen, wenn das Meer wie Seifenschaum über die Bullaugen strömte, kam ich mir vor wie in einem engen Waschsalon.

Die Kabine war so klein, daß man mir nicht gestattet hatte, mein Faltboot mitzunehmen, was aber angeblich nur zu meinem Besten war, da ich dadurch vor einer fatalen Versuchung gefeit war: Wenn ich zwischen den Marquesas mit ihren notorisch schlechten Ankerplätzen und der rauhen See herumzupaddeln versuchte, würde ich wahrscheinlich ertrinken.

Die Lichter glitzerten an den Hängen des Orohena, als wir den Hafen von Papeete verließen und Kurs Richtung Nordost durch die Matavai-Bucht nahmen. Ein paar Kilometer weiter umfuhren wir die Pointe Vénus. Captain Cook hatte hier im Jahre 1769 eine astronomische Station errichtet, um zu beobachten, wie die Venus vor der Sonne durchzog, und an ebendieser Stelle hatte auch Captain Bligh seine Brotfruchtbäume gesammelt, um sie auf die *Bounty* zu verladen. Sobald wir auf offener See waren, ging ich unter Deck und durchstöberte die Bordbibliothek. Mittlerweile stemmte sich die südliche Äquatorialströmung gegen den Rumpf der *Aranui,* der Wind frischte auf, und mein Magen hob und senkte sich.

Wegen der Bewegung des Schiffes aß ich nicht viel. Nach dem Abendessen kehrte ich in die Bibliothek zurück und las *An Angel at My Table,* den zweiten Band der Autobiographie der neuseeländischen Romanautorin Janet Frame. Der Hauptteil des Buches erzählt von ihrer Einweisung in eine Anstalt, und ich geriet völlig in den Bann dieser Geschichte, die ohne Bitterkeit oder Selbstmitleid auskommt. Während ich über ihren Selbstmordversuch las, ihre Behandlung und ihren tatsächlichen Wahnsinn – sie beschreibt ihren eigenen Zustand mit dem Wort *loony,* »bekloppt« –, rollte und stampfte das Schiff. Auch andere Passagiere entdeckten die Abgeschiedenheit der Bibliothek, und als einer von ihnen würgte, glasige

Augen bekam und sich laut und häßlich auf den Boden erbrach, ging ich an Deck, um Luft zu schnappen.

Wir waren direkt in einen Sturm hineingefahren, und das Schiff beschrieb die ganze Nacht lang Achten.

Am Morgen verbreitete sich Galgenhumor.

»Hoppla! Auf ein Neues!«

»Ich hab meinen Tee verschüttet.«

»Ich verschütte bestimmt noch mehr als das, wenn das hier so weitergeht!«

»Die Frau hat eine teuflische Lache«, knurrte ich.

»Wir finden sie *fabelhaft*!«

Schlechtes Wetter und schwere See regen zu Scherzen an und intensivieren das Gefühl von Gefangenschaft. Die Passagiere bleiben unter Deck und kichern unaufrichtig. An diesem und während des größten Teils des nächsten Tages stolperten und fielen alle ständig hin und besprachen in ekligen Details ihre Anfälle von Übelkeit. Die meisten trugen – völlig nutzlose – Pflaster gegen Seekrankheit hinter den Ohren. Wahrscheinlich stimmt die Volksweisheit: »Das einzige, was gegen Seekrankheit hilft, ist, sich in den Schatten einer alten Dorfkirche zu setzen.«

Señor Pillitz hatte, wie er sagte, in der Nacht schwer gelitten und war ganz verzweifelt gewesen. Er habe sich gefühlt wie *»zwischen Schwert und Wand, entre la espada y la pared«*, wie es in Argentinien heiße. Er steckte voller robuster Weisheiten und kerniger Sprüche. Später einmal, an einem trostlosen Ort auf den Tuamotus, sah er sich um und meinte: »Das einzige, was hier zu finden ist, sind *drei verrückte Katzen, tres gatos locos*.«

Ich kam mir weniger memmenhaft vor, nachdem Señor Pillitz mir erklärt hatte, daß er bereits die Strecke Buenos Aires–Rotterdam gemüseschneidenderweise auf einem Schiff bereist hatte und daher das eine oder andere über schlechtes Wetter auf See wußte.

Beim Frühstück fielen Teller und Flaschen zu Boden und zerbrachen, Mr. Werfel stolperte und stürzte vor die Füße von Dennis und Bev aus Vancouver. Später am Vormittag rutschte ein Mann, der sich andauernd beschwert hatte (»Wie kriege ich den Wasserhahn zum Laufen?« »Wie soll ich eigentlich das heiße Wasser abstellen?« »Was ist eigentlich mit meinem Ventilator los?«), in der Bibliothek vom Stuhl und stöhnte. Er lag auf der Seite. Er könne nicht aufstehen, sagte er.

»Muß mir 'ne Rippe gebrochen ham oder so was.«

Ein Mitteleuropäer mit amerikanischem Einschlag im teutonischen Akzent.

»Atmen Sie einmal tief ein«, schlug ich vor.

Das tat er und zuckte zusammen.

»Tut es weh?«

»Irgendwie.«

Ich hatte den sicheren Eindruck, daß er simulierte. Als sich weiter keiner um ihn kümmerte, rappelte er sich hoch und verzog sich. Nachdem der Kapitän ihm eine Tour über die Brücke *(se britch)* geboten hatte, ging es ihm deutlich besser, und an den meisten folgenden Tagen war er der erste, der die Wetterkarte (die *vezza shart)* studierte, um zu sehen, ob uns wieder ein Sturm bevorstand.

Am zweiten Tag, an dem die See etwas ruhiger wurde, erschien eine Folge von grünen Streifen am Horizont: die äußeren Inseln der Tuamotus, eine Kette flacher Korallenatolle, zu denen auch Mururoa gehört. Seit 1966 haben die Franzosen Mururoa als Testgebiet für ihre Atomwaffen benutzt, und sie haben es beinahe geschafft, dieses Atoll für die nächsten Generationen unbewohnbar zu machen. Über einhundertsechzig Sprengköpfe sind hier gezündet worden, Atombomben, Wasserstoffbomben und Neutronenbomben. Und auch in der Atmosphäre wurden Tests veranstaltet: Man hat Atomsprengköpfe an Ballons befestigt und über den Atollen gezündet. In letzter Zeit wurden die Detonationen, durchschnittlich acht im Jahr, in den Kern des Korallenriffs oder unter die Wasseroberfläche verlegt, und je mehr Frankreich wegen der Gefahren und der Umweltverseuchung ins Zielfeuer der Kritik geriet, desto geringer wurde die Bereitschaft der französischen Regierung, irgendeine Art von Untersuchung zuzulassen. Bekanntermaßen ist bereits 1979 und 1981 Plutonium ausgeströmt und radioaktiver Müll freigesetzt worden. Aber die Franzosen haben ihre Tests auf Mururoa auch nicht aufgegeben, als sie merkten, was sie anrichteten, sondern sie zündeten lediglich weniger Bomben und verlegten ihre intensiven Versuche auf das Nachbaratoll Fangataufa.

Auch der wohl benutzerfreundlichste Reiseführer zeigt Züge von Frankophobie, wenn es um diese Tests geht. »Die von Frankreich verursachte Radioaktivität wird für Tausende von Jahren nicht von den Tuamotus verschwinden«, schreibt David Stanley in seinem *South Pacific Handbook* mit berechtigter Entrüstung, »und die unbekannten Konsequenzen, die dieses Testprogramm für die Zukunft hat, sind das erschreckendste daran. Mit jeder einzelnen Explosion setzt sich der Genozid der Franzosen an den Menschen im Pazifik fort.«

Die übrigen Inseln im Tuamotu-Archipel stehen wegen ihrer zahlreichen Sandbänke und dürftigen Ankermöglichkeiten im schlechten Ruf, die größten Schiffs-Verschlucker im ganzen Pazifik zu sein.

Unter einem käsegelben Mond, der durch schwarze Wolkenfetzen aufgestiegen und in zersplitterten Lichtreflexen auf dem gekräuselten Meer glitzerte, machte sich die Crew daran, scheppernde Tonnen über Bord zu kippen – Papier, Plastikflaschen, Dosen, Gemüseabfälle, kaum eine Störung für das Meer, denn der bunte Müll dümpelte an diesem so entlegenen Ort friedlich im Mondschein dahin. Schutt und Schund bekamen ihre eigene, lebendige, phosphoreszierende Leuchtkraft.

Am dritten Tag wurde ich von Rufen und dem Geräusch von Kränen aufgeweckt. Durchs Bullauge konnte ich eine Barkasse sehen, die Ladung aufnahm und zum winzigen Uferdorf des wie ein Croissant geformten Atolls Takapoto brachte. Zum Ankern war das Wasser zu tief, und es gab keinen Hafen, also trieb das Schiff unter Land, während die Barkassen im Pendelverkehr hin und her fuhren. Während der ganzen Reise machte die *Aranui* nur ein einziges Mal an einer Kaimauer fest und bekam eine Gangway zwischen Deck und festem Boden. Sonst wurden wir immer mit den Barkassen an Land gebracht, meist eine heikle und gelegentlich nasse Überfahrt. Für die älteren Passagiere hätte es sehr unangenehm sein können, was es aber nicht war: Die kräftigen marquesanischen Besatzungsmitglieder hoben die gebrechlicheren unter ihnen einfach in die Boote, nahmen sie am Saum der donnernden Brandung erneut auf den Arm und trugen sie wie Kinder an Land, kleine, zwitschernde Männlein und Weiblein in großen, tätowierten Marquesanerarmen.

Diese Besatzungsmitglieder waren es auch, die die Fracht löschten, dreizehn Stunden lang hin und her zwischen Schiff und Kai, immer dieselben vierhundert Meter, die sechs Meter langen Barkassen jedesmal randvoll. Die Fracht diente allen Aspekten menschlichen Daseins: Brotlaibe, Damenbinden und Klopapier gab es gleich kistenweise, Mineralwasser, Corn Flakes, eine große, erbsengrüne Sitzgruppe und, in einer Gegend dieser Welt, die von Fischen nur so wimmelt, Kisten mit Dosenfisch. Zwei Barkassenladungen enthielten Pappkartons mit tiefgekühlten Hähnchenteilen der Marke »Tyson's« (aus Arkansas). Der Rest war das Berechenbare: Baumaterial, Bauholz, Steine, Rohre, Zement, Reis, Zucker, Mehl, Benzin und Gasflaschen. (Viele dieser Dinge wurden von der französischen Regierung stark subventioniert. Der Reis zum Beispiel kostete zwölf Dollar für zehn Kilo, das Pfund also gerade sechzig Cents.) Dann kamen Kästen mit Limonade, Budweiser und Flaschen mit Hinano-Bier, »Arnott's Cabin Bisquits« in Fünf-Kilo-Dosen, Kartons mit Knabberzeug, vor allem enorme Mengen von »Planters Cheez Balls«.

Die Luft am Kai von Takapoto war schwer vom Gestank verfaulender Kopra, die in prallen Säcken still vor sich hin gammelte – wie ein Berg Nachtisch von letzter Woche. Kopra, die aussieht wie braune Rinde, ist zerkleinertes und getrocknetes Kokosnußfleisch, aus dem Kokosöl gewonnen wird. Die Franzosen stützen den Preis für Kopra (sie zahlen sechshundertfünfzig Dollar pro Tonne) und machen den Anbau für die Pflanzer rentabel. Aber die Insulaner zucken mit den Achseln: Die Ernteerträge werden ständig geringer, und die Ausfälle werden durch Kopra aus Fidschi ergänzt (wo es pro Tonne einhundert Dollar gibt).

Kopra kann man vergessen, sagen die Einheimischen, das große Geschäft von Takapoto sind heute die schwarzen Perlen. Die perlenbildenden Fremdkörper werden der riesigen schwarzlippigen Perlauster eingepflanzt, die sich in den Lagunen um Takapoto besonders wohl fühlt, und wenn die Transplantation erfolgreich ist, kann ein Perlenfischer nach drei Jahren sehr reich werden.

Die Japaner haben sich auf das Geschäft mit den schwarzen Zuchtperlen geworfen, das sie heute, was niemanden überrascht, fast völlig kontrollieren, vom »Pfropfen« der Austern bis zum Auffädeln und Verkauf der Perlen. Dennoch haben manche Tuamotaner ein Vermögen verdient, auf Atollen, die kaum mehr sind als kleine Wüsteninseln im Meer – ein Korallenstrand, ein paar Palmen und unterwürfige Hunde.

Ich war noch keine Stunde in Takapoto, als mir bereits eine Frau namens Cécile ein paar schwarze Perlen anbot. Sie seien aus Takaroa, erklärte sie, einem benachbarten Atoll, auf dem die Perlen mit den schönsten Farben vorkamen.

»Das ist mein Sohn«, sagte Cécile.

Aber er hörte nichts, sondern berieselte sich mit Rockmusik per Kopfhörer und hatte den Walkman offenbar ziemlich laut aufgedreht – ich konnte die Musik mithören –, um das Donnern der Brandung zu übertönen. Und den Lärm der Hunde: Neun bellende Köter hatten sich an unsere Fersen geheftet.

Cécile hatte keine Eile, und handeln wollte sie auch nicht. Basarmethoden sind in Polynesien unbekannt. Sie öffnete eine Streichholzschachtel, zeigte mir vier Perlen – eine Tropfenperle, eine unregelmäßige Barockperle und zwei ebenmäßig runde Exemplare – und nannte mir einen Preis. Den gleichen Betrag hätte man in Papeete für drei grellbunte tahitianische Hemden oder zwei Mahlzeiten bezahlen müssen.

»Abgemacht.« Ich gab ihr das Geld. Als wir zum Kai zurückgingen, an dem sich sämtliche Einwohner des Atolls (»vierhundert, plus Kinder«, sagte Cécile) versammelt hatten, folgten uns immer noch die Hunde; inzwischen waren es etwa fünfzehn.

»Also, diese Hunde«, sagte ich. Wir sprachen französisch.

»So viele«, meinte Cécile, ohne hinzusehen.

Ich wollte mich zartfühlend ausdrücken: »Auf den Marquesas werden Hunde gegessen.«

»Wir essen sie auch!« Die Klarstellung klang ziemlich stolz.

Und auf einmal bemerkte ich hundeartige Züge in Céciles Gesicht. Ihre Zähne waren spitzer als gewöhnlich, und ihre Nase wirkte feucht, ihre Lefzen waren etwas zu schlapp und ihre Augen ziemlich seelenvoll.

»Wie schmeckt Hundefleisch?«

»Wie Steak.«

Die meisten Hundeesser schmoren das Fleisch, aber die

Franzosen hatten ihre Kolonie auf den Geschmack von *Steak frites* gebracht, ein kulinarischer Einfluß, der offenbar auch auf die Zubereitungsmethoden für Fifi Einfluß genommen hatte.

»Entrecôte vom Hund, Steak vom Hund, und wie wär's mit Hundegulasch?«

Sie hob die Schultern: »Warum nicht.«

»Essen Sie Seeschildkröten?« Mir war aufgefallen, daß Panzer dieser bedrohten Tierart als Zierat vor vielen der schachtelartigen Häuser von Takapoto hingen.

»Wir lieben Schildkröten«, sagte Cécile. »Wir machen Suppe draus.«

Nahrungsmittel stellten auf einem Atoll wie diesem, wo es Fisch und Kokosnüsse im Überfluß gab, kein Problem dar. Schweine gab es ebenfalls. Man wäre ohne Hunde ausgekommen, aber die wurden, wie Cécile gesagt hatte, wegen ihres guten Geschmacks gegessen. Die meiste Zeit lebte man von Fisch, Reis und Kokosnüssen, und wenn die *Aranui* kam, gab es Zwiebeln und Karotten. Einen Garten hatte niemand, der Boden war, soweit überhaupt vorhanden, zu schlecht. Die Insel bestand hauptsächlich aus Korallenkies, auf dem nur Palmen und eine fedrige australische Pinienart gediehen.

Am Landungssteg traf ich einen Amerikaner namens Tim. Er sah aus wie ein Surfer, kam aus Kalifornien und reiste, wie es gerade kam, von Insel zu Insel. Auf Takapoto hielt er sich schon seit mehreren Monaten auf. Ihm gefiel es hier besser als auf allen andern Atollen, die er bisher besucht hatte. Ich wollte wissen, warum.

»Die Haie sind kleiner, und es gibt weniger davon. Das ist das eine«, sagte er. »Und die Leute sind sehr gastfreundlich. Kaum bist du angekommen, laden sie dich auch schon ein, geben dir was zu essen, selbst wenn es alles ist, was sie haben – selbst wenn ihre Kinder noch nicht satt sind.«

»Ich dachte eben, daß es hier nicht gerade so aussieht, als hätten die Leute viel zu essen«, sagte ich.

»Hier gibt es mehr, als du denkst«, meinte Tim. »Die Häuser sehen armselig aus, aber in jedem steht ein Fernseher, ein Videogerät, ein Gasherd und ein Tiefkühlschrank. Sie fangen Fische, frieren sie ein und verkaufen sie dann an die Schiffe, die hier Station machen. Die *Aranui* nimmt auch jede Menge ab.«

»Leben sie davon?«

»Hauptsächlich, ja. Außer Kindergeld kriegen sie von den Franzosen nichts. Und der Koprapreis wird subventioniert. Ansonsten kommen sie für sich selbst auf.«

»Ich habe gesehen, daß eine ganz nette Zahl von Whisky-Kisten hier ausgeladen worden ist.«

»Alkohol ist ein Problem«, erklärte er. »Und er hat einen enormen Effekt. Die Leute werden äußerst gewalttätig, die ganze Persönlichkeit ändert sich. Letzten Samstag hat es in einer Nacht vier Schlägereien gegeben.«

Die Fracht, darunter auch der Alkohol, wurde immer noch an uns vorbeigetragen. Die Männer waren so schwer beladen, daß sie bis zu den Knöcheln im Korallenkies einsanken.

Tim sagte: »Angeblich brauchst du nur eine Flasche Jack Daniels rauszurücken, und sie machen alles für dich. Alles.«

»Und wenn man eine ganze Kiste von dem Zeug hätte?«

»Würdest du wahrscheinlich eine ganze Handvoll schwarze Perlen kriegen.«

Ein seltsames, jung aussehendes Fleckchen Erde, nur ein paar Meter hoch, mitten im Ozean, so flach, so spärlich bewachsen, kein Gras und nur wenige Menschen. Wenn es die Perlen nicht gäbe, wäre das Atoll vor langer Zeit schon vergessen und sich selbst überlassen worden. Beim Anblick der Bevölkerung, die sich in der Dämmerung am Landungssteg versammelt hatte, stellte ich mir Menschen vor, die sich an Korallen klammerten, zerbrechliche Wesen, die sich an brüchigem, mürbem, lebendem Fels festhielten. Die ganze Insel erinnerte an einen kleinen, fragilen Organismus.

Es war bereits dunkel, als die letzte Ladung Kopra an Bord verstaut wurde, und ich saß mit einigen der marquesanischen Passagiere zusammen, Thérèse, einer medizinischen Assistentin, Charles, einem überaus kräftig gebauten ehemaligen Soldaten der französischen Armee, der winzige weiße *tiare*-Blüten im schulterlangen Haar trug (er hatte an den Kämpfen im Tschad teilgenommen und die nötigen Narben von Schußverletzungen, um es zu beweisen: »Die Afrikaner sind echte Wilde«), und schließlich Jean, der nach seiner Meinung vom letzten König der Marquesas abstammte und sich auf der Heimreise von Tahiti befand, wo er Geburtenregister und genealogische Quellen studiert hatte, um seine königliche Herkunft zu belegen.

Die drei hatten sich vor der Reise nicht gekannt, waren jetzt aber ins Gespräch gekommen und in bezug auf fast alles einer Meinung. Sie haßten die tahitianische Politik, waren gegen die französischen Atomtests (»jeder ist dagegen, die Natur wird vergiftet, das Meer, die Fische, und man wird krank davon«, sagte Thérèse) und wünschten sich die Unabhängigkeit der Marquesas vom übrigen Polynesien.

»Wir wollen die freien Marquesas«, sagte Charles und fügte dann verwirrenderweise noch hinzu: »Es ist egal, ob die Franzosen dort sind oder nicht. Wir wollen bloß keine tahitianische Politik.«

Dann wiederholte er, was viele Marquesaner sagten: Seine Inseln waren wie eine Familie, eine große, katholische Familie. Auf das übrige Französisch Polynesien sah man eher herab, weil es vom Glauben abgefallen und zu den Mormonen und Jehovas Zeugen übergewechselt war.

Ich wollte gerade nach unten gehen, als ich an der Reling Patrick stehen sah, einen der Burschen aus Melbourne.

»Kennen Sie diesen Film *Cocoon*, wo alle Leute in einem Boot sitzen, und dann wird das Boot durch Strahlen auf einen anderen Planeten geschossen?« Er grinste. »Als ich am ersten Tag gesehen hab, wie diese Leute da an Bord geeiert sind, hab ich gedacht: ›Gott steh mir bei, jetzt geht's ab ins Weltall!‹«

In gewisser Weise hatte er recht, die Marquesas waren eine andere Welt. Von Takapoto bis zur ersten dieser hohen Inseln brauchte das Schiff noch sechsunddreißig Stunden.

Zeit genug, um die Passagiere etwas besser kennenzulernen. Señor Pillitz war im Londoner Ritz zum Kellner ausgebildet worden, aber eines Abends hatte er wohl versehentlich einem Gast eine ganze Terrine Zwiebelsuppe über den Rücken gekippt (»sie hatte ein wunderschönes grünes Kleid an«) und daraus den Schluß gezogen, daß er es besser mit Fotografieren versuchen sollte. Die Deutschen blieben für sich, sicherten sich die besten Plätze und die größten Essensportionen und marschierten mit untrüglichem Invasoreninstinkt auf den Decks hin und her, dessen wichtigste Areale sie für sich reklamierten. Carmelo und Amelia aus Venezuela hatten schon mehrere

Weltreisen gemacht. Ihr Lieblingsland war Indien, »wegen der
Kultur«. Ross und Patrick waren zum erstenmal außerhalb von
Melbourne auf dem Kriegspfad und fanden alles fabelhaft. Ho-
race, ein Neurochirurg aus Sarasota, faszinierte mich mit der
Beschreibung einer Gehirntumoroperation. Nachdem der
Schädel des Patienten geöffnet war (der Schnitt verlief hinter
dem Ohr, an der Schädelbasis), wurde der Tumor mit unvorstellbarer Behutsamkeit herausgelöst, »als würde man Sand
rausholen, und zwar jedes Körnchen einzeln. Gegen Ende der
Operation, wenn man schon sehr müde ist, ist die Gefahr am
größten, daß man abrutscht und lebensnotwendige Nerven
zerschneidet.« Philippe, auch er war Arzt, leistete gerade seinen Sozialen Dienst im Krankenhaus von Papeete ab. Er hatte
eine tahitianische Großmutter. Pascale, eine junge, hübsche
Französin, die sich außer zu den Mahlzeiten gewöhnlich »oben
ohne« auf dem Schiff bewegte, war Krankenschwester im selben Hospital und hatte bei der Geburt von Cheyenne Brandos
Sohn assistiert. »Eine komische Frau, die Frau Brando, keiner
darf sie anfassen. Glauben Sie, daß man ein Kind kriegen kann,
ohne daß einen einer anfaßt?« Eine Frau aus Chicago, die sich
Senga nannte (sie konnte den Namen Agnes nicht ausstehen
und buchstabierte ihn deshalb rückwärts) erzählte, sie sei siebzig Jahre alt und mache diese Reise mit, »weil ich noch was
erleben will, bevor ich sterbe«. Dann gab es noch einen son-
nenverbrannten Franzosen, den wir Pinky nannten. Wenn er
betrunken war, also jeden Abend um acht in der Bar auf dem
C-Deck, stimmte er Loblieder auf Jean-Marie Le Pen an, den
rassistischen französischen Politiker. Pinkys Nemesis war Madame Wittkop, die wir die »Gräfin« nannten. Sie behauptete
zwar oft: »Ich bin unverschämt«, war aber bisher nicht weiter
aufgefallen. Soviel zu den Passagieren an Bord.

Viereinhalb Tage nach der Abreise aus Papeete sichteten wir
die erste Insel der Marquesas, das Inselchen Ua-Pou.
   Etliche Mitreisende fanden, daß Ua-Pou nicht im mindesten
aussah wie eine Südseeinsel. Diese Reaktion ist schon bei Melville nachzulesen. »Wer die Südsee zum erstenmal besucht, ist
im allgemeinen überrascht von dem Anblick, den die Inseln
von der See her bieten. Nach den oberflächlichen Berichten,

die wir bisweilen von ihrer Schönheit erhalten, sind viele Leute geneigt, sie sich als bunte, sanft wellige Ebenen vorzustellen, überschattet von lieblichen Hainen und bewässert von murmelnden Bächen«, schreibt er in *Typee* und fährt dann fort: »Die Wirklichkeit ist ganz anders.« Die Rede ist zwar von Nuku Hiva, aber die Beschreibung trifft auf Ua-Pou ebenso zu: »Kühne, felsige Küsten, an denen die Brandung hoch gegen die aufgetürmten Klippen schäumt, hier und da von tiefen Schluchten durchbrochen, die den Blick auf dichtbewaldete Täler freigeben, begrenzt von den Ketten mit grünen Matten bedeckter Berge, die von dem hohen zerklüfteten Innern zur See hinabreichen.«

Vor allem der Fels, die Zinnen und Zacken, das war das überraschendste. Die Felsen waren hoch und an bewaldeten Stellen tiefgrün. Manche Berge hatten Umrisse wie Hexenhüte, andere wie Kirchtürme und Kuppeln, alles war ausgekehlt, schlank und gotisch. Schwarze Felsklippen stürzten senkrecht in schäumende Gischt. Wo waren die weißen Sandstrände? Wo die leuchtenden Lagunen? Die wenigen, die es auf den Marquesas überhaupt gibt, sind schwer zu finden. Die Schroffheit der Inseln kann man kaum übertrieben darstellen, diese fast unbezwingbare Steilheit ihrer Höhenzüge und der leeren Täler. Und oben am Anfang jedes Tals entsprang ein großer, sprudelnder Wasserfall, manche davon strömten über mehrere hundert Meter herab.

In Hakehau, einer winzigen Ortschaft an einem versteckten Hafen, gingen wir an Land. Señor Pillitz und ich ließen uns von einem Franzosen, der verzweifelt nach Kundschaft Ausschau hielt, zu einer zweistündigen Fahrt an den steinigen Strand von Hohoi überreden. Dort sahen wir ein braunes Pferd. »Und zwei verrückte Katzen«, sagte Señor Pillitz und machte ein Foto. Nach ein paar Minuten drängte der Franzose wieder zum Aufbruch. Die Straße war verschlammt, der Land Rover sank ein, und ich verrenkte mir das Rückgrat beim Anschieben. Als wir wieder in Hakehau waren, verlangte der Fahrer zwanzig Dollar von jedem von uns und versuchte, uns für weitere zwanzig Dollar selbstgemachte gerahmte Fotos von den Vulkanen anzudrehen. Wir kamen gerade noch zur Tanzvorführung zurecht: Fünfzehn junge Männer zeigten den

»Schweinetanz«, grunzten, schnüffelten und turnten behende
auf allen vieren herum. Mit einem großen Schrei beendeten sie
schließlich ihre Darbietung, und wir setzten uns zu einem Festmahl aus Langusten, Tintenfisch, Brotfrucht, Bananen und ro-
hem, in Limonensaft und Kokosmilch mariniertem Thunfisch
(*ia ota*), den die Franzosen als *poisson cru* kennen.

Auf dem Rückweg zum Schiff ging ich zwischen blühenden
Büschen hindurch, die einen köstlichen Duft verströmten, und
hinter einer Hibiskushecke stolperte ich fast über eine große
Familie, die mit Äxten und Macheten eine tote Kuh in Stücke
schlug. Sie häuteten und zerteilten sie gleichzeitig, und sieben
Hunde balgten sich um die Reste. Kurz vor unserer Abfahrt
sah ich dieselben Leute die Gangway hinaufrennen. Sie hatten
pralle Säcke mit dem Fleisch der geschlachteten Kuh geschul-
tert und wollten zu einer anderen Insel, mit einem Fleischvor-
rat für einen Monat.

Am Nachmittag fuhr die *Aranui* auf die andere Seite der Insel, zu einem anderen Dorf an einer Bucht, Hakehetau, das von
den Barkassen mit Propangasflaschen und Lebensmitteln beliefert wurde. Der Himmel war voller Vögel, braunen Tölpeln,
weißen Seeschwalben, graugelben Finken und den – immer zu
zweit oder zu dritt – langsam dahinsegelnden Fregattvögeln.
An den Steilhängen von Ua-Pou liefen Trupps von wilden Ziegen herum, die die Berge kahlgefressen hatten.

Auf dem spiegelglatten, goldenen Meer, das ruhig und mild
im Licht der ebenso goldenen untergehenden Sonne glänzte,
und mit dem Duft der Blumen, der noch lange vom Ufer zu
uns herüberwehte, fuhren wir nach Nuku Hiva. Die Nacht
über ankerten wir vor Taipi, das zwar eine Bucht, aber keinen
richtigen Ankergrund hatte, keinen Kai, keine Landungsbrük-
ken, nichts als eine stinkende Sandbank an einer Flußmündung.

Am nächsten Tag tuckerten wir mit den Barkassen ein tiefes
Flußtal zum Dorf Taipivai hinauf. Es liegt im Südosten der Insel Nuku Hiva. An der Kultstätte, dem *marae*, in der Nähe des
Dorfes gab der Passagier, den ich »Gandhi« getauft hatte, eine
einzigartig abstoßende Vorstellung, die er regelmäßig wiederholte. Auf jeder historischen Plattform, an jedem steinernen
Tiki drehte er allen anderen den Rücken zu, zog seine Bade-

hose runter und pinkelte genußvoll seufzend an die edlen Ruinen. Aus Gründen, die mir bis heute nicht klar sind, sah ich Gandhi auch später jedes *marae* in jedem Tabu-Hain entweihen, den wir auf den Marquesas besichtigten.

»Der Mann ist einfach widerlich«, sagte ich.

»Ist er nicht *fabelhaft*?«

Vielleicht war er auf seine Art nicht schlimmer als die Missionare, die alle hiesigen Statuen kastriert hatten. Es gibt keinen Penis, der nicht abgeschlagen, keine Statue, die nicht im Namen des Allmächtigen umgekippt worden wäre. »Aber was hat das alles zu bedeuten?« fragt Melville sarkastisch. »Beachtet nur das glorreiche Resultat! Die Ungeheuerlichkeiten des Heidentums sind den reinen Riten der christlichen Lehre gewichen, der unwissende Wilde durch den gebildeten Europäer ersetzt!« Manche Insulaner schlugen zurück, sogar Statuen sollen rebellisch geworden sein. Die Tikis sind »lebendig« und können nachtragend sein, sagen die Marquesaner. Errege den Zorn dieser fetten schwarzen Dämonen, die aussehen wie die Götter der Verstopfung, und du wirst verflucht, vom Pech verfolgt oder vom Tod ereilt.

Hier an dem Pfad bei Taipivai hatte Melville den größten Teil seiner vier Wochen auf den Marquesas zugebracht. Von diesem Ort hat er den Titel für sein Buch: *Typee* ist nur eine andere Schreibweise für Taipi, und die verschiedenen Varianten des Wortes *vai* bedeuten in ganz Polynesien »Wasser«.

Die Ruinen und Tikis des *marae* über dem Dorf waren längst nicht alles. Das ganze Tal, das nach wilder Vanille duftete, war voller Ruinen, die kaum zu finden waren, wenn man nicht tief in den Urwald vordrang. Dann stieß man auf Steinmauern, Podeste, altarähnliche Bauwerke, Schnitzereien und Felszeichnungen in einem Gewirr aus Lianen, Gestrüpp und oft auch (auf den Marquesas als heilig geltende) Banyanbäumen, die das Mauerwerk durchbrachen.

Auf allen Marquesas-Inseln bot sich das gleiche Bild. Ganze Höhenzüge verbargen in ihren Urwäldern riesige Ruinen aus schwarzen Steinblöcken. In dieser Hinsicht glichen die Inseln Belize oder Guatemala, die ebenfalls voller gigantischer, verfallener Bauwerke, seltsamer Statuen und Mauern sind. An den intakten Stellen sahen die Mauern aus wie die Steinmetzarbei-

ten der Maya. Die Urwälder waren einmal voller Dörfer und
großer Häuser, und die Einwohnerzahl muß sehr hoch gewesen sein – nach Schätzungen lebten hier zur Zeit des ersten
Kontakts mit der Außenwelt mehr als zehnmal so viele Menschen (eine Schätzung nennt achtzigtausend Einwohner) wie
heute. Der erste Sendbote aus jener anderen Welt war Captain
Ingraham aus Boston, auch wenn die Inseln zunächst von dem
allgegenwärtigen Spanier Mendaña gesichtet und nach seinem
Wohltäter, dem Marquis von Mendoza, benannt worden waren.

Was war mit all diesen Marquesanern geschehen? Der Südsee-Historiker Peter Bellwood gibt in seinem Buch *The Polyne-
sians* eine Erklärung: »Die Bewohner der Marquesas zählten,
zusammen mit ihren engen Verwandten, den Maori, zu den
widerstandsfähigsten und robustesten unter den Polynesiern,
und ihr Leben war nie von der Indolenz geprägt, die man
Inseln wie etwa Tahiti zuschreibt. Da Brotfruchtbäume, eine
Baumart, die nicht das ganze Jahr über Früchte bringt, ihre
Hauptnahrungsquelle darstellten, erlitten sie Hungersnöte
von vernichtenden Ausmaßen, durch welche die Häufigkeit
kriegerischer Auseinandersetzungen naturgemäß zunahm.
Viele frühe Besucher haben berichtet, daß sich verarmte und
besiegte Marquesaner in ihren Kanus auf den Weg machten,
um hinter dem Horizont neue Ufer zu suchen.«

Heute sind die meisten der Ruinen verschüttet oder zumindest überwuchert, einige sind dokumentiert, aber nur sehr wenige ausgegraben worden. Außer in den Urwäldern von Belize
und Guatemala hatte ich noch nirgends einen Ort mit einer
derartigen Menge von Gebäudefundamenten unter Moos und
Farn gesehen. Überall gab es Felszeichnungen von Vögeln und
Fischen, von Kanus und Schildkröten, feine, eingeritzte Linien
im Stein. Im feuchten, mückenverpesteten Schatten der hohen
Bäume lagen die Kultplätze so melancholisch da wie verlorene
Städte. Ihr Anblick in der Düsternis der morastigen Berghänge
war aufregend, die immensen Terrassen, die Altäre, die finsteren, kastrierten Tikis. Jedem, der glaubt, daß die großen Ruinen dieser Welt längst schon banal und sattsam bekannt sind,
kann ich versichern, daß die Altäre und Kultplätze der Marquesas immer noch auf ihre Entdeckung warten.

Victorine Tata, mit der ich in Taipivai ins Gespräch kam, hatte sich gerade einen Kleinlaster gekauft. Ihr bremsenverschleißender Fahrstil ähnelte dem meiner Großmutter, aber viel bedenklicher als das fand ich den Umstand, daß sie einer Bank einen Kredit abgeschwatzt hatte und das Fahrzeug, das sie fünfunddreißigtausend Dollar gekostet hatte, nun in Raten abstottern wollte. Ob sie jemals ihre Schulden würde abbezahlen können? Victorine lachte nur.

Die *Aranui* nahm Kurs auf Taiohae, das Verwaltungszentrum von Nuku Hiva, wo sie mehrere Tage lang Ladung löschen würde, also blieb ich in Taipivai und fragte Victorine, ob sie mich gegen Bezahlung in ihrem neuen Laster in der Gegend von Taipi herumfahren wollte. Mit dem größten Vergnügen, meinte sie. Sie war eine große, massige Frau mit kantigem Kinn und schweren Beinen. Sie war gelassen und aufrichtig, und wie sie da so riesig und unerschütterlich auf dem Fahrersitz ihres Lasters saß, schien sie dem Fahrzeug offenbar zu genau dem zusätzlichen Ballast zu verhelfen, den es für die Straßenlage in den steilen Haarnadelkurven von Taipi benötigte.

»Melville hat da drüben gewohnt«, sagte sie auf französisch und zeigte in Richtung Taipivai, das etwa zwei Meilen über der Flußmündung neben einem großen *marae* an der Ostflanke des Tals lag.

Wir fuhren einen steilen, schlammigen Weg hinauf.

»Mein Onkel ist eine Zeitlang mit ihm herumgereist. Er hat ihm Tikis gezeigt und ihm alles über die Blumen und die Bäume beigebracht.«

»Wollen Sie sagen, daß er mit dem wirklichen Melville herumgezogen ist?«

»Ja. Mit dem Amerikaner Melville.« Sie sprach es wie *Melveel* aus. »Mein Onkel hat sich gut mit ihm verstanden.«

Er war sozusagen Melvilles rechte Hand gewesen.

»Ist das nicht ziemlich lange her?«

»Achtzehnhundertzwanzig oder so«, sagte Victorine. »Ist lange her. Mein Großvater kannte Melville auch. Er hat ihm die Insel gezeigt. Jede Ecke.«

»Woher wissen Sie das?«

»Mein Vater hat mir viele Geschichten von meinen Verwandten und Melville erzählt.«

Mir wurde nicht klar, ob an dem, was sie sagte, auch nur ein
Körnchen Wahrheit war, aber sie war eine anständige, nüchterne Person, und sie glaubte daran. Nur das zählte.

»Stimmt es, daß die Marquesaner früher Kannibalen waren?«

»Was ist das?«

Ich hatte das Wort »Menschenfresser« vermeiden wollen,
gab mir jetzt aber einen Ruck und fragte noch einmal.

»Oh, ja, früher. Vor langer Zeit. Da haben sie Menschen gegessen. Aber jetzt nicht mehr.«

»Das Wort ›Typee‹ bezeichnet in der Sprache der Marquesas
einen Liebhaber von Menschenfleisch«, hatte Melville geschrieben. Stimmte das? Victorine meinte, nein.

»Und heute, habe ich gehört, ißt man hier Hunde«, sagte ich
nach einer Pause.

»Nein. Die Tuamotus, da essen sie Hunde. Wir essen Ziegen
und Kühe.«

Die Hügel von Taipi waren leer. Auf Tonga und auf den beiden Samoas, auf Fidschi und anderen Inseln hatte ich mich an
den Anblick konzentrierter Besiedlung gewöhnt, überfüllte
Städte, Berghänge voller Hütten und jedes Stückchen Ufer
aufgeteilt und besetzt. Die Gegend hier war außergewöhnlich
entvölkert, weit und breit kein Mensch. Die Insel war nichts
weiter als ein großes, leeres Stück Land mit dichtem Baumbe-
wuchs und der verlassenen Größe der schwarzen Steinruinen.

»Bisweilen genossen wir die Erfrischung im Wasser eines
kleinen Sees, zu dem sich der Hauptstrom des Tales ausweibe-
tete«, schreibt Melville. »Die liebliche Wasserfläche war fast
kreisrund, wohl dreihundert Schritt breit und unbeschreiblich
schön.«

Auf ebendiesem See hatte die nackte Fayaway so kokett den
Mast für Tommo gespielt, und Tommo hatte in ihm mit den
dunklen Badenixen geplanscht.

»Wo ist der See?« fragte ich.

»Hier ist kein See«, antwortete Victorine, und wieder war
eine Illusion dahin.

Victorines Kleinlaster war mit Radio und Kassettendeck ausgestattet, aber auf Nuku Hiva gab es keinen Sender – auf den
gesamten Marquesas nicht –, und Victorine hatte auch keine

Kassetten. Aber ich hatte meinen Walkman inzwischen ersetzt und besaß immer noch das Kiri-Te-Kanawa-Band, *Kiri – A Portrait*, das mich auf den Salomonen beglückt hatte. Ich steckte die Kassette in Victorines Kassettendeck, während wir über die Berge von Taipi knatterten.

Ein plötzlicher, volltönender Ausbruch von Kiri mit der Arie »*Dove sono*« aus der *Hochzeit des Figaro*.

»Das ist ein Lied aus einer Oper.«

»Oper, ja, von Oper hab ich schon mal gehört.«

Die nächste Arie stammte aus *Carmen*.

»Das ist ja Französisch«, sagte sie. Auch wir sprachen französisch. »Singen Männer eigentlich auch so, mit so einer Stimme?«

Sie imitierte einen im Falsett singenden Mann.

»Manchmal schon, aber nicht ganz genauso.«

»*Vissi d'arte*« tönte es aus dem Lautsprecher des verdreckten Lasters. »Gefällt Ihnen das?«

»Wunderschön«, sagte Victorine.

»Wissen Sie, was besonders interessant ist? Diese Sängerin ist Polynesierin, eine Maori aus Neuseeland.«

»Das freut mich.«

Ihr Gesicht sah selig aus. Ich stellte mir vor, wie Victorine auf den Straßen zwischen Taipi und Taiohae hin und her fuhr, Eier lieferte, Fahrgäste absetzte – und wie sie bei jeder Tour diesen und den anderen Arien (»*Rejoice Greatly*« und »*I Know That My Redeemer Liveth*« aus dem *Messias*) lauschte und sich schon vorher darauf freute, Worte mitmurmelnd, die ihr womöglich vertraut werden würden.

Also sagte ich nach einer Weile: »Sie können das Band behalten. Ich schenk's Ihnen.«

Sie freute sich. Sie wollte etwas sagen, aber dann überlegte sie einen Moment lang und sagte schließlich: »*Sank you*.«

Victorine setzte mich fünfzehn Kilometer oberhalb von Taiohae ab, weil ich mir nach der Enge ihres kleinen Lasters nichts dringender wünschte als einen Fußmarsch. Über einen hohen Bergsattel und eine Serpentinenstraße wanderte ich zum Hauptort von Nuku Hiva hinunter, wo die *Aranui* noch immer Fracht löschte. Trotz seiner Funktion als Hauptverwaltungs-

zentrum der Marquesas war es eine kleine Ortschaft: ein paar
Lebensmittelläden, die teure Konserven und ein paar importierte Gemüsesorten führten. In Taihoae fand ich Kohlköpfe zu
neun Dollar das Stück, aus Kalifornien, und an diesem Tag
tauchten Karotten und Zwiebeln von der *Aranui* auf.

Das Schiff sollte zum Dorf Hatiheu an der Nordküste der
Insel weiterfahren, und da ich dorthin auch auf dem Landweg
nachkommen konnte, blieb ich noch in Taiohae und genoß
meine neugewonnene Freiheit als Fußgänger. Ich hatte inzwischen eine gewisse Abneigung gegen das viele Sitzen und die
Fleischgerichte auf dem Schiff entwickelt. Es tat mir gut, daß
ich in Taiohae mit dem Essen freier war, und obwohl ich in
einem Hotel wohnte, kaufte ich mir dann und wann einen Liter Fruchtsaft (aus Australien), eine Dose Bohnen (aus Frankreich) und ein Baguette (aus Papeete), setzte mich damit unter
einen Baum am Strand und machte mir meine Mahlzeit selber.

Konserven waren auf den Marquesas Luxusartikel. Die Insulaner bauten Brotfrucht und Mangos an und fingen Fische.
Wenn sie etwas Geld übrighatten, leisteten sie sich eine Dose
Spam oder eine Packung heißgeliebtes knuspriges Knabberzeug.

»Es kommt durchaus vor, daß ein Mädchen nur deshalb als
Kellnerin arbeitet, damit sie sich Zigaretten kaufen kann«, erzählte Rose Carson. Sie führte ein kleines Hotel an der Westseite von Taiohaes hübschem Hafen. »Bei einem Preis von fünf
Dollar die Schachtel geht fast ihr ganzer Lohn für Zigaretten
drauf.«

Die Marquesaner, die ich traf, waren groß und massig. Sie
waren für ihre Düsterkeit und Schwermut bekannt, sangen
und musizierten nicht so leicht wie die Tahitianer. Bei Sonnenuntergang versammelten sich fette Männer in T-Shirts am
Meeresufer neben den nationalistischen französischen Denkmälern, hängten ihre Füße in die Abendbrise und teilten sich
Familienpackungen »Cheez Balls«.

Auf einer Gedenktafel stand »*À la Mémoire des Officiers, Soldats et Marins Français morts aux Marquises 1842–1925*«, aber kein
Wort über Tausende von Marquesanern, die vergeblich um
ihre Heimat gekämpft hatten. Eine andere, auf der nicht zur
Kenntnis genommen wurde, daß die Inseln von mutigen poly-

nesischen Seefahrern entdeckt wurden, die vermutlich vor 1800 Jahren von Samoa her übers Meer gekommen waren, pries den unrechtmäßigen Anspruch eines »Entdeckers«: »*Au nom du Roy de France le 23 Juin 1791 Étienne Marchand découvreur du groupe N. O. de Marquises prit possession de l'isle Nuku Hiva.*« Daß Captain Ingraham die Insel zwei Monate zuvor in Besitz genommen hatte, wurde ebenfalls nicht weiter erwähnt.

Nuku Hiva wurde im Jahr 1813 von Captain David Porter für die Vereinigten Staaten annektiert. Porter errichtete ein Fort und benannte Taihoae nach dem damaligen Präsidenten James Madison. Aber Madisonville war nicht viel mehr als eine impulsive Geste, und da der Kongreß die Annektierung nicht bestätigte, wurde sie niemals rechtskräftig. Die Franzosen hätten sonst sicher einen Krieg gegen uns angefangen und fraglos ebenso grausam gewütet wie 1842, als sie im Kampf um ihre Vorherrschaft die Insulaner zu Tausenden abschlachteten. Melville wurde Zeuge des Gefechts. Seine marquesanische Spritztour fand zur gleichen Zeit statt wie dieses französische Abenteuer. In seinem Buch spottet er: »Vier schwere Doppeldeckfregatten und drei Korvetten, um einen Haufen nackter Heiden zu unterwerfen! Achtundsechzigpfünder, um Hütten aus Kokosnußzweigen zu zerstören, und Brandraketen, um ein paar Kanuschuppen anzuzünden!«

Nach den beiden in Taiohae allein verbrachten Tagen machte ich mich auf den Weg über die Insel nach Hatiheu, wo die *Aranui* in einer hübschen Bucht vor Anker lag. Es gab kein Dock für das Schiff, und wieder einmal brachten Barkassen die Ladung durch die Brandung zu einer zerfallenden Landungsbrücke.

Hatiheu war ein dörfliches Kleinod am Fuß dreier steiler Berge. Auf einer Wiese im Zentrum stand eine große, der Johanna von Orleans geweihte Kirche mit zwei Türmen und rotem Blechdach. Pferde weideten auf dem Kirchhof. Und während rundum Hunde bellten und sich die Wellen auf dem schwarzen Sandstrand brachen, stand ich unter einem Baum vor Hatiheus winzigem Postamt und telephonierte mit Honolulu.

Später traf ich Señor Pillitz, mit dem ich einen Spaziergang durch die Palmenpflanzungen hinter dem Dorf machte. Zwi-

schen den Palmen standen Kapokbäume, vollbeladen mit ber-
stenden Samenkapseln. Kapok wurde hier früher zu kommer-
ziellen Zwecken angebaut, galt mittlerweile aber als unrenta-
bel. Hinter der Plantage lag eine Kultstätte, eine sogenannte
tohua. Auf einem Platz von der Größe eines Fußballfeldes standen umfriedete Steinplattformen, Altäre und geschnitzte Statuen. Die Einheimischen mieden derlei Orte im allgemeinen,
da sie glaubten, daß es dort spuke und der *tohua* ein *mana*, ein
Geist, anhafte, der mit ihrem christlichen Glauben nicht zu vereinbaren sei. Unter den Insulanern herrschte eine beständige
Scheu, wenn nicht gar Angst vor diesen historischen Stätten.
Vor allem war es die Scheu vor den Geistern der Toten, den
bösartigen *tupapau*, die nach Anbruch der Dunkelheit auf den
Waldlichtungen umgingen.

Tiefer im Wald befand sich eine ähnliche Stätte. Sie war größer, aber schwerer zu erkennen, da alles auseinandergerissen
war – Terrassen, Altäre und auch die Felsblöcke mit den Petroglyphen. Alles war überwuchert von Banyanbäumen, einige
davon riesige Exemplare. In früherer Zeit hatten die Marquesaner die Schädel ihrer Feinde zwischen die Luftwurzeln dieser
Bäume gelegt. Weiter oben am Berg gab es eine runde, mit Steinen eingefaßte Grube, in der die Gefangenen erst einmal ge-
mästet wurden, bevor man sie umbrachte und aß.

»*Zey wair cooking zem wiz breadfruit. Sie haben sie mit Brotfrucht
zubereitet*«, erzählte mir später eine Chinesin. Sie hieß Marie-
Claire Laforet. Ihr Vater hatte seinen chinesischen Nachnamen
im Zuge der großen tahitianischen Umtaufaktion (»die Franzosen wollten keine fremden Wörter«, sagte Marie-Claire) von
1964 aufgegeben. Auf sehr stimmige Weise: Das Schriftzeichen
für seinen kantonesischen Namen Lim (»*Lin*« im Mandarin)
bedeutet »Wald« oder »Bäume«.

Am selben Tag ging ich mit Philippe und Señor Pillitz über
einen Bergkamm bei Hatiheu bis zur Anaho Bay hinüber. Dieser Ort, gut geschützt, mit ausgedehnten Ruinen, einem weißen Sandstrand und einer Korallenbank (eins der wenigen
Riffe auf den Marquesas und die einzige Lagune), war der
schönste, den ich auf den Inseln zu Gesicht bekam. Er vereinte
die Sanftheit des tropischen Strandes mit der Schroffheit der
Berge ringsum. In der Bucht hatte 1888 auch Robert Louis Ste-

venson mit der *Casco* Station gemacht, auf der sich seine Frau, seine beiden Stiefkinder und seine alte Mutter befanden. Der Anblick der Anaho Bay und Stevensons Umgang mit den tätowierten Marquesanern, die er immer noch für Kannibalen hielt, überzeugten ihn vollends von der Richtigkeit seiner Entscheidung, den Rest seiner Tage im Pazifik zu verbringen. Von Anaho ging eine starke Wirkung auf ihn aus, ebenso auf seine Mutter. Zum erstenmal in ihrem Leben entledigte sich die mäklige Matrone aus Edinburgh öffentlich ihrer Strümpfe »und oft auch der Schuhe«. Im Bann von Anaho wurde die ganze Familie zu Eingeborenen. Anaho war und ist die Apotheose der Südsee: abgelegen, geschützt, leer und ursprünglich – schlichtweg hinreißend.

»Gibt es hier Haie?« fragte ich zwei Männer mit Fischspeeren, die gerade zum Rand des Riffs hinauswateten.

»Viele Haie.«

»Große?«

»Sehr große.«

»Stören die Sie?«

»Nein.«

Sie hatten eine Machete zurückgelassen. Von einer niedrigen Palme schlug ich ein paar Kokosnüsse und hackte sie auf. Wir tranken die süße Kokosmilch und aßen das Fruchtfleisch. Auf unserem Rückweg, vorbei an verstreuten Fischerhütten und durch einen dampfenden Wald, begleitete uns ein kleiner, sogenannter *demi*, ein halb marquesanischer, halb chinesischer Junge. Er war etwa zehn Jahre alt.

»Ich bin glücklich hier in Anaho«, sagte er in stockendem Französisch. »Ich würde nicht gern nach Frankreich gehen. Da gibt es keine Langusten und keine Brotfrucht. Hier haben wir viel zu essen. Wir haben Fische. Wir können überall im Wald ein Haus bauen. Ich kann schwimmen und die *pirogue* von Vater zum Fischen nehmen. In Frankreich wäre ich nicht glücklich.«

Am frühen Abend nahmen wir Kurs auf die Insel Tahuata und gingen vor dem schwarzen Sandstrand des Dorfes Vaitahu vor Anker. Am nächsten Morgen brachten uns die Barkassen an Land. Vaitahu war in mehrfacher Hinsicht typisch für die größeren Ortschaften auf den Marquesas. Es besaß eine katholische Kirche, einen Laden mit Konserven, wunderbare Ruinen am Ortsrand, steile, grüne Talwände, blühende Bäume und Obstbäume (Avocados und Grapefruit wuchsen in den Gärten kleiner, hölzerner Bungalows), haarige schwarze Schweine, wütende Promenadenmischungen, eine neue Kirche und am Uferrand eine beleidigende Gedenktafel, die von all den Franzosen kündete, die ihr Leben im Kampf um die Inseln gelassen hatten.

Das Denkmal in Vaitahu erinnerte an die französischen Soldaten, die 1842 in der Schlacht um Tahuata »auf dem Felde der Ehre« gestorben waren. Über ebendiesen Ort und die Franzosen, die sich mit der Ordnung brüsteten, die sie – ohne Rücksicht auf menschliche Verluste – auf die Inseln gebracht haben wollten, schrieb Melville ironisch: »So hatten sie bei einer ihrer Reformbemühungen bei Witihoo (Vaihatu) etwa hundertfünfzig von ihnen niedergemacht.«

Die Frau, die wir an Bord die Gräfin nannten, hörte mein Hohngelächter vor der Gedenktafel. Sie war eine Deutsch-Französin, die häufig mit einem Kassettenrecorder herumwanderte, den sie sich dicht vor die Lippen hielt, um etwas hineinzukeifen. Mein Sarkasmus erschrecke sie ein bißchen. Zufällig sei sie Autorin von Reiseberichten, daher der Kassettenrecorder.

»Über diese Reise schreibe ich eine Geschichte für die beste und geistreichste Zeitung der Welt.« Sie nannte eine deutsche Tageszeitung[*]. »Sie haben so viel Respekt vor mir, daß sie in siebzehn Jahren nur einen einzigen Satz von mir geändert haben.«

»Und wie lautete der Satz?«

»Ein ziemlich reaktionärer Satz, werden Sie denken«, sagte die Gräfin.

»Das möchte ich gern selbst entscheiden.«

»Also gut: ›Dreihundert Jahre Kolonialismus haben der Welt weniger Schaden zugefügt als dreißig Jahre Tourismus.«

Ich lächelte sie an: »Das ist geistreich.«

---

[*] Der Artikel über diese Reise, »Die Schönen Trümmer des Paradieses« von Gabrielle Wittkop-Ménardeau, erschien am 7. Februar 1991 in der Frankfurter Allgemeinen Zeitung. Der Übers.

Von diesem Moment an kam sie immer zu mir, wenn sie etwas loswerden wollte.

»Mein Mann war ein Genie«, erzählte sie später. »Ich selbst habe viele Bücher über Kleider geschrieben.«

»Ich hasse Kinder«, sagte sie an einem anderen Tag, »und liebe kleine Hündchen.«

Ich erzählte ihr, daß ich gesehen hätte, wie Fischer in Vaitahu ein paar mit Draht zusammengebundene Welpen in ein Kanu verluden, als Köder für Haie.

»Sie sollten lieber Babys nehmen.« Sie kicherte wie eine Hexe im Puppentheater.

Als ich in Vaitahu mit ein paar Jugendlichen sprach, fragte mich einer: »Was bist du? Was ist dein Land?«

»Ich bin Amerikaner. Und du?«

»Ich bin Marquesaner.«

Im Kielwasser des Schiffes spielende Delphine begleiteten unsere Einfahrt in die Traitor's Bay und den Hafen von Atuona auf Hiva Oa. Jenseits der Bucht war Tahuata klar zu erkennen und im Südosten die winzige Marquesasinsel Mohotani.

Ein alter roter Citroën wurde aus dem Bauch der *Aranui* gehievt und weggefahren. Dann kamen die Paletten – Mehlsäcke, Bier, Benzin, Baumaterial und Knabberzeug. Eine Nonne nahm ein Päckchen vom Schiff in Empfang und fuhr in ihrem Toyota davon.

Drei Mormonen, zwei davon waren Insulaner, sahen beim Entladen zu und nahmen die Passagiere in Augenschein, als suchten sie Kandidaten für eine allfällige Bekehrung.

Ich fragte sie, ob sie schon viele Seelen gerettet hätten.

»In den letzten anderthalb Jahren hab ich nicht allzu viele Leute bekehren können«, sagte Elder Wright (aus Seattle). »Zwei Familien. Aber wir helfen auf andere Art. Wir bringen ihnen Spiele bei. Wir spielen Basketball.«

»Ich habe gesehen, wie Sie mit diesen Mormonen geredet haben.« Ross hatte sich auf dem Weg in die Stadt zu mir gesellt. »Die tun immer so heilig, aber ein paar von denen sind schwer geil auf Schwänze.«

»Haben Sie irgendwelche Narben davongetragen, um das beweisen zu können?«

»Ist er nicht fabelhaft!« schrie Ross, vertraute mir aber gleich Genaueres an: »Zwei von diesen Mormonenjungs sind mal in Melbourne bei einem schwulen Freund von mir an die Tür gekommen. Sie haben zusammen was getrunken – keinen Alkohol –, und zehn Minuten später lagen sie schon alle zusammen im Bett!«

Hiva Oa war Gauguins letzte Insel.

Gauguin wird oft als bürgerlicher Börsenmakler dargestellt, der plötzlich alles, inklusive Beruf, Frau und fünf Kindern, stehen- und liegenließ, rücksichtslos nach Tahiti floh und dort erst sein künstlerisches Genie entfaltete. Er war jedoch immer schon rücksichtslos gewesen, und mit der Malerei hatte er bereits wenige Jahre nach seiner Heirat angefangen. Der Duft der weiten Welt war ihm ebenfalls nicht neu: Einen Teil seiner Kindheit hatte er in Peru zugebracht (seine Mutter war Kreolin und zur Hälfte peruanisch), war im Alter von siebzehn zur See gegangen und sechs Jahre lang als gewöhnlicher Matrose herumgereist. Seine Ehe war unglücklich, und nicht er war es, der die Börse verließ, sondern es verhielt sich eher umgekehrt. Als es 1883 zu einem Börsenkrach kam, machte er die Malerei zu seinem Hauptberuf, war aber damals bereits anerkannter Impressionist.

Nachdem er Europa den Rücken gekehrt hatte, versuchte er es zuerst auf Martinique, und als daraus nichts wurde, ging er nach Tahiti, das er, wie wir wissen, für das Neue Kythera hielt. Er traf jedoch auf das Gegenteil: Papeete war bourgeois und verwestlicht, voller verwirrender Snobismen der Kolonialherren, voller ärgerlicher Bürokraten, frömmlerischer Missionare und korrupter Städter, die ihm gegenüber so feindselig waren wie auch zu Hause jeder Franzose, wenn er einen langhaarigen Impressionisten zu Gesicht bekam. Auf seinen schulterlangen Haaren trug Gauguin einen Cowboyhut aus Samt. Man verabscheute ihn wegen seiner widerwärtigen Manieren und seiner Kleidung. Die Tahitianer waren toleranter, nannten ihn aufgrund der langen Haare aber dennoch *taata-vahine*, »Mann-Frau«. Er zog in ein Dorf am Meer, malte wie besessen und schrieb Briefe nach Hause, in denen er sich über die Kolonisatoren und das Leben im allgemeinen beschwerte. Nach zwei Jahren packte er seine Sachen und fuhr zurück nach Paris, wo eine Ausstellung seiner Bilder sowohl bei der Kritik als auch in finanzieller Hinsicht zum Fiasko wurde.

Noa-Noa ist eine Huldigung an das Inselleben und die Schönheit der Einheimischen, aber es stammt aus der Feder eines Mannes, der sich selbst und andere davon zu überzeugen suchte, daß er im Paradies gewohnt hatte. Das Buch steht in krassem Widerspruch zu seinen Briefen. Die in *Noa-Noa* geschilderte Liebesgeschichte allerdings basierte auf Tatsachen, denn Gauguin hatte auf Tahiti tatsächlich seine Fayaway gefunden. Sie hieß Tehaamana und war dreizehn Jahre alt (»eine Altersstufe, zu der Gauguin sich bei Frauen besonders hingezogen fühlte«, schreibt der Südsee-Historiker Gavan Daws), und Gauguin malte sie immer wieder, bis sie schließlich die Verkörperung seiner Südseephantasien darstellte.

Während seines zweijährigen europäischen Intermezzos ging es ihm schlecht: »Ich kann buchstäblich nur von der Sonne leben.« Er kehrte nach Polynesien zurück. Obwohl er vorgehabt hatte, sich direkt zu den Marquesas aufzumachen, blieb er zunächst auf Tahiti. Nach wie vor verabscheute er die Gesellschaft der Kolonialherren, die Bürokratie und die Tyrannei der Kirche. Er hatte einen solchen Widerwillen gegen diese Aspekte des tahitianischen Lebens, daß nichts davon je auf seinen Bildern erschien. Vergebens wird man auf einem seiner Gemälde nach Gegenständen aus dem Kolonialleben suchen, die er doch tagtäglich vor Augen gehabt haben muß – Schiffe, Matrosen, Geschäftsleute und Beamte fehlen ebenso wie ihre Frauen und Kinder. Man sieht keine Straßen oder Wagen, keine technischen Vorrichtungen, keine Bücher, Lampen oder Schuhe, überhaupt keine *faranis*, und dabei wimmelte der Ort von Weißen ebenso wie von Chinesen. Die Inseln hatten schon sechzig Jahre Kolonialherrschaft hinter sich, aber auf Gauguins Gemälden, in dieser duftenden Vision, die er sich erschuf, ist Polynesien unberührt. Das einzige Anzeichen fremden Einflusses ist das Bettgestell, das auf manchen Bildern zu sehen ist. Die Tahitianer schliefen auf Matten, nicht in Betten.

»Bei Gauguin ging das Bedürfnis, andere zu überzeugen, immer Hand in Hand mit dem Wunsch zu verletzen«, schreibt einer seiner Biographen. Während er mit einem anderen tahitianischen Teenager, Pauura, im Busch lebte, stritt er sich stän-

dig mit den Behörden herum (die kleine Zeitung, die er gegründet hatte, machte ihn auch nicht gerade beliebter) und
brach, immer noch auf der Suche nach wilder Ursprünglichkeit, schließlich zu den Marquesas auf. Er ließ Pauura ebenso
zurück wie Emil, den gemeinsamen Sohn, der später zur Touristenattraktion werden sollte.

Im Jahr 1901 kam Gauguin auf Hiva Oa an, wo er knapp zwei
Jahre später starb, nach insgesamt zehn auf zwei lange Aufenthalte verteilten Jahren in Polynesien, während derer er etliche
Meisterwerke gemalt und Kinder gezeugt hatte. Hier im kleinen Atuona, unter dem großen, grünen Matterhorn von Temetiu, baute er sich ein schönes, zweistöckiges Haus, sein »Haus
der Freuden«, schnitzte seine Leitsätze – »*Soyez mystérieux. Seid
rätselhaft*«, lautete der eine, »*Soyez amoureux et vous serez heureux. Liebt, und ihr werdet glücklich sein*«, der andere – in die hölzernen Balken und nahm sich die vierzehnjährige Vaeoho zur
Geliebten. Mit ihren Eltern war er sich irgendwie handelseinig
geworden. Gauguin war Mitte Fünfzig, und Vaeoho wurde bald
schon schwanger. Das Mädchen blieb im Tal und lebte, inzwischen eine alte Frau, in den achtziger Jahren immer noch dort.

Es ist erstaunlich, denkt man an die Hitze, die Unordnung,
den alltäglichen Überlebenskampf, die vielen Feinde und so
einfache Notwendigkeiten wie das Spannen und Vorbereiten
der Leinwände – vom Materialeinkauf einmal ganz abgesehen –, daß Gauguin überhaupt gemalt hat. Aber sein Ausstoß
war groß, er war ein stetiger Arbeiter, der sich neben der Malerei von Zeit zu Zeit auch noch mit Holzschnitzerei und Töpferei beschäftigte. Bei alldem machte Gauguin sein schlechter
Gesundheitszustand zu schaffen, er trank, nahm Drogen, hatte
die Syphilis, litt unter Streßsymptomen und brach sich ein
Bein. Bei den Kirchenoberen von Atuona war er verhaßt, und
er hatte einen langwierigen Rechtsstreit wegen einer Verleumdungsklage. Er litt. Als eines Tages Tioka, ein marquesanischer
Nachbar, sein Haus betrat, fand er den *farani* dort liegen, offenbar leblos. Nach marquesanischer Sitte biß Tioka in Gauguins
Kopf. Der Maler rührte sich nicht.

Gauguin liegt auf dem Friedhof hoch oben an einem Hang
über dem Dorf begraben. In seiner Nähe finden sich die Gräber
von Thérèse Tetua, David Le Cadre, Jean Vohi, Josephine

Tauafitiata, Anne Marie Kahao und Elizabeth Mohuho, die ebenfalls um die Jahrhundertwende lebten, in Atuona gestorben sind und den seltsamen, wilden Maler gekannt haben müssen. Gauguins Grabstätte ist schlicht, bedeckt mit pokkennarbigen Vulkanbrocken und beschattet von einem großen weißen Frangipanibusch. Etliche Blumengirlanden lagen über dem Grab, als ich es besuchte. Gauguins Skulptur einer wilden Frau markiert die Stelle. Die Statue trägt den Schriftzug »*Oviri*«.

Kinder spielten in der Nähe. Auf französisch fragte ich sie: »Was bedeutet *oviri*?«

Sie wußten es nicht. Ich mußte nachschlagen. Es ist mehrdeutig, aber passend. Das Wort heißt »Wilde«. Gauguin bezeichnete sich – in seinem Bronze-Selbstporträt von 1895/96, das sein Gesicht im Profil zeigt – selbst mit diesem Wort. 1903 schrieb er an Charles Morice (der die Niederschrift von *Noa-Noa* betreut hatte): »Sie hatten neulich unrecht, als Sie sagten, daß ich mich fälschlicherweise einen Wilden nennen würde. Es ist doch wahr. Ich bin ein Wilder. Und zivilisierte Menschen spüren es . . . Ich bin mir selbst zum Trotz ein Wilder.« Aber die Göttin Oviri-moeaihere ist mehr als eine Wilde. Sie hält den Vorsitz über Tod und Trauer.

Das Grab war ähnlich wie die Gemälde eine bunte Mischung aus Wahrheit, Imagination, Andeutung und ungeschliffener Brillanz. Den Gesichtern der Bilder kann man auf Tahiti und den Marquesas noch immer begegnen, die Hintergründe und Landschaften aber sind idealisiert, sie sind Visionen. Gauguin brauchte die Vorstellung, ein Wilder zu sein, und vielleicht war er es auch, aber von einer anderen Sorte als die sanften Insulaner, zu denen er sich hinsehnte.

In *A Dream of Islands*, dem wunderbaren Buch über all die Menschen, die nach Ozeanien kamen, um ihre alten Phantasien wahr werden zu lassen, erzählt Gavan Daws eine schöne Geschichte über Gauguin.

»Eines Abends bei Sonnenuntergang«, schreibt Daws, »saß Gauguin auf einem Stein vor seinem Haus auf Hiva Oa. Er war bis auf seinen *pareu* nackt, rauchte und dachte an nichts Besonderes, als aus der Dunkelheit eine blinde alte Marquesanerin auf ihn zutappte. Sie ging am Stock, war völlig nackt, über und

über tätowiert, bucklig, tattrig und hatte die lederne Haut einer
Mumie. Sie bemerkte Gauguins Anwesenheit und tastete sich
an ihn heran. Er blieb mit angehaltenem Atem sitzen, von un-
erklärlicher Furcht ergriffen. Wortlos nahm die alte Frau seine
Hand. Ihr Griff war staubtrocken, kalt, kalt wie Schlangenhaut.
In Gauguin sträubte sich alles. Dann ließ sie schweigend ihre
Hand über seinen Körper gleiten, bis zum Nabel hinunter und
noch tiefer. Sie schob seinen *pareu* beiseite und griff nach seinem Penis. Die Männer von den Marquesas – die Wilden –
hatten alle eine gespaltene Harnröhre, das erhobene, narbige
Fleisch war ihr größter Stolz beim Liebesspiel. Gauguins
Männlichkeit wies das Merkmal der Wilden nicht auf. Er war
entdeckt. Die blinde, tastende Hand wurde zurückgezogen,
die augenlose, tätowierte Mumiengestalt verschwand mit
einem einzigen Wort in die Dunkelheit. ›Pupa‹, krächzte sie.
›Weißer Mann.‹«

Das Schiff lag über Nacht vor Anker, also wanderte ich mit
Señor Pillitz sechseinhalb Kilometer bergauf und drei Kilometer bergab über einen Hügel nach Taaoa, zur nächsten weiten
Bucht, aber als wir bei der archäologischen Ausgrabungsstätte
angekommen waren, war es schon so dunkel, daß wir nicht
mehr viel sehen konnten. In der Dämmerung machten wir uns
auf den Rückweg nach Atuona und kamen an zwei geparkten
Autos vorbei. Drinnen saß ein halbes Dutzend Leute, Tahitianer, Marquesaner und Franzosen, die sich alle königlich amüsierten. Uns taten die Füße weh, und wir baten sie, uns mitzunehmen.

Sie lehnten ab. Es paßte gerade nicht.

»Wir wollen uns gerade den Flughafen angucken«, erklärte
einer von ihnen.

»Sind Sie auf Hiva Oa zu Besuch?« fragte Señor Pillitz.

»Wir sind Funktionäre des Department of Tourism«, antwortete eine der Frauen.

»Was für ein Zufall. Wir sind nämlich Touristen«, sagte
Señor Pillitz, »und müssen auf unser Schiff zurück.«

Auf dem Rücksitz murmelte jemand etwas. Sie lachten und
fuhren weg.

Später an diesem Abend sahen wir die Leute in der Bar der
Aranui sitzen.

»Sie sagen, Sie sind Schriftsteller«, meinte einer der Touris-
musbeamten. »Über was schreiben Sie denn so?«
»Über alles, was ich sehe.«

Wir nahmen Kurs auf die Nordküste von Hiva Oa, ankerten
dort und gingen an Land. In der Nähe von Puamau, bei einem
marae am Ende eines schlammigen Pfades im Urwald, fand sich
eine riesige Ruine. Daß man mitten im Wald hinter einem abgelegenen Dorf einen solchen unbeschilderten Ort finden
kann, gehört zu den einzigartigen Freuden einer Kreuzfahrt
durch die Marquesas. Dieser hier war ein Gewirr von überwucherten, zerstreuten Steinen und Skulpturen, viele davon entweder durch Souvenirjäger oder Missionare enthauptet und
kastriert. Manche waren auf grimmigste Weise unversehrt,
darunter auch das größte Tiki von ganz Polynesien, ein über
zwei Meter hohes, grimassierendes Monster, das seinen Bauch
umklammert, und eine höchst merkwürdige und überaus
schöne froschgesichtige Figur, die auf einem Sockel lag. Sie
hatte einen Mund wie eine Kürbiskopflaterne, Augen wie Do-
nuts, fette, ausgestreckte Beine und schien zu fliegen.
»Eine Tiki-Frau«, erklärte ein Einheimischer.
»Die Riesen [Tikis] des klippenumsäumten Puamau-Tals
standen in solchem Kontrast zu den faulen Menschen am
Strand«, schreibt Thor Heyerdahl etwas einfältig in *Fatu Hiva*,
»daß sich die Frage aufdrängen mußte: Wer hatte diese roten
Steinkolosse dorthin gestellt? Und wie?«
Seine Antwort, verworfen von jedem Archäologen, der
einen Ruf zu verteidigen hat, lautete: Menschen aus Südamerika.
Die *Aranui* fuhr weiter nach Westen, um das Dorf Hanaiapa
auf Hiva Oa zu beliefern, und ich hastete bei leichtem Nebel
erneut einen schlammigen Pfad hinauf, bis heftiger Regen einsetzte, ein so starker Guß, daß ich mich in einem verlassenen
Gebäude unterstellen mußte. Es war eine baufällige, hölzerne
Kirche mit einer derben Kanzel, Lianen wuchsen durch die
Fenster, und hoch oben an eine Wand war eine Bibelstelle gepinselt: *Betheremu* »Bethlehem«, und *Miku 5:4–5*, ein gnomi-
scher Hinweis auf den Text, in dem der Prophet Bethlehem
erwähnt und die Ankunft des Herrn vorhersagt: »Denn er wird

zur selben Zeit herrlich werden, soweit die Welt ist. / Und er wird unser Friede sein. Wenn Assur in unser Land fällt ...«

Durch die windschiefe Türöffnung genoß ich die Aussicht auf Kokospalmen, Brotfruchtbäume, Mangos, Papayas, Grapefruits und Avocados – und auf die nassen, verstreuten Häuser des Dorfes am gurgelnden Fluß.

Auf dem Rückweg zum Strand (trübes graues Wasser floß über trüben grauen Sand) kam ich an drei jungen Marquesanern vorbei, die Musik aus einem Ghettoblaster anhörten.

»Wer ist der Sänger?« fragte ich.

»Prince.«

Anschließend begegnete mir eine Frau, die ein kleines Mädchen an der Hand hielt. Die Frau sah gut aus, trug eine grüne Bluse und einen geblümten *pareu*. Sie lächelte mich an und baute sich breitbeinig vor mir auf dem Weg auf.

»Hallo. Ich heiße Mau«, sagte die Frau auf englisch. Sie zeigte mir ihren aufs Handgelenk tätowierten Namen.

»Wo haben Sie Englisch gelernt?«

»Von den Schiffen.« Sie kniff dem kleinen Mädchen in die Wange. »Das ist Miriam, meine Tochter.«

Die Frau trug einen *lei* marquesanischer Machart: Minze und andere duftende Kräuter waren mit Blumen zusammengebunden.

»Der ist sehr hübsch.«

Sie nahm ihn sofort ab, legte ihn mir um den Hals und küßte mich auf beide Wangen, was eher einer förmlichen französischen Begrüßung ähnelte als einem marquesanischen Brauch.

»Wohin gehst du?«

»Zurück zum Schiff.«

»Schade.«

Sie lächelte traurig, aber das Schiff würde ja wiederkommen, und vielleicht würde es beim nächstenmal etwas länger bleiben, und sie würde jemand anderen treffen, einen, der sich williger zeigte.

Von allen Frauen und Mädchen, die ich traf, kam sie der berühmten Fayaway am nächsten. Und doch glich sie den meisten anderen Leuten, die ich getroffen hatte, die anständig, fleißig und zufrieden schienen, nur war sie die einzige, bei der so etwas wie Koketterie aufblitzte. Keine war für einen leichten

Flirt zu haben, die meisten Insulaner waren zäh und vernünftig, ein wenig düster und sehr religiös. Wo war die Romantik?
Keine Ahnung. Selbst die Inseln, die aus der Ferne so atemberaubend wirkten, erzählten bei näherem Hinsehen eine ganz
andere Geschichte, waren schlammig, zugewuchert und von
Priestern verseucht, und die Strände wimmelten von winzigen
Stechmücken, die sie *nonos* nannten.

Statt die großen Felsen zu malen, die schwarzen Klippen
und krachenden Wellen, die tiefen marquesanischen Täler, die
meerumspülten Riffs, Wasserfälle und Bergketten, die Heuchler und Kolonialherren, statt sich mit der Realität zu befassen,
setzte Gauguin seine Theorie von Farbe und Perspektive um.
Er malte rosafarbene Strände, gelbe Felder, buddhistische Bilder und javanische Statuen und schuf so ein tropisch-trojani-
sches Pferd, eine Kultur, in der Frankreich nicht vorkam. Er
erfand Polynesien. Und die Leute kamen. Sein Polynesien fanden sie nicht, aber was sie fanden, war genauso magisch –
wenn auch zugleich abschreckend –, voller *luxe, calme et vo-
lupté*, wie Baudelaire es in einem der Lieblingsgedichte Gauguins, *L'invitation au voyage*, beschrieben hat.

Aber es gab auch Inseln, die alles andere waren als sinnen-
freudig. Zum Beispiel Ua Huka. Hane, der Hafen, war ein
enger Schlund, zwei Gebißhälften aus Granit, zwischen denen
die *Aranui* an kurzen Zügeln in der Dünung bockte. Die Insel
war baumlos, und in ihrem Inneren suchten wilde Ziegen, Esel
und Pferde verzweifelt nach Futter. Diese sehr kleine Marque-
sas-Insel war völlig abgefressen und wirkte wie tot. Nur fünfhundert Menschen lebten auf Ua Huka. Einige davon waren
Holzschnitzer, sie kamen zum Schiff und versuchten, uns
teure Tikis, Kriegskeulen und Schalen für dreihundertfünfzig
Dollar zu verkaufen.

Nachdem ich mir die Ruinen angesehen hatte – schlammiger
Pfad, Steinquader, die zertrümmerten Hinterbacken eines Tikis –, fand ich ein Lokal und leistete mir ein Festessen: Brotfrucht, *miti hue* (Flußkrebse in fermentierter Kokosmilch), *poe*
(ein süßer Stärkemehlpudding mit Papaya), Thunfisch als *poisson cru* und *umara* (Süßkartoffeln).

Ich wanderte herum, bis mich der heftige, stürmische Regen
in ein Gebäude zwang. Das Postamt von Hane bestand aus

einem kleinen, kahlen Raum, etwa in der Größe eines durchschnittlichen Badezimmers. Marie-Thérèse, die dort arbeitete, trug eine Hibiskusblüte im Haar und saß an einem mit einem Telephon und einer Geldkassette ausgerüsteten Zeichentisch. Während Marie-Thérèse in *La nouvelle Intimité*, einer französischen Illustrierten, blätterte, telefonierte ich.

Marie-Thérèse war gerade in das sogenannte Dossier des Magazins vertieft. Die Überschrift des Artikels lautete: »Die Freude an der Weiblichkeit. Für eine Sexualität ohne Tabus.« So ein Zufall, nun hatte dieses Wort also seinen Weg zurück nach Polynesien gefunden, in einem Artikel über ungehemmte weibliche Freuden. Der Text handelte von Orgasmen, sexueller Interaktion, Krankheiten und Stellungen – »tausendundeine« –, und Marie-Thérèse war so gefesselt, daß sie kaum wahrnahm, als ich den Hörer wieder auflegte.

Während ich darauf wartete, daß die Barkasse mich zum Schiff zurückbrachte, kam ich mit ein paar Jugendlichen ins Gespräch, die sich zum Ereignis des Monats, dem Besuch der *Aranui*, am Strand versammelt hatten.

»Gibt es hier *tupapaus*?« fragte ich Stella, die sich gerade auf dem Walkman ihres Bruders Lambada angehört hatte.

»Hier nicht, aber hinter dem Restaurant.«

»Beim *marae*?«

»Ja. Und im Wald.«

»Habt ihr Angst vor den *tupapaus*?«

»Ja.«

Die Barkassen kamen, und die älteren Passagiere wurden wieder auf den Armen der Marquesaner transportiert. Es war schnell vorüber, aber diese An- und Abreisen durch die Brandung fielen mir doch auf: Sie waren wie Rettungsaktionen – naß, dringlich, gefahrvoll.

Noch mehr Steinterrassen und Hausfundamente auf der wohl hübschesten, höchsten und mit ebenfalls fünfhundert Einwohnern einer der kleinsten Inseln dieser Gruppe. Thor Heyerdahls *Fatu-Hiva: Back to Nature*, in dem er beschreibt, wie er alles hinter sich ließ und hierherkam, lockte eine Flut von Leuten nach Fatu Hiva, die wie er der Zivilisation den Rücken kehren wollten. Es gab nur so wenige bewohnbare Täler, daß die

Fremden sich an zwei Orten sammelten und dort für eine Flut von Diebstählen und reichlich anderen Zündstoff sorgten. Eine Zeit heftigsten Ausländerhasses unter den Marquesanern und tiefer Enttäuschung bei den Fremden brach an. Jeder war in die Irre geführt worden. Heyerdahls Buch ist von charakteristischer Ungenauigkeit, voller Phantastereien und Selbstbeweihräucherung, gespickt mit lebensgefährlichen Abenteuern und unwahrscheinlichen Begebenheiten (an einer Stelle kauft der schwerfällige Norweger Gauguins Gewehr, und selbst dem flüchtigsten Leser wird klar, daß man ihn übers Ohr haut). Lange irreführende Kapitel über den Kannibalismus finden sich ebenso wie zurechtgebogene Fakten über die Besiedlung Polynesiens durch die Südamerikaner, Heyerdahls Stekkenpferd.

Die *Aranui* machte zuerst in Omoa Station, und die Wanderer unter den Passagieren begaben sich auf einen siebzehn Kilometer langen Marsch über die hohen Bergkämme, vorbei an wilden Ziegen und Pferden, nach Hanavave und der Baie des Vierges. Das Innere der Insel war vollkommen unberührt. Wandern gehörte zu den Dingen, die die Marquesaner selten taten. Sie saßen und hingen herum, bewegten sich in Allradfahrzeugen oder auf Pferden, aber ich traf keinen einzigen Insulaner zu Fuß auf den Bergwegen an. Manche erklärten ganz offen, daß sie sich vor den *tupapaus* fürchteten, die im dichten Bergwald hausten. Ein stichhaltiger Grund. Aber offenbar bevorzugten die Marquesaner ohnehin die sitzende Lebensweise und waren erst dann richtig zufrieden, wenn sie unter Palmen am Meeresufer neben einer großsprecherischen, pompösen französischen Gedenktafel saßen, eine große blaue Dose mit »Cheez Balls« zwischen den Knien hielten und in sich hineinmampften.

Die Baie des Vierges ist eine – bewußt – falsche Benennung. Die Ränder der Bucht sind von mehreren eindeutig phallischen Basaltpfeilern gekrönt, nach denen der Ort ursprünglich Baie des Verges hieß – was mit »Bucht der Ruten« nicht ganz falsch übersetzt wäre. Aber empörte Missionare schmuggelten ein »i« ein und verwandelten die Ruten in Jungfrauen.

Im engen kleinen Hafen von Hanavave wirbelten Kinder und Hunde durcheinander – ich kam auf zwanzig Hunde an einer einzigen Stelle –, und große, kräftige Marquesaner warteten auf die Fracht des Schiffes. Seit zwei Wochen sei das Bier schon alle, sagte einer. Sie hatten kein Benzin mehr, und Knabberzeug war schon lange keins mehr da. Die Boote fuhren hin und her, brachten Vorräte an Land und Fisch an Bord. Eine Marquesanerin sah zu. Sie trug ein *AC/DC*-T-Shirt. Ein Mann sah zu. Auf dem Kopf hatte er eine Baseballkappe mit der Aufschrift *Shit Happens*. Gauguin gab seinen Modellen androgyne Züge, und auch hier hatten Männer und Frauen große Ähnlichkeit miteinander. Wenn sie älter wurden, verwischten sich die Unterschiede vollends.

Die Insel Fatu Hiva war zweifellos die schönste in der Gruppe der Marquesas, und das nicht nur wegen ihrer großartigen Ausblicke, der wilden Pferde auf den Bergen, der schroffen Klippen, grünen Felsformationen und der wunderbaren Bucht. Es war ihr Grün, ihre schiere Höhe und Leere, die Art, wie das Tageslicht auf sie einstürzte, um gleich von der Dunkelheit der jäh abfallenden Täler verschluckt zu werden. Mit ihren sichtbar gefährlichen Ufern sah sie aus wie eine Burg, ein grünes Kastell im Meer.

Die Marquesaner waren düster und lakonisch, lebten fern von der Sonne in den Tiefen ihrer feuchten Täler gelassen vor sich hin. Sanfte Menschen, wie es schien. Sie ernteten Kokosnüsse, gingen zum Fischen und zogen ihre Kinder groß. Sonntags gingen sie zur Kirche und sangen in der Messe. Sie tätowierten sich, aßen Brotfrucht und Fisch. Sie wurden fett, und dann sorgten ihre Kinder für sie. Kein schlechtes Leben.

Dennoch kamen mir die Inseln paradox vor. Der Boden war zwar fruchtbar, aber die Gemüsegärten waren klein und unzureichend. Die Menschen waren einerseits ungeheuer stolz auf ihre uralte einheimische Kultur, andererseits aber gottesfürchtige Katholiken. Sie sprachen von ihren Ruinen und Statuen im Urwald, taten aber nichts für ihre Erhaltung, sondern ließen sie immer weiter verfallen. Sie behaupteten, die Franzosen nicht zu mögen, ließen es aber zu, daß die alles für sie regelten. Es war ihnen gleichgültig, daß ihre Nahrungsmittel zu fünfundachtzig Prozent aus Importen stammten, solange sie die wenigen wirklich wichtigen Dinge wie Reis zu subventionierten Preisen kaufen konnten. Sie aßen pfundweise französisches

Brot – aber auf den Inseln selbst gab es nur eine Handvoll Bäckereien. Das Brot kam mit der *Aranui* aus Tahiti, und wenn es ankam, war es alt, und teuer war es auch, aber das schien ihnen lieber zu sein, als selbst zu backen. Sie lebten von der Hand in den Mund, akzeptierten aber kein Trinkgeld, und wenn sie noch so knapp bei Kasse waren. Sie wollten Touristen ins Land ziehen, doch auf den Inseln gab es kaum ein Hotel, das die Bezeichnung verdient hätte. Das Ministerium für Tourismus bleibt auf den Marquesas ohne Einfluß – was zweifellos ein Segen ist.

Es gibt alle möglichen kleinen Reiseführer über die Marquesas, aber das lebendigste und informativste Buch zum Thema bleibt, trotz aller Fiktionen und Ungenauigkeiten, Herman Melvilles *Typee*. Abgesehen von der einen oder anderen Straße, einem Videoladen, dem kleinen Postamt und den üblichen Segnungen der Kolonialherrschaft hat sich auf Nuku Hiva kaum etwas geändert, seit Melville vor hundertfünfzig Jahren beim Kannibalenfest die Flucht ergriff. Kannibalismus gibt es auf den Marquesas heute nicht mehr, jedenfalls nicht auf die traditionelle Art und Weise. Die Brutalität der französischen Herren aber gab es damals durchaus schon. Gauguin war ihre verquere Doppelzüngigkeit nicht entgangen. Gavan Daws zitiert seine Schimpfkanonade auf die Bourgeoisie von Französisch Polynesien. »Zivilisiert!« schrie Gauguin. »Ihr seid so stolz darauf, daß ihr kein Menschenfleisch freßt, aber tagtäglich zerfreßt ihr die Herzen eurer Mitmenschen.«

Heute sind die Inseln leerer, die Täler stiller, und die Tabu-Haine noch gespenstischer als früher. Vom oberen Ende vieler Täler rauscht ein enormer Wasserfall über Hunderte von Metern über die Felsen ins Tal, manchmal stürzen drei oder vier Gebirgsbäche zusammen herab.

Das Wasser. Beim Anblick dieser Kaskaden bekam ich Durst. Eines Tages ging ich in Nuku Hiva in eine Bar und bat um ein Glas. Man öffnete eine Halbliterflasche Vittel für mich: zwei Dollar fünfzig. Das gräßliche Wasser aus den Leitungen von Taihoae konnte ich unmöglich trinken wollen. Daß es völlig absurd war, in kleine Flaschen abgefülltes Vittel vom anderen Ende der Welt zu kaufen, fiel niemandem auf. Daß man es überhaupt bekommen kann, grenzt bereits an ein Wunder, und der Gedanke, daß es vielleicht sogar notwendig sein könnte, scheint eine Art Todesurteil für diese lieblichen, verwirrenden Inseln.

Die Franzosen preisen und verklären die Marquesas, hatten aber noch in den sechziger Jahren vor, auf dem nördlichen Eiao Atomtests durchzuführen, bis die allgemeine Empörung sie dazu zwang, ihre Pläne zu ändern und statt dessen Mururoa zu zerstören. Es heißt, daß die Franzosen Polynesien zusammenhalten, tatsächlich aber ist der Unterhalt der Kolonie so teuer, daß alles auf billig gemacht wird – und sie sich dabei auch noch selbst in die Tasche wirtschaften. Lieber tut man etwas für die heimische französische Industrie, als sich mit Investitionen für die Trinkwasserversorgung der Inseln zu belasten. Nur darum geht es in der Kolonialpolitik. Man kann es förmlich hören, wie die Bürokraten sagen: »Laß sie doch ihr Wasser abkochen.« Die Franzosen haben auf den Inseln nichts Dauerhaftes geschaffen, außer einer Tradition der Heuchelei, diverser historischer Phantastereien und einem hohen Maß an radioaktiver Verseuchung.

Was also ist dieser Teil Polynesiens außer einem französischen Fahnenmast im Pazifik, einem Ort, um auf hinterhältige Weise ihre Atomwaffen zu testen?

»Den Leuten wird geholfen, aber die Hilfe wird ihnen nicht gereicht, sondern hingekickt«, sagte Señor Pillitz, wieder eine argentinische Redewendung: *»La agarró de rebote«* bedeutet, daß jemand einen abgeprallten Eckball nur schlecht und recht erwischt.

Wenn Frankreich noch ein paar Atolle zerstört hat, wenn die Franzosen es geschafft haben, die Inseln so zu verstrahlen, daß die Nacht hier zum glühenden Tag wird, wenn sie sämtliche Fischereirechte verkauft und die Inseln von Fischen befreit haben (der Archipel von Tahiti ist bereits überfischt), wenn alles gründlich ausgeplündert ist, werden die Franzosen eine große Zeremonie veranstalten und den arbeitslosen, entwurzelten Insulanern in ihren T-Shirts und Gummilatschen mit einer großzügigen Geste die Unabhängigkeit offerieren. Mit der Zerstörung der Inseln wird der kolonialpolitische Auftrag der Franzosen, ihre *mission civilisatrice*, erfüllt sein.

20. Kapitel

DIE COOK-INSELN: IN DER LAGUNE
VON AITUTAKI

Ich paddelte in der riesigen Lagune von Aitutaki, einem grünen Meer in einem Ring von winzigen Inseln und einem Riff wie eine Wallanlage aus Korallen und Meeresschaum. Ein alter Fischer rief von seinem Einbaum aus zu mir herüber: »Warum paddelst du da mit diesen Dingern auf dem Kopf?«

Ich hörte gerade Chuck Berry.

»Weil ich unglücklich bin«, antwortete ich.

»Wo ist deine Frau?« schrie er.

Dann nahm der Wind den Rest seiner Worte mit und trennte unsere Boote.

Ich war aus einem bestimmten Grund von den Marquesas zu dieser Lagune im Cook-Archipel gefahren. Von den Marquesas aus haben sich ab etwa dreihundert vor Christus die Menschen über das gesamte polynesische Dreieck verteilt. Sie sind zur Spitze gereist, zu den Hawaii-Inseln, zu den Cooks und darüber hinaus nach Neuseeland und zur Osterinsel. Niemand weiß genau, warum die Marquesaner diese langen, schwierigen Reisen über Distanzen von manchmal mehr als dreitausend Kilometer unternommen haben. Sie waren geschickte Krieger, Gärtner, Navigatoren und Bootsbauer. Sie hatten jede, auch die kleinste Insel im Pazifik gefunden und ihre Kunst und ihre Götter, ihre Chiefs, ihre Haustiere und ihre bevorzugten Gemüsesorten dorthingebracht. Sie machten Arbeiten aus Stein, stellten Werkzeuge her, flochten kunstvolle Körbe, nur töpfern konnten sie nicht. Sie zivilisierten die Inseln mit ihrer eigenartig harmonischen Kultur, die die Liebe zu Blumen, Musik und Tanz mit dem Kannibalismus in Einklang brachte.

Auf den Spuren dieser alten Entdecker hatte ich die Marquesas verlassen, um auf den Cook-Inseln zu paddeln. Danach wollte ich um die Osterinsel fahren und schließlich nach Hawaii.

Ein kurzer Flug von Papeete nach Rarotonga, der Hauptinsel der Cook-Gruppe. In kaltem Nieselregen kam ich spätabends an. Schwerfällige, Maori-ähnliche Leute mit fleischigen Gesichtern, großen, unbeholfen wirkenden Händen und massigen Körpern beobachteten mich. Sie sahen aus wie unfertige Skulpturen und waren mit ihren breiten Gesichtern und großen Füßen auf eine grobgemeißelte, statuenhafte Weise ebenmäßig. Alle Erwachsenen, Männer wie Frauen, hatten die Figur von Rugbyspielern.

»Das ist die Campingausrüstung?«

»Es ist ein Boot.« Ich hatte auf dem Einreiseformular »Campingausrüstung« angekreuzt.

»Ist es sauber oder schmutzig?«

»Sehr sauber.«

»Sie können durch.«

Zwei Neuseeländer, die meine Bootssäcke und meine Ausrüstung gesehen hatten, witzelten sarkastisch: »Das ist ja nun mal ein leichtes Gepäck!«, aber der Cook-Insulaner, der die Sachen vom Gepäckkarren hievte, sagte nur: »Meine Frau wiegt mehr als das.«

Es war wie auf einem Flugfeld mitten in Afrika: ein Flugzeug, drei kleine Gebäude, wenig Formalitäten und nur ein Mensch zu sehen, der sich um alles kümmerte. Informationen waren nicht schwer zu bekommen, weil es so wenig zu wissen gab. Es war fast Mitternacht, und ich fragte, ob ich am nächsten Tag nach Aitutaki weiterfliegen könnte.

»Der erste Flug geht um acht. Ich kann Sie drauf buchen.«

Der Mensch hieß Mr. Skew und war Neuseeländer. Er erklärte mir das politische System der Cook-Inseln, es klang nicht besonders kompliziert. Wo ich denn übernachten würde? An der Wand hing eine Hotelreklame. »Da«, sagte ich. Er fuhr mich hin. »Und das ist das Parlament der Cook-Inseln«, sagte Mr. Skew, als wir hinter dem Flughafen an einem winzigen Holzschuppen vorbeifuhren.

Viv, die übellaunige neuseeländische Rezeptionistin des Hotels, tat zunächst einmal so, als berausche es sie nicht gerade, mich zu sehen. Schließlich sagte sie: »Wir haben viele Zimmer. Wollen Sie Meerblick?«

»Ich muß um sechs aufstehen.« Jetzt war es halb eins.

»Dann nehmen Sie am besten eins von unseren billigen Zimmern.« Der Raum sah sowjetisch aus: abgestoßene Farbe, Pla-
stikstühle, wacklige Lampen und ein Waschbecken mit ver-
stopftem Abfluß. Fast keine Möbel. In einem ähnlichen Hotelzimmer hatte ich zuletzt in Wellington gewohnt, aber hier ließ
ein solcher Raum das schöne Polynesien kalt und karg wirken.
Die Cook-Inseln waren inoffiziell immer noch mit Neuseeland
verbunden, doch der selbstgerechte, selbstverleugnende Calvi-
nismus der Kiwis paßte ebensowenig nach Polynesien wie die
hageren, bleichen Neuseeländer selber, die hier in ihren kurzen Hosen, aus denen die knubbeligen Knie hervorschauten,
einigermaßen deplaziert wirkten.

»Ich bin aus Aitutaki«, sagte ein Cook-Insulaner mit neusee-
ländischem Akzent am folgenden Morgen im Flughafen. Er
hieß Michael Rere.

»In Aitutaki soll es einen großartigen Kanubauer geben«,
sagte ich.

»Das wird wohl mein Vater sein.«

»Heißt er Rere?«

»Ja, aber alle nennen ihn ›Blackman‹, weil er immer draußen
beim Fischen ist und davon ganz schwarz wird.«

Cook-Insulaner standen im dünnen Regen, hielten Girlan-
den und Blumenkränze in den Händen und beobachteten die
Ankunft von Passagieren einer eben gelandeten Maschine aus
Auckland. Scharen von grellbunt und dick vermummten Men-
schen hasteten durch die Pfützen zum Ankunftsgebäude. Fette
Menschen begrüßten noch fettere Ankömmlinge – glückliche
Familien.

Flugzeuge aus dem interinsulanen Verkehr landeten. Neben
der hohen Vulkaninsel Rarotonga, der mit zehntausend Einwohnern bevölkerungsreichsten Insel mit dem höchsten Ent-
wicklungsstand, umfaßt die Cook-Gruppe noch vierzehn weitere Inseln, vom Korallenatoll Suwarrow (mit sechs Einwohnern) bis zu Mangaia, das fast so groß ist wie Rarotonga. Kleine
Maschinen flogen die meisten dieser Inseln an. Aitutaki war
mir als angenehmer und hübscher Ort empfohlen worden,
und genau dort wollte ich hin, mit meinem Faltboot im Gepäck.

Eine Frau brabbelte etwas auf maori. Aus dem unverständlichen Wortsalat hörte ich den Satz »Zu Hause ist es am schönsten« heraus.

Noch in derselben Stunde flog ich im Sonnenschein über der Lagune von Aitutaki dahin und sah auf eine wunderbare Konfiguration aus Riffen und *motus* hinunter. Nach dem Mittagessen paddelte ich bereits dort herum.

Das war der Moment, in dem der alte Mann zu mir herüberrief: »Wo ist deine Frau?«

Ich übernachtete in einem kleinen schmuddligen Haus am Strand, das sich »Tom's« nannte. Camping war verboten, da der Grund und Boden vergeben und Gegenstand ständiger Zwistigkeiten war, immer wieder unterteilt und neu verteilt wurde. Mr. und Mrs. Tom, die einheimischen Inhaber, waren nicht zu Hause, ihre Tochter führte mich herum. Religiöse Bildchen zierten sämtliche Wände des Hauses, und überall lagen von ominösen Lesezeichen starrende, eselsohrige Exemplare des *Book of Mormon* herum.

»Sie können hier kochen.« Winnie zeigte mir einen schmierigen Herd. »Und Ihre Lebensmittel können Sie hier reintun.« Sie öffnete einen staubigen Schrank. »Das ist hier das Bad . . .«, sie schob einen Plastikvorhang beiseite, ». . . zur Mitbenutzung mit den anderen.«

Daß es kein Bier gab, störte mich am heftigsten. Und selbst wenn ich im Ort welches auftreiben würde, wie sollte ich es mir unter den Augen dieser frommen Mormonen genehmigen?

Das Haus lag direkt an der Lagune, also blieb ich erst einmal da und freundete mich den drei furchtbar feierlichen Evangelisten an, die auf der Veranda Konferenzen abzuhalten pflegten und ihre schwarzen Krawatten baumeln ließen: ein Cook-Insulaner, ein Maori aus Auckland und Elder Lambert aus Salt Lake City.

»Ich bin aus Massachusetts«, sagte ich bei unserer ersten Begegnung. Verständnislose Blicke. Also ergänzte ich: »Aus der Nähe von Vermont.«

Die großen Mondgesichter der Insulaner bildeten einen starken Kontrast zum konsternierten Ausdruck im Gesicht von Elder Lambert.

»Und Sie wissen doch, wer in Sharon, im Staate Vermont, geboren ist?« fragte ich.

»Wer denn?« fragte der Maori.

Nach einer etwas ungemütlichen Pause lachte der Cook-Insulaner: »*I doon know eet! Weiß ich nicht!*«

Elder Lambert antwortete: »In Sharon, Vermont, ist Joseph Smith geboren.«

Sie waren so auf die kuriosen Details ihres absurden Reiches der Letzten Tage fixiert (den Besuch Jesu bei den Maya in Guatemala, Goldene Tafeln unter dem Pflaster von New York, die Prophezeiungen des Engels Moroni, Gottes Aufforderung zur Polygamie etc.), daß sie die simpelsten Fakten, zum Beispiel den Geburtsort ihres Kirchengründers und Propheten, aus den Augen verloren hatten.

Ich empfahl ihnen dringend die Lektüre von *No Man Knows My History: The Life of Joseph Smith* von Fawn Brodie, sie rieten mir zu einem Blick ins *Book of Mormon*.

»Mach ich«, sagte ich. »Ich möchte mehr darüber wissen, wie die verlorenen Völker Israels in den Pazifik gereist sind.«

Elder Lambert rückte mit seinem Stuhl nach vorn und klopfte mit erhobenem Zeigefinger in die Luft.

»Im ersten Kapitel von Nephi zog Lehi von Jerusalem gen Osten. Seine Abkömmlinge leben im Pazifik. Und im letzten Kapitel des Buches Alma – dreiundsechzig – bauen Hagoth und andere Schiffe und segeln ins ›westliche Meer‹. Das sind die Worte. Also ist der Pazifik gemeint. Sie waren Nephiten.«

»Und von wo sind sie abgesegelt?«

»Amerika. Zentralamerika.« *Tapp-tapp-tapp* machte der Finger. »Eine enge Landzunge.«

»Und sie haben es bis nach Polynesien geschafft.«

»Ja. Die Polynesier sind die Nachfahren dieser Menschen.«

Der Maori strahlte. In seinem Gesicht stand: Was sagst du jetzt?

»Und was ist mit den Melanesiern?«

»Söhne Hams.«

»Und die Mikronesier?«

Elder Lamberts Augen wurden eng: »Korrupte Verderber.«

Nach diesen Erörterungen brauchte ich Luft. Hut ab vor Joseph Smith, dachte ich, immerhin hat er versucht, einen auf eigenem Mist gewachsenen Glauben zu propagieren – die amerikanischste aller Religionen. (Auch Christoph Kolumbus und die amerikanische Revolution kamen im *Book of Mormon* vor). Aber das Mormonentum ist wie Junk food: Amerikanisch bis ins Mark, sieht es zunächst ganz gut aus, komisch fühlt man sich erst später, wenn man schon einiges davon intus hat.

Ich ging in die Stadt. Arutanga, der Hauptort von Aitutaki, war klein, eher ein Dorf als eine Stadt, rein erhalten durch geringe Ausmaße und Langeweile. Ein Postamt, zwei Läden, vier Kirchen, ein trüber Hafen, eine Schule und ein paar Häuser. In den Läden gab es ausschließlich Konserven: Fisch, Bohnen, Corned beef, Kekse und Kräcker – der Notvorrat im Südpazifik.

Poo, der Posthalter, saß auf der Treppe vor seinem Amt. Rarotonga gefalle ihm gar nicht, erzählte er, es sei zu voll und zu hektisch.

»Haben Sie viel zu tun?«

»Es geht.«

In Big Jay's Take-Away briet Eleanor mir einen Fischburger – einen Klotz Wahoo-Fisch in einem Brötchen – und erzählte, sie habe ihr ganzes Leben auf dieser Insel zugebracht und versuche jetzt, diesen Laden hier zum Laufen zu bringen.

»Haben Sie viel zu tun?«

»Es geht.« Es fing heftig zu regnen an, und auf dem Rückweg zu Tom's mußte ich mich unter einem großen Baum unterstellen. Ein etwa zwanzigjähriges Mädchen, das mit seinem Motorrad stadtauswärts unterwegs war, tat das gleiche. Krachend schlug der Regen ins Geäst.

»Stört Sie der Regen?»

»Es geht«, sagte sie.

Nach einer Stunde hörte es auf, die Sonne kam raus, und ich ging wieder paddeln.

Am Strand in der Nähe von Tom's traf ich zwei dicke Frauen, Apii und Emma. Sie sahen ziemlich angejahrt aus, waren aber genauso alt wie ich. Für sie war ich ein *papa'a*, ein weißer Mann.

»Wenn ich schwarz wäre, wie würden Sie mich dann nennen?«

»Dann wären Sie ein *papa'a kere kere*.«

»Und wenn ich Chinese wäre?«

»*Tinito.*«

»Und wenn ich von einer anderen Insel käme?«

»Wären Sie ein *manuiri*, ein Fremder.«

Ich erkundigte mich, ob es auf der Insel irgendeine Art von Gesellschaftsleben gebe. Da seien die Kirchen und gelegentlich das eine oder andere Festival, meinten sie.

»Früher hatten wir mal ein Kino auf Aitutaki, aber Videos sind besser«, sagte Emma.

»Glauben Sie, daß amerikanische Videos zur Gewalt unter jungen Leuten beitragen?« fragte ich.

»Kann sein«, meine Emma. »Aber die jungen Leute hier auf Aitutaki sind in Ordnung. Das Problem sind die Insulanerkinder, die in den Ferien nach Hause kommen und sonst in Neuseeland leben. Die bringen schlimme Angewohnheiten mit. Das sind die Störenfriede. Wir nennen sie die ›Straßenkinder‹. Sie geben den anderen ein schlechtes Beispiel. Neuseeland ist nichts für Cook-Insulaner.«

»Ich guck mir gern Videos an«, meinte Apii. »Die meisten Leute auf Aitutaki haben ein Videogerät. Wir haben die Dinger schon seit drei oder vier Jahren.«

»Pornofilme«, sagte Emma. »Haben Sie schon mal einen Pornofilm gesehen?«

»Ein paar«, gab ich zu. »Und Sie?«

»Wir haben welche gesehen«, sagte Emma. »Einer hieß *The Tigress* oder so ähnlich.«

»Nackte *papa'as*«, sagte ich. Sie lachten. »Sehen sich auch junge Leute diese Filme an?«

»Nein. Nur Erwachsene«, sagte Apii. »Männer mögen so was.«

»Frauen finden so was albern«, meinte Emma.

»Warum, glauben Sie, mögen Männer solche Filme?« erkundigte ich mich.

»Es bringt sie auf Ideen. Sie gucken gerne zu. Und manchmal...«, Emma hob die großen Hände vors Gesicht und kicherte, »...manchmal machen sie's auch.«

»Was bedeutet ›machen sie's auch‹?«

»Sie machen, was sie gesehen haben«, sagte Apii.

»Weil sie von den Filmen Hunger kriegen«, ergänzte Emma.

Wir standen unter ein paar Palmen. Es hatte wieder angefangen zu regnen, und sie wurden unruhig und sagten, daß sie jetzt gehen müßten. Vorher schenkte ich ihnen noch etwas Schokolade.

»Nüsse wär'n mir lieber«, lachte Emma.

Am nächsten Tag war ich die Mormonen und das winzige stockfleckige Haus dann doch leid und mietete mir einen Bungalow weiter oben an der Küstenstraße. Ich richtete mich ein, schaltete das Kurzwellenradio an und suchte mir einen Nachrichtensender. Plötzlich hörte ich eine vertraute Stimme.

»Ich kann's immer noch nicht recht fassen, daß ich die Repräsentantin Ihrer Majestät der Königin in Neuseeland geworden bin ...«

Dame Cath, die ich in Fidschi getroffen hatte. Sie war wieder in Auckland und ritt nach wie vor mit falscher Bescheidenheit auf ihrem königlichen Auftrag herum.

»... und daß die Tochter armer schottischer Einwanderer heute hier an dieser Stelle stehen darf, bezeugt nur ...«

Ich stellte das Ding ab. Irgendwo in den Palmen schrie ein Kakadu.

An diesem Tag paddelte ich bis zum Ende des Riffs, zu einem Ort, der nach meiner Karte Nukuroa hieß. Ein Mann und sein Sohn waren beim Fischen.

Toupe, der Vater, sagte: »Ich kann nur hier auf Aitutaki leben. Es ist klein, und Rarotonga ist groß. An einem kleinen Ort gibt es nur wenige Leute, aber in einem großen gibt es alles mögliche: Samoaner, Tongaer ... Mir gefällt das nicht.«

Ich deutete auf eine der kleinen Inseln im Süden. »Nennen Sie das ein *motu*?«

»Ja.«

Dann zeigte ich auf Aitutaki, das flach und grün im Sonnenlicht glitzerte. »Ist das auch ein *motu*?«

»Nein. Das heißt *enua*.«

Enua hieß »Land«. *Fenua* in der Sprache von Tahiti. *Vanua* auf fidschi. Eine Insel war ein kleines Päckchen im Meer, etwas, das man mit einem Blick übersehen konnte. Aber »Land« war etwas anderes – *enua* klang nach Heimat, war groß, unterteilt und beherbergte mehr als nur eine Familie. Ich bat Toupe um eine Definition.

»*Enua* ist keine Insel. Es ist ein kleines Land.« Dann fragte er: »Bist du verheiratet?«

»Das ist eine lange Geschichte«, sagte ich.

»Aber wo ist deine Frau?«

»Das ist es ja eben.«

»Sie ist nicht mitgekommen?« Er war ziemlich hartnäckig.

»Nein.«

»Das ist schlecht.« Er sah verärgert aus. »Dann gehst du mit den Mädchen aus den Bars.«

»Keine Chance«, sagte ich. »Ich bin zu alt.«

»Sie mögen ältere Männer.«

»Ich habe kein Interesse.«

Und überhaupt – wo waren denn diese Mädchen? Und wo sollten die Bars eigentlich sein? In Tahiti war auch immer die Rede davon gewesen. Ich sah nie welche. In Taiohae auf Nuku Hiva hatte an einem Abend jemand gesagt: »Die Jungs sind alle in der Bar, Weiber aufreißen.« Ich fand keine Bar in Taiohae, in der eine Frau gewesen wäre. Über leichte Mädchen hatte man auch auf Fidschi getuschelt: »So eine Schande, die ganzen Nutten hier . . .« Ich hatte gesucht und keine gefunden. Rarotonga galt als heißes Pflaster. Mir konnte man viel erzählen. Es war lebenslustig, aber auf eine herzhafte, unzweideutige Art. Und auch in Tongas Hauptstadt Nuku'alofa sollte es Barmädchen geben. Zwei Bars, und ich hatte hineingesehen: niemand. Auf Polynesiens Straßen oder in seinen Bars sah ich nie etwas Gemeines, und die örtliche Libido hatte mich allenfalls auf den Trobrianden gestreift, wo ich manchmal mit dem trunkenen Ruf: »*Mister Paul, you want a girl?*«, geweckt worden war, hinter dem ich aber meist nichts anderes vermutete als den plumpen Versuch, mich auszurauben. Ich hatte mich jedesmal einfach wieder umgedreht und weitergeschlafen.

Ich fragte Toupe nach Haien. Ja, meinte er, in der Lagune gebe es viele. Ich zeigte ihm den einszwanzig langen Speer, den ich neben der Luke meines Kajaks festgemacht hatte.

»Der nützt bei unseren Haien überhaupt nichts«, sagte er. »Die sind größer als dein Boot.«

Das gab mir zu denken. Mein Boot war an die fünf Meter lang.

Andererseits war Aitutaki dafür berühmt, daß es hier keine Hunde gab. Warum, wußte niemand genau, aber ich war froh darüber, denn polynesische Hunde sind übellaunige Müllfres-

ser. Sie scheinen zu wissen, daß Menschen nicht zu trauen ist.
Schließlich endete fast jedes hiesige Hundeschicksal im Kochtopf.

Auf dem Tisch meines Bungalows fand ich später sechs reife
Mangos. Apii und Emma, die fetten Damen, hatten irgendwie
herausbekommen, wo ich wohnte, und mir die Früchte vorbei-
gebracht.

Ich wollte zu den *motus* paddeln. Nach Landessitte war es verboten, daß Fremde dort übernachteten, also mußte ich jedesmal wieder nach Aitutaki zurück – Tagesstrecken zwischen
zwölf und dreißig Kilometern. Für Notfälle wollte ich trotzdem
gerüstet sein, da es durchaus passieren konnte, daß ich wegen
Sturm auf einem der Inselchen festsitzen würde. Also ging ich
einkaufen: Bohnen, Sardinen, Rosinen, Gurken und Brot.
Einen Markt gab es hier nicht. Das Fleisch in den Läden war
immer Büchsenware. Ein Geschäft führte gefrorenes Lamm-
und Hammelfleisch aus Neuseeland.

»Und Hühner? Werden hier keine Hühner gezüchtet?«
Ein Insulaner meinte: »Wir haben wilde Hühner.«
»Essen Sie die?«
»Manchmal. Aber sie sind zu zäh.«
Der Ausdruck »wilde Hühner« gefiel mir.

Die Ebbe gab in der Lagune stachlige Korallenbänke frei,
manchmal drückte der Wind mich dagegen. Dann mußte ich
aus dem Boot steigen, es vorsichtig befreien und ein Stück hinter mir herziehen. Auf Aitutaki trug ich deshalb immer meine
Riff-Galoschen. Nach ein paar Tagen war der Gummiboden
des Bootes furchtbar verschrammt, aber noch ohne Lecks.

Auch die Fische wurden bei Ebbe munter, und manchmal
kamen Hunderte von sardinengroßen Fischchen wie eine silberne, wohl fünfundzwanzig Meter lange Schleppe an die
Oberfläche, tanzten glitzernd und anmutig vor meinem Bug
auf ihren Schwänzen herum und verschwanden wieder. An
einem Tag war ich zu einem kleinen *motu* namens Papau am
Ostende des Riffs unterwegs und merkte, daß ich kaum noch
Trinkwasser hatte. Wenn ich aus irgendeinem Grund auf Papau hängenblieb, würde ich überhaupt kein Wasser mehr haben, höchstens aus Kokosnüssen, die aber nie leicht von den

Palmen herunterzuschlagen waren. Am Ostufer von Aitutaki sah ich ein Dorf, das nach meiner Karte Tautu hieß, und ging an Land. Zwei nackte Jungen sahen zu, wie ich mein Boot auf den Sand zog.

»Was ist das?«

»Das ist mein Boot.«

Sie lachten. Ein Kajak hatten sie noch nie gesehen.

Ich ging einen Pfad hinauf, der über einen dichtbewaldeten Hügel zu ein paar Häusern führte. Es war niemand zu sehen, aber die Häuser und Gärten machten einen gepflegten Eindruck. Auf der Veranda eines der leeren Häuser lief eine Waschmaschine, eine alte, oben offene Waschtrommel, in der Kleider von einem hörbar gequälten Motor hin und herbewegt wurden – »*wisch-wasch-wisch-wasch*«. Ein Ton aus meiner Vergangenheit. Die Waschmaschine meiner Mutter, die, wie mir heute schien, fast den ganzen Tag über gelaufen war. So weit war ich gereist, nur um dieses erinnerungsträchtige Geräusch zu hören und mich an die eigene frühe Kindheit zu erinnern.

Weiter oben auf der Straße sah ich einen Insulaner, dem ich sagte, daß ich etwas Wasser bräuchte. Er deutete auf ein Haus.

Ein Weißer kam heraus, hinter sich ein kleines, verwahrlostes Kind.

»Was gibt's?« fragte der Mann mit einem – möglicherweise – neuseeländischen Akzent. Er wirkte gereizt.

»Könnten Sie vielleicht so freundlich sein und mir etwas Trinkwasser geben?«

Wortlos nahm er meine Flasche und ging ins Haus. Dann war er wieder da, gab mir das Gefäß und sagte immer noch nichts.

»Ich bin mit meinem Kajak unterwegs«, sagte ich. »Ich habe dieses Dorf auf meiner Karte gesehen. Mein Boot liegt am Strand.«

Er starrte mich bloß an. Es interessierte ihn nicht.

»Wohnen Sie schon lange hier?« fragte ich.

»Seit achtzehn Jahren.«

»Dann haben Sie doch sicher ein paar gewaltige Veränderungen miterlebt«, sagte ich.

Er preßte die Lippen zusammen, dann sagte er: »Keine gepflasterten Straßen, früher.«

Ich hatte allerdings auch jetzt keine gepflasterten Straßen gesehen.

»Hier war alles Urwald.«

War es das nicht, abgesehen von seinem merkwürdigen kleinen Bungalow, immer noch?

»Solche Sachen.«

»Stört es Sie nicht, daß hier alles so teuer ist?« fragte ich.

Die Frage schien ihn zu irritieren.

»Ist doch alles relativ, oder?« sagte er trotzig.

»Daß eine Salatgurke drei Dollar kostet?«

»Man lernt, mit hohen Preisen zu leben«, antwortete er. Mittlerweile war er verärgert, obwohl mir nicht klar wurde, warum. »Genauso, wie man lernt, mit niedrigen Preisen zu leben. Du gehst nach Australien . . .« War er vielleicht Australier? ». . . und da sind die Preise niedrig, und du lernst, damit zu leben. Und dann kommst du zurück, und die Preise sind hoch, und du lernst auch das wieder.«

»Ich denke, daß man seine Kosten ein bißchen niedriger halten könnte, wenn man einen Garten hätte«, sagte ich.

»Einen Garten?« schnaubte er ungläubig. »Haben Sie eine Ahnung, wieviel Zeit man für einen Garten braucht? Da kann man ja den ganzen Tag drin rummachen, jäten, hacken, gießen. Zeit. Davon haben wir hier am wenigsten.«

Das war mir neu. Ich hatte immer geglaubt, daß es auf dieser kleinen Insel jede Menge Zeit gab – daß Zeit das einzige war, von dem alle eher zuviel hatten.

Die Stimme des Mannes wurde dünn und zittrig wie in einem manischen Anfall: »Du wachst auf, legst los und hast nie genug Zeit, um alles zu tun, was getan werden muß, und wenn es das eine nicht ist, dann ist es was anderes. Zeit ist knapp hier.« Er beugte sich vor zu mir. Er war barfuß, trug ein dreckiges T-Shirt, und das verwahrloste Kind schmiegte sich an seine Beine. »Ich hab nie genug Zeit!«

»Ich gehe jetzt besser.«

»Und noch was«, sagte er. »Ich gebe lieber drei Dollar für ein Pfund Tomaten als dreißig Dollar und obendrein auch noch die ganze Zeit, die man mit dem Selberziehen verplempern muß!«

»Ja, natürlich. Naja, ich gehe dann jetzt. Ich will zu der Insel da.« Papau lag dunstig in der Ferne.

»Sind über drei Kilometer bis dahin. Oder noch mehr.«

»Ich bin gerade zehn Kilometer von Arutanga hergepaddelt. Ich schaffe das schon.«

»Und Sie haben den Wind gegen sich«, sagte er.

»Stimmt. Aber dann wird der Rückweg leichter, oder ich komm besser zu der anderen Insel da drüben.«

»Wenn der Wind nicht dreht. Dann weht er Sie raus aufs Meer oder wirft Sie aufs Riff.«

Jetzt fiel mir auf, was für ein stoppliges Gesicht er hatte, abgekaute Fingernägel und Speichel in den Mundwinkeln.

»Ich dachte immer, die Hauptwindrichtung bleibt gleich. Südost.«

»Manchmal dreht er doch. Um diese Jahreszeit eher selten. Aber er dreht.«

Ich verspürte den plötzlichen Drang, ihn zu Boden zu strekken, beherrschte mich aber, wandte mich ab und sagte bloß: »Wenigstens regnet es nicht.«

»Es könnte regnen«, sagte er begierig. »Wir brauchen Regen. Hoffentlich regnet es.« Dabei grinste er häßlich in den glühenden Himmel. »Bis nach Papau sind es sechseinhalb Kilometer.«

»Dann mach ich mich wohl am besten auf den Weg«, sagte ich.

»Bis zum Riff sind's mindestens fünf.«

»Ich hab gehört, daß auf der Insel ein altes *marae* sein soll.«

»Angeblich. Ich war noch nicht da.«

Und er wollte seit achtzehn Jahren hier gelebt haben?

»Ich hatte keine Zeit«, sagte er, als könnte er meine Gedanken lesen. »Es gibt nie genug Zeit.« Er sah unglaublich gehetzt aus. »So, tut mir leid, aber Sie müssen mich jetzt einfach entschuldigen. Ich kann hier nicht den ganzen Tag rumstehen und quatschen. Ich hab einen Haufen Papierkram zu erledigen. War gerade mittendrin, als Sie kamen. Sie haben mich unterbrochen. Sehen Sie? Zeit. Nie genug.«

»Vielen Dank für das Wasser.«

»Das Wasser ist gut. Aus einem artesischen Brunnen. Wir haben hier nur trinkbares Wasser«, sagte er, als hätte ich ihn gerade des versuchten Giftmordes anzeigen wollen.

Durch den Gegenwind brauchte ich eine Stunde bis nach Papau. Silberreiher wateten im flachen Wasser. Und andere Reiher. Von ferne hatte es ausgesehen, als hätte die Insel einen weißen Sandstrand, aus der Nähe besehen, zeigten sich nur zerbrochene Korallen und bleiche Felsen. Das Ufer war übersät mit Müll und Unrat, der von Aitutaki oder von Schiffen hier angetrieben war.

Ich wollte mich gerade zum Mittagessen auf einem Baumstamm niederlassen, da stand der ganze Strand auf und torkelte seitwärts. Panzer und Schalen hopsten ungeschickt herum und boten ein Schauspiel wie in einem Disney-Film, in dem die Natur plötzlich Schabernack treibt: singende Bäume, nickende Blumen, tanzende Muscheln. Ich hatte eine Unmenge Einsiedlerkrebse aufgeschreckt, die jetzt davonkrabbelten. So viele auf einmal hatte ich noch nie in Aktion gesehen.

Ich stapfte auf der Insel herum, um den alten Kultplatz zu suchen, fand aber nichts, nur dichten Urwald im Zentrum und Reste von Lagerfeuern am Ufer. Ich hatte mir eingeredet, daß ich wegen des *marae* hergekommen war, angesichts der Dornen, des hohen Grases und der Spinnen verlor ich aber die Lust, schwamm lieber ein bißchen und schlug mir danach ein paar faulig schmeckende Kokosnüsse von einem Baum.

Von Papau aus, überlegte ich, könnte ich die ganze Inselkette abfahren, über Tavaeraiti und das benachbarte Tavareua. Das fünfte *motu* in der Reihe lag am hinteren Ende der Lagune und war vom Land aus fast nicht mehr zu sehen. Ich könnte bis zur Nacht nahe heran, am nächsten Tag hinkommen und mich dann auf den Rückweg machen.

Der Gedanke an eine illegale Übernachtung war aufregend. Das Tageslicht würde reichen, um zum großen *motu* Tekopua zu paddeln und mich dort zu verstecken. Rückenwind schob das Kajak schnell an Akaiami und Muritapua vorbei, Aitutaki war inzwischen schon fast hinter dem Horizont verschwunden. Die Insel war flach, und um diese Tageszeit fuhr kein Fischer mehr so weit hinaus. Das einzige Problem hätte jemand sein können, der womöglich auf die gleiche Idee gekommen war wie ich und hier irgendwo übernachten wollte, aber es war niemand zu sehen. Ich zog das Boot am oberen Ende von Tekopua aufs Trockene. Was ich brauchte, hatte ich: Wasser, Proviant, Insektenschutzmittel und genug Segeltuch, um den Schlafsack vor Regen zu schützen.

Die Dunkelheit kam plötzlich. Ich war kaum mit dem Essen fertig, als die Nacht hereinbrach. Sie war sternenlos. Keine

Lichter, nicht einmal auf der fernen Insel. Die Palmen raschelten, und am anderen Ende meines *motu* brach sich die Brandung. Palmen und Brandung weckten mich in der Nacht immer wieder auf – in polynesischen Nächten gibt es keine wirkliche Stille: Mindestens Wind oder Wellen hört man immer. Das Getöse auf Tekopua aber war lauter als Großstadtlärm.

Beim Aufwachen war ich klatschnaß von schwerem Tau. Nach dem Frühstück fing ich an, mir über meine Situation Gedanken zu machen. Ich hatte meine Vorräte und mein Wasser fast völlig aufgebraucht. Wenn es Schwierigkeiten gab, saß ich ganz schön in der Klemme.

Motukitiu, das letzte *motu* der Kette, lag nur eine Stunde weit entfernt. Ich fuhr in der windstillen Morgendämmerung hin, ging an Land, trank einen Schluck und nahm dann Kurs Richtung Norden über die breiteste Stelle der Lagune, um den auffrischenden Wind zu erwischen, der mich nach Westen zum sicheren Te Koutu Point bringen würde.

Unterwegs begegneten mir Schildkröten, erneut tanzende Fische und messerscharfe Korallenspitzen. Wie schlecht ich in der Nacht geschlafen hatte, merkte ich erst am Ufer von Aitutaki. Ich legte mich hin und schlief sofort ein, obwohl es noch nicht einmal Mittag war. Danach fühlte ich mich erfrischt und war stolz darauf, sämtliche Inselchen auf dieser Seite der riesigen Lagune gesehen zu haben: die verlassenen Inseln von Aitutaki.

Am Te Koutu Point ging ich schwimmen – dieser Teil Aitutakis war abgesehen von kreischenden Vögeln völlig verlassen – und machte mich dann auf den Weg nach Arutanga.

Obwohl ich mich wegen der zerklüfteten Korallen etwa anderthalb Kilometer vor der Küste hielt, konnte ich von einem Dorf her, das nach meiner Karte Reureu hieß, lauten Gesang hören. Ein paar Männer hockten in einer Holzbude neben einem großen Baum. Ich paddelte näher heran, achtete auf die Korallen und überlegte gerade, ob ich an Land gehen sollte, als ich Rufe hörte und sah, daß die Männer mich heranwinkten.

Ich landete und ging zu ihnen hinüber. Es waren ungefähr fünfzehn Männer. Die meisten waren betrunken, alle sangen. Einer hatte eine Gitarre, ein anderer eine Ukulele.

»Komm her«, sagte einer mit einem *Rarotonga*-T-Shirt.

»Nimm 'n Schluck Kava.«

Er deutete auf eine aufgesägte Metalltonne, die in der Mitte der Männerrunde stand. Einer rührte mit einer Kokosnußschale darin und schöpfte braune, trübe Flüssigkeit heraus.

»Ist das *yanggona*?«

»Nein. Das ist Aitutaki-Kava. Aus Malz, Zucker und Hefe. Das ist Bier, guter Mann.«

»Buschbier.«

»Ja. Hier, nimm.«

Man reichte mir eine randvolle schwarze Kokosnußschale. Das Bier schmeckte süß und alkoholisch. Ich nippte. Ich sollte »ex« trinken, meinten sie. Das tat ich auch und hätte das Zeug fast wieder von mir gegeben.

»Du paddelst also mit diesem kleinen Boot herum?«

»Ja. Ich war draußen bei den *motus*«, sagte ich. Und fragte dann, nur um mir zu bestätigen, daß ich etwas Verbotenes getan hatte: »Was wäre eigentlich, wenn ich auf einem übernachten würde?«

»Wenn dich keiner sieht, was soll's?« meinte einer.

Alle trugen verdreckte T-Shirts und hockten auf Baumstämmen.

»Du kommst aus?«

»Amerika. Aber nicht mit dem Boot da.«

Sie lachten. Sie waren blau genug, um das schrecklich amüsant zu finden. Dann fingen sie an, einen der Männer aufzuziehen, der offenbar sehr schüchtern und möglicherweise geistesgestört war.

»Das ist Antoine«, sagte der Mann mit dem *Rarotonga*-T-Shirt. »Er ist aus Mururoa, wo die Franzosen ihre Bomben ausprobieren. Er ist radioaktiv. Deswegen ist er so komisch.«

Antoine senkte den Kopf.

»Antoine kann Französisch.«

Ich sprach Antoine mit ein paar französischen Worten an, nicht mehr als eine Begrüßung. Die Männer lachten.

Antoine verließ die Gruppe, setzte sich auf sein Motorrad und fuhr weg.

»Ist das hier eine ›Buschbier-Schule‹?«

Das war der hiesige Ausdruck für eine Zechgemeinschaft. Hatte ich gelesen.

»Ja, er iss der Lehrer.«

Der Mann, der die schmutzige Kokosnußschale eintauchte, grinste und machte mit der Austeilerei weiter.

»Aber es iss mehr wie 'n Schiff«, sagte ein anderer. »Er iss der Kapitän. Der da iss der erste Offizier. Der da der zweite. Der iss der Ingenieur ...«

»Es ist ein Club.« Der Mann, der da sprach, stand an einem Baum. »Wir nennen ihn Arepuka Club. Der Baum ist ein *puka*-Baum. Und das hier ist ein *are*.« Er zeigte auf die Holzbude.

»Er iss der Vorsitzende.«

Der stehende Mann lächelte. Der einzige, der nüchtern genug war, um noch gerade stehen zu können, mußte einfach der Vorsitzende sein.

»Wie lange gibt es diesen Club schon?«

»Drei Jahre.«

»Kommen Sie jeden Tag zum Trinken her?«

»Entschuldigen Sie mal. Wir halten täglich Versammlungen ab.«

»Was tun Sie dann?«

»Wir trinken Bier.«

»Und dann?«

»Singen wir.«

»Wie lange bleiben Sie normalerweise?«

»Bis wir betrunken sind und nicht mehr aufstehen können.«

Alle anderen lachten laut, als ihr bierernster Kumpan mir die Regularien des Clubs erklärte.

»Und dann gehen wir nach Hause.«

»Was für Lieder singen Sie?«

»Über die Insel.«

»Ist es eine schöne Insel?« fragte ich.

»Sie ist wie das Paradies«, sagte er.

»Warum sagen Sie das?«

»Weil wir haben, was wir wollen. Essen, Bier, Gemüse, Fisch ...«

Der neben mir sitzende Mann wollte mir unbedingt aus der Hand lesen.

»Du bist sechsunddreißig Jahre alt.« Er quetschte meine Rechte. »Das kann ich hier sehen.«

Ein anderer Mann sagte: »Hier ist es besser als in Neuseeland.«

»Waren Sie denn schon mal dort?« fragte ich.

»Ja. Zu aufgedreht. Zuviel los.«

»Manche Cook-Insulaner kommen von Neuseeland zurück nach Aitutaki, gehen aufs Klo und sagen: ›Es ist dreckig hier. Es gibt keine Spülung. Guck mal, die Kakerlaken.‹ In Neuseeland gibt es viel Wasser zum Spülen. Wir haben wenig.«

»Nach zwei oder drei Wochen beschweren sie sich nicht mehr«, sagte einer.

»Was hältst du von den Neuseeländern?« Ich bekam noch eine Schale Bier.

»Es sind sehr vorsichtige Menschen«, sagte ich. »Sie achten die Gesetze. Sie essen vorsichtig, sprechen vorsichtig und geben ihr Geld vorsichtig aus.«

»Weil sie kein Geld haben!« schrie einer, und die anderen lachten. »Sie sind arm.«

»Seid ihr reich?« fragte ich.

»Nein.«

»Wenn man arm ist, heißt das nicht, daß man sein Geld vorsichtig ausgibt. Arme Leute können sehr großzügig sein.«

»Und reiche Leute sehr geizig«, ergänzte einer.

Wir diskutierten das, und ich ereiferte mich über das Thema, bis ich merkte, daß ich betrunken war und mir der Kopf weh tat. Als ich eine Weile den Mund hielt, fingen sie an zu singen.

»Worum ging es in dem Lied?« fragte ich am Schluß.

»Um Ru. Unseren Ahnherrn. Er hat Aitutaki gefunden. Mit seinen vier Frauen und seinen Brüdern.«

Die Legende stand auch in meinen Reiseführern: Wie Ru die Insel Tupuaki, die im Archipel der heutigen Gesellschaftsinseln liegt, verlassen hatte, weil sie zu volkreich geworden war. Aitutaki hieß einmal *Ararau Enua O Ru Ki Te Moana:* »Ru auf der Suche nach Land jenseits des Meeres.«

Allen Missionaren zum Trotz waren die örtlichen Legenden noch quicklebendig. Die Gruppe der Cook-Inseln war eine der ersten im Pazifikraum, die vom leidenschaftlichen Kirchenmann John Williams bekehrt wurde. 1821 dann hatte er Aitutaki einem polynesischen Konvertiten namens Papeiha hinterlassen. Eine Tafel im Kirchhof der Aitutaki Christian Church, einem der ältesten Gotteshäuser der Cook-Inseln, pries die Verdienste der beiden.

»Woher kam Ru?« erkundigte ich mich.

»Vielleicht von den Gesellschaftsinseln. Vielleicht aus Samoa.«

»Und davor?«

»Nicht aus Asien. Ich glaube, aus Kleinasien. Wo Adam und Eva herstammten.«

Aha, da lag also das Bindeglied zwischen polynesischer Legende und christlicher Tradition. Ru, der Reisende, war mit seinem Kanu vom Heiligen Land hergesegelt.

»Was ist für Sie das Beste am Leben auf einer Insel?« fragte ich.

»Wir sind frei«, meinte einer.

»Wir können tun und lassen, was wir wollen«, sagte ein anderer.

»Aber was wäre«, fragte ich, »wenn Fremde kämen? *Papa'a, Tinito* oder *manuiri*? Oder Japaner?«

»Die würden wir rausschmeißen.«

»Das ist unsere Insel. Wir haben alles.«

Sie klangen grimmig, waren aber bloß angesäuselt. Schwankend begleiteten sie mich zu meinem Boot und drängten mich, doch am nächsten Tag wiederzukommen. Dann würden sie bestimmt für mich singen.

Hinter der Lagune ging die Sonne unter, das Tageslicht verglomm, und ich paddelte an einer der schönsten und angenehmsten Inseln entlang, die ich je gesehen hatte – und fühlte mich unerklärlich einsam. »Wo ist deine Frau?« hatte der Fischer gerufen. Ich hatte keine mehr.

Bald war das Wasser schwarz wie die Nacht, und ich platschte wie besessen auf die Lichter am Ufer zu.

Das Alleinsein war die merkwürdigste Facette meiner Reisen in Ozeanien, denn die Insulaner waren nie allein und hatten auch keinen Begriff davon. Sie alle hatten Familien, Ehefrauen, Ehemänner, Kinder, Freundinnen, Freunde. Auf einer mittelgroßen Insel waren alle irgendwie mit allen verwandt. Gehörte nicht diese Art Großfamilie zu den schönsten Seiten des Insulanerlebens? Wer auf einer Insel lebte, war nie allein.

Die Pazifik-Insulaner kannten keine Vorstellung von Vereinzelung, die nicht mit Elend oder geistigem Verfall einherge-

gangen wäre. Bücher las kaum jemand, und zwar aus genau
diesem Grund: Man tat es allein. Mit Analphabetismus hatte
das nichts zu tun, denn Schulen gab es genug. Die Insulaner
wußten aus Erfahrung, daß ein Mensch, der sich absonderte
und den man oft allein sah, einer, der Bücher las, sich von
der Hütte entfernte, am Strand spazierenging, immer für sich
blieb – in tiefstem *musu* versunken war und über Mord, Selbstmord oder wahrscheinlich beides zugleich nachgrübelte. (Hin
und wieder nannte man mir eine tatsächlich verblüffend hohe
Selbstmordrate des einen oder anderen Ortes. Die Methode
war fast immer die gleiche: ein Sprung von der Spitze einer
Palme.)

Ehen waren selten mit Streß verbunden, denn der Rest der
Familie konnte immer aushelfen. Der Ehemann hatte seine
Männerfreunde, die Ehefrau ihre Freundinnen, und die Kinder
wurden von all den Tanten und Onkeln großgezogen. Wer in
einem so komplexen und scheinbar lockeren Bund lebte,
spielte kaum mit dem Gedanken an Scheidung. (Und viele
Leute blieben verheiratet, ohne das geringste miteinander zu
tun, ja kaum Kontakt miteinander zu haben.) Die Großfamilie
endete am Inselrand, eine Inselfamilie war eine ganze Nation.

Dennoch traf ich hin und wieder Geschiedene. Auf den Trobrianden galt eine geschiedene Frau als potentielle Kandidatin
für eine neue Ehe und somit als Bedrohung für die unverheira-
teten Männer: »Am Ende muß ich sie heiraten.« Bei allem war
das presbyterianische Stigma der Scheidung, das gestrenge
Missionare den Inseln im neunzehnten Jahrhundert aufge-
zwungen hatten, unbarmherziger als die alten Bräuche. Oft genug verließ ein Geschiedener einfach seine Insel. Er oder sie
hatte zu viele Menschen enttäuscht, sich Feinde gemacht. Die
Frauen suchten sich Arbeit in den Hotels der Hauptstädte, die
Männer wanderten aus. Wer sich scheiden ließ, galt schnell als
Verräter.

Diese Haltung erleichterte meine Lage nicht. Daß ich allein
war und keine Frau hatte, schien mysteriös und machte mich
zu einem echten *palangi*, »Himmelsbrecher«. Und natürlich
wirkte ich verschroben, weil ich schrieb und las. Meine Umstände machten es anderen schwer, mit mir Kontakt aufzunehmen, und mir selbst, sie zu erklären. Dabei wurde ich gerade

auf den Cook-Inseln ständig herausgefordert: »Wo ist deine Frau?« Ach Gott, wechseln wir das Thema. Ich hätte ihnen meinen Seelenzustand allenfalls annähernd verdeutlichen können, und das hätte sich sicher angehört wie eine Beschreibung von Westminster Abbey mit pazifischem Vokabular: »In diesem sehr großen *are* ist ein *marae* drin, und an den Wänden sind viele Felszeichnungen . . .«

Manchmal kam ich mir wie der einzige Mensch weit und breit vor, der seine Ehe ruiniert hatte, und mein Jammer an jenem dunklen Abend in Neuseeland fiel mir wieder ein, als ich vor dem California Fried Chicken Family Restaurant auf der Papanui Street in Merivale die fröhliche Familie gesehen hatte und weinen mußte.

Meine Lösung hieß weiterpaddeln.

Eines Abends dann, als ich ganz in solche Gedanken versunken mein Kajak den Strand hinaufzog, sah ich einen Mann, der unter Palmen spazierenging. Ein Weißer, wahrscheinlich ein Tourist, aber etwas an seiner Gestalt ließ mich zweimal hinsehen. Er hatte eine ungewöhnliche Körperform, war großgewachsen, mit dickem Bauch, schmalen Schultern, ziemlich dürren Beinen und einem großen Kopf. Seine ganz Figur war der eines Insulaners höchst unähnlich. Er sah aus wie ein englischer Adliger oder Schiffskapitän, der keine Mahlzeit ausließ und selten zu Fuß ging: gut genährt und untrainiert.

Ich drehte mein Boot um und legte es unter eine Palme. Der Mann war stehengeblieben und sah zu. Er hatte graue Haare, dicke Brillengläser und recht zierliche Hände, die zu seinen dürren Armen paßten. Er wirkte lebhaft, fast unruhig, und sein Lächeln kam schnell. Erst dachte ich an schlichte Höflichkeit in der Schicksalsgemeinschaft zweier *papa'as,* aber es besagte doch mehr: Er hieß mich willkommen.

»Sie kommen mir bekannt vor«, sagte ich.

»David Lange«, sagte er. »Ich war mal Premierminister von Neuseeland.«

»Wie wär's mit einem Bier.«

»Wunderbar.«

Jetzt bist du nicht mehr allein, sagte ich mir.

Ich hatte David Lange früher schon aus der Distanz bewundert, da er daran mitgewirkt hatte, Neuseeland atomwaffenfrei

zu machen. Immerhin hatte das Land, als eine der ärmeren
Industrienationen angewiesen auf Absatzmärkte für Butter,
Lammfleisch und Wolle, wirtschaftliche Sanktionen durch
Amerika und Europa riskiert, indem es den Großen der rest-
lichen Welt Vorträge über die Gefahren nuklearer Abhängig-
keit hielt und sogar so weit ging, mit Atomwaffen bestückte
Kriegsschiffe nicht in neuseeländische Häfen hineinzulassen.
Prinzipien zu haben macht normalerweise einsam, und teuer
ist es auch. Derlei Verhalten grenzt an politischen Selbstmord.
Aber Lange hielt durch, schuf sich Freunde und wurde zur
weltpolitischen Symbolfigur. Allerdings nicht für jeden. Bei
Australiens Premier beispielsweise machte Lange sich mit
seiner unbeugsamen Haltung unbeliebt, aber Bob Hawke
hatte – wie Lange sich womöglich ausgedrückt hätte – ohnehin
Uran auf den Zähnen.

Und Langes Trennung von seiner Frau – während meiner
Zeit in Neuseeland war sie Tagesgespräch gewesen. Die verlassene Gattin, die ihren Kummer in die Welt hinausposaunte,
die Mutter, die sich von ihrem Mann lossagte, und die Scharf-
macher der Kiwi-Presse, die mit vereinten Kräften über ihn
herfielen. Ich hatte Mitgefühl mit ihm gehabt, weil dieser Aufruhr in seinem Leben zur gleichen Zeit stattfand wie meine
eigene Trennung, hatte mich mit ihm identifiziert und ihn im
stillen als Seelenverwandten angesehen. Wir waren etwa im
gleichen Alter. Unter Überschriften wie: »Langes Ehefrau: David hat mich betrogen«, hatte ich seinet- und meinetwillen gelitten.

Was für eine komische kleine Welt. Hier standen wir also
unter den Bäumen von Aitutaki in der Abenddämmerung
an der Lagune: der ehemalige Premier und der ehemalige
Autor – als der ich mich sah –, zwei abgehalfterte Deserteure
auf einer einsamen Insel.

Ich stellte mich vor.

»Wirklich? Der Autor?« Er nannte einige Titel meiner Bücher. »Schreiben Sie hier auch?«

»Nein, ich paddle nur.«

Aber gerade er würde wohl verstehen, daß Leugnen bei
einem Autor etwa das gleiche bedeutete wie bei einem Politiker.

»Das freut mich«, sagte er, klang aber nicht sehr überzeugt. »Ich würde liebend gern etwas über Aitutaki schreiben. Ich komme seit Jahren her und hab mir schon lange überlegt, ein Buch – so wie eins von Ihren – über diesen Ort zu schreiben. Aitutaki ist voll von wunderbaren Charakteren.«

Wir saßen beim Bier. Er sprach rasch und zeigte eine rastlose, ungeduldige Intelligenz. »Sie schreiben über Züge . . .« Er nahm einen schnellen Schluck Bier. »Die Eisenbahngeschichte schlechthin: 1967 war ich von Delhi nach Bombay unterwegs. Ich war noch Student. Damals dauerte die Fahrt siebenunddreißig Stunden, aber es gab einen wunderbaren Speisewagen, einen mit schwerem Silberbesteck, Stoffservietten und beflissenen Kellnern. Ich hatte ein Rindfleischcurry bestellt. Das Fleisch schmeckte komisch, aber natürlich war es stark gewürzt. Hinterher war mir kreuzübel, und ich mußte tagelang im Bett bleiben. So eine schlimme Lebensmittelvergiftung habe ich noch nie erlebt. Und ich war nicht der einzige. Die meisten anderen Leute, die das Rindfleischcurry im Zug gegessen hatten, mußten ins Krankenhaus.«

Er kicherte in sich hinein. »Ungefähr einen Monat später habe ich dann gelesen, daß einer der Kellner aus dem Zug Delhi–Bombay verhaftet worden war, weil er die Küche des Speisewagens mit menschlichen Leichenteilen beliefert hatte. Er hatte sie als frisches Rindfleisch ausgegeben. Im Curry waren sie natürlich kaum noch zu erkennen gewesen.«

Reden gehört zum Geschäft des Politikers, Autoren hören zu. Und so waren wir, der Mann der Öffentlichkeit und der Privatmensch, auf dieser lieblichen Insel zusammengekommen und konnten uns in aller Ruhe in unseren besonderen Fertigkeiten üben. Lange sprach gern, war leutselig. Er begrüßte Fremde, hatte ein gutes Wort für jeden und stellte mich überall auf der Insel vor. Wo immer sich eine kleine Gesprächsrunde bildete, übernahm er das Ruder und verfiel der Einfachheit halber gleich in einen langen, humorigen Monolog, der jede stockende Unterhaltung ersetzte. Er hatte das Talent des Parlamentariers, jede Art von Störung durch Regen, herabfallende Kokosnüsse, laute Musik, lästige Fremde oder heikle Fragen zu ignorieren, und er besaß die Gabe des erfolgreichen Politikers, sich wiederholen zu können, ohne gelangweilt zu

klingen. Ich kann bezeugen, daß Lange imstande war, die gleiche komplexe Geschichte (inklusive Stimmenimitation, Mimikry, historischer Detailfreude und Spannungsaufbau) mit dem
gleichen Schwung an drei aufeinanderfolgenden Tagen zu erzählen.

Ich hatte mir auf meinem Trip zu der Kette von *motus* einen
Sonnenbrand geholt und mußte mich dringend für eine Weile
unter Bäumen aufhalten. So verbrachte ich einen Großteil der
nächsten drei Tage in Gesellschaft von David Lange, der sich in
Aitutaki gut auskannte. Wir diskutierten (er sprach, ich hörte zu)
die Affäre um die *Rainbow Warrior*, die Zukunft Neuseelands und
Australiens, Ronald Reagans Senilität, Saddam Husseins Paranoia, Margaret Thatcher, die Queen, Yoko Ono, Lee Kuan Yew
aus Singapur, Rajiv Gandhi, Chandra Shekhar, die Charaktereigenschaften der verschiedenen Pazifikinsulaner wie der Tongaer, Samoaner und Cook-Insulaner und die Charakteristika
verschiedener christlicher Religionsgemeinschaften.

Die sinnlosesten internationalen Zusammenkünfte, an denen er je teilgenommen habe, erzählte Lange, seien die Treffen
der Regierungschefs der Commonwealth-Staaten gewesen,
und das nicht nur wegen der gouvernantenhaften Auftritte der
handtaschenschwingenden Margaret Thatcher und der persönlichen Invektiven Bob Hawkes, sondern hauptsächlich wegen der Zeitverschwendung. An das Treffen von 1985 auf den
Bahamas erinnerte er sich besonders gern wegen des Gastgebers: Der Premierminister der Bahamas sei eine »schillernde
Persönlichkeit. Er ging ungeschoren aus einer Untersuchung
hervor, die sich damit beschäftigt hatte, warum er im Vorjahr
eine Summe auf sein Bankkonto eingezahlt hatte, die achtzehnmal höher war als sein Jahresgehalt.« Bei einem ähnlichen
Meeting in Vancouver hatte die Delegation aus Botswana eintausenddreihundert Dollar vertelefoniert und den Betrag auf
Langes Hotelrechnung setzen lassen, während die Politiker
aus Uganda »die Abwesenheit ihres Delegationsleiters, der
sich irgendwo in der Einsamkeit aufhielt, dazu benutzten, eine
stattliche Anzahl von Prostituierten aus Vancouver ins Hotel
zu holen und sich anschließend weigerten, die Damen zu bezahlen und sie mit Polizeigewalt aus dem Hause schaffen lie
ßen. Das war das aufregendste an der ganzen Konferenz.«

Mir gefielen seine Offenheit und sein Witz. Lange stand mit der Welt auf vertrautem Fuß. Sein ganzes Arbeitsleben lang hatte er mächtige Persönlichkeiten kennengelernt. Und ich? Ich grub meine Erlebnisse auf Fidschi aus. Langes Gesicht leuchtete auf. »Rabuka ist ein Kraftmeier und Kamisese Mara, der Premierminister, ein Strohmann der Militärregierung.«

»Ich wüßte gern, was Sie von Dame Cath Tizard, Ihrer Generalgouverneurin, halten«, sagte ich.

»Da hat es sich bald mit General und Gouverneur.« Lange sprach wie immer mit überhöhter Geschwindigkeit und lächelte unablässig. »Sie wird wohl den größten Teil des nächsten Jahres wegen einer Verleumdungssache vor Gericht stehen. Sie hat jemanden als Vollidioten bezeichnet und ist auf vierzehn Millionen Dollar verklagt worden.«

Ich setzte zu einer Schilderung ihrer außergewöhnlichen Tischmanieren an, aber Lange polterte unbeirrt lächelnd weiter: »Ihr Exmann ist ein ziemliches Original, hat nach dem Tod des Kaisers in Japan für einige Aufregung gesorgt, als diverse Staatsoberhäupter ihr Beileid bekundeten. Er sagte, man hätte den japanischen Kaiser gleich nach dem Krieg in kleine Stücke hacken sollen. Zitat Ende.«

Gesprächspausen nutzte ich für Fragen, die er prompt beantwortete, auch als ich mich nach dem Zusammenbruch seiner Ehe und seiner Beziehung zu Miss Pope, seiner Ghostwriterin, oder nach seiner Mutter erkundigte, die öffentlich ihren Senf zu der Angelegenheit gegeben hatte.

»Ihre Mutter hat sich also von Ihnen losgesagt.«

»Ja.« Er lächelte. »Sie ist im Fernsehen aufgetreten. Das hätten Sie mal hören sollen!«

»War es ein bestimmtes Ereignis, das Ihre Ehe beendet hat, oder . . .?«

»Wir hatten uns auseinandergelebt«, sagte er. »Das kann so still und leise passieren, daß man es kaum merkt. Und ehe man sich's versieht, ist eines Tages alles zu Ende.«

»Aber gibt es jetzt eine Frau in Ihrem Leben?«

»O ja. Margaret. Die müssen Sie mal kennenlernen. Wunderbare Person.«

»Was haben Ihre Kinder zu der Scheidung gesagt?«

»Mein Sohn studiert in Indien. Er ist schon erwachsen.

Meine Tochter hat gesagt: ›Dann werd ich mich wohl dran gewöhnen müssen, daß ich genauso verzogen werde wie alle anderen Scheidungswaisen auch.‹ Ihr fehlt nicht sehr viel.«

»Denken Sie manchmal mit Bedauern an die glücklichen
Zeiten Ihrer Ehe zurück?«

»Unsere Ehe war ziemlich turbulent. Und Ihre?«

»Nein. Die meiste Zeit war sie ruhig und friedlich«, antwortete ich. »Ich denke eigentlich oft daran zurück, und dann
fühle ich mich mies.«

»Man muß nach vorn schauen.« Er klang entschieden.

»Glauben Sie, daß Sie jemals wieder zu Ihrer Frau zurückgehen könnten?«

»Dazu ist es zu spät«, sagte er. »Ihr geht's nicht schlecht. Sie
hat gerade einen Gedichtband veröffentlicht.«

»Und Sie selbst?«

»Hier stehe ich, bin achtundvierzig Jahre alt und besitze weder Bett noch Stuhl. Hat alles meine Frau.«

Er lachte, und es klang weder heiter noch bitter. Ich war ihm
unsäglich dankbar dafür, daß er meinen Fragen nicht ausgewi-
chen war. Er jammerte nicht, gab niemandem die Schuld und
versuchte nichts ungeschehen zu machen. Ich wäre gern
ebenso resolut gewesen, und fast wünschte ich mir, mit dem
Paddeln aufzuhören und erneut die Art von Zufriedenheit
kennenzulernen, die ich in früheren Jahren gekannt hatte. Lieben und geliebt werden.

Das Thema Scheidung endete in der einzigen längeren
Pause unserer Gespräche.

Aber schon kam er wieder auf einige führende Figuren der
Weltpolitik zu sprechen, zum Beispiel Oliver Tambo vom Afri-
can National Congress: »Als ich ihn kennenlernte, hat er doch
glatt die Methode des *necklacing** verteidigen wollen.«

»Als britischer Premier war Harold Wilson eine harte Nuß«,
sagte er. »Aber wie sieht die Zukunft der Labour Party aus?
Bryan Gould? Er ist Neuseeländer. War im College mein Zim-

---

* Eine brutale Kampfmethode, die in den achtziger Jahren bei rivalisierenden
Gruppen in den Townships von Südafrika üblich war: Ein benzinübergosse-
ner Autoreifen wurde dem Gegner über den Oberkörper gestreift und dann
angezündet, wodurch das Opfer bei lebendigem Leib verbrannt wurde.

mergenosse. Wie soll der denn die Labour Party führen, der ist ja noch nicht mal Brite!«

Er war gerade mit der Niederschrift seines Buches *Nuclear Free. The New Zealand Way* fertig geworden, das seine Anti-Atom-Politik für den Pazifikraum behandelte, und steckte voller Geschichten über üble französische Machenschaften.

»Die Franzosen sind Schweine«, sagte er. »In der Nacht, bevor der Gutachter in der *Rainbow-Warrior*-Affäre dem Tribunal seine Stellungnahme mitteilen sollte, wurde bei ihm eingebrochen. Nur ein Gegenstand fehlte nachher: Das Textverarbeitungsgerät, auf dem sein Aktenmaterial für das Verfahren gespeichert war. Statt dessen lag ein Messer da.«

In seinem Buch schreibt er: »Die Versuche auf Mururoa laufen noch immer. In der Geschichte Frankreichs gibt es keinen Anhaltspunkt dafür, daß sie aufgeben werden, solange nicht Länder, die noch mächtiger sind als Frankreich, dem ein Ende machen. Ich kann nur auf den Tag hoffen, an dem sie das wollen werden.«

Wir sprachen bis in die Nacht hinein. Die Nächte auf Aitutaki waren voller Sterne. Eine ideale Insel, mit einer der größten und schönsten Lagunen, die ich in Ozeanien erlebt hatte, die Menschen waren sanft und freundlich, und es gab reichlich zu essen, kein Telefon, keine Autos und keine Hunde.

Nach einem langen Vortrag oder einer Anekdote beugte sich Lange gelegentlich zu mir vor: »Und Sie wollen wirklich nichts über diese Insel schreiben?«

Gegen Ende der Woche traf ich Lange zufällig am Strand wieder. »Der Repräsentant der britischen Königin reist übermorgen ab. In der Stadt bereiten sie eine Art Empfang für ihn. Haben Sie Lust mitzukommen, als mein Gast? Könnte ganz lustig werden, auch wenn Sie tatsächlich nicht über die Insel schreiben wollen.«

»Was ist ein Repräsentant der britischen Königin?«

»In diesem Fall ein Anachronismus namens Sir Tangaroa Tangaroa.«

Tags darauf ging ich Speerfischen, trug meine Tauchermaske mit Schnorchel und zog das Boot an der Leine hinter mir her. Ich wollte am Riff entlangschwimmen, und wenn ich keine Lust mehr zum Fischen hätte, den Rest der Strecke bis zum einzigen *motu* paddeln, das ich noch nicht gesehen hatte. Es hieß Maina, »kleines Mädchen«. Ganz in der Nähe lag das Wrack eines Schiffes, das dort in den dreißiger Jahren mit einer Ladung von Ford-T-Modellen aufgelaufen war.

Hinter dem Geringel der fetten schwarzen Seegurken und Schwärmen von kleinen flitzenden Fischchen sah ich die herrlichen Papageienfische und folgte ihnen durch die Korallen. »Wenn man einmal gesehen hat, was für wunderbare Farben lebendige Fische haben und wie grau sie aussehen, wenn sie tot auf der Theke liegen – wie kann man sie da noch essen?« hatte ein Vegetarier einmal gesagt. Ich verlor bald das Interesse an der Fischerei, schnorchelte bloß noch und kletterte schließlich – als mir einfiel, daß es an diesem Riff Haie gab – wieder ins Boot, setzte meine Kopfhörer auf und paddelte.

An diesem schönen Morgen in der Lagune von Aitutaki hörte ich die *Carmina Burana.* Es war einer dieser Tage – einer von vielen in Ozeanien –, an denen ich all meine Sorgen vergaß, meine Fehlschläge und meine Angst vor dem Schreiben. Ich war genau da, wo ich sein wollte, und tat, was ich am liebsten tat. Ich war so weit vom Ufer entfernt, daß die Insel fern, geheimnisvoll und bewaldet aussah, bewegte mich fast spielerisch durch die grünlichblaue Lagune und konnte durch die Bewegung der Musik hindurch die Brandung hören, die auf das Riff schlug.

Der Wind frischte auf, ich paddelte weiter und sah verschiedene Schiffswracks, seltsame Mahnmale für die Gefahren des Riffs, die furchterregend und skelettiert aussahen. Wie gefrorene Gewalt, groß und schwarzverrostet. Das merkwürdigste daran war, daß an Land offenbar nichts geschah. Es schien völlig absurd, daß ein Kapitän sein Schiff nach Aitutaki steuern und obendrein noch an diesem Riff sein Leben riskieren sollte. Die Insel schien zu schlummern, ihre grünen Tage im grünen Schatten zu verträumen. Es gab keine Industrie, keinen Verkehr, nicht mal Rauch. Hier wohnte die einfachste und ruhigste Gesellschaft, die ich je gesehen hatte. Selten sah ich jemandem beim Kochen, bei der Gartenarbeit oder irgendeiner anderen anstrengenden Tätigkeit, abgesehen vom Fischfang. An den stillen, heißen Vormittagen regte sich nichts, Aitutaki erwachte erst gegen Abend, wenn das Trommeln und Tanzen begann. Die Menschen waren lebhaft und konnten sehr gesprächig sein. Wobei es mich weniger überraschte, daß sich das örtliche Leben mit derartig unvorstellbarer Langsamkeit abspielte, als daß es überhaupt weiterging.

Die Cook-Insulaner (insgesamt gab es nur rund zwanzigtausend) waren von einer Natur, die sie zu etwas Besonderem machte. Trotz aller Bevormundung durch Neuseeland und trotz ihrer Begeisterung für Videos waren die Menschen sich treu geblieben. Sie waren nicht habgierig und nicht faul. Sie waren gastfreundlich, großzügig und freundlich, weder grob noch grausam. Versuchten oft, witzig zu sein – wenn auch mit geringem Erfolg.

An einem Tag zu Anfang meines Aufenthalts hatte ich mit dem Speer einen Papageienfisch erwischt. Später zeigte ich meine Beute einem Mann am Ufer.

»Was sagen Sie dazu?«

»Es ist ein Fisch«, sagte er trocken.

»Ein guter, fetter Fisch?«

»Ein normaler Fisch«, sagte er.

»Aber ein guter, finden Sie nicht? Ein großer. Gut zu essen.«

»Ein normaler Papageienfisch.« Er blieb todernst. »Ein ganz normaler Papageienfisch.«

Ich paddelte immer noch auf Maina zu. David Lange hatte mir erklärt, die Inseln hätten ihren Charakter bewahrt, weil sie immer noch den Insulanern gehörten. Kein einziger Morgen Grund war an einen Fremden verkauft worden. Gelegentlich wurde zwar Land gepachtet, aber sie gaben es nicht wirklich aus der Hand. Das war ihre große Angst: Daß die Japaner kommen und ihnen das Land entreißen, sie irgendwie übervorteilen würden. Die Japaner waren verhaßt und gefürchtet, nirgends sah man japanische Touristen. »Die wollen wir nicht!« hatte jemand in Aitutaki gesagt. »Die schicken wir wieder weg!«

Der Wind brüllte in den Kopfhörern, blies Wellen über das Bootsdeck und ließ mich abdriften. Ich paddelte weiter, war in dieser weiten, grünen Lagune zwischen Seeschildkröten und glitzernden Korallen glücklich und erreichte schließlich Maina, einsam in einem fernen Winkel der Lagune, leer und fast unberührt, eine der schönsten Inseln, die ich in Ozeanien betrat.

Auf dem Weg zum Empfang für den Repräsentanten der Königin machte David Lange mich auf ein paar nagelneue Lastwagen aufmerksam, die im Depot des »Ministry of Works« geparkt waren.

»Sie können sie nicht benutzen. Stehen schon seit Monaten hier herum. Sie nehmen diese gefährliche alte Klapperkiste . . .« Er deutete auf einen Uraltlaster voller Baumstämme.

». . . und dreimal dürfen Sie raten, warum.«

»Sind die neuen verflucht worden?«

»Fast haben Sie's erraten. Sie sind nicht geweiht worden. Sie brauchen eine anständige Zeremonie. Und es kann Monate dauern, bis sie das hinkriegen.«

Ein gottesfürchtiger Archipel. Mormonen, Jehovahs Zeugen, Sieben-Tage-Adventisten, Katholiken und die Ortskirche CICC, die Cook Island Christian Church. Die Gedenktafel für den Märtyrer John Williams (aufgegessen von Big Nambas aus Erromanga in Vanuatu) hätte ein Warnsignal sein müssen, doch überall gab es Kirchen, Kreuze, Sinnsprüche, Bibelzitate, Grabsteine und Denkmäler. Die Geschichte der Cook-Inseln ist die Geschichte ihrer Missionare – Missionare und ein bißchen Handel mit Fisch und Kokosnüssen. Aber hauptsächlich hatte man es auf die Seelen der Menschen abgesehen. Auf frühen Fotografien von Cook-Insulanern sieht man die Männer mit langen Hosen und die Frauen in »Missionskleidern«, den züchtigen, alles verhüllenden *muumuus*. Die Mormonen tranken nicht, die Zeugen Jehovas rauchten und wählten nicht, die Sieben-Tage-Adventisten tanzten nicht, und die CICC erlaubte keinen Fischfang am Sabbat.

Das Leben ging aber dennoch seinen passiven polynesischen Gang, und die Leute schafften es zu tanzen, zu trinken, zu rauchen, zu singen, zu angeln und zu lieben. Von einer Frau erzählte man sich, die einfach am Strand auftauchte und sich jedem Fischer als Willkommensgeschenk anbot, den es danach gelüsten mochte, mit ihr Liebe zu machen.

Die Tänzer beruhigten vor jedem Tanz erst einmal ihr Gewissen durch ein Gebet, dann trommelten sie, wackelten mit den Hinterteilen und schwenkten die Brüste. Und zum Schluß sagten sie noch ein Gebet auf.

Gebetet wurde auch im Garten des kleinen Blechdachbungalows, in dem der Inselrat von Aitutaki residierte, einer schlichten Hütte mit hübschem Garten. Etwa dreißig Männer und Frauen beteten mit, alle trugen farbenfrohe Hemden und Kleider – ein snobistisches Kleiderdiktat war auf den Cook-Inseln unbekannt. Man trug T-Shirt und Shorts, eine Badehose, einen *lavalava*, und damit hatte es sich. Keine Socken, keine Schuhe, keine Krawatten, keine irgendwie vorgeschriebene Kostümierung.

Wieder ein Tag in Fettland: fette Frauen, fette Männer. Der Fetteste von allen war der Repräsentant der Königin, ein älterer Herr von vielleicht siebzig Jahren in einem sehr engen Hawaii-Hemd, an dem genau an der Stelle ein Knopf fehlte, wo sein Bauch am stärksten hervorquoll. Sir Tangaroa Tangaroa, QR. Trotz seiner Titel war er eine schlichte Seele. Aber das Wort *tangaroa* hatte ich schon einmal gehört, und zwar im Zusammenhang mit polynesischer Kosmologie.

»Was bedeutet *tangaroa*?« fragte ich den Bürgermeister.

Der Bürgermeister war der Bruder des Premierministers. »Die reine Vetternwirtschaft«, hatte Lange gesagt.

»Sein Name ist der Name Gottes.«

»Gottvater im Himmel?«

»Nein. Einer von unseren alten Göttern.«

»Welcher?«

Der Bürgermeister hieß Henry und sah ein bißchen wirr drein. »Der Meeresgott? Ich glaube, der Meeresgott.«

Dieser Henry war überhaupt etwas vage. Im Süden der Insel gab es ein großes *marae*. Ich fragte ihn, wo genau es sich befinde. Die Antwort: »Irgendwo im Urwald. Das finden Sie nie.«

Aitutaki war an seiner breitesten Stelle knapp zwei Kilometer breit und weniger als sechs Kilometer lang. »Irgendwo im Urwald«, hieß an einem so winzigen Ort überhaupt nichts. Wenn man kein Insulaner war, der die Insel für die Welt hielt.

»Können Sie mir sagen, wie ich hinfinde?«

»Nein. Es ist nicht leicht. Irgend jemand muß mitgehen und Sie hinbringen.«

Auch das war typisch für die Insulaner: Kaum jemand konnte einen Weg beschreiben, weil man sich über Ortsangaben und Himmelsrichtungen nie Gedanken machte. Auf einer Insel wußte jeder, wo alles war, und wer es nicht wußte, hatte hier im Grunde nichts zu suchen.

»Aber die Insel ist doch nicht sehr groß«, sagte ich.

»Das *marae* ist im Urwald.«

»Mag sein, aber es gibt ja nicht viel davon. Gehen Sie manchmal hin?«

»Ich habe zuviel zu tun.«

Nichts weiter als eine Redensart, auf Aitutaki hatte niemand viel zu tun.

Ich ging zum Repräsentanten der Königin hinüber.

»Haben Sie mit Ihrer Majestät gesprochen?«

»Ja. Viele Stunden.« Er zwinkerte. »Sehr viele Stunden.«

Er konnte kaum Englisch und verfiel bald wieder ins bequemere Maori, wodurch unser Gespräch etwas abrupt endete. Mit Königin Elisabeth aber hatte er sich ausführlich unterhalten.

Lange hatte meine Frage gehört. »Wenn Sie die Queen mal allein erwischen, ist sie prima. Sehr witzig. Liebt Neuseeland.«

Sie hatte Zeit für ihn gefunden, nachdem ihm der Titel CH, »Companion of Honour«, verliehen worden war, eine Ehrung, die mehr gilt als die Erhebung in den Adelsstand.

Nach dem Gebet im Garten wurde das Essen aufgedeckt. Männer und Frauen fächelten die Fliegen weg, während wir unsere Teller mit Tintenfisch in Kokosmilch, Taro, Süßkartoffeln, Schweinefleisch, roh mariniertem Fisch (mit Haut und Gräten), fritierten Bananen und Fruchtsalat füllten.

Man servierte Limonade, und dann wurde getanzt. Junge Männer und Frauen in Baströcken. Die Trommler schwitzten und strahlten, und von der Schotterstraße her kamen immer mehr Zuschauer in den Garten, sammelten sich an der Hecke oder setzten sich auf den Rasen. Kinder, die schon vor dem Beginn der Festivitäten im Gras gespielt hatten – ohne etwas mit der Party zu tun zu haben –, spielten ruhig weiter. Alles war liebenswürdig. Krawalle gab es hier nicht.

Der Repräsentant der Königin strich sein Hemd glatt, mittlerweile war es bekleckert, und nahm seine Geschenke in Empfang, eine gewebte Matte und ein Stück hübsch besticktes Stoff. Seine Ansprache auf maori war kurz, aber formell und würdevoll. Er stammte von der kleinen Insel Penrhyn, einem nahezu unzugänglichen Atoll ganz im Norden der Cook-Inseln. Sechs Jahre lang hatte er von Insel zu Insel die Runde gemacht. Jetzt war er auf seiner letzten Tour und sammelte seine Geschenke ein. Bald würde ein neuer QR vereidigt, ein Verwandter von irgendwem.

Auf dem Heimweg von der Party fragte Lange mich wieder: »Sind Sie sicher, daß Sie nicht über Aitutaki schreiben wollen?« Er lächelte. Aber statt die Antwort abzuwarten, unterhielt er mich mit einer Schilderung seiner jüngsten Erlebnisse in Bagdad.

Lange brachte mich schließlich sogar zum Flughafen, als ich von Aitutaki abreiste. Wir vereinbarten ein Wiedersehen. Ich flog nach Rarotonga, eine hübsche Insel mit einem geschlossenen Gürtel aus Bungalows und kleinen Hotels. Wenn man paddelte, tat man es gleichsam im Vorgarten anderer Leute. Und auf Rarotonga bekam ich auch eine Vorstellung von der insularen Gerüchteküche.

Ein neuseeländisches Paar aus Aitutaki erkannte mich in Rarotonga auf der Straße wieder und erzählte mir von der Frau, die am Strand herumwanderte und so gierig auf die Liebe der Fischer von Aitutaki war. Als ich mir diese Geschichte von einem Australier bestätigen lassen wollte, erzählte er mir, daß man das geschwätzige neuseeländische Paar dabei gehört hatte, wie es sich in seinem Bungalow lautstark beschimpfte.

»Er ist eine weltberühmte Kapazität in Sachen Riesenmuschel«, berichtete jemand von dem Australier.

»Es kann lebensgefährlich sein, mit den Fischern herumzublödeln«, sagte wieder ein anderer.

Man tratschte über die Klatschbasen, und jeder hatte etwas loszuwerden.

»Stellen Sie sich mal vor, wer auf Aitutaki ist«, sagte ein anderer Australier in einer Bar in Avarua. »David Lange. Jemand hat ihn gesehen, wie er ins Flugzeug gestiegen ist. Hat sich von seiner Frau getrennt. Hat kein Amt mehr. Er ist total am Ende und von zu Hause abgehauen.«

»Ich glaube, er kommt zurecht«, sagte ich.

21. Kapitel

DIE OSTERINSEL: HINTER DER BRANDUNG
VON RAPA NUI

Sehen konnte ich bei meiner Ankunft auf der Osterinsel zunächst nichts, weil es selbst morgens um sieben immer noch dunkel war. Aber die einladenden Gerüche von schlammigen Straßen und feuchtem Hundefell waren schon da, von nassem Gras und salziger Luft, die Klänge von Hahnengeschrei, Hundegebell und donnernder Brandung, Stimmen die spanisch und polynesisch sprachen. Der Zollbeamte hatte getrunken. »*Borrachito*«, knurrte jemand. »*Angesäuselt*«.

Im Winter geht die Sonne um acht Uhr morgens über der Osterinsel auf, und nachmittags um halb sechs ist es schon so dämmrig, daß man ohne künstliches Licht nicht mehr lesen kann – aber das will auf dieser verlorenen Insel der verletzten Seelen ohnehin kaum jemand. Lange vor Sonnenuntergang werden die Pferde angebunden (es gibt nur wenige Autos), die Motorboote vertäut (Kanus sind schon seit hundert Jahren nicht mehr in Gebrauch), und wer noch Geld für eine Flasche *pisco* hat, wird langsam aber sicher *borrachito* von dem Fusel.

Dann ist die Insel kalt, dunkel und wird still, man hört nur noch bellende Hunde und den Wind im Gestrüpp. Es gibt nicht viele Bäume, nur eine Ortschaft – das kleine Hanga Roa – und die *moai*, die steinernen Statuen, in deren Nähe sich bei Dunkelheit aber niemand mehr wagt. Sie sollen mit *akuaku*, Geistern, in Verbindung stehen und hüten alle Geheimnisse der Insel. Es müssen eine Menge Geheimnisse sein, denn diese steinernen Köpfe stehen und liegen zu Hunderten auf der Insel herum, aufrecht und starrend, augenlos liegend, zertrümmert und zerbrochen, mal mit Haarknoten aus Tuffstein, mal nasenlos mit eingeschlagenen Schädeln. Insgesamt sind es über achthundert. Auf polynesisch heißen sie *aringa ora*, »lebende Gesichter«.

Ansonsten besteht die Insel aus gelblichen Wiesen mit dich-

tem, windgebeugtem Gras, niedrigen Hügeln und struppigen
Vulkanhängen. Die Landschaft erinnert an manchen Stellen an
die Küste von Wales oder an Patagonien, und doch ist sie einzigartig. Die Osterinsel ist die merkwürdigste Insel ganz Ozeaniens, ein Ort der Düsternis und Anarchie. Und gespenstisch
ist sie auch. Bei den früheren Bewohnern hieß sie *Te Pito o Te
Henua*, »Nabel der Welt«, später nannte man sie *Rapa Nui*. Die
Osterinsel ist kleiner als Martha's Vineyard bei Cape Cod und
beherbergt auch wohl weniger versteinerte Gesichter.

Ich durchquerte das Flughafengebäude, ein hölzernes Zimmer mit Schildern in spanischer Sprache, und passierte den
chilenischen Zoll. (Die »Isla de Pascua« ist ein Teil einer chilenischen Provinz.)

Eine hübsche Polynesierin sprach mich an: »Darf ich Ihnen
meine Wohnung anbieten?«

Der Flug von Rarotonga nach Tahiti dauert eine Stunde, von
Tahiti zur Osterinsel sind es fünfeinhalb. Passende Anschluß-
flüge sind in Ozeanien eine Seltenheit, und so hatte ich erst
zwei Tage lang in Rarotonga und drei in Papeete festgesessen,
bevor ich endlich zu dieser kleinen Insel am äußersten Ost-
zipfel Polynesiens weiterfliegen konnte.

Wenn man sich dagegen vorstellt, wie lange die ersten Einwanderer für ihre Reise gebraucht haben müssen ... Vielleicht
kamen sie (irgendwann im siebten Jahrhundert nach Christus,
nach Meinung mancher Archäologen auch früher) aus Rapa,
das heute Rapa Iti heißt und zu den viertausend Kilometer weiter entfernt liegenden Austral-Inseln gehört, vielleicht auch
aus Mangareva in der Gambier-Gruppe. Mit ihren doppel-
rümpfigen Kanus brauchten sie mindestens hundertzwanzig
Tage für die Strecke. Zur gleichen Zeit (662 nach Christus) floh
auf der anderen Seite der Welt Mohammed nach Medina und
begründete das Zeitalter des Islam. In Europa regierte das finstere Mittelalter, in China hatte der erste Kaiser der ruhmrei-
chen Tang-Dynastie die Herrschaft übernommen, und im Pazifik begaben sich die Völker auf Wanderschaft – in einer Periode
polynesischer Expansionsbewegungen, die ein Historiker einmal als »den größten Kraftakt der maritimen Besiedlungsge-
schichte« bezeichnet hat.

In Tahiti hatte ich mit einem dortigen Vertreter der Flugge-sellschaft gesprochen, einem Chilenen, der nur Spanisch konnte.

»Das Flugzeug ist ungefähr zur Hälfte ausgebucht«, meinte er.

»So viele Leute? Was wollen die denn alle auf der Oster-insel?«

»Da steigen nur vier aus. Die anderen fliegen weiter nach Santiago.«

»Ist es kalt auf der Osterinsel?«

»Manchmal. Besonders nachts.« Er machte eine mehrdeu-tige Geste. »Haben Sie einen Pullover? Gut.«

»Und was ist mit Regen?«

»Regnen kann es immer. Und der Wind. Windig ist es schon. Aber nicht allzusehr.« Er blickte zur Zimmerdecke, kniff effekt-voll die Augen zusammen und skandierte lächelnd: »Sonne. Wolken. Sonne. Wolken.«

Offenbar wollte er mir Mut machen.

»Zu den Hotels muß ich Ihnen noch etwas sagen. Ich weiß, daß Sie noch keins haben, weil man nur eins kriegt, wenn man dort ist. Am Flughafen kommen die Einheimischen auf Sie zu und bieten Ihnen ihre Häuser an. Sie können mit ihnen reden und sich das preiswerteste herauspicken.«

Er suchte nach meiner Buchungsnummer.

»Sie stehen nicht auf meiner Passagierliste. Aber kommen Sie doch morgen noch mal vorbei. Wenn Sie kein Ticket haben, verkaufen wir Ihnen eins. Zur Osterinsel sind immer noch Plätze frei.«

Das also war meine Reisevorbereitung, das und ein dicker Wäl-zer mit dem Titel *The Ethnology of Easter Island* von Alfred Me-traux, Werke von anderen Archäologen und jede Menge ebenso farbige wie irreführende Informationen durch den en-thusiastischen Thor Heyerdahl, dessen Erkenntnisse bei den meisten Fachhistorikern und Archäologen nicht gerade als Meilensteine seriöser Archäologie gelten. Für die Wissenschaft sind seine Bücher genauso wertlos wie die Theorie eines Erich von Däniken, der behauptet hat, Außerirdische hätten die *moai* aus dem Stein gehauen.

Ich quartierte mich in einem Gasthaus von Hanga Roa ein für fünfundsechzig Dollar pro Tag, mit Vollpension. Zelten wollte ich später, wodurch sich hier zur Abwechslung niemand bedroht zu fühlen schien.

Um mir die Beine zu vertreten, ging ich nach dem Flug zum Easter Island Museum, einem einzigen Raum auf einem Hügel am Stadtrand. Ein paar Schnitzarbeiten, ein paar staubige Schädel mit eingekratzten Zeichnungen auf den Hirnschalen, ein bißchen Kunsthandwerk, alte Fotografien von melancholischen Insulanern und tüchtigen Missionaren und ein Sammelsurium von Werkzeugen: Äxte, Keulen, Messer. Kein ausgestelltes Stück im ganzen Raum war mit Daten versehen. Ein Exponat zeigte, daß die *moai* einstmals sorgfältig eingepaßte Glubschaugen hatten und unverwandt gen Himmel starrten. Der Augapfel bestand aus weißen Korallen, die Iris aus roter Vulkanschlacke, und als Pupille diente eine Scheibe Obsidian.

Viele *moai* sind von den Insulanern selbst in rituellen Handlungen geblendet worden. Bei JoAnne Van Tilburg ist nachzulesen, daß »gezielte, wahrscheinlich rituelle Zerstörungen an Teilen der Figuren vorgenommen wurden, bei denen besonders die Köpfe, Augen und gelegentlich auch der rechte Arm beschädigt wurden«.

Gleich an diesem ersten Tag lernte ich zufällig die Schriftführerin des Vereins zur Erhaltung des Kulturguts von Rapa Nui kennen. (Der polynesische Name der Gesellschaft lautete *Mata Nui o Hotu Matua o Kahu o Hera:* »Verein der Nachfahren von Hotu Matua vom dunklen Land«.) Sie bestätigte mir verschiedene Geschichten, die ich über die Insel gelesen hatte.

Hotu Matua war der Anführer der ersten Siedler auf der Osterinsel. Seine göttliche Abstammung verlieh diesem König, der als der Begründer der örtlichen Zivilisation gilt, große spirituelle Kräfte, das *mana*. Vieles, was man über die Frühgeschichte der Insel zu wissen glaubt, beruht auf Mutmaßungen. Es gibt zwar die hölzernen, sogenannten *rongo-rongo*-Tafeln mit einer seltsamen eingeritzten Bilderschrift, aber bis heute hat sie noch niemand entziffern können. Dennoch stimmen die meisten Geschichten über Hotu Matua in den wichtigsten Punkten überein: Daß er mit zwei Dreißig-Meter-Kanus von einer Insel im Westen (Marae-renga, vielleicht auch Rapa) aus in See stach. Daß »Hunderte und aber Hunderte« mit ihm fuhren, darunter Adlige (*ariki*), Handwerker und Handwerkerinnen (*maori*) aus den Zünften der Krieger, Bauern und Schnitzer (*maori*) und etliche Gemeine. Daß das zweite Kanu unter dem Kommando des Adligen Tuu-ko-ihu stand. Daß sie an Bord ihrer Schiffe »das Geflügel, die Katze, die Schildkröte, den Hund, die Bananenstaude, die Papiermaulbeere, den Hibiskusstrauch, die *ti*-Knolle, das Sandelholz, den Kürbis und die Yamswurzel« und fünf weitere Arten der Bananenstaude mit sich führten. (Spätere Generationen bezeichneten Hotu Mana auch als Importeur von Tierarten wie Schweinen und Hühnern, die aber erst von den frühen Entdeckungsreisenden eingeführt wurden.)

Nach zweimonatiger Fahrt übers offene Meer sichteten die Reisenden die Insel und umsegelten sie, um sich einen Landeplatz zu suchen. Nach ihrer tropischen Heimat muß ihnen dieses windige, baumlose Eiland ziemlich abschreckend vorgekommen sein mit seinen damals wie heute schwarzen, meerumtosten Klippen. Sie entdeckten die einzige Bucht mit dem einzigen Sandstrand, gingen an Land und nannten die Bucht Anakena, was in ihrer Sprache »August« bedeutete. Die Insel war grasbewachsen und voller Seevögel. Säugetiere gab es nicht. In den Kratern der Vulkane wuchs *totora*-Schilf.

Ein anderes freudiges Ereignis taucht ebenfalls in sämtlichen Versionen dieser Legende von der ersten Besiedlung auf: Kaum hatte Hotu Matua mit seinem Kanu das Ufer der Insel erreicht, als Vakai, eine seiner Frauen, einem Jungen namens Tuu-ma-heke das Leben schenkte, dem späteren zweiten König der Insel. Da die Nabelschnur des Säuglings auf der Insel durchtrennt wurde, nannten sie den Ort *Pito-o-te-henua*, »Nabel des Landes«.

Die Frau, die mir all dies erzählte, gab auch Unterricht in der Sprache von Rapa Nui. Existierte die denn noch? Nach ihrer Meinung schon, nach Ansicht der Linguisten jedoch ist die alte Sprache der Osterinsel verlorengegangen und durch das Tahitianische ersetzt worden, das die Missionare mit den in diese Sprache übersetzten Bibeln und Gesangbüchern mitgebracht haben. Wegen der vielen Übereinstimmungen mit dem alten Rapa Nui konnte sich das Tahitianische schließlich durchset

zen. Einwohner der Osterinsel, die im Jahre 1774 Cooks Schiff
bestiegen, wurden schon damals als Polynesier identifiziert, da
Cook eine Ähnlichkeit zwischen ihrer Sprache und dem Tahitianischen feststellte.

Auf der Suche nach einem Strand zum Paddeln wanderte
ich die unbefestigte Hauptstraße des Ortes – in der Landes-
sprache hieß sie »Straße zum Nabel der Welt« – hinunter, kam
an schäbigen, kleinen, schuppenartigen Flachdachhäuschen
vorbei und stand schließlich am Hafen von Hanga Roa.

Er glich keinem, den ich bis dahin gesehen hatte, und erklärte alles: Wenn man zusammenrechnete, wieviel Zeit die
frühen Entdecker insgesamt auf der Osterinsel zugebracht hatten, kam man auf sehr wenig. Nur wenige der Reisenden des
neunzehnten Jahrhunderts blieben, wie Metraux sagt, »länger
als ein paar Minuten auf der Insel«. Viele, die die viertausend
Kilometer lange Strecke von Tahiti (von Südamerika ist es fast
genauso weit) hinter sich gebracht hatten, konnten gar nicht
erst an Land gehen: Es war zu windig, zu gefährlich, die Brandung war zu hoch. Captain Amasa Delano aus Duxbury in
Massachusetts (und aus Melvilles Geschichte *Benito Cereno*)
zum Beispiel erreichte 1808 die Insel, umsegelte sie, setzte aber
keinen Fuß darauf, weil die Brandung vor Hanga Roa viel zu
heftig war.

Zum Leidwesen der Insulaner gelang manchen Schiffen aber
doch die Landung. Im Jahr 1808 brachten die Männer von der
Nancy, einem amerikanischen Schiff, nach kurzem Kampf
zwölf männliche und weibliche Insulaner in ihre Gewalt. Die
Gefangenen sollten als Sklaven auf die Robbeninsel Más
Afuera gebracht werden, eine Felseninsel auf halbem Weg
nach Chile. Als man den Insulanern nach dreitägiger Seereise
gestattete, an Deck zu gehen, sprangen sie von Bord, versuchten, zu ihrer Insel zurückzuschwimmen, und ertranken. Walfänger, die die südlichen Weltmeere befuhren, raubten immer
wieder Mädchen von der Osterinsel und vergingen sich an
ihnen.

»1822 hielt sich ein amerikanischer Walfänger lange genug
vor der Osterinsel auf, um eine Gruppe Mädchen zu entfüh-
ren. Am folgenden Tag wurden sie von Bord geworfen und
mußten zur Insel zurückschwimmen«, schreibt Metraux. »Nur

zum Spaß schoß einer der Offiziere auf eine Eingeborene und
tötete sie.«

Derartige Übergriffe ließen die Insulaner allen Fremden gegenüber feindselig werden. Aber die Fremden kamen dennoch, bekämpften oder unterwarfen sie sich durch ihre Tricks
und köderten sie mit Geschenken wie im Raubzug von 1868:
»Die Menschenräuber warfen Geschenke, von denen sie sich
eine verlockende Wirkung auf die Einwohner erhofften, auf
den Boden und . . . als die Insulaner in die Knie gingen, um die
Gegenstände einzusammeln, fesselten sie ihnen die Hände auf
dem Rücken und trugen sie zum wartenden Schiff.« Der dama-
lige König Kamakoi wurde ebenso verschleppt wie sein Sohn
und die meisten *maori*, Handwerker, der Insel. Diese Gefangenen und ihre Nachfolger verfrachtete man zur Arbeit auf die
Guanoinseln, wo sie alle umkamen.

Die Geschichte der Osterinsel im neunzehnten Jahrhundert
ist eine lange, traurige Reihe von Raubüberfällen (meistens
durch Amerikaner und Spanier), von Sklaverei und Plünderun-
gen bis hin zu Hungersnöten, Geschlechtskrankheiten, Pocken-
epidemien und schließlich dem Untergang der Kultur. Die Insel
wurde entvölkert und war moralisch am Ende. Um 1900 lebten
nur noch zweihundertvierzehn Menschen, vierundachtzig davon Kinder, auf ihr. Hundert Jahre christlicher Seefahrt hatten
die Osterinsel in einen kahlen Felsen verwandelt.

In ihrer Abgelegenheit war die Insel zur Blüte gelangt, später
fiel sie ihr zum Opfer. Da sie so weit von jedem Hafen entfernt
mitten in einem stürmischen Meeresabschnitt lag, bediente
sich jedes Schiff, das in ihre Gewässer kam, auf die eine oder
andere Weise auf der Insel und versorgte sich mit Wasser und
Proviant, mit Frauen und Sklaven.

Konnten auch im Hafen von Hanga Roa Schiffe landen? Das
war tatsächlich noch nie gelungen. Der Hafen war nichts als
ein ausgehöhltes Becken mit Felsbrocken am Ufer und donnernder Brandung an der Buhne, der reine Horror. Ich konnte
mir nicht einmal vorstellen, daß ein Schiff bequem draußen vor
Anker liegen und durch ein hin und her fahrendes Beiboot versorgt werden konnte. Problem Nummer eins war, ein Schiff im
wilden Ozean vor Hanga Roa festzumachen, Problem Nummer zwei, das Beiboot durch die Brandung ans Ufer zu

bugsieren und beim Entladen am Steilufer nicht kentern zu lassen.

Die Brandungszone würde ich durchqueren können, soviel war zu sehen. Aber rauszukommen war leichter als zurückzupaddeln. Die Gefahr bestand darin, daß sich die Wellen an den großen Klippen der Hafeneinfahrt brachen und auch ich daran zerschmettert werden konnte, wenn ich auf den Wellenrücken zurücksurfen wollte.

Ein schlechtes Vorzeichen für einen potentiellen Kajakfahrer waren die Jungs von Rapa Nui, die auf den großen Brechern in den Hafen ritten. Surfen, das hier *ngaru* hieß, war schon seit frühesten Zeiten Volkssport und das einzige Spiel, das die Jahre überdauert hatte. Die anderen alten Spiele hatten sie aufgegeben: Kreiselspiele, Drachen steigen zu lassen, auf die Gipfel der Vulkane zu klettern und Pfade herunterzurutschen, »auf die sie vorher uriniert hatten, um sie glitschiger zu machen«. Surfen war in den frühen, unschuldigen Tagen nützlich gewesen, wenn fremde Schiffe in schwerer See vor Hanga Roa lagen. Zur Verblüffung der Seeleute schwammen die Insulaner ihnen mit Planken oder Schilfmatten als »Schwimmhilfen« entgegen. Später beobachtete man, wie einige von ihnen auf den Wellenkämmen zurück zum Ufer ritten: Die Planken dienten ihnen als Surfbretter.

In der Sprache von Rapa Nui gab es einen vollständigen Satz Surfer-Termini: Ausdrücke für das Brett, für den Moment der Erwartung, bis die Welle kam und einen Kamm bildete, für das Aufsitzen auf der Welle – für all die Dinge, die im heutigen Surferjargon *Banana Board*, *Pig Board* oder *Sausage Board* heißen, *pick-up* und *take-off*, *cut-back on the hump*, *hotdogging*, *hanging ten* und *walking the plank*. In den alten Zeiten haben regelrechte Surfwettbewerbe stattgefunden, bei denen sich die Strandjungs von Rapa Nui weit hinauswagten, um auf der langen Dünung über große Distanzen zu surfen.

Die Anwesenheit von Surfern überzeugte mich davon, daß der Ort sich nicht zum Paddeln eignete – und das hier war der Hafen!

Hanga Piko, eine felsige Bucht etwas weiter weg, sah zunächst einladender aus, aber auf den zweiten Blick – ich ging am Ufer entlang und beobachtete die Brandung bestimmt zwanzig Minuten lang – konnte ich sehen, daß es auch hier ziemlich knifflig werden würde. Schwere Brecher wogten ungebremst und ungehindert vom Meer heran.

Ich wanderte noch anderthalb Kilometer weiter bis zu einer
Höhle mit dem beziehungsreichen Namen Ana-kai-tangata:
»Die Höhle, in der Menschen gegessen werden.« An ihren
Wänden gab es Felsbilder, und in der Nähe fanden sich Fundamente von historischen Häusern. In den Steinen waren Löcher, in denen früher die gebogenen Pfähle für die zeltartigen,
schilfgedeckten Gebäude gesteckt hatten. Unterhalb der Höhle
lagen die Klippen, hinter ihr der Vulkan Rano Kau. Der Himmel war wie überall auf der Insel voller Falken, den *cara-cara*,
mit denen die Chilenen die Insel von Ratten hatten säubern
wollen. Die Falken waren zahlreich und wetteiferten heftig
miteinander, flogen dicht über dem Boden, hielten sich furchtlos in der Luft und stürzten auf alles herunter, was sich bewegte – unerschrockene Greifvögel.

Dünne Eukalyptusbäume mit streifig abblätternder Rinde raschelten auf den unteren Vulkanhängen im Wind: Wäldchen
aus einem Aufforstungsprogramm. Ich folgte der Schotterstraße, die sich in Kurven zwischen den Bäumen hindurchwand und begegnete niemandem, nur Falken. Oben hatte ich
einen wunderbaren Blick in den Krater und hinter dem jenseitigen Kraterrand auf das Meer. Im Inneren des Kraters lag ein
See mit *tortora*-Schilf, Papyrusdickicht und steilen Ufern, und
an der geschütztesten Stelle des Vulkaninneren wuchsen Bananenstauden und Orangenbäume.

Orongo, der Ort des Vogelmenschen-Kults, lag auf der Seeseite des Kraters, hoch über dem Meer. Ich hatte noch anderthalb Kilometer bis dorthin, und unterwegs begegnete mir ein
Mann aus Rapa Nui, Eran Figueroa Riroroko.

Riroroko war um die dreißig, ein ansehnlicher, untersetzter
Mann, der in einer Hütte in der Nähe des Orongo-Felsens lebte
und zum Zeitvertreib Tierfiguren aus Hartholz schnitzte. In
stockendem Spanisch erklärte er mir den Vogelmenschen-
Kult. In alten Zeiten hatten sich hier an den Klippen jedes Jahr
im September, dem Frühling auf der Südhalbkugel, die Männer versammelt. Auf ein Zeichen hin begaben sie sich dann zur
etwa zwei Kilometer entfernt liegenden Insel Motu Nui – keine
weite Strecke, aber im Wasser gab es Haie.

»Sind sie in Kanus hingefahren?«

»Geschwommen.« *Nadando.*

Von jedem Schiff, das im achtzehnten und neunzehnten Jahrhundert auf der Osterinsel Station machte, haben wir Berichte über die großartigen Schwimmkünste der Insulaner, und diese *hopu,* die um den Titel des Vogelmenschen wetteiferten, mußten Proviant mitnehmen. Sie kletterten auf die Felsen von Motu Nui, um dort zu kampieren und auf das erste schwarzbraun gesprenkelte Seeschwalbenei der Saison zu warten. Sobald das erste Ei gelegt und aufgelesen war, schrie der Glückliche, der es ergattert hatte, seinen Sieg in die Welt, legte das Ei in ein Körbchen, das er sich auf den Kopf band, und schwamm zurück. Er fürchtete weder Haie noch Wellen, denn das *mana* des Eis war mächtig. Und weil er das heilige Ei erwischt hatte, wurde er für ein Jahr zum Vogelmenschen, besaß große Autorität, lebte in einem besonderen Haus, bekam Geschenke und war durch seine plötzliche Machtergreifung in die Lage versetzt, alte Rechnungen zu begleichen – »ich bin König, und du bist Bettelmann«, wie in einem Kinderspiel –, denn da er ein solches *mana* hatte, standen ihm Krieger zur Seite, die seine Wünsche ausführten.

Felszeichnungen des Vogelmenschen – ein Schnabelwesen von grotesker Kraft – waren in sämtliche Felsen und Klippen von Orongo geritzt, zusammen mit Abbildern des großen Gottes Makemake, der für die Osterinsel das gleiche bedeutete wie Tiki oder Atua für das übrige Polynesien. Kleinere, unregelmäßige Ovale stellten eine Vulva (*komari*) dar – auf Felswänden und in Höhlen fanden sich überall diese alten Zeichnungen, die von Priestern in den Stein graviert wurden, wenn ein Mädchen die Geschlechtsreife erreicht hatte. Die Priester bildeten eine eigene Kaste und trugen den Titel *ivi-atua,* »Verwandte der Götter«.

Der Vogelmenschen-Kult um die Eier, die Vulva-Zeichnungen und die Sonnenwende ließen ahnen, daß Orongo etwas mit Sexualität und Fruchtbarkeit zu tun gehabt haben mußte. Auf dem Felsen gab es auch kleine, ins Steilufer gebaute Steinbehausungen, trocken gemauerte Höhlen und Bunker mit Türöffnungen zum Hineinkriechen. Zur Blütezeit des Kultes waren sie bewohnt gewesen.

»Haben Sie nachts keine Angst vor den Geistern?« Ich benutzte das Wort *akuaku*.

Rikoroko antwortete: »Ja, *akukau* könnten hier sein. Teufel,
meine ich.«

»Sind Sie Christ?«

»Ja. Katholisch.«

»Sind Sie schon einmal von der Insel weggewesen?«

»Ich war auf Tahiti. In Santiago und Venezuela.«

»Wären Sie gern an einem dieser Orte geblieben?«

»Nein. Tahiti war *tremendamente caro, unglaublich teuer*. Aber
ich habe mich nur umgesehen. Ich wollte es bloß mal kennenlernen. Leben würde ich da nicht wollen. Santiago ist voller
Menschen, Autos und schlechter Luft. Ich mußte wieder zurück, weil die Luft hier sauber ist.«

»Welche Sprache haben Sie auf Tahiti gesprochen?«

»Ich hab rapa nui gesprochen, und die Leute konnten mich
verstehen. Das Tahitianische ist unserer Sprache so ähnlich.
Die Menschen haben mir gefallen.«

Ich stieg den Vulkan hinunter, nahm eine Abkürzung durch
die Eukalyptusschonung, aber nach acht Kilometern, kurz vor
Hanga Roa, taten mir die Füße weh, und von jeder Hütte am
Wegesrand stürzten sich wilde, feindselige Hunde auf mich.

Ein verbeulter Jeep kam unter Musikgedröhn die Straße entlanggezittert. Ich winkte.

»Ich heiße Rene«, stellte der Fahrer sich vor. »Das da ist Mou.«
Zwei grinsende Jugendliche mit wilder Haartracht.

»Könnt ihr Spanisch?«

»Ja. Aber Rapa Nui ist besser.«

»Was ist das für eine Musik?«

»AC/DC.« Eine australische Rockgruppe.

Sie setzten mich an der Straße zum Nabel der Welt ab und
düsten davon.

Gegen sechs, wenn die Nacht kam, wurde die Insel schwarz.
Niemand rührte sich, höchstens herumlungernde Jungs und
Betrunkene auf dem Heimweg. Ich ging früh zu Bett und hörte
in der Dunkelheit Radio. Bei Überschwemmungen in Südchina
waren zweitausend Menschen ertrunken. Genauso viele Einwohner hatte Rapa Nui.

Die Westküste schien auch nicht verheißungsvoller als die Südküste, schwere Dünung und mächtige Brecher, die auf schwarze, felsige Ufer krachten. Die auf meiner Seekarte eingezeichneten kleinen Inseln waren gar keine, sondern wie Motu Nui schlüpfrige schwarze, von gischtigen Wogen umspülte Felsen. Gott möge jedem beistehen, der da mit einem Boot landen will.

Ich wanderte eine Straße entlang, die sich zu einem Pfad verengte und sich schließlich an der Steilküste im Gras verlor. Mir gefiel die Unerschlossenheit der Insel, keine Wegweiser, keine Informationstafeln, genau wie auf den Marquesas. Ein paarhundert Meter hinter der Stadt lag ein *ahu* mit fünf aufgereihten Köpfen. Durch meine Seekarte wußte ich, daß der Ort Tahai hieß. Etwas weiter entfernt standen noch mehr *moai,* manchen davon hatte man die Augen wieder eingesetzt, mit denen sie landeinwärts starrten. Alle Statuen der Insel wenden dem Meer den Rücken zu. Sie bestehen aus bräunlichem Vulkangestein, wiegen fünf, sechs Tonnen, und manche haben Haartrachten oder Hüte aus roter Gesteinsschlacke.

Selbst bei gröbster Ausführung wären sie allein durch ihre schiere Größe überwältigend gewesen, aber diese Statuen waren beste Bildhauerarbeit, hatten lange schmale Nasen, geschürzte, dünne Lippen und scharfe Kinnpartien. Die Ohren waren übertrieben lang, die den Leib umfassenden Hände langfingrig, wie man es manchmal bei eleganten Buddhafiguren sehen kann. Einige trugen verästelte Verzierungen auf der Rückseite, und trotz der Übereinstimmungen in der Seitenansicht waren die Gesichter bei allen unterschiedlich.

1722, als die ersten Europäer auf die Insel kamen, standen all diese »lebenden Gesichter« noch. Der erste Chronist (Carl Beherns, der mit Roggeveens Schiff gekommen war) schrieb: »Am frühen Morgen sahen wir hinaus und konnten aus der Entfernung erkennen, daß die [Insulaner] sich vor der aufgehenden Sonne hingestreckt und etliche hundert Feuer angezündet hatten, die vermutlich irgendeine morgendliche Reverenz ihren Göttern gegenüber bezeigen sollten . . .« Diese Ehrfurcht kann auch etwas damit zu tun gehabt haben, daß die Insulaner gerade ihren ersten Blick auf ein holländisches Schiff voller bleichgesichtiger, segelohriger Matrosen hinter sich hatten.

Etwas über fünfzig Jahre später berichtete Cook, daß viele der Statuen umgestürzt worden waren. Im Jahr 1863 schließlich lagen alle Figuren in Trümmern, infolge kriegerischer Auseinandersetzungen und einer bilderstürmerischen Wut, die periodisch von den Insulanern Besitz ergriff.

Seltsamer als die turmhoch stehenden starrenden Statuen waren die riesigen Fragmente von zerbrochenen Köpfen und Gesichtern, die einfach so zwischen Kuhfladen und struppigem Gras am Steilufer herumlagen.

Jeder Stein auf Rapa Nui sieht absichtsvoll aus, wie ein Stück aus einer Wand, einem Altar oder einer Ruine. Viele sind behauen oder mit eingeritzten mystischen Symbolen, Bildern und Vulven verziert. Die meisten, etwa basketballgroßen Brokken sehen aus wie für irgendeinen Zweck bearbeitete Bausteine. Ich fragte mich, ob ich mir das nur aus Unkenntnis einbildete. Wenn man den ganzen Tag allein wandert, kommt man auf abwegige Gedanken. Als ich dann aber mittags zwischen einer ganzen Masse solcher Brocken Pause machte, entdeckte ich den Eingang zu einer Höhle, in die ich hineinkroch. Sie hatte mit den Brocken gemauerte Wände und war groß genug für drei Menschen. In solchen Höhlen hatten sich die Insulaner vor den Sklavenhändlern, den sogenannten *blackbirders*, versteckt.

Ich wanderte die hohe Steilküste im Westen entlang bis zum Motu Tautara und den nahegelegenen Höhlen, in denen einst Leprakranke gelebt hatten, und weiter bis zu dem Punkt, an dem der Terevaka, der höchste Vulkan der Insel, bis zum Meer hin abfiel. Auch hier an der Nordküste standen *moai*: einzelne Köpfe, manche umgestürzt und zerschmettert. Diese Köpfe, die so fertig und endgültig aussahen und sich so fern von jeder menschlichen Behausung befanden, schienen hoffnungslos und leer ins Nichts zu blicken wie Ozymandias.

Man kommt an einen Ort, von dem man sein ganzes Leben lang gelesen hat, der zur Weltmythologie der Mysterien und Wunder gehört, und erwartet schon halb, daß er überquellen muß von hingerissenen Pilgern und Besuchern, von Hinweisschildern, Merkblättchen und Broschüren. Diese Sorge kann einem die Vorfreude verderben, und so zögert man vielleicht noch, weil man fürchtet, ein zweites Stratford-upon-Avon mit

603 Die Osterinsel: Hinter der Brandung von Rapa Nui

Willy-Shakespeare-Kitsch, eine Chinesische Mauer voller Reisegruppen oder ein Tadsch Mahal vorzufinden, Eintritt zehn Rupien. Ist es da nicht besser, gar nicht erst hinzufahren, um sich die Enttäuschung zu ersparen?

Aber die Osterinsel ist, was sie immer war, ein karger Fels mitten im Nirgendwo, übersät von Hunderten meisterhafter Bildwerke, vom Wind zerzaust, mit Gras bedeckt, heimgesucht nur von den einsamen Schreien der Seevögel. Sie ist ganz anders, als man sie sich vorstellt, noch viel fremdartiger, dunkler, vielschichtiger und unheimlicher. Und das aus genau dem Grund, aus dem sie schon immer so fremdartig war: Sie ist unfruchtbar und abgelegen.

Am späten Nachmittag goß es plötzlich, und da der Regen nicht nachließ, suchte ich unter einem Felsvorsprung Zuflucht. Erst nach zwanzig Minuten ging mir auf, daß andere Menschen vor mir schon genau das gleiche getan hatten. Ich kauerte in einem uralten Unterstand, der aus dem Stein gehöhlt, mit Petroglyphen dekoriert und seitlich durch Bruchsteinwände gestützt worden war. Ohne diesen Regen hätte ich ihn nicht entdeckt.

Während ich die Westküste auf der Suche nach einer historischen Kanurampe oder einem anderen Ort erkundete, der sich für mein Boot eignete, bestaunte ich die Leere der Insel und betrauerte den Verfall ihrer alten Kultur. Sie ist nicht einfach weggewischt worden. Ihre materiellen Bestandteile waren dauerhaft genug, um bis heute, über eintausendzweihundert Jahre nachdem die ersten *moais* geschaffen wurden (Tahai I., ein bißchen weiter unten an dieser Küste, ist auf etwa 690 nach Christus datiert worden), zu überleben. Sie sind noch da, sehen noch immer furchterregend aus und höhnen: »Seht mein Werk, ihr Mächtigen, und verzweifelt.«[*]

An diesem Küstenstrich fand ich zwar keine Stelle, an der ich das Boot zu Wasser bringen konnte, erfreute mich aber an der völligen Leere der Landschaft – nur ich, die starrenden Köpfe und die Falken hoch oben.

Für den Rückweg nach Hanga Roa suchte ich mir eine

---

[*] So die Inschrift auf dem gestürzten Denkmal in Shelleys *Ozymandias*. Der Übers.

Strecke durchs Innere der Insel aus und begegnete erst einem
Kuhhirten, der mich auf spanisch begrüßte, und dann einem
etwa fünfundzwanzigjährigen Mann, einem Rapa Nui. Iman
war vor kurzem aus Paris zurückgekommen, wo er das Geschäft seines Großvaters geleitet hatte. Jetzt kümmerte er sich
um seine alten Eltern.

»Wie gefällt Ihnen Rapa Nui?«

»Ich find's schrecklich.«

Warum, wollte ich wissen.

»Hier ist nichts«, erklärte Iman. »Nichts zu tun. Nichts passiert.«

Kurz vor Sonnenuntergang näherten wir uns Hanga Roa.
Kakteen und Palmen wuchsen vor den Häusern, und in manchen Gärten gediehen Bananenstauden, aber trotz dieser
Pflanzen kam kein tropisches Gefühl auf. Tagsüber konnte es
warm werden, aber nachts war es kühl. Der Geruch feuchter,
staubiger Straßen und der Gestank von Hundefell waren immer da.

Wir kamen an einem Pferdekadaver vorbei. Das Tier war auf
der Straße verendet und hatte den ganzen Tag über dagelegen.
Kinder warfen Steine danach, allerdings sehr vorsichtig, als erwarteten sie, daß sich die Leiche jeden Moment aufrappeln
und sie anwiehern würde.

»Sehen Sie mal«, sagte ich.

»Ein totes Pferd«, erklärte Iman. »Es ist heute morgen zusammengebrochen. Es gehört einem Mann namens Domingo.
Ich hab gesehn, wie es umgefallen ist.«

»Und Sie sagen, daß hier nichts passiert.«

In einem gemieteten Jeep fuhr ich mitsamt Zelt und Faltboot
nach Anakena, zu der Spitze der Insel, an der Hotu Matua und
die ersten Kanus angekommen waren und der erste echte
Rapa Nui das Licht der Welt erblickt hatte. Es war eine schöne,
geschützte Bucht mit einem Sandstrand, und direkt oberhalb
standen sieben *moai*, einige mit zylinderförmigen Kopfaufsät-
zen, andere ganz ohne Köpfe.

Im Zelt träumte ich vom Schriftsteller Jerzy Kosinski, der
sich ein paar Monate zuvor das Leben genommen hatte. Er
hatte so gelacht, als ich ihm erzählte, daß ich gern zeltete. Viel-

leicht war mir der Traum gekommen, weil ich kurz vorher einen Artikel über Kosinski gelesen hatte, in dem es hieß, er habe keine Schriftstellerkollegen zu Freunden gehabt. Aber ich hatte ihn gekannt und zu meinen Freunden gezählt. Er schien etwas paranoid und unsicher und auf unerklärliche Weise eitel. Eines Abends in Berlin war er zurück ins Hotel gegangen, um sich eine Art Herren-Make-up aufzulegen, das seinem bleichen polnischen Teint zu tiefer Bräune verhalf. Wozu das Ganze? Er habe Angst vor Mordanschlägen und sehe sich als Opfer finsterer Ränke.

Dabei hatte er Angst vor dem Gegenteil, vorm Unbekanntsein. Er fürchtete, nicht wahrgenommen, nicht ernst genommen zu werden, ertrug es nicht, wenn man ihn unbedeutend fand oder sein Talent gering einschätzte.

»Er zeltet gerne«, sagte Jerzy zu seiner damaligen Freundin und späteren Frau Katarina. Durch seinen polnisch-jüdischen Akzent klang der Satz sarkastisch, was mir aber nichts ausmachte. Er schien mein Leben unbedeutend zu finden, ich fand seins entsetzlich. Was soll's.

Er hatte kein Verständnis für meine Reiserei, und ich konnte nicht verstehen, wieso er es nötig hatte, Professor in Yale zu werden und nach New Haven zu eilen, um Vorlesungen über die Schlechtigkeit des Fernsehkonsums zu halten. Ein Intellektueller wollte er sein. Osteuropäische Autoren beschreiben sich ständig mit diesem Wort, das ich nicht ausstehen kann. Er liebte die Macht, wollte respektabel sein, und als man ihn nicht mehr respektierte, da er sich des plumpen Plagiatorentums verdächtig gemacht hatte und dafür ausgelacht worden war, brachte er sich um.

In meinem Zelt unter den Palmen von Anakena wachte ich auf und dachte: Ein Reisender hat keine Macht, keinen Einfluß, keine bekannte Identität. Deshalb braucht er Optimismus und Mumm – ohne Selbstvertrauen wird Reisen zur Pein. Im allgemeinen ist der Reisende anonym, unwissend, leicht zu täuschen und den Menschen ausgeliefert, unter denen er sich bewegt. Für sie ist er der »Amerikaner« oder der »Ausländer«: der *palangi* oder *popaa*, wie es auf Rapa Nui hieß. Mit Macht hatte das nichts zu tun.

Ein Reisender fiel als Fremder auf, und deshalb war er ver-

wundbar. Wenn ich auf Reisen war, pfiff ich im Dunklen ein
Lied und nahm einfach an, daß schon alles gutgehen würde.
Es hing davon ab, ob sich die Menschen anständig benahmen
und ein paar grundlegende Regeln beachteten. Im großen und
ganzen fühlte ich mich an einem Ort wie Anakena sicherer als
in einer amerikanischen Stadt oder gar auf einem amerikanischen Campingplatz (Massenmörder treiben sich bekanntlich
auf Zeltplätzen herum). Ich wollte keine bevorzugte Behandlung, Macht und Ansehen waren mir gleichgültig. Eine solche
Geistesverfassung erreicht natürlich nur befreite Seelen. Und
Tippelbrüder.

Ein kleiner einheimischer Junge sah mir zu, wie ich das Boot
zusammenbaute.

Ich zeigte auf die sieben Skulpturen auf dem riesigen *ahu*
und fragte ihn auf spanisch: »Wie heißen die Dinger?«

»*Moai*.«

»Sind es Menschen oder Götter?«

»Götter.«

Das Wasser vor Anakena war nicht kälter als das in der
Bucht von Cape Cod im Juli. Weil niemand da war, der mich
über Strömungen, Tiden, unter Wasser liegende Felsen oder
Haie aufklären konnte, wagte ich mich in Etappen hinaus, um
Wind und Strömung zu testen. Eine leichte, auflandige Brise
wehte aus nördlicher Richtung, die Brandung war mäßig. Ich
paddelte bis zur Mündung der Bucht und dann ein paar Kilometer nach Osten, bis ich nur noch Wellen sah, die gegen die
schwarzen Felsen der Insel krachten. Hinter Ure-Mamore,
Punta Rosalia nach der Seekarte, hatte ich einen freien Blick bis
zur östlichen Landzunge der Insel: auch dort Klippen am Fuß
eines der vier Vulkane von Rapa Nui, in diesem Fall des Puka-
tike auf der Poike-Halbinsel. In Ufernähe lag ein Wellenbrecher im Wasser, also mußte ich mich vierhundert Meter vor der
Insel halten, um nicht zu kentern und gegen die Felsen geworfen zu werden. Trotzdem war ich froh, daß ich so weit gekommen war und es somit einen Sinn gehabt hatte, das Boot mitzuschleppen.

Wasser und Proviant hatte ich bei mir, aber die See war so
rauh – und der Wind drosch breitseits auf das Boot ein –, daß
ich das Paddel nicht lange genug ablegen konnte, um etwas zu

essen. Statt dessen fuhr ich weiter hinaus (der Wind stand günstig: Wenn ich umgekippt wäre, hätte er mich an Land getrieben) und dann nach Westen, wieder an Anakena vorbei und mühsam weiter auf die Landzunge Punta San Juan zu. Der Wind frischte auf, das Meer füllte sich mit kabbeligen Wellen und Kreuzseen. Ich konnte nun den gesamten Küstenstrich bis zum Cabo Norte, der Nordwestspitze der dreiecksförmigen Insel, überblicken und geriet erneut über dieses felsige, unwirtliche Gestade ins Staunen: kein Ort zum Landen oder Ankern, nichts als Brecher und schwarze Felsbrocken.

Auf meinem Walkman lief ein Band von Charlie Parker, *Apex of Bebop*. Es paßte zur Brandung und den aufgetürmten Wolken, zu Gischt und Wellen und den segelnden Vögeln. Ich hörte *Crazeology*, die *Yardbird Suite*, *Out of Nowhere* und *Bird of Paradise*.

Als ich zwischen den langnasigen Steinköpfen am grasbewachsenen Abhang einer der Vulkane in der Sonne gestanden und den Duft des Heidekrauts eingeatmet hatte, war mir nicht klargeworden, wie furchterregend diese Insel sein konnte. Da oben waren bloß Kühe gewesen, Weiden, Hütten und zertrümmerte Statuen, nichts als triefäugige, schmuddlige Polynesier und Chilenen vom Festland.

Erst vom Boot aus schien Rapa Nui ehrfurchtgebietend und majestätisch – ein paar grüne Vulkane, gegen die die Brandung anrollte, und rundherum mehr als dreitausendzweihundert Kilometer offenes Meer. Sie war wie keine andere Insel, die ich in Ozeanien gesehen hatte. Tanna war felsig gewesen, Guadalcanal undurchdringlich bewaldet, die Marquesas mit ihren tiefen Tälern und den langen Schatten abweisend. Aber die Osterinsel machte einem angst.

Am späten Nachmittag kam ich bei Ebbe nach Anakena zurück. Das ablaufende Wasser hatte schroffe Klippen freigelegt. Ich zog das Boot auf den Sand und sah am Strand eine Frau. Sie hieß Ginny Steadman, war Malerin und zusammen mit ihrem Mann da, Dave Steadman machte Ausgrabungen bei dem *ahu* oberhalb von Anakena.

Ich unterhielt mich mit Ginny – wir redeten über die Inseln, auf denen wir gewesen waren –, konnte mich aber kaum konzentrieren, weil ich die ganze Zeit daran denken mußte, daß ich genau diesen Augenblick sechs oder sieben Monate vorher schon vorausgeahnt hatte. Alles war genauso angeordnet gewesen wie jetzt: der Einfallswinkel der Sonne auf dem Wasser, die Schräge des Strandes, die Lage des Bootes, Ginny selber, der Anblick der Bucht, sogar die Temperatur der Luft und die Vögel am Himmel – ein so lebhaftes Déjà-vu, daß ich ihr nichts davon sagte, weil ich die Ärmste nicht erschrecken wollte.

Dave Steadman stand bis zum Hals in einer symmetrisch mit Stufen versehenen Grube. Während er sprach, grub, siebte und sortierte er ununterbrochen weiter. Er hatte Jahre im Pazifikraum zugebracht, um nach Knochen verstorbener Vogelarten zu suchen. Später las ich, daß er bis dahin unbekannte Arten von Rallen, Wasserhühnern und Papageien entdeckt und in seiner Eigenschaft als international anerkannter Fachmann für aussterbende Arten etliche Beiträge zum Thema publiziert hatte: *Extinction of Birds in Eastern Polynesia, Holocene Vertebrae Fossils in the Galapagos* und andere. Er hebe alles auf, das irgendwie interessant aussehe, erklärte er.

»Sehen Sie mal hier: Obsidiansplitter und ein Bohrer.«

Ein etwa fünf Zentimeter langer, mit Kerben versehener Stab aus Stein.

»Der diente zum Bohren in Holz oder Knochen – oder zur Herstellung von Werkzeug.«

Er zeigte mir Plastikbeutel mit sortierten Vogelknochen.

»Die hier könnten von Sturmtauchern oder Sturmvögeln stammen.« Er deutete auf seine Grube. »Da drin sind jede Menge ausgestorbene Vögel. Oben an der Oberfläche gibt es nicht gerade viel. Was gibt es hier überhaupt? Keine Bäume. Fast keine Vögel. Der *cara-cara* stammt nicht von hier. Sie haben diese grauen Finken. Ein paar Seeschwalben. Maskierte Tölpel. Fregattvögel. Und damit hat sich's.«

Er grub weiter, und Ginny half ihm beim Durchsieben des Sandes, den er in Kisten mit Gitterböden geschaufelt hatte.

»Wenn man gräbt, kann man immer sagen, wie ein Ort einmal gewesen ist. Die Polynesier sind auf dieser Insel angekommen und haben angefangen zu essen. Und damit haben sie nicht wieder aufgehört. Innerhalb von hundert Jahren hatten sie alles aufgegessen, die Vögel waren weg. Das ist die erste Stufe: ausgestorbene Vögel. Auf der nächsten liegen Knochen von Hunden und Schweinen. Dann kommt noch eine Ebene, und dann ...«, sein Kopf tauchte aus der Grube auf, »... haben sie sich übereinander hergemacht.«

»War der Kannibalismus hier sehr verbreitet?«

Metraux hatte es behauptet, aber keine Ausgrabungen gemacht, sondern alte Geschichten über die *kai-tangata*, die Menschenfresser von Rapa Nui, gesammelt. Siegreiche Krieger aßen ihre erschlagenen Feinde, und manchmal wurden Menschen eigens für ein Festmahl umgebracht. Menschliche Finger und Zehen galten als »besondere Leckerbissen«. Bei mehr als einer Gelegenheit wurden peruanische Sklavenhändler überfallen und verzehrt.

»Ja. Menschenknochen sind hier gefunden worden, zusammen mit Fischgräten und Vogelrippen«, sagte Dave. »Kannibalismus gab es in ganz Polynesien. Auf den Cooks, in Tonga, auf den Marquesas. Überall. Sobald man zu graben anfängt, hat man den Beweis. Wenn die Bevölkerung eine bestimmte Dichte erreicht, fangen die Leute an, ihre Mitmenschen anzuknabbern.«

Er grub wieder weiter, redete aber immer noch.

»Einer hat ein Tarofeld, das größer ist als deins? Du willst sein *mana*? Bring ihn um und friß ihn zum Frühstück.« Er dachte einen Moment nach. »Im sechzehnten Jahrhundert war die Menschenfresserei hier ganz normal.«

Fast zwangsläufig kamen wir auf Thor Heyerdahl zu sprechen.

Dave, der offenste und vernünftigste Archäologe, den ich je getroffen hatte, sagte rundheraus: »Thor Heyerdahl ist der phantasiebegabteste Abenteurer, der jemals im Pazifik aufgetaucht ist.«

Ginny zuckte erst zusammen, lächelte dann aber zustimmend.

»Etliches von dem, was er über die Osterinsel sagt, stimmt einfach nicht. Nachts träumt er irgendwas, stellt eine Verbindung her, und morgens schreibt er es in sein Buch. Seine Theorie hat er längst und sucht bloß noch nach Beweisen, mit denen er sie untermauern kann. Wissenschaft ist das nicht. Außerdem tut er das Schlimmste, was ein Archäologe tun kann – man weiß, daß er den Einheimischen Fundstücke abgekauft hat. Wenn man sie selbst ausgräbt, erhält man unverfälschte

Informationen. Wenn man sie aber kauft, erfährt man rein gar nichts.«

Wieder kippte er einen Eimer Sand für Ginny ins Sieb.

»Man kann vielleicht sagen, daß er der Osterinsel einen Platz auf dem Globus verschafft hat. Hier sind mehr Ausgrabungen gemacht worden als auf jedem anderen Fleckchen Erde im Pazifik. Aber soll ich Ihnen was sagen? Die ganze Archäologie hier ist Mist. Hier sind die schlimmsten Dinge verbrochen worden. Keiner weiß was. Sie kriegen einen Haufen Knochen und Splitter und haben keine Ahnung, woher das Zeug kommt. Es bleibt ein Rätsel.«

Dave deutete mit dem Spaten auf den Steinaltar mit den sieben *moai*, die uns den Rücken zuwandten.

»Sehen Sie sich das *ahu* an. Um es wieder aufzubauen, mußten sie tonnenweise Sand umpflügen, einen riesigen Berg. Und was war drin? Was hat man damit gemacht? Stellen Sie sich mal vor, wie viele Informationen dabei verlorengegangen sind! Aber dem Mann, der das veranlaßt hat, kann man natürlich nichts anhaben, weil er Archäologe ist.«

»Und die Theorie vom Floß aus Schilf?« fragte ich. »Die ist ebenfalls widerlegt worden, oder?«

»Ja. Durch Flenley's Pollenuntersuchungen. Er hat beweisen können, daß das Schilf im Krater achtundzwanzigtausend Jahre alt ist. Von Südamerikanern ist es also nicht importiert worden. Heyerdahl war übrigens dabei, als Flenley seinen Vortrag gehalten hat. Er hat nur dagesessen und keinen Ton gesagt. Es war lachhaft.«

Als ich nachhakte, polterte Dave etwas weniger und wurde wissenschaftlich. Für seine Erläuterung hörte er sogar mit dem Schaufeln auf.

»Das Sediment des Sees enthält Blütenpollen, die der Schlamm luftdicht konserviert hat. Man macht also eine Kernbohrung durch soundsoviel Meter, und dann untersucht man den Fund nach der Radiokarbon-Methode. Das ist ein gutes Verfahren, eine regelrechte Diagnose.«

Die Steadmans deckten ihre Grube ab und gingen. Als sie weg waren, fing es an zu regnen. Dann verwehten die Wolken, und ich war allein im rosigen Sonnenschein des späten Nachmittags. Auch ohne die *moai*, dachte ich, wäre die Insel schön, allein schon wegen der Vulkane mit ihren Kratern und Lavakegeln und den weiten grünen Wiesen.

Der Sonnenuntergang changierte langsam von Rosa zu Lila, als würde ein fernes Feuer gelöscht, dann kam die kalte, schwarze, dreizehnstündige Nacht.

Alle gehen nach Hause und verrammeln die Tür, wenn die Dunkelheit kommt. In den Nächten auf der Osterinsel fühlte ich etwas von Verdacht und Verfemung, von Familienfehden und Feudalstrukturen, von schwelenden Konflikten in einer von Diebereien, Mißtrauen, Neid und Unaufrichtigkeit geprägten Gesellschaft. Die Zähigkeit und Selbstgenügsamkeit der Insulaner verstärkten diese Züge noch.

Am nächsten Morgen fuhr ich quer über die Insel in die Stadt, um ein Fax durchzugeben. Es ging ganz einfach: Im Entel/Chile-Kommunikationszentrum befand sich das einzige örtliche Telefon, draußen stand eine große Satellitenschüssel. Hier konnte man, für einen Dollar pro Seite, Faxe empfangen und Ferngespräche nach Übersee führen. (Die Osterinsel liegt in der gleichen Zeitzone wie Denver, Colorado.) *Las Noticias*, eine Zeitung aus Santiago, gab täglich ihre Meldungen per Fax an das Büro durch, wo die Blätter dann an die Wand gepinnt wurden, die Presselandschaft der Osterinsel war eine Wandzeitung, gelesen wurde sie aber nur von Leuten, die ein Ferngespräch führen wollten.

Die Steadmans waren am folgenden Tag wieder in Anakena, gruben und suchten Vogelknochen und Splitter im Sand: Für mich gehörten sie zu den heimlichen Helden der Südsee-Archäologie. Wie es wissenschaftliche Forschungstätigkeit oft ist, war auch ihre Feldarbeit anstrengend und undramatisch, zeitigte aber eindeutige Ergebnisse. Fast jede Schaufel voller Sand barg etwas Wertvolles.

Dave hob einen kleinen Knochen vom Gitter des Siebs und blies den Staub weg.

»Dieser Knochen stammt aus dem Gehörgang eines Tümmlers.«

»Ist er hergeschwommen?«

»Nein. Den hat irgend jemand aufgegessen. An diesem Platz hier haben Menschen gewohnt.« Er deutete auf seine Grube. »Überall Essensreste. Die organische Substanz in dem Knochen da reicht für eine Datierung aus.«

»Haben Sie so was auch schon woanders im Pazifikraum gemacht?«

»Ziemlich das gleiche. Wir graben und sammeln, was wir können. Im allgemeinen werden wir ignoriert, aber das macht uns nichts.«

»In Tonga war es anders«, sagte Ginny.

»Da ging es manchmal ziemlich feindselig zu«, erklärte Dave. »Scheiß-*palangi* – so in der Art. Auf den Cooks war es aber ganz schön.«

»Auf den Cooks werden Frauen nicht belästigt«, meinte Ginny. »Mich haben sie jedenfalls in Ruhe gelassen.«

»Bei Eva in Tonga gibt es einen Regenwald«, erzählte Dave. »Als wir siebenundachtzig da waren, haben wir sie gewarnt: ›Geht gut damit um. Ökotourismus ist heute ein Bombengeschäft. Auf einmal stehen sie alle bei euch vor der Tür, weil sie mal einen richtigen Urwald sehen wollen.‹ Damals hieß es noch: ›Jaja, gute Idee.‹«

Er schaufelte weiter, schaufelte und redete.

»Zwei Jahre später sind wir wieder hin. Da waren die Japaner schon da und wollten ein Hotel mit einem Golfplatz mitten in den Wald von Eva stellen.«

Mit Menschen wie den Steadmans unterhielt ich mich gern. Ob sie nicht ein Buch über ausgestorbene Vogelarten schreiben wollten? Darüber hatten sie schon nachgedacht, vielleicht würden sie es einmal tun. Ich fragte Dave nach den Megapoden, die ich auf den Salomonen erlebt hatte. Er war bestens informiert und hatte auch schon Skelette dieser Vögel gesehen – von einer ausgestorbenen Spezies in der Größe eines Truthahns –, aber noch kein lebendes Exemplar. Ich beschrieb ihm die kulinarischen Vorzüge eines Omeletts aus Megapodeneiern.

Er fand die Insulaner von Rapa Nui noch rätselhafter als ihre Kunstwerke, aber auf ihre Art seien sie genauso zerstört.

»Ich hab auf dieser Insel wüstere Orgien erlebt als im ganzen Pazifik zusammen.«

»Zum Beispiel?«

»Sauforgien, alles mögliche.«

Der Alkoholkonsum beunruhigte ihn besonders. Eine Flasche war da, um ausgetrunken zu werden. Und auch eine volle Flasche Whisky war am nächsten Morgen leer: »Immer nach der Devise: Hoch die Tassen und ex.«

Als ich mir einen Platz ausgesucht und mein Lager aufgebaut hatte, fiel mir ein, daß der berühmte *moai*-Steinbruch am Vulkan Rana Raraku ganz in der Nähe lag. Ich ging hinüber und wanderte für den Rest des Tages zwischen den steinernen Köpfen herum. Von fern sehen sie aus wie riesige Baumstümpfe, wenn man aber näher herangeht, merkt man, wie verschiedenartig sie sind. Die meisten waren zwei- oder dreimal so groß wie ich. Ich zählte erst dreißig, dann ging ich etwas weiter und sah noch ein Dutzend. An der Flanke dieses Vulkans, aus dessen Stein sie gehauen wurden, gibt es über hundert. Ihre Gesichter sind geheimnisvoll, so stark stilisiert wie die Figuren aus alten Cartoons von Virgil Partch, wie abgemagerte Griechen oder übergroße Schachfiguren.

Am Hang des Rana Raraku sieht man sie in allen Stadien. Sie stehen, liegen in Trümmern, auf dem Bauch, auf dem Rücken oder scheinen bergab zu wandern, manche haben einen intakten Rumpf, aber einen verdickten Oberkörper, mit dem sie bis zum Hals in der Erde stecken. Auch im Innern des Kraters sind welche. Und manche ruhen unvollendet in einer Nische im Tuffstein. Eine dieser Statuen ist zwölf Meter lang, ein Kopf und ein Körper. Sie lag da wie eine unfertige Mumie. Eine andere Figur kniete. Der Brustkorb wie der eines anderen stehenden *moai* war mit dem eingeritzten Abbild eines Dreimasters versehen.

Außer mir war niemand an der Ausgrabungsstätte, was das Erlebnis gespenstisch und angenehm machte. Zweifellos war es einer der merkwürdigsten Orte, an denen ich je gewesen war. Von der Höhe des Vulkans aus sah ich noch mehr Figuren, es waren vielleicht zwanzig oder dreißig, die in den Wiesen eine Reihe bildeten, als seien sie nach Hanga Roa unterwegs.

Die Fragen liegen auf der Hand. Wie und warum wurden sie geschaffen? Wer sind sie? Wie wurden sie bewegt? Warum sind so viele zerstört worden?

Thor Heyerdahl wirft seinen langen norwegischen Schatten auf jede archäologische Frage zur Osterinsel. Selbst die einfachsten Menschen auf der Insel hatten eine Meinung über die heimatliche Geschichte, und jeder hatte seine Ansichten über Thor Heyerdahl.

Ob sie nun blau oder nüchtern waren, skeptisch äußern sich alle. Der betrunkenste war Julio, ein Fischer, der wegen seines Dauerdeliriums ständig zitterte, und das trotz eines Wintermantels und einer Wollmütze mit Ohrenklappen. Alle anderen Männer liefen mit Shorts oder Badehosen herum, aber den trunkenen Julio sah ich nie ohne die dicke Mütze oder den Mantel.

»Hast du schon mal von Thor Heyerdahl gehört?« wollte er wissen. »Ich hab sechs Monate lang für ihn gearbeitet. Ich kann ihn nicht leiden. Hör mal zu: Über den schreiben sie auf der ganzen Welt, und was hab ich für sechs Monate Knochenarbeit gekriegt? *Nada!*«

Anna, eine junge Mutter mit zerfetztem T-Shirt, hatte auch etwas dazu zu sagen. Sie konnte ein wenig Englisch, weil sie 1982 in Los Angeles gewesen war. Gefallen hatte es ihr nicht.

»Zu viele Mexikaner.«

Die Unterhaltung fand in der Nähe des Rana Raraku statt. Wir konnten den Steinbruch sehen, und so fragte ich sie nach den *moai*. Sie habe mal ihre Tochter hierher mitgenommen, erzählte Anna. Wie die Figuren bewegt worden seien, habe die Kleine wissen wollen.

»Was haben Sie ihr gesagt?«

»Thor Heyerdahl sagt, daß die Statuen gegangen sind. Die Menschen hätten sie aufgerichtet und dann mit Seilen und Schnüren bewegt. Aber der Stein ist sehr weich, und Tahai ist neunzehn Kilometer weit weg. Das hätten sie nie schaffen können. Ich glaube nicht, daß Heyerdahl recht hat. Früher gab es hier mal Palmen. Vielleicht haben sie die Stämme wie Schlitten benutzt und die *moai* damit gezogen.«

In *Das Geheimnis der Osterinsel* schreibt Heyerdahl, wie überzeugend ein Einheimischer ihm dargelegt habe, daß die »Statuen gingen«. (Es kam in den Legenden von Rapa Nui vor, dieses Gehenkönnen durch die göttliche Kraft des *mana*. Metraux hatte die gleichen Geschichten gehört.) Jedenfalls müssen Seile an den aufrecht stehenden *moai* befestigt worden sein, mit deren Hilfe die großen Dinger dann durch Vor- und Zurückschaukeln bewegt wurden. In einem Versuch gelang es Heyerdahl, eine Statue um dreieinhalb Meter zu versetzen. Das sind etwas weniger als die in Frage stehenden zwanzig

Kilometer, aber das überzeugendste Gegenargument lieferte Professor van Tilburg in der Zeitschrift *Archaeology*: Er untersuchte sämtliche Statuen auf »Gebrauchsspuren« an Hals, Oberkörper und Fuß – und fand keine. Wenn um dieses weiche Material Seile geschlungen und die Statuen über Distanzen von mehr als zwanzig Kilometer daran hin und her geruckelt worden wären, hätte der Stein abgewetzt sein müssen.

Viel wahrscheinlicher ist die Schlitten-Theorie: Die Figuren wurden »von einer etwa hundertfünfzigköpfigen Mannschaft über eigens präparierte Transportwege . . . auf einem Rahmen oder Schlitten [gezogen], an dem Seile befestigt waren«. Metraux folgert ähnliches, allerdings meint er, daß wie auf Tonga, als der vierzig Tonnen schwere Trilithon über Tongatapu bewegt wurde, Rollen und Rampen benutzt worden seien. Die Köpfe auf der Osterinsel wiegen (wegen des porösen Gesteins) selten mehr als vier oder fünf Tonnen.

Thor Heyerdahl ist verbissen und äußert sich laut, zieht aber meist die falschen Schlüsse. Er hat das Geheimnis der Osterinsel keineswegs gelüftet, aber es ist ihm gelungen, qualifizierten Wissenschaftlern die Lösung des Rätsels schwer und sich selbst ziemlich lächerlich zu machen. Er ist ein Amateur, ein Vereinfacher, ein Impresario mit einem Titel in Zoologie von der Universität Oslo. Bei seinen Bemühungen im Pazifik verhält er sich wie ein Elefant im Porzellanladen oder auch der Verfasser von Groschenkrimis: Die Feinarbeit der Spurensicherung – die Analyse von Haaren oder Elektrophorese von Blutflecken – interessiert ihn nicht, statt dessen tappt er am Ort des Geschehens herum, murmelt: »Der Butler war's«, und bringt für die Gerichtsmediziner alles durcheinander.

Wer Heyerdahl in Wissenschaftlerkreisen erwähnt, erntet häufig peinlich berührte oder gar verärgerte Blicke, und selbst die Dörfler von Rapa Nui finden ihn lächerlich. Die Rapa Nui wissen, daß sie von polynesischen Reisenden abstammen und sehen sich selbst als die Schöpfer der monumentalen Figuren, die nach ihrer Meinung verschiedene herausragende Vorfahren verkörpern. Die *moai* stellen keine Götter dar, sondern Menschen. (Forster, der mit Cook hergereist war, hielt die Statuen für Abbilder »verstorbener Chiefs«.) Viele Historiker vertreten die Ansicht der Rapa Nui, auch wenn Heyerdahl sich darüber lustig macht. In seinem wichtigen Beitrag *The Peopling of the Pacific*, der 1983 im *Scientific American* erschien, schreibt P. S. Bellwood: »Eines ist inzwischen ziemlich gewiß: Die Polynesier stammen nicht von amerikanischen Indianern ab, selbst wenn wir Hinweise auf sporadische Kontakte zur südamerikanischen Pazifikküste haben.«

»In hundert Jahren gemeinschaftlicher, intensiver Forschungstätigkeit haben sich absolut keine gesicherten Fakten dafür ergeben«, schreibt auch van Tilburg, »daß zwischen der Insel und dem Festland eine archäologisch bedeutsame Verbindung bestand.«

Auch andere Wissenschaftler sind dieser Meinung, unter anderem Professor Sinoto vom Bishop Museum in Honolulu, der Ausgrabungen in Französisch-Polynesien geleitet und sich mit der Osterinsel beschäftigt hat, und P. V. Kirch, dessen Werk *The Evolution of the Polynesian Chiefdoms* als besonders gut dokumentierte Arbeit über die Wanderbewegungen der polynesischen Völker gilt. Fast alle sind der gleichen Meinung, außer Heyerdahl. Er klebt an seiner absurden Theorie, nach der peruanische Seefahrer ihre Kultur – die Bildhauerei, die Götter und die Süßkartoffel – in den Pazifikraum gebracht haben sollen, und behauptet, die Polynesier seien erst danach gekommen und hätten den blühenden Kulturen ein jähes Ende bereitet.

Und was ist mit dem Tortora-Schilf im Kratersee des Rana Kau, Heyerdahls wichtigstem Beweismittel für seine Theorie? Laut David Steadman wächst dieses Schilf schon seit etwa dreißigtausend Jahren in den Kratern. Auf Heyerdahls Behauptung, daß die Pflanzen vor etwa tausend Jahren aus Südamerika eingeführt worden seien, stützt sich seine Theorie von den Schilfbooten, mit denen die Südamerikaner, die solche Boote bauten, zur Osterinsel gesegelt sein sollen, die Süßkartoffel einführten und Meisterwerke der Bildhauerkunst schufen.

Warum also, fragt man sich, widerspricht die maßgebliche *Encyclopedia Britannica* den Botanikern und vertritt die Ansichten Thor Heyerdahls? Der Artikel in der Enzyklopädie enthält alle Heyerdahlschen Behauptungen: ». . . sumpfige Kraterseen sind dicht mit zwei aus Amerika importierten Grasarten bewachsen.« Die Antwort ist einfach: Der lange Eintrag zum Thema Osterinsel im sechsten Band der Makropädie ist mit dem Kürzel »Th. H.« unterschrieben und stammt aus der Feder des erlauchten Norwegers.

Heyerdahls wohl unangenehmster Zug besteht in seiner tiefsitzenden, an Verachtung grenzenden Voreingenommenheit gegen die Polynesier. In *Fatu Hiva* behauptet er, daß die Marquesaner wegen ihrer angeborenen Faulheit nicht als Schöpfer der kunstvollen Bildhauer- und Steinmetzarbeiten von Hiva Oa in Frage kämen. In *Aku-Aku* läßt er sich über die Bildwerke auf der Osterinsel aus: »Eines ist gewiß. Dies ist nicht das Werk einer Kanuladung polynesischer Holzschnitzer . . .« In *Das Geheimnis der Osterinsel* kanzelt er die Rapa Nui sogar noch mehr ab: »Kein polynesischer Fischer wäre imstande gewesen, sich eine solche Wand auszudenken, und noch viel weniger, sie zu bauen.« Zu faul, zu wenig schöpferisch, zu dumm.

Solche Urteile entbehren jeglicher Grundlage und sind schlichtweg falsch. Eine Rezension in der Zeitschrift *Archaeology* nennt sein letztes Buch »eine einzige Litanei von Hochmut, Anmaßung und Vorurteilen gegen die Polynesier im allgemeinen und die Einwohner der Osterinsel, die Rapa Nui, im besonderen«. Zu Heyerdahls ärgerlichsten Behauptungen gehört die These, daß die Rapa Nui gar nicht von der Osterinsel stammen, sondern (möglicherweise als Sklaven) von alten peruanischen Seefahrern hergebracht wurden, die in Ozeanien herumschipperten und ihre Kunstwerke zurückließen.

Ein langes Leben voller wirrer Theoretisiererei bescherte Heyerdahl einen einzigen Erfolg, nämlich den Beweis, daß sechs skandinavische Kleinbürger ihr Floß auf einem Korallenatoll mitten im Nirgendwo erfolgreich in den Sand setzen konnten. *Kon-Tiki*, das Buch darüber, machte ihn zum Volkshelden und weckte das Interesse am Pazifik. Ich habe keinen einzigen Fachartikel gelesen, keinen Wissenschaftler getroffen, der Heyerdahl nicht als Ärgernis, Hindernis und Pest beschrieben hätte. Auch von Humangenetikern, die sich mit der DNA der Menschen beschäftigt haben, ist Heyerdahls Theorie widerlegt worden.

»Im Pazifikraum finden sich zwei unterschiedliche Zweige [der Gattung Mensch]«, stellte Dr. Steve Jones vom Londoner

University College im Rahmen der BBC Reith Lectures im Jahr 1991 fest. »Einer davon, die Völker Neuguineas und die australischen Aborigines, weist einen großen genetischen Variantenreichtum und starke lokale Unterschiede auf. Diese Völker haben schon seit langer Zeit an denselben Orten gelebt. Der andere Zweig, der das riesige Areal der Pazifischen Inseln bewohnt, ist homogener und mit den Völkern Ostasiens verwandt. Diese Menschen kamen nach den Anfängen des Akkerbaus in diesen Raum, also etwa vor tausend Jahren. Trotz der Expedition von Thor Heyerdahl, der mit einem Floß den Pazifik überquert hat, finden sich keine Beweise für eine genetische Verbindung zwischen den Südsee-Insulanern und Peru. Die Erkenntnisse der Genetik haben das Floß *Kon-Tiki* versenkt.«

Angesichts dieser wissenschaftlichen Zeugenaussagen könnte sich einem der Gedanke aufdrängen, daß Heyerdahl für seine alberne These, daß sich einst hagothartige Reisende von Südamerika her auf den Weg gemacht haben, um Polynesien zu zivilisieren, von den Mormonen bezahlt wird.

Die Osterinsel bleibt ein Rätsel.

22. KAPITEL

DIE OSTERINSEL: DIE ALTE KANU-RAMPE
VON TONGARIKI

Das liebliche Anakena war von der Vergangenheit durchdrungen. Ein einsamer Strand, um den sich die gesamte Geschichte der Insel drehte. Aber das Meer war windgepeitscht, und ich sehnte mich danach, einen längeren Küstenstrich entlangzupaddeln. Also faltete ich mein Zelt zusammen, packte das Boot ein, verabschiedete mich von den Steadmans und fuhr über die östliche Halbinsel zur geschützten Hotu-Iti-Bucht, die im Windschatten der hohen Felsen der Poike-Halbinsel liegt. Maro-Tiri, eins der merkwürdigen *motus*, lag etwa drei Kilometer vor der Bucht in Richtung Cabo Roggeveen.

Ich wanderte in der Bucht zwischen den Ruinen einer großen Siedlung namens Tongariki herum und stieß auf die Trümmer eines großen *ahu* mit fünfzehn zerborstenen Steinköpfen, die in wildem Durcheinander neben ihren roten Haartrachten lagen. Später erfuhr ich, daß sie etwa fünfundzwanzig Jahre zuvor von einer großen Flutwelle zermalmt worden waren, die das ganze Tongariki überschwemmt hatte. Eine historische Kanu-Rampe gab es hier auch. Sie war jahrhundertelang in Gebrauch gewesen, mittlerweile aber auch bereits seit hundert Jahren, wie Historiker festgestellt haben, nicht mehr. Ich beschloß, sie neu einzuweihen.

Wo einst am Ufer der Bucht ein Dorf gewesen war, stand jetzt eine Wellblechbude. Als ich hinging und rief, kamen ein paar Leute heraus, sechs oder sieben Mädchen und vielleicht fünf ältere Männer, einige davon waren betrunken. Ob ich hier zelten dürfte, fragte ich.

Eins der Mädchen antwortete: »Ich frag mal meinen Vater.«

Ein Mann blickte von seinem Teller mit Fischköpfen und Süßkartoffeln hoch und murmelte etwas in der Sprache von Rapa Nui.

»Natürlich«, übersetzte das Mädchen.

Auch später hörte ich sie noch – die Mädchen, die Männer, Gelächter –, sah aber niemanden und aß allein, ein paar Nudeln, Brot, Käse und eine Dose Fisch. Wieder ein Festmahl in Ozeanien. Ich schlief unruhig, wachte immer wieder durch die donnernden Brecher und das Brausen der See auf.

Im Morgengrauen flickten die Männer ihre Fischernetze, unterbrachen aber ihre Arbeit, als ich mein Boot zusammenbaute.

»Das ist kein Boot«, sagte einer auf spanisch. »Das ist ein Kanu.«

»Und wie heißt es in Ihrer Sprache? *Waga*?«

»Nicht *waga*, sondern *vakha*. Aber woher kennst du dieses Rapa-Nui-Wort? Wir benutzen es nicht mehr.«

Ich erklärte ihm nicht, daß es auf den Trobrianden, an der Küste von Queensland, in Vanuatu und Tonga überall so hieß. Und genau ihr Wort *vakha* war auf den Cook-Inseln gebräuchlich. Ein Mädchen namens Jimene, das mir später an diesem Morgen eine gekochte Süßkartoffel brachte, verblüffte ich mit der Frage: »Nennst du das *kumara*?« Auf den elftausend Kilometer weit entfernt liegenden Salomon-Inseln hatte der Dörfler Mapopoza mir erklärt: »*Nem bilong dispela kumara ... Das Ding heißt kumara ...*«

Auch die anderen Männer sahen jetzt zu, wie ich das Kajak zusammensetzte.

»Was sagen sie?« fragte ich Jimene.

»Dein Boot gefällt ihnen«, sagte das Mädchen. »Sie wollen es haben.«

»Wenn ich's ihnen gebe, habe ich aber selbst kein Boot mehr.«

»Sie wollen dir was dafür geben.«

»Und was?«

Die Männer beratschlagten, dann murmelten sie Jimene etwas zu.

»Sie geben dir ein *moai* dafür.«

»Und wie soll ich ein *moai* von hier mitnehmen?«

»Andere Leute haben das auch schon geschafft. Den da hinten an der Straße haben sie nach Japan mitgenommen und dann wieder zurückgebracht.«

Ich hatte den Eindruck, daß die Männer durchaus keine

Witze machten und mir tatsächlich einen der gefallenen Köpfe vom *ahu* in Tongariki hätten zukommen lassen, wenn ich die Mittel besessen hätte, ihn wegzuschaffen. Sie hatten ihr Klohäuschen mitten auf der Kultstätte plaziert, und man konnte auf der Toilette sitzen und erlesene Bildhauerkunst studieren.

Die Männer waren Hummerfischer. Jimene fragte sie in meinem Auftrag, wie groß die Tiere seien: »*Nui nuu?*«

»Ein, zwei Kilo.«

Von der alten Kanu-Rampe aus pflügten sie mit ihrem siebeneinhalb Meter langen Motorboot durch die Brandung, um die Hummerreusen zu überprüfen. Ich verwickelte sie in eine – für mich ermutigende – Unterhaltung über die Wasserverhältnisse und brach noch am selben Tag zum *motu* Maro-Tiri auf, einer hohen Felsklippe weiter oben an der Küste.

Große Wellen schlugen gegen den Fuß der Halbinsel, aber vor dem Ufer brachen sich kaum Wellen. Die Dünung war mäßig, der Wind nicht heftig. Innerhalb der Bucht war die Brandung hoch, aber ich hielt mich am Rand, fuhr aufs offene Wasser hinaus und drehte erst hinter der Brandungslinie bei. Bald hatte ich mich mehrere Kilometer vom Ufer entfernt und paddelte auf Maro-Tiri zu, eins der bedeutenderen kleinen Inselchen vor Rapa Nui. Hierhin hatten sich früher die Menschen schwimmend vor den Menschenfressern gerettet: In den alten Geschichten wird beschrieben, wie die Kannibalen mit Kanus hinausfuhren und die Flüchtigen wieder einfingen, die sich an die Felsen von Maro-Tiri geklammert hatten, wie die Opfer in Stücke gehackt, ans Ufer gebracht und verspeist wurden.

Ich hörte Musik auf meinem Walkman, und mit Vivaldis Oboenkonzert in C-Dur im Ohr paddelte ich unter den Klippen der Poike-Halbinsel dahin, war froh, daß ich mein Boot mitgebracht hatte, und genoß meine totale Bewegungsfreiheit. Seevögel flogen zwischen den Uferklippen umher, während ich die steinerne Säule ansteuerte, die noch als Inselchen bezeichnet wurde.

Sie sah aus wie ein riesiger Futtersilo aus Granit mit vertikal ansteigenden Seiten und ragte so steil aus dem Wasser, daß ich keine Chance hatte, zu landen, aus meinem Boot zu steigen und hinaufzuklettern. Die Wellen schlugen gegen die Wetterseite, und hinter der Felssäule ließ mich der Seegang vor ihr auf und ab wogen. Ich tippte die Felsen mit meinem Paddel an und gab Maro-Tiri einen Platz auf meiner Liste von etwa vierzig Inseln, die ich in Ozeanien besucht hatte.

Auf dem Rückweg nach Tongariki, es dämmerte schon, erschreckte mich ein plötzlicher Schlag gegen das Boot: *dumpf* ... Ich drehte bei, um zu sehen, ob ich einen unter Wasser liegenden Felsen gestreift hatte, aber da war nichts als schwarzes Wasser. Es konnte ein Hai gewesen sein, Haie wurden ja angeblich von platschenden Paddeln angezogen. Hier hat einer panische Angst vor mir, überlegte sich der Hai womöglich instinktiv, ich glaub, den ess' ich. Also paddelte ich bemüht ruhig und gleichmäßig an Land und fragte Carlos, einen der Fischer, ob es hier in der Gegend Haie gebe.

Er antwortete auf spanisch: »Hier gibt es viele Haie. Auch große. Zwei oder zweieinhalb Meter lang. Sie sind immer um uns herum, wenn wir einen Fisch fangen.«

Für Kopfzerbrechen über angriffslustige Haie war es schon ein bißchen spät, und so sagte ich mir lieber, daß ich wahrscheinlich eine Schildkröte gerammt hatte.

Der Patriarch dieses Fischerlagers war ein würdiger alter Herr namens Andrés, der fast den ganzen Tag damit zubrachte, Nägel aus Holzplanken zu ziehen und Treibholz in handliche Stücke zu zersägen, die er dann liebevoll neben der Wellblechhütte aufstapelte, wo sie auf ihre Weiterverarbeitung zu Möbelstücken warteten. Er denke an einen Tisch, sagte er. Fast alle frühen Entdecker erwähnen die Baumlosigkeit der Osterinsel und den großen Wert, den Holz für die Insulaner hatte: »Ihre kostbarsten Gegenstände stellten sie aus Holz her. Auch heutzutage verschmähen die Insulaner nicht das kleinste Brettchen.«

»Das Holz hier würde eine Menge Geld kosten.« Andrés nannte eine Summe in Pesos, die sich auf einen Dollar fünfzig für ein kleines Stück belief. »Holz ist teuer, weil wir keine Bäume haben. Die Chilenen verkaufen ihr Holz lieber an die Japaner. Die haben mehr Geld.«

Er hebelte weiter Nägel aus dem Holz.

»Die Japaner sind sehr intelligente Menschen«, sagte Andrés.

»Glauben Sie das wirklich?«

»Na ja, nicht so wie du oder ich, aber ganz allgemein.«

Ich fragte ihn, ob er sein ganzes Leben auf der Insel verbracht habe. Nein, meinte er, er sei mal zum Arbeiten auf dem Festland gewesen.

»Ich hab in Valparaiso bei der Bahn gearbeitet, und dann bin ich zurückgekommen. Das hier ist ein guter Platz, ein schönes Leben. Ich mag das Meer, die Fische, den Hummer. Sie wohnen auch am Meer? Dann wissen Sie ja, was ich meine.«

»Kann ich mein Boot hierlassen?«

»Können Sie. Es gibt hier keine Diebe. O ja, vielleicht trinkt einer mal einen über den Durst und läßt irgendwas mitgehen. Aber es ist ganz anders als auf dem Kontinent. Man kann seine Kleider ausziehen und hier liegenlassen, und wenn man zurückkommt, sind sie noch da. Auf Rapa Nui gibt es keine richtigen Diebe.«

»Warum nicht?«

»Weil wir kein Geld haben. Hier gibt es nichts zu klauen. Wir sind doch keine Japaner, oder?«

Am Abend kam das Mädchen Jimene zu meinem kleinen Lager herüber. Sie war erst neunzehn, aber schon einmal in den Staaten gewesen, bei Verwandten in Seattle.

»Heute sind wir zum Fischen rausgefahren«, sagte sie. »Wir haben dich in deinem Boot gesehen und uns über dich unterhalten. Wir haben gesagt, wie schön es ist, daß du in unser Camp gekommen bist.«

Schon deswegen wollte ich länger bleiben. Und da ich dem Besitzer meines gemieteten Jeeps Bescheid geben mußte, daß ich das Auto noch ein paar Tage länger behalten wollte, fuhr ich nach Hanga Roa. Er war einverstanden.

»Sie sind in Tongariki«, sagte er.

»Woher wissen Sie das?«

»Jemand hat Sie gesehen.«

Der Besitzer des Jeeps hieß Roderigo, war Arzt und im Nebenberuf Geschäftsmann. Er wollte meine Baseballkappe kaufen. Und meine Jacke aus Patagonien, meinen Walkman und mein Zelt.

Sein Assistent war jener Mou, den ich am ersten Tag auf der Insel getroffen hatte. Er hatte mich an der Straße aufgesammelt.

Mou sagte: »Wenn du mir deinen Walkman gibst, besorg ich dir ein paar echte *rongo-rongo*-Tafeln.«

Statt dessen tauschte ich meine Kassette *Apex of Bebop* gegen Bob Dylans *Infidels*, die ich mir ohnehin hatte kaufen wollen. (Ein paar Tage später sagte Mou: »Kannst du meinen Vater für mich suchen? Er ist irgendwo in Colorado. Ich hab ihn nicht mehr gesehen, seit ich klein war.«)

Ich stellte Roderigo Fragen zum Gesundheitszustand der Inselbevölkerung.

»Das schlimmste und vordringlichste Problem ist der Alkohol«, sagte er. »Und zwar weniger unter medizinischen als unter psychologischen Gesichtspunkten. Die Trinker haben ernste psychologische Probleme. Sie werden verrückt. Ihre Lebern sind zwar in Ordnung, aber sie wirken wirrköpfig und faul.«

»Was wird dagegen getan?«

»Ein Rehabilitationszentrum. Es wird momentan eingerichtet«, sagte er. »Und dann haben wir auch Atemwegserkrankungen, wegen der hohen Luftfeuchtigkeit.«

Ich kam gerade noch ins Camp zurück, bevor sich die Nacht wie üblich mit einem Schlag herabsenkte. Ich hatte kaum noch Licht, aß also schnell und kroch dann ins Zelt, wo ich für die nächsten Stunden BBC hörte, erst die Nachrichten und dann eine Sendung mit dem Titel *Brain of Britain – Englands Hirn*.

»Wie hieß der erste christliche Märtyrer?«

»Stephanus.«

»Woraus besteht der Kern der besten Cricketbälle?«

»Kork.«

»Was war ein *louison*?«

»Eine Guillotine.«

»Wie heißen die Nachfahren des Meganeura, das eine Flügelspannweite von sechzig Zentimetern hatte und im Karbonzeitalter lebte?«

»Libelle.«

Und dann holte der Schlaf mich ein.

Auf Reisen habe ich manchmal an den merkwürdigsten Orten das Gefühl, daß ich nirgendwo anders sein möchte. Auch im übrigen Ozeanien war es mir schon öfter so gegangen, auf der Osterinsel allerdings war es die Regel. Die Insel schien voller

Gespenster, ihre Bewohner – sicher auch aufgrund von In-
zucht – waren unberechenbar und entweder himmelhoch
jauchzend oder zu Tode betrübt, die Küsten für einen Faltbootfahrer schwierig und gefährlich. Sicher lag der Reiz der Insel
auch in ihrer Fremdartigkeit, aber das war es nicht allein. Es lag
auch an der Kleinheit der Insel, ihrem leeren Inneren, den
strengen Formen der Vulkane, an der extravaganten Schönheit
der steinernen Statuen, den warmen Tagen und kühlen Nächten, an der Zähigkeit ihrer Menschen und an all den noch immer ungelösten Geheimnissen.

Es hatte etwas Wunderbares, an einem schönen Morgen in
seinem Zelt aufzuwachen, die Tölpel am Himmel schweben
und segeln zu sehen, die Aussicht über den schroffen Felsen
an der alten Kanu-Rampe bis zum acht Kilometer entfernten
Kap am Ende der Insel genießen und sich sagen zu können: Da
drüben werde ich heute paddeln.

»Wie nennt Ihr das Kap?« Ich deutete auf Cabo Roggeveen.

»Vakaroa«, antwortete Andrés.

»Haben Sie schon mal den Namen Roggeveen gehört?«

»Nein.«

Jacob Roggeveen war der erste Europäer, der die Insel, am
Ostersonntag im Jahre 1722, zu Gesicht bekam und nach diesem Tag benannte.

»Und das Kap dahinten im Norden?« Auf meiner Karte war
es als Cape Cumming eingetragen.

»Wir nennen es Kavakava.«

In diesem Moment sah ich vom Pfad her, der zu den Grotten
und kleinen Fjorden am Ufer der Bucht hinunterführte, eins
der Mädchen mit einem der älteren Männer ins Camp zurückkommen. Mit leeren Händen gingen sie schweigend nebeneinander. Andrés sprach sie nicht an. Vater und Tochter, offenbar.

Diese Verstohlenheit, die ich noch öfter beobachtete, war so
ungewohnt – auf anderen ozeanischen Inseln galt es als Tabu,
daß ein Vater sich mit seiner Tochter absentierte –, daß ich genauer hinsah und vorsichtig Fragen stellte. Durch das ethno-
logische Werk von Metraux wußte ich, daß man auf der Insel
eine starke Abneigung vor Inzest hatte. So war es immer gewesen. Heiraten zwischen Vetter und Cousine ersten Grades waren dadurch allerdings nicht verhindert worden. In Hanga Roa

hatte ich bereits mit solchen Ehepaaren gesprochen. Vor nicht allzu langer Zeit war ein Geschwisterpaar von der Insel geflohen, hatte fliehen müssen, um genau zu sein – nur eine von vielen schicksalhaften Geschichten über Rapa Nui. Die bildhafte einheimische Bezeichnung für Inzest hieß: »das eigene Blut essen«.

Im Camp hatten die Töchter vielfältige Aufgaben. Sie machten Essen, räumten auf, und sie entwirrten und breiteten die Netze aus (flickten sie allerdings nicht, das war Männerarbeit). Sie machten Botengänge und spielten für sich, aber wenn sie gerufen wurden, leisteten sie ihren Vätern Gesellschaft. Die Väter nahmen die Töchter zum Fisch- und Hummerfang mit, oft in einer ganzen Gruppe mit Brüdern, Töchtern und Nichten. Es herrschte ein ständiges Kommen und Gehen – »er geht mit seiner Tochter spazieren« –, die Männer trugen ihre Badehosen und zerrissenen T-Shirts und sahen dreckig aus, die Mädchen waren zumeist pummelige Halbwüchsige mit schlechter Haut. Jimene war mit neunzehn die Älteste. Ihr Vater war sechsunddreißig, sah aber viel älter aus. Ihre Mutter war sechzehn gewesen, als sie zur Welt kam, bis vor kurzem ein normales Alter für eine Erstgebärende.

»Freitags geht mein Vater mit uns in die Disko«, erzählte sie.
»Und deine Mutter?«
»Die bleibt zu Hause.«
»Wo ist deine Mutter jetzt?«
»In der Stadt. Verkauft Fische.«
»Sind deine Tanten auch da?«
»Ja.«
Eine andere Szene, die mir im Gedächtnis blieb: Ein Vater rieb den Rücken seiner Tochter mit einer Art Lotion ein, tat es mit rauher Zärtlichkeit, die Tochter kicherte.

Ich traute Andrés' Instinkt. Wenn etwas schiefging, brachte er es wieder in Ordnung. Er war der zuverlässigste Mensch in diesem Fischercamp, und da er immer nüchtern war und mit Alkohol umzugehen verstand, brachte ich ihm eine Flasche Wodka mit. Den Mädchen schenkte ich eine große Schachtel Pralinen – Geschenke, über die niemand ein Wort verlor. Sie wurden einkassiert und dann nie mehr erwähnt.

Aber Andrés war immer ausgesucht höflich.

»Ich bin gern hier«, sagte ich auf spanisch.

»Schön, Sie bei uns zu haben.«

»Herzlichen Dank.«

»Keine Ursache.«

Unter solch überaus angenehmen Umständen wie diesen wurde ich saumselig. Ich nahm mir für den Tag einen Ausflug vor, verwickelte mich in eine Unterhaltung, fing an, sie interessant zu finden, und sagte mir: Dann fahr ich eben morgen raus. Normalerweise trödelte ich nicht herum, denn Betriebsamkeit hielt mich bei Laune, aber hier paßte ich mein Tempo an, bis ich merkte, daß ich lebte wie sie. Morgens hieß es noch, sie würden zum Fischen fahren, aber später saßen sie herum, lachten und schwatzten bis in den Abend hinein, und schließlich war der Plan vergessen.

Wenn ich mit einem Rapa-Nui-Insulaner allein war, ergänzte ich meine Liste einheimischer Ausdrücke. Auf allen Inseln Ozeaniens hatte ich mir, mehr oder weniger zum Spaß, die gleiche, aus etwas über dreißig Begriffen bestehende Vokabelliste angefertigt: »Mond«, »Sonne«, »Tag«, »Fisch«, »groß«, »klein«, »Süßkartoffel«, »Frau«, »Mann«, »Wasser«, »Kanu«, »Land«, »Insel« und so weiter, dazu die Zahlen von eins bis zehn. Die Ergebnisse meiner privaten Sprachvergleiche zwischen den einzelnen Inselgruppen waren immer interessant. Fidschi gehörte technisch zu Melanesien, aber die Standardsprache der Inseln enthielt viele polynesische Vokabeln. Es erstaunte mich immer wieder, daß die Bewohner so weit auseinanderliegender Inseln wie Hawaii und Neuseeland sich in ein- und derselben polynesischen Sprache zumindest verständigen konnten.

Und auf der Osterinsel? Angeblich war die Sprache verfälscht, aber ich hatte nichts Genaueres über den tatsächlichen Einfluß des Tahitianischen auf das Rapa Nui in Erfahrung bringen können – immerhin war die gesamte Inselbevölkerung sogar einmal aus wirtschaftlichen Gründen nach Tahiti evakuiert worden. (Noch immer schwelte ein bitterer Disput um Besitzansprüche etlicher Osterinsulaner auf einen Teil von Tahiti.) Während meiner müßigen Tage führte ich also meine Vokabellisten weiter und stellte fest, daß viele Ausdrücke nicht aus dem Tahitianischen, sondern möglicherweise aus der Ursprache stammten, die man bis zu den Tuamotus zurückverfolgt hatte. Die Zahlwörter waren anders als im Tahitianischen, ähnelten aber ihren samoanischen Entsprechungen. Ihr Wort für »Sonne«, *tera'a*, gab es nur auf der Osterinsel. Im Samoanischen hieß es *la*. Die Bezeichnung für »Mann«, *tangata*, unterschied sich zwar vom tahitianischen *tane*, ähnelte aber dem tahitianischen Ausdruck für »Mensch«, *taata*, und war mit dem tongaischen Begriff für »Mann« sogar identisch. Das Wort für »Frau« war *vi'e*, mochte also mit *vahine* verwandt sein, unterschied sich aber deutlich davon. Die Süßkartoffel kannte man in ganz Ozeanien als *kumara*, und ihre weite Verbreitung schlug sich sogar in einem melancholischen Inselsprichwort nieder: »Wir werden geboren. Wir essen Süßkartoffeln. Dann sterben wir.«

Um die Osterinsel gibt es kein Riff, dennoch manifestierte sich in der Sprache eine Vorstellung von »ufernah« und »auf hoher See«. Das tiefe, blaue Meer bezeichneten die Rapa Nui mit dem in ganz Polynesien bekannten Wort *moana*, und das Küstengewässer, das hiesige Äquivalent für den Bereich innerhalb der Lagune, hieß *vaikava*, »wo das grüne Wasser ist«, erklärte Carlos.

Nicht um alles in der Welt hätte ich im weiten *moana* vor der Osterinsel paddeln mögen. Wenn etwas schiefgegangen wäre, wäre ich dem kalten Meer und dem starken Wind ausgeliefert gewesen, ohne eine Hoffnung auf Rettung oder die Möglichkeit, auf irgendeiner anderen Insel angetrieben zu werden. Weiter als etwa zwei Kilometer entfernte ich mich nie von Rapa Nui, das war genug – vielleicht mehr als genug, weil man tatsächlich nirgendwo anders hinkonnte. Die Inseln, diese vertikalen Felssäulen, lagen kaum anderthalb Kilometer vom Ufer entfernt, waren aber nie direkt, sondern manchmal erst nach einem sieben Kilometer langen Umweg an der Küste entlang zu erreichen.

Ich bereitete meine letzte Paddeltour vor, eine Fahrt am *motu* Maro-Tiri vorbei bis zur Ostspitze der Insel hinter Cabo Roggeveen, packte Wasser und Proviant, meine Seekarte und den Kompaß ein. Andrés sagte ich, wohin ich fahren und daß ich noch vor dem Abend zurück sein wollte. Da ich ein paar Tage zuvor ein Drittel der Strecke bereits entlanggefahren war, wußte ich, daß ich im Falle eines Falles – kentern und an Land

schwimmen zu müssen, gehörte zu den schlimmsten Möglichkeiten – immer eine Höhle oder einen Vorsprung in der steinernen Wand der Poike-Halbinsel finden würde. Und wenn
ich nicht zurückkäme, würde man sicher mit einem der Hum-
merboote nach mir suchen.

Infidels, die von Mou eingetauschte Bob-Dylan-Kassette, lief
auf dem Walkman, als ich aus der Bucht hinauspaddelte. Ich
hielt mich am Rand der Brandungszone, achtete auf Haiflossen
und versuchte, mir Unterschlupfmöglichkeiten zwischen den
Uferklippen der Halbinsel zu merken.

Hohe Wellen peitschten gegen die Grotten unter der knapp
hundert Meter hoch aufragenden Steilküste, schwappten in
die Eingänge und wurden durch Felsfugen und *blowholes*
schließlich schäumend wieder ausgespien. Ebendiese Wellen
machten auch die Seeseite von Maro-Tiri unzugänglich, und
nur dort hätte man bis zu einem Felsgesims oder einer Höhle
klettern können. Ich wagte einen halbherzigen Versuch, gab
aber auf, weil ich Angst vor dem Kentern hatte.

Die nächsten anderthalb Stunden paddelte ich Richtung
Nordost, immer in ein bis anderthalb Kilometer Entfernung
von der Halbinsel, mal in kabbeliger See, mal in hoher Dünung. Wenn ich mich zu dicht an der Steilküste hielt, bekam
ich es mit zurückdrängenden Wellen zu tun, die mein Boot
herumschleuderten, weiter draußen mit stärkerem Wind und
kräftigem Seegang. Ich merkte, daß es zwar langsamer ging,
aber wesentlich einfacher war, die Wellen frontal anzugehen,
als in der Richtung des Wellengangs zu paddeln, denn vor
dem Wind besteht immer die Möglichkeit, daß das Boot bockt
und sich dreht oder daß man wegen des hohen Tempos beim
Surfen die Kontrolle verliert.

Mein Selbstvertrauen in diesem Gewässer reichte gerade für
ein schnelles Käsebrot und einen Schluck Wasser, im übrigen
paddelte ich im Rhythmus von Dylans Gitarren-Akkorden dahin, die mir ein völlig anderes und weniger erhebendes Musik-
erlebnis bescherten als die barocken Oboenkonzerte der vor-
hergehenden Tage – aber ich hatte keine Zeit, eine andere Kassette einzulegen.

Es schien mir, daß kein vernünftiger Mensch an einem Wintertag vor der Osterinsel in kabbeliger See weiter vordringen

würde als bis eine Meile hinter Cabo Roggeveen. Im Schutz der Halbinsel wehte nur ein leichter Wind, aber gleich dahinter blies es mit mindestens zwanzig Knoten.

Das schlimmste war die heftige Brandung, die ein Gemisch aus zurückprallenden Wellen und Kreuzseen direkt unter Land erzeugte. Um mich davon abzulenken, bewunderte ich die großen Wellen, die sich an den Grotten brachen, über die Felsvorsprünge schossen und die Luft am Fuß der Uferklippen mit Schaum und Gischt weiß tünchten – ein schöner und dramatischer Anblick, tosende See und weiße Wellen.

Und zu dem Ganzen gab es Musik.

Aber dann nahm ich die Kopfhörer ab, hörte plötzlich das enorme Brüllen der Brecher und den heulenden Wind und bekam es mit der Angst. Die Musik hatte das Getöse übertönt, und ohne sie packte mich das Grauen. Sofort brach das Boot aus. Mühsam brachte ich mich wieder auf Kurs und arbeitete mich weiter vor, am Kap vorbei bis zur Spitze der Insel – die Ecke, um die der Wind pfiff. Ich wurde aufs Meer hinausgeschoben, genoß die grandiose Aussicht auf Kavakava, das Cabo Cumming, die mir so gegen meinen Willen geboten wurde, wendete, pflügte über einen Wellenkamm und schoß surfend auf die Leeseite der Insel zurück, gefolgt von einer großen, nassen See.

Ich blieb hinter der Brandungszone, war aber doch gespannt darauf, einmal ein paar *moais* vom Meer aus zu sehen. Also paddelte ich quer über die Mündung der Bucht nach Süden in Richtung Punta Yama, wo ein zerstörtes *ahu* und ein paar hundert Meter weiter unten an der Küste tiefe Grotten zu sehen waren. Einheimische fischten in der Nähe der Höhlen, und eine Familie mit ein paar Pferden campierte im Gras oben am Rand des Steilufers. Anderthalb Kilometer weiter sah ich wieder Fischer und noch mehr zertrümmerte Statuen.

Es war seltsam, zwischen dem Brandungsbereich und dem tiefen blauen Meer zu schweben, hinter mir die tödliche Leere des gewaltigen Ozeans, vor mir das lebensgefährliche Ufer, an dem ich nicht landen konnte. Hier in meinem tanzenden kleinen Boot begriff ich erst, wie erfinderisch diese Menschen gewesen waren. Sie hatten Wege durch die Brandung gefunden, waren auf ihren Schilfmatten geschwommen und gesurft und hatten (ähnlich wie die Inuit am Polarkreis ihre Kajaks) Kanus aus geschickt vernähten Treibholzstücken gebaut. Sie hatten jedes geographische Detail der Insel – Höhlen, Felsvorsprünge, Klippen und Hügel – in ihre Kosmologie aufgenommen, und ihnen war viel mehr geglückt als nur das bloße Überleben: Sie hatten sich diesen ungastlichen Ort untertan gemacht und ihn geformt, Altäre, Tempelplattformen und Häuser aus seinem Gestein errichtet und aus den Vulkanen Statuen herausgemeißelt, die zu den großartigsten und mächtigsten der Welt gehören, Meisterwerke der Bildhauerkunst, Wunder der Bautechnik. Dieses Volk war aber auch streitbar und ehrgeizig. Es gibt Anzeichen dafür, daß sich rivalisierende Gruppen auf der Insel gegenseitig die *moai* zerstört haben, manche zertrümmerten auch die eigenen, enthaupteten sie in rituellen Handlungen, um neue, bessere zu schaffen. Viele Statuen, die Cook noch stehend gesehen hatte, lagen wenige Jahre später schon in Trümmern.

In etwa acht Kilometern Entfernung, bei einer Bucht namens Rada Vinapu, war auf meiner Seekarte ein »Landeplatz« eingezeichnet, aber natürlich ging nicht daraus hervor, um was für eine Art Landestelle es sich handeln sollte. Vielleicht war es bloß eine Pier, an der bei diesem Seegang zwar ein Schiff festmachen konnte, ich aber nicht. Ich hatte mittlerweile fast die ganze Insel umrundet und lediglich zwei Stellen gefunden, an denen ich ablegen und wieder landen konnte. Sonst gab es nur Felsen, Brecher und Gischt.

Immer noch außerhalb der Brandungszone paddelte ich zurück, legte kurz vor Tongariki das Band mit den barocken Oboenkonzerten wieder ein, sah die Insel an mir vorüberziehen und war fröhlich gestimmt.

Oberhalb der Bucht von Tongariki befand sich eine ungewöhnliche, grabenartige Bodenformation, die offenbar quer über die Halbinsel verlief. Eine der farbigen Legenden der Insel handelt von einem Kampf zwischen zwei Inselvölkern, den Langohren und den Kurzohren, aus dem die Kurzohren als Sieger hervorgehen. Die Geschichte von der blutigen Schlacht, einem Kampf mit brennenden Gräben und erbarmungsloser Verfolgung, gehört zur mündlichen Tradition der Insel, scheint sich aber ebensowenig auf Tatsachen zu gründen wie die Le-

gende von der Ankunft des Tangaroa, der in der sehr prakti-
schen Inkarnation (*ata*) eines Seehundes von Mangareva nach
Tongariki geschwommen sein und sich dort als Gott des Meeres offenbart haben soll.

Nach meiner Rückkehr erkundigte ich mich bei Carlos, Andrés und Jimene nach diesen Insellegenden. Die Männer lächelten nur, und Jimene sagte: »Es gibt hier so viele Geschichten, es ist wirklich wundervoll.«

An diesem Abend saß ein anderer Rapa Nui vor der Wellblechhütte. Juan Ito war Aufseher des großen *moai*-Steinbruchs
hinter der langen Wiese beim Vulkan Rana Raraku. Ob er diese
alten Geschichten ebenfalls kenne?

»Ja. Ich kenne diese Geschichten, und ich glaube daran«,
sagte Juan.

Er war nur einer von vielen, die mir hier erzählten, daß sie
sich nach Einbruch der Dunkelheit nicht in die Nähe der *moai*
wagten, weil es dort übernatürliche Wesen gebe, aber seine
Furcht beeindruckte mich nicht besonders, da er sich fast täglich bei den Statuen aufhielt.

Ob ich zufällig nach Hanga Roa führe, fragte Juan. Da ich
ohnehin Proviant kaufen mußte, machte ich mich mit ihm und
seinem Sohn Roberto auf den knapp zwanzig Kilometer langen
Weg. Roberto setzte sich auf den Rücksitz. Er war ungefähr
acht Jahre alt, ein dünnes, unterentwickeltes und ziemlich ver-
wahrlost aussehendes Kerlchen. Er komme gerade aus der
Schule, sagte er. Seine Haare waren verfilzt, sein Gesicht verschmiert. Er sah sehr hungrig aus, und als ich ihm einen Apfel
und ein hartgekochtes Ei aus meinem kaum angerührten Pro-
viantpaket gab, schlang er beides gierig hinunter.

»Wie kommen Sie normalerweise von Hanga Roa zum
Vulkan?« fragte ich Juan.

»Zu Fuß. Manchmal nimmt mich einer mit. Es gibt keinen
Bus, und ich habe kein Auto. Wenn ich den ganzen Weg laufe,
brauche ich zwei oder drei Stunden.«

Da Juans Spanisch genauso dürftig war wie meins, fühlte ich
mich nicht so gehemmt.

»Wie wär's mit einem Fahrrad?«

»Kein Geld.«

»Haben Sie noch mehr Kinder?«

»Insgesamt drei Jungen. Fünf, sieben und acht Jahre alt.«
Wir fuhren die Steilküste entlang, unter der ich an diesem
Nachmittag vorbeigepaddelt war. Die Felsen lagen im rosigen
Widerschein des Himmels.

»Aber die Mutter ist weg«, sagte Juan. »Sie ist in Santiago.«

»Zum Arbeiten?«

»Weiß ich nicht. Sie läßt nichts von sich hören. Sie hat getrunken – alles. Whisky, Pisco, Bier, Wein, alles. Und auf einmal war sie weg.«

»Also müssen Sie jetzt kochen?«

»Ja, und saubermachen. Waschen muß ich auch.« Er lachte.
»Zuerst hatte ich keine Ahnung vom Haushalt. Aber ich hab's
gelernt.«

Er war Anfang Dreißig, eine kleine, traurige Gestalt, und er
tat mir leid, weil er verlassen worden war. Er hatte einen
schlechtbezahlten Job, drei Kinder und einen langen Arbeits-
weg, war ehrlich und aufrichtig.

Wir unterhielten uns über Politik. Er kam auf Pinochet zu
sprechen, den er nicht ausstehen konnte. Die USA hatten seinen Militärputsch natürlich begrüßt, der General gehörte genau zu der Sorte von rechtsgerichteten Kraftprotzen, mit denen die CIA leichtes Spiel hatte.

»Warum können Sie Pinochet nicht ausstehen?«

»Weil er schlecht ist, korrupt, und weil er diese Insel schlecht
behandelt hat«, sagte Juan. »Ich mochte Allende. Ich hasse Mi-
litaristen.«

Ich blieb noch eine Nacht und einen Tag in Tongariki und
versuchte nach wie vor, hinter die wahren Beziehungen zwischen den Menschen dort zu kommen, einen Grund für ihr
reserviertes Verhalten zu finden. Sie waren tolerant, aber nicht
gastfreundlich, und Neugier schienen sie nicht zu kennen. Hin
und wieder hatte einer von ihnen gesagt: »Komm doch mal mit
uns zum Fischen.« Ich sagte »gern« und hörte dann keine
nachdrückliche Einladung mehr. Durch ihre Gleichgültigkeit
war ich gezwungen, mich um mich selbst zu kümmern, was
ich ja auch wollte. Nie war ich sicher, ob ich sie um irgend
etwas bitten konnte.

Aber derlei Dinge gehören nun einmal zu den Schattenseiten beim Zelten auf einer polynesischen Insel. Jeder Fremde

befindet sich in der unangenehmen Position eines in gewisser Hinsicht verdächtigen Subjekts. Es gibt nur zwei Kategorien, »Familienmitglieder« und »andere«. Das war schon auf meinen früheren Stationen so gewesen: Der Gast war in erster Linie ein Fremder, dem man nicht trauen durfte. Auch diese Vieldeutigkeit war ein Indiz dafür, daß die Insulaner von Rapa Nui Polynesier sein mußten.

Schließlich reiste ich ab, weil ich nach vier Tagen Camping am Meer ein Bad brauchte. Meine Haare waren voller Salz, und ich fühlte mich klebrig. Was machten eigentlich die Einheimischen? Sie badeten nicht gerade oft. Auf der Osterinsel gibt es keinen einzigen Fluß, und Süßwasser ist knapp.

»Komm doch mal wieder vorbei«, sagte Carlos.

Nach diesem vagen Lebewohl kümmerte sich das Fischercamp der Väter und Töchter wieder um seine eigenen Angelegenheiten.

Die restliche Zeit blieb ich in Hanga Roa. Der Wind hatte gedreht und kam jetzt von Süden, aus der Antarktis. Es war kälter geworden, ich war war froh, daß ich die sanfteren Winde zum Paddeln genutzt hatte.

Ich wollte Schnitzarbeiten kaufen – einige davon waren sehr gut gemacht, so gut, daß die Leute behaupteten, solche hätten sie Thor Heyerdahl als antike Fundstücke angedreht. Teuer waren sie auch. »Zweihundert Dollar«, hieß es, und wenn ich mich abwandte: »Wieviel wollen Sie geben?« Ich mochte nicht feilschen und ging weiter. Ich hätte gern einen Reiberdruck von den Darstellungen des Vogelmenschen, des Gottes Makemake oder der einen oder anderen wesentlich liebreizenderen und präsentableren Vulven gehabt und bedauerte, daß ich die Utensilien nicht bei mir hatte, mit denen ich die Steinzeichnungen selbst hätte durchpausen können (ich empfehle übrigens jedem, der auf die Osterinsel oder die Marquesas fährt, sich damit auszurüsten). In manchen Geschäften gab es mit dem Vogelmenschen-Motiv bedruckten Stoff zu kaufen, wobei das Druckmuster offenbar ursprünglich ebenfalls direkt von den Petroglyphen kopiert worden war. Vier Läden (Hanga Roa besaß eine ganze Straße voller Andenkenläden mit immer den gleichen Souvenirs und ohne Kunden) offerierten den glei-

chen schlichten Stoff, der Preis variierte allerdings von fünfundsechzig bis zu hundertfünfzig Dollar. Und jeder Anbieter
behauptete, daß er oder sie das Material selbst bemalt habe.
»Hab ich mit meinen eigenen Händen gemacht!«

Nichts war ausgezeichnet, die Preise richteten sich nach der
Nachfrage. Hier zeigte sich wohl chilenischer Einfluß, denn im
übrigen Ozeanien waren Basarmethoden verpönt.

Dann wurde mir eins der Tücher für fünfundvierzig Dollar
angeboten. Wieder sagte die Verkäuferin, sie habe es selbst gemalt, und diesmal stimmte es auch: Patrizia Saavedra, eine
Chilenin, war schon vor neunzehn Jahren auf die Insel gekommen: »Weil ich Künstlerin bin und das hier eine Insel von
Künstlern ist.«

In diesen neunzehn Jahren muß sie viel über die Insel erfahren haben.

»Nicht jeder paßt hierher«, sagte sie, »aber mir gefällt's. Das
Hauptproblem sind soziale Konflikte, aber die Menschen sind
nicht gewalttätig. An einem Tag brüllen sie dich an, und am
nächsten sind sie schon wieder ganz freundlich.«

»Wie erklären Sie sich das?«

»Sie vergessen ihre Streitigkeiten schnell und sind nicht
nachtragend. Schlägereien sind selten.«

Ich hätte auf der Insel ständig eine Ahnung von Anarchie
und Mißtrauen, erzählte ich ihr. Ob sie das nicht auch spüre?

Sie überlegte einen Augenblick. »Wissen Sie, eine Diktatur
hat viele negative Auswirkungen, und manchmal auf ganz un-
erwartete Weise. Sie verändert die Ansichten, die ganze Denk-
weise. Und das zeigt sich auch hier.« Rebellisch und egoistisch
seien die Insulaner geworden. Weil Pinochet seinen Getreuen
und Gehilfen Machtpositionen auf der Osterinsel verschafft
und damit bei den Einheimischen für böses Blut gesorgt habe,
seien sie inzwischen – ja, das könne man wohl sagen – argwöhnisch. Und die jungen Leute hätten nichts gelernt.

»Und jetzt, wo die Militärherrschaft vorbei ist und wir wieder eine Demokratie haben, wollen alle König der Insel werden.« Sie lächelte und zeigte ihre hübschen Zähne. »Nein,
schlimm ist das nicht, aber *jeder* will einen Posten haben.« Sie
hob den Finger. »Der Mann da, der da drüben, die Frau dort.
Er. Sie. Jeder will Gouverneur werden, *alcalde* [Bürgermeister],

was auch immer. Bald sind Wahlen. Na, das wird lustig, wenn
alle auf der Kandidatenliste stehen ... Eine große, lange Liste
wird das!«

Ein paar Monate zuvor, irgendwo in Ozeanien, hatte ich in
den zuverlässigen *Pacific News* von Radio Australia von einer
großen Demonstration auf der Osterinsel gehört. Aus Gründen, an die ich mich nicht mehr erinnerte, hatte sich eine
Menschenmenge am Flughafen versammelt, ein Flugzeug be-
schlagnahmt und seinen Start verhindert.

»Das war im letzten März«, erzählte Patrizia. »Die ganze Insel war auf einer Seite, Insulaner und Chilenen zusammen. Dahinter stand eine radikale Gruppe, die *Mata Nui o Hotu Matua*,
die ›Gesellschaft der Alten Chiefs‹. Jeder hat sie unterstützt,
zweitausend Menschen im Rotationsverfahren. Nach der Landung des Flugzeugs – der Gouverneur war gerade in Santiago – sind sie zum Flughafen gezogen, haben den Flieger festge-
halten und nicht mehr starten lassen. Sie haben keine Gewalt
angewandt, keine Waffen. Aber die Leute waren zu allem entschlossen.«

Worum es gegangen sei, wollte ich wissen.

»Der Grund waren zweihundertprozentige Preiserhöhun-
gen für Gas, Wasser und Strom.«

»Dagegen haben die Insulaner sich gemeinsam gewehrt?«

»Ja, und sie haben gewonnen. Die Erhöhung wurde rück-
gängig gemacht. Das Flugzeug konnte abfliegen.«

Das interessante war, daß eine ethnische Gruppe von Rapa
Nui den harten Kern des Widerstands gebildet hatte. Der Bezug auf ihre polynesische Identität hatte ihrer Sache Legitima-
tion verliehen. Die chilenische Regierung hatte dieses Volk immer dazu ermuntert, sich folkloristisch und farbig zu geben, zu
singen, zu tanzen und sich auf die eigene Vergangenheit zu
besinnen. Der Effekt war etwa der gleiche wie bei Tahitianern
und Marquesanern, die angesichts der allgegenwärtigen *grande
nation* singen und tanzen sollten. Die Jungen und Mädchen der
Rapa-Nui-Tanztruppe staffierten sich mit Lendenschurzen
und Baströckchen aus, stellten erneut fest, daß man sie in Tahiti, Hawaii und Neuseeland mit offenen Armen empfing, und
begriffen sich auf einmal als Teil der großen polynesischen
Diaspora. Tanz und Gesang waren ihnen nicht zu nehmen und

wurden zur Waffe gegen den chilenischen Einfluß, zogen offene politische Aktionen nach sich.

In Hanga Roa mischte ich mich eine Weile unter die Trinker. Ihr Tagesziel bestand darin, sich allabendlich bis zu einer Art Paralysezustand zu besaufen, mit Methoden, die ich faszinierend fand. Sie tranken alles, wenn es nur Alkohol enthielt: Bier, Wein, Whisky, einzeln, durcheinander oder gar gemischt.

Im Vergleich zu den beiden Chilenen Martin und Hernando wirkten Carlos und seine Brüder ausgesprochen enthaltsam. Martin war schon seit zwölf Jahren auf der Insel, Hernando erst seit vier. Beide stammten von Bauernhöfen aus dem chilenischen Hinterland und hatten die verschrumpelte, wettergegerbte Haut alter Männer, obwohl Martin, der ältere der beiden, erst einundvierzig Jahre alt war. Mit dem Trinken fingen sie täglich gleich nach Dienstschluß an. Ihre Arbeit beim Forstamt konnte bei dem dürftigen Baumbestand auf der Insel keine allzu aufreibende Tätigkeit sein.

Sie setzten sich an einen Tisch in einer kleinen Bar am Hafen von Hanga Roa und bestellten Bier in Dosen und Wein in Pappcontainern. Erst tranken sie etwas Bier, gossen dann Wein aus dem Pappbehälter in die Bierdosen, schüttelten das Ganze durch und schütteten es in sich hinein, bis sie schwankten, schrien, erst furchtbar anhänglich wurden, dann zänkisch und schließlich steif.

In Hanga Roa gab es zwei Diskotheken, deren einziger Daseinszweck darin zu bestehen schien, ihre Gäste in den Zustand der Paralyse zu versetzen. Das »Tokoroko« war besonders berüchtigt:»Sodom und Gomorrha«, hatte eine Frau gesagt. Das klang verheißungsvoll, aber ich wurde enttäuscht. Nur ein paar Jugendliche, die stolpernd herumtanzten. Sie widmeten sich der Trinkerei mit besonderem Ernst, bis sie irgendwann den gleichen Grad von Starrheit wie Martin und Hernando erreichten.

In Hanga Roa sehnte ich mich nach meinem Camp nahe der Kanu-Rampe von Tongariki zurück, doch meine Zeit auf der Osterinsel ging zu Ende. Ich wollte weiter, zur nächsten Spitze des polynesischen Dreiecks: Hawaii.

»Morgen müssen Sie früh aufstehen«, sagte der Wirt meiner Pension am Abend vor dem Abflug. Um sechs fahren wir ab zum Flughafen.«

Vor lauter Angst, zu verschlafen, tat ich erst kein Auge zu. Dann schlief ich ein, träumte davon, das Flugzeug zu verpassen, und schreckte hoch. Um fünf war ich hellwach. Halb sechs, und ich lungerte schon in der Auffahrt herum. Sechs, aber niemand kam. Um zehn nach sechs begann ich, an Türen zu klopfen. Wieder einer dieser kalten, schwarzen Morgen auf der Osterinsel. Ich wartete weiter. Wo waren denn bloß alle?

Ich zerrte das Faltboot, meine Campingausrüstung und den Koffer bis zum Schotter der Straße zum Nabel der Welt und erflehte den Beistand des großen Gottes Makemake.

Ein verbeulter Kleinlaster rumpelte die Straße hinunter und weckte die Hunde auf. Ich winkte ihn heran.

»Fahren Sie zum Flughafen?«

Woanders konnte er um diese Zeit kaum hinwollen. Er komme vom Postamt, sagte der stämmige Rapa Nui. Ich stieg ein, und schon setzte er seine Fahrt über die bucklige Piste fort. Mir fiel plötzlich auf, daß dies das einzige Land Ozeaniens war, dessen Bewohner ungeheuer viele Kleider trugen: alte, dreckige Socken, Stiefel und zerfetzte, verschwitzte Hüte. In dieser Aufmachung sahen sie hoffnungslos und trübselig aus. Wohin ich wolle, fragte der Mann.

»Tahiti, und dann nach Honolulu.«

»Da möchte ich gern mal hin«, sagte er.

IV. TEIL

DAS PARADIES

23. Kapitel

OAHU: OFFENE SPIONAGE IN HONOLULU

Zwei Dinge fallen an Hawaii zuerst auf: Die billigen Freuden der riesigen Strandhotels für Nippons Söhne auf der einen Seite und in großem Kontrast dazu die wildzerklüftete Landschaft mit ihren schroffen Vulkanen und die Küstenstriche, an denen die Lava von der heftigen Brandung zu schwarzen Nadeln gehämmert worden ist. Hawaii ist lieblich, aber es kann auch rauh sein. Ich war hergekommen, um seine schreckliche Schönheit zu erleben. Bei meinem ersten hawaiianischen Schwimmversuch an einem hinreißenden Strand an der Nordküste von Oahu wurde ich von einem Sog erfaßt, hinter die Brandungszone geschleift und etwa anderthalb Kilometer von meinem Handtuch entfernt in eine starke Strömung gezogen. Eine Stunde lang kämpfte ich schwimmend dagegen an und rettete mich schließlich zittrig auf ein paar scharfe Felsen, die mir die Haut aufschürften. War dieser Ausflug ein Fehler gewesen? Ich fragte mich ernsthaft, ob ich wieder abreisen sollte, aber man versicherte mir, daß den meisten Neuankömmlingen genau das gleiche passierte.

Kurz darauf wurde ich bei einer Party einem würdigen alten Herrn vorgestellt, der von einem Buch anfing, das er geschrieben habe, um sich anschließend nach meinem Namen und meinem Beruf zu erkundigen.

»*I am a writer. Ich bin Schriftsteller.*«

»In welchem Hotel sind Sie beschäftigt?«

»Wie bitte?«

»*Where are you working as a waiter? Wo arbeiten Sie als Kellner?*«

Schwerhörig war er nicht, er dachte nur logisch. Es gab eben so schrecklich viele Kellner und so wenige Schriftsteller. Na ja. Die Zeit verging, und irgendwann hatte ich das Gefühl, daß ich vielleicht für den Rest meiner Tage hierbleiben würde.

»Da sitzt Arthur Murray«, sagte jemand in einem Restaurant.

Er war es tatsächlich, dreiundneunzig Jahre alt und spring-
lebendig. Sein Geschäft mit den Tanzstunden hatte er schon
vor Jahrzehnten aufgegeben. Er besaß eine Sammlung französischer Impressionisten und wohnte in einem Luxus-Pent-
house mit Blick auf den Strand von Waikiki.

»Sie ist auf einer Krabbe ausgerutscht«, sagte eine beküm-
merte Stimme auf einer anderen Party. »Hat sich ganz übel am
Bein verletzt. Außerdem ist sie schrecklich gestreßt.« Die mat-
schige Aussprache der Inseln machte aus dem *stressed* ein
shtressed. Genauso hieß es *shtrenght*, »Stärke«, und *shtreet*,
»Straße«.

»Und wie ging's der Krabbe hinterher?« hätte jemand fragen
müssen, aber das tat niemand.

Ich verschob das Paddeln immer weiter, weil ich dieser
komplizierten Stadt auf die Schliche kommen wollte.

Die wahrscheinlich beste Aussicht auf Honolulu hat man vom
Gipfel seiner Gebirgskulisse aus, von den Aiea Heights. Darauf
schwor zu seiner Zeit schon Takeo Yoshikawa. Er war eins der
unheimlichsten und wichtigsten Phantome der Geschichte,
einer der Drahtzieher im Komplott um die Zerstörung von Hawaii. Von Aiea aus nämlich, von den damaligen Zuckerrohrfel-
dern (heute hauptsächlich Bungalows) hatte Yoshikawa, ein japanischer Spion, die Bewegungen der Schiffe von Pearl Harbor
beobachtet und auch sonst ganz allgemein das Leben in der
freundlichen Stadt studiert.

Niemand vermutete in diesem Mann einen Spion – Honolulu war damals wie heute eine Stadt mit überwiegend japanischer Bevölkerung. Yoshikawa war neunundzwanzig. An
manchen Tagen trug er die Kluft eines Arbeiters in den Zucker-
rohrfeldern, an anderen einen Anzug und arbeitete unter fal-
schem Namen im japanischen Konsulat, das heute noch immer
so hübsch am Pali Highway untergebracht ist wie 1941, als die
im Gebäude sitzenden Betrüger Admiral Yamamoto mit Informationen für seinen geplanten Bombenangriff versorgten.
»Wer die Brut des Tigers fangen will«, pflegte der Admiral zu
sagen, »muß in seine Höhle steigen.«

Yoshikawa traf im März 1941 ein und durchstreifte Aiea,
kundschaftete emsige acht Monate lang Stadt und Hafen aus.

Und er war auch noch auf seinem Posten, als die japanischen Flugzeuge angriffen, Bomben fielen, Schiffe sanken und die ersten der 2403 Menschen getötet wurden.

Als er die strategisch wichtigen Punkte ausgekundschaftet hatte, konnte Yoshikawa berichten, daß die Schiffe an Wochenenden an der Reede lagen und die Flugzeuge auf dem Hickham Field blieben. Mit einem geliehenen 1937er Ford unternahm Yoshikawa kleine Ausflüge um die Nordküste der Insel und stellte erfreut fest, daß der Norden von Oahu nur schwach verteidigt wurde und somit für die Kamikazes sicher war. Admiral Yamamoto hatte sich wegen Ballons Sorgen gemacht, Sperrballons, die Bomberangriffe behindern würden. Keine Ballons, berichtete Yoshikawa, und weniger als vierundzwanzig Stunden vor dem sonntäglichen Luftangriff kabelte er aus dem Konsulat: »Die Kette der Abwehrballons vor Pearl Harbor ist lückenhaft. Ich könnte mir denken, daß es aller Wahrscheinlichkeit nach eine erfolgversprechende Möglichkeit gibt, diesen Umstand für einen Überraschungsangriff zu nutzen . . .«

Fünfzig Jahre später stattete ich dem Arizona-Memorial in Pearl Harbor einen Besuch ab. Es liegt in einem Bereich von Pearl, der zur nationalen Gedenkstätte erklärt wurde. Zunächst bekommt jeder den kurzen Dokumentarfilm zu sehen, der einen Überblick über die Ereignisse vom 7. Dezember 1941 gibt. Der Film enthält kein nationalistisches Fahnengeschwenke und ist wegen seiner grausamen Sachlichkeit besonders ergreifend. Nach diesem ernüchternden Erlebnis werden die Besucher per Schiff in den Hafen zum eigentlichen Memorial gefahren, einem weißen, tempelartigen Gebäude über dem Wrack des versenkten Schlachtschiffs, in dem 1200 Amerikaner ihr Leben ließen, als die Japaner den zweiten Geschützturm der *Arizona* mit einem Volltreffer erwischten. Man hat so genaue Fakten über diesen Angriff, daß selbst der Name des Bombenschützen bekannt ist. Er hieß Noboru Kanai und trug wie alle anderen Soldaten seiner Einheit ein weißes Tuch um den Kopf. *Hissho* stand darauf: »Sicherer Sieg«.

»Kommen auch japanische Touristen her?« fragte ich einen der Führer.

»Nicht viele«, sagte er. »Und manche von denen, die es doch

tun, kichern bloß und fotografieren sich gegenseitig. Ich glaube, sie wissen nicht, wie wichtig dieser Ort für uns ist.«

Ich stand nach meiner Ankunft aus dem westlichen Pazifik, nach Reisen zu den fernen Spitzen des polynesischen Dreiecks, zu kleinen, einfachen Inseln, auf den Höhen von Aiea am Ausguck des Meisterspions und war überwältigt vom Reichtum Honolulus und seiner Modernität. Honolulu ist die sichtbarste Stadt im Pazifik.

Von den Aiea Heights aus kann man das ganze betriebsame Panorama von Honolulu mit einem Blick erfassen. Rechts, direkt unter einem, liegen Waianae und Pearl Harbor. Weiter links die Kräne und Schiffe. Die Flugzeuge von Hickham in grüner Tarnfarbe, das Zentrum mit den Banken und Hochhäusern und die schäbigeren Straßen Chinatowns, wo die weniger motivierten Prostituierten herumschlendern. Die wenigen unbebauten Plätze, der dichte Verkehr und das Bishop Museum. Die Vororte an den Hängen der Vulkane, Bungalows, die an alten Lavastömen und in grünübergossenen Tälern kleben, Bettenburgen wie dümmlich grinsende Zahnprothesen. Die Brandung am Riff vor Waikiki, die Straßen mit den koreanischen Bars und Striptease-Clubs, der Punchbowl-Vulkan und die schönen Parks, die grünen Grate und Spitzen, die die Stadt umfrieden. Man blickt übers Meer und schließlich zum Diamond Head, dem riesigen, sphinxhaften Wächter, der fast überall von der Stadt aus zu sehen ist. Hinter dem Diamond Head reist das Auge nach Windward, zum windzugewandten Nordostufer der Insel.

Wo sind die Fußgänger? Außerhalb der sündigen Strandmeile von Waikiki Beach geht kaum jemand zu Fuß. Honolulu, die Stadt der Autofahrer, hat eine extrem hohe Dichte an Privatautos und Familien mit Zweit- und Drittwagen. Auch die ärmsten Bewohner von Honolulu, die zugereisten Südseeinsulaner – Samoaner, Tongaer, Menschen von der Weihnachtsinsel und aus Yap –, haben mindestens ein Fahrzeug, meistens einen neuen Kleinlaster mit Vierradantrieb. Diese »Pickup-Trucks« scheinen ein unabdingbarer Bestandteil der Persönlichkeit jedes Insulaners zu sein, genauso wie der schwere, meist europäische Wagen zur Wesensart der wohlhabenden

Familien Honolulus gehört. Jeder Filipino, der etwas auf sich hält, kauft sich einen Pickup, sobald er die erste Rate zusammenkratzen kann. Die Mittelschicht fährt japanische Autos, das Militär kauft im eigenen Lande. Zu Fuß geht niemand. Es gehört zu den Paradoxien Hawaiis und zugleich zu seinen amerikanischsten Zügen, daß es – erst kürzlich – in so kurzer Zeit zur Autokultur geworden ist. Warum ein Paradox? Weil es, abgesehen von den Stränden und Shopping Malls, die alle im engen Umkreis liegen, keinen Platz zum Fahren gibt, kein Hinterland, keine freie Strecke. Aber das Auto wird nicht nur deswegen als Notwendigkeit angesehen, weil jeder Busbenutzer das Stigma des traurigen, ärmeren Mitbürgers trägt, sondern weil das Auto in Honolulu eben ganz allgemein als Abzeichen der eigenen Klasse fungiert. Das Auto ist der Schlüssel. In einer so heißen Stadt, in der Arme und Reiche in nahezu identischem Aufzug herumlaufen, verlieren Kleider ihren Wert als Statussymbol.

Die Semiotik Honolulus, die Zusammensetzung seiner Zeichen und Symbole, ist vielschichtig und schillernd: Die Stadt im besonderen und Hawaii im allgemeinen kennen ein rigideres Klassensystem und mehr subtile soziale Grenzzeichen, als ich es je erlebt habe. Das örtliche Idiom steckt voller Statusbestimmungen und Verortungsbegriffe: *malihini* (Neuling), *kama'aina* (alter Hase), *pake* (Chinese), *katonk* (Japaner aus dem Mutterland: Das Wort ist lautmalerisch und ahmt den Ton nach, den ein harter Gegenstand beim Aufprall auf einen Japanerschädel erzeugt), *kachink* (Chinese aus dem Mutterland, Definition wie vorher), *buk-buk* (Filipino, auch *Flip* oder *monong*), *moke* oder *blalah* (hartgesottener Youngster), *tita* (»Schwester«, *mokes* Freundin), *popolo* (Schwarzer, manchmal wird das Wort scherzhaft zu »*olopop*« verdreht) und alle Schattierungen von *haole* (Kaukasier) – neuer *haole*, alter *haole*, *hapahaole* (Halb-*haole*). Die Portugiesen (die in Hawaii sehr zahlreich sind, gelten nicht als *haoles*, sondern werden allgemein als *Portugees* bezeichnet. Südeuropäer und Juden zählen in dieser Gesellschaft der haarfeinen Rassenunterschiede natürlich nicht zu den Kaukasiern. Für die Hawaiianer selbst gibt es keinen umgangssprachlichen Ausdruck, üblich sind höchstens *part-Hawaiian* oder verschiedene Varianten von *hapa*, da nur wenige von ihnen einer einzigen Rasse angehören. Es gibt Bauern, und es gibt Aristokraten und eine königliche Familie – daß sie abgesetzt und mit Pensionen abgespeist wurde, spielt keine Rolle, weil die Nachfahren der einstigen Könige, unter ihnen auch ein paar *hapahaoles*, noch immer zu den reichsten Familien der Inseln gehören.

Bei so vielen Unterscheidungen scheint der Ärger vorprogrammiert, aber in Honolulu gibt es die Konflikte nicht, die in anderen Gesellschaften mit strikten Klassentrennungen scheinbar zwangsläufig auftreten. Auch der rituelle *Kill-a-Haole-Day* (etwa:»Tag des toten Weißen«), den manche der staatlichen High-Schools propagieren, ist eher ein makaberer (und zahnloser) Schülerstreich als ein Zeichen von Rachsucht, das die Weißen in Angst und Schrecken versetzen soll. In dem Sinn, daß viele ethnische Gruppen harmonisch zusammenarbeiten, mit allenfalls leisesten Untertönen – das Raunen eines rassischen Gedächtnisses –, und daß die verschiedenen Rassen ständig untereinander heiraten und dabei aufregend gutaussehende Nachkommen in die Welt setzen, ist Honolulu vielleicht die gelungenste multikulturelle Gesellschaft der Welt. Ich zumindest habe noch keine kennengelernt, die es mit ihr aufnehmen könnte. Ein Beweis für diesen Erfolg liegt darin, daß die Bevölkerung den Klubs, beispielsweise dem Outrigger Canoe Club und dem Pacific Club, die bis vor kurzem keine Orientalen zuließen, eher mit Verachtung als mit Neid begegnet und kein Verständnis für die Rassendiskriminierung einiger Banken hat.

Und seltsamerweise sind in dieser multikulturellen Stadt nur sehr wenige rassistische Witze im Umlauf. Die wenigen, die ich hier hörte, waren kaum verständlich. Dabei richtete sich der Witz nie gegen Orientalen oder Hawaiianer, nicht einmal gegen andere Südseeinsulaner, Zielscheibe waren fast immer Portugiesen oder Filipinos. Letztere wurden fast ausnahmslos als Hundeesser veralbert.

Frage: »Was sagt der Filipino, wenn er zum erstenmal einen echten amerikanischen Hot-dog sieht?«

Antwort: »Das ist der einzige Körperteil vom Hund, den wir nicht essen.«

Darüber hinaus gibt es einen besonderen Slang, der seine

Wurzeln wohl im hawaiianischen Pidgin hat und in dem sich grimmiger Humor ausdrückt. Es geht fast ausschließlich um Biertrinken, Fettsein, Faulsein, um Dämlichkeit, Surfen, lautes Musikhören, Touristen-Ärgern und den Besitz eines Vierrad-Gefährts. Dieses Idiom ist rein auf Hawaii beschränkt und nahe unübersetzbar, eine eher spöttische als scherzhafte Sprechhaltung, die nur von *mokes* angewandt wird. Wie die Londoner Cockneys, denen sie in Temperament und Sprache sehr ähnlich sind, stehen die *mokes* ganz unten auf der sozialen Leiter, haben aber einen so fest definierten Platz in der Gesellschaft, daß sie stolz darauf sind. Manche sind Insulaner, andere Hawaiianer, wieder andere eine Mixtur aus vielen Rassen, aber alle sind dunkel, pausbäckig und gelten als knuddelig und lebensgefährlich zugleich. Die *mokes* bilden eine Bruderschaft, die sich untereinander mit »*Brah, Bruder*« begrüßt, nehmen sich gern selbst auf den Arm und füllen mit ihren Baseballkappen und T-Shirts als Scherzbolde die Strände. Wer allerdings dumm genug ist, sich über sie lustigzumachen oder auch nur Blickkontakt zu suchen, spielt mit dem Feuer.

Wenn sich ein *moke* nutzbringend betätigt, arbeitet er als Mechaniker oder verrichtet andere manuelle Arbeiten. Egal, was für ein Job es ist, irgendeine Rasse in Honolulu hat das Monopol darauf. Die Tongaer sind Holzfäller und Landarbeiter, aber die Feinarbeit in der Landschaftspflege machen die Filipinos, die auch auf den Feldern arbeiten und die meisten Ananaspflücker stellen. Die Landwirtschaft war früher Sache bestimmter, eher ländlicher Japaner. Die Samoaner waschen Autos, Chinesen und Japaner sind Ärzte und Rechtsanwälte, und eine überraschend hohe Zahl von *haoles* ist im Immobiliengeschäft. Klassenunterschiede werden, im Gegensatz zu Arbeitsplatzbeschreibungen, weniger von der Rasse als von den wirtschaftlichen Verhältnissen und – in Honolulu immer – von der Geographie bestimmt.

»Wir waren mit unseren Produkten in einer Neuorientierungsphase«, erläuterte mir jemand auf einer Party seine schlechte Geschäftslage, »und haben unsere hochpreisigen Produkte aus der Schußlinie genommen.«

Ich hatte den Eindruck, daß man in Honolulu meist vom Geschäft redete. Vom Geschäft oder von Golf. Die Leute standen

früh auf, aber ganz gleich, wie früh sie aus den Federn krochen, sie schafften es doch nie, dem Verkehr auf dem Freeway
zu entgehen, der sich schon um sechs Uhr früh dort staute. Sie
arbeiteten hart, schoben sich im Gedränge herum, fuhren nach
Hause und igelten sich ein – Privatsphäre ist in Honolulu sehr
gefragt.

Jede Schicht hat ihre eigene Arena, von den einkommensschwachen Gebieten wie Kalihi und Makaha in Waiane über
die mittelständische und oberschichttypische Heiterkeit in
Manoa und Nu'uanu bis hin zu den Superreichen in Waianae-
Kahala. Alle Strände sind öffentlich, und trotzdem bleibt jede
Kaste auf ihrem Strandabschnitt für sich. Ein paar von den
schönsten Stränden der gesamten Inselkette liegen im Küstenbereich von Waiane, aber man meidet sie wegen der dortigen
Einwohner, die ihr Revier grimmig gegen *haoles* verteidigen,
die geärgert und gelegentlich auch angegriffen werden. Genauso hängt jede Klasse an ihrer eigenen Sportart, vom Surfen
bis zum Golfspiel, und den eigenen Lastern: Die Armen
schlucken »Ice«, kristallisiertes Metamphetamin (im *moke*-
Slang heißt das Zeug *pohaku*), die Jugend der Mittelschicht
raucht Haschisch (*pakalolo*, »verrückter Rauch«), und die Reichen schnupfen Kokain. »Crack« gibt es im übrigen ebensowenig wie ein ernsthaftes Drogenproblem. Glücksspiele sind verboten und daher im verborgenen sehr verbreitet, aber auch die
bevorzugten Spiele können bestimmten Gruppen zugeordnet
werden: Karten für die Chinesen, Hahnenkämpfe für die Filipinos, Würfel für die Japaner, Trips nach Las Vegas für die, die
sich's leisten können – und so weiter.

Eine ähnliche Exklusivität zeigt sich auch bei den Angehörigen des Militärs, die zu Zehntausenden in und um Honolulu
leben, auf Militärbasen und in Siedlungen für Verheiratete. Im
Volksmund heißen die Soldaten *jar-heads*, »Bierschädel«. Sie
bilden eine eigene Untergruppe und bleiben für sich. Sie wollen keinen Ärger, weil sie wissen, welches Glück es bedeutet,
hier stationiert zu sein. Sie schwimmen an ihren eigenen Stränden, kaufen im PX-Shop und besuchen ihre eigenen Kirchen
und Schulen. In Honolulu kommt es, anders als in anderen
Städten mit Militärbasen, selten zu Reibereien zwischen Soldaten und Einheimischen. Bekannt werden sowieso nur die Ge-

waltverbrechen: hier eine Vergewaltigung, da eine Messerste-
cherei, eine Schießerei – typisch ist etwa, wenn ein junger *jar-
head* aus den Schofield Barracks oder vom Fort Shafter eine einheimische Frau belästigt.

Über Gewaltverbrechen berichten die Tageszeitungen immer besonders ausführlich, weil sie in dieser grundsätzlich hu-
manen und sanftmütigen Gesellschaft immer noch als etwas
Ungewöhnliches gelten. Der Besitz von Handfeuerwaffen ist
auf allen Inseln illegal. Es gibt nur wenige Gewehre im Privatbesitz und keine Todesstrafe. In der vornehmlich orientalisch-
asiatisch geprägten Bevölkerung gehört ein Konfrontations-
kurs nicht zum guten Ton, ebensowenig wie das Hupen. Nur
ahnungslose Zugereiste und Touristen liegen ständig mit dem
Unterarm auf der Hupe, die einheimischen Autofahrer sind
höflich. Hawaii verfügt über eine im wesentlichen christliche
und keineswegs prozeßfreudige Gesellschaft. Rechnungen
werden mit Geduld beglichen, denn in Honolulu wird nichts
so heiß gegessen, wie es gekocht wird. Die Chinesen, die nicht
in den Outrigger Canoe Club hineindurften, haben »Vaialae«
gegründet, ihren eigenen exklusiven Golfclub, vor dessen
Pforten die *haoles* heute Schlange stehen.

Alle Jubeljahre einmal passiert ein aufsehenerregender Mord
oder Selbstmord, und jeder zeigt Verständnis. »Ach ja, der
hatte Spielschulden«, erklärt dann jemand, oder: »Sie war in
einen schrecklichen Skandal verwickelt.« Man befindet sich
eben auf Inseln. Jeder ist sichtbar, nichts wird vergessen. Der
Mensch, zu dem du heute grob warst, könnte morgen dein
Golfpartner sein. Und durch das Fehlen von satirischen Zeitschriften, vernünftigen Zeitungen überhaupt oder gar Enthül-
lungsjournalismus gedeiht der Inseltratsch. Gerüchte reisen
hierzulande schnell.

Das mittelständische Honolulu ist den Gesetzen und der
Kirche treu und ziemlich frömmlerisch – es ist alles, bloß nicht
rassistisch. Eine Familie, in der man ausschließlich innerhalb
der eigenen ethnischen Gruppe heiratet, ist die Ausnahme,
nicht die Regel. So oder so ist das Bürgertum von Honolulu
keine rassische, sondern eine ökonomische Einheit, trotz aller
ethnischen Zugehörigkeitsgefühle christlich orientiert und von
ähnlichen Wünschen beseelt wie der amerikanische Durch-

schnittsbürger. Es gibt ein starkes Zusammengehörigkeitsge-
fühl in Familie und Großfamilie. Bei der Bourgeoisie gelten die
alten Japaner als Trottel (aber gutartig), die neuen scherzhaft
als verkniffen (und gerissen), die Chinesen als knickrig (und
unabhängig), die Koreaner als zäh (und grausam), die Hawaiianer als indolent (und sanftmütig), die Filipinos als raffgie-
rig (aber fleißig) und die Portugiesen als erregbar (aber lustig).
Doch wie gesagt, Rasse ist in Honolulu nicht gleich Klasse.

Der deutlichste und knappste Indikator dafür ist die High-
School.

»In Honolulu findet man raus, wer jemand ist, indem man
ihn nach seiner High-School fragt«, erklärte mir eine Einheimische.

Es stimmt. Es ist die Kernfrage bei jeder Begegnung.

»Das College spielt keine Rolle«, fuhr sie fort. »Wenn man
weiß, welche High-School es war, weiß man alles. Wo sie wohnen. Was sie verdienen. Ihre politischen Ansichten, ihre An-
schauungen und Erwartungen. Farrington sind die *mokes*,
St. Louis die bürgerlichen Katholiken. Radford heißt wahrscheinlich Militär oder neue *haoles*. Roosevelt, dahin geht der
mainstream. Und Punahou ist ganz oben.«

Ehemalige von Punahou gelten als die Erfolgreichen von Hawaii. Die 1841 gegründete Schule hat einen exzellenten akade-
mischen Ruf und ist die erste High-School, die westlich des
Mississippi eingerichtet wurde. Sie produziert gesellschaftliche
Führungskräfte, aber auch widerliche, selbstgefällige, aufge-
blasene Prep-School-Zöglinge, die ständig ihre Erinnerungen
an die Pennälerherrlichkeit breittreten. Wie so viele Institutionen von Honolulu geht auch Punahou auf die protestantischen
Missionen zurück. In Honolulu herrscht eine Art allgegenwär-
tiger Anhänglichkeit an die Alte Welt, die sich in Punahou –
mit seinen Schulfarben in Beige und Blau, seiner Stammesherr-
lichkeit und der kultivierten Albernheit – im Kleinformat zeigt.

Das ist unverdünnte neuenglische Anglophilie. Yankee-Mis-
sionare hatten einen tiefgreifenden Einfluß auf die Inseln, auf
die Klassenstruktur, die Kultur, ja sogar auf die Bauweise der
weißen, holzverschalten Häuser. In Honolulu und ganz Hawaii kann sich die Anglophilie bis zur Anglomanie steigern.
Der in die Flagge des Bundesstaats hineingebastelte Union

Jack gibt davon bedenkliche Kunde, und manchmal mutet Hawaii immer noch an wie die einstigen Sandwich-Inseln und nicht wie der fünfzigste amerikanische Bundesstaat. Es ist bekannt, daß sich die Oberschicht – alte Familien, Republikaner, hauptsächlich *haoles* – gegen die Umwandlung der alten Kolonie in einen Bundesstaat gewandt hat, weil sie das für den Anfang vom Ende hielt. Fast alle anderen stimmen jedoch darin überein, daß erst der neue Status für die Gleichstellung der Rassen auf den Inseln gesorgt hat.

Das betuchte Hawaii mit seinen Gartenparties, Snobismen und übertriebenen kulturellen Vorlieben ist tatsächlich durch und durch anglophil (und lehnt den Status als Bundesstaat noch immer ab). Man könnte also denken, daß jeder neue *haole* hier mit offenen Armen empfangen würde, aber die hawaiianische Vielschichtigkeit gibt dafür keine Garantie. Das Wort *haole* bedeutet »von anderem Atem« oder »von anderer Luft« und transportiert viele mehrdeutige Assoziationen und Qualitäten. Eine rätselhafte Vokabel zur Benennung einer unbekannten Größe, in der immer die Bedeutung mitschwingt: »einer, der nicht zu uns gehört«. Ich konnte das Wort selten hören, ohne es mir so geschrieben vorzustellen, wie es ausgesprochen wird: *howlie*, wie ein wütender Querulant.

Und die Touristen gibt es natürlich auch noch, aber sie kommen und gehen, und niemand außer den in der Tourismusbranche Beschäftigten schenkt ihnen große Beachtung. Jedes Jahr kommen sechs Millionen, von denen jeder durchschnittlich achteinhalb Tage bleibt. Zwei Millionen sind Japaner, und von diesen wiederum haben viele das Hochzeitspaket gebucht: Zimmer, weiße Limousine, konfessionsübergreifender Gottesdienst, Champagner, das Ganze für zehntausend Dollar die Runde. Und immer mal wieder springt eine Braut von einem höheren Stockwerk ihres Luxushotels in den Tod. »Diese arrangierten Ehen«, heißt es dann bei den Einheimischen, während ein Shinto-Priester ins Hotelzimmer hastet, um mit Geheul, Gesängen und Weihrauch die Geister aus dem Raum zu treiben. Das Zimmer ist bald wieder belegt. Der Tourismus stellt die Haupteinnahmequelle des Staates dar. Aber selbst die Urlauber kleben, wenn auch wohl unbewußt, an ihrem Revier. Sie bleiben in Waikiki. Zwischen Strand, Hotel,

luau, dem polynesischen Festessen, und Ananastour weichen
sie selten weit vom Wege ab. Sie sind anspruchslos, werden
allgemein belächelt und kaum je erwähnt, außer von Leuten,
die dafür bezahlt werden, daß sie sich um sie kümmern. Man
erkennt es an, daß sie dem Staat zu Wohlstand verholfen haben. Ein Einheimischer, der sich von Waikiki fernhält, könnte
auf die Idee kommen, die Touristen existierten gar nicht. Ins
Leben der Stadt dringen sie jedenfalls nicht im geringsten vor –
ins Herz dieser City, die eigentlich gar keine ist, sondern vielmehr ein äußerst vielschichtiger Badeort, America-by-the-Sea.
Die Main Street, die sich irgendwo in Polynesien verliert, die
Gischt der Brecher, die aufs Ufer donnern, *Lovely Hula Hands*,
die brüllende Monotonie des Straßenverkehrs. Und im Land
dahinter das ewige Schnappgeräusch der Motorsensen.

Aber die beiden Honolulus, das touristische und das städtische, koexistieren nicht bloß, das eine macht das andere erst
möglich, manchmal auf überraschende Weise.

An einem Abend ging ich zum »Don Ho & Friends Polynesian Extravaganza« ins Hilton Hawaiian Village – eine Fülle
von Blumengirlanden, wallenden *muumuus*, fruchtigen Long-
drinks, weißen Schuhen und Nasen mit Sonnenbrand –, und
dann trat Don auf und knurrte müde und gelangweilt: »*Tiny
Bubbles (in da wine) ... Kleine Bläschen (drin im Wein) ...*«, auf
seine gelangweilte, grummelnde Art.

Applaus.

Er schlurfte grämlich nach vorn und sagte: »Mir hängt das
Lied zum Hals raus. Gott, wie ich es hasse. Jeden Abend das
gleiche!« Und sang es als Zugabe noch mal.

Don Ho gehörte schon seit zwanzig Jahren zum festen Inventar des Hotels, und seine Rauhbeinigkeit konnte die Begeisterung des Publikums nicht dämpfen. Tänzer traten auf, noch
mehr hawaiianische Lieder, unter anderem »*Pearly Shells (in da
ocean), Perlmuscheln (drin im Meer) ...*«, *The Hawaiian Wedding
Song* (die Sängerin begleitete sich selbst mit Taubstummenzei-
chen), und ein junger Sänger, ein einheimischer Junge, sang
mit Don im Duett: »*I'll remember you (long after dis endless summer is gone). Ich denke an dich (noch lange, wenn dieser Sommer
vorbei ist).*«

Eine Woche später sah ich *Aida* in einer guten Aufführung

des Hawaii Opera Theater, mit importiertem Sopran und Tenor. Der Bariton war Les Cabalas, ein Mann, der ebenfalls bei »Don Ho & Friends« gesungen hatte. Da Karten für die Oper fast nur per Abonnement zu haben waren, wird wohl kein Tourist gemerkt haben, daß der farbenfrohe junge Hawaiianer im häßlichen Hemd aus der Hilton-Show – mit kraftvoller Stimme und enormer Bühnenpräsenz – sein Salär in einer Verdi-Oper aufbesserte.

Irgendwann packte ich dann aber doch das Boot aus und schob es bei Kailua auf der windzugewandten Seite von Oahu ins Wasser. Kailua, das von Honolulu durch einen vulkanischen Gebirgszug getrennt ist, hat einen Ruf als Schlafstadt für Mittelschicht und Militär, meist *haoles*. Dieser sichere Hort einstöckiger Bungalows ist voller herumlungernder U.S.-Army-Kids – Gören auf Rädern. Der Ort hat nicht nur einen der angenehmsten Strände von Hawaii, sondern obendrein etliche malerische Inselchen, die ein paar Kilometer weiter draußen liegen, aber Teil dieses ausgedehnten Küstenstrichs sind, der drei Buchten umfaßt und von zwei großartigen Landzungen umschlossen wird. Auch bei heftigem Passatwind blieb die Brandung dort für ein kleines Boot noch erträglich, und so paddelte ich fröhlich hinaus, an Lanikai vorbei zu den Mokuluas, den »Zwei Inseln«, zwei felsigen Gipfeln in der Lagune, die in Riffnähe aus einer Korallenbank herausragen.

In nur ein paar hundert Metern Entfernung vom Ufer sah ich eine sogenannte grüne (vom Aussterben bedrohte) Meeresschildkröte. Sie war natürlich braun, das »grün« stammt aus der Zeit, als die Tiere noch gegessen wurden: Ihr Fett ist nämlich grünlich. Auf die Luvseiten der Mokuluas schlug die Brandung, auf der Leeseite aber rollten die Wellen sanft an einem kleinen Sandstrand aus.

Zum erstenmal auf meiner ganzen Ozeanienreise sah ich andere Kajakfahrer. Sie surften mit ihren Booten durch die Brandung hinter den Mokuluas, ritten auf der Dünung zwischen den beiden Inseln und kämpften sich durch die kabbelige See beim Riff. Ich hatte mich nie sicherer gefühlt.

Ich wartete eine Wellenflaute ab und landete auf dem kleinen Strand der nördlichen Insel. Hinweisschilder wiesen die

Insel als Vogelschutzgebiet für bodenbrütende Sturmtaucher
aus. Es war verboten, auf den Hügel zu klettern. Der Grund
dafür war deutlich zu sehen: Die Vögel hatten auf dem gesamten Abhang Nistlöcher gegraben und hielten sie dicht an dicht
besetzt. Für eine friedliche Koexistenz von Vögeln und Besuchern bot die kleine Insel keinen Platz. Ein paar Leute saßen
schon beim Picknick, ein Paddler und ein halbes Dutzend Menschen aus einem Motorboot. Immer wieder flog ein verschreck-
ter Vogel auf, krächzte »ka-kuk« und flatterte rasch davon.

Diese Insel war ein hawaiianischer Mikrokosmos. Sie war
anmutig, üppig, überlaufen, bedroht und schien dem Untergang geweiht. Bis vor kurzem war noch alles in Ordnung gewesen – bis Wochenendausflügler die Mokuluas für sich entdeckt hatten. Insgesamt war ich vielleicht sechsmal dort, wobei
mir auffiel, daß die Vögel die Woche über friedlich auf dem
gesamten Inselgebiet saßen, während sie samstags und sonntags nicht zu sehen waren, statt dessen manchmal Müll und
Aschenreste von Feuern – beides ist ausdrücklich verboten.
Auch Camping ist nicht erlaubt. Aber weil die Insel so hübsch
ist, wie Oahu eben auch, hält sich nicht jeder an die Spielregeln.

»Einwohner des Ortes Lanikai beobachten häufig, daß Aus-
flügler dort in Zelten übernachten«, schrieb der Honolulu Advertiser, »daß sie die Verbotstafeln mißachten, in die Vogelschutz-
gebiete eindringen und auf den Hügeln der Insel herumklet-
tern. Zwei Rockkonzerte, die vor kurzem auf dem kleinen
Strand stattfanden, dürften als bisher größter Übergriff angesehen werden.« Es folgte eine Beschreibung der biertrinkenden
Menschenmengen und der lauten Musik auf diesem empfindlichen Fleckchen Erde. Die Inseln unterlagen strengen Verord-
nungen, aber das hawaiianische Department of Land and
Natural Resources verfügte nicht über genügend Mitarbeiter,
um ihre Einhaltung zu überwachen. So schien das Schicksal der
Molukuas besiegelt: die Vögel verendet oder verschwunden,
der Strand vollbesetzt mit Ausflüglern in Yachten, der Hügel
voller Zelte, die Luft erfüllt von Rockmusik.

»Im Paradies haben wir heute dreißig Grad«, sagen die Disk-
Jockeys in Honolulu, ohne eine Spur von Ironie.

Mir schien es zwar nicht immer übertrieben, wenn die Inseln

von Hawaii das »Paradies« genannt wurden, aber es laut auszusprechen, es so anzupreisen, hieß, das Schicksal herauszu-
fordern. Es sind die schönsten und die gefährdetsten von allen
Inseln im Pazifik. Ihre Vulkangebirge sind so malerisch wie die
von Tahiti, ihre Buchten so lieblich wie die von Vava'u. Die
schwarzen Steilküsten der Marquesas sind nicht dramatischer
als die von Molokai und Kauai. Das Klima ist makellos. Und
Hawaii ist hochzivilisiert, hat hervorragende Krankenhäuser,
Schulen, soziale Einrichtungen und Geschäfte. Aber die Moderne fordert ihren Preis. Die Strände leiden unter Erosion, die
Umwelt ist belastet. Ständig droht das Wasser knapp oder ver-
unreinigt zu werden, und das Verkehrsproblem scheint
manchmal überwältigend. Oahu ist zugebaut und so überteuert, daß die jungen Leute wegziehen, weil sie nicht mehr daran
glauben, daß sie sich jemals auch nur das kleinste Häuschen
werden leisten können. Maui ist überentwickelt – verwöhnt,
sagen manche – und zugestellt mit mehr Hotels, als es jemals
brauchen wird. Die kleine Insel Lanai verliert ihre Ananas-In-
dustrie. Niihau ist nach Meinung von Umweltexperten eine
ökologische Katastrophe. Hawaii, »The Big Island«, ringt mit
den Folgen seiner Erschließung. Hoffnung gibt es noch für
Kauai, dessen aufgeklärter Bürgermeister im Wahlkampf versprochen hat, die Hotelneubauten zu begrenzen und die Interessen der Insulaner vorrangig zu behandeln.

Die Hawaii-Inseln sind die abgelegensten, am weitesten von
jeder anderen Landmasse entfernten Inseln der Erde. Durch
diese Abgeschiedenheit sind auch all ihre Lebewesen einzigartig. Hawaiis einziges Landsäugetier ist eine kleine Fledermaus-
art, das einzige in seinen Gewässern die Mönchsrobbe. Beide
sind gefährdet, existieren aber noch. Die einheimischen Vögel
und Pflanzen haben nicht das gleiche Glück gehabt. Die Ein-
wirkung der Menschen hat katastrophale Folgen gezeitigt: Hawaii hat mehr endemische Vogel- und Pflanzenarten einge-
büßt, mehr Kreaturen zum Aussterben gebracht als jeder andere Ort auf dem Globus.

»Die Tragödie der ozeanischen Inseln liegt in ihrer Einzigar-
tigkeit, in der Unersetzlichkeit der Arten, die sich hier über viele
Zeitalter hinweg langsam entwickeln konnten«, schrieb Rachel
Carson schon vor dreißig Jahren in *The Sea Around Us*. »In einer

vernunftbegabten Welt hätte der Mensch diese Inseln als wert-
volle Besitztümer behandelt, als Naturmuseen voller schöner
und interessanter Kunstwerke der Schöpfung, deren Wert
schon deshalb unschätzbar war, weil sie an keinem anderen
Ort der Welt ein zweites Mal vorkamen.«

Aber selbst mit den größten Vorsichtsmaßnahmen wäre es
schwierig gewesen, diese empfindlichen Ökosysteme zu erhalten, und wer hätte das tatsächliche Ausmaß der Zerstörung
schon vorhersehen können? Auf einigen der kleineren Inseln
ist das Ende längst vorbei – Lanai und Niihau zum Beispiel,
ähneln nicht einmal mehr äußerlich den Eilanden, die sie einst
gewesen sind, sie wurden umgepflügt, abgeweidet und verwüstet, wurden zu Jagdgründen eingewanderter Tiere und
rastloser Menschen. Das einstmals schöne, unbewohnte (und
den Hawaiianern heilige) Kahoolawe gleich vor Maui diente
fünfzig Jahre lang als Zielscheibe für Bomberübungen der amerikanischen Armee. Das Bombardement ist zwar eingestellt
worden, die Insel aber wegen der Gefahr durch herumliegende
Blindgänger unbetretbar. Eine Hälfte des Johnston Island in
der hawaiianischen Inselkette dient als Atommülldeponie, die
andere ist wegen eines Atomunfalls radioaktiv verseucht.

Die meisten Menschen zieht es nach Waikiki, und jeder
zehnte von ihnen wird nach einer Statistik des Police Department von Honolulu Opfer eines Verbrechens. Die Bürgersteige
von Waikiki wimmeln nur so von Prostituierten und ihren Zu-
hältern. Mitten in Waikiki, direkt auf dem Strand, steht die
häßlichste und sinnloseste Einrichtung der amerikanischen Armee, Fort De Russy, eine optische Beleidigung, die das Vertei-
digungsministerium nicht entfernen lassen will. Der meiste
Sand von Waikiki wird mit Lastwagen angekarrt und hier aus-
gekippt. Gefährlich hohe Bakterienzahlen finden sich am Ostende des Strandes, in der Nähe des Zoos – wegen des Affen-
kots, der direkt ins Meer gespült wird.

Drei von Amerikas Milliardären und zahlreiche Millionäre
leben in Honolulu, aber auch die reichsten Menschen müssen
mit seinen Plagen fertig werden, mit den Ratten und Kakerlaken. Kein Haus ist frei davon, man hört die Ratten gleich unterm Fenster quieken und kämpfen und sieht sie manchmal
hastig auf die Bäume flitzen. Es gehört zu den Realitäten des

Lebens in Honolulu, daß allmonatlich der Rattenfänger auftaucht, Köder auslegt und Kadaver entfernt. Ungezieferbe-
kämpfung ist eine Wachstumsbranche und führt – wegen der
Überempfindlichkeit der Stadtbewohner – unweigerlich auch
zur Vernichtung unerwünschter Vögel und Bienen.

Dann und wann, im Glauben, der Künstler Christo sei gerade in Hawaii am Werk, zeigen die Touristen aufgeregt auf ein
großes Haus, eine Kirche oder einen Wolkenkratzer, der voll
und ganz in einem aufgeblähten blauen Zelt verschwindet.
Diese Behausungen unter den großen, weichen Fahnen-
tüchern gehören zu den seltsamsten Sehenswürdigkeiten der
Insel. Aber nein, es sind keine neuen Kreationen Christoscher
Verpackungskunst, es ist bloß der Kammerjäger, der zum letzten Mittel greift: Unterm festverschlossenen Zeltdach wird jedes Lebewesen aus dem Haus geräuchert.

Die gleiche Überempfindlichkeit zeigt sich auch in der Einstellung der Stadt zu Strip-Clubs und Prostituierten. In der Be-
täubungsmittel- und Sittenabteilung des Honolulu Police Department gibt es eine Unterabteilung namens »Morals Detail«.
Hauptsächlich besteht sie aus Polizeistreifen in Zivil, die
nachts in Chinatown und den Straßen um Waikiki Dienst tun.
Die männlichen Cops hoffen auf Offerten der Bordstein-
schwalben, die weiblichen auf Belästigungen durch einen
Freier, einen sogenannten »John«. Es gibt kein Gesetz, das die
Herumtreiberei verbietet, und nach der neuen städtischen
»John-Verordnung« kann keine Person verhaftet werden, bevor nicht ein Geschäft zustande gekommen ist – danach erst
kann es den beiden Beteiligten an den Kragen gehen.

Mir schien das alles sehr streng, bis ich mir eines Abends in
Waikiki selbst einen Eindruck verschaffen konnte. Abgesehen
von einem flüchtig erhaschten Blick auf die Huren beim King's
Cross in Sydney, die den vorbeifahrenden Autos Dinge zu-
kreischten, und der Frage: »*Meestah Boll, you wanna gull?*«, mit
der man mir auf den Trobrianden Mädchen angeboten hatte,
war dies meine erste Begegnung mit ozeanischer Lasterhaftig-
keit. Am frühen Abend war die Kuhio Avenue voller Menschen, gegen Mitternacht aber hatten sich die Zahlen ausgegli-
chen, und es schlichen ebensoviele Touristen hier herum wie
Prostituierte und Polizisten. Jede Kategorie steckte in ihrer un-

verwechselbaren Uniform: in Hawaiihemden die einen, in engen Röcken und Pumps die anderen, die Polizei im blauen Anzug. Und hier und dort, oben und unten an der Avenue, sah man alle drei Gruppen auf dem gleichen Fleckchen Pflaster zusammenstehen.

Auch ohne die engen Röcke wären die Prostituierten gut zu erkennen gewesen. Da ist etwas an ihrer Wachsamkeit, an der Art, wie ihr Blick von Mann zu Mann wandert, und an ihrem allzu geschäftigen Gang.

»Sie gehen, als ob sie nirgends hingehen«, sagte Bill. »Das sagt auch Lieutenant Lum.«

Mit Bill war ich hier verabredet gewesen. Er arbeitete für die Zeitschrift *Honolulu*, schrieb an einem Artikel über die Prostitution, hatte bereits eine Frau interviewt, die wegen Unzucht verhaftet worden war, hatte ihrem Prozeß beigewohnt (hundert Dollar Strafe für den ersten, fünfhundert für den Wiederholungsfall), kannte eine ältere Frau, eine Baptistenpredigerin mit dem Spitznamen »Condom-Lady«, die es sich zur Aufgabe gemacht hatte, unentgeltlich Verhütungsmittel an die Dirnen zu verteilen, und hatte sich mit ein paar Leuten aus der Abteilung »Morals Detail« angefreundet.

Wir beobachteten die Prostituierten, die immer paarweise, mit ruckartigen Reiherbewegungen die Straße auf und ab stolzierten. Uns behandelten sie wie Luft, aber ab und zu wurden sie hellwach und gingen schnurstracks auf Männer hinter uns zu – Japaner. Auf der Koa Street, auf der viele Mädchen lauerten, drängelten zwei sich an uns vorbei, um über zwei Japaner herzufallen. Einem zartfühlenden zufälligen Beobachter wäre es sicher schrecklich deprimierend vorgekommen, daß die Mädchen uns wegen zwei nichtsnutzigen Grünschnäbeln in Schlabbershorts und billigen T-Shirts stehenließen.

Irgendwann sprach Bill mit einem Mädchen in einem winzigen, orangefarbenen Röckchen, aber nicht lange: Das Mädchen hastete von dannen.

»Ich hab ihr gesagt, daß ich vom *Honolulu* bin, und weg war sie.«

»Wahrscheinlich wollen die Mädchen nicht in deinem Blatt genannt werden.«

»Es kann einem aber Türen öffnen, wenn man sagt, daß man Reporter ist«, meinte Bill.

»Keine Freudenhaustüren.«

»Wohl nicht.«

Ein dürres Mädchen in einem hautengen Kleid kam auf mich zu. »Na, wie wär's?«

»Wieviel?«

»Hundert Dollar.«

»Ich bin doch kein Japaner.«

Das Mädchen lachte, und all ihre Jugend war in diesem Lachen. Sie war wohl kaum älter als sechzehn.

»Wenn du Japaner wärst, würde ich das Doppelte verlangen.«

»Ich geb dir also einen Hunderter, und was passiert dann?«

»Wir gehen in mein Hotel. Ins Holiday Surf, gleich da vorne. Und dann machen wir's uns nett . . .«

In der Sekunde, in der sie mich zaudern sah, wandte sie sich auch schon ab. Beim Anschaffen ist Zeit Geld.

»Da ist eine mit einem Piepser«, sagte Bill. »Die kann man vom Hotel aus für einen Hostessenjob anfunken. Die Zuhälter haben auch welche.«

Die Zuhälter fielen auf, wobei die Piepser nur ein Erkennungsmerkmal von mehreren waren: Sie waren modisch gekleidet und schwenkten pralle, vermutlich mit Geld vollgestopfte Herrentäschchen. Hauptsächlich junge Schwarze, die mit bedrohlicher Selbstsicherheit auf und ab schritten.

»Als ich angefangen habe, wollte ich eine richtig schöne amerikanische Geschichte über das freie Unternehmertum schreiben«, sagte Bill. »Aber es ist deprimierend. So ein Kerl fährt nach Kanada oder sonstwohin, lernt ein Mädchen kennen und schwört ihr ewige Liebe. Das Mädchen ist von zu Hause ausgerissen, als Kind womöglich sexuell mißbraucht worden, und der Zuhälter sagt, er liebt sie, und fährt mit ihr nach Honolulu. Nach einer Woche schickt er sie anschaffen. Nichts als Ausbeutung, Unterdrückung, Mißbrauch und Enttäuschung. Es macht mich ganz fertig.«

Da es in Honolulu keine organisierte Bandenkriminalität gibt, kann jeder im Geschäft mit Glücksspiel und Prostitution mitmischen. Japanische Banden wie die Yamaguchi Gumi und

die Yakuza investieren lieber langfristig, ins Immobiliengeschäft
oder die Bauwirtschaft. So bleibt die Halbwelt ziemlich desorga-
nisiert und etwas amateurhaft, und die Zuhälter sind – wie alle
olopops in Honolulu – ziemlich auffällige Stenze, denen es Spaß
zu machen scheint, als Superbiene zwischen den Sumpfblüten
herumzuflattern, die sie gerade laufen haben.

Eine blasse Schlepperin in einem erleuchteten Hauseingang
wollte uns mit einem zweisprachig in englisch und japanisch
bedruckten Handzettel nach oben locken: »Foxy Lady! Girls!
Girls!«

»Was hast du denn anzubieten?« fragte Bill.

»Nackte Mädchen, die sich gern amüsieren.«

»Setzen sie sich zu uns?« Bill studierte für seinen Artikel die
Bandbreite des erotischen Angebots. Was würden sie machen?
Wie weit würden sie gehen? Und zu welchem Preis?

Die Miene der Schlepperin verfinsterte sich.

»Rein ins Nest?« fragte sie. »Willste flachgelegt werden?«

Bill lächelte in seinen großen Bart hinein.

»Dann kriech mal in 'nen Hühnerarsch und wart's ab.« Das
Mädchen wandte sich um. »Irgendwann wirste schon noch gelegt.«

»Was schreibst du noch mal?« fragte mich Bill, obwohl er es
wußte. »Das kann ich in meinem Artikel nicht bringen. So was
druckt unser Blatt nicht ab. Mist.«

»Dann bring ich's«, sagte ich.

Wir gingen nach Chinatown. Was in Waikiki amateurhaft
und deprimierend ausgesehen hatte, schien hier schmutzig
und gefährlich.

»Die Bar da drüben ist in Ordnung.« Eine Prostituierte, die uns
ganz richtig als bloße Passanten eingeschätzt hatte, deutete auf
einen Eingang. »Alle anderen sind schlecht.« Autos gab es hier
nicht. Zerlumpte, murmelnde Männer und übellaunige Frauen
säumten die Straßen. Die einzigen lächelnden Gesichter gehörten den *mahus*, auffälligen Transvestiten, die die Hotel Street
und die Mauna Kea Street in Chinatown als natürlichen Lebens-
raum betrachten. Hier ist ihr Straßenstrich, hier wandern sie
ziellos auf und ab, bis einer mit einem Auto vorbeikommt und
sie aufliest – und der kann durchaus ein Politiker oder Wirt-
schaftsboß sein, der seine heimlichen Gelüste auslebt. Viele

Skandalgeschichten beginnen in Honolulus Chinatown, so auch Maughams Erzählung von Sadie Thompson, die hier ihre Karriere begann und in Samoa beendete.

»Das hätte eine tolle Geschichte werden sollen.« Bill betrachtete die verkommenen Straßen von Chinatown. »Vielleicht sogar eine lustige. Aber das wird sie nicht. Letzte Woche ist eine Hure von einem Soldaten auf einem Parkplatz erstochen worden. Es ist deprimierend.«

Immer noch auf der Suche nach Honolulu zog ich an einem Abend durch die Klubs und dachte an Bills Satz über die leichten Mädchen: Man erwartet Spaß, sieht sich um, und am Ende ist man deprimiert.

Es gibt sehr gesittete japanische Klubs, in denen jeder Kunde seine eigene, mit Namensschildchen versehene Flasche Chivas Regal hinter der Bar verwahren läßt, eine importierte japanische Sitte. In diesen Etablissements, die aus kaum mehr als einem schummrig beleuchteten Zimmer bestehen, gesellen sich adrett gekleidete japanische Hostessen zu rüpelhaften Männern, lächeln und geben sich unterwürfig, während sich die Männer betrinken und sie begrapschen. Das Ganze ist frostig, unerotisch und überteuert, aber durch die riesigen Zahlen »neuer« Japaner ein Bombengeschäft. Soviel zum Club Tomo, zum Mugen und den anderen.

Im Gegensatz zum Club Mirage, der leer war – vielleicht sollte der Name ein Scherz sein? –, herrschte in den anderen Clubs etwas mehr Leben. Im Club Chéri machte ein einsames nacktes Mädchen Kniebeugen auf einem Tisch. Im Top-Gun kreischten drei feingemachte Japaner vor einem Fernsehapparat Lieder in ein *karaoke*-Mikro, im Club Hachi Hachi tat ein einzelner genau das gleiche. In der Butterfly Lounge piesackten junge Soldaten eine dickliche Tänzerin, und im Exotic Nights und dem Turtle Club posierten nackte dunkle Schöne vor verschwitzten Männern mit Baseballkappen, die dazu animiert werden sollten, fünf Dollar für ein Bier auszugeben.

Das Saigon Passion arbeitete mit einem erfolgversprechenden Thema: dem Vietnamkrieg. Es war voller Soldaten von den Schofield Barracks, lässig in Jeans und T-Shirt gewandeter vietnamesischer Hostessen und militärischer Souvenirs. Dieser Club war einer der wenigen, der mich interessieren konnte,

weil die Musik und die Gesichter eine atmosphärische Zeit-
reise daraus machten. Ein junges Mädchen setzte sich zu mir.
Ruby aus Saigon lebte bei ihrer Mutter in Waihapu und war
ungefähr zwanzig Jahre alt. Ich fragte sie aus, bis sie sich in
Schweigen hüllte. Als ich aber einfach nicht lockerließ, fragte
sie: »Bist du 'n Ziviler?«

»Nein, natürlich nicht. Ich bin kein Polizist.«

»Ich glaub aber doch.«

»Warum?«

»Fragen. Fragen.«

Ich ging in die Carnation Lounge, die Misty II Lounge, die
Kita Lounge, ins Les Girls, den Club Rose und den Club
Femme Nu, zwanzig solcher Läden in nur drei Straßenzügen.
Manche hatten vietnamesische, die meisten koreanische Inha-
berinnen, daher der ortsübliche Ausdruck »Koreanische Bars«.

Früher einmal waren sie wegen der Kunststücke berühmt
gewesen, die von den Stripperinnen vollführt wurden – in
einem gab es eine Frau, die mit geschickten Bewegungen ihrer
Vulva Münzen aufheben konnte, ein anderer warb mit einer
Künstlerin, die sich eine Zigarre zwischen die Schamlippen
steckte und dann auch noch paffte (die Zuschauer drängten
nahe heran, um zu sehen, wie die Zigarrenspitze aufglomm),
und die Dame konnte auch auf ähnliche Weise Klarinette spielen. In einem anderen Lokal durfte das Publikum eine Frau
begrapschen, die hinter einem durchsichtigen Duschvorhang
stand (wodurch der Typ der sogenannten »Feelie-Bar« in Honolulu eingeführt wurde), und in einem Etablissement auf der
Keeaumoku-Straße (wegen der Nationalität der Eigentümer als
»Korea-Moku« bekannt) erschien eine agile Frau auf der Bühne,
lehnte sich zurück, spreizte die Beine und brachte Tischtennis-
bälle aus den Tiefen ihrer Liebesgrotte hervor – dankbare Männer rissen sich um die feuchtwarmen Kugeln.

Ebendiese Art Jongleurkunst war auch in einem Lokal namens Stop-Light beliebt gewesen, aber ein neuer Besitzer hatte
den Club in Rock-Za umbenannt, und jetzt war er wie viele
andere: laute Musik, teure Getränke, nackte Mädchen. John,
der Rausschmeißer, ein hünenhafter Samoaner aus Pago Pago,
sprach von einer Goldmine. Er hatte dafür zu sorgen, daß die
Kunden die Mädchen nicht anfaßten.

»Beim erstenmal werden sie verwarnt, beim zweitenmal fliegen sie raus.«

An der Ehre der Darstellerinnen hegte er dennoch Zweifel. Die Mädchen seien verwöhnt und verdienten zuviel. Ab und zu komme ein Bus Japaner, sechzig, achtzig Touristen – alte Männer, alte Muttchen, Pärchen, Hochzeitsreisende –, quetschten sich in die Bar, genehmigten sich ein paar teure Drinks und bestaunten die großen weißen Frauen, die sich so nackt ganz aus der Nähe darboten.

Männer der unterschiedlichsten Couleur saßen auf niedrigen Hockern, die Ellbogen auf einen sechs Meter langen Tisch gestützt. Die jungen Frauen posierten eher, als daß sie tanzten, verrenkten sich und gingen in die Hocke. Ich blieb sitzen und sah mir das alles an. Was zunächst wie eine wahrgewordene Phantasievorstellung, ein fleischgewordenes Playmate des Monats ausgesehen hatte, verwandelte sich zu einer rüden Unterrichtsstunde in Gynäkologie, in der die Nähe alles bedeutete. Das Ganze hatte durchaus farcenhafte Züge.

»Das müssen Sie sehen«, heißt es oft, und der Sprecher denkt, daß man das gleiche sieht wie er. Ich ging hin und bemühte mich um Unvoreingenommenheit, aber meine Reaktion auf diese Clubs war (als ich Zeit gehabt hatte, darüber nachzudenken) ganz anders. Die Shows waren so ritualisiert, daß ich sie als heidnische Kultstätten ansah und die Frauen als Priesterinnen, wie die babylonischen Frauen, die sich zu Ehren der Göttin Ischtar im Tempel Fremden hingaben.

Es lag etwas Seltsames, Feierliches und sogar Religiöses in der Inbrunst der Männer, die wie gebannte Verehrer dasaßen und darauf warteten, daß sich ihnen eine der Frauen näherte. Die Geduld des Mannes, die selbstbewußten Bewegungen der Frau, die langsam auf dem altarartigen Tisch näher und näher rückte, in die Hocke ging, ihre Beine weit öffnete und mit den Schenkeln den Kopf des Mannes umschloß. Der Mann, der in fiebriger Konzentration hinstarrte, als würde ihm ein Geheimnis enthüllt, das es auswendig zu lernen galt. Es war öffentlich und doch höchst privat – nur der Erwählte konnte etwas sehen. Und in der Art, wie dieser Erwählte die ausgestülpten, weiblichen Geschlechtsteile anstarrte, zeigte sich fast ebensoviel Ehrfurcht wie in so manchem Gottesdienst. Der Mann

steckte der Frau einen Dollar oder mehr ins Strumpfband, sie
blieb, und der Mann starrte ernsthaft und unverwandt weiter
in seine private Vision hinein. Von dieser Art Entrückung war
es nur ein kleiner Schritt zur hinduistischen Verehrung von
Lingams und Yonis oder zum Kult um die *komari,* die in Stein
geritzten Vulven von Rapa Nui.

Trotzdem hätte ich über dem Sog von Honolulu leicht vergessen können, daß ich mich in Ozeanien befand. Manchmal
wirkte Oahu wie eine Insel vor der Küste Amerikas, dann wieder so, als läge sie direkt vor Asien. Und doch war sie die einzige wirkliche Wegkreuzung im Pazifik, der Knotenpunkt aller
Fluglinien und in vielerlei Hinsicht das Herz Polynesiens. Das
zeigt sich auf triviale und andere Weise. So suchte Disney
World in Florida seine Darsteller für eine Polynesian Luau Re-
vue (»Einjahresverträge mit Rücktransfer...«) in Honolulu,
praktisch jede ernsthafte Forschungsarbeit zum Thema Pazifik
steht unter der Ägide des Bishop Museum, der University of
Hawaii, des East West Center oder – bezeichnenderweise – der
Mormonen, die sich mit Hingabe der Belehrung ganz Polynesiens widmen und sowohl Bankhäuser als auch ihr pazifisches
Hauptquartier auf Oahu unterhalten.

Wann immer ich etwas über eine Ausgrabungsstätte oder
Ruine in Polynesien wissen wollte, bekam ich die gleiche Antwort: Sie war katalogisiert, erforscht, ausgegraben oder beschrieben worden von Professor Yosihiko Sinoto, dem Chefan-
thropologen im Bishop Museum in Honolulu, der als Kapazität
im Fach Kulturgeschichte des östlichen Pazifikraums galt:
»Fragen Sie Sinoto.«

Der Professor ist ein winziger, drahtiger Mann, sein starker
Akzent und sein Habitus weisen ihn deutlich als Ausländer
aus. Eindeutig ein Akademiker, aber mit der Rastlosigkeit und
der Kraft eines Mannes, der an das Arbeiten unter freiem Himmel gewöhnt ist. Er residiert in einem kleinen, mit Seekarten,
Fotos von Ausgrabungsstätten, Stapeln von Aktendeckeln und
Fundstücken – beinernen Angelhaken, steinernen Werkzeugen – vollgestopften Büro an der Rückseite des Museums.

Dort besuchte ich ihn an einem Nachmittag, um meine Fra-
gen-Sie-Sinoto-Fragen loszuwerden. Als er erwähnte, daß er

vor kurzem auf den Marquesas gewesen sei, unterhielten wir uns über den Aberwitz, daß man auf diesen Inseln der Wasserfälle und Süßwasserseen importiertes Mineralwasser trinken muß.

»Das ist in ganz Französisch Polynesien so«, sagte Professor Sinoto. »Ich habe einmal auf einer Stätte in Huahine gearbeitet. Während der Zeit bekam der Bürgermeister eine Zuwendung. Mit dem Geld hat er eine Straße teeren, einen Fernsehsender einrichten und Straßenlaternen im Ort aufstellen lassen. Aber für die Trinkwasserversorgung hat er keinen Sou ausgegeben. Können Sie sich das vorstellen?«

Ich wollte etwas über die vielen Ruinen aus Steinquadern wissen, die ich auf den Marquesas gesehen hatte.

»Jedes Tal auf den Marquesas ist voller Monumente«, erklärte der Professor, »und bei der ersten Oberflächenstudie von 1918/19 hat man noch geglaubt, daß sonst nichts übrig sei – keine hölzernen Teile, nichts als Steine. Damals glaubte man noch, daß in dem heißen, schwierigen, feuchtwarmen Klima nur steinerne Überreste überdauern könnten. Die ersten Ausgrabungen hat Robert Suggs 1956 und '57 gemacht. Ich konnte mich seinen Schlußfolgerungen nicht anschließen. Ich war 1963 mit der Mannschaft von Thor Heyerdahl da.«

»Und was hielten Sie von seinen Folgerungen?«

»Er zog seine eigenen Schlüsse«, sagte der Professor taktvoll. »Ich jedenfalls bin davon überzeugt, daß die Marquesas die Verteilerstelle für das ganze östliche Polynesien waren. Die Wanderbewegung und Besiedlung ging sehr schnell vonstatten. Die Kanus sind vermutlich um 1000 vor Christus von den Admiralitätsinseln [im nordöstlichen Neuguinea] abgesegelt und auf Samoa, Tonga und Fidschi gestoßen. Dort sind die Menschen geblieben und begründeten und entwickelten die polynesische Kultur.«

»Das ist der springende Punkt, nicht? Daß sie noch polynesischer wurden, weil sie auf diesen Inseln blieben und nicht weiterzogen?« sagte ich. »Aber warum sind sie eigentlich nicht weitergesegelt? Kann es sein, daß sie nicht den Mut hatten, oder haben sie ihre seemännische Technologie verloren und mußten sie erst neu erfinden?«

»Das ist möglich. Zwischen 300 und 500 nach Christus ha-

ben sie aufgehört, Töpferwaren herzustellen – in Hawaii zum
Beispiel gab es keine getöpferten Behältnisse. Keine einzige
Scherbe haben wir gefunden. Etwa um 300 sind sie, wahrscheinlich aus Samoa, zu den Marquesas gesegelt. Von dort
aus verteilten sie sich. Nach Heyerdahls These haben die Südamerikaner die Süßkartoffel in den Pazifik gebracht, aber ich
bin anderer Ansicht. Es ist sehr viel wahrscheinlicher, daß die
Marquesaner nach Südamerika gesegelt sind und sie dort geholt haben.«

»Aber dann hätten die Kanus sehr hart am Wind segeln
müssen. Ist eine solche Reise denn überhaupt möglich?«

Nach Professor Sinotos Hypothese wäre der Reiseverlauf
dem der *Kon-Tiki* genau entgegengesetzt gewesen.

»Es werden wohl viele gleichzeitig losgefahren sein. Eine
glückliche Mannschaft erreichte die Osterinsel und fand später
wieder zurück«, erläuterte der Professor. »Vor ein paar Jahren
habe ich auf der Osterinsel mit einem Mann gesprochen, der
mir erzählt hat, wie er mit zwei Jungen in einem kleinen Kanu
losgefahren ist. Als Proviant hatten sie ein großes Bündel Bananen und fünfundsiebzig Liter Wasser. Nach etwa drei Wochen
erreichten sie die Tuamotus und blieben zehn Jahre lang dort.«

Ich hatte auf der Osterinsel eine ähnliche Geschichte über
diesen Mann und seine Reise gehört.

»Es kann auch sein, daß manche Menschen mit ein bißchen
Verpflegung in Kanus weggeschickt wurden, auf Anweisung
ihrer Häuptlinge«, beschrieb der Professor mögliche Verban-
nungsmethoden.

»Waren unter den Auswanderern vielleicht auch Flüchtlinge
aus Stammesfehden?«

»Ja. Etwa noch 1500 fanden auf den Marquesas ständig kriegerische Auseinandersetzungen statt – ein Tal gegen das andere, eine Insel gegen die andere. Die Alternative war, im Tal
zu bleiben und zu kämpfen oder wegzuziehen. Ich habe viele
Festungen ausgegraben und Wurfsteine gefunden. Die Leute
konnten sehr präzise damit umgehen und sie über eine
Distanz von sechzig oder mehr Metern weit werfen. Aus Berichten von Missionaren wissen wir, daß die Menschen von
den Kämpfen her ganz verbeulte Köpfe hatten.«

»Sie haben also in kleinen Gruppen gelebt?«

»Sie haben sich selbst isoliert«, sagte er. »Ich interessiere mich besonders für Angelhaken, und ich habe festgestellt, daß die Haken mit den Jahren immer kleiner wurden. Sie fingen immer kleinere Fische, weil sie nicht mehr so weit rausfahren und lieber in Ufernähe bleiben wollten. Vielleicht hatten sie Angst vor dem Meer oder vor ihren Feinden.« Er zeigte mir einen Satz verschieden großer Angelhaken.

»Die Kleine Eiszeit gehört ebenfalls zu den Faktoren, die zu diesem Isolationsprozeß beigetragen haben. Wie Sie sagen, entwickelten sich diese Kulturen, sobald sie isoliert waren. Die Kleine Eiszeit, die zwischen 1400 und 1500 stattfand, zwang mit ihrem kälteren Klima und einer rauheren See die Menschen dazu, auf ihren Inseln zu bleiben. So entstanden lokale Sonderkulturen. Zum Beispiel sind alle marquesanischen Tikis nach 1500 entstanden.«

»Ich habe vor, die Na-Pali-Küste von Kauai entlangzupaddeln«, sagte ich. »Stimmt es, daß die Marquesaner ihre Bildhauerei und Bauweise auch dorthin gebracht haben?«

»Hawaii ist zwischen 500 und 800 nach Christus besiedelt worden, und zwar von Marquesanern. In Nualolo Vai, das ich übrigens selbst ausgegraben habe, werden Sie sehen können, daß dort mit sehr viel kleineren Steinen gearbeitet wurde als auf den Marquesas, wo die Quader ja sehr groß sind.«

»Was, glauben Sie, war der Anlaß für den Aufbruch nach Hawaii?« fragte ich. »Ich meine, abgesehen von den Stammesfehden und den Hungersnöten, die sie manchmal aufs Meer zwangen?«

»In Anbetracht der riesigen Entfernung eine gute Frage«, sagte der Professor. »Vor ein paar Jahren auf den Marquesas habe ich einmal die Ankunft von Zugvögeln miterlebt – erst waren es zwei oder drei, dann fünfzehn, zwanzig. Und dann immer mehr, immer mehr. Ich bin Wissenschaftler, aber ich bin auch ein bißchen romantisch. Ich fing an, mir auszumalen, was die Leute gesagt haben könnten: ›Schaut euch diese Vögel an! Wo kommen die her? Los, fahren wir!‹«

»Haben Sie bei Ihren Ausgrabungen Hinweise auf Kannibalismus gefunden?«

»An einem Platz auf den Marquesas lagen einmal fünfzig Schädel zusammen. An manchen Orten sagen einem die Men-

schen: ›Bitte die Schädel nicht berühren!‹ Aber auf den Marquesas heißt es: ›Du willst die Schädel da? Nimm sie mit.‹«

Das Thema Kannibalismus animierte ihn so sehr, daß er sich
von seinem Stuhl erhob, um mir noch weitere Indizienbeweise
zu nennen.

»Manchmal habe ich beim Graben Hundeknochen, Schweineknochen und Gebeine auf einem Haufen gefunden, die alle
zusammen, offenbar nach einer Mahlzeit, in dieselbe Abfall-
grube gewandert waren. Warum sollte man sonst Menschenknochen mit Schweineknochen vermischen? Menschenopfer
sind in ganz Polynesien gebracht worden – zu großen Festen,
um in einer Dürreperiode Regen zu erbitten, warum auch
immer.«

»Welche Pazifikinsel ist die polynesischste, welche hat ihre
Traditionen am meisten bewahrt?«

»Polynesien gibt es nicht mehr«, sagte er. »Westsamoa ist
vermutlich noch der traditionsgebundenste Ort, vielleicht
auch Tonga. Auch die Salomonen und die Neuen Hebriden.
Aber trotzdem ist an diesen Orten schon viel verdorben worden. Fidschi und Tonga haben immer noch Chiefs.«

Das stimmte mit meinen amateurhaften Beobachtungen
überein: die eleganten Hütten von Savaii, die Adligen und Gemeinen von Tonga, die mürrischen Stämme und schlammigen
Hinterteile auf der Insel Tanna.

»Aber ich erinnere mich an Atiu ...« Der Professor sprach
von einer kleinen Insel in der Cook-Gruppe, unweit von Aitutaki, wo ich gepaddelt war. »Ich habe da gearbeitet, und noch
bis 1984 war die örtliche Kultur völlig unzerstört. Ich bin über
die Jahre immer wieder dort gewesen, und 1989 war alles
plötzlich weg. Es war zu Ende gegangen, einfach so. Wie
konnte das so schnell passieren? Wissen Sie, woran es lag? An
den Videos. Ich weiß nicht, warum die Regierung sie nicht re-
glementiert. Sie sind furchtbar. Vergewaltigungen. Krieg. Gewalt. Sauferei. Sie haben die jungen Leute auf dumme Gedanken gebracht und in Atiu eine tausend Jahre alte, lebendige
Kultur zerstört.«

Er erzählte weiter, von seiner Ausgrabungsstätte auf Huahine, von seiner zwanzigjährigen Arbeit auf dieser schönen Insel, von der Einzigartigkeit dieses Ortes mit den Fischgründen

in der Lagune, der Landwirtschaft dahinter und den Chiefs, die am Ufer lebten. An dieser Lagune hatte er fünfunddreißig historische Stätten entdeckt, einen der ergiebigsten Fundorte in Polynesien.

»Und was machen meine Landsleute?« fragte der Professor. »Japanische Geschäftsleute wollen diesen ganzen Teil von Huahine aufkaufen, drei große Hotels hinstellen und die Lagune zum Schwimmen und Wasserskilaufen benutzen, einen Flugplatz bauen und jede Woche drei Jumbos aus Tokio einfliegen lassen.«

Es war wunderbar, einen Japaner zu hören, der sich über den Ausverkauf und die Ausbeutung der Südseeinseln entrüstete. Endlich einmal konnte ich meinen Mund halten und zuhören, wie jemand meine Gefühle wiedergab.

»Die Japaner suchen sich im Pazifik ihre Spielwiesen.« Der Professor konnte seine Wut kaum zurückhalten. »Und was haben die Einheimischen davon? Ein paar werden angeheuert, um für einen Hungerlohn in den Hotels zu arbeiten. Das erste große Hotel auf Huahine war das Bali Hai. Die Einheimischen haben sich an der Bar betrunken. Für die Trinkerei aber brauchten sie Geld, und also haben sie es sich in den Gästebungalows gestohlen. Als ich hörte, daß die Japaner die ganze Gegend aufkaufen wollten, habe ich gehofft, daß sie abgewiesen würden. Tatsächlich wurde der Antrag zurückgestellt. Ich habe bei einem Regierungsmitglied vorgesprochen. ›Wir müssen dieses Gebiet erhalten‹, habe ich gesagt, und der Mann hat sich dafür eingesetzt. Auf Huahine ist also vielleicht noch was zu retten, aber an vielen anderen Orten ist es längst zu spät.«

Er schwieg. Nachdenklich saßen wir zwischen seinen Fundstücken vor einer großen Karte, auf der mit Pfeilen die alten ozeanischen Wanderrouten eingetragen waren.

Schließlich sagte Professor Sinoto: »Jeder sucht sich seine Spielwiese im Pazifik.«

24. KAPITEL

KAUAI: IM GEFOLGE DER DELPHINE
AN DER NA PALI COAST

In der Südsee gibt es für alles eine Jahreszeit, auch wenn es
den Urlaubern an Land nicht immer auffällt – all diese Menschen, die sich in Hawaii an den Stränden aalen, sich über das
milde Klima unterhalten, die wunderbaren Hotels, die Disko-
musik, die Animation in den Clubs und das tolle Essen. Sie
haben keine Ahnung, ob es Mai ist oder Oktober, denn das
Paradies kennt keinen Kalender und keine Saison. Sie begrüßen sich mit »Aloha«, und irgenwann lernen sie auch noch
»Mahalo« zu sagen, wenn sie sich bedanken wollen.

Mit diesen beiden Worten werfen sie großzügig um sich,
und manch einer lacht darüber, aber warum eigentlich? Es
kommt sehr selten, ja fast nie vor, daß man jemanden in ganzen Sätzen hawaiianisch sprechen hört. Das ist tragisch, denn
mit ihrer Sprache, die durch die Schriftsprache der Missionare
verdorben und zurückgestutzt wurde, haben die Hawaiianer
ihre Identität verloren. Die Bewegung, die für die Erhaltung
der alten, melodiösen und überaus bilderreichen Sprache eintritt, führt ihren Kampf nach wie vor (wie auch die Unabhängigkeitsbewegung). Was man im Alltag hört, ist nur ein Jargon,
ein gefärbtes Idiom, die Angelegenheit von zwanzig oder dreißig Vokabeln, die man in die englischen Sätze einstreut.

Wer viele hawaiianische Wörter lernt, kann leichter aufstei-
gen. Wie es auch Missionare tun, um sich bei primitiven Völkern beliebt zu machen. In Hawaii ist so eine Sprechweise, ein
lokal begrenzer Idiolekt entstanden, in dem jedes Loch als
puka, jeder Sprechakt als namu, jede Toilette als lua und alle
Kinder als keikis bezeichnet werden, und so weiter. Richtungs-
angaben sind immer mit hawaiianischem Jargon versetzt –
»zum Meer« heißt makai, »zum Berg« mauka, »Westen« heißt
ewa. Wie das hawaiianische Pidgin, dessen Vokabular sich teil-
weise damit deckt, wird dieser Jargon oft scherzhaft gebraucht.

Natürlich gibt es Begriffe, die nur die »eingeborenen« Hawaiianer kennen, aber die behalten sie für sich: Warum soll man auch alles verraten? Es ist nicht ohne Reiz, so zu sprechen, auch wenn niemand ganze Sätze bildet. Niemand sagt »Hallo, wie geht's?« in dieser Sprache, und sogar ein paar Alteingesessene, die sich wohl selbst als *kamaainas* bezeichnet hätten, konnten mir nicht sagen, daß dieser schlichte Gruß »*Aloha kakou. Pehea'oe*« lautete. Das Hawaiianische wird benutzt, um glaubwürdig zu erscheinen. In Afrika findet sich ein genaues Gegenstück im sogenannten »Küchen-Suaheli«.

Reiseschriftsteller spicken ihre Prosa gern mit Inseljargon, um ihr einen Anstrich von Authentizität zu verleihen. In Hawaii schreiben sie über den Zimmerservice in den Hotels, die Effizienz der Hotelgarage und ob die Hollandaise auf den Eggs Benedict geronnen war oder nicht. Der Brunch ist ein wichtiges Sujet. Golf auch. Und Tennis. Die meisten Reiseschreiber haben Presseverträge mit dickem Spesenkonto, viele reisen mit der Gattin – einer schreibt, der andere macht Schnappschüsse –, und so haben sie die Reiseschriftstellerei zu einem der letzten Wirtschaftszweige Amerikas gemacht, in dem Mama und Papa sich gemeinsam verwirklichen können. Solche Leute waren mir manchmal in den Sinn gekommen, wenn ich in Vava'u in meinem Zelt saß, zwischen den Trobrianden herumpaddelte, auf den Salomonen am Strand hockte oder mich in einem Rattenloch an der Westküste von Rapa Nui vor dem Platzregen schützte.

»Ich bin auch Reiseschriftsteller«, sagte ein Mann namens Ted auf Kauai. »Ich mach hier was über ein paar Hotels. Und über ein paar Restaurants. Das Pacific Café? Die Küche ist wohl eher pazifischer Abgrund. Wir wohnen im Waiohai. Binky ist auch hier – meine Frau. Wir machen die Reisen immer zusammen. Sie ist Astrologin. Kennen Sie die Bungalows von Mauna Lani? Wir sind drei Tage dagewesen. Ich mach da was drüber, für eine Zeitung bei uns zu Hause. Wir machen eigentlich nur First-Class-Hotels. Als ich zum letztenmal hier war, hab ich was über die Block Party in Waikiki gemacht. War ganz lustig.«

Ich bat Binky um ein Horoskop.

»Um Ihre Sterne zu deuten, brauch ich ganz viele astrale Informationen«, sagte Binky. »Ich schreib auch ein bißchen. Ich
find die Hotels gut. Aber es ist ganz komisch mit den hawaiianischen Hotels. In manchen haben sie bloß amerikanische
Weine, und ich kann nichts anderes trinken als französische.
Es geht nichts über Cristal. Im Four Seasons in Maui haben sie
uns sehr nett empfangen: Ich habe einen goldenen Anhänger
geschenkt gekriegt und Ted ein ganz irres Hemd aus der Hotelboutique. Als wir am Pool lagen, haben sie uns die Gesichter
mit Evian-Wasser aus diesen Sprühflaschen angefeuchtet.
Mein echter Lieblingsplatz ist aber St. Bart's. Waren Sie schon
mal da? Ich liebe französisches Essen.«

Überall in Ozeanien war ich stolz darauf gewesen, Reiseschriftsteller zu sein, und hatte diesen Beruf schon bald nicht
mehr nur als abscheuliche Beschäftigung betrachtet, der ich
mich mit der linken Hand widmete. Aber in Hawaii änderte ich
diese Meinung. Ich war zwar nicht sicher, wovon ich lebte
oder wer ich war, aber eines wußte ich ganz genau: daß ich
kein Reiseschriftsteller sein wollte.

Tatsächlich schreiben Reiseschriftsteller selten über die Gewässer, die an Hawaiis Gestade plätschern. Der Pazifik war
etwas, das sie allenfalls über den Rand eines Ananas-Daiquiri-
Glases hinweg beäugten. Über die Wellen, die sich am Riff brachen, ließen sie sich noch gern aus, aber ansonsten war Wassersport bei dieser Art Autoren kein beliebtes Thema. Ihre Vorliebe für Brandungstosen sprach da Bände. Bootsbesitzer wurden dabei, da es nicht zuletzt auch für Tod und Zerstörung
stand, weniger sentimental.

Das Bootfahren in hawaiianischen Gewässern kann ziemlich
ungemütlich werden. Die Bedingungen direkt unter Land sind
meist unberechenbar, und geradezu bösartig (und natürlich
am reizvollsten) werden sie in den Wintermonaten: schaumige
See, steife Winde und starke Strömungen. Der Skipper müht
sich, blickt aufs Ufer und sieht eine Felsküste oder ein Riff,
schwere Brandung und – die übelsten Vorboten für alle, die in
einem kleinen Boot sitzen – Surfer, die sich königlich amüsieren.

»Ist gar nicht so doll, wenn du Surfer siehst«, sagte Rick Haviland auf Kauai mit einem Understatement, das er meisterhaft beherrschte. Über eine giftige Portugiesische Galeere sagte er einmal: »Die Qualle da ist irgendwie unangenehm«, und wenn er »irgendwie ganz nett« sagte, bedeutete es »atemberaubend«. Rick lebte von Kajaks und Fahrrädern: Verkauf und Verleih. Als ehemaliger Surfer wußte er am besten, daß die Anwesenheit von Wellenreitern für unsereinen nichts Gutes bedeutet, nämlich hohe Wellen und schlechte Wasserverhältnisse. Rick war es, der mich in einem Schnellkurs über die Gewässer um Kauai aufklärte, und Rick war es auch, den ich dazu überreden konnte, mich auf einem winterlichen Ausflug an der schönsten Steilküste des ganzen Pazifik zu begleiten.

Wer zur falschen Jahreszeit versucht, vor der großartigen und fast unzugänglichen Na Pali Coast von Kauai mit einem Kajak herumzupaddeln, kann sich in größte Schwierigkeiten bringen. Zwischen Oktober und April paddelt hier kaum jemand, nur ein paar Rundfahrtboote verkehren das ganze Jahr über. Ich war besorgt, denn inzwischen war es November, und ich wartete auf eine Schönwetterperiode, damit ich die Fahrt in meinem eigenen kleinen Boot schaffen konnte. Kauai wollte ich mir genauer ansehen, weil ich auf den Marquesas in Französisch Polynesien gewesen war: Zwischen diesen beiden Orten besteht eine bedeutende kulturelle Verbindung.

Auf Beziehungen und Kontakte trifft man natürlich in ganz Polynesien. Worte haben auf Inseln, die Tausende von Kilometern auseinanderliegen, die gleiche Bedeutung, man kennt die gleichen Nahrungsmittel und Zubereitungsmethoden, Tänze und Gottheiten. Manchmal scheint es – und so heißt es auch oft –, daß diese enorme Wasserfläche eine einzige ozeanische Familie von gleichgesinnten Menschen mit einer gemeinsamen Kultur beherbergt.

Aber eine der engsten Verbindungen überhaupt besteht, wie Professor Sinoto gesagt hatte, zwischen den Marquesas und der Inselkette von Hawaii. Tatsächlich sind die Hawaiianer die Nachfahren der Marquesaner, die sich um etwa 700 nach Christus hier ansiedelten. Man nimmt aber auch an, daß die fast uneinnehmbare Na Pali Coast zu den letzten Orten im Pazifik gehörte, auf denen sich neue Siedler, Marquesaner, festsetzten. Sie hätten sich keinen passenderen Ort aussuchen können. Nuku Hiva in den Marquesas und das hawaiianische

Kauai ähneln sich so sehr, daß sie Nachbarinseln im selben
Archipel sein könnten: Auf beiden finden sich Vulkanberge,
die wie Hexenhüte geformt sind, eine dichte, dunkle, spinat-
grüne Vegetation, die gleichen tiefen Täler und die gleichen
Furchen aus erstarrter Lava. Ihre alten Ruinen – das Muster
der Quader, die Felsplattformen, Wände und Felszeichnungen
– sind nahezu identisch und Meer und Strömungen rundum
für jeden, der in ihren merkwürdig schwierigen Küstengewäs-
sern paddeln will, in gleicher Weise gefährlich.

»Wir fahren am besten irgendwie dahinten raus.« Wir hatten
gerade die Kajaks beim Haena Beach Park, am Anfang der Na-
Pali-Küste, zu Wasser gelassen, und Rick studierte die Brandung. Rechts turnten die Surfer in den drei Meter hohen Wellen des als »Tunnel« bekannten Surfgebietes herum, links waren ein Riff und in Ufernähe noch mehr Wellen – eine weitere
Version des plötzlichen Todes.

Ich folgte Rick. Ich mochte die sanfte Art, mit der er ganz
gelassen auf den Wellen ritt. Die glücklichsten Camper sind
unerschütterlich. Und wenn der Wind nun mit fünfzehn oder
noch mehr Knoten blies? Zumindest kam er von hinten und
half uns über die große See, die uns folgte. Die Aussichten waren gut, aber was war, wenn das Wetter plötzlich umschlug?
Wir hatten unsere Campingausrüstung, wir hatten Wasser und
Proviant, wir hatten unser Überlebensgepäck – und sogar
einen Liter Margaritas.

Wir paddelten weiter, passierten die ersten Uferfelsen – Na
Pali bedeutet »die Uferklippen« –, eine Stelle, an der Pele, die
Göttin der Vulkane, Hawaiis bekannteste Gottheit, sich in
einen Sterblichen verliebt hatte, den Chief Lohiau. Es ist ein
verstecktes und in vielerlei Hinsicht inspiriertes Gestade voller
mana, ein Ort der Tempel und Grabstätten, eine heilige Küste.
Die Na Pali Coast und ein großer Teil ganz Kauais stehen für
das Exotische schlechthin. Hier sind viele alte und neue hawaiianische Legenden entstanden, aber auch manche unserer
eigenen süßesten Mythen: Die Makana Ridge direkt über uns
diente 1958 als Schauplatz für Bali Hai im Musikfilm *South Pacific*, Millionen haben das nahe Honopu-Tal als Heimat von King
Kong kennengelernt, gleich hinter den Bergen wurde die Ein-
gangsszene aus Spielbergs *Raiders of the lost Ark, Jäger des verlore-*

nen Schatzes, gedreht, und weiter unten an der Küste tummelte sich Elvis Presley mit Ann-Margret in *Blue Hawaii*. Das sind Legenden!

Eine zweieinhalb Meter hohe Dünung mit starkem Druck (»irgendwie 'n Sog, merkst du?«) zerrte uns seitlich in Richtung des ersten tiefen Tals der Na Pali Coast: Hanakapiai hat einen kleinen, schönen Strand, der jedes Jahr von den Winterstürmen weggewaschen und im Frühling und Sommer wieder aufgeschwemmt wird. Der Wanderweg, der knapp achtzehn Kilometer lange Kalalau Trail, führt hier vorbei und dann weiter an etwa einem Drittel des Küstenabschnitts entlang. Er eignet sich nur für sehr geübte und ausdauernde Wanderer und gilt in Outdoorkreisen als einer der malerischsten der Welt. Etwas weiter südlich hämmerten Wellen gegen die felsige Uferwand, schlugen beim Zurückdrängen gegen anbrandende neue Wogen an, wühlten die Wasseroberfläche auf und erzeugten ein Phänomen namens *clapotis* – senkrecht stehende Wellen, die mich seekrank machten. Mir war noch nie in einem Kajak schlecht geworden, aber als wir wie Korkstückchen auf diesem chaotischen Gekabbel herumtanzten, drehte sich mir der Magen um.

Passenderweise war gerade Mittagszeit. Wir paddelten noch anderthalb Kilometer weiter durch Wind und strömende See, wodurch sich mein Gedärm wieder beruhigte. Rick und ich teilten unser Essen auf, ließen uns mit unserem Sandwich, einem Apfel und einer Flasche Wasser auseinanderdriften und legten eine Pause von ein, zwei Stunden ein.

Das Kajakfahren hat eine mystische Komponente, vielleicht am besten zu beschreiben als Trancezustand, herbeigeführt durch den Rhythmus des Paddelns, des Eintauchens und Anhebens, der gleichmäßigen Schläge, des Gleitens. Der Paddler konzentriert sich, schweigt, schiebt sich ohne Aufsehen, aber mit unablässiger Stetigkeit weiter, hebt und senkt sich mit den Wellen. Es ist anstrengend, aber in dieser Trance ist die Anstrengung kaum spürbar. Ich nehme an, daß Jogger und Wanderer bei gesunder friedlicher Atmung einen ähnlichen Seelenzustand erreichen. Für mich verstärkte er sich noch durch die Schönheit der Na-Pali-Küste mit ihren langen, kannelierten Tälern und den über zwölfhundert Meter hoch aufragenden Uferfelsen.

Ein solcher Bann kann schwer gebrochen werden, aber möglich ist es natürlich doch. In meinem Fall zersprang er durch
den Biß einer giftigen Qualle. In meiner Paddeltrance hatte ich
die Tentakel einer schwebenden Portugiesischen Galeere wie
mit einem Löffel aufgefischt, und eine dieser langen, gallert-
artigen Nudeln glitt den Paddelschaft herab und schlang sich
um meinen Unterarm. Der Schmerz durch das Neurotoxin, mit
dem die Qualle das Nervensystem ihrer Beute lahmlegt, kam
fast sofort. Ich rupfte das Tentakel von meinem böse lädierten
Arm und rief nach Rick.

Er erinnerte mich sanft an das Hausmittel Urin, das ich aber
schon in Vanuatu ohne Erfolg ausprobiert hatte. Papaya-Blät-
ter oder Fleischzartmacher hätten sicher besser gewirkt und
mir drei Stunden betäubender Agonie ersparen können.

Aber die spektakuläre Landschaft linderte den Schmerz – sie
verfügte über solche Zauberkräfte. Es waren keine einfachen
Vorsprünge, eher eine Vielzahl von scharfkantigen, grünen
Zinnen, die aus der Felswand herausragten. Der ganze Gebirgszug sah mit seinen Hunderten von Kuppeln und Spitztür-
men aus wie eine gotische Phantasiekirche. Trotz meines
schmerzenden Arms und der heftigen See hatte ich das Gefühl, daß mir der Anblick der kathedralenartigen Felsformationen mehr bedeutete als ihre architektonischen Äquivalente in
Europa – und mir wurde klar, daß ich beim nächstenmal, wenn
ich die Abtei von Westminster oder Notre-Dame betrachtete,
sofort die hoch aufragende Na Pali Coast vor mir sehen und sie
schrecklich vermissen würde.

Die alten Hawaiianer müssen gewußt haben, wie seltsam
und magisch diese Zinnen aussahen, bis zum letzten grünen
Zapfen, denn sie nannten sie *keiki o ka'aina*, »Kinder der Erde«,
und tauften jeden einzelnen auf einen anderen Namen.

Wir passierten »eine blumenerstickte Schlucht mit überhän-
genden Felsklippen, von denen das Meckern wilder Ziegen
floß. Zu drei Seiten hin erhoben sich grimmige Wände, im
Schmuckgewand fantastisch aufgeworfener tropischer Vegetation und durchbohrt von Höhleneingängen«. So beschreibt
Jack London das Tal und den Strand von Kalalau, den Schauplatz seiner eindrucksvollen (und in den meisten Einzelheiten
wahren) Geschichte von *Koolau dem Aussätzigen*. Dieses Tal ist

der äußerste Punkt, bis zu dem man zu Fuß vordringen kann. Die restlichen Küstenabschnitte sind nur mit den verschiedenen großen und kleinen Ausflugsbooten zu erreichen, die hier hin und her gondeln. Über einem summen die Helikopter, tauchen in die Täler und schweben über der Steilküste. Heute überflogen gleich zwei den anmutigen steinernen Bogen an der Mündung des Honopu-Tals, des sogenannten »Tals des verlorenen Stammes«, in dem ein vor-hawaiianisches Volk (dessen Ursprung archäologisch umstritten ist) seine Blütezeit erlebte.

Über die Hubschrauber auf Kauai sind die Meinungen geteilt. Außer den Organisatoren der Rundflüge selbst sähe sie wohl fast jeder auf Kauai am liebsten in den Sonnenuntergang verschwinden. Aber ganz fraglos bieten diese wendigsten aller Fluggeräte eine ungewöhnliche Möglichkeit, die Na Pali Coast zu bewundern. Es gibt allerdings zu viele von ihnen. Sie sind zu aufdringlich und zu laut, doch ihr schlimmster Nachteil besteht nicht einmal in der weithin hörbaren Lärmschleppe, sondern in der Art und Weise, wie sie die eigenen Passagiere betäuben – der Krach der Rotorblätter ertränkt das Pfeifen des Windes in den Tälern, die Wassermusik der von den Bergen stürzenden Bäche und das Donnern der Wellen an den Uferklippen. Und zudem erwecken sie den falschen Eindruck, daß diese verborgene Gegend leicht zugänglich sei.

»Irgendwie sind sie die Pest«, sagte Rick in einer seltenen Aufwallung von Ärger, die trotz der bescheidenen Formulierung blinde Wut ausdrückte. »Ich darf gar nicht darüber nachdenken.«

An manchen Tagen rasen »Zodiacs«, riesige Schlauchboote, mit Touristen an der Küste hin und her und vermitteln den Passagieren, die dabei gnadenlos durchnäßt werden, das Gefühl, an einer lebensgefährlichen Expedition teilzunehmen. Die Zodiacs sind genauso laut und aufdringlich wie die Hubschrauber, aber sehr sicher. Wenn man zufällig Zeuge einer Unterhaltung zwischen zwei Skippern wird, hört man vielleicht das folgende: »Wie viele Burger waren es heute bei dir?«

»Dreiundzwanzig heute morgen, nachmittags achtzehn.«

»Lenny hat in einer Woche bloß knapp über dreißig Burger gehabt.«

Dieser Name für die Passagiere war nicht besonders liebenswürdig, aber es hatte etwas schrecklich Passendes, die meist großen, sonnengebräunten Touristen als »Hamburger« zu bezeichnen.

Wir passierten das Awaawapuhi Valley, das engste und dramatischste aller Täler, an dessen engem Boden sich einmal eine ausgedehnte hawaiianische Siedlung befunden hat.

Auch im Nachbartal Nualolo Aina haben früher traditionsgebundene Hawaiianer in einer großen Siedlung gewohnt. Das Tal liegt so versteckt, daß seine Bewohner über viele Jahrhunderte unverändert und bis zum Anfang des zwanzigsten Jahrhunderts auch ungestört dort lebten. Im Tal selbst wohnten die *alii*, die Adligen, und in einem nahegelegenen Uferdorf namens Nualolo Kai die Gemeinen. Die Fundamente der Tanzpavillons, der Wohnhäuser und Tempel, der Gartenmauern und vieler anderer Bauwerke, ausgegraben und katalogisiert von Sinoto, in und vor dem Tal sind noch erhalten. Als wir am folgenden Tag noch einmal dort waren, verblüffte mich auch hier wieder die große Ähnlichkeit mit den Monumenten, die ich auf den dreitausendzweihundert Kilometer entfernten Marquesas gesehen hatte.

Unter den Uferklippen, die aussahen wie schwarze Gefechtstürme, paddelten wir weiter zum Miloli'i-Tal. Weit hinten in der Ferne versank die Sonne hinter der Privatinsel Niihau und ihrem Nachbareiland, dem kleinen Vulkankegel von Lehua. Wir hatten Gegenwind. Ich hasse Gegenwind und hatte geglaubt, daß alle das täten.

»Kühlt einen irgendwie ab«, sagte Rick und paddelte unverdrossen weiter.

An diesem Abend campierten wir am Strand von Miloli'i – mit gebackenen Kartoffeln und am offenen Feuer gegrilltem Fisch. Später unterhielten wir uns noch ein bißchen, und dann kroch Rick den Strand hinunter.

Ich blieb am Feuer sitzen, stocherte in der Glut und fühlte mich schläfrig. Während meiner Zeit als Pazifikpaddler hatte ich schon einige glückliche Momente gehabt, ausgelöst durch die Dinge, die ich gesehen oder gehört hatte. Viel Komfort hatte es nicht gegeben, aber sämtliche »Entbehrungen« waren für meine Entdeckungen notwendig gewesen. Das hier war etwas anderes, eines der schönsten Zwischenspiele der ganzen

Reise. Reiner Luxus: das Essen, das Feuer, die Nachtluft und vor allem meine Erschöpfung, die ich wie den sinnlichen Effekt einer teuren Droge erlebte. Ich genoß es, mich taub und besinnungslos zu fühlen, todmüde auf dem weichen Sand zu sitzen und mich schließlich einfach auf dem Schlafsack auszustrekken und wegzusacken.

Es war ein magischer, denkwürdiger Schlaf. Ich schlief unter einem Vollmond, der so hell war wie eine Bogenlampe. Während der ganzen Nacht donnerte und schilferte die Brandung auf das steil ansteigende Schelf. Am frühen Morgen wachte ich davon auf, daß etwas an meiner Nase kitzelte – eine fette, übereifrige Sandkrabbe stand verwirrt vor der Aufgabe, mein Gesicht aufzufressen, oder fragte sich vielleicht, wie sie mich ganz in ihr Sandloch zerren könnte. Ich wischte das Tier weg und schlief weiter.

Ich hatte geglaubt, daß mich nichts so begeistern könnte wie der Anblick der Steilküste vom Kajak aus, aber ich hatte mich getäuscht. Tags darauf fuhren wir zurück nach Nualolo Kai, um uns Ruinen anzusehen, sahen etwas aus dem Meer schlagen – vermutlich Wale – und nahmen Kurs darauf. Auf das, was wir dann erleben sollten, war ich absolut nicht vorbereitet: Delphine, überall Delphine und noch mal Delphine. Es waren sechzig, siebzig ausgewachsene Exemplare einer anderthalb bis zwei Meter langen Art, Langschnauzendelphine genannt, und ein paar Junge. Sie sprangen hoch aus dem Wasser, schwammen auf dem Rücken, tummelten sich in Gruppen und pflügten in einem riesigen, unregelmäßigen Kreis von etwa achthundert Metern Durchmesser durchs Meer. Und sie keuchten. Bisher hatte ich Delphine nur von einem größeren, lauteren Boot aus gesehen und nie wirklich gehört, welche Töne sie von sich geben – daß sie atmen, seufzen und prusten. Jedesmal, wenn sie die Oberfläche durchstoßen, keuchen sie wie ein Schwimmer, der nach Luft schnappt, und als ich ihren schweren Atem hörte, einen der ergreifendsten und liebenswertesten Laute überhaupt, begriff ich, wieviel uns entgeht, wenn wir ein Geschöpf, das wir ansehen, nicht hören können.

»Irgendwie nett«, sagte Rick.

Selbst mein erfahrener Führer staunte. Er war schon Hunderte von Malen an dieser Küste gewesen, aber so etwas hatte er noch nicht gesehen. Anderthalb Stunden lang spielten wir mit ihnen, paddelten zwischen ihnen herum, und sie gaben uns eine Vorführung. Wir machten kein Geräusch, wir stellten keine Bedrohung dar, wir sahen nur dankbar zu – und sie schienen das zu merken.

Wer wäre nach einem solchen Erlebnis nicht nach Nualolo Kai zurückgepaddelt, um beim großen *heiau*, dem an der Steilküste gebauten Tempel, eine Opfergabe zu hinterlassen? Wir wickelten runde Steine in frischgepflückte *ti*-Blätter, legten sie auf die Mauer und wünschten uns eine gute Reise und die Rückkehr an diesen Ort.

An unserem Ziel, als wir auf der Brandung nach Polihale hineinritten, war ich glücklich und empfand die reine Freude des Reisenden, dessen Mühe belohnt worden ist. In meinem Fall war der Lohn – der Anblick dieser Küste mit ihren Ruinen und die Kunststücke der Delphine – sehr reichlich ausgefallen. Unsere kleinen Boote waren es gewesen, die uns die Freiheit dazu geschenkt hatten. Die Hawaiianer hatten immer um diese einfache Tatsache gewußt, die für die Toten ebenso zutraf wie für die Lebenden: In den Felsen über dem breiten weißen Sandstrand von Polihale hat man Hunderte und aber Hunderte Skelette von Menschen gefunden, und die glücklichsten – die vornehmsten – darunter sind in ihren Kanus begraben worden, wie die großen Wikinger in den Sümpfen und Begräbnisstätten Englands.

25. Kapitel

NIIHAU UND LANAI: MANCHE MENSCHEN
SIND INSELN

Vor uns sehen Sie Niihau, die verbotene Insel«, sagte der Hubschrauberpilot, während seine Flugmaschine mit lautem »quack-quack-quack« den knapp dreißig Kilometer breiten Kanal überquerte, der das kleine, verdorrte Eiland von der freundlichen grünen Insel Kauai trennt.

»Wir landen bald«, fuhr er fort, »ich muß Ihnen aber gleich sagen, daß ich Ihnen die Einwohner nicht zeigen kann und daß wir nicht ins Dorf hineindürfen – sie werden es leider nicht einmal sehen können. Der größte Teil der Insel ist schon seit über hundert Jahren nicht mehr zugänglich.«

Und dann drehte er mit uns nach Süden ab, durch die klare hawaiianische Luft ins neunzehnte Jahrhundert.

Hawaii ist voller wunderlicher Dinge, aber zu den merkwürdigsten Facetten dieser Kette aus achtzehn Inseln gehört, daß sich zwei davon in Privatbesitz, aber nicht in der Hand »eingeborener« Hawaiianer befinden. Etliche Gestalten der Weltliteratur verfügen über private Inseln. Sie nehmen sie mit dem gleichen Geist in Besitz, mit dem sie sich ins Exil begeben – in Shakespeares *Der Sturm* beispielsweise tut Prospero beides. Der Mensch, der sich eine Insel sucht, sehnt sich nach Einfachheit und Glück in einer Welt, die noch unvollständig und daher voller Möglichkeiten ist. Alles kann auf einer Insel geschehen: Schuld kann gesühnt werden (*Robinson Crusoe*), die Kräfte des Guten und Bösen können sich in den Herzen von Schiffbrüchigen Bahn brechen (*Der Herr der Fliegen*), Liebe kann ebenso entdeckt werden (*Die blaue Lagune*) wie ein großes Vermögen (*Die Schatzinsel*), ein wahres Paradies (*Typee*) oder eine Art Hölle (Conrads *Sieg*). Sie kann Schauplatz einer großartigen Abreise (Nantucket in *Moby Dick*) oder der eigenartigsten Landungen der Welt sein (*Gullivers Reisen*). Daß sich derartige Episoden auch auf dem Festland abspielen könnten, ist undenkbar.

Der gemeinsame Nenner aller Inseln ist weder die Landschaft noch ihre Position auf dem Globus, sondern vielmehr
der Umstand, daß sie von Wasser umgeben sind – der Charakter des Wassers selbst ist das magische Element, das dem Insulaner die Verwandlung bietet. Das Wasser, dieses scheinbare
Nichts, ist alles zugleich: Burggraben, Barriere, Wildnis, Quelle
von Nahrung und Hoffnung und der Weg nach draußen. Der
Ozean ist, wie alle seeerfahrenen Menschen bestätigen können, nicht ein Ort, sondern viele. Das Meer hat spezifische
Stimmungen und örtliche Eigenarten wie jede Landschaft aus
Bergen und Tälern auch. Sogar Straßen gibt es. Ozeanien ist
voller alter, mit Namen bezeichneter Wasserwege, die zu anderen Inseln und Archipelen führen. Ein Meeresabschnitt vor der
»Großen Insel« zum Beispiel heißt Kealakahiki, »Der Weg nach
Tahiti«, und ist eine der großen Kanurouten bis hin zum vier-
tausend Kilometer entfernten Französisch Polynesien.

Ein Mensch, der sich auf eine Insel zurückzieht, unterscheidet sich deutlich von einem eingeborenen Insulaner. Es ist etwas ziemlich Suspektes an einem Individuum, das versucht,
zur insularen Unschuld zurückzufinden. Dieser Versuch ist
aber in jedem Fall vergeblich, weil niemand wirklich von einer
Insel Besitz ergreifen kann. Daß man alles beherrschen kann,
was man im Blickfeld hat, ist ein Irrglaube des Festlands: Auf
einer Insel wird man besessen. Inseln haben die einzigartige
Fähigkeit, sich ihrer Bewohner zu bemächtigen, ob sie nun auf
ihnen geboren, oder als Schiffbrüchige oder potentielle Kolonialherren angekommen sind, und haben vielleicht schon deshalb einen solchen Reichtum an Mythen und Legenden.

Man stellt sich Inseln immer als gefährdet und isoliert vor,
aber jede der einundfünfzig Inseln in Ozeanien, die ich besucht habe, schien wie eine finale, in sich geschlossene Einheit,
selbstgenügsam und eigenständig wegen des Wassers, das sie
umgab. Vielleicht irre ich mich, aber dieses Gefühl von Geheimnis und Macht muß sich beiden Gruppen mitteilen, die
auf den Inseln geboren sind, und denen, die sie suchen. Die
Situation ist natürlich fürstlich, wenn sich jemand auf einer Insel ein Haus baut und darin lebt, aber eine Insel ist eben weit
mehr als ein Fürstentum. Sie ist die allerletzte Zuflucht, eine
magische, unsinkbare Welt.

Eine Insel zu besitzen, ist fast das gleiche, als hätte man eine
ganze Welt für sich, mit der man nach Gutdünken verfahren,
in der man seine eigenen Regeln aufstellen, sich einen Traum
oder eine Phantasievorstellung verwirklichen kann. Die beiden
Privatinseln Niihau und Lanai sind besonders eklatante Beispiele dafür, auch wenn sie sich in völlig verschiedene Richtungen entwickeln.

Das kleine Niihau ist so rätselhaft und abgeschieden, daß es
den Beinamen »die verbotene Insel« bekommen hat. Hawaiis
andere Privatinsel, Lanai, ist relativ groß, touristisch kaum er-
schlossen und eigentlich nur als Plantage der Firma Dole bekannt – »die Ananasinsel«. Beide sind auf ihre Weise ungewöhnlich. Der Besitzer von Lanai beendet gerade seine siebzigjährige Tradition des Ananasanbaus und hat durch den Bau
von zwei Luxushotels stark in die Tourismusindustrie investiert. In krassem Gegensatz dazu hat der Besitzer von Niihau
vor langer Zeit verfügt, daß sich auf seiner Insel nichts ändern
darf, und seine Nachkommen haben sich an dieses Versprechen gehalten. Kein Fremder darf die hawaiianisch sprechende
Gemeinde aufsuchen und sich Land und Leute genauer ansehen.

»Wenn es eine unverletzliche Insel gibt, dann ist es Niihau«,
schrieb Hawaiis Historiker Gavan Daws vor fast dreißig Jahren. »Und wenn es einen Menschen gibt, der selbst eine Insel
ist, dann ist es der Patriarch von Niihau.«

Eine der Annehmlichkeiten der Hawaii-Inseln besteht darin,
daß es keine Privatstrände gibt. Zwar kann ein Superreicher
seine Villa direkt in den Sand klotzen lassen, aber das Gesetz
erlaubt es auch gewöhnlichen Sterblichen, am selben Strand zu
schwimmen und in der Sonne zu liegen. Die Strände gehören
allen, einen öffentlichen Zugang gibt es selbst zu den entlegensten und exklusivsten Uferabschnitten.

Die einzige Ausnahme bildet Niihau. Ich hatte mein Faltboot
mitnehmen wollen, mußte mir aber sagen lassen, daß das nicht
in Frage käme, weil der Sand und selbst das Wasser um die
Insel – bis zu einer Tiefe von achtzehn Metern – privat sei.

Wegen dieser Isolation ranken sich um Niihau vielerlei Legenden, das Unbekannte gilt immer als etwas ganz besonders
Wunderbares. Schon der Gedanke an Niihau scheint in Hawaii

faszinierend, und fast jeder stellt sich ein geheimes Paradies
darunter vor. Man braucht nur zu sagen, daß man dort gewesen ist, und schon leuchten die Gesichter vor Neugier: »Wie
war es denn? Bestimmt ganz phantastisch.«

Ein »Betreten Verboten«-Schild wirkt auf einen Reiseschriftsteller verlockend wie Katzenminze. Ich war entschlossen, etwas über die Insel herauszubekommen und, wenn möglich,
auch hinzufahren. Hubschrauber flogen Niihau gelegentlich
an, ein Service, für den – um die Deckung zu wahren – nirgends geworben wurde. Die Herumfragerei bei Informanten,
das mühsame Herausfinden des Hubschraubers und die
eigentliche Anreise stellten sich am Ende etwa so dar wie die
Vorbereitung einer Attacke auf Alcatraz, eine andere Pazifikinsel, der Niihau auch äußerlich ähnlich sieht.

Im Jahr 1864 verkaufte der hawaiianische König Kamehameha V. die Insel Niihau für zehntausend Dollar an eine reiche
schottische Familie. Ihre Mitglieder machten sich sogleich
daran, den polynesischen Vulkan in ein schottisches Landgut,
sich selbst in Herren und die Insulaner in Knechte zu verwandeln. Sie waren bärbeißige Christen, verfügten, daß jeder auf
der Insel die Gottesdienste zu besuchen hätte, untersagten das
Rauchen, verbannten allen Alkohol, stärkten die Macht der Kirche und verteilten Bibeln in hawaiianischer Sprache. Bis heute
sind auf dieser Insel, in der fast ausschließlich hawaiianisch
gesprochen wird, Bibel und Gesangbuch der einzige Lesestoff
in dieser Sprache, und die alten Verbote existieren noch immer.
Kein Wunder, daß es, wie ein ehemaliger Einwohner 1989
schrieb, »ein Lieblingsspiel der Kinder ist, sich gegenseitig her-
auszufordern, indem sie sich Zitate aus der Bibel aufsagen« –
der Gegenspieler mußte Kapitel und Vers erraten. Am Sabbat
jedoch sind Fischfang, körperliche Arbeit und Spiele verboten.

Theoretisch ist Niihau eine nüchterne, fromme Insel, auf der
zwölf zwangsläufig miteinander verwandte hawaiianische Familien leben. Wen auch immer man in Hawaii danach fragt, er
wird einem erklären, Niihau sei ein einzigartiges Reservat einheimischer Kultur, in dem die Menschen auf althergebrachte
Weise Fischfang und Ackerbau betrieben und die insularen
Traditionen bewahrten.

Das ist natürlich Unsinn. Die Insel konserviert bestenfalls die alten Zeiten eines seelenrettenden missionarischen Patriarchats, das den Hula-Tanz verbot, Gesang unterband und arbeitsuchenden Insulanern nur gestattete, die Herden des Inselherrn zu hüten. Es ist ein Inselgespenst aus einem Zeitalter, das Polynesien als faul und reif zur Buße für die Erbsünde verdammte. Seltsamerweise haben die Insel und die halsstarrige, stockkonservative Familie Robinson, der sie gehört, mehr Fürsprecher als Angreifer, weil den flüchtigen Betrachtern die Vorstellung gefällt, daß es ein Eiland gibt, auf dem die Zeit stehengeblieben ist. Obwohl die Insulaner im vergangenen Jahr die Demokraten gewählt haben (das Bürgermeisteramt wurde sehr fortschrittlich mit JoAnn Yukimura besetzt), waren die Niihauaner bis dahin ebenso unerschütterlich konservativ wie die Familie Robinson. 1959 votierten sie als einziger Wahlkreis der Inselkette gegen den neuen Status als Bundesstaat der Vereinigten Staaten. Aber die Uhr läßt sich nicht anhalten, auch nicht auf einer einsamen Insel.

Was ist also das Traditionelle an Niihau? Es ist die Sprache. Auf der Insel lebt die wohl einzige Gemeinde im ganzen Staat, deren Alltagssprache das Hawaiianische ist. Es ist die Bewahrung der kleinen und großen Familienverbände, die, wie es heißt, harmonisch miteinander leben. Es ist der Fischfang, den aber nur die Männer und Jungen betreiben, die Frauen besorgen den Haushalt, und viele von ihnen suchen auf den Stränden nach den winzigen Niihau-Muscheln, die sie durchbohren und zu kostbaren, weltweit wegen ihrer Seltenheit geschätzten Halsketten verarbeiten. Und es ist die Treue zur Kirche.

Trotz aller Frömmigkeit gehört aber heute der Scheck der Sozialhilfe ebenso zur Tradition von Niihau wie Lebensmittelmarken, Büchsenlimonade, Essen aus der Dose und, in den Häusern mit Stromgeneratoren, Videogeräte. Die windzugewandte Seite der Insel ist so grauenhaft durch von anderen Inseln angeschwemmte Plastikabfälle entstellt, daß *Time* sie kürzlich als eine Art verdorbenes Eden abbildete. Es gibt keine Hula-Tänze und keine Kanus, und die angebliche ethnische Einheitlichkeit ist schlicht eine weitere Legende, denn in den Adern der Insulaner fließt auch japanisches Blut.

»Sie leben nicht wie Hawaiianer«, erzählte mir der Kulturhistoriker Sol Kahoohalahala. »Sie haben eine mangelhafte Ernährungsweise und als Folge davon schwerwiegende gesundheitliche Probleme.«

Wenn ihre Kultur intakt geblieben wäre und die Menschen ihre alten Fertigkeiten und Freuden bewahrt hätten, wäre das Experiment mit der Isolation dieser Hawaiianer vielleicht geglückt. So jedenfalls ist es nur als Fehlschlag zu bewerten. Was bleibt, ist die Sprache, aber die Robinsons hindern Auswärtige daran, sich an Ort und Stelle damit zu befassen. Es ist durchaus möglich, daß die Sprache, die von dieser kleinen Anzahl Hawaiianer auf Niihau gesprochen wird, ebenso degenerieren wird wie die Menschen und schließlich ausstirbt.

Früher war es die Regel, daß ein Niihauaner, der die Insel verließ, als gezeichnet galt und nie mehr zurückkommen durfte. Heute ist das nicht mehr so. Regelmäßig fahren Niihauaner mit einem aus dem Vietnamkrieg übriggebliebenen Landungsfahrzeug über die Meeresstraße nach Kauai, um auf den Besitzungen der Robinsons zu arbeiten, ihre Sozialhilfe zu kassieren, Lebensmittel einzukaufen, Verwandte zu besuchen (auf Kauai leben große Verbände von Familien aus Niihau) oder auf Parties zu gehen, auf denen das Rauchen und Trinken mit Freuden geduldet wird.

Mein verstohlener Ausflug auf die Insel fand mit einem Hubschrauber statt, der der Familie Robinson gehört. Bei einem Flugpreis von zweihundert Dollar pro Person amortisiert sich der Helikopter offenbar, der auch für medizinische Notfälle eingesetzt wird (auf Niihau gibt es kein Krankenhaus).

Vor den über dreihundert Meter hohen Uferklippen zogen wir eine Schleife und landeten am verlassenen Südende der Insel, an dem ein paar von Cooks Männern, darunter auch sein erster Maat, William Bligh, im Jahr 1778 eine Nacht verbrachten. Sie waren die ersten Weißen, die einen Fuß auf die Hawaii-Inseln setzten, die Cook durch Zufall entdeckt hatte. Solche Zufälle waren bei ihm selten, denn der Kapitän konnte Inseln mit seinem genialen Spürsinn geradezu riechen. Wie auch die polynesischen Seefahrer machte er sich einen Reim auf das Erscheinungsbild des Meeres, die Konfigurationen von Wellen, die Bewegungen von Seevögeln, das Vorkommen von Schildkröten und die Qualität des Lichts. Aber Hawaii, zuerst war

Oahu in Sicht gekommen, tauchte ganz plötzlich aus dem Ozean vor ihm auf – was besonders überraschend war, da er nicht damit gerechnet hatte, im Nordpazifik auf derart hohe Inseln zu treffen. Später sichtete er Kauai und Niihau, und während er noch überlegte, ob die Inseln bewohnt sein könnten, näherten sich Kanus, jedes mit drei oder vier Männern besetzt.

Die Insulaner sagten etwas, »und wir waren höchlichst überrascht zu sehen, daß sie derselben Nation angehörten wie die Leute von Otaheite [Tahiti] und den anderen Eilanden, welch selbige wir letztlich erst besuchten«. Cooks sorgfältige Sammlung von Vokabellisten erwies sich als sehr nützlich, und sogar die Mannschaft fand sich in dieser dem Tahitianischen so ähnlichen Sprache gut genug zurecht, um Lebensmittel zu erbitten – Schweine, Brotfrucht, Yams und Wasser: die Worte dafür waren bekannt.

»Wie wohl nun mögen wir es uns erklären, daß diese Nation sich selbst so weit über den riesigen Ozean ausgedehnt hat?« notierte Cook tief beeindruckt. Er war sich bewußt, wie leicht der Kultur zu schaden war, der sie sich gegenübersahen, und da er wußte, daß es an Bord seiner beiden Schiffe Fälle von Syphilis gab, untersagte er seinen Männern, sich mit Frauen von den Inseln einzulassen. Zuwiderhandlungen sollten mit Peitschenhieben bestraft werden.

Die Begegnung hätte nicht seltsamer sein können, wenn Cook aus dem Weltraum gekommen wäre, und tatsächlich ähnelte sie einem Treffen von Marsmenschen und Irdischen. Cook kam den Insulanern wie ein übernatürliches Wesen vor, wie die Verkörperung des Gottes Lono (Orongo auf Rapa Nui), der ihnen nach ihrem Glauben auf einer schwimmenden Insel erscheinen sollte – und genauso sah die *Resolution* aus. Überall auf dem Schiff gab es Eisen, ein Metall, das bei den Insulanern heiß begehrt war. Hemmungslose Gier und Ungeduld waren stärker als ihre Ängste, und da ja die fremden Geschöpfe nicht unter die auf Hawaii besonders strengen Regeln des *kapu*, des Tabus, fielen, wurde gleich geklaut. Gegenstände aus Metall verschwanden, es gab Auseinandersetzungen, eine davon mit tödlichem Ausgang, als einer von Cooks Offizieren einen Insulaner erschoß.

Nur zwei Tage nach der Sichtung der Inseln und trotz der
Vorsichtsmaßregeln des Kapitäns trafen sich ein paar seiner
Männer auf Kauai doch mit Insulanerinnen und infizierten sie.
Auf Niihau geschah das Gleiche, und bald überzog eine Epide-
mie von Syphilis und Gonorrhöe die Inseln und dezimierte
drastisch ihre Bevölkerung. Ironischerweise hatten sich viele
Männer die Krankheit 1777 bei tahitianischen Frauen eingefangen, die wiederum von französischen Seeleuten infiziert worden waren.

Die Niihauaner, die Cook auf seinem Schiff aufsuchten, baten ihn, ein Pfand dalassen zu dürfen. Er willigte ein, und sie
schnitten sich Haarsträhnen ab, die sie zum Beweis ihres Ver-
trauens an Deck hinterließen, denn wer etwas so Persönliches
wie Haare oder abgeschnittene Fingernägel eines anderen besaß, konnte den, von dem sie stammten, mit einem todbringenden Bann belegen. Cook versorgte sich mit Trinkwasser
aus den Quellen von Niihau und reiste ab, um die Nordwestpassage zu suchen.

Ich wanderte auf einem alten Lavastrom bergab, um mich über
die steilen Felswände zu beugen und dem Krachen der Brandung und den Schreien der Seevögel in der Keanahaki Bay zuzuhören.

Die einfachen Holzhäuschen von Puuwai, des einzigen Dorfes auf der Insel, konnte ich während des kurzen Luftsprungs
hinüber zur karstigen Ebene im Norden der Insel von fern betrachten. Niihau ist sehr trocken – die Insel hat vor kurzem erst
eine siebenjährige Dürreperiode durchgemacht –, und wenn
überhaupt Regen fällt, dann auf Puuwai, wo man ihn in Zisternen auffängt. Was sich unter dem Helikopter darbot, war ein
verwüstetes Ökosystem, hinterlassen von hungrigen Rindern
und Schafen, wilden Schweinen und Trupps von wilden Pferden, die dann ebenfalls in Sicht kamen. Die grasenden Tiere
haben den Schaden begonnen, den Rest hat der Wind erledigt.
Die ganze Insel hat das ziemlich tragische Aussehen eines ge-
scheiterten Utopia und die merkwürdig staubige und ärmliche
Atmosphäre einer Strafkolonie.

Schon 1863 war der Boden auf der Insel so schlecht, daß das
hawaiianische Grundnahrungsmittel Taro nicht auf ihr gedieh,

und gute Bäume waren eine solche Rarität, daß sie per Schiff aus Kauai herangebracht werden mußten. Heute ist die Situation noch schlechter. Man hat offenbar keine Aufforstung begonnen, und die Insel hat keinen sichtbaren Mutterboden. Was wächst, ist der *kiawe*-Baum, ein mit dem Mezquite-Strauch verwandter Dornbusch. Die Holzkohle, die die Insulaner aus seinem Holz herstellen, ist auf den übrigen Inseln sehr gefragt, und die Blüte des Strauchs ergibt einen köstlichen Honig, den die Imker von Niihau gewinnen. Aber das ist Kleingewerbe.

Am Nordende der Insel, beim Puukole Point, liegt ein geschützter Ankerplatz. Dort kriecht das mit Passagieren und Lebensmitteln beladene Landefahrzeug aus dem Meer auf den Sand. Der große, schwarze Vulkankegel in Küstennähe, Lehua Island, ist staatliches Schutzgebiet für Seevögel. Mit seinen hawaiianischen Monumenten, Höhlen und Süßwasserquellen hat sich die Forschung schon befaßt.

Bei einem Spaziergang an diesem Nordufer überlegte ich mir, was ich mit der Insel anfangen würde, wenn sie mir gehörte. Ich würde es natürlich nicht wollen, daß sie von verwilderten Tieren zu Tode geknabbert oder Körnchen für Körnchen ins Meer geweht würde. Es war gut, daß ihre Bewohner noch immer ihre Muttersprache benutzten, und tatsächlich gilt das Hawaiianische auf Niihau bei manchen Linguisten immer noch als reinste Form dieser Sprache. Aber es war bedauerlich, daß sie mit Außenstehenden nicht wirklich in dieser Sprache sprechen konnten und nichts über die Geschichte ihres Volkes wußten, das mit der Ankunft der Händler und Viehzüchter, des rachsüchtigen, alttestamentarischen Gottes und der Missionare, die sie als Sünder brandmarken, ein anderes geworden war.

Die Isolation hatte nicht funktioniert. Die Beziehung von Herr und Knecht hat immer etwas grundlegend Subversives, und eine Familie von *haoles*, die sich zu Herren über dunkle Insulaner aufschwingt, entwirft damit noch längst kein neues Utopia. Selbst wenn es einmal funktioniert hat, ist das Verderben doch mit dem ersten Videogerät, wenn nicht schon mit dem ersten Transistorradio auf die Inseln gekommen. Die Insel sollte sich nicht ändern, das war die Absicht, aber sie hat es unerbittlich doch getan. So wie Mäuse durch stetes Nagen

selbst einen Palast in Trümmer legen können, haben die Tiere
und fremden Pflanzen das ökologische System der Insel zu Fall
gebracht. Die Ernährungsweise der Menschen hat sich geändert, und vielleicht haben sich mit zunehmender Häufigkeit
der Ausflüge auf die Nachbarinsel auch ihre Ansichten angepaßt.

Eine Insel kann man besitzen, die Menschen aber nicht, und
sie lassen sich auch nicht wie Vieh oder, schlimmer, wie wil-
lenlose Museumsstücke verwalten. Man müßte die Niihauaner
wohl selbst zu ihrer Zukunft konsultieren. Sie lassen sich, wie
ich feststellen konnte, nur sehr ungern von Fremden ausfra-
gen, sie fanden meine Fragen *niele*, zu neugierig. Überhaupt
sollen sie sehr stolz auf ihre Andersartigkeit und Abgeschiedenheit sein.

Im Idealfall würden sich die Insulaner gegen ein Invasion
von Touristen entscheiden, aber für Kontakte mit anderen Hawaiianern – mit Dichtern, Tänzern, Ethnographen, Linguisten
und Landwirten –, in der Hoffnung auf eine Verjüngung ihrer
Gemeinde und die Chance zu einer gewissen Autarkie. Das
könnte schließlich zu einer Wiederbelebung der hawaiianischen Sprache auf den anderen Inseln führen.

Die Insel Lanai ist ein völlig anderes Experiment. Niemand
hatte etwas gegen mein Faltboot – bei der kleinen Fluggesellschaft, die die Insel von Honolulu aus anfliegt, ist man an den
Umgang mit Kajaks, Surfbrettern, Taucherausrüstungen und
großkalibrigen Gewehren – auf Lanai wird gejagt – ebenso gewöhnt wie an Louis-Vuitton-Golftaschen und Hutschachteln
von Chanel. Auf Lanai gibt es die einfachsten, aber auch die
luxuriösesten Herbergen von ganz Hawaii. Der Rucksacktou-
rist ist dieser einzigartigen Insel ebenso willkommen wie der
Milliardär.

Wie Niihau ging auch Lanai von der Herrschaft der hawaiianischen Monarchie in Privathand über, und für eine gewisse
Zeit gehörte sie den Robinsons von Niihau. Die Insel erlebte
etliche Wiedergeburten als Ranch, als Gelobtes Land (eine
Zeitlang saßen die Mormonen hier) und als aufgedonnerter bo-
tanischer Garten mit Wildpark, bis James Dole sie im Jahr 1922
erwarb und auf fünfzehntausend Morgen Land Ananas-

stauden anpflanzte. Die Arbeitersiedlung, nicht viel mehr als eine Ansammlung schlichter Häuschen in einem Raster enger Straßen, erfreut sich des Namens Lanai City. Siebzig Jahre lang waren sämtliche zweitausendzweihundert Einwohner – zum größten Teil stammten sie von Filipinos und Japanern ab – im arbeitsintensiven Geschäft des Ananasanbaus beschäftigt.

Wegen der hohen Lohnkosten verliert die Ananas ihre Rentabilität und wirtschaftliche Bedeutung für Hawaii, philippinische und zentralamerikanische Unternehmen arbeiten einfacher und billiger. Dennoch dachte niemand ernsthaft an eine Schließung der Dole-Plantagen, bis vor fünf Jahren der durchsetzungsfähige Investor David Murdock an die Spitze von Castle & Cooke trat (Castle & Cooke hatten Dole mitsamt der Insel in den fünfziger Jahren übernommen.) Murdock erkannte, daß mit den Pflanzungen kein Geschäft mehr zu machen war, machte sich Gedanken über eine Diversifizierung und entwarf einen großangelegten Plan für die ganze Insel. Ein einzigartiges Privileg, so etwas tun zu können, aber schließlich gehörte ihm das Ganze. Auf der Insel gab es ein Hotel, ein bescheidenes, charmantes Gebäude mit zehn Zimmern, das natürlich The Lanai Hotel hieß.

Murdock machte sich die großartigen Aussichtspunkte und die beiden verschiedenen Klimazonen der Insel zunutze und wählte die kühlen, dunstverschleierten, mit Norfolk-Tannen bewachsenen Berge über Lanai City als Standort für sein erstes Luxushotel. The Lodge in Koele hat mit seinen Veranden und riesigen offenen Kaminen die Atmosphäre einer Jagdhütte im angelsächsischen Kolonialstil der Jahrhundertwende und würde sich auch im Hochland von Kenia gut machen. Manele Bay, das zweite Hotel, das Murdock vierundzwanzig Kilometer weiter weg an eine spektakuläre Bucht oberhalb eines Sandstrands plazierte, sieht aus wie eine großzügige mediterrane Villa: Stuck, Ziegeldächer und kunstvolle Gartenanlagen.

Anfangs versetzte der plötzliche Wandel die Bewohner von Lanai, die nur das Ananasgeschäft und die Routine der Plantage kannten, in Angst und Schrecken. Eine Nur-über-unsere-Leichen-Fraktion bildete sich, die auch heute noch auf dem alten Status quo besteht. Diese Gruppe ist zwar kleiner geworden, meldet sich aber immer noch zu Wort, weil beispielsweise die

Nachbarinsel Maui ernstlich und scheußlich zu einem Gebilde
verkommen ist, das in großen Teilen aussieht wie ein Vorort
von San Diego. Es gab eine Wir-wollen-keine-reichen-Leute-
Fraktion, die sich lautstark fragte, was sich die Insel mit den
Luxushotels denn wohl einhandelte. Und es gibt immer noch
eine gemäßigtere Lanaianer-für-vernünftiges-Wachstum-Par-
tei, die bei der Zukunftsplanung der Insel ein Wort mitzureden
haben will. Mr. Murdocks Reaktion auf die verschiedenen Argumente schwankt zwischen geduldigem Verständnis und
dem Größenwahn und der Engstirnigkeit eines General Bull-
moose. Nach allgemeiner Ansicht kann Murdock mit seinen
Neuerungen alles gewinnen, wenn die Insulaner nur zufrieden
sind und im Wohlstand leben. Außerdem haben sie die unterschwellige Sorge – oder besser gesagt nackte Angst –, daß
Mr. Murdock die Lust am Geldausgeben verlieren und den
ganzen Laden an die Japaner verkaufen könnte, die ihn rücksichtslos nipponisieren, aufteilen und in ein Golferparadies
nebst Arbeiterlager verwandeln könnten, eine Kombination,
die sich bereits andernorts als äußerst einträglich erwiesen hat.

Mit all den Änderungen geschah etwas unerwartet Positives.
Die Nachkommen der Plantagenarbeiter, die ihrer Heimat den
Rücken gekehrt hatten, um sich auf anderen Inseln oder dem
Festland nach passenderen und besser bezahlten Jobs umzuse-
hen, kamen nach und nach zurück, um in den neuen Hotels zu
arbeiten, und haben damit diese Insel der alternden Plantagen-
arbeiter ziemlich verjüngt. Kurt Matsumoto, der Manager von
Koele, ist auf Lanai geboren, ebenso wie fast die ganze übrige
Hotelmannschaft.

»Zum Ananaspflücken wäre ich nie zurückgekommen«,
sagte Darek, der jetzt in Manele einen Lastwagen fuhr. »Aber
das hier ist etwas anderes. Der Job macht mir Spaß.«

»Meine Eltern wollten, daß ich nach Lanai zurückkomme«,
sagte Linda. »Aber dazu hatte ich keine Lust. Es gab ja nur die
Plantage und die Feldarbeit für fünf Dollar.« Sie lachte bei dem
Gedanken. Aber dann hörte Linda, die in San Diego als Kellnerin arbeitete, von den Hotels und kehrte heim zu ihrer Familie
und einem Job im Speisesaal des Manele Bay.

Ich hörte immer wieder die gleiche Geschichte. Manche, wie
zum Beispiel Perlita, hatten zehn oder fünfzehn Jahre lang auf

den Ananasfeldern gearbeitet und gehörten jetzt zum Hotel-
personal.

»Mein Vater hat fünfundvierzig Jahre lang auf den Feldern
geschuftet«, sagte Dick Trujillo, ein Lehrer, während wir im
S&T, einem Schnellrestaurant in Lanai City, über unseren
Fischburgern saßen. »Er war gegen die Veränderungen. Früher
gab es auf Lanai eine Art Pflanzermentalität. Man glaubte, daß
man es nie besser haben würde, daß es die zwei Klassen von
Menschen – Manager auf der einen, Feldarbeiter auf der anderen Seite – geben müsse und daß ein Kind eines Feldarbeiters
keinen Anspruch darauf hätte, aufs College zu gehen und etwas Besseres aus seinem Leben zu machen.«

Nach dem Abschluß an der University of Hawaii hatte er
eine Zeitlang in Honolulu gearbeitet, aber der viele Verkehr,
die hohen Lebenshaltungskosten und der Streß des Stadtle-
bens hatten ihn nach Lanai zurückgetrieben, wo alles eine ru-
higere Gangart und jedes Häuschen einen üppigen Garten
hatte.

»Wir sind ein einziger Rückschritt – wir sind ungefähr fünfundzwanzig Jahre hintendran«, sagte Henry Yamamoto oben
im Ranger-Büro der Lanai Company, von dem aus er die Jagd
auf der Insel beaufsichtigt, vor allem die monatliche »Scha-
densbegrenzungs«-Jagd, durch die das Wild letztlich bei einer,
wie er sagte, kontrollierbaren Stückzahl von viertausend gehalten werden soll. Zum Ende der Ananas und dem Anfang des
Hotelgewerbes meinte er: »Wir sind reif für eine Verände-
rung.«

Fast jeder, mit dem ich auf Lanai sprach, erwähnte das
starke Gemeinschaftsgefühl auf der Insel, und der nachbar-
liche Gemeinsinn ist kein Mythos. Die Freundlichkeit zeigt
sich nicht zuletzt auch in der entspannten, guten Laune der
Leute und ihrer Offenheit gegenüber Fremden.

»Wenn ich mit dem College fertig bin, will ich nach Lanai
zurück«, sagte Roderick. Er studierte, um Tourismusmanager
zu werden, und im Sommer jobbte er als Kellner in Koele. »Ich
möchte der Gemeinde etwas wiedergeben.« Einen Ausdruck
solcher Loyalität und Dankbarkeit findet man heutzutage auf
den anderen Inseln selten, und ich war sicher, daß das gute
Lebensgefühl von Lanai etwas damit zu tun hatte.

Die »eingeborenen« Hawaiianer der Insel interessieren sich
aktiv für die eigene Geschichte und Kultur und beschäftigen
sich mit ihrer überlieferten Musik, ihren Tänzen und ihrer
Kunst. In einer von Castle & Cooke initiierten Aktion haben die
geschicktesten Bewohner der Stadt die künstlerische Ausge-
staltung – Wandgemälde, Anstriche und gemalte Blumendeko-
rationen – der Hotels übernommen.

Die Hawaiianer datieren den Beginn ihrer Geschichte auf
Lanai etwa aufs fünfzehnte Jahrhundert, und die Insel hat
einen großen Reichtum an alten Hawaiianischen Tempeln, Gebäudefundamenten und Petroglyphen. Extensive archäologische Ausgrabungen haben allerdings bisher noch nicht stattgefunden, und wenn ich bei einer Wanderung durchs hohe Gras
oder über einen windigen Hügel auf die Quader einer Ruine
stieß, fand ich es jedesmal wieder aufregend. Obwohl man
durch eine Fülle von Reiseführern und durch die Hinweise
von Insulanern zu den Stätten finden kann, sind die Plätze
selbst doch ungeschönt und sehen unberührt aus – es gibt weder Schilder, Pfeile noch Hinweistafeln. Die Stille und der Eindruck von Verlassenheit gaben mir stets aufs neue die Illusion,
ein einsamer Entdecker zu sein.

Nach dem Genuß der Gourmet-Küchen und des sybariti-
schen Daseins in den Hotels in Koele und an der Bucht von
Manele zog ich in die Nähe des Shipwreck Beach am Nordufer
der Insel um und schlug mein Zelt in einem Kiawe-Hain bei
Halulu auf. Gegen diese windzugewandte Seite der Insel
schäumte starke Brandung, aber alles war vollkommen menschenleer, ein wunderschöner Platz zum Schnorcheln und
Wandern. In der Nacht raschelten und tuschelten die Zweige
der Kiawe-Bäume wie menschliche Wesen. Im Osten sah ich
die hellen Lichter von Maui und jenseits der vom Mondlicht
weißgetünchten Brandung des Kanals den hohen, dunklen
Umriß von Molokai.

Morgens, bevor der Wind heftiger wurde, paddelte ich am
Riff entlang. Etwa drei Kilometer weiter oben an der Küste lag
der rostige Rumpf eines Liberty-Schiffes, das aufs Riff gelaufen
war, und in seiner Nähe fand ich noch mehr Überreste zer-
trümmerter Schiffe – hölzerne Decksaufbauten in einem Gewirr von zerfetzten Fischernetzen – und weiter weg gestran-

dete, verbeulte Container, die sich wohl von den Decks neue-
rer Wracks losgerissen hatten. Dieser Teil der Insel gilt als
Fundgrube für Strandgut und Flaschen mit Zetteln darin. An
allen Stränden hier fanden sich Spuren von Wild, aber ich sah
keines dieser vorsichtigen Geschöpfe – und anderthalb Tage
lang auch keine Menschenseele.

Ich zog das Kajak auf den Strand, wanderte über die trockenen, vom Wind wie mit einem Sandstrahl ausgeblasenen Uferklippen – diese Seite von Lanai gleicht in Aussehen und Atmosphäre einer schottischen Moorlandschaft – und stieß auf
Petroglyphen und Steinterrassen, die möglicherweise aus der
Zeit Kamehamehas stammten, des Königs, dem 1795 der Zu-
sammenschluß der Hawaii-Inseln glückte. Er soll seine Sommer auf der gegenüberliegenden Seite von Lanai verbracht haben. Historisch belegt ist, daß er ab und zu auf Lanai gelebt
hat, angeblich in Kaunolu, einem gespenstischen, großen Ort
auf der Südseite der Insel. Zu dieser Annahme bemerkte ein
hawaiianischer Historiker allerdings: »Klingt wie ein typischer
Fall von ›Hier übernachtete George Washington‹.«

Ich lud das Kajak auf einen Jeep und fuhr damit über Schotterstraßen zu anderen Stränden, an denen ich paddeln ging,
und dann quer über die Insel zum »Garten der Götter«, einem
seltsamen Felsplateau im nordöstlichen Teil der Insel, wo der
Wind durch die langen Nadeln zerzauster Fichten pfiff und
erodierte Lavabrocken herumlagen, die wie Altäre und Tem-
pelruinen wirkten. Auf der Fahrt über den sechshundert Meter
hohen Munroe Trail wurde die Luft so feucht und kalt, daß ich
einen Pullover brauchte.

Das Klischee jeder hawaiianischen Insel besteht aus sonnigen Stränden und albernen Hemden, Palmen und Surfern. Die
gibt es auf Lanai auch, aber es gibt eben noch viel mehr. Wenn
man an den Ananaspflanzungen vorbeifährt und dann die Fraser Avenue entlang nach Lanai City – numerierte Straßen,
schlichte Häuser, Lebensmittelläden, *Lunch Rooms*, Bäckerei,
Wäscherei, alles Holzgebäude –, drängt sich der Gedanke auf,
daß man in eine Art hawaiianisches Heimatmuseum geraten
ist.

Und das altertümliche Äußere der Stadt ist kein Trugbild
und keine Fälschung. Sie hat den simplen Sepiaton einer alten

Fotografie und ist doch ein lebendiges, atmendes Überbleibsel
von Alt-Hawaii, eine Plantagensiedlung wie viele, die vor dem
Zweiten Weltkrieg – und vor allem dem Massentourismus –
auf den Inseln blühten. Fast jedes Gebäude von Lanai City
sieht aus, als stammte es aus dem Jahr 1935. Die Lanaianer,
konservativ von Natur und ihrer Vergangenheit treu, haben
nie viel von Renovierungen gehalten, und außerdem gehörten
die meisten Häuser sowieso der Firma. Wenn die Insulaner
Geld haben, kaufen sie sich teure, robuste Autos. Der einzige
augenfällige Anhaltspunkt für privaten Reichtum ist der Pick-
up-Laster, den einer fährt. Die Insel ist ein Traum für jeden
Offroad-Fahrer.

Die dreihundert Millionen Dollar, die Castle & Cooke in die
Insel investiert haben, fallen nicht sofort auf. Die hervorragende High-School findet man an einem Ende der Stadt, neue
Häuser gibt es am anderen. Für lanaische Begriffe liegen die
Luxushotels abgelegen und versteckt – und das sollen sie auch.
Es wäre schade, wenn der anheimelnde Charakter des Ortes
verändert und die Eighth Street in ein Shopping-Center verwandelt würde. Das kann aber durchaus noch passieren –
nichts ist so teuer wie die Bewahrung der Vergangenheit –, bis
jetzt sieht es allerdings so aus, als hätte der Besitzer Wege gefunden, die Insel zu verjüngen, ohne sie zu verderben.

26. KAPITEL

»THE BIG ISLAND«:
PADDELN IM STANDE DER GNADE

Ich hatte eine gewisse Scheu vor der Frage, wieviel der Orchid Bungalow, meine Nobelherberge am Meer, denn kosten sollte – das Hotel galt als das teuerste und luxuriöseste von ganz Hawaii, und das hieß schon etwas, da mir Hawaii sowieso wie der orchideenumflorteste Ort der Erde vorkam.

Als Mrs. L'Eplattenier, die Managerin des Bungalows, bei mir vorbeischaute, traute ich mich dann doch.

»Zweitausendfünfhundert Dollar pro Tag.« Sie zog die Vorhänge auseinander, um mir meinen Swimmingpool zu zeigen.

Ich muß zusammengezuckt sein, denn sie wandte sich zu mir um, lächelte mich an und ergänzte: »Mit Frühstück.«

Das Hotel steht an der Kohala Coast, nördlich von der Kealakekua Bay, in der Captain Cook im Februar 1779 erschlagen wurde. Jeder, der im Pazifik reist, und sei es auch nur für kurze Zeit, empfindet unweigerlich Bewunderung für diesen heldenhaften Entdecker und Seefahrer, der, ungewöhnlich für einen großen Kapitän, ein durch und durch guter Mensch war.

Cook war etwa neun Monate zuvor von Niihau aus abgesegelt, um die Nordwestpassage zu suchen – den nördlichen Seeweg vom Pazifik zum Atlantik –, hatte aber nur gefährliches Eis und gebirgige Gestade vorgefunden und war zur Erholung in hawaiianische Gewässer zurückgekehrt. Seine beiden Schiffe liefen diesmal Maui an, wo Cook voll Bitterkeit in seinem Logbuch notierte, daß die Syphilis, die seine Männer auf Kauai und Niihau hinterlassen hatten, nun auch hier grassierte. Sie fuhren weiter zur Insel Hawaii und knüpften Kontakte zu den Insulanern, die Cook unverständlicher vorkamen als alle, denen er zuvor begegnet war. Der Ruf, den er bei ihnen genoß, überwältigte ihn. Die Hawaiianer fragten sich immer noch ernsthaft, ob er der Gott Lono auf seiner schwimmenden Insel sei.

Was folgte, war eine chaotische Interaktion, ein Zusammen-

prall zweier Kulturen mit dummen Fehlern auf beiden Seiten,
Gewaltakte waren fast unvermeidlich. War dieser *haole* wirklich Lono? Waren die Seeleute gefährlich? Cook lernte den
alternden König Kalaniopu'u kennen, der ihn wie seines-
gleichen behandelte. William Bligh und die anderen fertigten
Karten an, sammelten Handwerkserzeugnisse und zeichneten
Bilder von Landschaften und Zeremonien. Aber die Diebereien
der Insulaner, deren leidenschaftliche Gier nach Eisenteilen
ungebrochen war, nahmen kein Ende. Cooks Männer verletzten Tabus und begingen sinnlose Grausamkeiten, während die
Schiffe wegen des Eisens belagert wurden – die Insulaner fanden sogar Wege, Nägel aus den Planken zu hebeln.

So ging es knapp vier Monate lang, bis Cook schließlich,
nachdem der große Kutter der *Discovery*, ein für die Expedition
sehr wichtiger Ausrüstungsgegenstand, gestohlen worden
war, verärgert an Land ging, um den König so lange als Geisel
festzusetzen, bis das Boot zurückgebracht wurde. Zunächst
zeigte sich der König freundlich und gesprächsbereit, aber
schon kam es zu Mißverständnissen, und darauf folgte Panik.
Tausend Insulaner rotteten sich zu einer bedrohlichen Menge
am Strand zusammen, und Cooks verängstigte Männer feuer-
ten ihre Musketen ab. Steine flogen. Cook wurde von ihnen
getroffen, mit einer Keule geschlagen, unter Wasser gehalten,
durch Stiche verletzt und ertränkt.

»Ein gerechtfertigter Totschlag«, giftet Mark Twain in seinem *Big Island*-Kapitel von *Roughing it/Durch dick und dünn*. Er
hielt Cook für undankbar und streitsüchtig und meinte, daß er
sein Schicksal selbst herausgefordert habe, indem er sich als
Lono ausgab. Aber der arme Cook war in einem unsinnigen
Handgemenge umgekommen, in einem unkontrollierten Moment von Panik und Aufruhr. Ein unheldischer Tod für einen
Heroen, und doch menschlich und schrecklich, ein Zusam-
mentreffen verhängnisvoller Kräfte, genau die Art vom Ende,
die man für sich selbst vorhersieht. Obwohl der Konflikt sofort
beigelegt wurde, hüllten sich einige Insulaner am folgenden
Tag in die Breeches und Hemden der Männer, die sie erschlagen hatten, gingen zum Strand und entblößten vor den See-
männern ihre Hinterteile – um so ihre Feinde nach traditioneller polynesischer Sitte zu demütigen.

Der Strand in der Bucht von Kealakekua ist immer noch von Steinen übersät, genau von der Größe und Form, die sich als Wurfgeschoß eignet. Hinter und über der Bucht ist ein Lavafeld – findlingsgroße bräunlichschwarze Schlackebrocken und Schmelzkrusten, die *a'a* heißen –, eine riesige schwarze Fläche, so weit das Auge reicht, nur gelegentlich von einem Palmenhain oder einem Stück Wiese unterbrochen. Wegen dieser Landschaft ist hier nicht viel gebaut worden, es gibt zwar drei große Hotelanlagen, aber sie liegen wie abgeschlossene, grüne Inseln zwischen den Lavaströmen am Strand. An der windzugewandten Westküste der großen Insel regnet es kaum (245 Millimeter Niederschlag pro Jahr), sie ist nichts als eine große, abfallende Wüste aus dem schwarzen Vulkangestein des Kaniku-Lava-Stroms.

Der »Orchid«-Bungalow ist einer von vier Luxusbungalows im Mauna-Lani-Resort-Hotel, und da gerade ein Golfturnier stattfand, lebte ich Tür an Tür mit Arnold Palmer (im »Plumeria«-Bungalow), Lee Trevino (»Hibiscus«) und Gary Player (»Bird of Paradise«). Jack Nicklas war gerade aus dem »Orchid« ausgezogen. Heutzutage schlugen hier nur noch Golfer mit ihren Schlägern auf irgend etwas ein.

»Den meisten Gästen in unseren Bungalows passiert etwas Merkwürdiges«, erzählte der Direktor vom Mauna Lani. »Sie verfallen in einen Zustand, den wir ›Bungalow-Fieber‹ nennen. Sie checken ein, und dann essen sie nur noch in ihren Bungalows, benutzen den Vierundzwanzig-Stunden-Butler-Service, geben Feste und kochen mit Bekannten. Sie gehen nicht aus. Und am Ende wollen sie gar nicht mehr weg.«

Den derzeitigen Rekord im Daueraufenthalt in einem dieser Zweitausendfünfhundert-Dollar-pro-Nacht-Häuschen hält der Schauspieler Dustin Hoffman, der sich hier einmietete und erst nach achtundzwanzig Tagen wieder zum Vorschein kam.

Die Sonne schien auf den schneebedeckten Krater des Mauna Loa, als ich mich im »Orchid«-Bungalow einrichtete, und fast das erste, was ich von der Veranda, der *lanai*, aus sah, war ein riesiger Buckelwal, der den ganzen Nachmittag über wieder und wieder aus dem Wasser sprang und mit dem Schwanz schlug.

Am Abend war ich zu einer Party im Hotel eingeladen. Es

hatte irgend etwas mit dem Golfturnier zu tun. Der mondbeschienene Pazifik leuchtete direkt unter dem kalten Büffet, vor dem Bryant Gumbel ein breites Grinsen verströmte. Der Präsident der Firma Rolex führte eine gegrillte Hummerschere an die Lippen und entblößte dabei seine Armbanduhr, eine Rolex El Presidente – an diesem Tag hatte er mindestens ein solches Schmuckstück an einen erfolgreichen Golfspieler verschenkt. Ich machte Konversation mit einem Mann in einem häßlichen Hemd.

»Ich hab einen zweistrahligen Jet mit einer Harley-Davidson an Bord. Damit kann ich nun wirklich überall hin. Was würden Sie mir denn empfehlen? Sagen Sie jetzt bloß nicht Yerp. Yerp kann ich nicht ausstehen.«

»Wollen Sie wissen, wo der sein Geld herhat?« fragte mich später jemand. »Er ist Multimillionär. Sein Vater hat den Einkaufskarren für Supermärkte erfunden.«

»Also etwa das gleiche, als hätte er den Löffel erfunden«, sagte ich. »Oder den Dosenöffner.«

»Charo und Sylvester Stallone haben Häuser auf Kauai«, sagte jemand anderer gerade. »Sie war mal mit Xavier Cugat verheiratet. Auf Oahu haben wir immer Willie Nelson beim Joggen gesehen.«

»Wenn man einmal das japanische Bankensystem verstanden hat, kapiert man auch die japanische Investitionsstrategie in Honolulu. Leute, die gerade erst aus dem Flugzeug geklettert sind, haben Baukredite zu drei bis fünf Prozent gekriegt, und außerdem konnten sie den Kaufpreis zu hundertzwanzig Prozent beleihen.«

»Die Japaner mögen Disney-Krempel, besonders Micky-Maus. Aber sie stehen auch auf Qualität. Hermès hat in Honolulu einen Laden aufgemacht, nur fürs Japanergeschäft. Wir reden von Seidenhemden für dreizehnhundert Dollar, mein Lieber.«

»Früher haben sie immer in die Waschbecken gepinkelt«, grinste ein Hotelier. »Das war vor zehn oder fünfzehn Jahren in einem guten Hotel, ganz betuchte Gäste. Sie haben sich auf den Klodeckel gestellt und ›klein‹ gemacht. Ich nehme an, sie waren von zu Hause her an eine schlechte sanitäre Ausstattung gewöhnt. In der Hotelhalle haben sie sich auf die Sessel gefläzt und Nickerchen gemacht und sind in allen öffentlichen Räumen in ihren Pyjamans – Kimonos oder was – rumgelaufen. Wir haben dann Schilder drucken lassen: ›Bitte nicht ins Waschbecken urinieren‹.«

Am anderen Ende des Rasens scharten sich täuschend kindlich aussehende japanische Wirtschaftsbonzen um Arnold Palmer, dessen Namen ihnen unglaubliche Schwierigkeiten bei der Aussprache machen mußte. Sie waren extra für das Turnier aus Tokio eingeflogen, und jetzt standen sie da und hielten ihm ihre Golfkappen und Sonnenschilde zum Signieren hin. Er unterschrieb ohne Murren.

Einer von diesen japanischen Gentlemen zog nach Arnold Palmers Abreise in den »Plumeria«-Bungalow. Jeden Tag fuhr eine Pullman-Limousine vor, die Familie – Vater, Mutter und vier Kinder – krabbelte hinein, verschwand hinter den schwarz getönten Scheiben und entschwebte. Aber bald schon waren sie wieder alle im Garten des Bungalows, schnupperten an den Blumen und planschten im Pool.

Das Bungalow-Fieber erfaßte auch die Golfspieler. Gary Player wollte den Butler mit nach Südafrika nehmen und war von der Anlage seines Bungalows so angetan, daß er von der Direktion eine Kopie des Entwurfs erbat. Auch ein anderer Golfer – Nicklas, hieß es – bestand auf einem Plan. Und alle meinten, sie würden bald wiederkommen, so bald wie möglich: Der Luxus war nicht übertrieben gewesen, und der Übernachtungspreis hatte sie offenbar auch nicht gestört. Oder mußten sie nicht dafür aufkommen? Ein paar von ihnen sahen aus wie wandelnde Litfaßsäulen. Lee Trevino hatte einen Vertrag, der ihn zum Tragen einer Mütze mit Werbung für eine japanische Automarke verpflichtete, und er schien die Kopfbedeckung nie abzunehmen. (Ein berühmter Spieler wie Trevino konnte für so was eine halbe Million Dollar kassieren.) Aufnäher zierten die Hemden, große, sichtbare Logos die Golftaschen. Die Golfer selbst hätten sich wohl als Sportler bezeichnet, aber manche waren nichts anderes als aufgeputzte Plakatträger.

Gillian, die Dame, die den Preis für die Bungalows mit dem denkwürdigen Zusatz »mit Frühstück« versehen hatte, kam im »Orchid«-Bungalow vorbei, um sich zu vergewissern, daß es mir an nichts fehlte.

»Ich habe alles«, berichtete ich.

Der Bungalow verfügte über zwei riesige, jeweils mit einer eigenen Badeabteilung (Dampfbad, Whirlpool, Orchideengarten) versehene Schlafzimmer. Das zentrale Wohnraumareal war etwa halb so groß wie ein Basketballfeld und hatte eine Zimmerdecke wie eine Kathedrale. Die südöstliche Ecke des Saals enthielt ein Unterhaltungscenter mit Fernseher, Videorecorder, Kassettendeck und CD-Player.

»Ich schlafe oft im Zelt«, hätte ich hinzufügen sollen.

Der Bungalow sei vor kurzem in einer Episode der beliebten Fernsehshow *Lifestyles of the Rich and Famous – Zu Gast bei Geld und Prominenz* vorgekommen, erzählte sie und belehrte mich darüber, daß die Tische und einige andere Einrichtungsgegenstände aus ganzen Blöcken italienischen Marmors gefertigt und die Teppiche in England geknüpft worden seien. Der Textildesigner habe sich an den Grau- und Burgundertönen des Marmors orientiert. Ob ich die Bar schon gesehen hätte? Siebzehn Flaschen voll Hochprozentigem? Und ob ich vielleicht noch Fragen zum Pool hätte, der ebenso ausschließlich zu meiner Verfügung stehe wie das Jacuzzi im Garten?

»Wir haben ein paar CDs für Sie ausgesucht, die Ihnen vielleicht gefallen«, sagte sie.

Kenny Rogers, Fleetwod Mac, Eric Clapton, Cher. Egal. Ich hatte einen ganzen Katalog, aus dem ich mich bedienen konnte.

»Der Küchenchef ist gleich bei Ihnen, um Ihre Anweisungen für Lunch und Dinner entgegenzunehmen.« Sprach's und verschwand.

Das war etwas, an das ich mich gewöhnen sollte – das plötzliche Auftauchen von Butlern oder Zimmermädchen, die Fruchtsaft oder Kaviar bereitstellten, die Oberfläche des Pools sauberfischten, Blumen und Obst hereintrugen. Das Ganze wurde ohne das geringste Geräusch verrichtet, als schwebten diese Menschen ein paar Zentimeter über dem Boden. Jeder Bitte wurde sofort, höflich und ohne pompöses Zeremoniell entsprochen, kein Butler-Jeeves-Getue, sondern Schnelligkeit und ein Lächeln, von Richard, meinem persönlichen Schwimmmeister, bis zu Orrin, meinem Butler, der die Mahlzeiten servierte und den Champagner entkorkte.

Allmorgendlich schritt ich als allererstes vom Schlafzimmer in den Wohnraum, ließ die Schiebetüren zum *lanai* zur Seite gleiten und wanderte um den Pool bis zur Grenze meiner Domäne, an der mich ein Fischteich, mein eigener Fischteich, in dem sich Fische von geziemender Größe tummelten, vom Strand trennte. Kokospalmen neigten sich über den Sand, und die Lagune am Rand der Bucht war grüner als das Meer. Der Strand gehörte mir, der ganze Pazifik gehörte mir, alle glücklichen Inseln Ozeaniens und der Luxusbungalow natürlich auch. Aber war mein Küchenchef heute nicht ein kleines bißchen spät dran? Als ich auf dem Strand ein menschliches Wesen gewahrte, war ich verstimmt, schmollte in meinem Luxusbungalow und überlegte schon, ob ich nach meinem Leibwächter rufen sollte, als mir wieder einfiel, daß die Strände in Hawaii allen gehörten.

Dieser sekundenlange Eindruck einer Verletzung meiner Privatsphäre durch einen anderen Menschen am Strand, der kurze Blick auf Freitags Fußabdruck sozusagen, machte mir klar, wie schnell man sich dieses Milliardärsdasein angewöhnen konnte. »Mann, an so was könnte man sich glatt gewöhnen«, sagt man manchmal, wenn einem etwas unerwartet Angenehmes widerfährt. Es stimmt. Um mit Tolstoi zu reden: Jeder Luxus ist gleich, aber das Elend ist für jeden auf andere Weise elend. Es ist die einfachste Sache der Welt, sich vom Wohlleben korrumpieren zu lassen. Wenn man einmal im Flugzeug erster Klasse geflogen ist, wird der Sessel in der Economy Class unzumutbar. Wer einmal auf den Geschmack von Luxus gekommen ist, hat sich unheilbar verwandelt. Schmerz hinterläßt keine dauerhafte Erinnerung, aber die Erinnerung an Luxus verliert ihre Macht nie wieder. Es ist wunderbar, daß die Erinnerung an Glücksmomente so stark ist, aber ich kann mir Umstände vorstellen, unter denen sie zum Fluch werden könnte, zu einer schlimmeren Strafe als Folter. Man läßt einen Menschen den Himmel kosten, erzeugt eine Gewohnheit, reißt das Opfer dann schnell weg und läßt es unter Entbehrung leiden.

Der Haken am »Orchid«-Bungalow war, daß ein Tag nicht mehr als vierundzwanzig Stunden hatte. Ich wollte lesen, in der Sonne liegen, Sport treiben, schwimmen, im Jacuzzi sitzen,

ausgedehnte, üppige Mahlzeiten zu mir nehmen, Champagner
trinken und Musik hören – am liebsten alles auf einmal. Ein
paar dieser Tätigkeiten ließen sich, wie ich feststellte, miteinander kombinieren. Plötzlich konnte ich verstehen, wieso viele
Multimillionäre – Axel Springer und Somerset Maugham waren nur zwei Beispiele – sich alljährlich lebensverlängernde
Spritzen injizieren ließen. Die Wissenschaft von der Herauszö-
gerung des Todes wird von einer großen Zahl sehr reicher Persönlichkeiten aus durchaus selbstsüchtigen Beweggründen
unterstützt. Irgend etwas am reinen, mühelosen Vergnügen,
stinkend, schweinemäßig reich zu sein, muß einem den
Wunsch nach einem langen Leben eingeben.

Der Umstand, daß die Sonne aus einem wolkenlosen Himmel auf mich herabschien, und das an einem Ort, der sowieso
zu den wohl schönsten der Welt gehörte, steigerte nur, was
ohnehin wunderbar war. Es ist nicht leicht, der Seligkeit noch
etwas hinzuzufügen, aber der »Orchid«-Bungalow bewies, daß
es ging. Das einzige, was mir möglicherweise dazu fehlte, mich
noch glücklicher, noch wohler oder zufriedener zu fühlen, war
jemand, mit dem ich diese Seligkeit teilen konnte.

»Was halten Sie davon, wenn ich ein Abendessen geben
würde?« Piet Wigmans, der Küchenchef, war wie üblich erschienen, um meine Bestellungen für den Tag entgegenzunehmen. »Sagen wir, sechs Personen.«

»Was immer Sie wünschen.« Und dann zählte er die Mög-
lichkeiten auf: die verschiedenen einheimischen Fische wie
Thunfisch und *opakapaka*, ein Schnappbarsch, Shrimps aus
Oahu, Krebse und so weiter, außerdem Hummer aus Maine,
Muscheln aus Neuseeland, Spargel aus Chile, frische Avoca-
dos und Passionsfrüchte. Piet Wigmans war ein renommierter
Koch und hatte große Küchen in San Francisco und Dorado
Beach geleitet. (»Wie sind Sie denn in Puerto Rico zurechtge-
kommen?« fragte ich. »Prima«, sagte er. »Ich habe eine Peit-
sche.«)

Ich wählte eine scharf gewürzte Dungeness-Krebssuppe, gefolgt von Spinatsalat mit Avocados. Als Hauptgericht sautier-
ten Opakapaka mit Zitronensauce, dazu Pfannengemüse von
Baby-Spargel, Zuckererbsen und Knoblauchkartoffeln. Grand-
Marnier-Schokoladensoufflé zum Dessert. Sobald ein Küchen-

chef das Wort »Baby« im Zusammenhang mit Nahrungsmitteln erwähnt, kann man sich auf dreistellige Summen gefaßt machen.

»Wollen wir uns nun über die Weine unterhalten?« fragte Chefkoch Piet.

Wir verständigten uns auch darüber – vier Weine insgesamt –, und da ich mich nach all diesen Entscheidungen ein wenig ermattet fühlte, erfrischte ich mich mit ein paar Schwimmzügen und einem kleinen Nickerchen auf meiner sonnigen Veranda.

Die Gäste, meine neuen hawaiianischen Freunde, waren wunderbar: Sie waren intelligent, strahlten Gesundheit aus, hatten etwas erreicht, wohnten alle in diesem kleinen Paradies und zeigten sich gebührend beeindruckt von meinem Xanadu im Schrebergartenformat.

Zu den Gästen gehörte der hervorragende, trotz seiner dreiundachtzig Jahre immer noch aktive und brillante Strafverteidiger George Davis, der eine gewisse Ähnlichkeit mit Robert Frost hatte. Während des Dinners erinnerte er sich an den letzten Abend, den er 1960 mit seinem todgeweihten Mandanten Caryl Chessman verbracht hatte. Chessman hatte niemanden umgebracht. Er war für seine Mittäterschaft an einem stümperhaften Menschenraub verurteilt worden und hatte in einem berühmten und sprachmächtigen Buch auf vollkommen überzeugende Weise seine Unschuld dargelegt. Nach heutigen Maßstäben kein Schwerverbrechen, und selbst wenn er dessen schuldig gewesen wäre, heute würde er dafür nicht mehr zum Tode verurteilt werden – es gilt nicht mehr als Kapitalverbrechen.

An jenem Abend hatte Chessman sich von seinem Rechtsanwalt mit folgenden Worten verabschiedet: »George, Sie schütteln einem Toten die Hand.« Wenige Stunden später starb er auf dem elektrischen Stuhl.

Nach dem Dinner, als ich wieder allein war, ging ich nach draußen. Der Pool glühte, die Palmen raschelten, das Mondlicht lag wie flüssig auf dem Pazifik. Ich saß unter einem juwelenbesetzten Himmel und fand es schwierig, mir den Gang zur Todeszelle vorzustellen. Ich zückte den Taschenrechner und machte mich ans Tippen: »*Piep, piep, piep.*« Aha. Bei einem Ta-

gessatz von zweitausendfünfhundert Dollar müßte ich zweiunddreißig Millionen Dollar ausgeben, um bis zum Jahr 2015,
also bis zum Alter von dreiundachtzig, im »Orchid«-Bungalow
zu bleiben.

Der Luxus hatte nur zwei Tage lang auf mich eingewirkt,
aber der Effekt war gründlich, ein Schock für mein gesamtes
System, der mich so schnell transformierte, wie nur Luxus –
oder Drogen – es können. Es war wunderbar, hingegossen und
halb bewußtlos in der Sonne zu liegen, aber es war auch ein
bißchen so, als wäre ich ein Tier im Zoo. Ich suhlte mich in
einem abstumpfenden Schlaraffenland, das mich am Ende fett
und verrückt machen würde. Zu größerer Besorgnis gab es allerdings keinen Anlaß. Bei den Preisen bestand kaum eine
reale Chance, daß das Wohlleben noch lange anhalten würde.

Ich leistete ein bißchen Widerstand, zog mich zurück und
lebte enthaltsam, bewohnte nur noch eine Ecke des Bungalows
und bemühte mich nach Kräften, den Tag in drei unterschiedliche Teile zu gliedern: Vormittag (Tee und Schreiben), Nachmittag (leichtes Mittagessen, Schwimmen, danach bis zur Erschöpfung in einer heißen Wanne sieden) und den Abend,
dessen Hauptteil aus einem der Dinners von Küchenchef Piet
bestand, stets ein Ereignis von ausgeklügelter Komposition,
ganz gleich, was auf der Karte stand – meist für hundert Dollar
Meeresgetier in einer so köstlichen Zubereitung, daß ich aufhörte, den Butler um die Tabasco-Sauce zu bitten.

Die Sonne schien unermüdlich aufs Meer, und der Buckelwal – mein Tageswal – bockte und planschte nahe beim Ufer
herum. Ich lebte mitten in all der hawaiianischen Pracht und
blieb doch Zuschauer, umschlossen von einem schützenden
Bungalow, der mir wie ein komplizierter Organismus vorkam,
mich nährte, kühlte, mit mütterlicher Zärtlichkeit in den Schlaf
wiegte und mir eine Existenz verschaffte, die mit *splendid isolation* wohl am besten beschrieben war.

Was war das eigentlich Hawaiianische daran? Ich fragte
mich ständig, ob dieser Ort mit irgendeinem anderen sonnigen
Paradies in der Karibik, am Mittelmeer oder an der Küste von
Afrika zu verwechseln gewesen wäre. Aber nein – die Blumen
und ihr Duft waren hawaiianisch, die großen, rollenden Wogen konnten sich nur an einem pazifischen Riff so donnernd

brechen, die hohen Wolken, die Korallen, die weite Landschaft
aus Lava, mal voll gigantischer Schlackebrocken, mal bedeckt
mit dem buckligen *pahoehoe*, das aussieht wie ein geschmolze-
ner Parkplatz, die Gastfreundschaft, das Lächeln, das Gefühl
von Überfluß und Üppigkeit – all das war seinem Wesen nach
hawaiianisch.

Die enervierende Wirklichkeit war nur der Preis von zweitausendfünfhundert Dollar pro Tag. Ich fing an, mir ernsthaft
zu überlegen, wie das Gegenteil davon wohl aussehen könnte.
Wie wäre es denn, wenn ich so billig wie möglich im Paradies
zu leben versuchte? Wieviel Spaß hätte man hier auf Hawaii
für ein Tausendstel der Summe, sagen wir mal, für zwei Dollar
fünfzig?

Die ozeanische Campingausrüstung hatte ich noch: Zelt,
Schlafsack, Kochgerät, Wassersack und mein Schweizer Ar-
meemesser. Das Faltboot hatte ich in Honolulu gelassen, aber
hier das große Glück gehabt, einen der bekanntesten Kajakfahrer Hawaiis kennenzulernen, der mir ein aufblasbares Kajak
und ein Paddel geliehen hatte. Ich wollte aus dem Luxus von
Mauna Lani ausziehen, bevor das Bungalow-Fieber unheilbar
wurde, die Küste hinunterpaddeln, mir eine geschützte Bucht
suchen, Strandgut sammeln und von fast nichts leben.

Ich errechnete die durchschnittlichen Kosten für meinen
Vorrat an Nudeln, Couscous, Obst und Gemüse, den ich im
Boot verstaute, und kam auf zwei Dollar achtzehn pro Tag.
Also hatte ich noch zweiunddreißig Cents Klimpergeld, aber
wozu? Die nächsten Geschäfte gab es in Kona, fünfzig Kilome-
ter weiter südlich.

Nach meinem ursprünglichen Plan hatte ich an die Nordküste der Insel fahren und von einem Küsteneinschnitt zum
nächsten paddeln wollen, von Waipio nach Waimanu, wo die
Wände der Täler so steil sind, daß nur Helikopter oder sehr
geübte Kletterer hineinkommen. Als Kajakfahrer hätte ich die
Landzungen umrunden und vom Meer aus hinpaddeln können. Aber die See dort oben war zu stürmisch, jeder warnte
mich davor.

Nainoa Thompson war einer der Leiter und der Navigator
der *Hokule'a*-Expedition, die 1986 mit einem Doppelrumpfkanu

von Hawaii aus nach Tahiti und Neuseeland gesegelt war. Er
nahm mich beiseite und sagte: »Ich war bei einer solchen See
schon mal da draußen im Kanal, und eine Welle hat uns die
Scheiben vom Ruderhaus eingedrückt – das Ding liegt viereinhalb
Meter über dem Wasserspiegel und ist ziemlich stabil.
Paddeln Sie da jetzt lieber nicht.«

Dann eben später mal, dachte ich. In Hawaii war ich sehr
geduldig. Ich würde noch sehr lange bleiben, nahm ich an. Für
alles war noch Zeit.

Statt also vor Waipio paddelte ich elf Kilometer südlich vom
»Orchid«-Bungalow und kampierte unter den Palmen am Ufer
der Keawaiki Bay. Ein in der Nähe liegendes Anwesen, das aus
einem Dutzend weiträumig verstreuter Steinbungalows bestand,
war in den zwanziger Jahren errichtet worden, Bauherr
war Francis I'i Brown gewesen, ein Golfchampion, ein Bonvivant,
Millionär und direkter Nachkomme der Berater des Königs
Kamehameha – mit anderen Worten ein Mitglied der
kleinsten und erlesensten Klasse der hawaiianischen Gesellschaft,
der adligen *alii*. Früher einmal hatte der Familie ein großer
Teil von Oahu gehört, einschließlich Pearl Harbor.

Eines Tages drückte ich meine Nase gegen die Fensterscheibe
eines dieser Steingebäude in Keawaiki und betrachtete
die Fotos an der Wand. Ein Bild zeigte Francis Brown mit Babe
Ruth, beide trugen Golfklamotten, Knickerbocker, Kniestrümpfe
und Schirmmützen. Auf einem anderen Foto posierte
er mit einem jungen Mann, der immer noch als Bob Hope zu
erkennen war. In Honolulu und auf »Big Island« kursierten
viele Geschichten über Browns Marotten, seine Freundschaften,
diesen kleinen Landsitz am Meer – er war nur vom Wasser
aus zu erreichen – und seine berühmten Besucher. »Wüste Partys«,
munkelte man. In der Mitte eines der brackigen Fischteiche
von Keawaiki stand ein halbverfallenes Gebäude, ein
einstiger kleiner Pavillon, in dem Francis Brown, der nie geheiratet
hatte, das Mädchen seiner Träume umsorgte. Sie galt als
eine der schönsten Hula-Tänzerinnen ihrer Zeit und nannte
sich Winona Love.

Die Häuser waren leer und verschlossen und hatten das gebleichte,
moribunde Aussehen verlassener Behausungen am
Meer. Ich brauchte sie nicht. Ich kochte ein Ein-Dollar-Abend-

essen (Couscous mit Linsen, Obst und Tee) und setzte mich an den Rand der Aschendüne über dem schwarzen Lavastrand unter dieselbe Mondsichel, die mich in Mauna Lani bezaubert hatte. Dort hatte ich eine Klimaanlage und einen Pool gehabt, hier hatte ich eine zarte Brise und das Meer und zum Baden einen leicht salzigen, von einer Quelle gespeisten Tümpel im Lavagestein. Es ist keine Übertreibung, wenn ich sage, daß ich an meinem Zeltplatz ein stärkeres Gefühl von Reichtum, Glück und Kraft empfand als während meines Lebens im Luxusbungalow. Es war die gleiche Empfindung von Freiheit wie auf den verlassenen Inseln von Vava'u und in meinem kleinen Lager bei dem zerborstenen *ahu* von Tongariki am Rand der Osterinsel.

Alles war sicher und sehr bequem, aber vor allem trennte mich keine störende Wand, kein Teppich und keine Glasscheibe von der natürlichen Schönheit um mich herum. Es gab nichts zu befürchten, ja, ich kam mir vor, als stützten und beschützten mich die Palmen und die Dünen, um mir Mut zu machen und meine Moral zu heben. Im Bungalow hatte ich bloß am Pool herumhängen wollen und war dumpf und träge geworden, aber hier draußen bekam ich wieder Lust, ins Kajak zu klettern und aus der Bucht hinauszupaddeln.

Ich fuhr nach Norden in die nächste Bucht und um den Weliweli Point herum, einen Haufen schwarzer Lava, auf den die Wellen krachten, dann noch ein paar Kilometer weiter bis zur Anaehoomalu Bay mit ihren zwei Luxushotels, vor denen aber niemand im Meer schwamm oder gar in einem Boot saß. Ich fand einen versteckten Strand am Südende der Bucht, aß zu Mittag und fuhr zurück. Der Wind war heftiger, und die Wellen waren höher geworden, aber dieses aufblasbare Boot tanzte weiter, wand und bog sich und rutschte dahin.

Der Buckelwal erschien ziemlich früh am nächsten Morgen. Er war nah am Ufer, so nah, daß ich die Fontäne aus seinem Spritzloch erkennen konnte. Er tauchte auf, schlug mit dem Schwanz und drehte bei, pflügte durchs Meer wie ein zappeliges U-Boot. Ich paddelte in seine Richtung und sah ihn ein letztes Mal abtauchen: Er kam an diesem Tag nicht wieder. Also wandte ich mich nach Süden, wo ein anderthalb Kilometer breiter Lavastrom die Uferlinie bildete. Gleich hinter Ohiki

Bay lag Luahinewai, ein lebendiges Beispiel für das hawaiianische Mysterium, daß an den allerschönsten Plätzen der Inseln
grausige Erinnerungen spuken – dieses Gebiet von so außeror-
dentlicher natürlicher Schönheit war mit dem Mord an Chief
Keoua und vierundzwanzig seiner Getreuen verbunden, den
König Kamehameha im Jahr 1790 veranlaßte.

Keawaiki, meine Bucht, war besonders fischreich: goldene,
silberne und smaragdgrüne Fische, Chirurgenfische, Papageienfische und die kleinen, buntgestreiften Drückerfische, die
humuhumunukunukuapua'a. Sie glitzerten wie Juwelen zwischen
den Korallen. Weil die Bucht so geschützt lag und der Strand so
steil ins Wasser abfiel, konnte ich direkt vom Ufer aus ins Meer
springen, schnorcheln und mich schwerelos in der warmen
Gezeitenströmung bis zum Ende der Bucht treiben lassen. Hier
in meinem kleinen Camp erforderte das Körpertraining etwas
mehr Initiative als in Mauna Lani – kein Fitneßcenter, kein
Golfplatz – und war gerade deswegen so befriedigend. Ich
schwamm, ich ging wandern.

Einer der merkwürdigsten Wanderwege, auf dem ich je gewesen bin, lag gleich landeinwärts hinter Palmen, ein heißer,
schmaler Pfad namens The King's Trail, den die Hawaiianer
schon vor Jahrhunderten aus dem Lavastrom herausgeschnit-
ten hatten, lange bevor *haoles* wie Cook sich hier an Land wagten. Der Pfad besteht aus einer knapp einen Meter tiefen
Rinne, die aussieht wie die eine Hälfte einer Karrenspur und
über viele Kilometer über die Flanke der Insel herabführt. Wie
der Inka-Trail und die Watling Street gehört er zu den großen
Verbindungswegen des Altertums. Ich schlug nach Kokosnüssen und suchte nach Petroglyphen, den Felsritzungen, die auf
»The Big Island« so zahlreich sind.

An einem anderen Tag ging ich nach Norden zu einer der
heiligsten und ältesten Kultstätten von Hawaii, zum Mookini
Luakini Heiau. Dieser auf einem Aussichtspunkt hoch über
dem Meer errichtete Tempel besteht aus einem riesigen Rechteck aus Quadern in der Größe von Kanonenkugeln. Er sieht
aus wie ein zerbröckeltes Kloster, die hawaiianische Version
von Tintern Abbey, ist mit seinen Altären und umgestürzten
Mauern genauso gespenstisch und von einer Würde, die durch
die Aussicht auf die Wellen, die sich direkt unterhalb an der

Landzunge brechen, noch an Pracht gewinnt. Standort und Form erinnerten an die Monumente, die ich in Samoa und auf den Marquesas gesehen hatte, und der Gedanke, daß diese anderen Ruinen Tausende von Kilometern weit entfernt lagen, jenseits des gefährlichen *moana*, machte den Anblick nur noch faszinierender. Wind und Bäume, das flachgedrückte Gras und die schwarze, felsige Küste verliehen diesem Teil der Insel eine ungeheuerliche Ähnlichkeit mit der Osterinsel – bis hin zu den Farben und dem Geruch des Grases.

Nach zehn Minuten Fußweg über eine Wiese kam ich zum Geburtsort des Königs Kamehameha. Auf einer Hinweistafel in der Nähe stand: »Wegen seines Heldenmutes als Krieger und Staatsmann bestimmte ihn das Schicksal dazu, die Hawaii-Inseln zu vereinen und seinem Volk Frieden und Wohlstand zu bringen ... Er blieb seinem Glauben treu.« Darunter ein königliches Zitat von diesem umstrittenen Monarchen des achtzehnten Jahrhunderts selbst, von diesem Herrscher, der auch als »der Einsame« bekannt war: »*E oni wale no oukou i ku'u pono 'a'ole pau. Endlos ist das Gute, das ihr durch mich genießen dürft.*«

Meine Tage waren sonnig und schön, meine Nächte von Sternen erleuchtet. Ich schlief wie schon auf Kauai, angenehm von Erschöpfung betäubt. Morgens weckten mich die Vögel in den Palmen über mir mit Gekreisch und ihrem ratschenartigen Gekratze. Auf die Anstrengung, das einfache Essen und die Bescheidenheit dieser Unternehmung bildete ich mir mehr ein als auf mein Dasein als Millionär. Schadenfroh schlief ich in meinem Zelt am Ufer der Lagune wie ein Stein.

Die Zeit verging – es waren Monate. Ich war immer noch in Hawaii, ich hatte Ozeanien nicht verlassen. Ich paddelte mit meinem Faltboot, dessen Segeltuchrumpf durch die strafende Sonne inzwischen ausgeblichen war, manchmal mit gemieteten Auslegerkanus vor Honolulu, mal mit offenen Fiberglasbooten vor der windzugewandten Seite von Oahu. Die Orte, zu denen ich gepaddelt war, um über sie zu schreiben, besuchte ich immer wieder mit Vergnügen, und es gab noch viel mehr Küstenstriche, an denen ich paddeln wollte: von Maui aus bis zum Bombenabwurfgelände von Kahoolawe, die Nord-

küste von Molokai entlang bis zu Father Damiens alter Lepra-
kolonie in Kalaupapa und irgendwann – bei schönem Wetter –
von einer Insel zur anderen. Das Paddeln war an die Stelle des
Schreibens getreten. Ich dachte über mein Buch nach und murmelte vor mich hin: »Ach, egal.«

An diesem Punkt der Reise – sagen wir mal, etwa in diesem
Kapitel – kehrt der Reisende heim. Oder er ist schon zu Hause,
denkt über seine außergewöhnliche Tour nach, sieht sich Dias
an, sortiert seine Notizen, wünscht sich vielleicht, daß das alles
noch nicht zu Ende wäre, oder sagt es zumindest. Aber Wehmut kann sehr unaufrichtig klingen. Man liest darüber und
denkt sich: »Nein, du bist glücklich, daß du wieder zu Hause
bist und von deinen Geschichten von Megapoden-Vögeln,
schlammigen Hinterbacken und dem Gespräch mit dem König
von Tonga zehren kannst!«

Ist nicht das Nachhausekommen der größte Lohn einer
Reise? Die Beruhigung durch Familie und alte Freunde, die
vertraute Umgebung und die häusliche Bequemlichkeit?

Früher kam ich nach Hause zurück, wurde willkommen geheißen, fand die Post von Monaten, die sich auf meinem
Schreibtisch gestapelt und auf den Boden ergossen hatte,
machte alle Briefe auf, beantwortete einige, bezahlte Rechnungen und verbrannte die Umschläge. Manchmal stand ich einen
halben Tag lang am Ofen im Garten und stocherte in der Asche
all der Briefe, die ich erhalten hatte. Wenn ich damit fertig war,
hatte ich den Anschluß gefunden, der Alltag hatte mich wieder. Dann fing ich an zu schreiben, verbrachte den Tag am
Schreibtisch und durchlebte die Reise noch einmal, und wenn
um halb sechs die Pubs aufmachten, kaufte ich mir eine
Abendzeitung, setzte mich damit an den Tresen, trank ein Pint
Stout-Bier und dachte: Vor einem Monat hab ich in einem Zelt
am Fluß gesessen und den Fliegen zugesehen.

Wenn ich so unter den Balken meines kühlen, muffigen
Pubs saß, kamen mir die klarsten Erinnerungen an Leute wie
den Beachcomber an der Aboriginal-Küste von Nord-Queensland, an Tony, der gesagt hatte: »Ich hab mal ein Stück Känguruhfleisch unter einer Kiste gefunden. Hatte vergessen, daß es
noch da war. War zwei Jahre alt. Ich hab's gegessen. Wunderbare Suppeneinlage ...« Und da ich mich gesegnet fühlte,

sagte ich meinen Dank dafür, daß ich zurückgekehrt war, daß ich ein Zuhause hatte, daß mir nichts passiert war, daß man mich vermißt hatte und daß ich geliebt wurde. Meine früheren Reisen hatten einen Anfang und ein Ende, sie waren eine Erfahrung in Klammern, eingeschlossen in mein Leben. Aber diese Reise mit dem Faltboot durch Ozeanien war zu meinem Leben selbst geworden. Ich saß in Hawaii, lebte in einem Tal voller Regenbögen über Honolulu und schrieb über die Trobrianden, die Salomonen und Australien, schrieb über Tony, den Beachcomber. Ich dachte an die wachsame Aboriginal-Frau Gladys und ihren Enkel, der ihr Haar nach Läusen absuchte. An die Kinder von Kaisiga, die im Dunkeln »Veespa a frayer« sangen. Den alten Mann auf Savo, der sich ein großes Radio ans Ohr hielt, um die Nachrichten vom Golfkrieg zu hören. An Mimi auf Moorea, die von ihrem marquesanischen Kind sagte: »Eines Tages wird sie eine Theroux.« Es gab gute Menschen in der Wasserwelt von Ozeanien. Oft dachte ich an die Osterinsel, die gespenstischen Steingesichter, den scheuernden Wind, und weil ich in Ozeanien so selten Hunger gesehen hatte, dachte ich an den hungrigen kleinen Roberto, der auf Rapa Nui seinen Dank murmelte, das hartgekochte Ei pellte, das ich nicht hatte essen wollen, und es so hastig herunterwürgte, daß seine Augen hervortraten.

Ich ging viel an den Stränden von Hawaii spazieren, paddelte auch weiterhin. Eines Morgens vor Kauai sah ich zwei Buckelwale, ließ mich aus dem Boot gleiten, blieb mindestens eine Stunde lang mit den Ohren unter Wasser und lauschte dem Singen und Grunzen des glücklichen Paares. Ich war immer noch unterwegs, wie ein Mann, der mal eben Zigaretten holen geht und nie zurückkommt. Dieser Mann war ich. Ich war verschwunden. Und es gab keinen Grund zurückzugehen. Niemand vermißte mich. Die Hälfte meines Lebens war in den Schatten getreten.

Und dann lag alles im Schatten. Eines Morgens im Juli befand sich »Big Island« in der Totalitätszone. Um fünf Uhr früh wachte ich auf und tastete nach meiner Schweißermaske. Sie hatte einen Faktor von Vierzehn – das Undurchsichtigste, was es gab. Ich setzte sie auf, und es wurde dunkel. Wenn ich in die

Sonne starrte, hatte man mir gesagt, würde ich eine schemenhafte Oblate sehen.

Die letzte totale Sonnenfinsternis über Hawaii hatte 1850
stattgefunden, und damals glaubten die Hawaiianer, daß ihre
Chiefs sie verlassen hätten, die Götter ihnen zürnten und daß
die Sonne, der große *La*, den sie verehrten, sein *mana* verloren
hätte. Die Sterne leuchteten bei Tag, es wurde kühl, die Blüten
der Blumen schlossen sich, und die Vögel hörten auf zu singen.

Die Menschen kamen scharenweise nach Hawaii, um die
Sonnenfinsternis von 1991 mitzuerleben, die für die nächsten
hundertzweiundvierzig Jahre die letzte ihrer Art sein würde.
Fünfzehnhundert Japaner kauerten am ersten Fairway des
Golfplatzes beim Hyatt Waikoloa und hielten ihre »Sonnen-
gucker« fest, die sie vor der Blendung schützen sollten.

Der Astronom Edward Krupp sagte: »Eine Sonnenfinsternis
ist das ehrfurchtgebietendste Ereignis der Erde. Niemand
sollte durchs Leben gehen, ohne das einmal erlebt zu haben.«

Marktchancen ergaben sich. Die Hotels offerierten ein spezielles Omelett mit dem Namen *Egg-Clipse*. Es gab Finsternis-
Handtücher, *Eclipse*-Kaffeebecher, Broschen und T-Shirts mit
der Aufschrift »*Eclipsomania! – Total Finster!*« oder »*I was there!*«
Miles Okimura, ein junger Mann aus Honolulu, vertrieb besonders versiegelte Dosen mit eingemachter Dunkelheit. Der *Honolulu Advertiser* wies darauf hin, daß »die Dunkelheit bereits
vor der Sonnenfinsternis in die Konserven gekommen war«.

Als ich schlaftrunken im Dunkel des frühen Morgens zum
Dach des Hotels hinauftappte, stieß ich mit einem blitzlichtbe-
wehrten Mann zusammen, bei dem es sich eindeutig um einen
Portugiesen handelte.

»Es ist bewölkt«, sagte er grimmig.

Louis Schwartzberg, Zeitlupen-Fotograf, war seit vier Uhr
auf dem Dach, um seine beiden 35-mm-Kameras zusammenzubauen. Er hatte vierzehn große Kisten mit Ausrüstung dabei.

»Normalerweise sind es dreißig«, sagte er, »aber heute bin
ich allein.«

Wir aßen ein paar Weintrauben. Besorgt betrachtete Louis
den wolkigen Himmel über dem Mauna Kea.

»Das Ding werden Sie nicht brauchen.« Er deutete auf meine
Schweißermaske.

»Wann ist Sonnenaufgang?«

»Der hat schon vor zwanzig Minuten stattgefunden«, sagte er.

Ein wolkenloser Tag, hatte der Wetterbericht gesagt. Fast alle Tage hier waren wolkenlos. Den abnormen Dunst brachten manche mit der vulkanischen Asche vom Ausbruch des Mount Pinatubo auf den Philippinen in Zusammenhang. Louis verfiel in Schweigen. Ich ging zum Rand des Daches hinüber und sah die Menschenmengen, die sich auf der achthundert Meter entfernten Driving Range versammelten.

»Was sollen wir machen?«

»Beten«, sagte Louis. Ich hatte den Eindruck, daß er gleich losbrüllen würde. Sein Kinn verspannte sich. Brüllen ist nicht cool. Louis (aus Los Angeles) sagte: »Ich akzeptiere die Wolken. Dann krieg ich eben kein Bild. Ich nehm's hin. Immerhin hat die Sonnenfinsternis all diese netten Leute zusammengebracht.«

Ich hastete zum Golfplatz, wo kleine Grüppchen und Familien auf dem Rasen hockten, in die Wolken starrten und ihre Kameras ausrichteten. Bryan Brewer aus Seattle, ein großgewachsener Mann mit *Eclipsomania*-T-Shirt, wanderte unruhig auf und ab. Er war der Autor eines Buches zum Thema, das *Totality* hieß. Seit seiner ersten Sonnenfinsternis 1979, hatte es ihn erwischt. Er reiste in der ganzen Welt herum, um keine Sonnenfinsternis zu verpassen. Diese hier, hatte er vorhergesagt, würde eine der größten werden. Ich begrüßte ihn und fragte, wie er sich fühle.

»Nervös«, sagte er.

Es war, als fühle er sich persönlich für diese göttliche Fügung verantwortlich.

»Diese Wolkendecke werden wir die nächsten hundertzweiundvierzig Jahre nicht mehr zu sehen kriegen«, sagte ein Fotograf.

Niemand lachte, obwohl ich es sehr komisch fand.

Eine langhaarige Frau im kaftanartigen Kleid, die Charlene hieß, war nach Hawaii gekommen, weil sie im Zusammenhang mit der Sonnenfinsternis Vorträge halten wollte, über kosmisches Bewußtsein und solare *vibrations* – also das *mana*, das dem Schatten der Sonne entströmte. Charlene hatte sich an eine Gruppe von schwatzenden Fotografen gehängt, zwischen denen sie mit deutlichem Gefühl für das Drängende dieses Augenblicks hin und her eilte: »Also hört mal, Jungs«, oder: »Ich hab da eine Idee, Jungs.«

Der Himmel hing voller perlmuttgrauer Wolken, die Düsternis auf Erden war mit Händen zu greifen.

»Jungs, hier ist die Antwort«, sagte Charlene. »Als der Dalai Lama aus Tibet geflohen ist, brauchte er Wolkendeckung. Er und seine Getreuen hakten sich unter und sangen immer wieder ›Om‹, immer wieder.«

Da wir nichts zu verlieren hatten, probierten wir es, und die Wolken schienen noch dicker zu werden. War das in Tibet nicht auch so gewesen? Niemand sagte etwas dazu, denn fast jeder hatte Tausende von Dollar ausgegeben, um herzukommen. Außer den Japanern waren Franzosen da, Deutsche, Menschen aus Brasilien, aus Kalifornien und Kanada.

»Mike ist in Baja«, sagte ein Fotograf. »Das liegt auch in der Totalitätszone. In Baja gibt es nie Wolken . . .« Ein anderer meinte: »Wir gehen am besten ins Hotel und gucken uns das Ganze auf CNN an.«

Louis Schwartzberg oben auf dem Dach sagte immer noch: »Okay, ich nehm's hin.«

»Also, was war jetzt mit der Sonnenfinsternis?« wurde Bryan Brewer gefragt.

»Ich weiß es nicht«, sagte Brewer schuldbewußt. »Ich hoffe immer noch.«

»Habt ihr das Schild in Kona gesehen?« fragte eine Frau. »Wegen unvorhergesehener Schwierigkeiten ist die Sonnenfinsternis abgesagt worden.«

»Die Sonnenfinsternis ist leider überschattet.«

Lahme frühmorgendliche Heiterkeit setzte ein.

Atemlos sagte irgend jemand: »Die Wolkendecke bewegt sich.«

Jeder wollte, daß sie abzog. Und etwas rückte sie wirklich auseinander, schlammige Schichten wogten, entwirrten sich, Sonnenstrahlen brachen durch die Bäume. Es war zehn vor sieben.

Hoffnungsvoll setzte ich meine Schweißermaske auf und war in völlige Dunkelheit gehüllt. Ich nahm sie wieder ab und sah, daß die Wolken vor der Sonne vorbeizogen, sich aufribbelten wie Wollsträhnen.

Niemand sagte etwas. Dünner Applaus, höchste Konzentration, als die Sonne sich durch die Wolkenfetzen brannte und die wolligen Wattebäusche erleuchtete. Und als sie, noch immer in Dunst gehüllt, endlich sichtbar hervortrat, war ihre Scheibe unvollständig. Am oberen Rand war ein glattes, abgezirkeltes Stück herausgebissen. Während wir zusahen, wuchs der Biß, bis die Sonne aussah wie eine fette, im Tageslicht schimmernde Mondsichel.

»Was hast du eingestellt?«

»Hundertfünfundzwanzigstel, Blende acht, hundert ASA.«

Es war wie ein Kommando zum Feuern, kaum waren die Worte ausgesprochen, ertönte das Schmatzen von Auslösern und Windern, ein Geräusch, als würden in wütenden Armbrustattacken Bolzen abgeschossen.

»Stell die Blende nach.«

»Guck dir den Schatten an.«

»Hat einer von euch schon was drauf?«

Ich setzte die Schweißermaske auf und wieder ab. Mit der Maske sah ich eine schemenhafte Sichel, ohne Maske machte mich die Glut fast blind. Ich rieb mir die Augen, bis es weh tat, sah hin und wandte mich wieder ab, als versuchte ich einen Blick auf etwas Verbotenes zu erhaschen. Um sieben Uhr vierundzwanzig war die Sonne eine goldene Banane, zwei Minuten später kühlte sich die Luft ab, und die Banane hatte sich zu einem leuchtenden Horn verengt, das immer dünner wurde, zu einem strahlenden Splitter und schließlich zu einem Span von intensivem Weiß. Der Rest war eine dunkle Scheibe, an deren Rändern funkelnde Protuberanzen glitzerten, ein Phänomen, das man nach dem englischen Astronomen Bailysche Perlen nennt.

Und schließlich war die Sonne völlig verdunkelt, als sei ein Eßteller davorgeschoben worden – wie von der Hand Gottes, hatte jemand vorher gesagt, und so schien es auch, übernatürlich. Kurzer, zögernder Applaus erklang, ein paar zaghafte Hurrarufe und dann Stille, als sich ein kalter Schatten über uns legte. Im hawaiianischen Pidgin heißt Gänsehaut »Hühnerhaut«, und ich konnte hören, wie dieses Wort geflüstert wurde: *»cheecken skeen.«*

Um sieben Uhr neunundzwanzig hatte sich die Welt ver-
kehrt. Obwohl es Tag war, erschienen die Sterne, die Temperatur fiel ab, die Blüten der Blumen schlossen sich, die Vögel
hörten auf zu singen, und wir saßen wie gebannt auf unserem
abkühlenden Planeten und sahen zu, wie das Licht aus der
Welt floß.

Blind starrten wir in die schwarze Sonne, bis sich an ihrer
Oberkante eine plötzliche Erosion zeigte, ein Lodern von rotem Licht.

Unser Staunen war nicht freudig, war keine Faszination. Es
setzte sich zusammen aus Furcht und Unsicherheit, zu einem
Gefühl absoluter Fremdheit. Es war wie der Anfang einer Er-
blindung. Ich sah mich um. Das Licht reichte gerade zum
Schreiben aus, wenn ich mein kleines Notizbuch ganz nah ans
Gesicht hielt. Es war keine pechschwarze Dunkelheit, da war
ein beklemmendes Glühen am ganzen Horizont, ein Zwielicht
von dreihundertsechzig Grad. Die Stille hielt an, und die Stimmung in der großen, himmelwärts blickenden Menschenmenge blieb düster, obwohl die Luft erfüllt war vom unerwar-
teten Duft nachtblühenden Jasmins. Es war eine Welt von ein-
schüchternder Magie, in der alles geschehen konnte.

Bevor die Sonne wieder aus ihrem Schatten hervortrat und
die Erde unermeßlich viel großartiger erscheinen ließ als je zuvor, küßte ich die Frau, die neben mir stand, und freute mich,
daß sie da war. Mein Glück war mein Zuhause.

HAWAII

DIE GLÜCKLICHEN INSELN OZEANIENS

WESTSAMOA

AMERIKANISCH
SAMOA

A'U-GRUPPE

TONGA

COOK-INSELN

MARQUESAS

TAHITI

TUAMOTU-
ARCHIPEL

OSTERINSEL

0   500   1000 Statute miles

Eine Statute mile = 1,609 km

TROBRIAND-INSELN

Salomonsee

Tuma
Kaileuna
Munawata
Kaisiga
Losuia
Sinaketa
Kiriwina
Omarakhana
Kitava

0 — Statute miles — 30

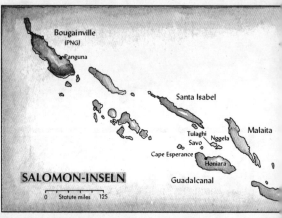

SALOMON-INSELN

Bougainville (PNG)
Panguna
Santa Isabel
Tulaghi
Savo
Nggela
Malaita
Cape Esperance
Honiara
Guadalcanal

0 — Statute miles — 125

TONGA

Nuku'alofa
Eua

0 — Statute miles — 15

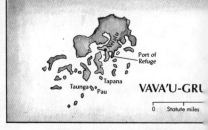

VAVA'U-GRU

Neiafu
Port of Refuge
Tapana
Taunga
Pau

0 — Statute miles

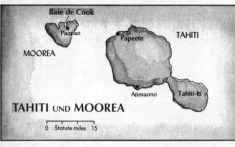

TAHITI UND MOOREA

Baie de Cook
Paopao
MOOREA
Papeete
TAHITI
Atimaono
Tahiti-Iti

0 — Statute miles — 15

MARQUESAS

Nuku Hiva
Ua Huka
Taiohae
Taipivai
Ua-Pou
Hakehau
Hiva Oa
Pu
Vaitahu
Atu
Fatu Hiv

0 — Statute miles — 50

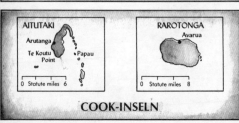

COOK-INSELN

AITUTAKI
Arutanga
Te Koutu Point
Papau

0 — Statute miles — 6

RAROTONGA
Avarua

0 — Statute miles — 8

OSTERIN

Cabo Norte
Anakena
Poike
Cabo Cum
Cabo Rogg
Rano Raraku
Motu Maro-Tir
Rada Vinapu
Tongariki
Hanga Roa
Hanga Piko
Rano Kau
Orongo

0 — Statute mile

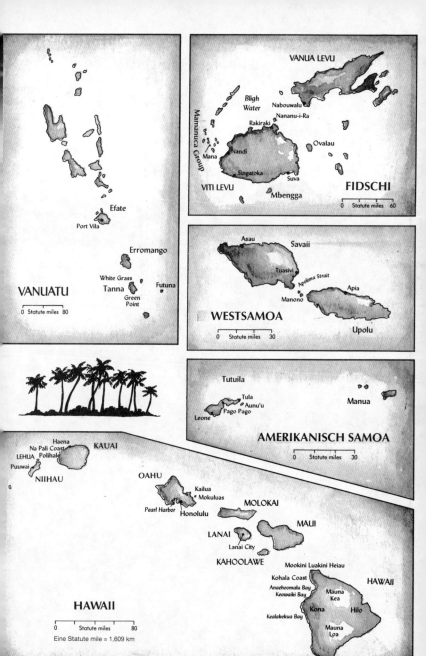

VANUA LEVU

Bligh
Water
Nabouwalu

Mamanuca Group

Nananu-i-Ra
Rakiraki

Mana
Nandi
Ovalau

Singatoka
VITI LEVU
Suva
Mbengga
FIDSCHI

0 Statute miles 60

VANUATU

Efate
Port Vila

Erromango

White Grass
Tanna
Futuna
Green
Point

0 Statute miles 80

Asau
Savaii
Tuasivi
Apolima Strait
Apia
Manono
WESTSAMOA
Upolu

0 Statute miles 30

Tutuila
Tula
Aunu'u
Leone
Pago Pago
Manua
AMERIKANISCH SAMOA

0 Statute miles 30

Haena
Na Pali Coast
KAUAI
LEHUA
Polihale
Puuwai
NIIHAU

OAHU
Kailua
Mokuluas
MOLOKAI

Pearl Harbor
Honolulu
MAUI
LANAI
Lanai City
KAHOOLAWE

Mookini Luakini Heiau
Kohala Coast
Anaehoomalu Bay
Keawaiki Bay
Mauna
Kea
HAWAII
Kona
Hilo
Kealakekua Bay
Mauna
Loa

HAWAII

0 Statute miles 80
Eine Statute mile = 1,609 km

Paul Theroux

Der alte Patagonien-Expreß

Mit dem Zug von Boston bis ins Hochland von Patagonien im äußersten Süden Argentiniens - „Der alte Patagonien-Expreß" ist ein Klassiker der modernen Reiseliteratur. 512 Seiten, geb.

Die glücklichen Inseln Ozeaniens

„Seit Jack London hat niemand die pazifischen Inseln so anschaulich und informativ beschrieben. Das ist Theroux' bestes, persönlichstes und aus tiefstem Herzen kommendes Buch." The Observer
720 Seiten, geb.

An den Gestaden des Mittelmeeres

„Ein großartiges Buch, voller Spaß, aber auch voller Besorgnis, mit lebendigen Charakteren und seltsamen Erfahrungen - vielleicht das beste unter den Reisebüchern von Theroux." The Times
640 Seiten, geb.

Chicago Loop
Roman

Ein erfolgreicher Architekt gerät in den Bann anonymer Begegnungen und verliert sich in Nebenwelten, aus denen es kein Zurück mehr zu geben scheint. Mit beängstigender Meisterschaft erzählt Paul Theroux die Geschichte einer tödlichen Verirrung. 272 Seiten, geb.

Kowloon Tong
Roman

Die letzten Tage von Hongkong: Mit großem psychologischem Gespür und meisterhafter Dramaturgie erzählt Paul Theroux einen packenden Thriller vor dem Hintergrund der sterbenden Kronkolonie.

ca. 240 Seiten, geb.

HOFFMANN
UND CAMPE

Michael Ondaatje im dtv

»Das kann Ondaatje wie nur wenige andere:
den Dingen ihre Melodie entlocken.«
Michael Althen in der
›Süddeutschen Zeitung‹

In der Haut eines Löwen
Roman · dtv 11742
Kanada in den zwanziger
und dreißiger Jahren. Ein
Land im Aufbruch, wo
mutige Männer und
Frauen gefragt sind, die zu-
packen können und ihre
Seele in die Haut eines
Löwen gehüllt haben.
»Ebenso spannend wie
kompliziert, wunderbar
leicht und höchst erotisch.«
(Wolfgang Höbel in der
›Süddeutschen Zeitung‹)

Es liegt in der Familie
dtv 11943
Die Roaring Twenties auf
Ceylon. Erinnerungen an
das exzentrische Leben,
dem sich die Mitglieder
der Großfamilie Ondaatje
hingaben, eine trinkfreu-
dige, lebenslustige Gesellschaft...

Der englische Patient
Roman · dtv 12131
1945, in den letzten Tagen
des Krieges. Vier Men-
schen finden in einer tos-
kanischen Villa Zuflucht.
Im Zentrum steht der ge-
heimnisvolle »englische
Patient«, ein Flieger, der
in Nordafrika abgeschos-
sen wurde... »Ein exoti-
scher, unerhört inspirier
ter Roman der Leiden-
schaft. Ich kenne kein
Buch von ähnlicher
Eleganz.« (Richard Ford)

Buddy Boldens Blues
Roman · dtv 12333
Er war der beste, lauteste
und meistgeliebte Jazzmu-
siker seiner Zeit: der Kor-
nettist Buddy Bolden, der
Mann, von dem es heißt, er
habe den Jazz erfunden.

dtv

Ilija Trojanow im dtv

In Afrika
Mythos und Alltag Ostafrikas
dtv 12284

»Afrika ist vielleicht der Teil der Welt, in dem es noch am meisten zu entdecken gibt.« Ein wunderschöner Bericht über Ostafrika, die Landschaft und Städte, aber in erster Linie über die Menschen dort. Ein Bericht, der sich durch gründliche Kenntnis und ein tiefgehendes Verständnis, vor allem aber durch ungebremste Begeisterung für den »dunklen Kontinent« und seine Möglichkeiten auszeichnet.

Autopol
in Zusammenarbeit mit Rudolf Spindler
dtv 24114

Sten Rasin mag das schöne neue Europa des 21. Jahrhunderts nicht. Doch bei der jüngsten Aktion seiner Widerstandsgruppe wird er geschnappt. Einmal zu oft. Er wird »ausgeschafft«, dorthin, von wo es kein Zurück gibt – nach Autopol, zu den anderen, die man draußen nicht will, vor denen man Angst hat. Aber Rasin ist kein gewöhnlicher Krimineller. Er ist Idealist, ein Kämpfer, und er will zurück in die Freiheit. Schnell schafft er sich auch in Autopol Verbündete... ›Autopol‹ entstand als *novel in progress* im Internet, zusammen mit der ›aspekte‹-Online-Redaktion. Aus dem literarischen Experiment ist eine spannende Science-fiction-Story geworden, ein Buch mit neuen Dimensionen.

Antonio Tabucchi im dtv

> »Tabucchi läßt Reales und Imaginäres ineinanderfließen
> und webt ein Gespinst von ›suspense‹,
> in dem man sich beim Lesen gerne verfängt.«
> *Barbara von Becker in ›Die Zeit‹*

Der kleine Gatsby
Erzählungen
dtv 11051
Ein labyrinthischer Garten voll faszinierender Menschheitsrätsel. So zum Beispiel die Portugiesin Maria, die hinter dem Rücken ihres Mannes Familien exilierter Literaten hilft; ein von Selbstzweifeln geplagter Schriftsteller, der zum Ergötzen mancher Abendgesellschaft auswendig Fitzgeralds Romananfänge deklamiert; oder Ettore, der als Nachtclubsängerin Josephine rauschende Erfolge feiert.

Indisches Nachtstück
dtv 11952
Auf der Suche nach einem Mann, der auf geheimnisvolle Weise in Indien verschollen ist. Forscht der Autor nach seinem eigenen Ich oder nach einer wirklichen Person? Oder ist der Sinn des Suchens das Unterwegssein, die Reise?

Der Rand des Horizonts
Roman
dtv 12302
In der Leichenhalle wird ein junger Mann eingeliefert, der bei einer Hausdurchsuchung erschossen wurde. Spino macht sich auf die Suche nach der Identität des Fremden ...

Erklärt Pereira
Eine Zeugenaussage
dtv 12424
Portugal unter Salazar. Pereira, ein in die Jahre gekommener, politisch uninteressierter Lokalreporter, hatte mit seinem Leben fast schon abgeschlossen. Doch dann gerät er unversehens auf die Seite des Widerstandes ...

Kleine Mißverständnisse ohne Bedeutung
Erzählungen
dtv 12502
Von der Lust, Irrtümer, Unsicherheiten und unsinnige Sehnsüchte aufzuspüren und zu benennen.

John Steinbeck im dtv

»John Steinbeck ist der glänzendste Vertreter der
leuchtenden Epoche amerikanischer Literatur
zwischen zwei Weltkriegen.«
Ilja Ehrenburg

Walter Satterthwait im <u>dtv</u>

Wand aus Glas
Kriminalroman · dtv 8459

Privatdetektiv Joshua Croft liebt die schöne Rita Montdragón, für die er arbeitet, die Wüste um Santa Fé, die Melancholie, die Indianer und seinen Job, den er gleichzeitig auch verflucht: Seine Chefin ist seit einer Schießerei querschnittsgelähmt. Er soll den Raub eines Kolliers aufklären. Dabei kommt er einer internationalen Schmugglerbande auf die Schliche und in die Quere.

Miss Lizzie
Roman · dtv 20056

Amanda, das Nachbarskind, weiß, daß Lizzie Borden ihre Eltern bestialisch mit der Axt ermordet haben soll. Und auch, daß Miss Lizzie seinerzeit mangels Beweisen freigesprochen wurde. Eines Tages begegnen sich die beiden und eine heimliche Freundschaft entsteht, die jäh auf eine harte Probe gestellt wird: Amandas ungeliebte Stiefmutter wird ermordet aufgefunden, erschlagen mit einem Beil…

Oscar Wilde im Wilden Westen
Roman · dtv 20196

Im Jahr 1882 hält die Kultur Einzug im Wilden Westen. Englands berühmter Dandy-Dichter bereist das gesetzlose Land zwischen San Francisco und Chicago. Begleitet wird er von schönen Bewunderern beiderlei Geschlechts – und von einer Bestie. Denn in den Orten und an den Abenden von Oscar Wildes Auftritten werden methodisch-grausam Frauen ermordet…

Joyce Carol Oates im dtv

»Mit dem Schreiben sei es wie mit dem Klavierspiel,
hat Joyce Carol Oates einmal gesagt.
Man müsse üben, üben, üben. Die Oates muß nicht
mehr üben. Sie ist bereits eine Meisterin.«
Petra Pluwatsch, ›Kölner Stadtanzeiger‹

Grenzüberschreitungen
Erzählungen · dtv 1643

Lieben, verlieren, lieben
Erzählungen · dtv 10032

Bellefleur
Roman · dtv 10473
Eine Familiensaga wird
zum amerikanischen My-
thos.

Engel des Lichts
Roman · dtv 10741
Eine Familie in Washing-
ton zwischen Politik und
Verbrechen.

Unheilige Liebe
Roman · dtv 10840
Liebe, Haß und Heuchelei
auf dem Campus einer ex-
klusiven Privatuniversität.

**Die Schwestern von
Bloodsmoor**
Ein romantischer Roman
dtv 12244

Das Mittwochskind
Erzählungen · dtv 11501

Das Rad der Liebe
Erzählungen · dtv 11539

**Im Zeichen der
Sonnenwende**
Roman · dtv 11703
Aus der Nähe zwischen
zwei Frauen wird zerstö-
rerische Abhängigkeit.

Die unsichtbaren Narben
Roman · dtv 12051
Enid ist erst fünfzehn, als
ihre *amour fou* mit einem
Boxchampion beginnt…

Schwarzes Wasser
Roman · dtv 12075
Eine Nacht mit dem Sena-
tor: den nächsten Morgen
wird Kelly nicht erleben…

Marya – Ein Leben
Roman · dtv 12210
Maryas Kindheit war ein
Alptraum. Dieser Welt
will und muß sie entkom-
men.

Amerikanische Begierden
Roman · dtv 12273
Der Collegeprofessor Ian
soll seine Frau ermordet
haben. Wegen einer ande-
ren…

Margriet de Moor im dtv

»Ich möchte meinen Leser genau in diesen zweideutigen
Zustand versetzen, in dem die Gesetze der
Wirklichkeit aufgehoben sind.«
Margriet de Moor

Erst grau dann weiß dann blau
Roman · dtv 12073

Eines Tages ist sie verschwunden, einfach fort. Ohne Ankün-
digung verläßt Magda ihr angenehmes Leben, die Villa am
Meer, den kultivierten Ehemann. Und ebenso plötzlich ist sie
wieder da. Über die Zeit ihrer Abwesenheit verliert sie kein
Wort. Die stummen Fragen ihres Mannes beantwortet sie
nicht.

Der Virtuose
Roman · dtv 12330

Neapel zu Beginn des 18. Jahrhunderts – die Stadt des Bel-
canto zieht die junge Contessa Carlotta magisch an. In der
Opernloge gibt sie sich, aller Erdenschwere entrückt, einer
zauberischen Stimme hin: Es ist die Stimme Gasparo Contis,
eines faszinierend schönen Kastraten. Carlotta verführt den
in der Liebe Unerfahrenen nach allen Regeln der Kunst.

Rückenansicht
Erzählungen · dtv 11743

Doppelporträt
Drei Novellen · dtv 11922

»De Moor erzählt auf unerhört gekonnte Weise. Ihr gelingen
die zwei, drei leicht hingesetzten Striche, die eine Figur unverkennbar machen. Und sie hat das Gespür für das Offene,
das Rätsel, das jede Erzählung behalten muß, von dem man
aber nie sagen kann, wie groß es eigentlich sein soll und darf.«
Christoph Siemes in der ›Zeit‹

Graham Greene im dtv

»Bei Graham Greene ist Schuld die menschliche
Unzulänglichkeit vor dem Schicksal, und Sühne ist
nicht die absolute Verdammnis.«
Eberhard Thieme

Gabriel García Márquez
im dtv

»Gabriel García Márquez zu lesen, bedeutet
Liebe auf den ersten Satz.«
Carlos Widmann in der ›Süddeutschen Zeitung‹

Laubsturm
Roman
dtv 1432

**Der Oberst hat niemand,
der ihm schreibt**
Roman
dtv 1601

**Augen eines blauen
Hundes**
Erzählungen
dtv 10154

**Hundert Jahre
Einsamkeit**
Roman
dtv 10249
Die Geschichte vom Auf-
stieg und Niedergang der
Familie Buendía und des
Dorfes Macondo.

Die Geiselnahme
dtv 10295

**Chronik eines
angekündigten Todes**
Roman
dtv 10564
Ein ganzes Dorf weiß von
dem Mordplan. Schreitet
niemand ein?

**Das Leichenbegängnis
der Großen Mama**
Erzählungen
dtv 10880

**Die unglaubliche und
traurige Geschichte von
der einfältigen Eréndira
und ihrer herzlosen
Großmutter**
Erzählungen
dtv 10881

**Das Abenteuer des
Miguel Littín**
Illegal in Chile
dtv 12110

Die Erzählungen
dtv 12166

**Von der Liebe und
anderen Dämonen**
Roman
dtv 12272 und
dtv großdruck 25133
An ihrem zwölften Ge-
burtstag wird Sierva María
von einem tollwütigen
Hund gebissen. Ärzte wer-
den gerufen, doch niemand
wird der Dämonen Herr,
die Besitz von ihr ergriffen
haben.